湘 阴 年 鉴

XIANGYIN YEARBOOK

2018

中共湘阴县委史志办公室　编

方志出版社
Publishing House of Local Records

图书在版编目（CIP）数据

湘阴年鉴. 2018 / 中共湘阴县委史志办公室编.--
北京：方志出版社，2018.8
ISBN 978—7—5144—3226—8

Ⅰ. ①湘… Ⅱ. ①中… Ⅲ. ①湘阴县—2018—年鉴
Ⅳ. ① Z526.44

中国版本图书馆CIP 数据核字（2018）第204685 号

湘阴年鉴（2018）

编　　者：中共湘阴县委史志办公室

责任编辑：高孟君

出 版 人：冀祥德
出 版 者：方志出版社
地址　北京市朝阳区潘家园东里 9 号（国家方志馆4层）
邮编　100021
网址　http：//www.fzph.org
发　　行：方志出版社图书经销中心
电话　（010）67110500
经　　销：各地新华书店
印　　刷：岳阳鑫容印刷有限公司

开　　本：889 × 1194　1/16
印　　张：29.5
字　　数：725千字
版　　次：2018年8月第1版　2018年8月第1次印刷
印　　数：001 ~ 700册

ISBN 978—7—5144—3226—8　定价：288.00元

编辑说明

一、《湘阴年鉴（2018）》以马克思列宁主义、毛泽东思想、邓小平理论、“三个代表”重要思想、科学发展观、习近平新时代中国特色社会主义思想为指导，坚持辩证唯物主义和历史唯物主义的立场、观点和方法，全面、系统、真实地记载湘阴县2017年自然、经济、政治、文化和社会发展的历史进程，为各级党政领导科学决策提供可靠依据和最新信息；为国内外广大读者了解湘阴县、研究湘阴县提供基本资料。

二、本年鉴采用条目体、分类编辑法，按类目、分目、条目三级结构设置。全书23个类目、165个分目、875个条目，条目记述实体，其标题用黑体字【 】表示。编辑形式以文为主，文表图并用。

三、本年鉴文字资料所记载的内容，以2017年1月1日—2017年12月31日为时间断限。彩页部分内容因事件的延续和连贯性，下限有所突破。

四、各单位文稿后的“主要负责人名录”系各单位提供，以2017年12月底在职为准，且以行政正、副职务为主，党内职务只收录专职正、副书记（有行政职务的未注明）。如有遗漏请与年鉴编辑部联系。

五、本年鉴记述内容采用由各单位撰写并经单位领导审查上报的资料，由湘阴年鉴编辑部编辑，形成送审稿，经年鉴编纂委员会审核定稿。书中全县性统计数据以县统计局统计资料为准，凡县统计局未予统计或未予提供的以各撰稿单位为准。

2018年6月

《湘阴年鉴（2018）》编委会

《湘阴年鉴（2018）》编辑部

《湘阴年鉴（2018）》组稿人员

（按姓氏笔画排序）

丁　佳　丰　宇　王　勇　王　维　王石罗　王吉仁　邓英武
冯　光　冯　岳　冯绪勇　叶　磊　叶文霞　司马江　左文臻
甘　奇　甘宇翔　田立峰　田豆豆　石　宪　石尚武　任　康
任　惠　任　斌　伍建华　刘　亚　刘　丽　刘　洪　刘　珏
刘　瑶　刘　毅　刘　磊　刘立光　刘志红　刘志凯　刘诗诗
刘超男　朱　平　朱治波　江　桅　米　沙　许　静　阳旺华
余　曙　余术军　余利红　吴　恩　吴海兵　宋　灿　张　琳
张　慧　张一夫　李　辉　李　雄　李田托　李金龙　杨　铖
杨　强　杨建辉　杨品优　汪　清　汪世伟　狄　武　苏红亮
邵万红　陈　卫　陈　旦　陈　成　陈　鹏　陈义明　陈小良
陈鄂平　陈甄文　陈嘉明　陈镇波　麦志远　周　坚　周　旋
周　辉　周中伟　周玉波　周学辉　周湘云　易治国　侯　艳
柳　婉　柳　震　胡　卫　胡　鹏　胡卫丹　赵　立　赵曙阳
钟　旺　钟权辉　卿如雪　徐　辉　徐珍妮　涂　姣　袁　亮
袁克敏　郭　杰　盛　岳　黄　伟　黄　建　黄　波　黄　英
黄天府　黄立成　彭　鸽　彭拥军　焦　灿　焦文娟　蒋　放
蒋　彪　蒋　意　蒋江峰　韩　裕　鲁晓军　廖　畅　廖希华
熊贵阳　谭　周　谭　波　戴　波　戴腊明

目 录

特 载

大事记

专 辑

湘阴概况

中共湘阴县委员会

湘阴县人民代表大会常务委员会

湘阴县人民政府

政协湘阴县委员会

国防建设

法 治

社会团体

综合经济管理

农 业

工业・交通

城乡建设·环境保护

财政·税收·商务

金融·保险

教育·卫生·科技

文化 · 旅游

四区一处

乡镇·街道

人　物

索　引

Main Contents

Special features

Chronicle of Events

album

General Condition

Xiangyin Chinese Committee of the Communist Party

Xiangyin county Standing Committee of People's Congress

Xiangyin County's People Government

Xiangyin County Committee of the Chinese People's Political Consultative

National defence building

Rule of law

Social Organization

Comprehensive Economical Management

Agriculture

Industry and Traffic

Urban-Rural Construction and Environt Protection

Finances · Taxation · Commerce

Finance · Insurance

ducation · Health · Technology

Culture · Tourism

Four Districts and One Park

Villages · Towns · Districts

Figures

Index

东湖日出（2017年摄）

数说2017

比上年增长百分比	数额	指标
5.1	360.6亿元	GDP
3.4	364.4亿元	工业总产值
4.84	86.15亿元	农林牧渔业总产值
−19	246.63亿元	固定资产投资总额

社会消费品零售总额

105.64亿元

9.5

比上年增长百分比

财政收入

15亿元

10.5

比上年增长百分比

城镇居民人均可支配收入

28903元

8.6

比上年增长百分比

农村居民人均可支配收入

16984元

8.2

比上年增长百分比

第十二届中国湘菜美食文化节

县委书记汪灿在第十二届中国湘菜美食文化节开幕式上讲话

2017年，第十二届中国湘菜美食文化节在湘阴县举行。在6月9日开幕式当天，26位厨师在左宗棠广场现场角逐“十大名厨”，20余家食材企业展示本地优质食材，70余道特色美食菜品现场制作、展示，省、市、县20余家主流媒体对活动现场进行采访报道。11月2日，又举办食材推介会、湖鲜美食品鉴晚宴、颁奖典礼等闭幕式系列活动，来自全国各地的餐饮和食材企业代表、湘菜大师390余人出席活动。美食节期间，组委会还组织全县100多家餐饮和食材企业参加湖鲜美食烹饪大赛、湘阴名菜挖掘及打造等各项活动。

县委书记汪灿（右三）、县长李镇江（左四）在湖鲜美食烹饪大赛现场

湖鲜美食烹饪大赛在左宗棠广场举行

名店、名厨、名菜颁奖现场

湖鲜美食烹饪大赛菜品展示

县长李镇江在湘阴美食品鉴会上讲话

美食品鉴会名师烹饪现场

湖鲜美食原材料展示现场

湘阴（高新区）招商推介会

7月19日，湖南高等院校（科研院所）科技成果转移转化基地新闻发布暨湘阴（高新区）招商推介会在长沙举行，《湘阴县引进科技人才促进科技成果转化实施办法》、108个优质招商项目亮相星城，24个投资合作项目现场签约，引资320亿元，其中合同引资75亿元。

县委书记汪灿在长沙招商推介会上讲话

县长李镇江在长沙招商推介会上推介湘阴

① 招商推介会现场

② 招商推介会项目签约

③ 县长李镇江主持项目签约仪式

④ 招商推介会推介湘阴

防汛抗灾

6月下旬至7月上旬，湘阴县遭遇超历史的暴雨洪涝灾害，是全省汛情最严重、最复杂的县区，6月22日至26日、6月29日至7月1日，全县先后遭遇两轮强降雨，26个雨量站中大暴雨站25个、暴雨站1个，最大雨量达296毫米。受强降雨影响，境内江河湖库水位迅猛上涨。6月30日18时，湘、资两水全线超警戒水位，7月2日18时，湘、资两水全线超保证水位，铁角咀、窑头山、浩河口等3个站点超历史最高水位，3天时间内水位最高涨幅达4.27米，超保证水位2.07米，7月2日23时，沙田垸出现超历史最高水位0.72米的特大洪水。面对超历史的暴雨洪涝灾害，在县委、县政府的坚强领导下，全县上下紧急动员、众志成城，打响一场湘阴防汛抗洪保卫战，实现不溃一堤一垸，不垮一库一坝，不因灾死伤一人的目标，全年防汛抗灾工作取得历史性胜利。

省长许达哲（左四）到湘阴县指导防汛

副省长何报翔（右三）沙田垸指导抗洪抢险

县领导与武警官兵一道抢险

县领导深夜督查

军民在沙田垸抢险

大堤巡查

大堤险情现场

加筑子堤

大堤出现裂缝险情

抢修子堤

武警共同抢险

发现处理管涌

美丽乡村建设

美丽乡村—金龙镇燎原村（2017年摄）

2017年，湘阴县申报省级授牌村1个，市级美丽村庄5个、美丽乡村示范创建村3个，市级文明家庭5户，鹤龙湖镇联星村于11月23日接受省农委授牌示范村考核组的现场考评。同时，强力推进美丽乡村金龙示范片建设。聘请浙江大学作为规划设计单位，编制示范片总体规划和道路、产业、环境保护等专项规划。切实抓好污水处理、垃圾收集运转市场化运作和房屋风貌改造提升。加快推进项目建设，扎实推动示范片内道路、水利、人饮、电力、通讯等基础设施建设。

乡村文化墙（2017年摄）

美丽乡村双塘（2017年摄）

南湖百树山庄（2017年摄）

田园风光（2016年摄）

斗米咀风景（2016年摄）

山湖鹭岛别墅群（2017年摄）

玉华镇五彩田园（2017年摄）

美丽的洞庭湖湿地（2017年摄）

240国道建成通车（2018年摄）

湘阴县总工会

县委副书记、县总工会主席彭方建（左三）参加工会活动

湘阴县总工会内设机构有办公室、财务部、组织部、民管部、女工部、经审办、经济工作部，二级机构有职工维权帮扶中心、工人俱乐部。有在职在编人员33人，其中行政编制5人，事业编制28人。全县有工会组织556个，其中机关单位工会93家，事业单位工会180家，企业工会283家。工会会员110599人，其中专职工会干部302人。2017年，县总工会自觉践行新时代中国特色社会主义工会发展道路，围绕全县发展大局，切实履行工会职责，认真做好组织职工、引导职工、服务职工等工作，在全县改革、发展、稳定大局中发挥积极的作用。大力开展劳动竞赛，展现“工人力量”。开展以“聚力‘一二四’、建功新湘阴”为主题的五类劳动竞赛。努力提升职工素质，发挥“工人技术”。以全市“十行百优”巴陵工匠职业技能大赛为契机，通过以赛促训的形式，引导广大职工在竞赛中提升技能素质。服务关爱劳模，树立“工人榜样”。联手县委宣传部、县妇联、团县委，深入开展第五届道德模范推荐评选活动。推荐鸿达建筑有限公司的“李立华劳动模范创新工作室”申报省级荣誉称号。帮助湘阴县御景养殖专业合作社带头人岳阳市劳动模范甘得良争取市总工会的重点救助帮扶。集中报道一批先进工作者和劳模的先进事迹，营造学习、尊重、争当先进模范的浓厚氛围。

党组书记蔡健清（左二）调研瓦窑湾社区工会工作

走访帮扶贫困户

职工羽毛球赛

县总工会与南湖洲镇芷泉河村党支部共庆建党96周年

金秋助学活动

中共湘阴县委史志办公室

主任　黄平凡

2017 年，中共湘阴县委史志办公室充分发挥史志部门的职能作用，围绕中心，服务大局，各项工作均取得显著成效。《湘阴县志（1978—2015）》通过省、市终审验收；《湘阴年鉴（2016）》获评全省 2016 年年鉴县级一等奖，全国地方志优秀成果三等奖；《湘阴县乡镇简志》编撰出版；《文星镇志》《湘阴县政协志》编修基本完成；《湘阴县委重大决策资料汇编（2011—2016）》进入编撰阶段；《湘阴历史上的今天》《郭嵩焘的故事》先后编撰出版。

参观湖南省委旧址（2018 年摄）

党史联络工作总结会（2017 年摄）

参加省志办举办的业务培训（2018 年摄）

社区讲党课（2018 年摄）

不忘初心　牢记使命
奋力谱写"左公故里、美好湘阴"建设崭新篇章

——在全县三级干部大会上的讲话

中共湘阴县委书记　汪　灿

（2018年2月28日）

中共湘阴县委书记　汪灿

同志们：

这次会议的主要任务是，深入贯彻党的十九大和中央、省市相关会议精神，总结成绩，分析形势，部署工作，动员全县上下不忘初心、牢记使命，奋力谱写"左公故里、美好湘阴"建设崭新篇章。刚才，映球、建新、世杰、恒求四位分别就分管工作作了部署安排，都讲得很好，请大家抓好落实。特别是彭方建宣读了有关考核表彰通报，会上进行了表彰。在此，向受到表彰的先进单位和个人表示热烈祝贺！下面，我讲四点意见。

一、迎难而上、克难奋进，以新业绩赢得新发展

刚刚过去的2017年，是湘阴县发展史上极具挑战、极不平凡的一年。面对大事难事相互叠加、困难压力交织并存的特殊挑战，我们始终坚持担当向前、力行实干，较好地完成了全年目标任务。

过去一年，我们突出产业振兴，实体经济不

断壮大。新型工业提质增效。实施“工业发展五年行动计划”，推动绿色建筑建材、绿色装备制造等支柱产业发展，蓝天豚硅藻泥等企业投产，元亨科技、鸿跃锂电池等企业发展迅速，可孚医疗等项目加速推进，工业税收加快增长。出台引进科技人才“十条”，设立工业创新基金，高新区科技孵化中心、同济大学技术转移湘阴县分中心投入运营，新增规模企业7家、高新技术企业13家，获批全省知识产权建设强县。现代农业稳步发展。粮食生产大县地位持续巩固，新增樟树港辣椒等“三品一标”农产品22个，获批“中国好粮油行动”示范县。在全市率先启动乡镇“两组织一平台”示范点建设，获批2018年全省供销合作社综合改革惠农综合服务工程示范县。第三产业提档升级。洋沙湖国际旅游度假区正式开园。成功举办中国湖南国际旅游节和第十二届中国湘菜美食文化节，获评全国首个“湖鲜美食之乡”。此次国际旅游节首次由县级城市承办，是我县有史以来举办的层次最高、规模最大的一次综合性节庆活动，吸引了14个国家和地区客商、数千名嘉宾参加，充分展示了湘阴县的山水之美、人文之韵、发展之势。抢抓康养产业风口，引进投资100亿元、占地200公顷的恒大·金龙山水康养谷项目，致力打造长株潭周边山水景观最漂亮、康养功能最完善、业态集聚度最高的特色小镇。商贸服务加速扩张，电商交易额达8.5亿元、增长106%；房地产发展稳健有序，完成开发投资6.13亿元、增长9.5%。

过去一年，我们突出项目攻坚，发展基础更加夯实。全年引进各类项目53个，特别是恒大地产、碧桂园等一批领军型项目落户，实现引进世界500强和民营500强的历史突破。尤其是正在全力推进的华夏幸福产业新城项目，将引入社会资本筑城引产、以产兴城，能够一揽子解决合作开发区域融资、建设、运营、招商等问题。启动水利投资5.5亿元，完成险工隐患处置110多处，冬修水利建设经验在全省推介。实施集镇污水处理设施建设三年行动，第一污水处理厂二期竣工投入使用。启动我县投资额度最大、实施项目最多的交通建设大会战，240国道湘阴县段创造一年建成通车的“湘阴县速度”，长期困扰群众出行的机场公路、新乔线、临白线新干道全线通车，洋沙湖大道、滨江南路改造完成，倍受关注的岳望高速湘阴县段全面复工，平益高速、湘江景观大道等前期工作扎实推进，湘阴县发展走势更强劲、发展空间更广阔。

过去一年，我们突出统筹发展，城乡面貌焕发新姿。高标准完成恒大康养谷、三井头古县城历史文化街区城市设计等10多个规划编制，在招商引资、城市空间管控等工作中发挥了重大作用，获评全国规划建设管理先进县。城区夜景亮化、绿化养护、卫生保洁、街巷改造全面提质，省级文明县城通过复查，国家卫生县城正式授牌。芙蓉大道湘阴县段完成改造升级，成为湘阴县城市形象名片和靓丽景观。严格治限治超，狠抓禁违拆违，拆除违章建筑3.8万平方米。全力推进美丽乡村建设，完成集中建房示范点12处、按图建房1235户；金龙示范片通过完善基础设施、风貌改造、庭院整治、屋场绿化、文化提升、垃圾生活污水治理等措施，一个生产发展、生态良好、生活富裕的美丽乡村脱颖而出。强力推进农村“空心房”整治，拆除农村废弃房屋59.5万平方米，获得城乡建设用地“增减挂钩”项目指标43.3公顷、耕地占补平衡项目指标56.7公顷，新增耕地733公顷，省委副书记乌兰、常务副省长陈向群等省领导分别作出批示，市委刘和生书记亲自调研并在全市召开大会进行推广。强力推进“洞庭湖生态环境突出问题集中整治月”行动，拆除非法矮围网围2200公顷，清除欧美黑杨130多公顷，关停退出畜禽养殖面积5.9万平方米，取缔非法砂场码头18个、入江排污口67处，关闭砖瓦窑厂40家，重点生态功能区县域环境质量年度考核排名全省第一，美好湘阴基质更加清澈、生态优势更加凸显。

过去一年，我们突出精准脱贫，民生福祉大为改善。坚持把脱贫攻坚作为第一民生工程，统筹推进“十大行动”，对接帮扶贫困户1.1万户，实施产业扶贫项目200多个，实现28个贫困村整体退出、7541名贫困人口脱贫，高标准通过省市考核验收。合力攻坚全面小康建设，27项省市实事全面完成，启动棚改四年行动，率先在全市完成教育化债1.8亿元，郭嵩焘文化公园建成开园，获批全国支持返乡人员创业试点县，获评全国群众体育先进县。农村全域环境整治推进有力，城乡一体化垃圾收转运处理系统建设全面启动。移风易俗专项工作扎实开展，殡葬改革全面铺开。深入推进“平安湘阴县”创建，烟花爆竹生产整县退出成果进一步巩固，全年未发生一起较大以上生产安全事故，获评全省安全生产示范县；“五打五整治”“百日会战”等专项行动扎实开展，社会治安形势持续好转，社会大局和谐稳定，综治民调居全省前列，人民群众的安全感、认同感、获得感与日俱增。

过去一年，我们突出攻坚克难，防汛抗灾创造奇迹。去年7月，面对降雨强度最大、水位涨势最猛、汛情险情最急的超历史洪水，全县上下众志成城、严防死守、奋力抢险，确保了未溃一堤、未倒一垸、未死一人，夺得了沙田保卫战、湘阴县保卫战完美胜绩。特别是在全省汛情最严峻、最复杂、最危急的沙田垸，洪峰最高超保证水位2.07米，因大堤年久失修、长期高水位浸泡，全线出现跌窝、堤脚液化、管涌群等重大险情，省委、省政府专门派出水利厅领导和专家组到现场指导行洪，但在这样危急的情况下，广大干部和军民闻令而动、向险而行，日夜鏖战、科学查险处险，守住了大堤，保护了岭北、新泉和益阳赫山区群众生命财产安全，创造了湘阴县防汛救灾史上的奇迹。省委书记杜家亳、省长许达哲、副省长何报翔、市委书记刘和生等省、市领导对我县防汛抗灾工作高度肯定，省政府工作报告将沙田垸险情隐患处置列入今年工作任务。

过去一年，我们突出党的建设，从严治党全面加强。拧紧压实管党治党责任，深入开展“两学一做”学习教育，认真学习宣传贯彻党的十九大精神，引导党员干部用习近平新时代中国特色社会主义思想武装头脑，坚定理想信念，筑牢思想防线。坚持“忠诚、担当、务实、为民、干净”标准，鲜明选人用人导向，全年提拔重用的146名干部，都是工作业绩突出、群众口碑好的干部。深入开展“党支部建设年”活动，完成村（居）“两委”换届和村级综合服务平台建设，依托“58岳农”服务平台下放便民服务事项122项。县监察委挂牌成立，完成县纪委派驻机构改革和县乡纪检监察工作一体化建设，开展常规巡察两轮、扶贫领域专项巡察1轮，发挥了派驻“探头”作用和巡察利剑作用；加强“纠‘四风’、治陋习”“雁过拔毛”、涉砂经营等专项整治，准确运用“四种形态”，释放出失责必问、问责必严的强烈信号，全县政治生态更加清正清明。

事非经过不知难。一年耕耘、一年打拼、一年奋斗，我们办成了不少大事，解决了不少难事，办好了不少急事，取得了来之不易的成绩。这些成绩的取得，得益于省委、省政府和市委、市政府的坚强领导，得益于全县上下的辛勤付出。在此，我谨代表县委、县政府，向全县广大干部群众，向奋斗在各条战线上的同志们，向长期以来关心支持参与湘阴县改革建设发展事业的各界人士，表示衷心的感谢，并致以崇高的敬意！

在充分肯定成绩的同时，我们更要清醒地看到发展中存在的问题和不足，比如县域经济运行质量总体不高，实体经济产业集聚度不高、特色不鲜明、核心竞争力不够。特别是去年我县在去产能、统计执法、易地扶贫搬迁、融资等迎检工作中反映出一些问题，显示出一些地方和部门在处理存量问题、执行政策、严实管理、防范化解风险等方面还存在不足。对此，我们必须高度重视，认真加以整改。

二、把准要求、找准方向，以新举措开创新局面

2018年，是贯彻党的十九大精神的开局之年，是改革开放40周年，是决胜全面小康、实施“十三五”规划承上启下的关键之年，更是建设“左公故里、美好湘阴”的攻坚之年。做好今年工作，我们一定要把握发展大势，顺势而为，乘势而上。从宏观政策看，党的十九大胜利召开后，为新一轮县域经济崛起在理念、战略、举措和预期上注入了强大动能，壮大实体经济、实施乡村振兴、支持改革创新、促进区域协调、推动全面开放等重点战略全面铺开，“三大攻坚战”强力推进，为我们及时化解存量问题、争取项目资金、加快相关产业发展带来重大政策利好。从区域协调发展看，去年长沙进入GDP万亿俱乐部，产业进一步转型升级，同时发展受到环保容量、土地资源的约束越来越突出，市场、产业、技术等溢出和辐射效应更加凸显，我们既可以优中选优地承接长沙产业转移，又可以利用后发优势、嫁接跳跃发展新经济新业态，湘阴县进入依托长沙、借力长沙的快速成长期。从发展战略看，“对标对接、融长发展”战略实施深入人心，学习长沙、研究长沙、对接长沙、融入长沙举措更实、力度更大，尤其是主动对接长沙市场消费需求和产业分工，现代农业、先进制造、绿色建材、康养地产、全域旅游发展加力加速，湘阴县的空间进一步打开、资源和生态优势更加显现。从自身基础看，园区平台、交通网络、产业结构、政务环境日趋优化，特别是引进储备了恒大地产、华夏幸福、碧桂园、交通职业学院等一批大项目、好项目，湘阴县的发展势能加速集聚、发展基础更加坚实。

新征程面临新风险，新使命赋予新挑战。在正确审视发展基础、来势和机遇的同时，我们也要科学研判面临的新问题、新挑战、新风险。当前，改革发展稳定任务艰巨繁重，社会主要矛盾变化的影响广泛而深远，特别是“三大攻坚战”历史性地摆在我们这一代人面前，无法绕过和回避，风险巨大，压力巨大；随着国家融资政策收紧和环境保护、土地集约节约利用等要求进一步从严，生产要素保障将会更难；产业之间、城乡之间发展不平衡、不协调问题依然突出，补短板、强弱项的重任十分艰巨；部分干部政治意识、责任担当、工作作风和防范风险的能力还需进一步加强，等等。这些短板、风险和挑战，都是我们需要穿越的雷区、闯过的险滩，稍微应对处置不善，就会引发蝴蝶效应、多米诺骨牌效应，造成严重后果。我们要居安思危、知危图安，做到“四个必须”：

1. 必须坚持把稳中求进总基调作为重要原则。坚持稳中求进的工作总基调，既是我国治国理政的重要原则，也是推动县域经济健康发展的重要方法论。特别是当前，我国经济已由高速增长转向高质量发展阶段，各级各部门要坚决摆脱速度情结、路径依赖，摒弃传统的依靠政府投资上项目、粗放式利用土地资源等强刺激增长模式，防止盲目铺摊子、贪大求全，更加突出质量第一、效益优先。要聚焦产业发展、脱贫攻坚、环境治理等短板弱项，集中力量攻坚克难，不断巩固“稳”的基础，持续增强“进”的动能，努力实现调速不减势、量增质更优。

2. 必须坚持把推动改革开放创新作为活力源泉。发展前进一步，就需要改革前进一步。要深化改革创新，加快经济体制改革步伐，转变经济发展方式，加大“放管服”改革力度，激活市场投资；要深化供给侧结构性改革，打好“三去一降一补”攻坚战，做到去得更坚决、降得更有效、补得更精准；要加强土地、砂石、岸线等资源管控，优化资源配置供给，提高资源利用效率；要大力推进恒大·金龙山水康养谷、华夏幸福产业新城等片区开发模式，充分利用市场手段解决发展问题；要坚定不移实施创新引领和人才兴县战略，统筹推进以科技创新为核心的全面创新，为高质量发展带来持久动力。

3. 必须坚持把防风险守底线作为关键任务。不讲政治是最大的风险，防控风险首要就是讲政治。党中央提倡的要坚决响应、党中央决定的要坚决执行、党中央禁止的要坚决不做。要坚持底线思维，凡事从最坏处打算，向最好处努力，抓好重点领域风险防范化解工作，不让小风险演化为大风险，不让个别风险演化为综合风险，不让局部风险演化为区域性系统性风险，为全县发展创造稳定和谐的内外部环境。要建立风险评估机制，把风险评估作为重大决策的前置程序，科学研判决策风险，制定应对预案。要加大对生态环保、金融安全、脱贫攻坚、社会稳定、安全生产等底线工作的考核权重，对工作失职或应对不当造成重大后果的要严肃追责问责，通过从严问责压实底线工作责任。

4. 必须坚持把加强党的全面领导作为根本保证。坚持党对一切工作的领导，是全党必须贯彻的基本方略。全县各级党组织要坚决维护习近平总书记核心地位，坚决贯彻落实中央和省委、市委、县委决策部署，坚决把党的全面领导落到实处。要旗帜鲜明地坚持党对一切工作的领导，发挥在本地区本部门总揽全局、协调各方的领导核心作用，提升把方向、管大事、做决策、保落实的领导能力和定力。要完善党的领导体制机制，认真贯彻执行民主集中制，着力营造良好政治生态。各级党员干部要始终把坚持党的领导摆在第一位，从思想上行动上形成高度自觉。

三、保持定力、精准发力，以新作为践行新使命

今年工作的总体要求是：以习近平新时代中国特色社会主义思想为指引，深入贯彻党的十九大精神，坚持稳中求进工作总基调，坚持高质量发展要求，认真贯彻中央和省、市决策部署，坚持市委“一三五”发展思路，以建设“左公故里、美好湘阴”为愿景，以“对标对接、融长发

展”为战略，紧抓“两大振兴”，聚焦“三大攻坚”，努力把湘阴县打造成长株潭地区“生态人文之城、创新创业之城、旅游康养之城”。主要从以下几方面着力：

1. 牢牢把握“一大战略”。湘阴县最大优势在紧邻长沙，根本出路在借力长沙。过来，各级各部门在对标对接上做了一些工作，也取得一定实效，但总体感觉口号化、符号化较多，“学”的氛围还不够浓、“对”的力度还不够大、“融”的成效还不够明显。我们要深刻认识融长发展是场“大考”，特别是要看到长沙进入GDP万亿俱乐部后，溢出效应和虹吸效应同步，如果我们还在等风来，而不主动找风口，不精准精细去深耕细作，湘阴县的地缘优势就极有可能变为发展劣势。全县上下必须坚持把“对标对接、融长发展”作为根本战略举措，保持定力，深度理解，精准对接，大胆突破。要紧紧围绕规划、产业、基础设施、生态环境、体制政策、科教和公共服务“六大对接”，认真读懂长沙、读懂市场、读懂自己，全面分析梳理，找准瓶颈短板，拿出思路措施，真正实化、细化、具体化对标对接工作。要立足长株潭城市群重要经济功能区定位，力争将湘阴县纳入湘江新区拓展区。抓住长沙编制城市整体规划机遇，坚持同城思维，抓好顶层设计，突出轻轨、高速、港口等重大基础设施规划融合。要逐步接通城湘大道、湘江北路等骨干路网，加快公交同城，主动对接长沙绿色农产品、休闲美食、健康养老等市场需求，大力发展都市农业、休闲旅游、康养地产等产业。要抢抓长沙产业溢出机遇，瞄准已落户长沙的世界500强、中国500强和民营500强企业，建立信息库、项目库，深入开展敲门招商、产业链招商。要积极引进长沙汽车、工程机械等支柱产业的配套企业，加强产业链接，力争成为长沙优势制造业配套基地。利用长沙民营高校专升本机会，引进优质高校整体迁入，引校活城、引校扩城。深入对接高校、优质医院和中学，推动更多科研成果、优秀人才和公共服务资源向湘阴县集聚流动，构建全方位、宽领域、高层次对接服务长沙新格局。

2. 加快实施“两大振兴”。这是今年工作的两条主线，要抢抓历史性政策机遇，找准重点，务实举措，强力推进，努力把国家政策的“及时雨”，转化为湘阴县发展的“好收成”。

着力振兴实体经济。经济发展的根基在产业、在实体。必须把振兴实体经济作为推动湘阴县发展的重中之重，认真落实省委、省政府“产业项目建设年”要求，以新型工业为核心，树立产业链思维，加强要素保障，做大做强实体经济。要聚焦产业培育。深入研究我县产业发展方向、发展规律和发展特点，加强产业横向集聚和垂直整合，全力做好建链、补链、强链、延链工作，提升产业核心竞争力。重点是要以远大可建、建华管桩等为龙头，加快建华二期、中民筑友等项目建设，整合县内钢结构、家具建材等关联企业，努力打造全省最大的装配式建筑产业聚集区。以元亨科技、奇思环保等为重点，着力延伸智能车库、智能电梯等城市智能装备产业链，做大做强绿色装备制造产业。鼓励支持食品加工、船舶制造等优势传统产业整合重组和改造升级，规划建设食品产业园，集聚释放企业扩产提质需求，变优势存量为新兴增量。要抢抓国家支持房地产差异化发展契机，推动我县房地产业健康发展，引进绿地、铜锣湾优质企业建设城市综合体，增强城市活力。坚持以创建全域旅游示范县为抓手，全力推动旅游产业转型升级，重点加快恒大·金龙山水康养谷、洋沙湖度假区等项目建设，推动健康养老、旅游地产融合发展。要聚焦园区提质。紧盯创建国家级高新区目标，进一步完善污水处理、管网、道路等基础配套，加快“僵尸企业”清理和闲置土地收回，实现更加集约节约、更有重点的发展。要优化园区用地结构，调整用地布局，提高土地综合利用效率，解决园区发展资金瓶颈。要进一步创新对接链接，选派优秀年轻干部到长沙省级以上产业园区挂职，利用长沙园区疏解非核心产业机会，促进与长沙园区深度合作。要积极推进园区管理体制改革，优化职能，加强激励，提升行政效能。要进一步调优配强园区班子，让有激情、有闯劲的专业化干部到园区建功立业。特别是要加快华夏幸福产业新城前期工作，力争6月正式启动建设，年内在合作开发区域内落户、开工一批优质项目，建设发展新高地，树立发展新标杆。要突出招大引强，今年湘阴县工业园和金龙新区各要引进一个5亿元以上项目。要聚焦产业项目。项目是实体经济的有力支撑，是抓发展的关键抓手。要全力破解项目落地投产的政务、规划、土地、基础配套等瓶颈，推动项目快速落地生效。要深入开展联手帮扶行动，落实重大项目“五个一”机制，加强调度督查，明确责任抓服务，倒排工期抓推进。特别是对恒大·金龙山水康养谷、交通职业学院、远大可建部品部件、可孚医疗、建华二期、金高电力等重点项目，要全方位跟踪服务，确保早动工、快建设、见实效。

着力推进乡村振兴。全面建成小康社会最大的短板在农村。任何时候我们都要坚持农业农村优先发展，按照“产业兴旺、生态宜居、乡风文明、治理有效、生活富裕”总要求，推动乡村振兴战略落地见效。要加快发展现代农业。坚持以农民增收为核心，扶植发展一批粮食、蔬菜等加工企业，鼓励支持县内农产品企业争创国家和省级龙头，进一步做响鹤龙湖螃蟹、樟树港辣椒等特色品牌，大力推广稻虾连作，加强优质农副产品基地建设，推动农业从增产导向向提质导向转变。坚持以农业供给侧结构性改革为主线，完善农村土地“三权”分置制度，加快农村供销社综合改革，大力发展普惠金融，推行特色农业保险试点，鼓励金融资源、工商资本、企业主体进农村、下乡村，以规模化、集约化、企业化方式参与农业生产和农村发展；加快培育一批新型农业经营主体，大力发展多种形式的适度规模经营，积极推进田园综合体建设，探索产销无缝对接、产品精深加工、农旅深度融合的“新六产”跨界模式，促进农村一、二、三产业融合发展。要加快农村“空心房”整治。以国土厅在我县召开全省现场会为契机，按照扩面、提质、统筹、增效、建制要求，加力加速推进。扩面，即全面完成“空心房”整治任务，完成城乡建设用地“增减挂钩”和耕地占补平衡指标66.67公顷；提质，即依托市场，实现整治流程化、模块化、专业化；统筹，即与乡村振兴、规范村民建房、生态治理、危房改造等结合；增效，即将乡村闲置废弃宅基地、废弃企事业用房和退出的砖瓦窑厂等农村低效、闲置、分散的建设用地，全部纳入整治范畴，优化城乡建设用地布局，破解发展瓶颈；建制，即建新拆旧、保护耕地等形成制度，规范村民建房各项工作得到全面落实。当前重中之重就是要加快白泥湖高标准农田、六塘集中建房等项目实施，利用已形成建设用地指标引进重大项目，做到点上出彩、面上开花、整体示范，形成项目和利益的闭环。要加快美丽乡村建设。积极推进“农村双改三年行动”，逐步实现村镇规划全覆盖，全力推动农村集中建房由点到面、整域推进，加强农村环境治理，倡导推进“厕所革命”，精心建成一批各具特色、尽显其美的美丽乡村、美丽庭院。特别是要加速金龙示范片建设，利用恒大、交通职业学院项目启动机遇，补齐产业短板，对标“五美三宜”要求，推进“净化、绿化、美化、亮化、产业化”行动，全力打造可复制、可推广的“湘阴县样本”。要加快提升乡村文明。提质农家书屋、农民健身工程等阵地建设，继续开展“刹人情歪风、治婚丧陋习、树文明新风”专项行动，深入推进殡葬改革，加快农村公墓建设，坚决遏制奢侈浪费、大操大办之风。要完善乡村治理体系。加强乡镇服务能力建设，健全农业社会化服务体系，严格农村集体“三资”管理，培养一支懂农业、爱农村、爱农民的“三农”队伍。要通过不懈的努力，真正让农业更有奔头、农村更有吸引力、农民更有尊荣感。

3. 全力打好“三大攻坚”。打好“三大攻坚战”，是党的十九大提出的明确要求，也是决胜全面建成小康的重点，要采取超常措施，拿出过硬办法，确保取得决定性胜利。

全力打好防范化解重大风险攻坚战。要制定政府债务偿还计划和准备金机制，加强金融风险应急处置，确保不发生区域性系统性金融风险。严禁新上超出实际承受能力的“高大上”项目，严禁新上非必要性、非紧迫性、非公益性的“功利型”项目，坚决降低政府投资项目的造价和成本，坚决打破“一谈上项目就靠政府兜底，一谈发展就要政府拿钱”的路径依赖。要正确处理好上项目、抓发展与防风险、化债务的关系，坚持分轻重缓急、能缓则缓的原则，优先保障环保、脱贫等底线项目建设。要整合县内融资平台，支持平台公司做大做强，促进转型发展。要牢固树立过紧日子、苦日子思想，严控一般性财政和预算外支出。

全力打好精准脱贫攻坚战。始终坚持把脱贫攻坚作为第一民生工程，严格落实“五个一批”“六个精准”“七个加强”等工作要求，扎实抓好产业扶贫、政策兜底等“十大行动”，特别是要抓好易地扶贫搬迁，精准认定扶贫搬迁对象，坚持集中安置，严格房屋选址、建筑标准、质量安全等全过程管控，确保把好事办好、实事办实。对已脱贫对象要开展“回头看、回头查、回头帮”，提高脱贫稳定性、持续性。要加强各级党政一把手、村支“两委”、驻村扶贫队等扶贫责任，继续实行“三走访三签字”，做到逐户销号、脱贫到人、群众认账。要严格扶贫资金核发、使用、管理全时段监管，确保每一分钱都用在“刀刃上”。

全力打好污染防治攻坚战。牢固树立和践行绿水青山就是金山银山的理念，坚持源头严防、过程严管、后果严惩，完善环保工作责任体系和问责机制，推动生产、生活、生态融合发展。要持续抓好水环境治理，完成河道采砂、畜禽养殖分区、水资源配置规划，全面落实“河长制”，扎实推进洞庭湖生态环境专项整治“三年行动计划”，持续抓好中央环保督察问题整改，加快城区、重点乡镇、工业园区污水处理设施新建和提质改造，加快生活垃圾焚烧发电厂建设，完成附山垸垃圾填埋场封场治理和城乡一体化垃圾收转运系统建设。有序推进城乡黑臭水体治理，加快湿地生态修复，加强血吸虫防控，继续推进农村安全饮水工程，加强水源地污染整治，提高农村饮用水水质达标率。加强入河入湖排污口、水域岸线、河道垃圾和“僵尸船”整治，整顿采砂秩序，重拳打击盗采，取缔非法砂石码头，全面改善流域生态环境，还河湖一片安澜，还群众一泓净水。要突出抓好农业面源污染治理，推进渔业生态健康养殖，加强畜禽养殖污染防治，实施化肥农药“零增长”行动，促进秸秆等农业废弃物综合利用，严格农业生产全过程环境监管，启动“国土绿化”行动，坚决管好湘阴县每一寸土地。要深入推进大气污染防治，全面实行城区禁炮，狠抓建筑、道路、交通扬尘污染治理，全力打赢蓝天保卫战。

4. 稳步推进“四大提质”。树立“以人民为中心”的发展理念，坚持从群众呼声最强烈的事情抓起、愿望最迫切的事情办起，把更多的财政增量转化为老百姓实实在在的生活质量。

推进城乡交通提质。深入推进交通建设大会战，扎实做好湘江景观大道、樟树港大桥、虞公港建设等前期工作，全力配合抓好岳望高速湘阴县段建设，确保年内竣工通车。加快推进平益高速，拉通城湘大道，推进S308线鹤龙湖段拓宽、临白线至南湖洲道路硬化，建好、管好、护好农村公路，全方位打造外部配套成环、内部纵横成网的大交通格局。

推进县城建管提质。坚持向规划升级要品质，启动县城总体规划修编，加强南岸新城、大屋围等城市重点开发片区控详规划和城市设计编制，加强城市天际线、城市入口规划设计和沿江、沿河、沿湖、沿路建筑适当退让，管控好城市空间、建筑形态。坚决维护规划的严肃性，确保按照规划干到底、管到位、建设好。坚持向建设要品质，打通嵩焘中路、原吉路等道路，畅通城市微循环；以民本理念抓“城市双修”，实施棚改攻坚春季行动，集中力量推进漕溪港、三井头、大屋围、南岸新城等重点片区棚改，引进国内一流企业进行综合开发，打造既能承载乡愁、又有现代气息的城市新地标；扎实推进垃圾中转站、停车场等民生项目建设，让市民从平常生活中感受变化、得到实惠。坚持向管理升级要品质，继续推行“最严城管”，保持控违拆违高压态势，积极推进违法建筑清零工作，加强建筑立面和城市广告专项整治，让美好湘阴更加便捷舒适、更有温度质感。

推进民生实事提质。始终把群众冷暖放在心上，既尽力而为，又量力而行，集中力量做好社会保障、社会救助、就业兴业等普惠性、基础性、兜底线的民生建设，增强保障和改善民生的持久力。要持续开展水利补短板工程，抓好新泉寺、范家坝、洋沙湖泵站建设，完成沙田垸等重点堤防加固和险工险段治理，着力夯实防汛保安基础。要结合农村危房改造，试点先行，综合施策，稳步推进农村土坯房整治。目前，我县仍有一些贫困户、低保户、分散供养特困人员和贫困残疾人居住在土坯房中，居住条件恶劣，有些还存在安全隐患，与当前经济社会发展极不协调。各乡镇街道要把推进农村土坯房改造、改善弱势群体居住环境作为改善民生的大事来抓，根据全县统一部署，成立专班，摸清底数，精心制订方案，有序组织实施，补齐民生短板。要深入开展“三无”乡镇创建，推进信访存量化解攻坚，做到去存量、控增量、夯基础。要进一步完善社会治安防控体系，扎实开展扫黑除恶专项斗争，坚决做到有黑扫黑、无黑除恶、无恶治乱、无乱强基。要坚持既打涉黑组织，更打后面的“保护伞”，确保城乡安全、社会安定、群众安宁，让美好湘阴手可触及、心可感知。

推进社会事业提质。深入推进教育综合改革，做好恒大金龙学校、旭东学校建设前期工作，加快长郡洋沙湖中学建设，加大乡村教师招聘力度，培育本土名校和名师团队，统筹推进城乡教育一体化，巩固教育强县成果。积极推动农村转移人口进城落户安家，增强城市发展动力。坚持计划生育基本国策不动摇，全面落实“二孩”政策，全力争先创优。稳步推进公立医院综合改革，加快推进“医联体”和村级标准化卫生室建设，让老百姓享受更加优质的医疗服务。加快发展养老服务业，提升老年人的幸福感、获得感。推进岳州窑文化复兴工程，弘扬左公文化，办好郭嵩焘诞辰200周年纪念活动，进一步彰显湘阴县历史人文底蕴。

四、不负时代、不辱使命，以新姿态赶考新时代

加快湘阴县发展，关键在各级党组织、在各级党员干部。必须深入贯彻新时代党的建设总要求，始终保持“赶考”状态，不断增强领导发展的创造力、凝聚力、战斗力，不负时代、不辱使命，为建设“左公故里、美好湘阴”提供坚强保证。

1. 要拧紧思想政治这个总开关。各级党组织要把思想政治建设摆在首位，深入开展“不忘初心、牢记使命”主题教育，扭住思想政治工作这根生命线，用党的最新理论武装头脑、指导实践。要旗帜鲜明讲政治。坚定不移地维护以习近平同志为核心的党中央权威和集中统一领导，进一步增强“四个意识”、坚定“四个自信”、做到“四个服从”，自觉以党的旗帜为旗帜、以党的方向为方向、以党的意志为意志，任何工作都要以贯彻中央和省委、市委、县委精神为前提。严格执行请示报告制度，重大事项该请示的必须请示、该报告的必须报告，决不能选择性报告，决不能先斩后奏，决不能遮遮掩掩、瞒报虚报。要绝对忠诚强党性。自觉把习近平新时代中国特色社会主义思想作为引路旗帜，把党章党规党纪作为必修课，铭记第一身份是共产党员、第一职责是为党分忧、为党尽责。始终站在湘阴县发展和群众立场想问题、作决策，一心一意办实事、解难事、做好事。要深学细做提素质。眼界决定境界，格局决定结局。如果只盯着自己“一亩三分地”，看不到大局大势变化，往往就会画地为牢、目光短浅、孤立僵化。各级领导干部要对标“八种执政本领”，大兴学习提能之风、调查研究之风，进一步开阔视野格局，全方面提高决策能力，真正让学习与贯彻上级决策“对上号”、与研究解决问题“接上头”、与促进改革发展“连成线”。

2. 要鲜明选人用人这个风向标。为政之要，莫先乎人；成事之要，关键在人。面对新形势、新任务、新挑战，必须把选人用人作为关乎湘阴县发展的关键性、根本性问题来抓。要把实绩导向树得更牢。在这一点上，县委的态度始终是十分鲜明的，对组织负责、对发展负责、对群众负责的干部，组织对他们的发展也会坚决负责。对那些想干事的给机会，会干事的给平台，干成事的给地位。对那些到处托人说情、打招呼、跑跑送送的；部署的工作不务实、不落实，干事拖拖拉拉搞软抵抗，跟组织讨价还价的；为达到个人目的团团伙伙、拉山头、拜码头、搞利益共同体，牺牲公众利益进行利益输送的；不求做多少事、但求不出事混日子的，不仅坚决不用，而且坚决予以调整，该查处问责的还要严肃查处问责，坚决维护湘阴县山青水秀的政治生态。要把一线历练看得更重。基层实践是培养锻炼干部的“练兵场”，越是环境艰苦，越能磨炼品质、考验毅力。今后，县直单位干部尤其是年轻干部提拔重用要更看重乡镇、园区、重点项目征拆建设的工作经历。对那些敢担当、能干事、作风实的年轻干部，要有计划地安排到招商引资主阵地、维护稳定最前沿、征地拆迁第一线“墩苗”历练，积累阅历，砥励品格，增长才干。要把监督管理抓得更严。认真落实民主评议、谈心谈话、选拔任用事前监督等制度，出台科级干部政治标准考核评价办法，加大干部交流轮岗力度。对出现的苗头性、倾向性问题，及时“咬耳扯袖”，谨防“温水煮青蛙”。坚持严格管理与关心爱护干部相结合，坚持政治上激励、工作上支持、待遇上保障、心理上关怀，坚持“三个区分开来”，全力为担当者担当、为负责者负责。

3. 要奏响真抓实干这个最强音。建设“左公故里、美好湘阴”，绝不可能一蹴而就，唯有躬行践履、真抓实干。要抛开杂念比拼劲。一叶障目、不见泰山。一个领导干部心有私心杂念，往往会被利益诱惑绑架，干事就会左顾右盼、决策就会发生偏差。当前，湘阴县正处于推石上山、爬坡过坎的关键时期，也是从严治党的关键时期，我们干部一定要心底无私干事业，真正把智慧、担当融入到血液里、体现在工作中。要迈开步伐比冲劲。小平同志说过，没有一股子冲劲，就干不出新的事业。放眼未来几年，湘阴县各类风险叠加、攻坚克难任务繁重。各级干部对县委、县政府决定的事项、作出的部署、安排的工作，要坚持“一线工作法”，发扬“马上就办”的精神，第一时间作出反应，第一时间迅速行动，第一时间抓好落实。要甩开膀子比韧劲。保持“功成不必在我”的定力，敢抓未竟之业、未成之事，甘做铺垫性、基础性工作，不图一时之精彩，不畏一时之困难，以对湘阴县历史负责的态度，扎硬寨、打硬仗，将一个个项目落实落地、一个个风险消灭排除，一个个经济增长点培育壮大，干一件成一件，积小胜为大胜，确保各项工作不停步、迈稳步、年年都有新进步。

4. *要打牢基层基础这个关键点*。治国安邦，重在基层；管党治党，重在基础。要始终把抓基层打基础作为长远之计和固本之举，推动基层党建全面进步、全面过硬。要建强队伍。健全党组织书记抓党建述职评议考核办法，压紧压实各级责任，配齐配强党建力量。扎实开展“基层党建质量提升年”活动，下大力气解决基层党建要求不够严、标准不够高、工作不够细等问题。以提升能力为重点，扎实开展业务培训，造就一支爱党建、懂业务、肯付出的党务工作者队伍。要提升服务。用好村级综合服务平台，综合各项政务、商务、社会服务职能，打造乡村客厅。严格村（社区）干部轮流坐班值班、代办民生实事制度，全力支持村（社区）依托“58岳农”网开展民生服务，真正打通服务群众最后一道关。着力推动“党建+协会”管理模式，加强组织覆盖和工作覆盖，把农村基层党组织建成繁荣农业经济、带领农民致富、改善农村环境、服务中心工作的坚强战斗堡垒。完成乡镇区划调整改革扫尾，理顺管理服务体制机制，为群众提供更加优质高效的服务。村、社区书记作为一村“主心骨”，要牢记职责，增强本领，一心为民，肩负起兴一村经济、富一村百姓、建一村文明、保一村平安的重任，不辜负党委政府的期望和人民群众的信任。要减压减负。基层工作非常辛苦，基层干部很不容易，各级各部门要努力为基层减压减负，严格控制面向基层的考核评比、会议文件等，让基层干部腾出手来多为群众办实事、抓落实。

5、*要织密纪律约束这个防护网*。禁微则易，救末者难。要始终坚持抓早抓小抓苗头，坚持问题导向，聚焦正风肃纪，坚定走好新时代全面从严治党的长征路。要担起廉政建设之责。各级党组织书记要牢牢扛起管党治党的政治责任，切实履行统一领导、直接主抓、全面落实的主体责任。县纪委监委要认真履行监督责任，做到有案必查、有腐必惩，有责必问、问责必严。各级领导干部要严格落实“一岗双责”，真正把责任落在平时、落在经常。特别是中央新一轮巡视已经开始，全县各级党组织和广大党员干部要切实按照中央巡视要求，提高政治站位，全面落实从严治党各项工作。要绷紧“四风”整改之弦。锲而不舍落实中央八项规定及其实施细则精神，坚持从具体规定严起，从具体问题查起，从具体节点管起，从具体对象改起，决不放过隐形变异的“四风”问题，决不让“四风”问题反弹回潮。要高举腐败惩治之剑。坚持无禁区、全覆盖、零容忍，加大巡察、监察力度，用好监督执纪“四种形态”，严管“微权力”、严抓“庸懒散”、严治“浮拖软”，以惩治腐败的坚决行动，换到湘阴县政治生态的海晏河清、朗朗乾坤。

时代是出卷人，我们是答卷人，人民是阅卷人。初心不忘，方能回答时代之问；匠心守之，才能交出满意答卷。让我们在十九大精神的指引下，坚定信念，开拓创新，攻坚克难，锐意进取，奋力谱写“左公故里、美好湘阴”建设的崭新篇章！

政府工作报告

——2017年12月25日在湘阴县第十七届人民代表大会第二次会议上

湘阴县长　李镇江

湘阴县人民政府县长　李镇江

各位代表：

现在，我代表县人民政府，向大会报告政府工作，请予审议，并请县政协委员和其他列席会议的同志提出意见。

一、攻坚克难、接力奋战，迈出“左公故里、美好湘阴”建设新步伐

即将过去的2017年，在市委、市政府和县委的坚强领导下，我们认真贯彻“五大发展”理念，全面开启“左公故里、美好湘阴”建设，强力推进“一二四”行动，预计全年GDP、社会消费品零售总额分别同比增长6%、10%；固定资产投资下降21.2%；完成公共财政预算收入15亿元，增长10.5%；城乡居民人均可支配收入分别增长9.5%、8.5%；全面小康实现程度94.3%，提高2.4个百分点，全县经济社会发展保持稳中有进态势。

应对重大挑战，打赢了多场攻坚战。项目建设取得明显成效。铺开重大项目、重点工程50个，可孚医疗、卓达创新园等36个项目开工建设，鑫源新材料、元亨科技二期等8个项目加速推进，蓝天豚硅藻泥、苏德新材料等6个项目竣工投产；漕溪港码头二期基本完工；240国道湘阴县段创造了一年建成通车的新速度，新乔线、武警机场公路全线通车，投资6000万元将芙蓉大道湘阴县段改造升级为湘北旅游最美路，6.8千米洋沙湖大道和滨江南路高标准改造通车，全年县级交通建设投入达12.4亿元，为历史最多。防汛抗灾夺得全面胜利。面对降雨强度最大、水位涨势最猛、汛情险情最急的超历史洪水，全县上下超前备汛备战，科学查险处险，全力抗灾救灾，组织7.8万干群和武警官兵严防实守，实现了未溃一堤一垸、未垮一库一坝、未因灾死伤一人，夺得了沙田保卫战、湘阴县保卫战的重大胜利，彰显了湘阴县干群战天斗地、众志成城的抗洪精神！环境质量获得全省第一。以超常举措、超常力度加强生态环境保护，铁腕推进治水、治气、治砂和洞庭湖综合治理，全县9河14湖全面建立“河长制”，拆除非法矮围网围2200公顷，清除欧美黑杨130多公顷，关停退出畜禽养殖面积5.9万平方米，取缔非法砂场码头18个、入江排污口67处，关闭拆除砖瓦窑厂40家，节能减排任务超额完成，重点生态功能区县域环境质量年度考核排名全省第一。精准脱贫赢得攻坚胜利。将脱贫攻坚作为第一民生工程，组织28个驻村工作队、3700多名干部深入一线扶贫，1500多名人大代表、政协委员、非公经济人士积极参与社会扶贫。县以上财政直接投入3706万元，结对帮扶1.1万户，发放扶贫小额贷款7400万元，27个光伏发电项目建成并网，28个贫困村整体退出，7800名贫困人口脱贫。

抢抓难得机遇，举办了多场重大活动。湖南国际旅游节拉开了旅游发展大幕。成功举办2017

中国湖南国际旅游节，吸引14个国家和地区客商、数千名嘉宾参加开幕式，旅游资源推介会、国际摩托艇邀请赛、首届滨水休闲旅游高峰论坛和岳州窑国际文化艺术节等系列活动精彩纷呈，湘阴县的山水之美、人文之韵、发展之势得到全面展示，知名度、美誉度空前上升。长沙招商发布会提升了湘阴县对外形象。在长沙举办影响最大的一次综合性招商活动，成功签约项目24个，恒大地产、中民筑友等知名企业纷纷进驻。全年共引进项目53个，招商引资实现量质齐升。湘菜美食文化节助推了三产融合发展。出色承办第十二届中国湘菜美食文化节，有效推介了湘阴县特色食材，推广了湘阴县绿色食品，推动了湘阴县美食产业开发融合，获评全国首个“湖鲜美食之乡”。

深化改革创新，破解了多个发展难题。开放对接全面深化。大力实施“六大对接工程”，积极争取湘阴县纳入湘江新区拓展区，虞公港开发进入湘江新区港口规划取得进展，湘江景观大道前期工作加速推进。开放型经济加快发展，新增外贸企业8家，完成进出口总额2400万美元，增长10%。科技创新全面发力。实施县域创新驱动发展战略，首次设立1000万元创新基金，争取上级科技投入1500万元，在全省率先出台引进科技人才促进科技成果转化“十条”，启动湖南省高等院校科技成果转移转化基地创建，与中南大学等18所省内外高校院所结成政产学研联盟，高新区科技孵化中心、同济大学技术转移湘阴县分中心投入运营，成功创建远大可建、华康食品2个省级工程研究中心，获批全省知识产权建设强县。招才揽才取得历史性突破，成功引进创业博士3名、科技人才14名、各类专业人才71名。要素保障全面提升。完成征地155.93公顷，批回用地77.87公顷，清理闲置土地66.67公顷；强力拆违禁违，拆除农村“空心房”49.5万平方米，工作做法被省市推介，新增耕地73.33公顷。方争取上级项目225个、资金15亿元，增长59%。政府性融资平台改革完成，洞庭控股集团挂牌运营；加强与国开行、农发行、建行等金融机构战略合作，2家企业完成股改挂牌，星龙村镇银行即将开业，全县金融机构存贷款余额分别为159.3亿元、105.6亿元，增长12%、23.9%，存贷比66.3%，保险业务3.9亿元，金融业创税达8100万元。

推动产业升级，实现了多元转型突破。新型工业向高新升级。出台工业发展五年行动计划等4个促进工业转型升级文件，设立工业创新基金3000万元，支持本地工业产品纳入政府采购。新增规模企业7家，总部经济完成税收4000万元，增长160%。新增高新技术企业13家，清退“三高一低”企业6家。现代农业向“三品”升级。完成第三次全国农业普查和农村土地承包经营权确权颁证，流转土地3.2万公顷，新增樟树港辣椒、黄瓜等“三品一标”农产品22个，创建部级水产健康养殖示范场4家、专业合作社120家，特色水产完成产值19.6亿元，鹤龙湖螃蟹实现线上线下销售额8000万元，增长25%。实施粮油全程机械化示范工程，粮食持续增产增收，获评“中国好粮油行动”示范县。休闲旅游向全域升级。全方位、多渠道推介湘阴县，洋沙湖国际旅游度假区完成投资60亿元，正式开园营业；湘阴县文庙修缮、岳州窑遗址考古发掘启动；全年接待游客570万人次，旅游收入增长35%，全域旅游破题升温。商贸服务向规模升级。新增限上商贸企业11家，建成农村电商服务站点451个，145家企业产品上线运营，电商交易额达8.5亿元、增长106%，其中华康食品电商销售额达8000多万元、增长130%。新开工商品房13.18万平方米，完成开发投资6.13亿元，增长9.5%，房地产发展稳健有序、势头抬升。

推进城乡统筹，实施了多项提质行动。一批规划设计顺利完成。高标准完成高新园区、现代农业、全域旅游等10多个规划编制和城市设计。启动横岭湖自然保护区规划调整，科学划定全县生态红线，为洞庭湖保护和湘阴县发展争取了更大空间。出台设计方案管理、容积率管理等办法，获评全国规划建设管理先进县城。一批专项治理扎实开展。全面建立全域环境整治新机制，整合资金4500万元，着力推进环卫设施完善、陈年垃圾清运和样板乡镇示范村创建，建成金龙等3个乡镇垃圾转运站。狠抓刹人情歪风、治婚丧陋习、树文明新风，群众支持度、参与度不断提升。致力城市管理提质，组建成立县城市管理行政执法局，严格治限治超、治脏治乱，省级文明县城通过复查，国家卫生县城正式授牌。一批基础设施加快完善。去冬今春完成水利投资2亿元，今年秋冬修启动水利投资5.5亿元，实施了沙田垸、义合垸、白泥湖垸等堤防加固工程，完成浩河口崩岸、仁山垸等险工隐患处置110多处，疏浚沟渠270千米，冬修水利工作成为全省会议现场。启动农饮安全巩固提升工程，组建农村自来水公司，城乡供水一体化加快推进，解决不安全饮水10万人。实施集镇污水处理设施建设三年行动，第一污水处理厂二期即将完工。新建改造村级综合服务平台210个，完成县乡公路升级改造57千米、农村公路安保工程158千米，长期困扰湖区群众出行的临白线新干道年内竣工！一批试点示范有力推进。全面规范农村建房，完成集中建房示范点12处、按图建房1235户，金龙美丽乡村示范片建设成效显著，东塘镇赛美村获评全国文明村，金龙镇、鹤龙湖联星村、洋沙湖明山村等获评省级美丽乡村示范单位。全面启动城乡殡葬改革，新泉等5个试点乡镇公墓建设动工。扎实开展“森林小镇”“绿色村庄”和“两型村庄”创建，完成植树造林1866.67公顷，美丽湘阴县建设深入推进。

顺应群众期盼，办成了多批民生实事。社会保障不断提高。强力推进民生实事办理，启动棚改项目7个，农村危房改造2128户，移民避险解困搬迁820人；建成村级文化活动中心30个，送电影送戏下乡4928场次，新增数字电视用户1.2万户；低保与扶贫标准“两线合一”，县老年康复院、精神病医院投入使用，新增养老服务床位2569张；落实残疾人“两项补贴”1042万元，免费发放辅助器具2640件；完成102个村电力网改升级，建成沼气连片示范点7处，“气化湖南”湘阴县支线工程完工；新增就业再就业5331人，转移农村劳动力4746人，新增市场主体3620户，获批全国支持返乡人员创业试点县。社会事业繁荣发展。率先在全市完成教育化债1.83亿元，建设合格学校27所，招聘农村教师200人，一职专实训基地建设启动，实施湘阴县一中、左宗棠中学提质改造，顺利通过第三轮全省教育督导评估。新建标准化村卫生室10个，改建一批村卫生室，血吸虫病防治年度达标任务超额完成。郭嵩焘文化公园建成，岳州窑文化复兴工程启动，举办群众性文体活动460场次，获评全国群众体育先进县。社会大局和谐稳定。稳妥处置民间融资纠纷、问题楼盘等重点信访问题，办结信访积案32件。扎实开展安全生产大整治，全年未发生一起较大以上安全事故，获评省级安全生产示范县。严厉打击制假售假，获评全国消费维权先进单位。深入推进平安湘阴县创建，扎实开展“五打五整治”行动，加强特殊人群管理、社区矫正和禁毒工作，联合建设县强制戒毒所，年度综治民调居全省前列。

各位代表！一年来，我们注重建机制、打基础、解难题、利长远，强力推进政府自身建设，坚持依法履职、依法行政，自觉接受人大法律监督、政协民主监督，办结人大代表建议和政协委员提案258件。严格按规则办事，实行政府工作“周计划、月调度、半年讲评”机制和任务交办制、跟踪督办制，力求件件有着落、事事有回音。先后召开15次政府常务会和19次县长办公会，研究出台了政府性投资项目管理、协税护税、土地征收安置等促公平、增效益、提效能的政策文件，顺利完成210个村（社区）“两委”换届，切实规范工程项目指挥部设置、机关事业单位劳务派遣和临聘人员管理，清理“吃空饷”123人。置换融资成本较高的政府性债务23.89亿元，加强财政、审计监督，年节约财务和工程成本1.5亿元。持续推进正风肃纪，公职人员涉砂涉矿专项整治基本完成，“互联网＋政务服务”“互联网＋监督”系统建设稳步推进，行政监察和审计监督不断加强，处理处分公职人员177人。国防动员、双拥优抚、民兵预备役、人防、消防、海事、国调、应急等工作全面加强，爱卫、史志、档案、保密、老干、民宗、侨务、湖洲、气象、公积金、烟草、盐业、石油、邮政、通信等工作齐头并进，工会、共青团、妇联、工商联、文联、科协等群团组织作用充分发挥。

回顾过去一年，超历史特大洪灾、中央环保督察、国务院统计执法检查等重大考验接踵而至，困难比预料的要多，挑战比预想的要大。我们坚持抓发展、补短板、防风险，克服了一系列重大阻力，推出了一系列发展举措，推进了一系列重大工作，奋斗的历程充满艰辛，取得的成绩来之不易。这是县委统揽全局、协调各方的结果，是县人大、县政协有效监督、全力支持的结果，是全县广大干部群众勠力同心、团结拼搏的结果。在此，我代表县人民政府，向全县人民，向各位离退休老同志，向所有关心支持湘阴县发展的社会各界人士，表示衷心的感谢和崇高的敬意！

各位代表，受经济下行压力较大、增长动能新旧转换、土地调规制约等影响，尤其是在统计执法监督加强的特殊背景下，主要经济指标基数正逐步向本原回归，增幅低于预期。经济发展还存在不少困难和问题，主要是：县级财力不强，收支矛盾较大；部分项目推进不快，投资增长乏力，工业发展质量不高；民生改善还有不少短板，公共服务还不均衡，农村基础设施仍较薄弱；个别公职人员作风不实、担当不力，行政效能有待提升，等等。对此，我们将在今后的工作中采取有效措施，切实加以解决。

二、凝心聚力、奋发作为，开创“左公故里、美好湘阴”建设新局面

各位代表！发展无止境，奋斗正逢时。2018年是全面贯彻落实党的十九大精神的起步之年，也是迈进新时代、开启新征程的关键之年。我们必须始终保持一往无前的昂扬斗志、永不懈怠的饱满激情，自觉践行“五大发展”理念，大力实施“创新引领、开放崛起”战略，朝着“左公故里、美好湘阴”愿景，瞄准“领跑十三五、进军省十强”目标，不忘初心，牢记使命，奋力前行。

2018年政府工作的总体思路是：深入贯彻党的十九大精神和习近平新时代中国特色社会主义思想，全面落实中央、省、市和县委决策部署，坚持稳中求进总基调不变，按照高质量发展的要求，坚持“对标对接、融长发展”，以“一二四”行动为抓手，统筹推进稳增长、促改革、调结构、惠民生、防风险各项工作，着力打造“五个示范区”，致力推动“左公故里、美好湘阴”建设实现新突破、开创新局面。

2018年全县经济社会发展主要预期目标是：扎实做好第四次全国经济普查工作，用好主要经济指标数据调整“窗口期”，力争GDP增长8%左右，固定资产投资增长10%左右，社会消费品零售总额增长10%，规模工业增加值增长8%左右，公共财政预算收入增长9%，城乡居民收入分别增长9%、8%。

实现上述目标，必须突出抓重点、补短板、强弱项，扎实做好以下几方面工作：

（一）突出双量齐升抓增长，推动县域经济转型升级。全力以赴在稳增长上出实招，持续激活力、增动力、挖潜力，促进经济增量和质量同步提升，努力实现更高质量、更可持续发展。

大抓招商。坚持把招商引资作为县域经济发展的第一抓手，创新招商机制，完善“五个一批”工作方法，围绕四大主导产业，瞄准重点地区、知名企业，全力招大引强、招新引优，着力引进一批龙头型、总部型、成长型的财源项目。大力开展专业招商、驻点招商、乡友招商，对重点意向项目实行“一对一”“点对点”跟踪，力促意向项目早签约、签约项目真落地、落地项目早开工。动态式调整储备100个重点招商项目，力争全年引进项目30个以上，其中亿元项目10个以上、5亿元以上产业项目1个，到位资金60亿元以上。科学发挥投资拉动作用，积极争取国家投资、调控政府投资、促进社会投资，力争洞庭湖治理、虞公港等一批重点项目挤进计划笼子，确保全年争取项目资金15亿元以上。全力防控政府性债务风险，深化与金融机构合作，推动多元化融资方式落地。下真功夫优化投资环境，加强PPP项目推广，吸引更多社会资本参与基础建设和产业开发。

大兴实体。坚持把经济发展的着力点放在实体经济上，全面落实市“四个十条”和县创新“十条”，推动实体经济加速发展。激发和保护企业家精神，使企业家安心经营、放心投资，让纳税人得到全社会尊重！严格执行国家减税降费政策，严格规范涉企收费，兑现企业税收考核和支持企业发展的系列奖励政策，实打实促进企业融资、用工、用电等生产成本下降。引导企业对标“中国制造2025”和“工业4.0”，加快信息化、智能化改造，淘汰落后产能。支持企业提品质、创品牌，推进工业产品目录落地见效，鼓励企业运用互联网、大数据、人工智能等新技术，提高生产效率、提升产品质量、扩大销售网络、增加企业效益，培育规模企业10家以上。加强金融支撑，有效促进金融更好服务实体经济发展。提速行政审批，执行市场准入负面清单制度，着力构建亲清新型政商关系，为企业发展营造良好环境。

大促消费。将服务业作为重要增长点培育，坚持以服务促消费，推动城乡消费规模增长、结构升级。加快城市综合体、汽车贸易等专业市场建设，新建和改扩建城区集贸市场2个，着力培育物流服务。扎实推进电商产业三年行动，促进电商网点全覆盖，积极引导县内产品上线，力争产品网上交易突破10亿元。出台促进现代服务业发展意见，引导楼宇经济、品牌酒店、特色美食、休闲娱乐加快发展，做大汽车、物流、金融、信息等现代服务业规模，积极培育旅游、文化、体育、健康、养老五大幸福产业，吸引城市中高端消费。用足用好住房公积金，发展住房租赁市场，加快精品楼盘开发，依法整治问题楼盘，支持房地产业健康有序发展。倡导诚信守法经营，加强烟草、食盐、成品油等市场监管，严肃查处假冒伪劣、虚假广告等行为，加强消费者权益保护。

（二）突出开放对接抓创新，推动三次产业提质升级。实施创新驱动、开放带动、产业联动，调优产业结构，壮大产业实力，构建优质产业体系，推动三次产业向高新高端、品质品牌发展。

加快园区升级兴工。坚持工业强县、园区兴工、项目立园，引进战略投资商推动园区发展革命，推进工业发展五年行动，力促工业税收增长15%以上。按照工业主导产业“五个一”要求，完善产业发展机制，大力建链、强链、补链，推动以远大可建、蓝天豚硅藻泥为代表的绿色建筑建材，以奇思环保、元亨空调为代表的绿色装备制造，以长康集团为代表的绿色食品等主导产业集群发展，力争支柱产业总产值增长15%以上，提速新型工业化。充分发挥创新引领发展第一动力作用，加快建立科技创新体系，保持1000万元以上科技创新基金，引导企业加大研发投入，加强产学研合作，支持远大可建“蜂芯”成果转化，新增省级科研平台2个、高新技术企业3家以上，争创湖南科技成果示范县和县域创新示范县。大力推进工业企业“退二优二”“退二进三”，加快开放型经济发展，新增外贸企业3家以上，进出口贸易增长12%。完成园区管理机制和集中授权改革，切实加强“权、钱、人、地”要素保障。依托华夏幸福建立园区发展新模式。启动实施高新区规划，加快推进路网、水网、电网、热网和服务要素设施配套，新建标准厂房20万平方米，推进污水厂建设，全面提升园区承载能力，打造投资洼地。

加快三产融合兴农。大力实施现代农业发展规划，推动现代农业接二连三、融合发展。实施精品粮油工程，3年投资2亿元以上，强力推进“中国好粮油示范行动”，实施土壤污染治理、绿色有机种植、农业综合开发、合作组织培育、农机示范和供销惠农服务六大配套工程，发展绿色高产示范片13333公顷、稻虾种养2000公顷以上，以全产业链促粮食产量提高、质量提标、效益提升。实施龙头培育工程，新增土地流转3333.33公顷，重点扶持50个以示范合作社和家庭农场为主的新型农业经营主体，支持长康、华康、义丰祥等企业创新发展，培育精深加工企业3家左右，加快构建现代农业生产体系和经营体系，争创全国渔业健康养殖示范县。实施品牌创建工程，推进“一乡一业、一村一品”开发，提质鹤龙湖特色水产和杨林寨、南湖洲绿色蔬菜基地，大力发展藠头、辣椒、萝卜等特色农产品。推进标准化生产，建成农产品质量检验检测中心，逐步建立从田园到餐桌的质量追溯体系，引导特色农产品上网上行，力争新增“三品一标”认证20个以上，打造品质可信、品牌响亮、品味高雅的湘阴县绿色农产品。

加快重点突破兴旅。坚持把旅游业作为战略性支柱产业来培育，以旅游促产业、带百业。突出龙头景区带动、精品景区推动和全域旅游互动，努力打造全省知名的休闲度假首选地、湖湘文化体验区。抓实“一大创建”，按照《全域旅游发展规划》，健全工作机制和配套政策，大力推进全国全域旅游示范县创建三年行动。加大旅游招商力度，重点推进1个特色旅游小镇、1个乡村旅游点开发，完善通景公路、旅游厕所等一批配套服务设施，力争旅游直接投资10亿元以上；精心策划旅游形象宣传，加快特色旅游产品开发，提高旅游接待能力。激活一个龙头，支持洋沙湖国际旅游度假区提升渔窑小镇旅游品质，加快开发麦咭乐园、地中海小镇等项目，增强六大系列产品吸引力，加快打造区域性休闲度假首选地。重推“一条线路”，围绕“一心、两圈、三带”布局，串联柳庄、南泉寺、左宗棠文化园等景点，形成成熟的湖湘文化休闲旅游线路，广泛吸引旅游客源。打响“四张名片”，依托水优势，着力开发水上运动、水上观光、游轮游艇等亲水旅游项目，打响滨水休闲旅游名片；深入挖掘湖湘文化、湘军文化内涵，开发左宗棠等名人资源，精心筹办郭嵩焘诞辰200周年纪念活动，打响湖湘文化名人故里名片；大力推介湘阴县菜品食品，打响“中国湖鲜美食之乡”名片；深度挖掘岳州窑青瓷文化，将考古发掘、文化复兴与艺术创新有机结合，启动青瓷艺术古镇规划招商，擦亮千年瓷窑艺术名片。实施“旅游+”计划，推动旅游业与体育健身、健康养老、休闲农业等产业融合发展，着力把旅游业发展成为实实在在的富民产业。

（三）突出攻坚克难抓项目，推动基础优势聚集升级。坚持项目为大、项目为先，围绕水、工、城、路等重点领域聚焦聚力，持续开展项目大攻坚，掀起项目建设大热潮。

主攻产业项目。严格实行手续代办制、服务承诺制等制度，因企施策精准帮扶帮促，推动产业项目快落地、快建设、快投产、快见效，确保恒大生态康养谷、拓沃重工等20个以上项目动工建设，加速推进可孚医疗、中民筑友等15个以上在建项目，实现建华二期、金高电力等10个以上项目投产达效，力争标准化厂房入驻企业20家以上，推动项目满园，坚持不懈推进绿色装备制造、绿色建筑建材、绿色食品和全域旅游产业发展壮大。

主攻交通项目。持续推进交通大投入、大联网、大提质，启动百亿投资，重点推进九大交通工程。“一座新桥”，完成樟树港大桥前期工作，力争9月前动工建设。“两条高速”，加快岳望高速湘阴县段及配套工程建设，确保6月前竣工通车；确保平益高速湘阴县段年初动工建设。“两大港口”，完成漕溪港码头二期和漕溪港物流园建设；力争虞公港开发立项，启动前期工作。“四条通道”，启动湘江沿江大道建设，拓宽改造S308鹤龙湖至新泉段，拉通城湘大道，完成临白线至南湖洲硬化。同时，新建和提质改造农村公路100千米，实施农村公路安保工程150千米，改造危桥30座，加快构建四通八达、互联互通、绿色便捷的现代综合交通网。

主攻城建项目。稳步推进棚户区改造四年行动计划，启动嵩焘、城南等7个棚户区改造，加快城东片区开发，推动县城向东扩容提质，建设一个江湖连通、城水相依的“大东湖”。加快实施以生态修复、城市修补为重点的城市“双修”，推进建成区雨污分流，完成附山垸垃圾填埋场治理修复，实施城市生活垃圾无害化处理厂二期技改，积极推动第五自来水厂建设，完善东塘等6个集镇污水处理设施，改造通达湖等8处排水防涝工程。以棚改政策为契机，按照市场化运作的原则，整合岳州窑、文庙、左宗棠文化园等景区景点，稳妥推进湘阴县古城保护与开发，挖掘城市特色与活力，把湘阴县打造成为生态人文之城、创新创业之城、旅游康养之城、休闲美食之城！

主攻水利项目。持续开展水利补短板“五大工程”，重点推进镜明河、洋沙河、白水江、南湖洲哑河、岭北夹洲哑河等14处险工险段治理，实施烂泥湖、湘江右岸樟静段堤防加固等9项重点水利工程，新建新泉寺、范家坝、洋沙湖、南湖洲等4处泵站，清淤塘坝150处、疏浚沟渠280千米，水库除险加固12座，改善灌溉面积4000公顷，解决农村安全饮水10.6万人，实现安澜保民、兴水惠民，让水安水利、水清水美的水环境助力乡村振兴。

（四）突出建管并举抓统筹，推动城乡发展融合升级。坚持城乡一体、三级联动，统筹推进规划提升、建设提质、管理提效，为城乡融合发展拓展新空间、改善新面貌。

狠抓规划提升。抢抓国家划定“三条红线”机遇，力争湘阴县纳入全省区域发展和大长沙发展规划，赢得发展主动权。统筹全域旅游、城乡建设、土地利用与生态保护等规划，逐步推进“多规合一”；适时启动县城总规修改，加快重点地区战略发展和特色小镇规划编制，完成80%的村庄规划，完善城乡规划体系。推进规划管理向乡村延伸，加大巡查力度，严格批后监管，保持控建拆违高压态势，实现规划管控全覆盖。

狠抓基础配套。持续推进城镇提质工程，不断完善城乡基础设施。加快城区中小学校建设，建成郭嵩焘纪念馆等一批文化设施，不断增强城市教育、医疗、文化等核心功能。实施城区疏堵保畅工程，盘活停车场资源，建设社会化停车场2处。拉通原吉路、嵩焘中路等道路，打通断点、消除堵点，缓解停车难问题。新建5G微型基站400个，新增光缆2000千米，实现农村光网全覆盖。实施农村电网扩能工程，新建改造高压线路1100千米，更换10千伏配变台区383个，让群众用上“舒心电”。依法整治整合燃气市场，加快燃气向乡镇街道延伸。

狠抓规范建设。坚持以工匠精神和艺术思维建设美丽城乡，统一管控城市天际线、水际线、楼际线、色调线，加强项目评审、建筑风貌把关、精心设计施工，实行“四制”管理，努力打造城市标志性建筑、精品楼盘、靓丽小区、美丽村庄和集中建房示范点。严格新开发楼盘基础配套验收，全面规范住宅小区物业管理。坚定不移推进规范农村村民建房，深入推进农村“拆危房旧房空心房”整治，全面开展农村宅基地使用清理，严格实行集中建房，严禁城区私房建设和农村零星建房、违法建房，确保每个乡镇建成一个集中建房点，打造30户以上集中建房示范点5处。

狠抓管理创新。推进网格化管理，深化城市综合执法改革，实行城管队员驻社区、联网格，把管理细化到社区、街道和楼宇。推动城市管理向集镇、乡村延伸，实现全方位、全区域、全时段管理，推动“三城同创”升级。打造信息化平台，以智慧城管、平安城市、智慧人社为切入点，统筹推进智慧县域建设，提升城市管理服务水平。严格规范化执法，强力推进环境卫生、渣土运输、农贸市场和交通秩序常态整治，以“眼里揉不进沙子”的态度，管出城市好形象。

狠抓乡村振兴。按照“产业兴旺、生态宜居、乡风文明、治理有效、生活富裕”总要求，推动乡村振兴战略落地见效，以美丽乡村扮靓美丽湘阴县。积极探索强农业、美农村、富农民的新机制、新思路，出台支持乡镇集镇发展办法，大力推进中心镇扩容、特色镇开发、重点镇提质，加快构建以城带镇、以镇促城、城镇联动的新型城镇化体系。加快推进美丽乡村建设，多渠道整合筹集资金，加大基础建设、风貌改造、公共配套投入，重点打造金龙示范片。积极推进“厕所革命”。务实推动村务公开，加强并村后续管理，健全自治、法治、德治相结合的乡村治理体系，全面提升村级综合服务平台功能，切实加大村社区运转经费投入，稳妥推进乡村债务化解，培养造就一支懂农业、爱农村、爱农民的“三农”工作队伍，让基层更具活力、人民更加满意！

（五）突出全域整治抓生态，推动绿色发展整体升级。坚守绿水青山就是金山银山理念，像保护眼睛一样保护生态环境，让绿色成为湘阴县最亮的底色。

全面推进洞庭湖综合治理。常态化开展“十大清湖”行动，助推洞庭湖水环境综合治理五大专项行动升级，还洞庭湖一湖清水。加强东湖—洋沙湖湿地和横岭湖水域生态保护修复，推进城乡黑臭水体治理，加快澧溪港等4处综合治理项目实施，严防河湖围网反弹。开展农药“零增长”行动，推进农业面源污染防治。新建县级病死畜禽无害化处理系统。大力推进节能减排，全面关停12家砖瓦窑厂，培育新墙材企业，狠抓黄标车、扬尘治理，淘汰小型燃煤锅炉，严禁秸秆焚烧，坚决打赢蓝天保卫战。

全面推进河长制落地见效。将144个内湖纳入河长制责任体系，组建河道湖库协管员、保洁员、巡查员队伍，量化河道清面、清养、清乱责任清单，建立日常监管巡查制度，推动巡河、治河、护河责任体系全覆盖。统筹上下游、干支流、左右岸，围绕水资源保护、水污染防治、水环境改善、水生态修复四大主要任务，综合推进“五水共治”，定期开展联合执法，坚决杜绝乱围乱堵、乱采乱挖、乱倒乱排等现象，推动河湖治理系统化、监管常态化，打造山水林田湖草生命共同体。

全面推进全域环境治理。坚持把全域环境治理作为加强生态保护、助力全域旅游的重要举措，努力实现乡村整治与乡村经济、乡村文化同步发展。建立常态化保洁机制，实现村级环卫自治组织全覆盖。科学配备农村垃圾收集处理和转运设施，建设乡镇垃圾压缩中转站13个，最大限度实现垃圾减量化、资源化、无害化处理。严格按照“十无、十有、十到位”要求，建立四级联动考评机制，打造一批农村环境治理样板乡镇、示范村，带动美丽乡村共建共创、镇容村貌更净更美！

全面提升城乡生态文明。坚持走生产发展、生活富裕、生态良好发展之路，不断深化生态文明建设。大力植树造林，持续推进“绿满湘阴县”造林工程，深入开展全民绿化行动，完成造林3000公顷、义务植树120万株、绿色通道工程220千米。严格耕地保护，科学调整划定永久基本农田控制线，促进节约集约用地。大力推广绿色建材墙材，维护和建设户用沼气1000户，推广太阳能热水器1500台。大力倡导绿色生活方式，扎实开展“两型机关、两型村庄、绿色社区、绿色学校”创建活动，积极开展节水节电行动，争创全国生态文明示范县。

（六）突出共建共享抓民生，推动全面小康

稳步升级。坚持民生改善一年接着一年干、一件接着一件办，重点推进20件民生实事，确保在幼有所育、学有所教、劳有所得、病有所医、老有所养、住有所居、弱有所扶上取得新进展。

合力扶贫脱贫。坚持扶贫、扶志、扶智相结合，按照“两不愁、三保障”标准，聚焦“三率一度”，持续推进脱贫攻坚“十大行动”，加大产业、金融、光伏扶贫和易地搬迁工作力度，建立健全稳定脱贫长效机制，加强资金使用监管，确保28个已退贫困村不返贫、11780名建档立卡贫困人口脱真贫、真脱贫，实现稳定致富可持续。

大力兴教强教。坚持教育优先，实施城乡教育均衡发展三年行动计划，办人民满意教育，让教育成为湘阴县最恒久的发展实力。加强教育管理，推动教育去行政化，让学校回归教书育人本位。创建标准化学校9所、合格幼儿园7所，改造农村薄弱学校3.6万平方米。加强师资队伍建设，定向培养免费师范生100人，公开招聘农村教师200人，力争两年内解决全县师资不足问题。培养一批专业能师，评选一批教育名师，提高教师待遇，造浓尊师重教氛围。加强学前教育，狠抓义务教育，提升高中教育，提质职业教育，加力特殊教育，全面深化素质教育，持续发展优质品牌教育，确保教育质量年年进步。加强师德师风建设，规范教师从教行为，重视校园安全和校车安全管理，积极创建安全文明校园。

加强保险保障。大力实施“引老乡、建家乡”工程，支持乡友回乡创业、投资兴业。积极扶持就业创业，建好创新创业服务平台和创业孵化基地，加强职业技能培训，新增城镇就业5000人、转移农村劳动力5500人，确保城镇零就业家庭动态清零。继续实施全民参保计划，积极推进“五险同征”，实施新一轮被征地农民社保政策，推动法定人员参保全覆盖。全面落实城乡低保、五保、医疗救助政策，加快儿童福利院、残疾人康复中心建设，免费适配残疾人辅助器具2800件。鼓励社会投资养老机构，支持发展志愿者服务组织，关爱空巢老人、留守儿童。加强保障性住房运营管理，新增一批限价房源，改造农村危房1000户。

提升文化文明。完善公共文化服务体系，促推新图书馆、体育馆尽早投入使用，建设村级综合文化服务中心30个，开展全民健身和群众性文体活动500场以上、文化下乡80场次以上，新增数字电视用户1万户。加强文物保护利用和文化遗产保护传承，推进岳州窑文化复兴工程。建立文艺基金，鼓励文艺工作者推出精品力作，支持发展艺术、体育、健身、数字院线等文化产业。坚持正确舆论导向，加强媒体和网络监管，讲好湘阴县故事，扩大湘阴县影响。积极培育践行社会主义核心价值观，重视关心青少年健康成长，切实加强社会诚信体系建设，持续开展“刹人情歪风、治婚丧陋习、树文明新风”专项治理，深入推进殡葬改革，启动县级新陵园建设，在全县积极推行遗体火化，因地制宜建设乡村公益性墓地，坚决遏制大操大办、铺张浪费现象，推动社会风气持续好转。

提质卫生计生。加快健康湘阴县建设，深入开展爱国卫生运动，深化县人民医院与湘雅医院医联体合作，完成县妇幼保健院新院建设，每村建好一个标准化村卫生室。完善分级诊疗制度，加强基层医疗卫计服务体系和全科医生队伍建设，扎实做好重大传染病防控、血吸虫病防治工作，优化基本公共卫生服务。巩固基层卫计综合执法改革成果，加强计划生育目标管理，坚持“一票否决”制度，落实奖励优惠政策，不断巩固提升计生工作水平。

三、不忘初心、担当奋进，展现“左公故里、美好湘阴”建设新作为

各位代表！使命在心，重任在肩。完成2018年目标任务，必须以更高标准、更强举措，进一步加强政府自身建设，大力弘扬“左公精神”，围绕建设法治、责任、效能、创新、服务、廉洁政府，不断提升行政效率，推动工作落实落地。

（一）加强组织保障抓执行。完善领导包联机制，建立健全政府工作目标任务分解和包联责任制，实行政府领导、部门单位一把手一包到底，做到分工负责、人人有责。完善跟踪调度机制，对县委、县政府确定的重要指标、重点工作、重大项目，实行年初“建账”、年中“查账”、年底“交账”，一周一安排、一月一调度、一季一讲评，以现场会、推进会、讲评会促进度，推动政府高效运转。完善绩效考评机制，严格政府目标管理，将各项工作细化、量化、清单化，加大督查、考核、奖惩力度，以严格的绩效考评，激励广大干部干事创业、建功立业。

（二）加强改革保障激活力。以供给侧结构性改革为导向，坚定不移向改革要动力、要活力、要效率。抓经济体制改革落地，全面落实“放管服”政策措施，抓好“五证合一”“双随机、一公开”、商事制度、不动产登记等改革落地，以铁的决心推动行政审批制度改革和政府职能转变，争创供销合作社综合改革示范县。抓行政体制改革见效，科学统筹机构设置、重新核定人员编制，下决心解决人浮于事、人事不相称现象，稳妥推进事业单位改革。抓农村综合改革深化，推动农村土地和集体产权制度改革，推进承包地“三权”分置，保持土地承包关系稳定不变，引导土地经营权规范有序流转，保障农民财产权益，壮大集体经济。

（三）加强法治保障优环境。坚持依法治县，加大“七五”普法力度，深入开展法治机关、乡镇（街道）、村（社区）创建活动，严厉打击强揽工程、强买强卖、强行阻工和堵门堵路堵桥等阻碍项目建设、妨害湘阴县发展的违法违规行为，决不让违法者得益、闹事者得利。坚持依法履职，严格按照法定程序、法定权限、法定职责行使权力，严格科学民主决策，坚决执行县人大及其常委会的决定决议，自觉接受人大、政协监督，认真办理人大代表、政协委员建议提案，不断增强政府公信力。坚持依法办事，大力推行公开承诺，严肃整治不作为、乱作为行为，完善“互联网＋政务服务”平台，加快县政务服务中心建设，规范政务信息公开，提升政务服务水平，努力建设人民满意的服务型政府！

（四）加强要素保障促发展。积极化解用地紧缺难题。坚持项目争地、依法供地、集约用地、规划控地相结合，加大土地开发整理、存量用地清理力度，力争收储城建用地66.67公顷、工业用地13.33公顷、报批土地166.67公顷，保障重点工程项目建设需要。严格执行征迁补偿安置统一标准，取消城区宅基地安置，大力推行货币补偿安置，确保征迁工作公开公平、阳光透明。主动破解资金短缺难题。狠抓重点企业、行业和项目税源监控，加强协税护税，着力挖潜增收，确保应收尽收。严格预算执行，严格编制管理，常态清理“吃空饷”。全面开展国有资产资源清理清查，着力盘活国有资产。加大项目资金整合力度，切实加强政府性投资项目管理，提高资金使用效益。规范融资行为，创新融资举措，做大做强洞庭控股集团，确保政府融资低成本、可持续。引导金融机构扩大信贷投放，力争存贷款余额分别增长15%、25%。加大招商引行力度，推进传统金融与新金融互补融合，争创县域普惠金融示范区。强力化解人才短缺问题。扎实推进“5215”人才引进工程，采取直接招录和柔性引进方式，力争引进300名以上教育、卫生、农业、水利、规划、文秘等方面的急需紧缺人才。加大专业骨干人才培养力度，落实人才激励奖励政策，让各方面优秀人才愿意来、留得住、能出彩，建设高素质公务员队伍。

（五）加强安全保障保稳定。提升社会治安综合治理。扎实开展平安湘阴县创建，推动城乡安保视频监控、地面警民巡逻防控全覆盖；加强司法执法协调联动，深入开展严打整治专项行动，精准打击涉毒涉赌、两抢一盗等群众反响强烈的违法犯罪行为；将禁毒戒毒作为治安治县的重要任务，建好5个社区戒毒康复中心，做好社区矫正、特殊人群管控和戒毒工作，确保综治民调保先进位。提升信访维稳工作水平。健全群众工作网络和信访责任制，完善社会矛盾排查预警和调处化解机制，畅通信访渠道，办好12345热线、县长信箱，及时解决群众合理诉求；深入开展突出信访问题治理，推进涉法涉诉信访改革，落实信访依法终结制度，完成民间融资领域、问题楼盘等一批信访积案处理。提升安全生产示范创建。压紧压实各级安全生产责任，夯实安全生产基础，常态化开展打非治违，持续开展“八大重点整治”，推行事故隐患治理“一单四制”，坚决杜绝较大以上安全事故发生；落实“四个最严”要求，严厉打击食品药品领域违法犯罪，确保食品药品安全；加强森林防火、地质灾害防治，建立防汛责任新机制，进一步提升应急能力和防灾减灾救灾能力。

（六）加强作风保障树形象。落实“忠诚、干净、担当”要求，持之以恒纠“四风”、转作风，树新风。知行合一讲政治。以“不忘初心、牢记使命”主题教育活动为契机，切实加强政府系统党的建设，严守政治纪律和政治规矩，增强“四个意识”，坚决落实上级各项决策部署，维护县委权威，确保政令畅通。善作善成讲实干。

倡导务实、高效、简捷作风，事事向实处着力，人人用实干说话，雷厉风行抓落实，久久为功办实事，努力做到说一件、干一件、成一件。克己奉公讲廉洁。认真落实党风廉政建设“两个责任”，严格执行廉洁自律各项规定。支持县监察委改革落地，推动审计监督全覆盖，加强行政审批、工程招投标、政府采购、财政评审等重点领域监管，严控“三公”经费支出，扎紧管人、管事、管钱的制度笼子。严肃查处各类违法违纪行为，坚决纠正侵害群众利益的不正之风，永葆人民公仆本色。

各位代表！昂首走进新时代，我们必须登高望远、脚踏实地，坚定不移贯彻落实发展新理念，始终把发展作为第一要务，在转变发展方式、优化经济结构、转换增长动力的攻坚战中，在国家建设现代化经济体系的机遇和挑战中，坚持质量第一、效益优先，坚决抛弃不讲质量、没有效益的项目，坚决抛弃不切实际、表面光鲜的政绩工程，坚决抛弃不顾长远、只图眼前的短期利益，全力以赴办好每一件更高质量、更有效率、更加公平、更可持续的实事，努力创造经得起实践、历史和人民检验的实绩。我们坚信，湘阴县人民有勇气、有智慧、有能力把握机遇、战胜困难，湘阴县经济有优势、有潜力、有后劲实现加速赶超！

各位代表，征程万里风正劲，重任千钧唯担当。让我们在县委的坚强领导下，带着人民对美好生活的向往，凝心聚力，锐意进取，埋头苦干，奋勇前行，为加快建设“左公故里，美好湘阴”而不懈奋斗！

附件1：

名词解释

1. “一二四”行动：即扎实做好对接融长一篇文章，着力打牢项目建设和党的建设两个基础，突出抓好水、工、城、路四个重点。

2. “河长制”：即由各级党政主要负责人担任“河长”，负责组织领导相应河湖的管理和保护工作。

3. “六大对接工程”：即规划对接、交通对接、产业对接、生态环境对接、科教和公共服务对接、体制和政策对接。

4. “三高一低”：即高投入、高能耗、高污染、低效益。

5. “三品”：即品质、品牌、品味。

6. “三品一标”：即无公害农产品、绿色食品、有机农产品和农产品地理标志。

7. “两线合一”：农村低保标准与扶贫标准同步提高，低保线与扶贫线实现对接统一。

8. “两项补贴”：即困难残疾人生活补贴和重度残疾人护理补贴。

9. “五打五整治”：即打黑除恶、打击盗抢骗、打击赌博犯罪、打击毒品犯罪、打击暴力恐怖犯罪；整治交通秩序、涉政型经济犯罪、三堵问题、三违三强问题、安全生产隐患。

10. “五个一批”：即科学包装一批、大力推介一批、精准对接一批、跟踪签约一批、落地开工一批。

11. “四个十条”：即市委、市政府先后出台的关于产业园区、开放型经济、非公有制经济、金融业发展四个十条意见。

12. “中国制造2025”：是我国实施制造强国战略第一个十年的行动纲领，提出了坚持“创新驱动、质量为先、绿色发展、结构优化、人才为本”的基本方针，明确了提高国家制造业创新能力、推进信息化与工业化深度融合等9大任务，新一代信息通信技术产业等10大重点领域，智能制造、绿色制造、高端装备创新等5项重大工程，实现到2025年迈入制造强国行列目标。

13. “工业4.0”：指以智能制造为主导的第四次工业革命，主要是利用物联信息系统将生产中的供应、制造、销售信息数据化、智慧化，推动制造业向智能化转型，实现智能工厂、智能生产、智能物流。

14. “五个一”：一个产业发展规划、一个产业发展政策、一个产业发展基金、一个产业项目招商方案、一个产业龙头企业和配套企业培育行动。

15. “退二优二”：即对产能落后、不符合安全生产要求、不符合环保和节能减排要求的低效利用工业用地的企业进行清退，并进行重新规划建设。

16. “退二进三”：即在产业结构调整中，将城区工业企业逐步搬迁、改造或关停，发展商业、服务业等第三产业。

17. “一心、两圈、三带”：“一心”，即把县城打造为全域旅游综合服务接待中心、旅游产品集聚中心。“两圈”，即按串珠成线的思路，从长沙进入湘阴县，将金龙、樟树、沿湘江、县城、鹅形山的线路联结为一个小旅游圈；从望城乔口进入湘阴县，将西部湖区乡镇、横岭湖、青山岛、南洞庭湖与县城、鹅形山等东部景区景点联结为一个大旅游圈。“三带”，即打造以休闲度假为主的芙蓉北路旅游带、以乡村旅游为主的青山带、以湖湘文化为主的湘江沿岸体验带。

18. “三条红线”：即城市开发边界红线、永久基本农田保护红线、生态保护红线。

19. “四制”：即项目建设法人责任制、招投标制、监理制、合同制。

20、“十大清湖行动”：即清非法排污、清非法采砂、清非法码头、清河湖垃圾、清非法构建物、清有害生物、清非法养殖、清非法捕捞、清非法捕猎、清沟渠淤泥。

21. “五水共治”：即治污水、防洪水、排涝水、保供水、抓节水。

22. “十无、十有、十到位”：十无：即全域无立式广告招牌、全域无违章搭建棚亭、全域无非法喷贴广告、全域无破损标语横幅、全域无白色塑料垃圾、全域无非法加工作坊、全域无成堆裸露垃圾、全域无垃圾露天焚烧、全域无建材随意堆放、全域无非法畜禽养殖。十有：有党政重视、有专抓班子、有运作机制、有筹资办法、有工作经费、有保洁队伍、有设施设备、有自治组织、有督查讲评、有奖惩机制。十到位：每月整治到位、督查到位、排名到位、讲评到位、会商到位、公示到位、曝光到位、奖惩到位、通报到位、每年兑现到位。

23. “两不愁、三保障”：稳定实现扶贫对象不愁吃、不愁穿，保障其义务教育、基本医疗和住房。

24. “三率一度”：即错评率、漏评率、错退率和群众满意度。

25. “五险同征”：即养老、医疗、失业、工伤和生育五项社会保险费统一征收，杜绝用人单位选择性参保。

26. “放管服”：即简政放权、放管结合、优化服务的简称。

27. “五证合一”：即工商营业执照、组织机构代码证、税务登记证、社会保险登记证和统计登记证。

28. “双随机、一公开”：即在监管过程中随机抽取检查对象，随机选派执法检查人员，抽查情况及查处结果及时向社会公开。

29. “三权分置”：指在坚持农村土地集体所有的前提下，促使承包权和经营权分离，形成所有权、承包权、经营权三权分设，经营权流转的格局。

30、“5215”人才引进工程：即用5年时间引进200名全日制硕士研究生及以上学历人才，引进1000名教育、卫生、农业、城建规划类等专业技术人才，引进5000名企业中高层管理和专业技能人才。

31. “八大重点整治”：即非法燃气站（点）专项整治、非法加油站专项整治、建设领域专项整治、治超治限与水上交通安全整治、校车安全专项整治、消防安全专项整治、电梯设施运行安全专项整治、企业安全生产整治。

32. “一单四制”：即指县级以上负有安全生产监督管理职责的部门对日常监督检查中发现或上级交办、群众举报、媒体曝光、其他部门移送、下级有关部门和生产经营单位报告的重大事故隐患，经研究认定，形成重大事故隐患清单，并对每项重大事故隐患治理任务实行交办制、台账制、销号制、通报制管理。

33. “四个最严”：即最严谨的标准、最严格的监管、最严厉的处罚、最严肃的问责。

34. “四个意识”：即政治意识、大局意识、核心意识、看齐意识。

35. “两个责任”：即党风廉政建设责任制党委负主体责任，纪委负监督责任。

附件2：

2018年重点办理的20件民生实事

1. 启动湘阴县湘江二桥——樟树港大桥建设。

2. 启动湘江樟树静河段大堤加固提质通畅工程。

3. 新建和提质改造农村公路100千米、安保工程150千米，改造危桥30座。

4. 启动妇幼保健院建设。

5. 改造农村薄弱学校校舍3.6万平方米。

6. 定向培养免费师范生100人，公开招聘农村教师200人。

7. 完成7000名建档立卡贫困人口脱贫。

8. 完成移民避险解困808人。

9. 完成农村危房改造1000户。

10. 免费适配残疾人精准康复辅助器具2800件，完成农村残疾人阳光增收培训2600人次。

11. 新增城镇就业5000人、就业转移农村劳动力5500人，实现城镇零就业家庭动态清零。

12. 开展群众性文体活动500场以上、文化下乡80场次以上。

13. 新增数字电视用户1万户。

14. 新建改造高压线路1100千米，更换10千伏配变台区383个。

15. 启动7个棚户区改造，完成临港、嵩焘等棚户区改造1833户。

16. 完成塘坝清淤150处、沟渠疏浚280千米、水库除险加固12座。

17. 解决农村安全饮水10万人。

18. 实施澧溪港等4处城乡黑臭水体整治工程。

19. 维护和建设户用沼气1000户，推广太阳能热水器1500台。

20. 新建城区嵩焘路农贸市场、改扩建桥东集贸市场。

湘阴县人民代表大会常务委员会工作报告

——2017年12月26日在湘阴县第十七届人民代表大会第二次会议上
湘阴县人大常委会主任　熊检华

湘阴县人大常委会主任　熊检华

各位代表：

现在，我受县人大常委会委托，向大会报告工作，请予审议，并请列席会议的同志提出意见。

2017年的主要工作

承载着全县人民和各位代表的期望与重托，县十七届人大常委会自去年11月产生以来，在中共湘阴县委的坚强领导下，全面贯彻党的十八届三中、四中、五中、六中全会和十九大精神，紧紧围绕县委提出的建设"左公故里、美好湘阴"奋斗目标，认真履行宪法和法律赋予的职责，开拓创新，积极作为，实现了本届人大工作良好开局。一年来，共召开常委会会议10次、主任会议15次，听取审议"一府两院"专项工作报告22项，作出决议决定、审议意见17项，依法任免国家机关工作人员和人民陪审员129人（次），开展执法检查2项、专题询问2次，有效发挥了地方国家权力机关的作用。

一、坚持党的领导，在服务发展大局上担当作为

面对经济下行压力，常委会牢牢把握县情，始终坚持"在监督中支持，在支持中监督"的工作理念，紧紧围绕全县经济社会发展大局，依法开展监督，全力助推县域经济社会提质增效升级。

落实县委决策，服务经济发展。严守党的政治纪律和政治规矩，坚决贯彻执行县委决策部署，重大事项和重要工作及时向县委请示报告，做到指导思想与县委同心，工作目标与县委同向，实际行动与县委同步。紧紧围绕县十二次党代会确定的发展目标，突出事关全县发展大局和群众切身利益的重大事项，深入开展调查研究，先后就国民经济与发展计划、财政预算、政府性投融资计划等重大事项作出决议决定，批准县政府2017年投资26.7264亿元，重点实施240国道湘阴县段拓改、芙蓉北路至顺天大道立面改造、洋沙湖大道和滨江南路提质改造等29个政府性工程项目，推动了全县经济社会的发展。

创新财经监督，保障经济运行。坚持把《中华人民共和国预算法》的贯彻实施一抓到底，努力推动预算更加公开、管理更加规范、审查更加严谨。出台《关于预算审查前听取人大代表和社会各界意见建议的暂行办法》，先后听取和审议财政预决算方案、财政同级审计情况、政府投融资平台建设和政府债务管理情况汇报9次，就细化和公开部门预算、加强收入征管、保障民生支出、严控预算追加、加强债务管理等方面，向县政府提出整改意见建议28条，并跟踪督办，督促其整改到位，逐步建立了"融资、建设、经营、偿债"一体化的投融资新体制，加强了政府性债务管理，完善了债务监控、预警制度，共置换融资成本较高的政府性债务7.69亿元。开展专题询问，优化经济环境。创新询问方式，实行工作评议和专题询问相结合，采取电视台全程录播、公开报道的方式，取得良好成效。针对群众普遍反映的涉农资金管理使用问题，对县政府分管副县长和相关部门负责人进行专题询问，并向政府列出问题清单，督促政府一一落实，进一步规范了涉农专项资金的管理使用，加强了专项资金绩效考核。针对广大群众和企业反映经济发展环境方面存在的突出问题，对县政府副县长和相关部门负责人进行专题询问，对全县50个行政执法部门进行满意度测评并当场公布测评结果。县政府立行立改，县长亲自部署，亲自推动，督促各职能部门加快了“放管服”改革步伐，取得了初步成效。

二、坚持民生优先，在推进社会事业上积极作为

常委会始终坚持以人民为中心，高度关注民生，切实维护民利，积极回应人民群众新期待，努力让人民群众有更多的获得感。

助推全域旅游发展。重视推动旅游业发展，先后听取和审议《中华人民共和国旅游法》的贯彻实施情况，开展农旅结合和农业产业化发展情况专题调研，提出理顺机制、完善规划、整合投入、加强管理等意见建议。县政府统筹规划，实行多规合一，积极筹办旅游节会活动，大力推广旅游项目，先后举办湖南国际旅游节开幕式、第十二届中国湘菜美食文化节、绿色食材企业展销会、湖鲜美食烹饪大赛等，拉开了全县全域旅游的大幕。

重视生态环境保护。始终把生态环境建设作为监督的重点，开展《中华人民共和国环境保护法》执法检查，提出了加强环保法律法规宣传、科学编制生态环境保护规划、建立健全环保投入机制、加强环保监管执法、突出重点污染源治理等建议。县政府切实加大环保整治力度，扎实推进治污、治水、治砂等工作，一批污染源得到有效整治。常委会听取和审议《中华人民共和国畜牧法》贯彻实施情况，提出科学制订规划、完善管理机制、严格环保手续等意见建议。县政府进一步完善畜牧业发展规划，促进畜牧业发展与环境保护的有机协调统一，产业发展与环境保护之间的矛盾得到缓解。

关注民生实事项目。始终把实现好、维护好、发展好最广大人民群众的根本利益作为工作的出发点和落脚点，先后就教育事业发展、人民防空、农村公路管养建、城乡医疗卫生基础设施建设等民生实事开展专项监督。通过听取和审议县政府融资置换公办教育债务的议案，县政府完成教育化债1.79亿元，减轻了教育发展包袱，促进了教育事业的发展。通过听取《中华人民共和国人民防空法》贯彻实施情况汇报，县政府及相关部门进一步健全人防工作机制，加强人防工程设施的维护管理。通过听取医疗卫生基础设施建设情况汇报，县政府及卫计部门扎实推进城乡医疗卫生基础设施建设，理顺管理机制，基层医疗技术和服务水平得到提高。通过听取农村公路管养建情况汇报，县政府出台《湘阴县农村公路管理养护办法》，实行养护经费分级列支到乡村，初步实现了农村公路管养工作规范化、制度化。此外，常委会还结合健康扶贫、生态环境保护等，扎实开展“三湘农民健康行”“环保世纪行”“农产品质量安全行”“民族团结进步行”等活动，助推了一批民生实事办理。

三、坚持依法监督，在建设民主法治上务实作为

常委会始终把推进法治建设、优化法治环境作为人大重要工作，不断加大对“一府两院”依法行政和公正司法的监督，着力推进依法治县和法治湘阴县建设。

推进普法宣传。积极承担宪法宣传责任，围绕“平安湘阴县”创建和“12·4”国家宪法日暨全国法制宣传日，督促县政府深入到机关、企业、镇村、社区、学校等场所，普及法律知识，人民群众和国家机关工作人员的法律意识明显增强。常委会听取和审议了“六五”普法工作情况汇报和“七五”普法规划编制情况，提出了制定普法宣传方案、加强对重点单位重点人员的法律考试、把领导干部学法用法情况作为年度考核和选拔的重要依据等意见建议，促进了普法工作深入开展。

规范人事任免。坚持党管干部和人大依法任免的原则，保证了县委推荐人选通过法定程序成为国家机关工作人员。坚持对拟任命人员实行主任会议审议、任前法律考试、任职发言、常委会议表决、颁发任命书、开展向宪法宣誓等制度，进一步增强国家机关工作人员的宪法意识和公仆意识。今年来，共任命县政府副县长3名、政府工作部门负责人29人（次）、人大专门委员会和常委会工作机构负责人20名、法院审判人员10名、检察院检察人员1名、专门委员会兼职委员3名、人民陪审员23名。免去副县长1名、政府工作部门负责人2名、人大专门委员会和常委会工作机构负责人3名、法院审判人员25名、检察院检察人员3名、人民陪审员6名。对8位“一府两院”工作人员进行了工作评议，从工作角度提出了履职建议，真正体现了寓支持于监督之中。

加强司法监督。听取和审议县政府关于《治安管理处罚法》贯彻实施情况的汇报，提出加强治安管理、构建社会防控体系、加强治安队伍建设等意见建议，促进政府加大社会治安管理力度，治安环境进一步优化。听取和审议县法院关于《中华人民共和国行政诉讼法》贯彻实施情况的报告，提出规范依法行政行为、加强执法监督、维护法律尊严等意见建议，督促县法院坚持公开、公平、公正处理行政诉讼案件，维护人民群众的合法权益。听取和审议县检察院关于未成年人犯罪刑事检察工作情况的报告，提出把预防和减少未成年人犯罪工作作为当前和今后一项重要工作来抓的意见。县政府、县检察院及相关职能部门结合我县实际，正在组织编写我县中小学生普法读本，并计划纳入学校教程，加强以学生为重点的未成年人法治教育。针对当前禁毒形势严峻的现状，常委会听取县政府社区戒毒（康复）工作情况汇报，重点对源头治毒、社区戒毒（康复）工作管理提出建议，促进政府完善禁毒网络、加强禁毒措施、规范社区戒毒（康复），遏制毒情蔓延。

四、坚持人民至上，在发挥代表作用上有效作为

常委会注重发挥人大代表的主体作用，切实激发代表履职行权的积极性和主动性，新一届人大代表的新风貌逐步显现。

创新代表履职制度。加强“双联”考核制，开展县人大常委会组成人员联系代表、代表联系所在选区选民的“双联”活动和县人大代表闭会期间“12345”行动，即：提出1项合理化建议、帮扶2户贫困户、兴办3件好事实事、参加4次代表活动、走访50户选民，共帮扶贫困对象1800户。建立代表述职评议制，组织代表向选民或选举单位述职，报告履行代表职务情况，选民或选举单位对代表履职情况进行评议。今年，共组织35名县人大代表进行述职评议，有效促进代表行权履职。

聚力脱贫攻坚行动。积极响应市人大常委会的倡议，认真组织全县各级人大代表参与“我为脱贫攻坚争贡献”系列竞赛活动，全县289名省市县三级人大代表每人帮扶2户贫困户，843名乡镇人大代表每人帮扶1户贫困户。全县各级人大代表共结对帮扶贫困户2189户，其中贫困学生1250名，组织开展扶贫工作专题考察、审议、调研、评议共30多次，提出建议意见300多条，临时救助帮扶贫困户资金120余万元，展示了人大形象，彰显了代表风采。

提高建议办理实效。县十七届人大一次会议共收到代表提出的建议、批评和意见118件。在建议督办过程中，常委会采取主任会议成员带队、委室督办、考评促办等做法，提高问题解决率。118件代表建议全部办理完毕，办理结果属A类的32件，占27.1%；B类的77件，占65.3%；C类的9件，占7.6%。建议办理结束后，常委会专题听取了政府办理代表建议情况汇报，进一步促进了建议办理实效。

拓宽代表知政渠道。不断拓宽代表知情知政渠道，保障代表及时了解政情民意。一年来，共邀请34名县人大代表列席人大常委会会议，组织50名县人大代表参加专题询问，组织30名人大代表参加履职监督评议，组织21名人大代表参与县人民法院“听庭”活动，组织36名人大代表参加“创新引领在岳阳”专题报告会，代表履职活动进一步丰富。

五、坚持固本强基，在加强自身建设上努力作为

常委会坚持把自身建设摆在首位，坚持以“两学一做”学习教育为主导，以中央、省委关于加强县乡人大工作和建设“两个意见”为指南，努力提高常委会履职能力和水平。

推进“两学一做”，加强思想建设。加强机关党组织建设，配齐配优了机关党组班子，完成了两个支部换届选举，党内组织生活有序开展。

以支部为平台，利用“红星云”“干部培训网络学院”等媒介，深入推进“两学一做”常态化制度化，扎实开展党章党规、习近平总书记系列重要讲话精神、中共十九大精神学习，思想教育常抓不懈。常委会党组严格落实党风廉政建设“两个责任”，严守党的政治纪律和政治规矩，思想防线进一步筑牢。

开展创新对标，加强作风建设。主动对标对接，从履职范围、履职手段、履职能力建设等方面开展学习、交流、研究，先后创新重大事项决定、财政审计监督等制度性措施，有效增强人大依法监督能力和实效。常委会班子成员带头深入基层走访调研，全年开展调查研究50余次，形成调研报告和理论研究43篇，其中被选入省级刊物2篇、市级刊物3篇。服务中心工作，积极参与扶贫帮困、防汛抗灾，常委会班子成员一线指挥，机关干部全员参与，各级代表积极响应，为夺取防汛抗灾全面胜利发挥了重要作用。

完善制度体系，加强制度建设。全面梳理、修订、完善人大机关各项制度，形成了更加具体、更加规范、更加完备的制度体系。出台《关于预算审查前听取人大代表和社会各界意见建议的暂行办法》，建立预算审查联系代表制度、预算审查专家顾问制度、预算编制工作通报制度和广泛听取意见建议等制度，进一步扩大预算审查的社会参与度和知情度；重新修订《规范性文件备案审查办法》，进一步规范备案审查的范围、流程和要求，完成规范性文件备案审查18件。参与省、市立法调研，对3个法律草案进行意见征集，上报立法建设项目1个。

理顺管理机制，加强基础建设。把机构和队伍建设作为重点，明确人大专门委员会和常委会工作机构的职能职责，完善机构、人员、编制“三定”方案，加大干部交流力度，推荐调整干部4名，交流调入干部8名。进一步加强对乡镇人大的联系与指导，督促各乡镇及时依法召开了新一届乡镇人大第二、三次会议，坚持邀请人大主席或副主席列席常委会会议，指导乡镇人大主席团开展代表述职、工作评议、考察调研等活动，实行乡镇（街道）人大工作量化管理，人大工作基层基础得到加强。

各位代表，在中共湘阴县委的坚强领导下，我们实现了十七届人大常委会工作的良好开局，这是全体代表、常委会组成人员和机关工作人员共同努力的结果，是“一府两院”、各乡镇人大主席团及社会各界大力支持的结果。在此，我代表县人大常委会向大家表示崇高的敬意和衷心的感谢!

回顾一年来的工作，我们也清醒地看到，对照中央、省委关于加强县、乡人大工作和建设“两个意见”的要求，对照中国特色社会主义民主政治建设的新要求，我们的工作还存在一些差距和不足，在重大民生项目监督、财政预算审查监督、重大事项决定、代表建议意见办理等方面还存在薄弱环节，监督机制的创新、监督措施的完善还有待进一步加强。我们将更加自觉的接受广大人民和社会各界的监督，在今后的工作中切实加以改进。

2018年工作的大体思路

党的十九大报告强调，人民代表大会制度是坚持党的领导、人民当家作主、依法治国有机统一的根本制度安排，必须长期坚持，不断完善。支持和保证人民依法行使立法权、监督权、决定权、任免权，更好地发挥人大代表作用，使各级人大及其常委会成为全面担负起宪法法律赋予的各项职责的工作机关，成为同人民群众保持密切联系的代表机关。把握中共十九大对坚持和完善人民代表大会制度、推进社会主义民主政治建设的新要求，是做好新形势下人大工作的关键。2018年，县人大常委会工作的总体思路是：以习近平新时代中国特色社会主义思想为指导，更加旗帜鲜明地坚持党的领导与人民当家作主和坚持依法治国有机统一，按照县第十二次党代会确定的目标任务，依法行使职权，不断开创人大工作新局面，为建设“左公故里、美好湘阴”、决胜全面小康作出新的更大贡献。

——坚持党对一切工作的领导，把住人大工作政治方向。全面贯彻落实党的十九大精神，进一步增强政治意识、大局意识、核心意识、看齐意识，自觉维护党中央权威，紧紧围绕县委决策部署，牢牢把握依法决定重大事项、监督支持“一府一委两院”工作、规范人事任免的政治方向，找准发挥人大作用与服务中心工作的结合点，充分体现党的意图和人民意志的高度统一。

充分发挥人大代表广泛联系人民群众的优势，最大限度调动全县人民的积极性、主动性和创造性，最大限度凝聚全县人民团结奋进、推动发展的智慧和力量，为开创我县经济社会发展新局面做出积极贡献。

——坚持以人民为中心的理念，牢记人大工作初心使命。管好政府“钱袋子”，扩大对财政监督的社会参与度和预算执行的公开透明度，深入推进全口径预算落实见效，积极推行预算执行联网监督，控制财政不合理支出，规范财政预算追加行为，提高预算监督科学化、精细化水平。进一步加强对政府投融资计划执行和政府性债务的监督，严格控制政府性债务规模，加强政府投资项目计划实施的监督管理，确保财政平稳运行。加强国有资产资源的监督管理，督促政府最大限度盘活资产资源，做实投融资平台。试点推行重大民生实事项目人大代表票决制，让人大代表投票选出最迫切需要进行的民生实事工程，逐步实现民生实事项目由“政府作主”转变为让“人民作主”，并接受人民监督。紧扣民生热点问题，开展城区供水情况专项调研，听取县政府关于《中华人民共和国水资源保护法》《中华人民共和国教育法》《中华人民共和国促进科技成果转化法》贯彻实施情况汇报，继续开展“三湘农民健康行”“环保世纪行”“农产品质量安全行”“民族团结进步行”等活动，努力推动改革成果更多更好惠及人民。

——坚持全面依法治县的目标，凸现人大工作法治主线。配合省市人大立法重点，结合我县实际，加快城市管理、文化遗产保护等项目的立法申请和调研，推动我县经济社会发展实现良法善治。建立健全人大法制委员会会议制度、议事规则、规范性文件审查等制度，大力促进“一府一委两院”依法行政、依法办事。开展行政执法工作检查，开展未成年人犯罪检察工作专题询问，听取法院执行工作情况汇报，深入推进“七·五”普法，开展重点环节、重点人群法治教育，增强全民尊法、守法意识。大力支持和监督县监察委员会的组建、运行和依法履职，及时任命县监察委员会成员，保障县监察委员会依法运行，促进新修订的《中华人民共和国监察法》在我县全面贯彻实施。进一步规范人事任免，继续开展履职监督评议，切实加强对人大任命干部的监督。

——坚持人民当家作主的原则，突出人大工作主体主力。创新代表活动平台建设，在巩固乡镇代表活动室的基础上，全面完成村（社区）代表活动室建设，进一步密切代表与选民的关系，增强代表与选民联系的深度与密度。延伸人大监督触角，加强对村（社区）监督，督促建立村（居）民监督委员会，提高村（社区）民主理财和自我监督能力。创新代表服务网络平台建设，探索运用“互联网+代表建议”方式，建立代表建议意见网络平台，充分发挥代表在闭会期间的积极作用。切实加大代表培训力度，探索建立不称职代表退出制度，扎实开展代表“双联”和述职活动，切实增强代表履职能力和水平。全面拓宽代表知政渠道，积极组织代表参与财政预算审查、列席常委会会议、开展专题询问、考察调研、参加民生实事项目票决、进行“一府一委两院”工作满意度测评等，注重议案建议办理实效，丰富人民当家作主的内涵和形式。

——坚持常态化长效化的要求，加强人大工作自身建设。认真贯彻落实党的十九大精神，加强常委会党组和机关党组两个“主体责任”，深入开展“不忘初心、牢记使命”主题学习，始终把政治建设摆在首位，筑牢人大机关思想阵线。坚持常态化、长效化原则，不断探索完善机关各项制度，重点建立健全人大专门委员会议事规则，充分发挥专门委员会职能作用，不断提高依法履职能力。加强对外学习交流，深入开展创新对标活动，切实提升人大工作水平。大兴调研之风，坚持问题导向，深入基层、深入群众，进一步增强调查研究的针对性、代表性、实效性，最大限度体现民意、集中民智、促进民生。切实加强对乡镇（街道）人大工作的联系和指导，加大乡镇人大工作量化考核力度，进一步夯实乡镇人大工作基础。

各位代表，新的时代赋予新的使命，新的目标开启新的征程。让我们在中共湘阴县委的正确领导下，紧密团结和依靠全县人民，共同朝着建设“左公故里、美好湘阴”的目标奋勇前行！

中国人民政治协商会议
湘阴县第十届委员会常务委员会工作报告

——在政协湘阴县第十届委员会第二次会议上

湘阴县政协主席　周义军

（2017年12月23日）

湘阴县政协主席　周义军

各位委员：

我受政协湘阴县第十届委员会常务委员会的委托，向大会报告工作，请予审议，并请列席会议的同志提出意见。

2017年工作回顾

2017年是本届政协开局之年，一年来，在市政协的正确指导和县委的坚强领导下，县政协高举中国特色社会主义伟大旗帜，认真学习宣传中共十八届历次全会精神、中共十九大精神及习近平总书记系列重要讲话精神，紧贴“对标对接、融长发展”主线，突出团结和民主两大主题，围绕“五个政协”建设要求，认真履行政治协商、民主监督、参政议政三大职能，切实发挥协调关系、汇聚力量、建言献策、服务大局四个方面作用，较好地完成了十届一次会议确定的各项工作和县委、县政府交办的各项任务，为我县加快转型发展和增进民生福祉作出了积极贡献。

一、满怀激情，忠诚履职，在咨政建言中精准发声

一年来，县政协坚持围绕大事建言，聚焦热点议政，精准发声，较好地发挥了政协“人才库”“智囊团”的作用。

协商民主深入推进。落实由县委、县政府、政协三方共同议题，县委常委会议决，政协组织实施的协商工作机制，运用全体会议、常委会议、主席会议、专委会议、提案办理协商会议及联络办、界别协商会议等扎实开展各个层面的协商活动。全体会议协商着眼全局性。组织委员围绕湘阴县经济社会发展的重点问题及群众关注的热点难点问题，与县党政领导进行面对面的协商、交流和沟通，发表意见建议，并以书面形式报送县委、县政府，许多意见建议被吸纳到决策之中。常委会议、主席会议、专委会议协商突出针对性。重点针对县财政预决算情况、“十三五”发展规划、智慧县域建设、城市综合管理、旅游产业发展等开展专题协商，为县委、县政府科学民主决策提供大量有价值的真知灼见，不少建议转化为政府的实际行动。提案办理协商注重实效性。把协商理念贯穿提案工作全过程，坚持督查与协商相结合，深化提案办理机制，通过协商推进、实地考察、专题调研、同类提案并案办理等方式，重点围绕委员提案所反映的经济发展、民生民利、社会管理、环境治理等方面问题与政府及相关部门认真协商，提高了提案办理实效。联络办、界别协商坚持灵活性。各联络办组织委员就规范村民建房、民办教育工作、建制村合并、城乡垃圾处理等开展适时协商。教育界、文化艺术界委员就发展职业教育、三井头古城区保护与相关部门进行协商，提出意见建议。一年来，县政协共召开各类协商会议68次，其中专题协商5次，重点协商12次，对口协商6次，提案办理协商15次，联络办、界别协商30次。同时，县政协主席会议成员通过列席县委常委会、政府常务会、县长办公会，参与全县重大工作决策协商；政协重要协商活动邀请县委、县政府分管领导和部门负责人参加；专委会、界别、联络办协商活动邀请群众代表一起参加，进一步拓展了协商的深度和广度，提高了协商的精度和力度。

民主监督不断加强。努力拓展监督渠道，创新监督形式，突出在监督中服务，在履职中尽责。派驻民主监督小组促监督。由五个专委会牵头，成立了5个民主监督小组，派驻县卫计局、发改局、民政局、规划局和食品药品工商质量监督管理局进行民主监督，参加被监督单位的有关会议和活动，对相关工作开展考察、调研和走访，提出监督意见。同时，多次组织委员出席检察开放日，参与法院案件审查和听庭评庭活动，对县内重大工作进行考察和检查，政协民主监督职能不断加强。开展民主评议促监督。按照“选准对象、充分沟通、深入调研、务实建言、跟踪问效”的五步工作模式，今年重点对县卫计局、发改局的工作进行民主评议。评议小组深入有关部门、乡镇、社区、企业、街道进行调研，发放问卷1000余份，召开座谈会20多场次，收集意见建议200多条，形成评议工作报告及时反馈，政协常委会议集中评议，并进行满意度测评，发言直击问题，评议不走过场，达到了“红脸出汗”、整改提高、相互理解的目的，促进了部门工作优质高效开展。加强提案督办促监督。出台《提案工作实施细则》，完善县委、县政府领导领办、主席牵头督办、专委会促办、常委参与跟办、委员面商办理及办理效果专题评议的提案督办工作机制。同时，创新“提案＋”工作模式，融提案办理于调研、协商、评议、监督之中，推动提案办理与其他履职活动相融互促。今年对国土局、环保局、住建局、规划局、民政局等5个单位提案办理工作进行集中讲评、现场点评和民主测评，有力地促进了提案办理工作。十届一次会议以来收到的提案已全部办复，委员满意或基本满意率达到100%。反映社情民意促监督。聘请社情民意信息员16人，全年共收集和反映社情民意信息100多条，促进了一批民生问题的解决。如“我县公共交通亟待恢复正常营运”的建议，政府多次研究，启动公交体制改革，按照政府主导、市场运作、专业公司管理的模式，将个体经营的52辆公交车经营权全部收回，积极推行新能源公交车，完善城市公交运行，引入共享单车、共享汽车，极大地方便了市民出行。

参政议政务实有效。组织委员围绕民生、聚焦热点调研考察，据实建言，做到参政参到点子上、议政议在关键处。突出重点调研。认真落实省市县政协“三级联动”要求，配合省、市政协先后开展了“促进企业科技创新推进供给侧结构性改革”“开放崛起在岳阳”“优化非公经济发展法治环境”“教育扶贫”等专项调研6次。其中《湘阴县“开放崛起”专题调研报告》为全市开放崛起调研提供了湘阴县经验，获得市政协好评。同时，根据县委、县政府交题、政协调研、部门配合、委员参与的工作机制，全年组织开展推进智慧县域建设、城市综合管理等重点调研3次。特别是推进智慧县域建设专题调研，历时2个月，深入部分县直单位、企业和社区调研，赴省内外智慧城市建设先进地区考察学习，多次召开座谈会，听取部门单位和调研组成员意见，向县委、县政府提交《推进智慧县域建设专题调研报告》，提出加强顶层设计、实现资源整合、加快政务服务平台建设等多条建议。镇江县长在专题协商会上高度评价并批示相关部门要积极运用政协调研成果，认真参照办理，加快推进我县智慧县域建设。聚焦热点考察。围绕推进园区建设，助推创新驱动发展、加强科技支撑引领，6月组织县科技工作考察，深入金为新材料、地生智能车库等科技创新企业和高新区科技孵化中心实地了解情况，协商座谈，助推园区转型升级。我们还就城区网格化管理、禁毒工作、美丽乡村建设等组织开展了一系列专项考察。一年来，县政协共组织各类考察活动8次，每一次考察，政府分管领导全程参与，委员现场建言，部门当场落实改进措施，考察的目的性、针对性，措施的可操作性更强。围绕民生建言。先后就城乡环境卫生整治、新型农村合作医疗、食品安全、水环境保护等提出许多具体的意见和建议，为党委、政府决策和职能部门落实提供参考，政协议政建言的实效得到进一步的发挥和彰显。

文史功能充分发挥。制定《文史资料征集办法》，组建文史通讯员队伍，召开文史工作座谈交流会，以挖掘、弘扬湖湘文化特别是左公文化为重点，开展文史资料征集工作，为推动我县文化事业大发展、大繁荣尽责尽力。积极配合市政协开展文史编辑工作，参加《岳阳老字号》文史出版物的组稿和编辑，《湘阴县陶器业的历史情况》等3篇“三亲”稿件被采用，为抢救我县濒临流失的珍贵史料、发掘本地历史文化资源、增强文化软实力和文化核心竞争力起到了积极作用。

二、紧扣中心，服务大局，在助推发展中积极作为

一年来，县政协紧紧围绕县委提出的建设“左公故里、美好湘阴”宏大愿景，把服务中心、助推发展作为头等大事，坚持县委、县政府中心工作推进到哪里，政协履职就跟进到哪里，主动投身湘阴县经济建设主战场，为湘阴县赶超发展贡献力量。

把握中心要点，服务项目建设尽心竭力。县政协领导班子积极投身“一二四”行动，参与湘江景观大道、新乔线拓改、职教实训基地、“美丽乡村金龙示范片”、樟树特色小镇建设等重点项目的组织实施，和党政领导一道攻坚克难、协调推进。同时，有20多名政协委员和政协机关干部参与岳望高速、240国道、樟树港大桥、漕溪港棚户区改造等重点项目建设，积极发挥作用，体现了政协人的担当作为。

紧盯发展重点，助推全域旅游凝心聚力。为落实好县委、县政府交办的文旅招商任务，今年以来，我们积极与深圳中旅联盟、新华联集团、香港铜锣湾、广东御金龙、中惠旅集团、恒大旅游集团等加强联络，对接商榷；精心策划和组织2017湖南国际旅游节“畅游青山岛”活动；联合省摄影家协会举办了以“左公故里、美好湘阴”为主题的旅游推介摄影大赛，历时9个月，共收到全省300多名摄影家和摄影爱好者2458幅摄影作品，评选优秀作品94幅，并将在省内巡回展出，宣传湘阴县民俗风情、人文景观、社会风貌和发展成就，擦亮“湘阴县名片”。

关注民生难点，助力脱贫攻坚出智出力。把助力脱贫攻坚作为政协服务大局、服务社会的重大政治任务。一方面，认真做好主席会议成员和机关联点的7个村的扶贫工作，帮助解决产业发展、基础设施建设等有关问题，机关干部结对帮扶贫困户35户。另一方面，扎实开展委员“三个一”扶贫行动，通过实施四种模式（“委员＋合作社＋贫困户”产业帮扶模式、“委员＋企业＋贫困户”就业帮扶模式、“委员＋爱心人士＋贫困户”助学帮扶模式、“委员＋协会＋贫困户”示范带动模式），采取“一帮一、多帮一和一帮多”的方式，组织全县400多名新老委员和社会爱心人士结对帮扶贫困户和困难群众1130户，充分展现了政协组织和政协委员情系民生、履职为民的社会责任感。县政协扶贫工作得到市政协充分肯定，并在全市政协扶贫工作推进会上作典型发言。

对准阶段焦点，投身防汛抗灾献计献力。面对今年严峻的抗洪形势，县政协全力以赴投入抗洪抢险，政协机关干部除1人值守外，全部下到所联系乡镇参与防汛抗灾。同时，第一时间发出倡议，各政协联络办和省、市、县三级政协委员积极响应，组成志愿服务团队参与巡查值守、排查处险，并捐款捐物近200万元，为今年防汛抗灾贡献了政协力量。

三、突出特色，丰富载体，在开拓创新中促进和谐

一年来，县政协围绕团结民主两大主题，搭建履职平台，丰富活动载体，以创新精神推动工作实践。

特色活动激发委员“精气神”。坚持开展委员履职“五个一”（提交一件高质量提案、反映一条社情民意信息、参加一次调研或考察活动、为群众办一件实事好事、参与一项社会公益活动）和“三进三服务”活动（进社区、进企业、进乡村，服务中心、服务社会、服务群众），以形式新颖的主题活动调动委员履职积极性。一年以来，政协各界别、联络办、广大政协委员按照工作要求积极关注发展、关注民生，深入园区、乡镇和社区，调查研究，建言献策，反映社情民意，开展捐资助学、送医赠药、培训讲座、法律咨询等各类服务活动，为群众办实事，得到社会各界的广泛赞誉。教育界委员高度关注职业教育发展和残疾儿童教育问题，先后深入县一职专、县特殊教育康复学校进行调研，同时为残疾儿童组织爱心捐助；医药卫生界、社会福利界、侨联界委员开展“服务百姓健康行动”大型义诊活动；岭北镇、樟树镇政协联络办组织委员全程监督村支两委班子换届选举工作；南湖洲镇、湘滨镇政协联络办组织委员对乡镇部门工作进行评议；六塘乡、金龙镇、文星镇、洋沙湖街道办事处、漕溪港街道办事处政协联络办积极协调岳望高速、240国道、高新产业园区项目、棚户区改造等重点项目建设；宣教系统政协联络办组织委员围绕三井头故居、文庙、岳州窑等文化景点建设布局和挖掘湘阴县文化内涵开展调研考察座谈，为推进我县全域旅游和历史文化名城建设提出多条建设性意见，得到县委领导的高度肯定。通过履职实践，委员的责任感、成就感更强，“精气神”更旺，履职热情更高。

委员工作站打通服务群众“最后一公里”。为搭建委员服务群众的零距离工作平台，进一步延伸政协服务触角，在文星镇栗塘社区试点建立社区委员工作站。通过选派24名委员进驻、定期值班接访、座谈走访群众和协调解决问题，形成了“接访”听民意，“走访”察民情，“会商”解民忧的三步工作方法。同时，开通网上社区委员工作站，实时发布委员履职动态，在线收集群众意见建议，形成了线上线下两位一体委员履职新模式，为委员服务群众提供无缝对接。

“政协云”开启委员履职“掌上时代”。县政协积极响应省“政协云”建设要求，主动将“互联网+”融入到政协工作当中。通过政协云APP发布新闻资讯、在线提交提案、社情民意和微建议，实时与群众留言互动。今年在政协云上组织开展“推进智慧县域建设邀您建言”“缓解县城停车难问题邀您建言”及集中收看省政协“实施开放崛起战略，建设开放强省”议政协商常委会等3次在线履职活动，得到委员和市民的积极响应。其中“缓解湘阴县城停车难问题邀您建言”履职活动，三天时间点击量超过5000人次，被转发分享100余次，收集意见建议226条，取得了“互联网+”履职模式的新突破，获得了省政协“点赞”，湘阴县政协被省政协评为2017年度政协云工作先进单位。

学习交流扩大政协“朋友圈”。加强了同省、市政协和县（市、区）政协的沟通联系、学习交流。组织委员先后赴长沙开福区、望城区进行对标对接学习，赴安乡县、桂东县、临湘市、宁乡县、攸县等地调研学习；热情接待桑日县、湘潭雨湖区、汨罗市、桃江县等县（市、区）政协来我县考察学习全域旅游、协会组织、提案等工作；及时邀请工商联、无党派和非公经济人士、社会各界别和新阶层人士参加政协各类会议活动，加强与县委统战部的工作联系，配合参与组织“百企千商同心结对”活动。通过一系列的交流互动，扩大了政协“朋友圈”，提高了湘阴县影响力。

宣传报道弘扬社会正能量。相继在《湖南日报》和省政协云客户端发表通讯各1篇，在《湘声报》发表通讯或经验文章7篇，在岳阳日报发表通讯1篇，在湘阴县周刊发表通讯53篇，在县电视台发表新闻50篇，在湘阴县手机报发表工作动态89篇，在县政协云客户端发布工作资讯157篇。其中《把贫困户+进产业链——湘阴县政协助力扶贫攻坚“三部曲”》被《湘声报》头版报道，《两百精英，一腔热血——湘阴县政协人抗洪救灾剪影》一文经《湖南日报》刊发后，被红网、中国日报网、华声在线等国内主流新闻网站第一时间转发，总点击量过30万。同时，在县电视台、湘阴县周刊开辟了“委员三个一扶贫行动”“委员风采”等专栏，积极宣传县政协工作及委员履职成效。通过有声有色的宣传，树立了政协的良好形象，弘扬了社会正能量。

四、规范管理，夯实基础，在加强效能中提升品质

一年来，县政协始终把加强自身建设摆在突出位置，坚持加强学习提素质，激发活力促履职，努力建设高素质的政协委员队伍和打造高效能的政协机关。

加强委员学习培训。开设政协机关理论课堂。认真组织双周五“机关学习日”活动。采取领导干部领学、机关干部自学和邀请理论专家、政治辅导员讲学相结合的方式，切实提高机关干部的政治素质、理论水平和业务能力。开设名校培训学堂。今年在厦门大学管理学院开设湘阴县政协委员履职能力建设专题培训班，组织全体县政协常委、政协联络办主任和县政协机关干部参加培训学习，开阔了思维眼界。开设委员学习讲堂。为提高委员综合素养，今年，县政协面向全体委员推出了“委员学习讲堂”，围绕政治、经济、法律、管理、文史、人文素养、政协工作等方面邀请领导、专家、学者组织开讲，对委员进行常年培训。从10月开始，先后就中共十九大报告精神、融媒体时代如何做好地方政协文史资料工作、左宗棠的家教家风与为官之道等组织辅导讲座。全年共培训委员400多人次，丰富了委员知识结构，提升了委员建言献策水平和服务发展的能力。

健全队伍管理机制。实行专委会工作定期汇报制。机关办委每月初向主席会议汇报上月工作和当月工作安排，由分管副主席点评，主席会议总评，传导工作压力，督促提高工作质效。实行联络办半年度工作讲评和年终考核制。坚持县直（乡镇）政协联络办半年度工作交流讲评，年终专委会考核打分、主席会综合考评，严格按考核结果评先评优，以良好的机制、管用的制度促进政协各项工作落实落细落地。实行委员履职量化考核管理制。完善委员履职考核办法，建立委员履职档案，加强委员履职跟踪管理，委员履职考核结果直接与委员的奖励和辞免挂钩。今年共有7个基层政协联络办荣获先进集体，43名委员荣获优秀政协委员，21名委员获评“三个一”扶贫行动先进个人，10件委员提案被评为优秀提案，对1名不合格委员撤销了政协委员资格。

加强机关自身建设。加强机关党的建设。县政协党组和政协机关党组认真履行党建责任，落实“三会一课”“党员活动日”“机关学习日”等制度，扎实推进“两学一做”学习教育活动，把“两学一做”“四讲四有”作为政协机关干部和党员学习教育的基本内容，长期坚持、形成常态；认真开展专题党课、主题讨论、廉政谈心谈话等活动，从严落实党风廉政建设两个责任，带头执行县委“刹人情歪风、治婚丧陋习、树文明新风”和“认真做好清理国家公职人员参与涉砂、涉矿等经营性活动”等要求，切实加强政协党风廉政建设。加强机关作风建设。严格执行中央、省、市、县委作风建设的有关规定，加强机关管理，规范政协各类会议和活动，厉行节约。深入基层，深入群众，调研办实事；严格督促，严格考核，跟踪问实效，努力打造“学习型、服务型、团结型、效能型、创新型、廉洁型”机关。机关作风不断转变，服务意识不断增强，工作效能不断提升。

各位委员，同志们，回顾一年来的工作，我们深深体会:是县委的正确领导，为我们做好政协工作提供了坚强的政治和组织保障；是县人大、县政府的大力支持，为我们做好政协工作创造了良好的履职环境；是各级各部门及社会各界的密切配合，为我们做好政协工作形成了广泛的社会支撑；是全体政协委员和政协各参加单位的不懈努力，为我们做好政协工作注入了不竭的力量源泉；是老领导、老同志的关心关注，为我们做好政协工作激发了奋勇前行的动力。在此，我代表县政协常委会，向所有关心支持政协工作的领导、同志们和朋友们表示衷心的感谢！向辛勤工作在各条战线上的全体政协委员致以崇高的敬意！

对照新形势下政协工作的新要求和人民群众的新期待，我们也清醒地认识到：协商民主的方式方法还需进一步创新，协商议政实效性有待进一步增强;民主监督机制还需进一步完善，监督力度有待进一步加大；委员履职能力还需进一步提高，履职的积极性和创造性有待进一步激发；对联络办和委员的履职考核还需进一步科学化、系统化，队伍管理有待进一步加强，需要我们在今后的工作中更加努力，积极探索和实践。

2018年工作安排

2018年是我国改革开放四十周年，是中国特色社会主义进入新时代、决胜全面建成小康社会、迈进“两个一百年”奋斗目标的启继之年；也是我县实施“十三五”规划、全力推进“一二四”行动、打造“左公故里、美好湘阴”的实干之年。置身新时代，肩负新使命，县政协将顺应历史潮流，把握时代主题，以新姿态实现新作为，以新风貌开创新局面。

2018年县政协工作总的指导思想是：坚持以

习近平新时代中国特色社会主义思想为指导，深入贯彻落实党的十九大精神，紧紧围绕县委、县政府提出的“领跑十三五、进军省十强”发展目标，积极服务“创新引领、开放崛起”和“对标对接、融长发展”战略，聚焦建设“生态人文之城、创新创业之城、旅游康养之城、休闲美食之城”构想，认真履行政治协商、民主监督、参政议政三大职能，为建设“左公故里、美好湘阴”作出积极贡献。

——增进新时代政治共识，聚合团结奋进的政协力量。党的十九大明确了新时代的历史使命和历史坐标，夯实了团结奋斗的共同思想政治基础。2018年县政协的首要工作就是抓好党的十九大精神学习、贯彻和落实，不忘初心，牢记使命，以习近平新时代中国特色社会主义思想武装头脑、提振精神，总揽全局、统领实践，引领广大政协委员自觉树牢政治意识、大局意识、核心意识、看齐意识，进一步增进新时代政治共识。积极围绕县委、县政府决策部署和工作要求履行政协职能，做到“党委想什么，政协就议什么”“政府干什么，政协就帮什么”“群众盼什么，政协就呼什么”，加强协商议政的针对性，努力实现与县委、县政府同心同向，合力合拍。大力宣传县委、县政府千方百计改善民生的施政作为和发展成果，宣传湘阴县干群“勇于担当，敢于争先”的精神和接续接力、团结奋进的风貌，宣传新时代湘阴县面临的发展机遇，激发全县人民建设“左公故里、美好湘阴”的热情和创造力。充分发挥政协组织代表性强、联系面广、包容性大的制度优势，积极充当县委、县政府与其他社会组织、阶层、团体的联系纽带，最广泛最充分地调动一切积极因素，聚合起促进和谐、维护稳定与推动发展的强大动能。

——围绕新蓝图战略布局，贡献服务发展的政协智慧。中共十九大描绘了新时代中国特色社会主义的宏伟蓝图，作出了新时代战略部署。新时代的召唤，新使命的催征，为人民政协提出了履职建功的新任务、新要求。我们将紧紧围绕“五位一体”和“四个全面”战略布局，坚持创新、协调、绿色、开放、共享的新发展理念，聚智聚力推动“左公故里、美好湘阴”建设。协力破解项目用地瓶颈。围绕重大项目建设用地难问题，组织委员和专家就集约节约土地资源、优化土地利用结构、提高土地利用效益等开展重点调研，献计献策。推进落实乡村振兴战略。围绕推进我县农业产业化，重点就加快现代农业发展、农村土地流转、农业专业合作社发展、农产品质量安全等开展调研，为实现乡村振兴寻找可循路径。围绕美丽乡村建设，重点就农村垃圾无害化处理进行调研，提出建议。积极促推全域旅游。围绕加快推进我县创建全国全域旅游示范县，重点就旅游资源整合、旅游项目开发、旅游品牌营销等深入调研，出智出力。跟踪做实调研成果。贯彻持之以恒抓落实的理念，持续跟进智慧县域建设、城市综合管理和均衡农村教育资源等重点调研成果的应用转化，推动政协调研成果落实落地。主动服务产业发展需要。发挥政协委员人脉、资源优势，积极协助招商引资，服务“创新引领、开放崛起”战略。鼓励委员加入创新创业创富大军，主动投身促进三产融合、发展全域旅游、打造文旅小镇、建设生态文明等实践，发挥委员企业在经济社会发展中的“领头雁”和生力军作用。

——把握新期待民生向往，落实以民为本的政协担当。坚持以人民为中心的政治思维与履职方向，聚焦人民日益增长的美好生活需要，关注群众切身利益，积极为增进民生福祉鼓与呼。建议提案突出民生。引导委员围绕老百姓最现实的衣食住行教养医等问题，撰写提案和反映社情民意，积极为改善民生代言。重点关注青少年成长环境，为预防和减少青少年违法犯罪尽心尽力。正确引领社会风尚，推动“刹人情歪风、治婚丧陋习、树文明新风”习惯化、常态化，身体力行促进健康社会风气的养成和弘扬。调研考察聚焦民生。组织政协专委会和界别活动小组重点围绕洞庭湖生态治理和环境保护、村卫生室管理、房地产业发展等方面开展调研考察，帮助并督促相关职能部门发现问题、解决问题。民主监督关注民生。健全和完善政协民主监督与党的纪律监督、人大法律监督、社会舆论监督协调配合机制，积极探索民主监督新途径，组织对话式、问政式、评议式民主监督，畅通“政协云”互动渠道，搭建对话平台，促进民生问题解决。重点围绕助推“三城同创”提质升级、城市综合执法改革、行政效能等开展监督。主题活动服务民生。继续开展委员“三进三服务”特色活动，做实委员“三个一”扶贫行动，服务基层、服务群众、服务发展。积极发挥社区“委员工作站”的作用，组织委员深入社区、深入群众，协助党委政府做好协调关系、化解矛盾、排忧解难的工作。

*——适应新常态发展要求，激发协商民主的政协活力。*坚持将协商民主贯穿于履行职能的全过程。紧紧围绕县委、县政府提出的“对标对接、融长发展”的思路和工作目标，科学制定年度协商计划。坚持“全体会议整体协商、常委会议专题协商、主席会议重点协商、专委会对口协商”原则，实行“+协商”工作模式，推动协商民主广泛多层制度化发展。建立“提案办理+协商”常态化机制。坚持从社会广泛关注、群众普遍关心的问题入手，从提案和社情民意反映的问题入手，组织开展多层多方协商，不断扩大提案办理协商的大众参与面、社会影响力，提高协商实效。做好“调研考察+协商”文章。积极探索调研考察与协商民主活动的深度结合，建立“以调研考察推进协商民主、以协商民主深化调研考察”的工作模式。对重大社会问题和专业性课题，邀请相关专家参与调研考察和协商座谈，广泛听取真知灼见。探索“民主监督+协商”路径。坚持“面对面”协商、“背靠背”评议、“心连心”沟通，“手把手”解决问题，实现在协商民主中增进共识，在解决问题中体现民主。创新“界别活动+协商”形式。把界别作为政协联系社会单元和开展协商民主的基础力量，积极搭建界别协商平台，畅通界别委员参与协商民主的渠道，邀请不同界别的委员参加政协常委（扩大）会议和主席（扩大）会议，让委员的政治获得感、存在感更实更强。拓展“互联网+协商”领域。借助互联网手段升级提案办理、建议意见征询和工作协商，打造线上线下一体互动、多级多方多层共享的沟通协商平台。用好用活“政协云”平台系统，组织政协委员开展微调研，提交微建议，撰写微提案，参与微协商，实施微监督，做好微服务，更好地解决群众的微需求、微困难，把政协履职的触角延伸到每一个社会细胞，把政协的根基深深扎在人民群众心中。

*——迎接新征程历史考验，打造作风严实的政协队伍。*党的十九大吹响了新时代接续奋斗的号角，人民政协亦将担负新使命，实现新发展。县政协将准确把握新时代政协工作要求，突出履职能力建设和时代担当，切实抓严政协领导、常委会成员、机关干部、政协委员“四支队伍”，持续推进“五个政协”（有为政协、智慧政协、活力政协、品质政协、书香政协）建设，打造“懂政协、会协商、善议政”的人才智库。发扬政协光荣传统，突出学习提升。坚持把学习、贯彻、落实党的十九大精神贯穿于政协班子建设、队伍建设和履职能力建设全过程，进一步提升政治把握能力、调查研究能力、联系群众能力和合作共事能力。继续加强与高校培训对接和交流，抓好委员轮训。继续办好“政协委员学习讲堂”，提升政协委员开放思维和履职水平。激发政协委员干劲，突出履职作为。落实委员履职工作规则，建立政协委员意见建议采纳情况反馈机制。发挥委员主体作用，继续开展委员履职“五个一”活动。坚持政协常委会评议基层政协联络办、界别组工作制度。建立委员述职制度，分期安排各界别委员代表在县政协常委会上述职。规范委员履职激励约束机制，开展评先评优活动。加大对委员典型事迹的宣传，充分调动广大委员履职的积极性、主动性和创造性。讲好政协经典故事，突出人文建设。完成《知青岁月》组稿工作。协助办好郭嵩焘诞辰200周年纪念活动。加强与省市政协、兄弟政协的沟通联系、学习交流。加强与非公经济人士及其他新兴社会阶层的联系，推动构建亲清新型政商关系。继续坚持“主席联常委、常委联委员、委员联群众、专委会联界别”的“四联”工作机制，密切对委员的走访、服务和情感交流，让政协大家庭更具亲情感、温馨感，让政协委员更有归属感、荣誉感。提升政协机关形象，突出效能服务。加强社会主义核心价值观培育和廉洁教育，坚持以“四个合格”为标准，打造一流政协队伍。加强专委会建设，密切专委会与对口联系部门的关系，实行专委会向常委会定期报告工作制度。进一步规范政协各种会议、活动的策划、组织、实施和保障，运用好“政协云”平台和现代传媒技术服务政协工作，提高办文、办会、办事质量，提升政协机关工作效能和服务水平。

各位委员，中国特色社会主义进入新时代，湘阴县也迎来了前景光明、机遇良多的历史最好发展时期。让我们紧密团结在以习近平同志为核心的中共中央周围，在县委的坚强领导下，坚定信心、振奋精神，汇智聚力、团结奋进，为建设“左公故里，美好湘阴”，实现美好生活时代愿景作出新的更大贡献！

2017年大事记

1 月

3日，县委书记汪灿接见“2015年度湖南省见义勇为先进个人”萧立祥。

是日，中南大学副校长陈翔、中南大学湘雅医院院长孙虹一行到湘阴县洽谈与县人民医院的合作事宜。

9日，岳阳市第八届人民代表大会第一次会议第三次全体会议选举产生新一届市人民政府领导班子。曾在湘阴县工作10年的黎作凤当选为岳阳市人民政府副市长。

10日，省农开办主任李丙力率考察组对湘阴县申报的优势特色农业333.33公顷淡水鱼养殖项目进行考察。

11日，武汉中铁四院线站处副总工方琪根一行到湘阴县开展长沙至湘阴县轨道交通规划调研活动。

是日，市委常委、市委统战部部长熊炜率市综合绩效、党风廉政建设、领导班子年度考核组到湘阴县检查工作。

16日，省移民局副局长童康宁一行到湘阴县杨林寨乡走访慰问困难群众，了解移民产业发展情况。

18日，市委常委、市委统战部部长熊炜到湘阴县走访慰问部分驻县官兵和困难群众。

是日，省委宣传部副部长、省文明办主任刘进能到湘阴县考察调研。

2 月

3日，县委、县政府在行政大院广场举行新春升国旗仪式。县委书记汪灿出席并讲话，县长李镇江主持，县委副书记彭方建、县人大常委会主任熊检华、县政协主席周义军等领导出席。

8日，市委常委、纪委书记李挚到湘阴县督查指导清理国家公职人员涉砂经营活动专项整治工作。

9日，中国工程院党组成员、秘书长、同济大学校长钟志华到湘阴县考察调研。

10日，全国人大代表、湖南友阿集团董事长胡子敬到湘阴县考察。

14日，湘阴县召开三级干部大会，动员全县上下进一步统一思想，提振精神，坚定信心，全力推进“左公故里、美好湘阴”建设，奋力开创湘阴县跨越赶超的崭新局面。

16日至17日，同济大学城市规划设计研究院院长周俭率队到湘阴县考察，并为湘阴县城市规划、产业发展等方面“把脉开方”。

21日，汨罗市人大常委会主任闵秀明率团到湘阴县考察调研。

22日，吉首市委副书记、市长李诗兴一行到湘阴县洋沙湖国际旅游度假区，就开展全域旅游等工作进行参观考察。

23日，市委副书记李爱武到湘阴县调研。

24日，市委统战部常务副部长邓有根一行到湘阴县，开展促进非公有制经济发展“四个一”调研活动。

27日，湘阴县举行项目集中签约仪式，总投资达45亿元的17个项目在县领导汪灿、李镇江、彭方建、熊检华、周义军等共同见证下，成功落户湘阴县。

3 月

1日，县委书记汪灿率队赴长沙县、湖南大学科技园考察学习工业项目建设、汽车制造产业发展经验。

6日，全市安全生产工作紧急电视电话会议召开。

6日至7日，中旅联盟创始人符奕斌率队到湘阴县考察调研。

8日至9日，中信重工开诚智能装备有限公司董事长许开成到岳阳和湘阴县两地考察，并就在湘阴县开展智能制造装备研发、生产等工作与县委书记汪灿进行座谈。

10日，省政协常委、民宗委主任李壮丽一行到湘阴县，就民族宗教及人文旅游开展调研。

13日，省政府副秘书长曹英华率省洞庭湖区重要堤防加固工程调研组到湘阴县考察水利建设。

14日，农业部科技发展中心副主任饶智宏率考评组到湘阴县，考评“全国基层农技推广体系改革与建设补助”项目。

15日，湘阴县举办第35届“3·15”国际消费者权益日宣传活动，活动以“网络诚信，消费无忧”为主题，旨在构建诚信网络消费环境，提高消费者自我保护意识。

19日，县科技局和同济大学技术转移中心签约，在湘阴县设立同济大学技术转移中心湘阴县分中心。

23日，县委书记汪灿会见湖南建工集团副总经理方拯和恒大湖南岳阳公司总经理艾勇，双方就相关项目进行洽谈。

24日，省政协常委、文教卫体委主任毛学军到湘阴县考察旅游产业发展情况。

27日，汪灿、周义军等县级领导和湘阴县部分单位负责人及当地群众一道到美丽乡村金龙示范片，共同参加义务植树活动。

29日，市委常委、市委统战部部长熊炜到湘阴县督查指导脱贫攻坚、安全生产、村（社区）两委换届工作，并组织召开杨林寨乡太合围村扶贫工作现场办公会。

30日，市环保局督察第四组到湘阴县督察环境保护工作。

是日，湖南大学建筑学院党委书记兼副院长柳肃、湖南大学设计研究院副教授刘梦麒博士等专家学者到湘阴县，就三井头片区保护与利用城市设计相关事宜进行座谈。

31日，市委书记、市人大常委会主任胡忠雄到湘阴县调研美丽乡村金龙示范片建设工作。

4 月

8日，同济大学城市规划设计研究院副院长周玉斌到湘阴县指导城市规划设计工作。

10日，湘阴县首个光伏扶贫产业项目——岭北镇茶湖潭社区60千瓦光伏发电站并网发电。

11日，中国人民解放军上将、原副总参谋长刘镇武到湘阴县考察。

13日，省检察院党组书记、检察长游劝荣到湘阴县专题调研民事行政检察工作。

18日，省商务厅厅长徐湘平和恒大集团高层一行到湘阴县考察投资项目。

是日，晚上，2017年“欢乐潇湘、左公故里、美好湘阴”群众文化活动周拉开帷幕，首场活动“我们的中国梦、起航湘江”联欢晚会在宗棠广场开演。

24日，省文化厅副厅长、省文物局局长陈远平率队到湘阴县检查指导文物保护工作。

26日，湘阴县召开招商引资项目推介会，60余名海内外企业家聚集湘阴县，考察投资环境，了解招商政策。

27日，省委原副书记谢康生到湘阴县考察调研。

28日，由中共湘阴县樟树镇委员会、樟树镇人民政府主办，樟树镇辣椒产业协会承办，湖南省阳雀湖农业开发有限公司协办的湘阴县第二届樟树港辣椒文化旅游节举行。

是日，县委宣传部与长沙晚报报业集团联办《湘阴县周刊》全媒体签约暨《湘阴县周刊》全新改版仪式举行。

5 月

2日，全县防汛抗旱暨推行河长制工作动员会召开。

4日，市人大常委会副主任赵岳平率队督察湘阴县《中华人民共和国水法》审议意见整改落实情况。

8日，市政协副主席万五龙在长郡教育集团湘阴县城东学校调研。

9日，湖南洞庭资源控股集团有限公司揭牌成立。

是日，县政府与恒大地产集团湖南公司在长沙签署战略合作协议。

10日，市人大常委会副主任陈光荣率督查组到湘阴县督查中央环保督查组信访交办件办理情况。

10日至11日，国家卫生计生委综合监督局副局长段冬梅率督导组到湘阴县调研卫生计生综合监督资源整合工作。

11日，副市长喻昌一行到湘阴县调研特色产业发展和美丽乡村建设工作。

15日，省人大常委会委员、环资委副主任委员刘尧臣一行到湘阴县调研《环保法》《湖南省环保工作责任规定》等政策法规的贯彻落实情况。

17日，恒大地产集团湖南公司董事长赖立新一行到湘阴县考察投资项目。

19日，县政府与湖南兴旺建设集团签订战略合作协议。

是日，湘阴县高新区科技孵化中心投入运营。

20日，广东御金龙集团主席潘垚坤一行就旅游项目投资到湘阴县实地考察。

21日，由湘阴县举办的岳阳五县（市、区）太极拳展示交流活动在左宗棠广场举行。

24日至25日，市委书记、市人大常委会主任胡忠雄到湘阴县督查环保和精准扶贫等工作。

26日，湖南省“惠农担—粮食贷”新产品发布会暨签约仪式在湘阴县举行。

27日，省军区副政委许凤云率队到湘阴县检查乡镇基层武装部门建设和党管武装等工作。

31日，省统计局副局长杨跃涛率队到湘阴县督查脱贫攻坚工作。

6　月

1日，副市长邱虹到湘阴县调研。

5日，市委督查组一行对湘阴县推进改革的各项工作机制建立健全及运行情况进行专项督察。

9日，第十二届中国湘菜美食文化节暨2017湘阴县湖鲜美食节开幕。

是日，省水利厅办理驻湘阴县省人大代表、政协委员建议提案专题面商会召开。

13日，省建工集团党委书记、董事长叶新平率队到湘阴县考察，并就县域经济发展等情况进行座谈交流。

14日，香港铜锣湾集团董事局主席陈智一行到湘阴县考察。

16日，原上海同济大学常务副校长、教授陈以一到湘阴县考察调研。

是日，晚上，洋沙湖国际旅游度假区开园。

19日，长郡洋沙湖中学落户湘阴县。

19日，左宗棠第五代孙左焕琨怀揣其为左公设计的雕像模型到湘阴县，就雕像具体设计方案征求意见。

26日，市委常委、市委统战部部长熊炜在湘阴县督查指导防汛抗灾工作。

27日，湘阴县与湖南股权交易所签订战略合作协议，启动“资本服务进湘阴县”活动。

是日，市政协主席徐新楚到湘阴县组织召开优化非公经济发展法治环境座谈会。

28日，副省长何报翔到湘阴县督查防汛备汛等工作。

是日，蓝天豚千亿产业园一期工程竣工投产。

30日，县委书记、县防指政委汪灿组织召开防汛会商会，启动防汛三级应急响应。

7　月

1日，湘阴县召开防汛紧急动员视频会，再次部署防汛抗灾工作。全县上下全面进入防汛二级应急战备状态。市委书记、市人大常委会主任胡忠雄到湘阴县督查防汛抗灾工作。

2日下午，省委副书记、省长许达哲到湘阴县检查指导防汛抗灾工作。省军区政委冯毅、副省长何报翔、省政府秘书长王群，市县领导刘和生、熊炜、汪灿、李镇江、邹国良、李爱佳、刘海棠参加。副省长何报翔又赶到湘阴县沙田垸督查指导防汛工作。

2日至3日，岳阳市副市长黎作凤到湘阴县防洪一线大堤，督查防汛情况。

3日凌晨，市委常委、市委统战部部长熊炜在沙田垸组织召开防汛会商会，部署当前防汛抢险工作。早上，岭北镇沙田垸出现跌涡险情。

是日，国家防总督查组到湘阴县检查指导防汛抗灾工作。

3日晚至4日上午，市委书记、市人大常委会主任胡忠雄在湘阴县督查指导防汛抗灾工作。

4日凌晨，县委书记汪灿会同省水利专家陈雄志沿柳林江大堤，对病险堤段“把脉问诊”。

5日，市委副书记、市长刘和生再次到湘阴县督导防汛救灾工作。市妇联主席王亚丹组织市、县妇联和女企业家协会筹集5万余元慰问金，连同5万元防汛救灾物资送至沙田垸，看望慰问日夜值守在一线的防汛人员。

6日，广厦房产、长康集团、宏耀灯饰、青龙湖、岳阳市裕泰置业、金锐房产、嘉湘、深圳商会等8家企业来到县防汛抗旱指挥部，捐赠335万元善款助力全县防汛抗灾工作。

是日，湘阴县召开防汛会商电视电话会，再次部署防汛抗灾工作。市委常委、统战部长熊炜来到沙田垸各防汛物资存储点，对物资的品种、数量进行检查核实。下午，岳阳市武警支队官兵成功处置柳林江堤段管涌险情。

7日，市委常委、市委组织部部长王瑰曙到湘阴县督查指导防汛抗灾工作。副市长黎作凤一同参加。

是日，市人大常委会副主任、市总工会主席彭先政一行带着6万元物资到岭北镇、杨林寨乡开展慰问活动。下午，团市委将价值10万余元救灾物资送往湘阴县湘资垸和沙田垸，慰问在一线值班值守的防汛抗灾人员。

是日，武警水电二总队总工程师张利荣到湘阴县督查指导防汛工作。

10日，香港湖南联谊总会创会会长、三湘集团董事长刘胜辉，香港恒富集团董事局主席、湖南深圳商会会长王富贵在岭北镇沙田垸防汛指挥部向湘阴县捐资200万元，支持全县防汛救灾。

11日，共青团长沙市委捐助25.5万元爱心物资及药品支援湘阴县抗洪救灾工作。

14日，市人大常委会常务副主任、党组书记向伟雄到湘阴县督查240国道湘阴县段项目建设。

17日，第十二届县委第一轮巡察工作启动。

19日，湖南高等院校（科研院所）科技成果转移转化基地新闻发布暨湘阴县（高新区）招商推介会在长沙举行，签约24个项目合同、引资75亿元。

8 月

5日，湘阴县征兵体检工作在县人民医院启动。

5日至6日，恒大集团常务副总裁兼恒大旅游集团董事长肖恩率队到湘阴县实地考察。

9日，全县抗洪救灾总结暨上半年工作讲评大会召开。

14日，湘阴县授牌“国家卫生县城”。

16日，市政协主席徐新楚到湘阴县调研精准扶贫工作。

21日，市委书记、市人大常委会主任胡忠雄在湘阴县专题调研美丽乡村金龙示范片建设情况。

是日，市委副书记李爱武到湘阴县调研供销合作社综合改革工作。

22日，全省消委基层组织建设经验交流会在湘阴县召开。

24日，湘阴县2017年中国湖南国际旅游节新闻发布会在长沙召开。

是日，省委常委、省委政法委书记黄关春到湘阴县调研政法综治、司法体制改革、公安改革等工作。

31日，副市长邱虹就旅游节开幕式筹备工作情况先后到洋沙湖国际旅游度假区开幕式演出现场、帐篷会议会场、摩托艇大赛赛场等地考察，并就对接协调等工作进行座谈。

9 月

5日，省人大常委会党组书记、副主任韩永文到湘阴县考察调研，并走访联系基层人大代表。

6日，省委组织部副部长蔡建和到湘阴县考察基层党建工作。

8日，全县教育工作暨教师节庆祝表彰大会召开。

9日，由新华社、中央人民广播电台、《中国改革报》及《湖南日报》、湖南卫视、湖南经视、湖南红网等10多家新闻采访单位组成的中央和省级主流媒体采访团到湘阴县，围绕创新创业“135”工程开展主题采访活动。

11日，2017年“三湘农民健康（湘阴县）行”暨健康扶贫活动启动，活动的首站落在静河镇黄金村。

13日，副省长隋忠诚到湘阴县调研灾后恢复重建工作。

是日，全市首个政协委员工作站在文星镇栗塘社区启动成立。

13日至14日，市政协副主席黎四清带领市政协调研组到湘阴县考察调研规范农村村民建房工作。

15日，郭嵩焘文体广场户外场所对外开园。

16日，副市长黎作凤一行到湘阴县开展安全生产大检查综合督查。

18日，240国道湘阴县段通车仪式举行。

是日，全国中小学教育督导评估专家、省教育督导与评价协会会长罗春晖率省教育督导评估考核组到湘阴县开展为期3天的教育督导评估工作。

20日，县发改局举行城区阶梯水价听证会，广泛征求社会各界意见，以促进节约用水，提高城区安全供水能力。

是日，湘阴县宗棠广场和郭嵩焘文化园停放大量共享单车，湘阴县迎来共享单车时代。

22日，全市中等职业学校第十六次校长联席会议在湘阴县召开。

23日，副市长邱虹在湘阴县调度湖南国际旅游节开幕式筹备工作。

24日，中国FHM洋沙湖国际摩托艇邀请赛在洋沙湖国际旅游度假区开幕。

是日，国家安全监管总局监管二司监察专员王力争率国务院安委会安全生产大检查综合督察组到湘阴县督察安全生产工作。

25日，湖南省旅游产品推介会在洋沙湖帐篷会场举行。全国政协常委、原国家旅游局局长邵琪伟到湘阴县考察全域旅游发展情况。市委书记、市人大常委会主任胡忠雄到湘阴县，与参加2017中国湖南国际旅游节的客商代表座谈。晚上，2017中国湖南国际旅游节开幕式在湘阴县洋沙湖国际旅游度假区举行。

26日，首届天下洞庭·滨水休闲旅游高峰论坛在湖南洋沙湖国际旅游度假区帐篷会场举行。首届岳州窑文化艺术节在洋沙湖国际旅游度假区渔窑小镇内拉开序幕。

是日，市委副书记、市长刘和生在湘阴县督查园区建设大会战情况。

是日，下午，来自全国各地的200余名学者、新闻记者和游客乘坐游轮到湘阴县横岭湖青山岛，亲身体验原生态自然风光、品味独具特色的全鱼宴。

28日，首届岳州窑国际文化艺术节祭窑、开窑仪式在洋沙湖举行。

29日，湘阴县召开县纪委派驻机构全覆盖暨县乡纪检监察工作一体化建设会议。

30日，湘阴县在烈士陵园举行烈士纪念日公祭活动。

10 月

9日，市政协主席、市脱贫攻坚大会战指挥长徐新楚率综合督查组，深入新泉镇、鹤龙湖镇实地暗访脱贫攻坚工作。

10日，县委书记汪灿会见东方园林环境集团投资总裁陈忠阳，双方就湘阴县旅游资源开发等工作进行座谈交流。

10日至11日，全市人大财经预算工作研讨会在湘阴县召开。

16日，省卫计委爱卫处处长倪友新率调查组到湘阴县检查计划生育、党政、综治工作。

19日，省文物考古所开始一个月的岳州窑百梅窑遗址勘探。

20日，省水利厅厅长詹晓安到湘阴县调研河道采砂整治工作。

是日，中民筑友（湘阴）装备式成套科技住宅制造基地项目和湘阴红星美凯龙国际家居博览城项目落户湘阴县。

23日，市委常委、市委组织部部长王瑰曙到市委组织部联点的岭北镇茶湖潭社区，现场指导精准扶贫工作。

24日，省民政厅厅长唐白玉到湘阴县考察调研。

25日，省发改委主任胡伟林到湘阴县调研指导洞庭湖生态经济区水环境综合治理五大专项行动工作。

是日，市政协原主席梅楚波，市委原副书记、原市长黄甲喜等50位市老领导到湘阴县参观考察。

26日，国务院安委办第13检查组到湘阴县开展安全生产大检查“回头看”。

30日，省农民维权监管办副主任陈剑宏率队到湘阴县开展惠农减负政策落实年度检查。

31日，省摄影家协会副主席韩世祺、秘书长梁向锋带领采风团到湘阴县采风，拍摄作品参加“左公故里，美好湘阴”摄影大赛。

是日，县残疾人联合会第三次代表大会召开。

11　月

1日，省农业委党组成员、农机局局长王罗方到湘阴县实地考察新投产使用精量施肥机的试验田产量，调研湘阴县农机社安全生产工作。

2日晚上，第十二届中国湘菜美食文化节暨2017湘阴县湖鲜美食节闭幕式举行，中国饭店协会向湘阴县授予“中国湖鲜美食之乡”牌匾，湘阴县是全省首个获此殊荣的县。

10日，左宗棠诞辰205周年纪念典礼暨左宗棠书院开山仪式在县一中举行。

11日，第二季《中国新歌声》全国城市海选湘阴县赛区启动仪式暨新闻发布会在湘阴县举行。

15日，湘阴县行业扶贫工作推进会召开。

16日至18日，省安委办副主任、省安监局党组副书记、副局长罗德龙率考核验收组在湘阴县开展安全生产示范县考核验收工作。

22日，湘阴县第二十八届中学生田径运动会开幕。

23日，省教育厅党组成员、省委教育工委副书记王建华到湘阴县调研教育工作。

是日，省政协文史委副主任胡奉湘，省地震局党组成员、副局长罗汉良到湘阴县调研防震减灾工作。

24日，湘阴县举行县（处）级干部2017年度学法考试。

26日，首届湖湘文化讲坛公益活动在湘阴县清荷国学馆开讲，来自长沙、岳阳以及湘阴县的200多位文化界人士聆听讲座。

28日，市交通局党组副书记、副局长徐浩明率市考核组到湘阴县考核脱贫攻坚工作。

是日，广州南粤基金集团有限公司董事长林涛、上海秦森园林有限公司董事长秦同千率队到湘阴县考察。

30日，县委书记汪灿会见中国光大国际有限公司投资总监、环保能源部副总裁邱波，双方就垃圾焚烧发电环保项目合作进行深入探讨，并达成广泛共识。

12　月

4日，市委副书记、市长刘和生考察调研湘阴县产业园区建设、“空心房”整治、规范村民集中建房等工作。

是日，县委书记汪灿会见湖南电子科技职业学院董事长赵小年。

6日，省委老干部局开展主题党日活动，组织局系统全体在职党员和部分离退休老干部到湘阴县左宗棠文化园开展学习活动。

11日，湖南冬春水利建设现场推进会召开，湘阴县冬春水利建设工作经验全省推介，柳林江堤防工程定为现场会看点。副省长隋忠诚出席会议并作讲话。

12日，县城市管理行政执法局成立，并举行宪法宣誓暨揭牌仪式。

13日，县长、县级河长李镇江组织召开全县2017年河长制工作任务交办会。

14日，2017年度岳阳市小学校长年会暨“学校文化建设与校长素养提升”专题论坛在湘阴县举行。

15日，湖南湘阴星龙村镇银行股份有限公司召开创立大会暨第一届股东大会第一次会议。

18日，国家体育总局授予湘阴县“全国群众体育先进单位”称号。

19日，由省摄影家协会、县政协主办的“左公故里，美好湘阴”湖南摄影大赛颁奖仪式在湘阴县举行。

是日，湘阴首届湖湘民俗文化节开幕式在洋沙湖国际旅游度假区洞庭渔村举办。

20日，省健康扶贫专项考核组到湘阴县考核健康扶贫工作。

21日，美好湘阴、资本盛宴——“资本服务进湘阴”企业挂牌签约仪式暨路演培训活动举办。

23日下午，政协湘阴县第十届委员会第二次会议开幕，25日，会议圆满完成各项议程后闭幕。

24日，省文物考古研究所工作人员在静河镇青竹寺窑考古发掘现场，再次发现一座东汉龙窑，探明东汉龙窑4座。

25日上午，县第十七届人民代表大会第二次会议在湘阴县剧院开幕。27日，会议圆满完成各项议程后闭幕。

27日，市委副书记李爱武在湘阴县调研渔民生产生活状况。

28日，市委书记、市人大常委会主任胡忠雄率全市项目建设流动现场会与会人员到湘阴县考察蓝天豚硅澡泥新材料、可孚智能医疗产业园等重点工程项目建设。

（县年鉴编辑部）

防汛抗灾

【综述】6月下旬至7月上旬，湘阴县遭遇超历史的暴雨洪涝灾害，是全省汛情最严重、最复杂的县区，6月22日至26日、6月29日至7月1日，全县先后遭遇两轮强降雨，26个雨量站中大暴雨站25个、暴雨站1个，最大雨量达296毫米。受强降雨影响，境内江河湖库水位迅猛上涨。6月30日18时，湘、资两水全线超警戒水位，7月2日18时，湘、资两水全线超保证水位，铁角咀、窑头山、浩河口等3个站点超历史最高水位，3天时间内水位最高涨幅达4.27米，超保证水位2.07米，7月2日23时，沙田垸出现超历史最高水位0.72米的特大洪水。面对超历史的暴雨洪涝灾害，在县委、县政府的坚强领导下，全县上下紧急动员、众志成城，打响一场湘阴县防汛抗洪保卫战，实现“不溃一堤一垸，不垮一库一坝，不因灾死伤一人”的目标，夺取防汛抗灾工作历史性胜利。

【扎实备汛】一是加强防汛抗灾的组织保障。汛前，全县上下高度统一思想，4月11日，县防指指挥长、县长李镇江主持召开防汛会商会，会上特别强调，全县防汛准备工作要特别突出坚守不垮一堤一垸，不垮一库一坝，不因工作失误造成一人死亡，不因工作失职加大灾害损失“四条底线”，做到责任落实要确保无缝对接、防汛预案要确保操作实用、险工处置要确保安全可靠、队伍组建要确保坚强有力、物资储备要确保补充到位、预判预警要确保精准及时等“六个确保”。4月28日，全县组织召开防汛抗旱暨河长制推行工作会议，县、乡党政负责干部和水务部门负责人等200多人参加会议，县委书记汪灿、县长李镇江参会并对防汛抗旱工作进行动员部署。根据县、乡两级党政干部异动情况，及时调整和充实各级指挥机构，落实好防汛责任制。二是加强备汛的技术保障。汛前，水务部门从全县的工情、汛情分析，从多年来的洪水规律分析，要求各垸区严防出现“姊妹”型洪水，在备汛工作方面始终立足防大汛、抗大灾的思想准备。同时，县防指精心修订各类预案，认真组训防汛技术队伍，加强防灾抗灾基础保障工作，积极组织防汛抢险技术及山洪地质灾害避险演练，5月19日和20日，在湖区与东乡开展两次现场实战演练，为抢险提前练兵。三是加强备汛的工程保障。去冬今春，狠抓水毁修复，完成水毁工程110多处，水库除险加固19座，哑河垮塌整治22处，外排机埠维护维修102处，水毁工程的修复确保来年的安全度汛。为切实加强保障，县防指组织各垸区全面认真开展汛前安全大检查，特别是注重落实重点险工的度汛措施。四是加强备汛的物资保障。县防指分垸区组织专门力量，对防汛抗灾库存物资进行清点，登记造册，对缺口部分，下达物资补充调运的责任清单，确保抢大险的物资供应。在高洪水位期间，先后紧急调运卵石40万立方米，块石6万立方米，筑板土12万立方米，编织袋200万条，彩条布60万平方米，水泵520台（套）。

【科学调度】高洪水位期间，县防汛抗灾指挥中心（以下简称“防指”）人员合理分设雨水情组、险情处置组、物资保障组、车船调度组、情况综合组、宣传报道组、督查组等10个组室，明确分工，各司其职，综合了解雨情、水情、工情、汛情等信息，对防汛形势认真研判，准确把脉，坚持一日一会商，紧急情况一日多会商，期间先后签发指令38件，通知56件，督查通报9期，做到运筹帷幄，决胜千里。特别是在情况特别危急的沙田垸柳林江，紧急成立前线指挥部，由市、县主要领导亲自靠前坐镇指挥，确保人力、物力的及时指挥调度，为往后湘阴县的防汛抗灾创造新的应急指挥模式。指挥调度保证精准、科学。如7月1日，根据湘江上游洪峰分析，指令当地防指提前一晚在沙田垸柳林江、城西垸浩河口抢筑子堤，确保7月3日洪峰过境未发生洪水漫溢；7月5日，根据雨水情发展趋势分析，预判到湘阴县范家坝将遭遇严重外洪内渍险情，并提前做好应急预案，作出开闸泄洪和安装临时泵站的决策建议，有效地避免范家坝溃决的风险。

县委书记汪灿（右二）、县长李镇江（左一）在抗洪一线（2017年7月摄）

【抢护险情】一是规范查险报险。规范时效、统一模式，突出巡查守护重点、严格巡查防守要求，县防指下发统一的巡堤查险规程，建立险情速报通报制度，确保险情第一时间掌握、第一时间上报，为分析会商汛情提供有力依据。二是准确研险。县防指成立由20多名水利专家、技术骨干组成的处险技术指导组，分成3个小分队，可在第一时间同时奔赴不同垸区实地查看险情，指导处险。特别是抽调20多名参加过1996年、1998年防汛抗灾的老领导、老专家，实战技术骨干常驻各垸区一线指导防汛，确保险情及时研判，处险方案对症下药。县水务局派驻沙田垸指导处险的水利专家都是连续在大堤奋战几天几夜，深受柳林江前线指挥部领导的重用和当地干部群众的赞扬，为沙田保卫战的胜利提供坚强有力的技术支撑。三是有效处险。坚持险情即报即处，快速反应，接到险情后，确保在第一时间组织好人力、物资、设备，确保及时处置。全县先后有效处置堤身脱坡、管涌、散浸、渗漏等各类大小险情200多处，其中沙田垸处置险情80多处，较大以上险情32处。险情处置后，安排专门人员跟踪观察、查验效果，及时改进完善不足，及时总结推广经验。

【全民抗洪】从一开始，湘阴县的雨情、水情、灾情，就牵动着各级党委、政府领导的心。国家防总、国家相关部委给予湘阴县大力支援，体显党和政府以人民为中心的执政理念和民本情怀。省长许达哲、副省长何报翔和市委、市政府主要领导先后亲临湘阴县防汛抗洪一线检查指导，并安排两位市级领导坐镇指挥、亲自调度。省、市各级新、老水利专家驻守现场、处置险情，为湘阴县防汛抗灾历史性胜利提供坚强有力的组织保障和技术支撑。高洪水位期间，防汛抗灾成为县内压倒一切的工作，县级领导、县直部门干职工、乡镇干部全部驻扎大堤，坚守一线抗洪，社会各界人士、寓外乡友踊跃捐资捐助，形成强大的联防壁垒。同时，全省各地抢险力量火速集结，1750名武警官兵、公安、消防、民兵预备役从四面八方赶来，驰援湘阴县的防汛抗灾工作。

（县水利局）

2017中国湖南国际旅游节

【2017中国湖南国际旅游节开幕式】9月25日晚，以“锦绣潇湘、天下洞庭、水韵湘阴”为主题的2017中国湖南国际旅游节开幕式在湘阴县洋沙湖国际旅游度假区举行。湖南省人民政府副省长何报翔，全国政协常委、国际山地旅游联盟副主席、原国家旅游局局长邵琪伟，国家旅游局政策法规司司长周久才、湖南省旅游发展委员会主任陈献春，岳阳市委书记、市人大常委会主任胡忠雄，湘阴县委书记汪灿，湘阴县委副书记、县长李镇江等领导上台共同启动触摸球，见证开幕盛况。岳阳市委副书记、市长刘和生主持开幕式并开启岳阳智慧旅游之门。有14个国家和地区的200多名旅行商和数千群众以及媒体记者参加开幕式。此次旅游节开幕式依托山水实景舞台，采用VR技术、大型全息投影、多屏互动等现代尖端科技，按照“水韵洞庭”“楼记天下”“梦圆

潇湘”三个篇章展开。开篇歌舞《锦绣潇湘鱼米香》、童声情景朗诵《岳阳楼记》等节目突出天下洞庭、水韵湘阴的地域风情风貌。特别是沙画讲述《敢为人先》，从岳州窑、左宗棠、岳阳楼等人文自然景观融入沙画节目中，使岳阳及湘阴县深厚的历史人文，淋漓展现湖湘人敢为人先精神。同时，晚会巧妙编排歌舞、脱口秀、小品、民乐、焰火等各类文艺表演，也全面展示全省14个地州市的精品旅游资源。

中国湖南国际旅游节已连续成功举办15届，成为全国知名旅游节会品牌，成为整合全省旅游资源、宣传旅游产品、推进区域旅游交流合作的重要平台。此届旅游节以“锦绣潇湘·天下洞庭·水韵湘阴”为主题，由湖南省旅游发展委员会、岳阳市人民政府主办，岳阳市人民政府旅游外事侨务办公室、湘阴县人民政府承办，洋沙湖国际旅游度假区协办。

当日下午，湖南省旅游推介会在洋沙湖帐篷会场举行，来自境内外的旅行商和嘉宾，尽情在湖南、岳阳、湘阴县的旅游宣传片的风景画中畅游。节会期间，以湘阴县为出发点的省内山水游、楼岛游、湘江古镇群游等精品旅游线路盛装起航，可让国内外游客一览潇湘美丽画卷。

开幕式后，本次旅游节活动还举办首届天下洞庭·滨水休闲旅游高峰论坛、“相约青山岛、洞庭生态游”、湖南精品旅游线路考察、洋沙湖国际摩托艇邀请赛、首届岳州窑文化复兴艺术节，以及环洋沙湖国际自行车、马拉松、徒步山地户外健身大赛等特色主题活动，它们集水文化、窑文化以及运动、休闲于一体，陆续在洋沙湖上演。

湘阴县委书记汪灿、县长李镇江介绍，湘阴县地处湘江之北、洞庭之南，集湖光、山色、水韵于一体，不仅生态优美、风景秀丽，而且历史悠久、人文璀璨。本次开幕式活动贯彻绿色“两型”理念，彰显热烈隆重氛围，突出潇湘水韵特色，融入科技时尚元素，体现人文历史内涵，将让国内外游客全面领略“水韵湘阴”的大美风光、独特风情和水乡风貌。

【中国FHM洋沙湖国际摩托艇邀请赛】9月24日上午，中国FHM洋沙湖国际摩托艇邀请赛在洋沙湖国际旅游度假区开幕。国家体育总局水上运动管理中心五部部长姚新培、湖南省体育局局长李舜，县领导汪灿、李镇江、熊检华、周义军，广东御金龙投资集团主席潘垚坤、湖南顺天集团董事长苏松泉出席。

李镇江在致词中指出，湘阴源水而名、逐水而兴、因水而美，境内江、河、湖相连相通，水域宽广，独特的水生态资源无可复制，具备发展水上运动、举办水上赛事的独特优势。

李镇江表示，湘阴将以此次赛事活动为契机和起点，不断深化与各方的战略合作，共同推动水上运动休闲产业发展，加快将县域水资源、水文化，拓展为休闲旅游的新亮点，着力打造全省条件最优越的水上运动训练基地，建设中部地区最具活力的水上运动之都。

姚新培对2017中国FHM洋沙湖国际摩托艇邀请赛开赛表示祝贺。他表示，湘阴县独具湖湘特色水文化，希望通过成功举办FHM洋沙湖国际摩托艇邀请赛活动，对湘阴县打造“水上娱乐运动之都”起到促进作用，推动中国摩托艇运动和水上运动的繁荣发展。姚新培指出，赛事组委会要遵循公平、公正、公开的原则，严格遵守水上运动安全文明规范，把赛事办出规格、办出规模、办出影响。

潘垚坤表示，广东御金龙投资集团一直关注并致力于打造水上文化运动项目，塑造“文化+体育+旅游”综合发展的全域旅游模式，重点发展文旅结合的特色项目。集团将整合各界资源，配合湘阴县有关部门，发挥自身行业优势，将洋沙湖打造成为国家级游艇旅游文化娱乐体育全域发展的目的地，积极培育水上旅游、低空旅游、自驾车（房车）营地等旅游新业态和新产品。

【首届岳州窑文化艺术节湘阴县举行】9月26日上午，在洋沙湖国际旅游度假区渔窑小镇，随着岳州窑祭窑、点火仪式的举行，首届岳州窑文化艺术节的序幕拉开。市委常委、市委宣传部部长马娜，副市长李为，县领导李爱佳、林恒求、蒋世杰、余建新、熊国庭参加。

湘阴县岳州窑是全国六大名窑之一，享有史上“最早的青瓷、最早使用匣钵腹烧、最早的官窑、最早的釉下彩”等美誉。独特的岳州窑烧制技艺传承上千年，其历史、文化和艺术价值深厚，2017年入选第四批省级非物质文化遗产代表性项目名录。从1983年至1988年间，湘阴县先后发现25处古窑址。

岳州窑传承人吴军平认为，岳州窑制器的种类和历年挖掘出来的遗址碎片，可看出当时的生活形态及其迁徙、环境变化等。另一位岳州窑传承人陈灿宇认为，湘阴县是临水之城，地理位置优越，随着湘阴县全域旅游的快速崛起，开发岳州窑观光区、体验区、精品馆等，将有力助推湘阴县经济发展。

这次烧制的30余件“首窑”岳州窑青瓷艺术品，均由省内10多位书画名家在陶瓷器皿上题写书画。这些艺术品堪称传世孤品，弥足珍贵，极具收藏价值。9月28日，将在洋沙湖对“首窑”艺术品进行公益拍卖，所得资金全部用于岳州窑文化复兴基金。

湘阴县是湖湘文化最重要的发源地、最集中的展示厅、最鲜活的体验区。岳州窑文化独树一帜，岳州窑是湘阴县最早的经济支柱，是展示湖湘文化的重要名片，也是湘阴县最响亮的文化名片之一。湘阴县将在复兴岳州窑的学术、艺术、旅游、经济价值方面做文章，还原岳州窑应有的历史地位，促进岳州窑文化产业发展。

此次艺术节活动持续至28日。期间，先后在洋沙湖组织举行岳州窑开窑、祭窑、拍卖、捐赠仪式，近100名国内外陶瓷界顶尖学者和专家齐聚一堂，召开岳州窑文化复兴研讨会。

【游客畅游横岭湖青山岛】9月26日下午，参加2017中国湖南国际旅游节开幕式的200余名游客乘坐游轮到湘阴县横岭湖青山岛畅游，体验原生态自然风光，欣赏沙滩落日远景，品尝独具风味全鱼席，体验这座岛上神仙一样的生活。县长李镇江出席此次活动，县政协主席周义军、县政协副主席甘文伟陪同。

青山岛位于湘阴县最北端，是南洞庭湖中的一座自然孤岛，面积11.2平方千米，也是全国仅存的三座渔村之一，具有重要的生态旅游价值。千百年来，不少历史名人在青山岛流连忘返，留下许多动人的传说和壮丽的诗章。

近10年，随着户外生态旅游的迅速兴起，美丽的青山岛不断吸引“背包客”和“驴友”前来造访。2016年，湖南省山地户外休闲健身大会在青山岛成功举办。李镇江表示，青山岛未来将依托资源优势，以湘阴县滨湖示范区建设为契机，加强宣传力度，加大基础设施建设，逐步完善旅游配套，积极发展农村休闲观光旅游业。

（县文物旅游局）

第十二届中国湘菜美食文化节

【第十二届中国湘菜美食文化节开幕式】6月9日上午，第十二届中国湘菜美食文化节暨2017湘阴县湖鲜美食节开幕，省商务厅副巡视员胡刘芬，湖南日报社党组副书记、湖南日报报业集团总经理邹继红，县领导汪灿、李镇江、彭方建、熊检华、周义军、李爱佳、宋华、李军良、甘政等参加。活动以“品味湖鲜美食，畅游左公故里”为主题，由湖南省商务厅、湖南日报社共同主办，中共湘阴县委、湘阴县人民政府承办，主要包括“申报中国湖鲜美食之乡”、打造湘阴县名菜名宴、评选名厨名店、湖鲜美食文化交流与推介等八大主题活动，既有餐饮界的烹饪技艺交流，又有湘菜产业链的食材展示，还有许多富有特色的湘菜文化推广活动。

县委书记汪灿在致辞中表示，此次中国湘菜美食文化节在湘阴县举办，是宣传推介湘阴湖鲜美食十分难得的契机。湘阴县将以最开放的姿态、最务实的举措、最优质的服务，用心办会、创新办会，努力把此次美食节办成最富特色、最具亮点、最有成效的盛会，让湘阴湖鲜美食品牌更响、品质更优。省商务厅副巡视员胡刘芬宣布活动开幕，并与邹继红、陈胜年、刘正仁、汪灿一起按下水晶球。

【“名厨、名店、名菜”评选】7月10日，根据第十二届中国湘菜美食文化节暨2017湘阴湖鲜美食节组委会《关于举办湘阴餐饮行业十大“名厨、名店、名菜”评选活动的通知》（湘美食节组发〔2017〕1号）的规定，通过现场比赛、实地考察，综合评审组、专家组计分及评委会意见，经美食文化节组委会审定，评选出“湘阴县十大名厨”“湘阴十大名店”“湘阴十大名菜”。

湘阴十大名厨：吴丹（帝豪大酒店）、周斌（湘阴宾馆）、吴灿波（芙蓉国际大酒店）、傅旺（双桥水寨生态农庄）、刘洋（食现时尚主题餐厅）、张璞（家有喜事）、李国海（瓦窑湾鹅店）、邱巍（三井头头一家）、焦卫（锦逸农庄）、蒋宇（周记休闲农庄）。

湘阴十大名店：湘阴宾馆、左宗棠大酒店、

帝豪大酒店、芙蓉国际大酒店、佰嘉俪景酒店、家有喜事、双桥水寨生态农庄、锦逸山庄、兴源农庄、德轩食府。

湘阴十大名菜：瓦窑湾炖鹅、三井头炖肠子、湘阴水鱼炖粉皮、南湖菜心炖泥鳅、左宗棠原味鸡、荷塘双秀、东塘家宴笋、青山渔家鲜、鹤龙湖口味蟹、樟树港辣椒。

【第十二届中国湘菜美食文化节落幕】11月2日晚，第十二届中国湘菜美食文化节暨2017湘阴湖鲜美食节闭幕式在左宗棠广场举行，中国饭店协会向湘阴县授予“中国湖鲜美食之乡”牌匾，这是全省首个获此殊荣的县。中国饭店协会副会长平安稳、省商务厅副厅长李心球、市商务粮食局局长刘正仁，汪灿、李镇江、彭方建、熊检华、周义军等全体在家的县级领导，与来自全国各地的餐饮、食材企业代表、湘菜大师共390余人出席闭幕式晚会及授牌仪式。并举行丰富多彩的文艺表演。县委书记汪灿在闭幕式晚会上表示，湘阴县湖鲜美食是湘菜的重要组成部分，历史源远流长。美食文化节虽落下帷幕，但“食在湘阴”的盛宴永不落幕。美食节期间，湘阴县成功举办打造湘阴名菜名宴、申报中国湖鲜美食之乡、湖鲜美食文化交流与推荐、湖鲜美食品鉴等八大主题活动。经组委会公平、公开、公正的评选，评定湘阴“十大名店”“十大名菜（小吃）”“十大名厨”；来自湖南、北京、广州等地的餐企代表前往湘阴县本土优秀食材企业基地进行参观和订货。樟树港辣椒、鹤龙湖大闸蟹等一批名满天下的优质食材让参展商纷纷驻足，争相订购。闭幕式上，中国饭店协会副会长平安稳授予湘阴县“中国湖鲜美食之乡”称号，县长李镇江接牌。

（县商务粮食局）

洋沙湖国际旅游度假区开园

洋沙湖国际旅游度假区项目于2007年正式落户湘阴县，是年10月，湖南顺天集团开发洋沙湖、建设生态旅游度假区项目合同正式签订。随后，县人民政府立即召开办公会议，研究成立组织领导机构和征地拆迁等问题，从此，洋沙湖国际旅游度假区建设全面开始启动。通过10年的建设，累计投入资金200亿元，于2017年6月16日开园迎客。洋沙湖国际旅游度假区位于国家“十三五规划”中“一带一路”、长江中游城市群中部，距离黄花国际机场60千米，通过水上航线还可以南下橘子洲、北上洞庭湖。园区辐射半径近800千米，拥有1700余公顷原生山湖资源、6700余公顷生态水域、300余种珍稀动物、600多种珍稀植物、100多种淡水鱼资源。集“旅游风景观光区、生态幸福宜居区、商务休闲引领区、健康运动修心区、企业发展拓展区、家庭快乐开心区、生态农业科普区”七大旅游产业板块于一体，包含欢乐水世界、野奢房车营地、国际路亚基地、滨湖度假村、渔窑客栈、渔市以及渔窑小镇等多个区域。按照国家级旅游度假区、国家AAAAA级旅游景区、国家生态旅游示范区标准规划、建设和运营，以七大旅游产业和14个核心旅游项目为基础，以独具湖湘特色的水文化为灵魂，开创七大水主题和七星度假系统，大全景构建世界级综合性一站式旅游目的地。

（洋沙湖国际旅游度假区）

自然地理

【位置·面积】湘阴县位于湖南省北部（偏南），居湘资两水尾闾。东接汨罗市，西邻益阳市，南连望城区，北郊沅江市、岳阳县、屈原管理区。县境东起长康镇的金鸡山，西至南湖洲镇的毛角口，南到樟树镇的易家坡，北达磊石山的垱嘴洲。东西最宽处51.3千米，南北最长处61千米。县域总面积1581.5平方千米。

【地质地貌】湘阴县域地块属新华夏构造体系的第二隆起带，地貌呈低山、岗地、平原三种形态。地势东南高、西北低。位居幕阜山余脉走向洞庭湖凹陷处的过渡带上，地势自东南向西北递降，形成一个微向洞庭湖盆中心的倾斜面。地貌按成因分为堆积地貌、侵蚀剥蚀地貌和侵蚀剥蚀构造地貌三类。按岩性分为红砂岩地貌、花岗岩地貌和第四纪松散堆积物地貌，分布于县境东部和西部广大地区。按形态分为平原地貌（滨湖、江河和溪谷平原）、岗地地貌和低山地貌三类。

（县年鉴编辑部）

历史人文

【建置沿革】湘阴县历史源远流长。据出土文物考证，早在新石器时代，即有先民在此开拓。至夏代，为三苗部落所居。周代，成王分封诸侯，湘阴县地属楚国。文王徙罗子国遗民至湘水之南，县境为罗子国地。秦始皇废封、行郡县，改罗子国为罗县，隶属长沙郡。西汉高祖刘邦徙衡山王吴芮为长沙王，吴改长沙为国，东汉建武七年复长沙郡。或国或郡，罗国均为其属地。汉献帝（31）建安十三年（208），刘备徇定荆州的武陵、长沙、桂阳、零陵四郡，罗县属刘。刘备、孙权以湘水为界分治荆州后，罗县归孙，仍隶长沙郡。至晋代隶属未变。南朝宋元徽二年（474），湘州刺史王僧虔为安置巴峡流民，上表割罗县、益阳、湘西三县部分地置一新县，名湘阴县，属长沙内史，县治设琴棋望（今县芦苇场鲇鱼洲中部）。南朝梁天监元年（502），县治迁黄花城（今城西镇黄花岭）。隋开皇九年（589），省湘阴县入岳阳县，县治迁长乐（今汨罗市长乐镇）。开皇十一年（591），改岳阳县为湘阴县，县治又迁至春秋罗子国都城、秦代的罗县县治古罗城（今屈原行政区马头槽）。唐武德八年（625），并罗县入湘阴县。此时县域广阔，地辖今湘阴县、汨罗、平江三县（市）。唐中宗神龙三年（707），因地域太广，难于治理，遂析湘阴县东部地置昌江县（今平江县），同属岳州。同年湘阴县治迁城江城（汨罗市川山坪镇常公村）。五代后周广顺三年（953），县治再迁白茅城（今汨罗市川山坪镇石桥村）。宋太宗淳化四年（993），湘阴县改属潭州（今长沙市）。南宋高宗绍兴五年（1135），县治迁湘江之畔的瓦碎潭，即现在的县城（文星镇）。元成宗元贞年间升湘阴县为州，属潭州路，文宗时又改属天临路。明洪武二年（1369）降州为县，属长沙府。清朝仍属长沙府。民国初年直属湖南省。民国26年（1937）底，湖南设行政督察专员公署，民国29年（1940），设行政督察区，湘阴县均属第一区。中华人民共和国成立初，湘阴县属长沙专署，1952年属湘潭专署，1964年属岳阳专署。

1966年，划出湘阴县东部5个区建汨罗县（后改市）。1986年，属地改市后的岳阳市。

【人文特征】湘阴县历史悠久，人文厚重，是湖湘文化的策源之一，这片土地曾经孕育出一批全国为之瞩目的人物。明代有从政40余年、累官至户部尚书、以贤能廉洁著称的夏元吉；清代有“舁榇御侮”、规复新疆的军机大臣左宗棠和中国首任驻英、法公使、倡效西方科技“以立富强之基”的郭嵩焘；有为推翻清王朝，首创“自立军”殉难于武昌的林圭。民国时期，有在土地革命战争中牺牲的红军年轻将领陈毅安；有经历多次战斗、身负重伤、身残志坚为革命奋斗一生的将军周九银，有拥护国共合作，反对分裂的国民革命军军长陈嘉祐；有身居国民党要职、在白区从事秘密革命工作16年的左恭；有在抗日战争时期率部于缅甸重创日军，为7000英军解围、被英驻印盟军总指挥史迪威誉为“东方蒙哥马利”的将军李鸿；有为中国教育事业鞠躬尽瘁的原北京师范大学校长范源廉；有“工业先导，功在中华”的化学工业家范旭东。有我国最先从事法文翻译的作家李青崖；有文学创作硕果累累、“描写农村生活的能手”康濯；有享誉中外的电影艺术表演家刘琼等。

【文化遗存】湖南素有“三湘”（潇湘、漓湘、蒸湘）之称。古老的湘阴县位于“蒸湘”地域，千百年来，先人们在这神奇的土地上留下厚重的文化遗产。有帝王将相的足迹、才子骚人的字墨、形态独特的古建筑、优美动听的传说。境内有始于新石器时代的大溪、龙山文化。共有遗址49处、窑址20处、城址3处。其中大溪文化遗址5处，即飘嘴、闸边、木鱼它、高山上、王家台。原青潭乡上山村闸边出土的磨制石斧、石锛和陶器鼎、盆、盒、耳罐、簋、釜、圈盘足碗等，为研究洞庭湖区原始文化的重要标本，是湖南考古领域里的重大发现之一；龙山文化有田家坟山、黄口河、北石井、倒口、芦山冲、南岸嘴、酬塘山等7处。其中田家坟山遗址面积有5万平方米，出土的文物有石斧、励石、鼎、豆等10余种，极有考古价值；其他地方有商周遗址13处、春秋战国遗址14处、西汉遗址3处。另有三塘镇原军民村的黄陵二妃庙，东汉时刘表立过碑，后由唐代韩愈重立碑石并作《黄陵庙碑记》和《祭湘君夫人文》，还有六朝以来沈约等诗人为吟咏黄陵庙、湘妃和黄陵山上的湘妃斑竹所写的诗词近100首。境内遗存的古建筑有始建于北宋仁宗庆历八年（1048）、1983年被列为国家级文物保护单位的湘阴县文庙；有建于清光绪十一年（1885）、2002年被列为国家级文物保护单位的左文襄公祠；有始建于宋元时期、重修于清乾隆五十年（1785）、被列为省级文物保护单位的文星塔、状元塔；还有被列入省级文物保护单位的左宗棠故居柳庄、郭嵩焘故居、岳州窑、远浦楼等，还有始建于南宋绍兴年间、2014年获评为国家aaa级景区的南泉寺。

（县年鉴编辑部）

人口·民族·区划

【人口】2017年，全县年末总人口为78.6万人，性别比为110.63：100。出生人口10875人，出生率为14.22‰；死亡人口4254人，死亡率为5.56‰；人口自然增长率为8.66‰，出生人口性别比为106.99：100。常住人口70.58万人。

（县统计局）

【民族】2017年，全县少数民族30个，以苗族、壮族、土家族、回族为主，其余为彝族、瑶族、布依族等，少数民族人口总计718人。

（县民宗局）

【行政区划】2017年，全县辖文星镇、三塘镇、东塘镇、玉华镇、金龙镇、樟树镇、静河镇、鹤龙湖镇、岭北镇、新泉镇、湘滨镇、南湖洲镇和六塘乡、杨林寨乡以及漕溪港街道办事处（拟设）、洋沙湖街道办事处（拟设）。行政建置村为153个、社区为57个。

（县年鉴编辑部）

气候·环境

【气候概况】湘阴县2017年平均气温17.1℃，比历年平均值偏低0.2℃；年极端最高气温39.1℃（出现在7月27日），年极端最低气温-2℃（出现在12月18日）；年总降水量2058.3毫米，比历年平均值偏多41.5%；年日照总时数1512.9小时，比历年平均值少102.2小时。6月23日至25日湘阴县持续降雨，持续时间长，各乡镇都出现不同程度的灾情，灾情较为严重的是南湖洲镇、鹤龙湖镇、新泉镇、六塘等乡镇。受灾人口42300人，紧急转移81人，农作物受灾面积3230公顷，成灾面积1330公顷，严重损失房屋57间19户，一般损坏房屋201间79户，直接经济损失1223万元，农业损失1083万元，基础设施损失30万元，家庭财产损失110万元；6月29日至7月3日出现强降水天气，持续时间长，全县各乡镇都出现不同程度的灾情。受灾人口106900人，紧急转移36661人，农作物受灾面积10420公顷，成灾面积6710公顷，绝收面积348公顷，倒塌房屋16户37间，严重损失房屋115户315间，一般损坏房屋1827户4515间，直接经济损失14404万元，农业损失5810万元，基础设施损失6715万元，家庭财产损失1879万元。2017年气温偏高，降水明显偏多，日照偏少。具体情况如下：6月、10月气温偏低，1月、7月气温显著偏高，2—5月、8—9月、11—12月气温偏高；1月、2月、7月降水显著偏少，5月、10月、12月降水偏少，4月、9月、11月降水偏多，3月、6月、8月降水显著偏多；1月、3月、6月、8—11月日照偏少，2月、4 5月、7月、12月日照偏多。其中以6月、7月的强降水天气影响最为显著，对农作物的生长和人民的生命财产有一定的影响，其他的突发性气候事件较少。

（县气象局）

【环境概况】环境空气：2017年1—12月湘阴县环保局空气自动监测站实际开展空气自动监测365天，有效监测天数365天，其中优良天数304天，优良率83.5%，达标率100%。环境空气污染天数55天，其中：轻度污染45天、中度污染7天、重度污染2天、严重污染1天。在这些污染天数中，有33天首要污染物为细颗粒物（PM2.5），有20天首要污染物为臭氧（O_3），其余2天首要污染物为可吸入颗粒物（PM10）。2017年，湘阴县环境监测站测点收集降雨样品42个，其中酸雨样11个，pH值最低值为5.08，酸雨频率26.2%。

水环境质量:水环境质量总体保持稳定。湘阴县地表水环境质量监测断面（点位）中樟树港、虞公庙和横岭湖为国控断面，由湖南省洞庭湖生态环境监测中心承担常规监测工作;乌龙嘴和鹤龙湖、湘阴东湖属省控断面，洋沙湖属市控断面，由县环保局环境监测站承担常规监测工作。监测结果显示：2017年，虞公庙、横岭湖、樟树港、洋沙湖、乌龙嘴断面水质各项指标均达到《地表水环境质量标准》（GB3838-2002）中Ⅲ类标准，水质合格率为100%，水质状况为良。鹤龙湖监测点位：5月水质类别为Ⅲ类；1月、2月、3月、4月、6月、7月、9月、10月、11月水质类别为Ⅳ类，主要污染物为总磷、五日生化需氧量和化学需氧量；8月为Ⅴ类，主要污染物为总磷。湘阴东湖监测点位：3月水质类别为劣Ⅴ类，2月、5月、6月水质类别为Ⅴ类，1月、4月、7月、8月、9月、10月、11月水质类别为Ⅳ类，主要污染物为总磷、五日生化需氧量、化学需氧量。2017年，湘阴县城市集中式饮用水源地水质优良，湘阴县自来水公司一水厂取水水质各项指标均达《地下水质量标准》（GB/T14848-96）中Ⅲ类标准，饮用水源水质合格率100%。与2016年同期相比，湘阴县水质稳定，鹤龙湖、东湖水质较2016年提高一个类别。

声环境质量：2017年湘阴县城关地区各功能区声环境质量以国家区域噪声环境质量标准GB3096-2008为参照标准，1类功能区超标点3个，2类功能区超标点7个，4A类功能区超标点1个，功能区域噪声均值56.5dB（A）。2017年全县道路交通噪声路长加权平均值为73.2dB（A），比2016年减轻1.6dB（A）。

辐射环境：湘阴县使用射线装置的单位主要为医院，均使用Ⅲ类射线装置。全县无辐射装置，辐射环境安全可控。

（县环保局）

2017湘阴县品牌专记

【南湖洲辣椒】辣椒种植是南湖洲传统种植产业之一，具有悠久的历史。由于南湖洲镇地处洞庭湖堆积平原，土层深厚，土壤肥沃，沙性适中，其主要农作物生长所需的硫、硒、碘、锌等中微量元素十分丰富。土壤pH值5.8—6.5，有机质含量1.5%—3.8%，速效氮100—150毫克/千克，速效钾70—110毫克/千克，有效磷6—15毫升/千克。此类土壤特征非常适宜于辣椒的健壮成长和优良品质的形成。加上雨量充沛、阳光充足，温度、湿度适中，均有利于辣椒生长。特殊的地理位置与气候，生产的南湖洲辣椒与其他品种的辣椒有明显不同，一是品质优良个体大，南湖洲辣椒个体长约8—10厘米，头部直径约3—4厘米，头大尾小，整体均称，比一般辣椒个头大一倍以上，且外形饱满美观；二是肉质厚且酥脆，香润可口，辣味适中，既适合直接烹饪，更适合加工，当地及周边地区群众做剁辣椒均首选南湖洲辣椒；三是富含维生素C及人体所必需的铁、铜、锌、锰、钙、钠、镁、硒等8种微量元素，营养丰富。南湖洲辣椒在20世纪70年代前就闻名遐迩，不但在本地大受欢迎，还畅销长沙及全国各地，在当时交通工具欠发达的情况下，辣椒上市后，每天都有上百担南湖洲辣椒通过定时班船销往长沙，喜欢吃剁辣椒的长沙市民，甚至不顾路途遥远，乘船赶到南湖洲来收购辣椒自己加工剁辣椒，现在长沙许多中老年人对南湖洲辣椒仍怀有深厚的感情。南湖洲本地人又把秋辣椒做成“卜辣椒”，并注册“南湖洲干菜”商标，畅销全国各地。

（南湖洲镇）

国民经济和社会发展概况

【综合】2017年，面对错综复杂的宏观经济形势，全县上下在县委、县政府正确领导下，认真贯彻“创新、协调、绿色、开放、共享”五大发展理念，主动适应经济发展新常态，以供给侧结构性改革为主线，紧紧围绕“融长对接”发展战略，全力做好稳增长、调结构、促改革、惠民生、防风险各项工作，经济社会发展呈现稳中有进、稳中向好的态势，社会事业取得全面进步，为“左公故里、美好湘阴”建设奠定了坚实基础。

初步核算，2017年，全县完成地区生产总值360.6亿元，比2016年增长5.1%，其中第一产业增加值56.43亿元，增长4.6%；第二产业增加值190.83亿元，增长4.7%；第三产业增加值113.35亿元，增长6.2%。第一、二、三产业分别拉动GDP增长0.7、2.6、1.8个百分点，三种产业对GDP增长的贡献率分别为13.4%、51.1%、35.5%，三种产业结构为15.65：52.92：31.43。与2016年比较，第一产业所占比重提升0.08个百分点，第二产业比重下降1.81个百分点，第三产业比重提升1.73个百分点。按常住人口计算，人均GDP49928元，增长3.7%。

民生实事办理强力推进。完成农村危房改造1842户，完成率86.6%；城市棚户区改造3437套，完成率83%。完成农村公路提质改造10千米，安保设施建设107.3千米；新增城镇就业5331人，新增养老服务床位64张，新增管道输送天然气用户2110户。

【农业】全年实现农林牧渔总产值86.15亿元，增长4.84%。实施粮油全程机械化示范工程，获评“中国好粮油行动”示范县。

全年粮食播种面积10.32万公顷，增长0.06%，其中稻谷播种面积8.78万公顷，增长0.01%。油料播种面积1.08万公顷，增长0.56%。棉花播种面积340公顷，增长3.03%。全年粮食总产量60.75万吨，增长1.4%。其中，稻谷产量54.83万吨，增长1.39%；全年棉花产量503.42吨，增长6.43%。水果总产量4.11万吨，增长1.31%。全年出栏肉猪96.53万头，增长1.67%；年末生猪存栏53.62万头，增长4.85%。出笼家禽368.22万羽，增长2%。全年肉类总产量7.58万吨，增长1.45%。禽蛋产量1.08万吨，增长0.27%。全年水产品产量15.16万吨，增长2.3%。

2017年年末，农田有效灌溉面积达119.4万亩，年末农业机械总动力达105.55万千瓦，水稻机耕面积136.2万亩。

【工业】2017年，全县规模以上工业企业159家（按统计制度规定，未达到规模工业标准的企业年底退出名录库，年报名录为124家），其中本年新进5家。完成规模工业总产值364.4亿元（根据国家统计局整改要求，核减2016年规模工业总产值421亿元），实现规模工业增加值增幅3.4%。在规模以上工业总产值中，按经济类型看国有企业增长20.1%，股份制企业下降9.8%，其他经济类型企业下降8.9%。按轻重工业看轻工业下降12.4%，重工业下降12%。全县园区规模工业企业77家，其中本年新进9家，实现园区规模工业总产值179.7亿元，园区规模工业增加值同比增长4.0%，占全县规模工业增加值比重的48.5%。

【房地产业、建筑业】2017年，全县房地产企业38家，其中本年新进6家。完成房地产开发投资7.8亿元，增长21.2%。全年房屋施工面积117万平方米，增长7.6%，其中新开工面积23.3万平方米，下降11.3%。全年商品房销售面积36万平方米，增长18.4%，实现销售额14.7万元，增长35.8%，商品房销售均价4090元/平方米，待售面积45万平方米。

全县共有资质以上建筑企业26家，其中本年新进1家。实现建筑业总产值53.5亿元，增长27.7%，其中装修产值5.7亿元，在外省完成产值5亿元。

【固定资产投资、招商引资】2017年，固定资产投资共647个项目，完成投资246.63亿元（包括房地产投资7.8亿元），下降19%。其中5000万元以上项目88个，完成投资76.1亿元，占全部投资比重的30.9%；工业投资191个，本年完成投资78.3亿元，占全部投资比重的31.7%，其中技改项目90个，本年完成投资36.2亿元，占全部投资的14.7%。可孚医疗、卓达创新园等36个项目开工建设，鑫源新材料、元亨科技二期等8个项目加速推进，蓝天豚硅藻泥、苏德新材料等6个项目竣工投产，27个光伏发电项目建成并网。

2017年，全年招商引资共引进各类项目57个，其中工业项目45个；5000万元以上项目40个，其中亿元以上项目21个；协议引资124.3亿元，到位资金58.45亿元（含续建项目）。

【商贸、旅游业】2017年，限额以上商贸法人企业36家（批发业6家，零售业20家，住宿业2家、餐饮业8家），限额以上商贸个体户53家（批发业6家，零售业25家，住宿业2家，餐饮业22家）。新增限上商贸企业11家，其中批发零售7家，住宿餐饮1家。全县实现社会消费品零售总额105.64亿元，同比增长9.5%。

限额以上批发零售企业销售额中，通过公共网络实现的商品销售额67.5万元，增长12.3%。粮油、食品类销售额2.4亿元，其中肉禽蛋类销售额1.3亿元；服装、鞋帽、针纺织品类销售额0.6亿元，日用品类销售额1.4亿元，中西药品类销售额3.9亿元，机电产品及设备类销售额4.3亿元，汽车类销售额7.3亿元。

2017年，完成进出口总额5180万美元，其中，进口2755美元，出口2425万美元；完成加工贸易9771万美元。

全县旅行社1家，旅行社服务网点10个，旅游景点15个。2017年旅游产业总收入51.8亿元；接待旅游总人数为506.01万人；平均13800人/天。

【交通运输、邮电】全年实现交通运输、仓储和邮政业增加值6.97亿元，同比增长6.8%，占GDP比重的2.1%（按现价计算），对GDP贡献率2.6%，拉动GDP增长0.1个百分点。全县境内国道75.23千米，省道112.35千米，县级公路295.13千米，乡级公路952.92千米，村级公路1455.1千米。全县汽车客运量153万人，旅客周转量13770万人千米。全县行政村客运（公交）班线通达率100%。240国道湘阴县段创造了一年建成通车的新速度，新乔线、武警机场公路全线通车，漕溪港码头二期主体工程基本完工，投资6000万元将芙蓉大道湘阴县段改造升级为湘北旅游最美路，6.8千米洋沙湖大道和滨江南路高标准改造通车，全年县级交通建设投入12.4亿元。

2017年，全县完成邮电业务总量37403万元，同比增长9.6%。移动电话用户数37.5万户，宽带上网用户47万户，固定电话用户35428户。

【财政、金融和保险】2017年，全县公共财政预算收入15亿元，同比增长10.5%，税收收入10.1亿元，税收占财政总收入的比重为67%。地方公共财政一般预算收入9.81亿元，同比增长3.5%。全县财政一般公共总支出42.8亿元，同比增长10.4%，其中一般公共服务支出3.7亿元；农林水事务支出6.8亿元；社会保障和就业支出8.5亿元；医疗与计划生育支出5.7亿元。

2017年年末，全部金融机构各项存款余额152.6亿元，同比增长7.3%，其中：住户存款108.9亿元，同比增长4.6%；全部金融机构各项贷款余额99.2亿元，同比增长16.4%。

2017年全县金融机构存贷款情况表

表1　计量单位：万元

指标	2017年年末数	广义政府存款
比同期增减额	1525697	103296
住户存款	1089239	138823
非金融企业存款	247722	10741
广义政府存款	188550	-46336
各项贷款余额	991945	139684
短期贷款	114475	-22625
中长期贷款	434132	123765

全县15家保险公司保险收入4.9亿元，同比增长1.9%其中：寿险业务保费收入2.6亿元，财产险业务保费收入2.3亿元，支付各类赔款及给付2.2亿

元，其中寿险业务赔款1.1亿元，财产险业务赔款1.1亿元。

【科技教育、文化卫生】2017年，全县科研机构32个，实施科研项目合计18项，其中国家级1项、省级16项；专利申请质量提高，共申请专利239件，授权专利206件，有效发明专利195件，每万人口发明专利拥有量2.8件，软件著作权8件，技术标准1项；获奖项目5项，国家级1项，省级3项、市级1项；科技成果推广58项，科技成果登记26项，技术合同认定登记3400万元，专利质押融资700万元；科技型企业68家，其中高新技术企业22家，科技型中小企业34家；全县规模以上高新科技工业企业53家，全年完成高新技术企业产值145亿元。

2017年，全县现有学校190所，共有教职工人数4750人。其中中小学校185所，专任教师4685人，在校学生数64109人。中等职业学校4所，专任教师224人，在校学生数4008人。全县现有幼儿园87所，其中专任教师601人，在园幼儿数15285人，学龄儿童入学率100%。特殊教育学校1所，专任教师18人，在校学生数153人。初中毕业生升学率89.43%，高中阶段毛入学率93.38%。全县校舍占地面积306万平方米，建筑面积108万平方米，共有图书174万册。

2017年，全县文化馆21个，公共图书馆1个，公共图书馆总藏量7.8万册。博物馆1个，电视台1座，群众艺术机构22个。剧场、影剧院11个，全年城乡放映公益电影4848场次，送戏下乡80场，送图书下乡45070册，公共文化服务项目免费接待10万人次。全年电视播出时间12000小时，其中转播1500小时，年末广播节目综合人口覆盖率为100%。全县文化体育设施面积240万平方米，人均拥有公共文化体育设施面积3.52平方米。

2017年，全县共有卫生机构241个，其中县级医院5个、乡（镇）卫生院共25个，民营医院3个，妇幼保健院（所、站）1个，康复戒毒中心1所，疾控中心1个，计生服务站1个；卫生监督所（中心）1个。全县执业医师和执业助理医师1901人，注册护士1068人，医院和卫生院床位数3300张。全县总诊疗人次1912889人次，其中到门诊就诊1768332人次。

【人口、人民生活和社会保障】2017年，全县年末总人口为78.6万人，性别比为110.63：100。出生人口10875人，出生率为14.22‰；死亡人口4254人，死亡率为5.56‰；人口自然增长率为8.66‰，出生人口性别比为106.99：100。常住人口70.58万人，城镇化率为50.26%。

2017年，全县在岗职工平均工资53171元。据住户抽样调查资料显示，2017年，全县全体居民人均可支配收入为22257元，增长9%，其中城镇居民人均可支配收入28903元，增长8.6%；农村人均可支配收入16984元，增长8.2%；城镇居民人均消费支出20455元，增长5.6%；农村居民人均消费支出14978元，增长7.8%。

2017年，全县享受城镇低保金7117人；全县结婚登记4825对；离婚登记1859对；全县城镇新增就业人员5331人，年末城镇登记失业人数3300人，失业率4.09%；参加城镇基本养老保险职工85977人；参加农村基本养老保险438036人；城镇职工基本医疗保险参保44000人，失业保险参保26129人，参加工伤保险60320人，新增3221人；参加生育保险28589人，新增14589人。

【资源、环境和安全生产】2017年，全县耕地面积4.22万公顷，其中水田面积3.74万公顷，淡水总面积4.99万公顷。城镇建城区面积13.9平方千米，建城区绿化覆盖面积475.8公顷。2017年，人工造林面积1333公顷，全年四旁零星植树70万株，森林资源蓄积量增长4.5%。

2017年，全年城镇污水排放总量796万吨，处理量748万吨，城镇污水处理率93.9%；2017年，全县规模工业综合能源消费量28.28万吨标煤，万元规模工业增加值能耗降低率9.9%，全社会单位GDP能耗0.419吨标煤。全社会用电量90015万千瓦时，其中工业用电量30418万千瓦时，同比下降14.1%。2017年，全县COD排放量1073吨，同比下降4.5%，二氧化硫排放量1547.5吨，同比下降7.9%，烟尘排放量320.4吨，同比下降4.5%，工业粉尘排放量123.8吨，同比下降9.8%。工业用水量1702万吨，建成投产执行“三同时”项目数31个。

全年平均气温为17.1℃，比历年平均气温偏低0.2℃，年极端最高气温为39.1℃，出现在7月中旬，年极端最低气温为0.2℃，出现在12月下旬，年总降水量为2058.3毫米。比历年平均值多41.5%，年总日照时数为1512.9小时，比历年平均值少102.2小时。

2017年，全县无一起生产安全事故发生。破获各类刑事案件599起；查处治安案件1011起；摧毁各类犯罪团伙30个。全年共发生道路交通事故4784起，其中重大道路交通事故86起；一般道路交通事故2961起；发生事故死亡人数87人，发生事故经济损失折款326.6万元，其中，重大事故191万元，一般事故135.2万元。

注：

1. 本公报中数据均为初步统计数。

2. 部分数据因四舍五入的原因，存在着与分项合计不等的情况。

3. 国内生产总值、各产业增加值绝对数按现价计算，同比增长速度按不变价格计算。

4. 部分经济和社会事业发展方面数据来源于各行业部门单位。

（县统计局）

脱贫攻坚

【概况】湘阴县是精准扶贫面上县，有28个贫困村，建档立卡系统内贫困户11873户、38364人。自2015年以来，湘阴县认真贯彻落实中央和省市关于脱贫攻坚工作部署安排，坚持以贫困户为重点对象，以贫困村为重点区域，落实减贫责任，加强扶贫措施，精准发力攻坚，县财政每年拿出可用财力的1%作为扶贫专项资金。2017年，围绕至少完成7454名贫困人口脱贫、实现28个贫困村整体退出目标，县本级安排扶贫资金1760万元，下拨到位1732万元。年内全县累计脱贫7868户、26624人，未脱贫3895户、11384人（其中返贫110户、356人）。

【严实责任】湘阴县始终把脱贫攻坚作为最大的政治任务、最大的民生工程，层层传导压力、切实抓紧抓好。一是严实主体责任。坚决落实党政一把手负责制，成立由县委书记任组长、县长任第一副组长、县委副书记和分管扶贫工作的副县长为副组长的县精准扶贫工作领导小组。2017年，先后召开6次县委常委（扩大）会、6次政府常务会，专题研究部署、调度讲评脱贫攻坚工作。同时，严格按照岳阳市脱贫攻坚大会战工作要求，成立由县委副书记任指挥长、县政协主席和分管副县长任副指挥长的县脱贫攻坚大会战指挥部。各乡镇（街道）均成立由党委书记任指挥长的指挥分部，相关县直部门成立由一把手负总责的专门办公室，明确专抓、专干、信息员，每个村设置1名联络员，县、乡、村三级层层签订责任书、画好路线图、立下军令状，将减贫任务细化分解到各乡镇（街道），将各方面问题整改要求落实到责任单位、到责任人、到时间节点，形成“党政主体、部门主导、镇村主抓”的脱贫攻坚联动格局。二是严实帮扶责任。县委书记、县长等党政领导带头开展“三走访、三签字”。

岭北镇仁义村光伏发电扶贫项目（2017年摄）

全年，县委书记走访贫困村39次，县长走访贫困村36次，贫困村走访实现全覆盖。其他23名县级领导对口联系23个贫困村（另外5个贫困村为市直单位帮扶），定期走访调度和督查指导，研究解决贫困村退出短板问题，着力加快贫困村整体退出和贫困人口脱贫。出台并实施《从县直及驻县单位选派干部开展驻村帮扶工作方案》，健全完善后盾单位（帮扶单位）联贫困村驻村帮扶、县直及驻县单位联非贫困村包干责任制，从25个县直单位抽调71名骨干力量成立23个驻村帮扶工作队，精准设计到“一村一方案”“一户一措施”，全力扶持贫困村退出，3700多名县乡干部与全县贫困户帮扶结对，确保贫困帮扶对象不漏一户、不落一人。三是严实部门责任。围绕产业、行业扶贫要求，制订2017年度《种养产业扶贫实施方案》《农村精准扶贫对象危房改造实施方案》《教育助学脱贫攻坚行动计划》《医疗扶贫工作方案》《培训就业和劳务协作实施方案》等一系列政策措施，建立分管领导统筹、牵头单位主抓、成员单位和乡镇（街道）配合落实的工作机制，确保行业政策落细落小落实到位。

【统筹推进】按照“两个确保、两个基本完善”的标准，抓实整村退出重点工作，加快推进全县28个贫困村整体脱贫摘帽。一是加大投入力度。全面整合县交通、水务、电力等部门各类项目资金3000万元，集中向贫困村精准投放，保障每个贫困村县级投入不少于100万元。特别注重凝聚社会合力，组织开展“我为脱贫攻坚争贡献”“三个一帮扶行动”“我想有个家”“百会千商同心结对”“同心一家一”“万企帮万村”等活动，积极引导人大代表、政协委员、民主党派、工商界和非公经济人士等社会各界力量参与脱贫攻坚，全年筹集扶贫资金6000多万元。二是夯实基础设施。大力实施路网、电网、供水管网、农田水利、公共服务等六大提质工程，28个贫困村新硬化公路44.9千米，新修山塘水渠21处，电力、水利、互联网等基础设施全部按计划到位，农村广播“村村响”和有线电视“户户通”实现全覆盖，所有贫困村农家书屋和21处综合文体广场建成，贫困村生产生活条件和公共服务能力得到全面改善和增强。三是发展集体经济。依托村集体土地、鱼池、山林、房屋等资源，以特色种养产业、农村商贸、光伏发电等为重点，加大政策扶持力度，大力推进贫困村“一村一品”产业扶持行动。全县所有贫困村均成立专业合作社、设立电商网点，联结贫困户666户1816人，27个项目村光伏扶贫工程全面完工，村平年创收可达6万元，受益贫困群众1100人，着力确保每个贫困村发展一个以上集体经济产业，年集体收入5万元以上。

【精准施策】一是突出收入提高，突出种养扶贫、就业扶贫、金融扶贫等各项扶持措施，全力提高贫困户收入。全年实施产业扶贫项目200多个，发展种养扶贫1270户，樟树镇油茶扶贫产业项目投入资金125万元，带动该镇7个村近500名贫困群众脱贫。创建“湘阴县招聘”微信公众号，组织开展“春风行动”，落实县内外120家企业1万多个岗位信息，帮助2000名贫困群众就业。开展各类贫困户技术培训20多期，培训贫困劳力3100人，与湖北华盛人力资源有限公司签订劳务合作协议，建立省外劳务合作关系，选送52名创业致富带头人参加省级培训；按照全年新增金融扶贫小额信贷2566户以上、7245万元的要求，进一步规范信贷模式和程序，加大对贫困户的放贷力度，补充风险补偿金100万元，余额达900万元。完成金融扶贫经济实体资格审查、分贷统还企业审查，新建贫困村金融服务站点28个，发放扶贫小额贷款1691户、7459.05万元。二是突出对象核实，全力兜底“两不愁”。组织开展社会保障兜底脱贫对象认定清理整顿工作，将符合贫困户条件的低保家庭，以户为单位整体纳入建档立卡系统，推动农村低保制度与扶贫政策有效衔接，加快实现农村低保标准和国家扶贫标准“两线合一”。年内全县753户1917人符合贫困户条件的低保家庭全部纳入建档立卡贫困户，农村低保月人均救助水平由2016年的121元提高至141元，较2016年提标16.5%，县级配套资金由2016年的3191.2万元提高至2017年的3912.4万元，提标22.5%。联合三家保险公司，全县投保建档立卡贫困户39267人，投入资金212万元。三是突出政策落实，全面提升“三保障”。落实全县15403名贫困学生的资助救助政策，全年发放补助资金1193.77万元，建档立卡贫困户家庭教育助学实现应助尽助。落实2016年秋季和2017年春季173名贫困学生“雨露计划”补助，96名学生通过“泛海助学”审核，确保贫困家庭子女不失学、不辍学。采取基层医院垫付、县级统筹结算的方式，贫困人口医疗费用报销比例上调10%、大病保险补偿起付线降低50%等保障政策全面落实到位。全额资助“五保”、特困户参加新农合，确保所有贫困人口全部纳入医疗保障体系，全年全县大病集中救治1097人次，进度90.36%；慢病签约3509人，签约率99.99%；重病兜底36人，完成率97.3%。同时，搭建城乡医疗救助“一站式”即时结算服务平台，贫困户县内住院全部实现网上申报、网上审批，贫困家庭医疗费用负担不断减轻。按政策提高贫困户危房改造补贴标准，全年计划完成贫困户危房改造745户，竣工率100%。按照省市下达的332户、1342人易地扶贫搬迁计划任务，精准核定搬迁对象、切实规范监管流程、加快项目建设实施，年内全面竣工。

【确保实效】聚焦年内省、市大督查和自查发现的突出问题，拉条挂账，挂图作战，即知即改、立行立改，确保脱贫工作务实、过程扎实、结果真实。一是狠抓基础数据。通过县乡干部、驻村队员逐户上门走访调查，乡镇党委书记带队交叉抽查复核，行业部门联合核查，扶贫办复审等多道关口把控和审查，精准对象识别，确保数据真实准确。全县清理条件不符贫困户18175人，其中“四类人员”7546人，新识别4274人；清查出人均纯收入不达标的脱贫户188户573人。年底所有人员信息根据精准识别情况，在建档立卡系统内完成动态调整。同时，制定精准扶贫台账资料模板和工作流程规范，全县“一户一档”、扶贫手册和脱贫收入调查等各方面台账资料全面规范到位。二是狠抓政策兑现。由各行业扶贫牵头部门负责，结合动态调整情况，摸实核准全县贫困户危房改造、医疗救助、教育助学、易地扶贫搬迁等方面存在的问题，并迅速整改到位。全县核实并增补扶贫助学对象3365人；核实未参加城乡居民医疗保险贫困人口4219人、补交参保费63.3万元，追补住院报销比例未按政策提标的3046人、补发资金138万元；核实易地扶贫搬迁对象不符条件的77户，并全部取消项目计划；扶贫小额信贷“分贷统还”中部分扶贫经济组织无资产抵押、未签订五方协议等问题也全面整改到位。三是狠抓资金管理。制定实施《湘阴县财政专项扶贫资金管理办法》，建立健全村级扶贫资金使用情况公示公开制度、审计常年监督机制，将扶贫资金监管全面纳入“互联网＋监督”范畴，扶贫资金使用效益得到进一步提高。组织县纪检、扶贫、财政、审计等部门，对近三年来所有扶贫资金使用情况开展全面“回头”检查，追回变更项目用途扶贫资金54万元，资金拨付不及时、资金闲置、管理不规范等3大类突出问题全部整改到位。四是狠抓督查考核。成立脱贫攻坚专门督查巡查小组，采取明查暗访相结合、面上点上相结合、定期不定期相结合的方式，对脱贫攻坚实行一月一督查、一通报、一排名，对工作不落实、作风不务实、效果不明显的单位和个人严肃问责追责，并纳入县直部门单位效能考核和乡镇年度综合考评重要内容，实行“一票否决”。全年通报批评帮扶单位35个、驻村工作队4个、帮扶干部6人，召回更换驻村工作队员23名，处分不作为、乱作为干部7人，其中党内严重警告处分2人，党内警告处分5人。同时，切实加强省市信访件办理，18件信访件，均按反映内容入户核实，按时办结、处理整改到位。

（县扶贫办公室）

中共湘阴县委员会

重要会议

【县委常委（扩大）会议】1月22日下午，县委书记汪灿主持召开县委常委（扩大）会议。会议传达学习省人大、政协“两会”精神。会议要求，全县各级各部门要坚持把学习贯彻省两会精神，作为当前一项重要政治任务来抓，切实加强领导、周密部署，组织全体党员干部认真学习、深入研讨，采取多种形式广泛宣传，迅速把两会精神传达给全县广大干部群众，真正做到家喻户晓、深入人心。各部门单位负责人要以身作则、先学一步、学深一步、层层引领、逐级带动，把智慧和力量凝聚到完成各项工作任务上来。会议强调，要坚持“十指弹钢琴”，统筹抓好各项重点工作，继续坚持稳中求进的总基调，通过创新引领、开放崛起，构筑现代化产业经济、建立现代化制造业产业集群等方式振兴实体经济，不断加强重大项目建设，健全县、乡、村三级物流体系，加快推进精准扶贫、农村路网等民生实事工作，推动县域经济更好更快发展。会议还对2017年春节前后相关工作、2016年度全县综合绩效考核及评先评优工作进行审议。

4月24日，县委书记汪灿主持召开县委常委（扩大）会。会议认为，湘阴县全面小康社会建设工作要树立争先创优的意识，瞄准全省全面小康推进工作前十位县的目标，理顺工作机制，推动工作开展。要加强组织领导，由相关县领导牵头，定期调度，定期协商，高位推进。要按照“一个指标、一名领导、一个部门、一套解决方案”的要求，严格落实责任，确保执行到位。要加强措施落实，严格分工负责，狠抓短板指标补齐。要建立协调机制、预警机制，按照问题导向、责任导向，及时调度指挥，及时解决问题，确保任务完成。会议要求，各有关部门要高度重视环保工作，进一步加强推进环保设施建设，严格科学论证，做好专家评估，依法公开、透明竞争，选择最优投资主体，确保投入见到实效。要加快生态保护规划编制工作，提前介入，顶层设计，把经济社会发展和保护环境紧密结合起来，不断提升城市综合承载能力。要对园区进驻企业提高门槛，严把环保关，防止污染企业进入。要加强对突出环境问题的整治力度，加大环保执法打击力度，做好环保、公安、检察、法院的联动，加强队伍建设，提升整体素质。要落实责任，建立责任追究机制，把问题切块到部门、到乡镇，一个一个抓整改、一项一项抓落实，确保任务整改到位。会议指出，成立县城市管理行政执法局对改善湘阴县城市管理、增强城市服务功能、促进社会事业健康发展具有重要意义。各有关部门单位要全力支持，大力配合，严格按照网格化管理模式，合理划分执法区域，进行综合执法，提升工作效率。要加大对执法人员的法制教育和培训力度，大力提升城管队员的执法水平、法治素养，确保规范执法、文明执法。要做好控建拆违工作，拿出方案，加大力度，依法推进，确保三年内完成存量违章建筑清零工作。要高度关注城南片区城市管理工作，加强对薄弱环节的整治，建设美丽家园。会议强调，要结合当前村、社区两委换届工作来推动村务监督，建立运行机制，确保村务监督发挥作用。要建立健全村规民约，推动移风易俗。要积极推进“互联网+监督”工作，适度投入，整合资源，做好服务加监督，确保实用性，真正达到便民、利民目的。会议还通报全市“四大会战”督查反馈情况，并对全县清理整治国家公职人员参与涉砂经营工作进行研究。

5月5日，县委书记汪灿主持召开县委常委（扩大）会。会议指出，园区大会战工作要加快高起点编制园区整体规划，结合当前与长远，统筹产业规划、基础设施规划、空间规划等，征求各方意见建议，建立完整的规划体系。要加强园区基础设施建设，加快水、电、气、路网等工程建设进度，做好污水、固体废弃物处理，不断提升园区承载能力。要加大招商引资工作力度，对园区进行精准定位，确定主导产业，实施精准招商、专业化招商，由等客上门转为敲门问客，不断扩展招商范围。要做好园区要素保障，积极争取用地指标，加大金融保障服务，加快企业技能技术改造，促进产业转型升级。要加快签约项目落地，搞好园区党建工作，建立园区服务平台，加强企业环保在线监控，进一步推动项目建设。会议要求，要高度重视交通建设大会战工作，搞好交通部门专业技术人员配备，及时研究和解决交通项目建设中的问题，积极与省市部门沟通衔接，推动交通项目顺利建设。要加强交通工程监管和设计，不搞过度设计，控制工程成本，优化施工环境。要加强与望城全网无缝对接，将交通作为重要板块纳入进去，形成区域协调联动发展。会议强调，对扶贫攻坚大会战工作，各级各部门要加强调度、加强指导，始终坚持问题导向，全力推进精准扶贫。要成立乡镇扶贫工作站，从内部抽调精干人员，专人负责扶贫开发。要统筹解决贫困人口基本医疗费用问题，实行动态管理，做到能进能退。要以村为主做好异地扶贫搬迁工作，切实加强扶贫资金监管，通过采取“回头看”等举措，对违规违纪问题做到“零容忍”。要做好扶贫基层基础工作，做细精准识别，真正摸清底子，确保应进尽进、应出尽出。要做好兜底扶贫、行业扶贫，通过多重政策交叉覆盖，推动贫困人口脱贫致富。要加强督查巡查，补齐工作短板，做好整改落实，推动工作开展。

7月14日，县委书记汪灿主持召开县委常委（扩大）会，专题研究三井头棚户区改造与旧城开发利用工作。会议组织观看阮仪山关于历史街区保护讲座视频，并听取同济大学项目负责人关于三井头棚户区改造与旧城开发利用项目规划介绍。会议指出，始建于南宋绍兴五年（1135）的三井头，至2017年有882年历史，其内的文庙与岳州窑等文物古迹愈千年。三井头棚户区改造与旧城开发利用项目将结合三井头的历史与现状、特质与期待，突出打造湖湘古城体验区、湖湘名人展示区、湖湘水文化领略区、湖鲜美食品味区、岳州窑文化赏鉴区、旧城改造与开发样板区，提升区域环境容量，恢复彰显古城风貌，丰实文化旅游景点，创新业态凝聚人气，进一步改善人居环境，加快建设宜居城市；还原古城风貌，创建历史文化名城；打造特色景区，推动建设旅游城市；创新经济业态，着力建设宜业城市。项目基本完成规划对接、融资申请、征拆摸底、控违控建、项目分析、公示听证等前期工作。会议要求，要全力以赴抓好历史街区的保护和建设工作。做好三井头棚户区改造与旧城开发利用项目是传承文脉、留住城市记忆的需要，是改善民生、发展民生的需要，是推动全域旅游发展的需要。要用活用足棚户区改造这一国家政策支持的项目，借鉴外地成功经验，打足“提前量”，考虑经济性，打造湖湘文化体验区和展示区，确保争创国家历史文化名城一举成功。要遵从生活、商业、旅游三重发展模式，适度释放空间、腾空部分人口，做新的业态、产业开发。要将棚户区改造和旧城区开发分开运行，采取政府主导，市场化运作方式，通过招商引资，将核心区、协调区、联动区三区合并，同步规划、统一招商、具体操作，加快推进棚改实施。要统筹协调，全面推进，不断加快招商力度，合理设计PPP模式，力争项目进入省、国家重点项目库，争取上级政策和资金支持。要加快考古、文化、非物质文化遗产研究，抢救性挖掘窑文化，为历史文化名城的申报、历史街区的建设和业态恢复作支撑。加快推进历史文化名城保护规划和文物保护单位的申报、升格和规划编制工作，适时启动白水江改道论证，做好项目衔接，形成工作合力。要进一步完善规划，将其深化到修建性详规深度，不断完善交通体系，配套市政设施，完善城市功能，还原古城风貌，打造特色景区，把湘阴县建成特色旅游城市。

7月27日下午，县委书记汪灿主持召开县委常委（扩大）会。会议传达学习市委七届四次全会、全省脱贫攻坚巡查整改工作会议精神，并对全县2017年生产自救、灾后重建等工作进行研究。会议指出，此次湘阴县抗洪救灾胜利来之不易、经验难能可贵、精神可歌可泣，值得肯定。会议要求，各相关部门要科学规划、系统制定湘阴县灾后水利建设计划，多方研究讨论，拿出系统方案，将其与湘阴县经济社会发展建设结合起来，绝不能头痛医头、脚痛医脚，确保方案有前瞻性、可行性。要开展深度论证，对现在急需实施的水利项目尽快进行评审、立项，为2017年水利秋冬修的实施做好准备。要突出重点，分轻重缓急加快项目实施，特别是要加速推进新泉寺泵站、洋沙湖泵站、范家坝泵站、湘江大堤建设和烂泥湖垸镜明河、沙田垸险工险段综合整治。要加强部门联动，通过各种途径，积极争取项目和资金，推动湘阴县灾后重建工作。要加强组织领导，做好统筹协调，实施以奖代投，规范资金使用，严控投资成本，确保专款专用、精准投放，打造廉洁工程、阳光工程。会议还对《湘阴县引进科技人才促进科技成果转化实施办法》《湘阴县关于加强人才工作的暂行办法》《湘阴县事业单位引进急需紧缺专业技术人才实施办法》进行研究。会议强调，要对相关人才引进政策的制定进行深入调研，充分论证，细化方案，使人才能够引得进、留得住。要进一步做好科技人才引进相关文件的推介、宣传和落实工作，加强对相关资金的使用和监管，选择优质项目，引进社会投资机构，建立基金引导机制。要做好工作统筹，加强配套政策和设施建设，精细化、精准化、精确化实施方案。要提前策划，主动对接，确保近三年内缓解湘阴县人才急缺的现状，为湘阴县经济社会持续稳定增长增添新动力。会议还对2017年防汛抗灾表彰方案进行审议。

8月7日，县委书记汪灿主持召开县委常委（扩大）会，专题研究2017中国湖南国际旅游节开幕式活动方案。以“锦绣潇湘·天下洞庭·水韵湘阴”为主题的2017中国（湖南）国际旅游节开幕式活动由省旅发委、市政府主办，市政府旅游外事侨务办、县政府承办，顺天洋沙湖国际旅游度假区协办，9月25日在洋沙湖国际旅游度假区启幕。届时，全省旅游推介会、国际滨水旅游高峰论坛、岳州窑文化艺术节、国际摩托艇大赛、环洋沙湖国际自行车、马拉松、徒步山地户外健身大赛等集合水文化、窑文化、运动、休闲于一体的重磅活动将一一揭开面纱；体验原生态自然风光、欣赏沙滩落日远景、品尝独具风味全鱼席的青山岛畅游，及以湘阴县为出发点的省内山水游、楼岛游、湘江古镇群游等精品旅游线路将于此起航，亮相国内外游客眼前。为加速推进2017中国（湖南）国际旅游节开幕式各项工作任务落实，确保活动圆满成功，会议要求，各相关部门要统一思想，高度重视，高品质办会，要有创新、特色、品味、深度效果和冲击力，以此指导湘阴县旅游产业发展；要高标准办会，利用社会资金搭好平台，注重服务，提升软件，做到周到细致，体贴入微；要高效益办会，挖掘湘阴县旅游资源，潜在旅游产品，做强做活洋沙湖景区，提升湘阴县形象，引导社会投资。要抢抓时间，理清思路，把开幕式活动方案进一步做深、做细、做实，及时上报，出台措施，推动落实。要集中精力，突出重点，倒排时间、挂图作战，在抓好各项底线工作的同时，加快筹备工作。要建立调度机制，以短信、微信等方式通报各项工作进度，信息化办公。要高标准，保安全，讲规矩，对方案确定的内容逐项验收，控制成本、注意程序，重大事项集体决策，确保节俭办会、廉洁办会、规范办会，做到尽善尽美。要发挥省市作用，积极主动办会，每周报告进度，争取大力支持，特别是对具体事项要加快推进，不等不靠。要统筹协调和分组负责，特别是县领导要在大的方案、总的进度、财务支出等方面进行调度，各组要各司其职、各负其责，通过例会、联席会机制，确保任务完成。要处理好主体活动和其他活动关系，帮企业做好协调，突出旅游节会活动，学会十指弹钢琴，统筹兼顾，综合平衡。

8月14日，县委书记汪灿主持召开县委常委（扩大）会。会议传达学习习近平7·26讲话精神。会议要求，全县各级各部门要深刻认识习近平7·26讲话精神的重要意义，深刻领会讲话精神实质，坚持领导班子和领导干部带头学、组织基层党组织和党员干部认真学，营造浓厚的学习氛围，并结合实际贯彻落实，以优异成绩迎接中共十九大胜利召开。会议强调，各有关部门要加快全县环保督察整改工作，提高政治站位，牢固树立“四个意识”，以高度的政治自觉、思想自觉、行动自觉，严肃对待，全力以赴抓好督察反馈意见整改落实。要压实责任，坚持“一个问题、一名领导、一套班子、一个方案、一抓到底”的要求，健全“党政同责、一岗双责”的工作机制和责任体系。要强力推进，积极采取有效措施，完善工作机制，月调度、旬督察、周通报，挂图作战，时间倒推，主动追责，严格追责。要集中力量，集中精力，解决突出问题，务求整改实效。会议传达学习上级关于巡视巡察工作有关文件精神，并要求，要高度重视巡视巡察工作，定期研究、听取情况，明确重点，为巡视巡察工作创造良好的条件和氛围。要选优配强巡察工作力量，加强人员、机构、经费保障，确保巡察干部讲政治、有担当、能律己、业务精。要坚持问题导向，不断完善巡察工作机制，明确工作重点，抓好关键少数，突出资产、资金、资源、民生领域、重点项目和政治巡视，巡深巡透，确保巡察全覆盖，从严管党治党。会议指出，统一战线是党的重要法宝，在全县构建大统战格局、加强党对统战工作领导、凝聚发展能量具有积极意义，要加快推进，重点保障，加强谋划，加强措施，实现机构有机整合，出现叠加效应、倍增效应，确保工作出成效、求突破、有亮点。

8月28日，县委书记汪灿主持召开县委常委（扩大）会。会议审议《湘阴县湘江右岸（樟静段）堤防加固工程及湘江大道建设方案》，并对其项目定位、功能设计等方面进行完善。集交通、旅游、运动、休闲、防洪等多功能为一体的湘江右岸风光带，定位为交通联系纽带、防洪安全屏障、公共活力绿带和两型社会经济示范带，全线采用双向四车道建设，设计时速为60千米/小时，并打造滨江慢行道。会议原则同意该方案，并要求，相关部门单位要进一步完善并深化工程方案设计，确定线行方案，节约工程投资，呈现生态景观，留足发展空间。要加快前期工作，积极做好立项资料收集和申报工作，适时启动3P项目招标。要本着提高融资效率、节省成本、加快工作进度的原则，积极调度征拆资金，确保按时保质保量完成征拆任务。要以时间服从质量、安全的要求，采取应急处险办法，加快水毁工程修复进度，确保来年安全度汛。要根据工作需要，选优配强指挥部人员，保证工作效率、项目顺利推进。会议强调，深化县纪委派驻机构改革工作对加强党内监督、加强党对党风廉政建设和反腐败工作的统一领导具有重要意义，有利于从严治党向基层的延伸。相关单位要严格把握时间节点，加快工作进度，确保9月完成派驻任务。要严格标准、严格把关，拓宽选人视野和渠道，选好派驻纪检组长。要加强后勤保障，建立定期轮岗交流制度，加强自身建设，确保派驻机构深化改革工作取得实效。会议还审议其他工作。

12月15日，县委书记汪灿主持召开县委常委（扩大）会。会议传达学习中共中央办公厅《习近平总书记关于进一步纠正“四风”，加强作风建设重要批示的通知》《中共湖南省委办公厅关于学习贯彻习近平总书记重要批示精神集中精力做好岁末年初各项工作的通知》的文件精神。会议要求，全县各级各部门要认真学习文件精神，做好贯彻落实。要将落实八项规定，转作风、改作风当作2017年民主生活会的主题，确保会议开得务实管用，特别是县委要带头落实规定，常委要率先执行规定，精简会议简报，做到知行合一。要切实做好八项规定督查和执纪问责工作，构建正风肃纪新常态。要做好冬春修水利、精准扶贫、安全生产、社会维稳、供销社改革等工作，确保社会大局和谐稳定。会议听取关于《政府工作报告（审议稿）》起草情况、指导思想、框架结构、主要内容的汇报和说明。与会人员立足自身实际，着眼全县发展，展开热烈的讨论，以高度负责的精神提出修改意见和建议。会议指出，《报告》思路清晰，内容丰富，结构严谨，文风朴实，如切如磋，如琢如磨。各职能部门要本着对人民高度负责的精神，充分吸纳各方面意见和建议，实事求是总结取得的成绩，科学安排部署明年的工作，对《报告》进一步修改完善，使之成为湘阴县发展建设的行动指南。会议传达学习市委副书记、市长刘和生，市政协主席徐新楚在湘阴县调研“空心房”整治工作时的讲话精神，并研究全县“空心房”整治相关工作。会议指出，整治工作自7月启动以来，进度快，效果好，生态、社会等各项效益高，为项目建设用地节省成本。后段工作中，一要加快城乡建设用地“增减挂钩”项目实施及宅基地退出复垦和土地开发等相关工作，由农业部门对耕地复垦工作进行指导，明确方向，加快进度，确保质量。要加强资金调度保障，确保政策落实到位；要提高土地综合利用率，通过集中建房等手段，释放更多建设用地；要注意施工安全，做好建筑垃圾清理。二要深化成果，做好经验总结，注重整章建制，在扩面、提质、增效上做文章；发挥杠杆作用，建立农建投作为市场实施主体，加强对国土项目的开发；要做好明年项目的立项工作，以城乡建设用地“增减挂钩”和耕地占补平衡规划为核心，加快实施，加快规划编制工作，争取省市支持。三要加强领导，依法依规弹性、有序、积极、稳妥推进，不搞“一阵风”，不搞“一刀切”，不搞大拆大建。会议强调，加快与恒大集团合作对湘阴县城市门户形象打造、金龙新区配套完善、促推美丽乡村金龙示范片建设、节约集约土地具有积极意义。后段，要从顶层把关对区块进行科学定位，精准精明招商。要搭建专门班子，加快前期工作，做好规划对接，确保多规合一。会议还对党管武装工作进行研究。

【三级干部大会】2月14日，湘阴县召开三级干部大会，动员全县上下进一步统一思想，提振精神，坚定信心，全力推进“左公故里、美好湘阴”建设，奋力开创湘阴县跨越赶超的崭新局面。县委书记汪灿出席会议并作讲话，县长李镇江主持，县委副书记彭方建、县人大常委会主任熊检华、县政协主席周义军及全体在家的县领导出席。会议指出，2016年，湘阴县域综合实力以及各项主要经济指标增幅继续稳居全市前列，园区获批省级高新技术产业开发区。远大可建、顺天洋沙湖、蓝天豚硅藻泥等一大批大项目、好项目在加速向产业链、价值链高端攀升。粮食生产、畜禽养殖、农产品加工等走在全国全省前列。获第二批创建“国家全域旅游示范县”，城市美誉度、百姓幸福感大大提升。特别是随着芙蓉大道全线贯通，岳望高速、240国道湘阴县段、漕溪港码头二期、新乔线改造加速推进，机场公路即将竣工，平益高速、湘江北路湘阴县段即将启动，湘阴县已经初步融入长株潭半小时经济圈。汪灿在大会报告中指出，建设“左公故里、美好湘阴”，岁不我与、时不我待，未来几年，是湘阴县建成全面小康的决胜期，也是进军全省十强的关键期。特别是市委、市政府对湘阴县发展寄予厚望，要求湘阴县进一步发挥优势，在岳阳市发展中发挥更重要的作用，引领岳阳县域经济发展。如何建设好“左公故里、美好湘阴”，汪灿要求，一要突出对标对接，推进融长借力大发展。全县上下一定要按照主动研究长沙、学习长沙、对接长沙、融入长沙的要求，深入开展“工作对标”活动，在全面学习对标的同时，重点推进规划对接、产业对接、基础设施对接、生态环境对接、科教和公共服务对接、体制和政策对接这“六大对接”工程，务必以更实举措、更实工作、更实作风，取得融长发展的更实成效。二要突出工业主导，推进产业结构大调整。始终坚持产业立县、工业强县不动摇，瞄准长株潭产业发展方向，扬长避短，聚优成势，做强新型工业主引擎，厚植特色农业新优势，打造三产发展升级版。以新型工业化发展带动三次产业转型升级。三要突出项目支撑，推进动能转换大提速。始终坚持把项目建设作为经济工作的第一抓手，全力以赴争项目、引项目、帮项目、建项目，着力争取大投资、全力推进大招商、聚力开展大攻坚、以项目建设促投资、扩需求、稳增长。四要突出品质倍升，推进城乡发展大提质。坚持城乡规划一体同控、建设一体同步、环境一体同治，加速交通网络建设，推进城镇扩容提质，彰显人文历史张力，建设美丽幸福乡村，真正让好山好水好风光融入城乡、嵌入生活。五要突出共建共享，推进民生福祉大改善。要带着感情、带着责任，尽心尽力办好富民、惠民、安民、乐民之事，坚决打赢脱贫攻坚战，织密扎紧民生保障网，不断提高群众满意度，努力把经济总量、财政增量转化为老百姓实实在在的生活质量。汪灿强调，建设“左公故里、美好湘阴”，使命在前、重任在肩，必须坚持一心一意谋发展、聚精会神抓党建，激发精气神，凝聚正能量，为建设“左公故里、美好湘阴”提供坚强有力的组织保障。要坚持初心不改，筑牢信仰之基，补足精神之钙，把稳思想之舵，不断增强“四个意识”，坚定“四个自信”，对党、对组织、对事业绝对忠诚。要坚持严管不怠，以强烈的政治导向、工作导向、廉政导向、激励导向等鲜明的用人导向，砺练精兵，严管干部队伍，推进人才兴县。要坚持精进不辍，真抓实干，大干比魄力、快干比效率、苦干比精神、巧干比能力。要坚持强基不懈，牢固树立“抓好党建是本职、不抓党建是失职、抓不好党建是不称职”的理念，筑牢堡垒。要坚持底线不逾，把纪律规矩挺在前面。把作风建设变为常态。把惩治腐败推向深入，保持定力，让清廉、清正、清明成为湘阴县的鲜明标识。会上，县领导周太平、林恒求、蒋世杰、余建新先后作社会治安综合治理、安全生产、农业农村和计划生育工作报告。会议还对2016年度综合绩效考评的一类单位、先进单位、三等功代表、经济社会发展特别贡献奖和全县精神文明建设特别贡献奖、“中国好人”李立华进行颁奖。李镇江强调，要全力抓对接，找定标杆、找准差距、找对思路，加大工作力度，细化工作方案，研究有效措施，采取实际行动，推动对标对接迈出新步伐、取得新突破。要多争项目、引大项目、大干项目、按照分工抓招商，对照目标抓引进。紧密跟踪抓落地。全力促发展，打响项目建设大会战。要全力兴产业，加快园区升级、抓紧开工复产、抓紧项目入园、抓紧基础配套、抓紧园区改革，做响特色品牌农业，做活全域旅游文章，做大商贸服务业、打响县域经济升级战。要全力强基础，大抓规划、大抓交通、大抓水利、大抓管理、稳步推进“多规合一”，巩固提升“三城同创”成果，加快推进特色镇、中心镇和美丽乡村建设，打响城乡提质攻坚战。要全力惠民生，抓好实事办理、做好公共服务、确保全面脱贫，大力开展群众性文化、全民健身、精神文明创建，打响全面小康决胜战。要全力守住生态环境底线、安全生产底线、守住社会稳定底线，突出抓好社会治理、综治维稳和信访工作，打响综合治理整体战。

【全县反腐败工作会议】2月14日晚上，县纪委十二届二次全会暨全县反腐败工作会议召开，就2017年全县纪检监察工作进行具体部署。会上，各乡镇纪检系统负责人，按照县纪委常委会确定的2017年工作目标任务，就如何做好本辖区的纪检监察工作，相继进行发言，并明确本辖区新一年度纪检监察重点工作。纪委书记邓淼表示，2017年迎来中共十九大召开，全体纪检监察干部要认真学习中央、省、市纪委全会精神，深刻领会精神实质，结合湘阴县实际，开展各项工作。要坚持挺纪在前，深入开展涉砂、雁过拔毛式腐败、六大陋习等三项整治行动。严格纪律审查，运用好四种形态，加大对扶贫攻坚领域、涉砂案件、换届纪律、四风陋习等方面违法问题的惩治。严格执行监督执纪工作规则，加强自身建设，刀刃向内，防止“灯下黑”，坚定不移地把全面从严治党、党风廉政建设和反腐败斗争向基层延伸，以优异成绩迎接中共十九大胜利召开。

【村“两委”换届选举动员大会】2月27日，湘阴县召开村（社区）“两委”换届选举工作动员大会，就换届相关工作进行具体部署，明确换届工作纪律要求。根据中央、省市安排，本次湘阴县153个村、57个社区的换届选举工作从2月开始，6月底结束，按照先村（社区）党组织，后村（居）民委员会的顺序进行。这次村（社区）“两委”换届选举是湘阴县建制村合并后的首次换届选举，也是湘阴县历史上第一次村、居委会同步换届选举。县委副书记彭方建表示，村、社区“两委”班子换届是关乎基础、影响长远的一项重要政治任务。各级各部门要在思想上高度重视，程序上严谨规范，纪律上坚决从严，组织上加强担当，以高度的政治责任感与历史使命感抓紧抓实换届工作，以铁的决心、铁的纪律选出素质过硬、作风过硬、能够带领群众脱贫致富的好班子、好书记，为建设“左公故里，美好湘阴”提供更加坚强有力的组织保证。

（县年鉴编辑部）

重要文件

【2017年中共湘阴县委文件目录（部分）】

湘阴发〔2017〕1号　关于印发《湘阴县干部监督工作联席会议制度实施办法》的通知（1月9日）

湘阴发〔2017〕2号　印发《关于促进工业发展的五年行动计划（2017—2021）》的通知（2月23日）

湘阴发〔2017〕3号　《关于2016年度全县综合绩效考评和党风廉洁建设等工作考评（核）结果的通报》（2月13日）

湘阴发〔2017〕4号　《关于进一步推进禁毒工作的实施意见》（1月25日）

湘阴发〔2017〕6号　关于印发《湘阴县2017年脱贫攻坚大会战工作方案》的通知（3月10日）

湘阴发〔2017〕7号　转发《县委宣传部、县司法局关于在全县公民中开展法治宣传教育的第七个五年规划（2016-2020年）》的通知（3月22日）

湘阴发〔2017〕8号 《关于深化供销合作社综合改革的实施意见》（5月26日）

湘阴发〔2017〕9号 关于印发《湘阴县贯彻落实〈法治政府建设实施纲要（2015—2020年）〉实施方案》的通知（6月12日）

湘阴发〔2017〕10号 《关于加速推进新型城镇化提升城乡建设管理水平的实施意见》（6月14日）

湘阴发〔2017〕11号 《关于修改、废止部分规范性文件的通知》（8月18日）

湘阴发〔2017〕12号 《关于进一步加强招商引资工作的实施意见》（8月18日）

湘阴发〔2017〕13号 关于印发《湘阴县推进“一二四”行动实施方案》的通知（8月18日）

湘阴发〔2017〕14号 印发《湘阴县关于加强人才工作的暂行办法》的通知（9月7日）

湘阴发〔2017〕15号 转发《岳阳市信访工作联席会议的通报》的通知（10月11日）

湘阴发〔2017〕16号 《关于做好全县2017年度综合绩效考评工作的通知》（10月30日）

湘阴发〔2017〕17号 《关于认真学习宣传贯彻党的十九大精神的通知》（11月15日）

湘阴发〔2017〕18号 《关于成立湘阴县深化监察体制改革试点工作小组的通知》（11月21日）

（县委办公室）

重要活动

【钟志华在湘阴县考察调研】2月9日，中国工程院党组成员、秘书长、同济大学校长钟志华到湘阴县考察调研。钟志华先后到金龙新区卓达金谷创业园、顺天洋沙湖国际旅游度假区、洋沙湖工业园等地，看园区建设、听情况汇报、话未来发展。近五年，湘阴县以对标对接、融长发展为战略，向长沙北部片区先进县市区看齐，不断加快推进规划、产业、交通、环境、科教和公共服务等领域无缝对接，县域经济发展继续保持稳中有增的良好态势，各项主要经济指标增幅位居全市第一方阵，综合经济实力距全省十强县的步伐越来越近。钟志华表示，自己作为湘阴县人，始终心系湘阴县、情牵湘阴县，此次回家一看，感觉到这些年来，家乡发展是迈出大步伐、综合实力得到大提升、城乡面貌有大变化，可喜可贺。同济大学将进一步加强与湘阴县之间在规划、产业、技术转移、人才培训等方面的深度合作，促推智能制造等相关项目落地，实现互利共赢、共同发展。县委书记汪灿表示，为支持家乡发展，校长钟志华献计出力，其心系桑梓、不忘故土的精神值得钦佩。后段，湘阴县将进一步加强和同济大学的沟通衔接，深入交流，寻求更多的合作机会，加速同济大学的科技成果在湘阴县转化，推动县域经济更好更快发展。

【胡忠雄调研美丽乡村建设】3月31日，市委书记、市人大常委会主任胡忠雄到湘阴县调研美丽乡村金龙示范片建设工作。胡忠雄先后到美丽乡村金龙示范片主入口选址处、燎原村村部、凯佳生态园、金龙镇双塘组民居风貌改造工地、禾田山湖鹭岛等地，看项目施工现场、问规划设计细节、听建设工作汇报。美丽乡村金龙示范片涉及66个村民小组，人口6107人，总面积21平方千米。自2016年4月以来，湘阴县在突出抓好示范片规划编制的基础上，不断加快村级组织活动中心、道路交通、核心区民居风貌改造等基础建设，开展环境整治和产业招商，至3月底,示范片区建设工作稳步有序推进。胡忠雄认为，湘阴县在示范片建设上工作思路有创新、项目布局有特色，取得阶段性的成果，值得肯定。以后示范片怎么建，胡忠雄要求，一要抓规划设计。美丽乡村起点高不高，首先看规划，要着重解决规划覆盖面不广、深度不够、重点不突出等问题，做好控制性详规、修建性详规，将产业布局规划、交通布局规划、环境保护规划、民居改造布局规划等深度融合，确保规划可行。要做好细节规划，把左宗棠文化融入到乡村旅游中来，打造载体，将其物化、大众化、可视化，让游客走进一块土地、了解一个人物。二要抓环境治理。重点解决老百姓饮用水和生产用水问题，大力引导群众对垃圾进行分类处理，不断加快改厕、改厨、改栏工作进度，让乡村变得更加整洁美丽。三要抓产业发展。示范片区里的村民既是美丽乡村的第一消费者，也是第一创造者、享有者，要紧紧围绕现代农业及高效农业、绿色农业、观光农业来布局示范片的农业板块，大力发展种植业，限制发展养殖业。四要抓硬件建设，本着实事求是的原则，对水、电、路网、村级活动中心建设从实际出发，不过度设计，不贪大求全，因地制宜，宜宽则宽，宜游则游。五要抓软件建设，倡导文明之风，让淳朴民风回归，通过美丽乡村建设，改造人的灵魂，影响人的思想，让人心灵变得美丽、乡风村风更加文明和谐。要通过召开村党员会、党小组会、村民小组会，广泛宣传美丽乡村，广泛听取群众意见，发挥主体作用，引导群众自主参与美丽乡村建设，让大家都认同美丽乡村。六要抓组织建设。村看村，户看户，党员看支部，支部看支书，要狠抓村支两委选拔工作，把好第一道防线，打牢基础，真正把为老百姓造福的支部书记和村支“两委”班子选出来，换出干劲、换出活力。汪灿表示，后段，湘阴县将加大工作力度，加快片区建设，进一步完善规划，加强文化的挖掘和民风的提升，真正将其打造成为可学习、可借鉴的示范片。

【上将刘镇武到湘阴县考察】4月11日，中国人民解放军上将、原副总参谋长刘镇武到湘阴县考察。刘镇武先后到左宗棠故居柳庄、东湖生态公园，细细研读左公文墨。他表示，湘阴县文化底蕴深厚、自然景观独特，人杰地灵，英才辈出，特别是晚清重臣左宗棠作为湖湘文化的代表人物，其不畏列强，抬棺出征，收复新疆，维护祖国领土完整的丰功伟绩令人敬佩。希望湘阴县继续充分挖掘湖湘文化，发扬传承湖湘精神，为湘阴县经济社会发展注入源源不断的精神动力和智力支撑。刘镇武还详细了解湘阴县经济社会发展情况，认为湘阴县基础设施建设成效明显，城市面貌日新月异，民生工程显著改善，经济社会持续健康发展。特别是湘阴县近五年围绕建设“左公故里、美好湘阴”大手笔、大力度发展项目，在扎牢经济社会发展基础、提升城市品位的同时，更让人民群众共享城市发展的成果，成绩值得肯定。县委书记汪灿表示，湘阴县在以后的发展中，将进一步抢抓机遇，完善基础设施，加强社会管理，不断增强县域经济实力和竞争力，实现经济社会一体化发展。

【胡忠雄到湘阴县督查环保和精准扶贫】5月24日至25日，市委书记、市人大常委会主任胡忠雄到湘阴县督查环保和精准扶贫等工作。位于漕溪港街道辖区的石塘砖厂，始建于1972年，属于淘汰落后产能，2017年关闭取缔。胡忠雄到砖厂内仔细察看，细致了解后续工作进展。他要求，要加大巡查力度，做细群众工作，做到及时发现问题，及时予以整改。胡忠雄还到新泉镇王家寨村、岭北镇茶湖潭社区等地，就精准扶贫工作进行督查。座谈会上，县委书记汪灿就湘阴县工作情况进行汇报，他表示，针对2017年脱贫攻坚目标任务，湘阴县指派县级领导分赴一线督导，23支贫困村工作队开展驻村帮扶，1200多名县乡干部结对帮扶，突出精准识别，加强跟踪指导，严肃帮扶纪律，确保扶贫资金使用检查全覆盖；加大财政投入，加力金融扶贫，突出产业扶贫，加快易地搬迁，规范兜底保障，放大社会扶贫。至5月投入扶贫资金1410万元，完成41户异地搬迁户竣工入住、152户开工建设任务，种养扶贫、光伏扶贫、电商扶贫、生态扶贫、旅游扶贫等重点工作正有效推进。环保突出问题整改落实工作中，湘阴县聚焦受理交办、核实整改等关键环节，先后有98家畜禽养殖场退出、41家砖瓦窑关停。在中央环保督察组交办的信访件中，立案处罚11家，在省市交办的突出环境问题中，立案26件，行政拘留9人。胡忠雄指出，精准扶贫要咬定目标，毫不放松，确保全县完成15200人建档立卡贫困人口脱贫，实现28个贫困村整体退出。要掌握政策，熟悉政策，不断加强扶贫业务指导，切实将“一超过、两不愁、三保障”的标准落实到位。要精准帮扶，特别是各级领导、驻村帮扶队伍和扶贫工作队员要带着责任和感情，与贫困户交朋友、把贫困户当亲人，不断提升工作温度和热度，真正解决贫困人口疾苦。要产业为重，不断提升发展产业与贫困户的关联度，以种养殖专业合作社或企业为龙头主体，带领群众脱贫致富。胡忠雄表示，环保工作是最大的民生工程，环保整治工作要坚持百姓为本，提高政治站位；要坚持问题为先，建立台账，挂图作战；要坚持责任为重，落实责任分解、责任考核、责任追究，层层压实；要坚持整改为要，对根本问题、环节立行即改，以最严格的措施、最强的实效，让群众切实感受到环境改善带来的变化。胡忠雄强调，基层党建及农村社会治理工作中，要毫不松懈抓好村支两委换届及换届后队伍建管工作，把握好选人关、程序关、纪律关和责任关，选优配强村支两委班子；要狠刹人情风，治理红白喜事大操大办现象；要以村为单位，推行公墓制度，推进殡葬制度改革，倡导婚丧事宜文明办理，倡导厚养薄葬，从制度层面狠刹借机敛财、铺张浪费等不正之风，切实为老百姓减负；要层层传导压力，严格督查问责，推动工作落实。

县委书记汪灿（左二）在金龙镇走访贫困户（2017年摄）

【胡忠雄到湘阴县督查防汛抗灾】7月1日下午，市委书记、市人大常委会主任胡忠雄到湘阴县督查防汛抗灾工作。在认真听取湘阴县防汛抗灾工作情况汇报后，胡忠雄指出，湘阴县河道纵横，汛情复杂，形势严峻，随着湘、资两水不断上涨，降雨量增多，极有可能超过1996年最高水位。胡忠雄要求，湘阴县全县上下要以防汛抗洪为中心任务，全力服从服务于这项工作，停止一切与防汛抗灾无关的活动、会议及其它工作安排。要进一步吹响防汛抗灾集结号，发布防汛动员令，逐级落实责任，营造浓厚氛围。要树立防大汛、抗大灾、抢大险的思想，严格落实县级领导包垸区、县直部门包乡镇、乡镇干部包村组、村组干部包堤段、水管单位干职工包工程的责任制。要突出全县抗灾重点部位，抢排内涝渍水，切实加强对一线大堤、山塘水库、穿堤建筑物、险工险段等重要位置的巡查、防守。要迅速补齐短板，进一步加强大堤防守，安放彩旗标识，做好清基扫障、搭棚架灯等基础工作。要加强应急处置，配齐技术人员，备齐抢险物资，宁可备而不用，不可用而不备。要严格督查问责，采取“四不两直”方式，加强督查、巡查，确保不溃一堤一垸，不垮一库一坝，不发生任何人员伤亡，坚决打赢防汛抗灾这场仗，全力保证老百姓生命财产安全。

7月3日晚至4日上午，市委书记、市人大常委会主任胡忠雄再次到湘阴县督查指导防汛抗灾工作。截至7月4日上午8时，全县所有堤垸均超保证水位，湘江全线超历史高洪水位。湘阴县严格按照指示要求，把防汛抗灾作为当前压倒一切的重大任务，以最高标准全力迎战超历史最高水位的洪水，全力做好防汛抗灾各项工作，全面打响防汛抗灾攻坚战。7月4日早上5点半，洪峰顺利过境。胡忠雄一行先后到沙田垸、义合金鸡垸和城西垸，沿着一线防洪大堤一路前行，详细了解巡堤查险、物资储备、险情处置等情况，看望慰问一线防汛人员。胡忠雄高度肯定湘阴县前段防汛抗灾工作，认为湘阴县各级各部门不等不靠，积极应对，科学组织，处置有力，取得防汛抗灾阶段性胜利，希望湘阴县继续发扬持续作战精神，确保全县安全度汛。胡忠雄强调，要坚决落实中央以及省、市部署要求，思想上高度重视，责任上落细落实。防汛抗灾关键在责任制落实，要将防汛责任落实到每一个岗位、每一个堤段、每一个具体区域和每一个人，全面落实“谁查险、查什么、怎么查、查到险情怎么办”的问题。要科学研判，合理调度，果断做好抢险方案与技术方案的选定。所有抢险应急队伍和防汛物资器材必须全部到位，随时做好待命处险准备，确保发现险情第一时间赶赴现场处置。要进一步加大督查问责力度，市、县、乡三级要开展全方位、多密度的防汛工作督查，全面改进督查方式、加大督查力度、加密督查频次，真正过真招、唱黑脸，对工作落实不力、查险处险不及时等情况从严从重处理。要积极主动做好群众工作，得到群众对防汛抗灾工作的理解和支持，引导群众主动参与到防汛抗灾工作中来。要做到一手抓查险处险，一手抓人员安全转移方案，全力以赴做好防汛抗灾工作，确保不溃一堤一垸、不垮一塘一坝、不发生人员死亡。汪灿、李镇江表示，湘阴县将坚持把防汛抗灾作为当前的头等大事，把人民群众生命安全、重要堤防和重要设施安全摆在首位，牢牢盯住“五个确保”的目标，按照防大汛、抢大险、救大灾要求，坚决克服麻痹、松懈和厌战情绪，全县全员进入实战状态，全力迎战高洪水位，努力确保安全度汛，坚决夺取防汛抗灾全面胜利。

【胡忠雄专题调研美丽乡村建设】8月21日上午，市委书记、市人大常委会主任胡忠雄在湘阴县专题调研美丽乡村金龙示范片建设情况。胡忠雄先后到金龙镇镇区房屋风貌改造工程现场、界华路、燎原村双塘组屋场环境提质、燎原村村部建设等工程施工现场，仔细察看工程进度，细致了解相关情况。美丽乡村金龙示范片位于金龙镇金龙村、燎原村两个村，规划面积8平方千米，是湘阴县对接长沙的“桥头堡”。近三年来，湘阴县按照“以镇带村、区域一体、协同发展”的原则，进一步优化示范片建设规划，加强环境综合整治，保护青山绿水，突出产业支撑，扎实推进基础设施建设。至7月底，镇区房屋改造完成21缝门面改造；界华路土方工程完成50%；燎原村双塘组屋场环境提质改造完成24户，在同步推进“三清五改”，庭院绿化、亮化、美化等工作。实地调研并听取汇报后，胡忠雄对湘阴县美丽乡村金龙示范片建设工作给予充分肯定。如何做好后段工作，胡忠雄要求，要优化规划设计，做到空间布局规划、民居改造规划、道路交通规划、产业发展规划、土地利用规划等多规合一，使其具有独特性，更接地气，彰显乡愁，让老百姓认可。要抓好产业发展，突出发展农字号产业，加快观光农业、有机农业、高效农业有机结合；突出发展农村电商，充分利用好土地资源优势；突出发展健康养生，与居家养老融合发展；突出发展“左公故里”文化乡村旅游，将“耕、读、孝、廉”文化元素融入到老百姓的家庭教育和生产生活。要加大环境整治力度，以家庭为单位，重点抓好污水处理、垃圾分类处理、民居屋前屋后杂物处理、清洁菜园整治等重点。要深入推进“治陋习、树新风”活动，相对集中建设好公墓，坚决依法拆除活人墓，着力整治豪华墓。要按照“婚事新办、丧事简办、其他不办”的要求，从公职人员、党员、群众三个层面扎实推进，同时，引导“左公文化”走进家庭，用老百姓的语言传承下来、传播出去。要夯实基层党建，以基层党建“五个一”为引领，确保各项工作走在前列。要突出机制创新，进一步明晰政府、企业、群众的责任边界，充分调动群众创建热情，全力推进示范片建设。

【胡忠雄到湘阴县会见国际旅游节客商】9月25日，市委书记、市人大常委会主任胡忠雄到湘阴县，与参加2017中国湖南国际旅游节的客商代表座谈，畅叙友谊，谋求合作，共话未来。座谈会上，胡忠雄、汪灿向客商简要介绍岳阳经济发展规划、湘阴县旅游产业发展规划及湘阴县主动对标对接长沙，全力推动经济社会发展等情况。近年来，湘阴县充分发挥区位优势，对标对接，融长发展，大力推进规划、产业、基础设施、生态环境、科教和公共服务、体制和政策等方面与长沙对接；做好做活水文化、水生态、水休闲文章，发挥全县160个大小湖泊、270千米江湖岸线、10万公顷湿地面积的滨水资源优势，着力打造生态人文之城、创新创业之城、旅游康养之城、休闲美食之城；通过提高服务效能，优化发展环境，产业发展软实力和竞争力不断增强，成为投资兴业的一片热土。随后，禾田投资集团董事长陈乐田、广州粤泰集团股份有限公司董事长杨树坪、新华联集团董事傅波、中南林业科技大学党委副书记秦立春、正威文化集团总经理刘殿灵、香港铜锣湾集团总部投资发展中心主任钟淑辉等与会人员纷纷发言，大谈在岳阳、湘阴县两地的所见所闻。大家一致表示，以后将发挥自身企业及所在商会的影响力，多宣传推介岳阳市、湘阴县，吸引更多的知名企业来投资兴业，并将结合自身优势和企业发展布局，在休闲旅游等产业发展上加强对接，在深化合作上实现新的突破。胡忠雄、汪灿希望，海内外客商和企业家能一如既往地关注、宣传、推介岳阳市、湘阴县，前来投资兴业，共同开创更加美好的未来。

（县年鉴编辑部）

考察交流

【平江县党政代表团到湘阴县考察】7月30日，平江县委书记汪涛、县长黄伟雄率党政代表团到湘阴县考察。考察团先后来到县高新区科技孵化中心、金龙新区卓达金谷创业园、蓝天豚硅藻泥产业园、洋沙湖国际旅游度假区、远大可建科技有限公司等地仔细察看，详细了解湘阴县工业发展、城市建设、旅游开发、招商引资等方面情况，切身感受湘阴县经济社会各领域发生的喜人变化。汪涛、黄伟雄认为，近五年，湘阴县新思路谋划、大手笔投入、高水平建设，发展很快、变化很大，经济社会发展取得巨大成就。特别是招商引资、项目帮扶等工作的先进经验和做法，对推动平江经济社会发展，都具有重要的借鉴作用。希望以此次考察为契机，进一步加强双方交流与合作，增进友谊和了解，共同推动两地经济社会更好更快发展。

【黄俊钧到湘阴县考察虞公港项目】7月18日，城陵矶新港区工委书记黄俊钧到湘阴县考察虞公港项目建设。在三塘镇虞公庙码头选址地，黄俊钧仔细察看码头地形地貌，详细了解码头地理位置、通航靠泊能力、服务功能优势等情况。岸线顺直的虞公港适宜建设规模化深水泊位，岸线长1.5千米，常年通航能力5000吨以上，高水期通航能力可达8000至10000吨，是湘江天然的深水码头，能适应船舶大型化发展的要求，至2017年，规划5平方千米的作业、仓储、物流、产业等四个功能区。黄俊钧表示，虞公港作为“长株潭”地区通江达海的重要通道，其优越的水运、陆运环境及靠近长沙的区位优势，具有建造大型码头的先天条件，港务发展潜力巨大。县委书记汪灿表示，湘阴县将结合实际，因地制宜，做好虞公港项目的前期论证、规划设计等工作，加强同上级部门沟通协调，积极争资引项，确保项目早日落地。将把握港口港区的发展方向，找准定位，完善布局，充分利用港口资源优势，助推港产城互动融合。

【汨罗市党政代表团到湘阴县考察】7月26日，汨罗市委书记喻文，市委副书记、市长朱平波率党政代表团到湘阴县考察。考察团先后到金龙新区卓达金谷创业园、县高新区科技孵化中心、禾田山湖鹭岛、洋沙湖国际旅游度假区、东湖生态公园、县人民医院等处实地考察，听取项目建设相关情况介绍，并就城市建设、园区发展、招商引资经验等工作进行深入交流。考察团一致认为，湘阴县一直以来坚持高标准谋划发展，大手笔规划建设，其先进的经验和做法值得借鉴学习。考察团表示，将通过此次考察，结合自身实际和基础，加快新型城市化建设进程和旅游业发展步伐。同时希望双方进一步加强沟通交流，拓展各领域的合作，促推两地经济社会更好更快发展。

【资阳区党政代表团到湘阴县考察】10月11日上午，益阳市资阳区区委书记陈静彬，区委副书记、区长罗讯率党政代表团到湘阴县考察园区发展、项目建设、人才引进等工作。考察团先后到高新区科技孵化中心、卓达金谷创业园、洋沙湖国际旅游度假区、远大可建科技有限公司等处实地考察，听取项目建设相关情况介绍，并就工业发展、招商引资等方面经验进行深入交流。近五年，湘阴县高举工业强县旗帜，把新型工业化作为加快县域经济发展的第一引擎，以转型升级为引领，推动新型工业向集群集聚、高新高端迈进，促进规模、质量、效益同步提升，新型工业化考核先后5次位居全市第一，2017年上半年完成规模工业总产值351.5亿元，增加64.8亿元，增幅居全市第一。陈静彬表示，湘阴县经济社会的蓬勃发展令人震撼，尤其是在项目建设、产业发展、招商引资、城市建管等方面成效显著。希望双方以后加强互动、增进交流，携手促进两地经济社会发展。汪灿表示，湘资两县区同属洞庭湖、同饮资江水，交通相连、人文相亲。近五年资阳区的发展令人瞩目，宝贵经验值得学习借鉴。希望以此次考察活动为新的起点，进一步加强两地交往、深化合作交流、推动湘资两地共赢发展。

【汪灿赴长沙县考察汽车制造产业】3月1日，县委书记汪灿率队赴长沙县、湖南大学科技园考察学习工业、汽车制造产业发展。在广汽三菱汽车有限公司、博世汽车部件有限公司、远大集团、湖大汽车车身先进设计制造国家重点实验室、湖大三佳车辆技术装备有限公司、湖大艾盛汽车技术开发有限公司等地，汪灿一行深入企业生产车间，观看生产流程，听取生产工艺、市场销售等情况介绍，对长沙汽车产业、工业发展之快表示由衷赞叹。汪灿表示，他山之石，可以攻玉，长沙地区招商引资的特殊方法、产业管理的先进经验和干部工作的严实作风都值得湘阴县学习和借鉴。各相关部门要以此次考察为契机，结合湘阴县实际，深化“比学赶超”活动，强力推进“一二四”行动，实现工作理念、工作标准、工作水平、工作成效的大提升、大突破，切实加快湘阴县传统产业的改造提质、升级换代，大力推进科技创新，不断加大对有技术、有市场、有产品优势的科技创新企业的招商力度，出台个性化支持政策，全力招大引强。按照“市场带动、产销联动”的思路，拓宽产业发展方向和领域，打造产业链条，形成集群效应，促推县域经济更好更快发展。

3月2日，县委书记汪灿又率队赴国防科技大学考察。汪灿一行先后到国防科大超级计算机研发中心、卫星导航定位技术工程研究中心、材料科学与工程学院、机电工程与自动化学院、信息系统与管理学院等科研机构，认真听取和了解国防科大在这些方面取得的重大科研成果。汪灿表示，国防科大专业人才聚集，技术成果频频涌现，为我国的国防事业做出重要贡献。湘阴县相关部门单位要进一步加强与国防科大的交流与沟通，抢抓军民融合上升为国家发展战略的重大机遇，积极争取和引进学校科研成果转化项目，不断提升湘阴县科技创新水平，增强全县科技创新竞争力。

【汪灿赴湖南都市职业学院考察对接】3月6日，县委书记汪灿率队赴湖南都市职业学院考察对接。进校园、看专业、听介绍，汪灿对该校航空服务、印刷与包装技术等专业进行考察，详细了解该校发展情况。湖南都市职业学院创办于1980年，前身为湖南信息管理专修学院，2007年2月，经湖南省人民政府批准升格为全日制普通高职院校。学院设有航空服务与城轨管理系、建筑工程系、经济信息管理系、印刷技术系、机电工程系、五年制大专部和基础课部（思政课部）等五系二部，开设31个普通高职专业，有在校生12000余人，教职工700余人，行业企业兼职教师100余人。汪灿表示，湖南都市职业学院作为全省示范性（骨干）高职院校，为社会培养大批专业技术人才，为地方经济发展提供有力支持，办学管理经验值得借鉴，希望校地加强沟通衔接，促推共同发展。双方还就在湘阴县投资开办一所高职院校达成初步合作意向。

【汪灿率队赴湘潭经开区考察汽车制造产业】3月14日，县委书记汪灿率队前往湘潭经开区考察汽车制造产业。汪灿先后到塔奥地通汽车制品有限公司、桑顿新能源、吉利汽车总厂等地，看整车制造、问产业配套、听情况介绍。吉利汽车连续4年实现产值过百亿，是全省产能最大的汽车制造基地、全省首家汽车出口规模企业，2016年远景系产品在国内自主品牌细分市场排名第一，上缴税金7亿元。汽车及零部件产业是湘潭经开区三大主导产业之一，入园的汽车及零部件企业60余家，投产企业37家，从汽车研发到汽车零部件制造、整车制造，再到汽车销售、汽车文化，形成以吉利汽车为龙头的汽车及零部件产业集群，评为“中国汽车及零部件产业集群50强”。汪灿表示，湘潭经开区大力发展汽车及零部件等装备制造业，形成显著的集聚和带动作用，培育一批骨干龙头企业，为湘潭经济社会发展提供源源不断的动能，其干部严实的工作作风、招商引资的方式方法都值得湘阴县学习和借鉴。全县各相关部门要保持定力，坚持投资高强度、科技高含量、环保高标准、财税高贡献、产业高集群的发展方向，全力招大引强，不断加快湘阴县装备制造产业提档升级步伐。同时，希望加强两地交流，特别是在装备制造领域开展深度合作，推动两地经济社会共同发展。

【汪灿赴望城区对接湘江北路建设】3月21日，县委书记汪灿率队赴望城区就湘江北路景观大道等交通项目建设工作进行对接。座谈会上，湘阴县、望城两地交通、规划等相关部门单位负责人纷纷发言，就湘江北路线形走向、预计投资额度等相关事宜进行讨论。据了解，项目建成后，将把长沙望城区靖港古镇、铜官窑古镇、乔口新都与湘阴县左宗棠故居、法华古寺、洋沙湖国际旅游度假区、南泉寺等旅游景点一并串联。汪灿表示，湘阴县和望城区一衣带水，紧密相连，近五年，随着芙蓉大道、柳林江大桥的建成通车，新乔线拓改工程强力推进，湘望两地路网密切融合，有力的支撑湘阴县实施“对标对接、融长发展”的战略举措。因此，适时启动湘江北路景观大道建设既符合省委省政府提出的防洪保安的发展战略，又能更好地把湘江沿线古镇群串联融合起来，其间所蕴藏的旅游价值也能有效激活两地经济发展，可谓是一举多得。后段，湘阴县将主动对接，进一步做好前期规划工作，进行充分论证，制定具体的、可操作性强的实施方案，争取省市支持，加力加速推进交通项目进度。望城区区委书记孔玉成表示，与湘阴县在交通方面进行对接，有利于本地立体交通体系的构建，对加快两地交通、经济一体化发展有意义重大。望城将加快湘江大道（望城段）的前期研究及规划，确定专人对接，确保项目早日启动。会上，双方还就城湘大道北沿线建设及两地公交一体化等工作达成共识。

【汪灿考察对接湖南可孚医疗】5月10日，县委书记汪灿率队赴湖南可孚医疗科技发展有限公司考察对接。汪灿到湖南可孚医疗科技发展有限公司仔细察看，详细了解企业产品性能和市场销售情况。湖南可孚医疗科技发展有限公司是国内康复护理、医用供氧及医用临床系列医疗器械的专业生产和研发企业，产品50多个品种，近400种规格。旗下轮椅、血糖仪、血压计、制氧机、助听器和拐杖助行器等六大产品类型在康复产品的市场占有率达到国内第一。汪灿表示，医疗产业是朝阳产业，特别是可孚公司的产品性能优异、群众口碑很好、发展后劲十足。希望双方在前期对接的基础上，加紧合作模式和具体项目的洽谈工作，做到长短结合，既有长远规划，又具可操作性，尽快落实项目实施方案，实现互利共赢。公司负责人表示，湘阴县区位优势明显，人文底蕴深厚，生态环境良好，蕴藏着巨大的发展潜力。期待双方建立更加紧密的合作关系，加快推动可孚生产基地、电商平台、物流公司等有关项目落地。

【汪灿在香港等地考察对接项目】5月18日至22日，县委书记汪灿在香港分别参加香港岳阳联谊会成立大会、香港湖南联谊总会庆祝活动，并前往广州、深圳等企业考察对接项目。5月19日晚，香港岳阳联谊会成立大会在香港举行。省、市、县领导黄兰香、胡忠雄、谈正红、汪灿和近400名岳阳籍乡友畅叙友谊，共商合作大计，共建合作平台，共享合作成果。在港湘阴县乡友王富贵当选香港岳阳联谊会首任会长。5月20日晚，香港湖南联谊总会在香港会议展览中心举行“庆祝香港回归20周年晚会暨首届理事会就职典礼”。省领导李微微、黄兰香及湖南、香港、澳门等地近800人参加活动。周群飞就任香港湖南联谊总会首任会长。5月22日，汪灿一行先后到广州禾田集团、南粤基金和深圳比亚迪集团、正威文化集团、恒富集团、美泰物流等企业进行考察对接，分别与各企业主要负责人进行深入交流，双方就扩大在湘阴县的投资和前到湘阴县实地考察等事宜达成一致意向。在广州南粤基金集团，汪灿与该集团董事长林涛进行深入沟通，双方就新能源汽车项目达成初步合作意向。在世界500强企业深圳正威国际集团旗下的正威文化集团，汪灿与该集团总裁陈鹤平进行深入交流，双方就文化旅游项目开发达成初步合作意向。

【汪灿率党政代表团赴湘潭、长沙考察】6月6日，县委书记汪灿率党政代表团赴湘潭市雨湖区、长沙市天心区、望城区考察。县长李镇江、县人大常委会主任熊检华、县政协主席周义军及县领导周太平、宋华、蔡炜、刘映球、汤静、吴星亮一同参加。在湘潭市雨湖区区委书记王永红的陪同下，汪灿一行先后到万楼新城、窑湾历史文化街区、风车坪社区等地仔细察看，详细了解该区历史文化街区建设与保护、棚户区改造等各项工作开展情况，并就旧城（棚户区）改造与建设模式、房屋拆迁举措、业态发展等方面进行交流座谈。雨湖区是湘潭的商贸、科教、文化中心，近三年，该区把抓好征地拆迁作为发展的重点任务，在项目征拆过程中建立健全“领导联点、单位联合、考核联动”三联工作法，同时采取区属部门分户包干责任机制，将全区160多名干部全部下沉征拆一线，发挥党员示范作用，创新开展“党建＋征拆”活动。2016年，全区国有土地部分签订房屋征收补偿协议4566户64.53万平方米，集体土地部分完成征地237公顷，征拆房屋面积总量达113万平方米，征地拆迁的“雨湖速度”不断刷新。汪灿表示，多年前自己曾在湘潭市求学，此次故地重游，湘潭市的城市面貌焕然一新，旧城改造进展迅速。特别是区委、区政府重视民生福祉，结合棚改、历史街区建设、老城区改造，通过湘江风光带把历史景观、自然生态与长沙景区紧密融合起来，让地方留住记忆、文化和传统，其征拆理念、改造规划、业态置换等具有系统性、实用性、创新性。湘阴县将认真学习和借鉴雨湖区在各项工作中的好经验、好做法，激发内生动力，推动本地工作开展。汪灿还到长沙市天心区县正街历史文化街区、坡子街民俗名食街、太平街历史文化街区和望城区铜官窑国家考古遗址公园、新华联铜官窑国际文化旅游度假区等地考察。

【汪灿在长沙考察对接项目】7月20日，县委书记汪灿分赴湖南华天国际旅行社、广州禾田投资集团长沙麓谷信息港考察对接项目。湖南华天国际旅行社有限责任公司是“全国百强国际旅行社”“湖南省最佳旅行社”。在该公司，汪灿和企业负责人就如何进一步加强地企之间全面合作进行深入交流，汪灿希望华天国旅充分发挥品牌引领作用，打造湘阴县旅游品牌，聚集湘阴县旅游人气，助推湘阴县全域旅游升温升级。在广州禾田投资集团长沙麓谷信息港，汪灿详细了解企业的运营方式、发展规模和后续投资计划等情况。汪灿表示，湘阴县高新区发展来势很好，双方合作空间大、基础好，希望发挥禾田投资集团在企业孵化和服务配套方面的经验和优势，加强与湘阴县的深度合作，助推湘阴县高新技术企业壮大发展，实现合作共赢。

【汪灿率队赴江苏、浙江考察康养项目】9月4日，县委书记汪灿率队赴江苏、浙江考察学习康养项目建设。汪灿一行先后到江苏启东恒大海上威尼斯、浙江嘉兴绿城乌镇雅园等地，看项目建设、问设计细节、听情况介绍。考察团成员一致认为，两大项目的设计理念先进、规划水平很高、管理严谨细致，可看可学。汪灿表示，湘阴县相关部门单位要认真学习和借鉴两个项目特别是绿城乌镇雅园康养项目的规划设计理念，结合本地实际，严把县内康养等相关重大项目规划设计评审关，加强项目管理，提升服务水平，面向长株潭市场，着力把县内相关重大项目打造成全省乃至全国的标杆项目，加速湘阴县康养产业发展。

【汪灿率队赴长沙恒大考察】9月11日，县委书记汪灿率队赴湘江新区长沙恒大童世界项目考察，并就相关项目前期工作与恒大旅游集团常务副总裁余伟桥进行交流座谈。在长沙恒大童世界项目建设现场，汪灿实地了解该项目设计规划、合作模式、建设进度等情况。长沙恒大童世界项目是湖南湘江新区2016年引进的重大文旅项目，该项目计划投资500亿元，总占地面积400余公顷，将打造恒大童话世界、桐溪古镇（商业街、美食街、酒吧街）、温泉小镇、影视文创基地、欧式城堡酒店及恒大精品酒店、大型珍稀植物公园等，形成集旅游、养生、文化创意于一体的世界级文化旅游综合体。作为恒大集团文化旅游拳头产品的恒大童世界主题游乐园项目规模相当于迪士尼乐园的1.5倍，是专门为2～15岁少年儿童打造的全球唯一“全室内、全天候、全季节”的大型主题乐园，以中国文化、中国历史、中国故事为主题核心内容，既融合中国文化精髓和世界文明，又采用世界最成熟、最受欢迎、科技含量最高的顶级游乐设施设备及技术。座谈会上，余伟桥表示，湘阴县地理位置优越，近长区位优势明显，又有着得天独厚的自然环境和厚重丰富的文化底蕴，是一方投资兴业的热土、宝地。恒大旅游集团将统筹考虑湘阴县区位、交通、产业发展等情况，进一步细化相关项目合作方案，深化与湘阴县的对接交流，促推双方合作共赢。汪灿表示，恒大集团作为世界500强企业，产业植入能力强，对地方产业发展的带动效果明显，2017年，恒大康养谷项目落户湘阴县金龙新区，双方合作有深厚基础。希望恒大集团能结合湘阴县区位、市场等要素，加快研究、论证等前期工作，科学规划，精准定位，加强对接，不断深化在文化旅游、健康养老、地产开发等领域的合作，实现共同发展。

【汪灿赴江浙等地考察产业新城项目】12月5日至6日，县委书记汪灿率队赴江苏、浙江考察华夏幸福溧水产业新城项目、嘉善产业新城项目。溧水产业新城是南京市溧水开发区与华夏幸福基业股份有限公司按照PPP模式进行合作的区域整体开发经营项目，定位为会展小镇，所有项目开发建设资金由华夏幸福投入。总投资100亿元，合作区域面积10平方千米。嘉善产业新城是全国唯一县域科学发展示范点，享有先行先试的政策。2013年4月，嘉善产业新城与华夏幸福签约，紧锣密鼓地推进区域开发建设，打造优质产业载体，搭建高端产业平台。至2017年，成为浙江省规划设计、基础设施和配套服务建设、产业发展的窗口和示范区。考察中，汪灿指出，华夏幸福多年来深耕县域，以“产业高度聚集、城市功能完善、生态环境优美”的产业新城为核心产品，在开发和运营产业新城方面有着先进、独特的经验。希望能借助华夏幸福公司在园区开发运营和城镇开发建设等方面的先进经验，结合湘阴县实际，积极探索“政府主导、企业运作、合作共赢”的PPP市场化运作模式。同时希望双方紧紧抓住现在大好时机，积极谋划，加快对接，在更宽领域、更深层次寻求机遇，开展务实合作，尽早落地生效，为湘阴县产业发展、园区建设和城市建设创造新模式、打造新亮点。

12月6日至7日，县委书记汪灿又率队赴浙江、上海考察对接项目。汪灿先后考察上海秦森园林股份有限公司开发的浙江绍兴品臻园、上海嘉北郊野公园项目，并与企业负责人深入交流，详细了解公司发展情况。秦森园林公司创立于1994年，是一家秉承“为乡土立境界，为生态传精神”、致力于生态环境建设的综合性园林企业。公司集设计、施工、苗木、养护运营、生态等核心优势于一体，下辖景观规划设计、景观工程、主题公园和特效景观、苗木、养护运营、生态等多个业务板块，其中，“景观规划设计研究院”作为企业核心力量，与全国各大知名院校、专家顾问合作，创新性打造“产、学、研”一体化协作平台，提供全方位景观规划咨询和专业化生态科技支持。汪灿表示，湘阴县历史悠久、文化底蕴深厚、旅游资源丰富。秦森园林公司在古建筑收藏、古镇（古村落）开发、酒店及景区开发、景观园林建设等方面与湘阴县文化旅游产业布局非常契合，期待双方深入合作，将湘阴县古建筑保护与文化旅游项目开发有机融合，发挥双方优势，实现共赢发展。汪灿还考察安永会计事务所、上海同济城市规划设计研究院。

（县年鉴编辑部）

2017年度全县综合绩效考评结果

一、县综合绩效考评优胜单位名单（41个）

1. 6万人口以上的乡镇（3个）：文星镇、鹤龙湖镇、新泉镇

2. 6万人口以下的乡镇、街道（5个）：金龙镇、洋沙湖街道、漕溪港街道、六塘乡、樟树镇

3. 党务群团（3个）：残联、工商联、党校

4. 经济管理（9个）：财政局、交通运输局、科技局、发改局、住建局、商务粮食局、统计局、林业局、房产局

5. 社会服务（7个）：民政局、人社局、旅游发展委员会、血防办、教育局、信访局、文体广新局

6. 司法和行政执法（5个）：安监局、城乡规划局、食品药品工商质量监督管理局、法院、城管执法局

7. 园区管理（2个）：金龙新区、临港新区

8. 省市驻县部门（4个）：地税局、地方海事处、烟草专卖局、电力局

9. 省市驻县企业（3个）：农村商业银行、华融湘江银行、农业发展银行

二、县综合绩效考评特别贡献奖名单（5个）

砂石局、环保局、水务局、国土资源局、公安局

三、县综合绩效考评二类单位名单（略，66个）

（县委办公室）

2017年度15项单项工作先进单位名单

一、行政效能建设优秀单位（10个）

1. 乡镇、街道（3个）：鹤龙湖镇、洋沙湖街道、文星镇

2. 县直单位（7个）：发改局、旅游发展委员会、砂石局、城管执法局、商务粮食局、国税局、安监局

二、落实党风廉政建设“两个责任”先进单位（14个）

1. 乡镇、街道（4个）：洋沙湖街道、金龙镇、南湖洲镇、鹤龙湖镇

2. 县直单位（10个）：民政局、人社局、住建局、食品药品工商质量监督管理局、财政局、广播电视台、文体广新局、安监局、教育局、审计局

三、安全生产工作先进单位（17个）

1. 乡镇、街道（5个）：东塘镇、湘滨镇、杨林寨乡、六塘乡、漕溪港街道

2. 县直单位（12个）：公安局、工业园区、工信局、住建局、人社局、交警大队、城管执法局、交通运输局、民政局、食品药品工商质量监督管理局、商务粮食局、横岭湖（青山岛）省级自然保护区

四、社会治安综合治理工作先进单位（24个）

1. 乡镇、街道（13个）：金龙镇、漕溪港街道、湘滨镇、洋沙湖街道、岭北镇、六塘乡、三塘镇、东塘镇、樟树镇、鹤龙湖镇、南湖洲镇、静河镇、玉华镇

2. 县直单位（11个）：房产局、广播电视台、财政局、信访局、司法局、残联、交通运输局、教育局、安监局、公安局、扶贫办

市级荣誉：文星镇（市级平安乡镇）、新泉镇（市级综治先进）、民政局（市级平安单位）、横岭湖（青山岛）省级自然保护区（市级综治先进）、金龙镇金华村（市级平安村）、湘

江学校（市级平安学校）、人民医院（市级平安医院）、湖南元亨科技股份有限公司湘阴分公司（市级平安企业）、湘阴县交通建设投资有限公司（市级平安交通）、湘阴县左宗棠文化园（市级平安景区）

五、人口和计划生育工作优秀单位（10个）

1．乡镇（5个）：文星镇、樟树镇、静河镇、鹤龙湖镇、玉华镇

2．县直单位（5个）：人社局、食品药品工商质量监督管理局、财政局、农业局、广播电视台

六、脱贫攻坚工作先进单位（10个）

1．乡镇、街道（5个）：金龙镇、洋沙湖街道、南湖洲镇、樟树镇、玉华镇

2．县直单位（5个）：民政局、发改局、财政局、人社局、教育局

七、招商引资及争资争项工作先进单位（12个）

1．招商引资先进单位（6个）：金龙镇、岭北镇、金龙新区、城乡规划局、发改局、贸促会（投促局）

2．争资争项先进单位（6个）：交通运输局、水务局、教育局、房产局、商务粮食局、洞庭控股集团

八、重点项目服务先进单位（10个）

1．乡镇、街道（3个）：文星镇、洋沙湖街道、六塘乡

2．县直单位（7个）：发改局、城乡规划局、国土资源局、住建局、交通运输局、财政局、房产局

九、推进新型工业化先进单位（7个）

1．乡镇、街道（3个）：金龙镇、洋沙湖街道、漕溪港街道

2．县直单位（4个）：科技局、统计局、金龙新区、财政局

十、洞庭湖水环境治理工作先进单位（12个）

1．乡镇（4个）：金龙镇、鹤龙湖镇、新泉镇、樟树镇

2．县直单位（8个）：工信局、林业局、水产局、水务局、环保局、工业园区、检察院、横岭湖（青山岛）省级自然保护区

十一、全域环境整治工作先进单位（18个）

1．乡镇（3个）：金龙镇、静河镇、鹤龙湖镇

2．示范村（15个）：三塘镇龙华村、金龙镇燎原村、洋沙湖街道明山村、樟树镇金台山村、鹤龙湖镇联星村、鹤龙湖镇新河村、南湖洲镇乔江河村、静河镇龙潭寺村、新泉镇王家寨村、新泉镇西林港社区、漕溪港街道利民新村、玉华镇鹅形村、东塘镇赛美村、岭北镇芦花村、岭北镇柳江村

十二、省市重点民生实事办理先进单位（5个）

县直单位（5个）：住建局、人社局、教育局、水务局、食品药品工商质量监督管理局

十三、防汛抗灾工作先进单位（11个）

1．乡镇、街道（6个）：岭北镇、鹤龙湖镇、新泉镇、文星镇、漕溪港街道、洋沙湖街道

2．县直单位（5个）：教育局、公安局、民政局、砂石局、广播电视台

十四、食品安全工作先进单位（9个）

1．乡镇、街道（5个）：新泉镇、静河镇、文星镇、岭北镇、东塘镇

2．县直单位（4个）：教育局、农业局、财政局、市管中心

十五、“空心房”整治工作先进单位（9个）

1．乡镇、街道（6个）：新泉镇、东塘镇、樟树镇、鹤龙湖镇、洋沙湖街道、漕溪港街道

2．县直单位（3个）：国土资源局、农业局、两型办

（县委办公室）

中共湘阴县委员会主要负责人名录

书　记　汪　灿

副书记　李镇江　彭方建

常　委　邹国良（至10月）　周太平　李爱佳　李青松　姜开顺　邓　森　林恒求　方卫兵　宋　华　肖　华　文春华（9月任）

县委办公室

【概况】县委办公室内设行政科、秘书科、督查室、综合调研室、法规室、政工室、老干室、机关工会。归口管理单位：县委政策研究中心、县委、县政府接待处、全面小康建设综合绩效考核办、县委改革办、县委机要保密局、机关事务管理中心、县委史志办、县档案局、湘阴县宾馆。2017年，县委办紧扣县委“左公故里、美好湘阴”建设和“对标对接、融长发展”战略部署，围绕中心、服务大局，认真参与政务，扎实办理事务，细心搞好服务，各项工作取得可喜成绩，确保县委各项决策的顺利落实和县委机关的高效运转。

【参谋服务】2017年，县委办瞄准“当高参、出精品、促落实”的目标，紧扣决策谋大事，深入调研解难题，为县委提供优质高效的参谋服务。一是调查研究求深。紧紧围绕县委工作的重点、领导关注的焦点、群众关心的热点，深入调查，认真研究，努力为县委决策提供科学分析、可行对策和合理建议。县委主要领导提出“对标对接、融长发展”战略，县委办迅速深入长沙望城、湘江新区等实地调研，撰写《在全面对标对接中推进融长发展》的调研报告，为县委决策提供理论依据。群众反映的“电打鱼”热点问题，县委办立即组织调研，形成《湘阴县专业捕捞渔民调查摸底情况》，为县委、县政府部署工作提供参考意见。二是文稿起草求精。坚持把文稿服务作为县委办的核心任务，认真做好每一篇文稿的构思、起草、写作、校核和印制工作。全年撰写各类文稿200余篇、90余万字，其中《打桩定位抢大险众志成城保沙田》《建好党内法规堡垒为推进依法治县提供坚强保障》等10多篇文稿被《湖南日报》《省委工作情况交流》《湘组研究》等刊载，得到省委、市委、县委领导充分肯定。高质高效编印《湘阴县工作》12期，宣传推介全县工作。坚持有件必备、有备必审、有审必严、有错必纠原则，严格把好党内规范性文件的审核工作，全年向县委常委会提交13份文件审核，向市委办公室报备党内规范性文件18份。制发各类文件（函）300多个，均实现“零差错”“零失误”。三是信息反馈求快。全年向上报送各类信息近400条，30余篇信息被省、市采用；高质量编印《每周快讯》45期，对“四大会战”“一二四行动”“环洞庭湖环保突出问题集中整治”“脱贫攻坚”“中共十九大精神学习”等重点工作开辟专栏专版，及时反馈情况，推动工作更好更快落实。积极向上推介宣传湘阴县工作，市委《每周汇报》上稿25篇，市委主要领导作出专门批示2次，重大紧急信息没有出现一起迟报、漏报和瞒报。四是督促检查求实。围绕县委重大决策和工作部署、省市领导批示交办事项，以“钉钉子”精神，真督实督严督。全年开展各类督查、督办活动48次，办理领导批示件286件，下发督查通报35期、督办通知书105份，有力提升督查的威慑力和落实的执行力。特别是针对经济、民生、环保等重点工作，如“刹人情歪风、治婚丧陋习、树文明新风”和农村“空心房”整治、防汛救灾、冬修水利等进行专项督查，确保全县全年目标任务的快速落实。

【事务服务】一是会务服务细致高效。2017年，县委办承办的活动多、任务重、时间紧，领导要求高，但各项工作有条不紊，保证县委各项活动的高效运转。先后承办全县三级干部大会、招商引资动员大会、抗洪救灾总结讲评大会、高等院校科技成果转移转化招商推介会等各类大小会议270多场次，组织参与中国（湖南）国际旅游节活动、蓝天豚千亿产业园开园奠基活动、湖南湘菜美食文化节等大中型活动8场，承办各级领导考察调研等接待活动42次，确保各项活动圆满成功。二是接待服务热情周到。既严控接待标准又热情周到。全年接待来客248批次5469人，其中外宾207人，部级领导10人，省来客1265人，市来客2602人，兄弟县1003人，乡友106人，客商69批次，有效保障国际旅游节、湘菜美食文化节、县人大、政协“两会”等重要节会的顺利开展，接待工作得到各级领导的高度赞许。

【综合协调】充分发挥县委办总揽全局、牵头抓总的职能作用，积极抓好信访接待、对标对接、深化改革、精准扶贫等工作，确保各项工作同频共振，创优争先。一是对标对接步伐加快。主动加强与长沙市等相关县市区的对接，先后多次参与湘阴县纳入湘江新区拓展区、与望城区战略合作、与湘雅医院合作组建医联体等重大对接活动，起草《关于将湘阴县纳入湘江新区拓展区的请示》《与望城区协同发展合作框架协议》等多个文件和材料，全县融长对接取得显著成果。二是改革工作稳步推进。突出改革重点，对准焦距，全力攻坚克难，确保年度7大类改革任务落到实处、推向深入。供销社综合改革扎实推进，获评全省惠农综合服务工程示范县。特别是农村“空心房”整治的改革经验得到常务副省长陈向群的多次批示，市委书记胡忠雄、市长刘和生的高度肯定，市长刘和生亲自到湘阴县调研，要求在全市推介。三是信访接待规范有序。坚持把维护社会稳定、保障民生民利摆在首位，认真做好信访稳定工作，协调处理群众来信来访和突发事件，为县人民来访接待中心分流减压。全年协助县委、县政府领导处理重大突发事件4起，接待群众来信来访326批7072多人次，召集信访联席会议3次，解决各类信访问题134件。同时，严格落实开门办公制度，坚持24小时专人值班和领导带班，让群众找得到人、办得了事。

【作风建设】县委办是县委核心部门和窗口单位，其特殊地位决定机关作风、干部作风必须过硬。该办坚持狠抓作风建设，打造高效、团结、文明的机关形象。一是抓学习教育培训。以“两学一做”、中共十九大精神、基层党建等为抓手，进一步完善学习制度，下发《县委办党员学习手册》，对上级下发的各类文件，特别是对党章、党规、习总书记系列重要讲话精神和党的十九大精神，第一时间组织传达学习，做到先学一步，深学一层。组织开展“四种精神”“十九大报告”等专题学习讨论。建立奖学制度，鼓励干部参加在职学历教育，对取得学历的干部由单位报销70%的学费，仅县委办机关就有16人在省委党校的在职研究生班学习。二是抓机关制度建设。以“工作对标长沙市开福区”为契机，组织县委办班子成员和科室负责人赴长沙开福区进行学习，从“学作风、学管理、学服务”等方面进行对标，对各项规章制度进行全面清理，对财务、公车、保密、档案等制度进行细化完善，做到各项工作有章可循、有规可依。严格财经纪律和财务手续，由常务副主任一支笔审批，制度的笼子进一步扎紧扎密。进一步加强干部管理，完善核实干部人事档案信息、党员档案信息工作，全体干部打桩定位，按章办事，机关运转高质高效。三是抓党风廉政建设。严格遵守《廉政准则》，全面落实“一岗双责”党风廉政建设责任制，始终坚持抓长抓常，定期开展廉政谈心谈话。办公室主任及班子成员带头加强政治理论学习，带头坚持民主集中制，带头开展批评和自我批评，带头严格要求自己，起到很好的示范带动作用。逐级签订党风廉政建设责任状，扎实开展“吃空响”“涉砂涉矿”“因私出境”等专项清理工作，做到立行立改，严守红线、底线，全年没有发生一起违纪违规行为。四是抓干部能力培养。采取挂职锻炼、轮岗交流、跟班学习等形式，积极为干部创造锻炼才干的平台和机会。县委办参加上级党办系统跟班学习2人次，其中在省办学习期间获得省委办公厅的嘉奖令，展现湘阴县党办的良好形象。选派2名年轻优秀干部到乡镇挂职锻炼，3名干部得到重用，新提拔干部2名，推荐4名干部到长沙和岳阳等地工作，选调12名干部参与跟班学习，做到人尽其才，才尽其用。特别是在防汛抗灾战斗中，县委办全体干部积极投入到防汛值守、督查督促、后勤保障等工作中，体现县委办干部敢于担当、冲锋在前的优良作风，得到各级领导的一致好评。

（黄天府）

中共湘阴县委办公室主要负责人名录

主　任　宋　华
副主任　王志应（5月任）　阳　望　李　虹
　　　　冯卫共（至5月）

纪律监察

【概况】中共湘阴县纪律检查委员会、县监察局（简称县纪委）内设办公室、组织部、党风政风监督室（县政府纠正行业不正之风办公室）、信访室、第一至第四纪检监察室、案件审理室9个职能部室和湘阴县纪委廉政教育中心（直属单位），有行政编制41名、事业编制7名。2017年，全县各级党组织和纪检监察组织认真贯彻中央和省、市、县委决策部署，忠诚履职、真抓实干，全县党风廉政建设和反腐败工作取得新成效。

【落实落细“两个责任”】2017年，县委高度重视党风廉政建设和反腐败工作，把落实“两个责任”作为首要任务来抓，先后出台落实“两个责任”“实施办法”“考核办法”“追责办法”等规定，并将落实“两个责任”作为绩效考核的重要内容，进一步加强党委主体责任和纪委监督责任，层层传导压力、层层督促落实。县委多次召开会议研究部署党风廉政建设和反腐败工作，开展廉政谈话，听取巡察工作汇报解决具体问题。加强责任追究，对落实“两个责任”不力的43个单位主要负责人进行约谈，对8个单位主要负责人进行诫勉谈话，对4个单位进行通报批评，以问责倒逼责任落实。

【持续纠治“四风”】紧盯关键节点，瞄准突出问题，细化具体措施，持续开展“纠‘四风’、治陋习”专项行动，开展专项督查40批次，查处“四风”问题32起35人，点名道姓通报典型案例17起，干部作风明显好转。深入开展“刹人情歪风、治婚丧陋习、树文明新风”专项工作，编排群众喜闻乐见的文艺节目巡回演出17场次，全县成立红白理事会210个，劝导队员近千人，劝导婚事新办1120起、丧事简办1430起、其他事宜1387起，节约资金上亿元，处理处分7人，通报典型案件5起，陈规陋习得到有效遏制。

【专项整治】围绕人民群众关注的热点问题开展专项治理，以实际成效增强人民群众的获得感，开展“雁过拔毛”式腐败问题专项整治，全年查处腐败案件101起，处理处分102人，通报典型案例7起。开展“吃空饷”专项整治，清理在编不在岗公职人员123人，核销编制68个，追缴资金22.6万元。开展扶贫领域监督执纪问责，下发扶贫领域监督执纪问责《工作方案》《责任追究暂行办法》等，查处并通报7起典型案例。开展公职人员违规参与涉矿等经营性活动专项整治，全县公职人员主动申报14943人，督促256名应退人员全部退出经营，党纪政纪处分4人。开展中小学教辅资料违规征订专项整治，收缴违纪资金221.4万元，退还7.18万元，处理处分5人。积极推动“互联网+监督”工作，公示目录103条，公示资金10.31亿元，广泛接受群众监督，让权力在阳光下运行。

【执纪问责】坚持教育警诫为先，组织全县党员干部观看《迷失》《决不饶恕》等警示教育片，让党员干部知敬畏、存戒惧，守底线。坚持抓早抓小，对苗头性、倾向性问题及时诫勉提醒，全年谈话提醒1032人、函询44人、诫勉谈话15人，立案257件，党纪政纪处分253人，“两规”1人，移送司法机关2人，在县委的统一领导下，围绕防汛抗灾、环境保护、征地拆迁、民间借贷等县委、县政府重大决策部署，开展监督检查，严肃督责问责，维护政令畅通。

【深化体制改革】建立巡察制度，开展两轮常规巡察和一轮专项巡察，发现问题线索179起，立案14起，处理处分9人，震慑效果不断显现。积极推动派驻制改革和县乡一体化建设，召开全县动员大会，下发《关于推进县乡纪检监察工作一体化建设的实施方案》，构建派驻机构分组、乡镇分片的工作模式，在派驻制改革上撤销38家县直单位设立的纪检监察室，对县直65家单位采取综合派驻的形式，设立13个派驻纪检监察组，实现派驻全覆盖，在县乡纪检监察一体化建设上，将16个乡镇（街道）划分为4个片区，将13个派驻纪检监察组和3个未纳入派驻的县直单位划分为4个联组，明确工作班子，健全工作机制，建立标准谈话室。深化监察体制改革试点工作，县委书记亲自担任“施工队长”，亲自主持制定改革方案，完成县检察院20名干部的转隶工作。

【自身建设】加强思想政治建设，组织开展政治理论、理想信念教育4次，观看警示教育片《打铁还需自身硬》，组织乡镇纪委书记、监察室主任分2批次到县纪委各部室跟班学习，督促干部切实履行党章赋予的职责，加强组织建设，认真落实“三会一课”，民主评议党员等制度，凝聚力、战斗力不断增强，严格落实选人用人制度，分2批次选调13名机关干部，配齐部室主任，配强巡察办，派驻纪检监察组人员，执纪队伍不断壮大。加强干部监督问责，召开全县纪检监察干部监督工作会议，全县纪检监察干部递交遵守有关规定，严肃查处县卫计局原党组成员，纪检组长周力的违纪问题，并移送司法机关。

（丁　佳）

中共湘阴县纪律检查委员会
湘　阴　县　监　察　局
主要负责人名录

书　记　邓　淼
副书记、局长　易赤红

副书记　刘建辉　欧　戈
常　委　李学锋　胡雪平　虞立芳
　　　　　邹子亮　郭百炼
副局长　欧　戈　胡雪平　柳　旭

县纪委派驻县直各单位纪检组长

驻县教育局纪检组长　王征宇（9月任）
驻县政府办纪检组长　王忠祥（9月任）
驻县委组织部纪检组长　尹晓刚（9月任）
驻县委政法委纪检组长　皮周彦（9月任）
驻县委宣传部纪检组长　吴　尚（9月任）
驻县委办纪检组长　李光辉（9月任）
驻县委统战部纪检组长　陈　亮（9月任）
驻县农业局纪检组长　刘　虎（9月任）
驻县卫计局纪检组长　张　略（9月任）
驻县财政局纪检组长　黄　忠（9月任）
驻县住建局纪检组长　彭　强（9月任）
驻县民政局纪检组长　湛建明（9月任）
驻县交通运输局纪检组长　戴　伟（9月任）

宣传工作

【概况】中共湘阴县委宣传部（简称宣传部）内设有办公室、新闻中心、文明办、网管办、文艺办。有在职干部职工29人。2017年，湘阴县宣传思想文化战线牢牢把握“两个巩固”的根本任务，坚持胸怀大局、把握大势、着眼大事，按照中央、省市委宣传工作会议精神和县委要求，紧扣全县发展大局谋划，各项工作有序推进，取得较好成效。

【抓意识形态】意识形态安全，事关社会和谐大局稳定。县委宣传部始终将意识形态工作的领导权和话语权牢牢掌握在手中，积极弘扬主旋律、传播正能量、占领主阵地。一是建立机制，形成工作合力。针对新形势下意识形态工作政治性强、涉及面广的特点，湘阴县率先在全市各县市区中制定出台《湘阴县党委（党组）意识形态工作责任制实施细则》，切实做到人人都有责任区、事事都有责任人、个个肩上有担子，形成齐抓共管的工作格局，赢得市委意识形态工作专项督查组的充分肯定。二是加强举措，确保网络安全。抓住互联网、新媒体这个意识形态的活跃关键领域，定期组织县内自媒体负责人学习政策法规，规范管理运行，并安排专人对网站、微信、微博、论坛等媒体平台进行24小时监控，发现苗头第一时间协调处置。全年监测到涉湘舆情27178条，其中负面舆情264条，协调相关部门及时解决问题72个，督促相关部门及时回复问题154个，争取上级部门支持下沉问题38个，基本做到舆情管控无空档、无盲区。三是有效处置，维护社会稳定。对于较大的社会敏感舆情，做到尽早发现、及时汇报、有效处置。例如《当代商报》一记者对杨林寨乡移民问题进行不实报道后，县委宣传部多次与商报领导沟通协调，全面反映事件真相，消除社会不良影响，让坏事变为好事，给当地群众非法上访起到很好的震慑作用。全年，湘阴县未发生一起因舆情问题处置不及时或不力而影响湘阴县形象的事件，切实维护社会大局稳定。

【抓新闻宣传】为充分彰显湘阴县的山水之美、人文之韵、发展之势，湘阴县不断加大对外宣传力度。一是重头新闻报道势头强劲。围绕上大报大台、上头条要闻、上典型经验的目标，县委宣传部加大部署、策划和调度力度，全年组织采写一批有热度、有深度的新闻报道，先后在中央、省、市级媒体与网站刊播稿件2100余篇（中央级86篇、省级580篇，同比增长32%、38.5%），在2017年全市每月的《新闻通联工作》通报上，湘阴县自6月起连续七个月排名第一。二是重要工作宣传有声有色。聚焦“一二四行动”、防汛抗灾、脱贫攻坚、洞庭湖环境治理、“两学一做”、学习贯彻十九大精神等重要工作的宣传，组织力量深入采写200余篇有份量的稿件在全国各大媒体及网站刊播。特别是防汛抗灾期间，中央电视台、新华社、人民网等中央媒体专题报道，湖南卫视、湖南经视、《湖南日报》等省内主流媒体跟踪报道，为湘阴县夺取抗洪抢险的全面胜利营造良好的舆论氛围。三是重大节会报道声势浩大。认真组织好旅游节、美食节等重大节会活动的新闻宣传，努力营造湘阴县“生态人文之城、创新创业之城、旅游康养之城、休闲美食之城”的浓厚舆论氛围。特别是在旅游节期间，全国参与报道的各类媒体达60余家、记者120多人，这是近五年湘阴县举办各类节会活动参加媒体单位和记者人数最多、阵容最强的一次，有效提升湘阴县的知名度和美誉度。

湘阴县第五届道德模范颁奖典礼（2018年1月摄）

【抓文明创建】巩固扩大省级文明县城创建成果，着力提升城市文明程度和全民道德素养。一是创建热情空前高涨。文明单位创建实现新的突破，全年成功创建国家、省、市级文明单位、文明窗口、文明村镇（社区）13家。金龙镇复查合格，继续保留“全国文明乡镇”称号，东塘镇赛美村获评“全国文明村”。文明餐桌行动全面铺开，全县评选文明示范餐饮店、文明示范食堂、文明药店37家。二是复查排名大幅提升。9月全省68个省级文明县城复查测评排名中，湘阴县由2016年的36位跃升至18位，取得历年来的最好成绩。三是道德建设如火如荼。组织开展湘阴县第五届道德模范评选表彰活动，评选表彰道德模范11名，提名奖10名，选树模范标杆，彰显道德力量，在全县形成学习道德模范、争当道德模范的浓厚氛围。同时，抓住未成年人思想道德建设这个关键，联合相关部门单位，组织举办第二届青少年作文竞赛，开展中华经典诵读、做一个有道德的人、网上祭英烈、周末小课堂、童心向党歌咏比赛等一系列未成年人主题教育实践活动30多个。四是志愿服务蓬勃开展。广泛调动社会各界力量，持续深入开展学雷锋志愿服务活动，以县爱心志愿者团队和青年众爱公益协会为代表的各类公益团体组织开展扶贫济困、捐资助学、爱心温暖包、公益小天使等系列志愿服务活动200余次。全年在湖南志愿服务网和岳阳文明网发布信息410余条，居全市第二。

【抓文体建设】不断加快文体基础设施建设，使文体活动内容更加丰富、形式更加多样、群众参与更加广泛，全县广大干群的健康幸福指数节节攀升。一是服务惠及城乡。全年新建和完善乡村综合性文化服务中心32处，郭嵩焘文体广场投入使用，基础设施建设惠及城乡，覆盖率100%。二是队伍不断壮大。年内全县社会体育指导员300余人，广场舞队600多支，文艺协会团体近100家，成为全县开展文体活动的主力军。三是活动日益丰实。始终紧扣“欢乐潇湘”这条主线，坚持以人为本、贴近实际、贴近生活、贴近群众的宗旨，协调组织开展第二届群众文化活动周、第三届全民广场舞大赛、“推进移风易俗·倡导文明新风”基层巡演等一批全县性、大规模的文化活动，体育工作更是获评全国群众体育先进单位称号。四是创作喜报频传。2017年，湘阴县文艺创作呈现百花齐放的良好局面，相继出版《左宗棠本传》等文学著作20多部，在省市刊物先后发表小说、散文等文学作品近100篇，由群众自编自导自演的10多个民俗文艺节目，在省市举办的各类大型文艺汇演中纷纷获奖。县作协主席湛鹤霞创作的《水牯子》电影剧本，更是一举斩获第50届美国休斯顿国际电影节金雷米奖。

（周　坚）

中共湘阴县委宣传部主要负责人名录

部　长　李爱佳
副部长　李临战　黄国宝　杨亮杰
张湘华（至9月）

组织工作

【概况】中共湘阴县委组织部内设办公室、干部办公室、问责办公室、研究室、党建办公室、基层办公室、党代表联络办公室、非公有制经济组织和社会组织工作委员会办公室、党员教育中心、干部信息室、档案室、公务员管理办公室、人才办公室、县直机关工委。有在职干部职工24人。2017年，全县组工干部攻坚克难、扎实作为，圆满完成各项任务，推动组织工作稳中求进、稳步提质。

【基层组织】年内完成“两委”换届和综合服务平台建设。“两新”党建工作得到省委组织部高度肯定，民办学校党建经验全省推介。成立离退休干部党工委，选派100名村（社区）党组织第一书记，组建23个驻村帮扶工作队，民情走访、“党建＋协会”等工作取得实效，在“沙田保卫战”和中国湖南国际旅游节等中心工作和重大考验面前，基层党组织的引领力和党员干部的先进性得到充分体现。

【干部队伍】全年树牢担当务实、干事创业的用人导向，提拔重用146名优秀干部，交流轮岗212人。储备300名年轻干部，择优选派25名县直单位年轻干部到乡镇挂职锻炼，公开选拔4名30岁左右的科级负责干部。225名科级负责干部主动退出领导岗位，“消超”任务基本完成。加强组织关爱，牵头与91个单位的400多名班子成员开展两轮次谈心谈话，落实老干部“两项待遇”。县管领导班子结构更加合理，队伍活力不断激发，干事氛围更加浓厚。

【日常监督】2017年，率先实行干部监督联席会议制度，收集核实“负面信息”383条，9名干部暂缓提拔使用。将1300多名科级干部以及所有新提拔任用干部纳入个人有关事项报告对象，对2000多名科级干部、股室长、公务员、“参公”人员、事业单位骨干的“三龄两历一身份”进行专项审核，有效防止“带病提拔”“带病上岗”。围绕脱贫攻坚、项目建设等重点工作问责问效，函询87人次，问责处理46人次。

【人才新政】年内出台全县人才工作规划，开展招才引才活动5次，引进专业人才71名，其中高学历高层次优秀人才37人。设立“人才发展专项基金”，发放企业科技创新基金314.5万元、拔尖人才和创新创业人才生活补贴140万元。

【自身建设】部机关坚持每月一次集中业务学习、每季度一次优秀办室评比、每半年度一次工作讲评，深入开展“四种精神”和“干部成长感恩谁”学习讨论，创建组工文化长廊，机关干部的业务水平和履职能力明显提升，村级换届、“消超”整治、选人用人等工作风清气正、风平浪静。组工宣传、远程教育、驻村帮扶、档案信息、公务员管理、老干部服务等工作统筹有序推进。

【成立非公委、党委】2017年2月，根据中央、省、市要求，湘阴县成立非公有制经济组织和社会组织工作委员会，副部长王克清兼任书记，焦灿担任专职副书记，工商联、民政、食品药品工商质量监督管理局分管负责人担任兼职副书记。工业园区成立企业党委，庞国荣兼任党委书记。民政局成立社会组织综合党委，食品药品工商质量监督管理局成立非公有制经济组织综合党委，教育局、卫计局成立社会组织行业党委。

（焦　灿）

中共湘阴县委组织部主要负责人名录

部　长　李青松
副部长　杨金光　徐静波　王克清
邵建兵（兼）　邵凿耕（兼）

统战工作

【概况】中共湘阴县委统战部（简称统战部）内设办公室、党外干部室、经联室。归口管理部门有县委台湾工作办公室（县政府台湾事务办公室）、县民族宗教事务局，湘阴县归侨侨眷联合会。在编干部职工8人。2017年，湘阴县统一战线牢固树立“同心”理念，坚持思想同心、目标同向、行动同步、执行同力，继续保持统一战线创先争优的良好态势。

【自身建设】一是开展走访调研。4月，组织统战系统全体干职工开展为期一个月的“大走访、大调研”活动，实地走访全县所有乡镇和县直单位，仔细检查并记录各乡镇、各单位贯彻落实《中国共产党统一战线工作条例（试行）》和统战工作开展情况，并对党外代表人士进行走访摸底和考察，新吸收一批党外后备干部，并将此次走访调研的情况纳入年底统战工作绩效考核内容，更好地促进统战工作任务的落实。二是落实学习培训。6月，湘阴县举办为期一周的统战人士培训班，邀请市委统战部部长熊炜和省委统战部相关领导专题授课，全县党外负责干部、党外后备干部、非公有制经济人士、民族宗教人士400余名参加培训学习，统战知识，统战工作意识深入人心，统战氛围越来越浓厚。三是加强自身建设。加强机关干部理论学习，组织全体系统干部观看中共十九大开幕式直播，并两次邀请县委党校老师讲解中共十九大报告精神。全年，部机关干部上报经验类、建议类、问题类等统战信息260

余条，撰写调研报告6篇、理论文章3篇，在省市级新闻媒体上发表统战宣传报道稿件15篇，圆满完成省市交办的目标任务。

【完善统战机制】一是统一机构设置。提请县委研究决定，规范统战系统单位设置，统一建立健全组织机构，县民宗局、县工商联、县侨联、县台办与统战部集中办公，至年底有办公用房15间；县民宗局、县侨联、县台办的财政预算、经费收支整体并入县委统战部，由县委统战部统一管理；大统战工作格局下，统战部设部长1名，副部长4名（含兼职），统战系统核定编制27名。二是延伸工作手臂。县直单位、乡镇、村（社区）均设立统战工作室，有专人、有场所、有制度、有牌子、有设施，实现县乡村（社区）三级统战网络全覆盖。探索推行“党支部+行业协会+专业合作社+农户”的基层组织运作模式，把统战组织建到行业协会、基地农户、工商企业和项目一线，将统战工作触角延伸到基层、拓展到行业。三是严格考核管理。坚持以上率下，加强各级党委（组）领导责任，严格落实“四个纳入”“四个带头”，坚持县委“定期调度、专题研究、年度考核”和部门“周碰头、月汇报、季讲评、年考核”制度。2017年，县委绩效考核中，大统战工作考核分值增加到20分。

【服务发展】一是扎实推进“同心工程”。2017年，县委统战部把美丽乡村金龙示范片作为同心工程建设的重点精心打造，研究制订《湘阴县统一战线“同心·美丽乡村金龙示范片”建设实施方案》，广泛动员寓外乡友、社会各界人士积极参与支持同心乡村建设。年内，示范片主要道路全部铺上柏油路，为200套以上破旧房屋穿衣带帽，打造建设双塘、石间塅、木坊窑坡、老师潭等4个同心屋场，新建同心书屋4个，以凯佳生态、卓达置业、宏耀工业等一大批企业为依托，成立劳务输出站点，转移安置劳动力500余人。二是着力推进社会扶贫。成立由县委常委、统战部长任组长，县委统战部、县人大办、县政协办、县工商联、县总工会、县民政局、县扶贫办、团县委、县妇联等单位为成员单位的湘阴县社会扶贫工作领导小组；并制订《湘阴县“百会千商同心结对”社会扶贫行动实施方案》；从6月始，县委统战部组织县工商联、县广播电视台深入全县各乡镇的每个行政村，制作541户贫困户视频资料，并将贫困户基本情况整理成册；7月20日，牵头召开湘阴县“百会千商同心结对”社会扶贫工作推进会，58家异地商会、工商企业、社会团体260代表人士参加，其中28家现场“一对一”认领结对500户贫困户。会后积极主动联系对接，组织鸿达建筑、卓达置业、元亨科技、砂石协会、汽车协会、深圳湘阴县商会、惠莞湘阴县商会、广州湘阴县商会、宗教界等一大批社会力量汇聚到扶贫事业中来，全年全县社会各界帮扶2800余户困难户，帮扶资金6000多万元，物资折合500多万元。《岳阳日报》《新湖南》《湖南统一战线》杂志都对此进行广泛报道，并得到省市扶贫攻坚大会战指挥部及市政协新楚主席的充分肯定。三是注重引导服务。统战系统全员参与县委重点项目建设，由统战部长任湘阴县推进“一二四”行动暨“四大会战”办公室副组长兼办公室主任，县政协副主席、工商联主席任副组长兼联手帮扶组组长，统战部副部长、工商联党组书记任办公室副主任。其中县第一污水处理厂、全县棚户区改造、湘江二桥等重点建设项目由统战部直接牵头负责。始终围绕两个健康主题，落实市委“非公十条”，帮助非公经济人士排忧解难、加速推进项目建设、扶持非公企业做大做强，全年为企业项目解决56个困难和问题。组织开展非公企业理想信念教育，积极引导非公企业老板回报社会。在7月的抗洪救灾中，广大统一战线积极投身参与，广厦地产、西姆西科技、元亨科技、汽车协会、砂石协会等一大批非公企业和行业商会组织企业职工赶赴抗洪一线大堤值守巡查，同舟共济，出资出力。先后捐赠物资价值110多万元，直接捐款582.5万元。四是全力招商引资。发挥行业商协会特别是异地商会的作用，积极宣传湘阴县，捕捉招商信息，先后参与邀请接待5批次近100名异地商会客人和商界朋友到湘阴县投资考察。1月25日召开“迎老乡、回故乡、建家乡”——2017年全县寓外企业家代表迎春座谈会，7月19日协助县委在长沙召开湖南高等院校科技成果转移转化基地新闻发布暨湘阴县（高新区）招商推介会。2017年，经县委统战部、县工商联衔接洽谈引进广东琴海数码科技、禾田投资集团、兴旺集团等一批知名企业到湘阴县投资兴业。

【壮大统战队伍】一是加强联谊交友。积极开展联谊交友活动，县委常委会议专题研究，出台

《湘阴县委常委与党外代表人士联谊交友活动实施方案》，每名县委常委与3名以上党外人士交朋友。举办“团结在一起”——2017全统战人士迎春联谊会，湘阴县构建大统战格局联谊会暨维拉食品成立10周年庆典、全县党外干部同心座谈会等，与全县统战人士面对面座谈、心对心交流，引导他们与县委同心同德、同心同向、同心同行。二是重视培养使用。提请县委制定《关于加强党外干部培养选拔和管理工作的意见》，并积极向县委推荐优秀的党外干部，年内，县政府组阁局中安排2名党外正职，新调整安排2名党外正科实职岗位、4名副科实职岗位。二是畅通参政渠道。开通湘阴县委统战信息微信公众号，通过湘阴县党外干部群、统战人士群、工商联执常委群等微信平台，加强与新媒体从业人员和网络“意见领袖”等网络人士工作的联系，经常线上互动、线下沟通，引导其政治观点，增进其政治认同，弘扬湘阴县发展主旋律和正能量。通过党外人大代表、政协委员、工商联执常委等平台，鼓励他们为县域经济发展、社会民生等出谋划策，统战人士撰写的《关于湘阴县城市规划》《关于修建县城立体停车位的建议》《加强对湘阴县公益组织扶持》等提案取得很好的反响。

（刘　磊）

中共湘阴县委统战部主要负责人名录

部　长　方卫兵
副部长　殷　辉（8月任）　刘美丽
　　　　傅　拓（8月兼任）
　　　　李忠良（8月兼）
　　　　黄首邦（至8月）

机构编制管理

【概况】中共湘阴县委机构编制委员会办公室（简称县编办）内设综合室、登记室，有干部职工10人。2017年，县编办牢牢把握机构编制科学发展方向，始终突出服务发展，加强机构编制管理与创新，充分发挥职能作用，依法行政，务求实效，全面完成本年度各项目标工作任务。

【深化“放管服”改革】一是持续推进简政放权。行政审批制度改革是中央、省市非常重视的工作，县编办作为审改工作的牵头单位，密切跟踪省市简政放权工作动态，及时做好承接落实工作，确保下放事项接得住、管得好、服务到位。通过进一步梳理、归并和承接，年内向社会公布全县42家单位209项行政审批事项，较原有的目录清单精减78项，精减率达29%，形成一张县级政府的行政审批清单。实现“行政权力进清单、清单之外无权力”。二是扎实抓好“赋权强园”工作。根据省市文件精神，开展“赋权强园”行动，加强园区行政审批事项目录动态调整。印发《湘阴县人民政府关于加大对高新区简政放权有关事项的通知》，梳理县政府各职能部门与工业项目有关的行政审批权力，按程序将“权限内重大和限制类企业投资项目核准”等111项县级行政权力下放到园区，为园区科学发展松绑助力。三是抓紧推进“互联网+政务服务”录入工作。根据省编办（省审改办）统一部署，在“湖南省互联网+政务服务一体化网络平台”中录入目录清单和实施清单。湘阴县应录入目录清单和实施清单各307项，即县级保留的行政许可事项209项和县级保留的公共服务事项98项。目录清单由县编办负责录入，在时间紧任务重的情况下，县编办全体工作人员加班加点按时保质完成目录清单录入任务。四是创新监管服务方式。加快完善权力清单动态调整机制，至年底全部向社会公布，湘阴县52个行政事业单位权力事项3633项，较原来精简13%。在政府门户网站、县政务服务中心大厅窗口进行公示，确保行政权力规范运行。探索推行事中事后监管取代事前审批和网上监管新模式，积极推进行政许可标准化，扎实推动各部门“减证便民”行动，印发《关于开展全县减证便民专项行动的通知》文件，清理全县行政事业单位各类“循环证明”和“奇葩证明”。推进县政务服务中心、工业园区企业服务中心和乡镇便民服务中心建设，积极构建“一条龙审批、三中心服务”的行政审批办理平台，简化流程、提高效率，提升服务水平，为县域经济社会发展提供优良的政务服务环境。

【关键领域改革攻坚】一是继续推进政府职能转变和机构改革工作。在2016年度机构改革工作任务基本完成的前提下，继续到县直部门单位进行调研，全面澄清部门单位的机构设置、编制标准、人员结构、履职管理和运行机制等情况，听取单位反馈意见，及时进行汇总分析形成调研专题报告，为理顺职能、优化资源配置提供依据。特别是在推进承担行政职能事业单位改革，坚持督促指导，全力推动行政职能回归行政机构、生产经营职能推向市场、公益服务职能相近的事业单位有机整合。如明确将农机、水产、畜牧、农经等事业单位的行政职能划转到县农业局；明确将救助局、乡财局、金融办等行政职能划转至政府工作部门；在卫生和计生机构合并工作中，坚持把综合监督执法工作延伸到基层，突出基层基础，扎紧工作网底，加强职能职责，努力提升综合监督执法水平，有力推动湘阴县卫生计生工作持续健康发展，受到国家卫计委对湘阴县创新工作机制、规范卫计执法行为的充分肯定；重新修订部门“三定”工作。在充分调研的基础上，通过编委会议研究讨论，与部门多次沟通协调，对全县88个单位的职能职责、内设机构、领导职数、人员编制重新核定。在修订“三定”过程中，以优化部门职责，突出部门主业为抓手。结合实际做好职责调整加减组合，力求职责界定全面准确，主次分明，边界明确。为推动政府转变职能、规范履职行为和执行权力行为提供依据。二是继续做好事业单位改革工作。根据中央和省、市关于事业单位分类改革的文件精神，继续推进湘阴县事业单位分类改革工作，印发《湘阴县事业单位分类工作实施方案》。合理界定三大类事业单位，即承担行政职能的事业单位、从事生产经营活动的事业单位、从事公益服务的事业单位。按照“政事分离，企事分离”的原则，配合做好生产经营类事业单位改革组织实施工作，逐步推进生产经营类事业单位改制工作。年内，县种畜场、医药服务中心等单位完成涉改工作。同时，进一步拓展改革工作，将湘阴县原城市建设投资管理中心转为洞庭资源控股有限公司，资产、人员做到妥善安排。三是深入推进其他转向体制改革。围绕“规范行政执法、建立综合执法体系”目标，推进综合行政执法改革，突出抓好城管、文化、劳动监察、卫生计生等领域综合行政执法改革，加快建立权责统一、权威高效、适应经济社会发展的行政执法体制。如逐步探索筹建城市管理行政执法机构，整合行政执法职能和城市管理职能，归并城市公用设施、市容环卫、园林绿化、街道、广场等管理等行政执法职能。明确城市管理行政执法机构的职责权限、管辖范围。在不增加人员编制的基础上，合理盘活现有机构和人员，建立和完善体现行政执法特点的机制体制，加强监督约束机制，提高队伍素质、执法效率和执法水平；认真落实市县改革办下达的各项改革任务。稳妥推进纪检监察体制改革，完成湘阴县纪委监委机构、派驻机构和巡察机构的建设。深化司法体制改革，配合推动“法检”两院实现垂直管理，警务辅助人员管理制度化、规范化。迅速落实纪委、监察委体制改革，做好县检察院有关职能划转关系转隶、人员编制、车辆编制划转工作。协调推进教育、科技、文化、卫生等行业体制改革。扎实做好机关后勤服务社会化、推进群团机关组织机构、干部队伍、管理模式和工作方式的改革创新。

【创新管理模式】一是进一步规范机构编制源头管理。近五年，坚持从制度建设入手，加强源头管控，加强制度约束，着力推进机构编制管理制度化、规范化。重新审定编委会议事规则，研究制定加强机构编制管理、机关事业单位实行人员编制与经费预算联合管控、控编减编等文件。在日常管理上，继续坚持统一领导分级管理、编委主任“一支笔”审批的原则，健全与纪委监察委、组织、财政、人社等职能部门的相互配合协调机制，加强机构编制工作纪律，提升制度的刚性约束，从严从紧控制，动态调整，科学管理，为机构编制工作顺利开展提供保障把握。为促进县域经济社会科学发展，加强专业技术人才队伍建设，在控制编制计划不突破前提下，坚持“凡进必考、择优录取”的原则，向社会招录公务员、事业单位专业技术人员等，累积全年的新进人员严格控制在市编办下达计划要求限额内。同时严格控制人员逆向流动，多措并举消化党政机关超编人员。采取到龄即退、编制余缺调剂使用、加大对违法违纪行为的查处力度等措施，确保“消超”逐步到位。二是进一步推进机构编制实名制管理。根据省、市文件要求，建立全省互联互通的机构编制网络信息系统，全面推进机构编制实名制管理。及时更新台账，让信息更“准”；优化台账内容，让信息更“全”；建立联动机制，让信息更“活”。落实专人负责，实行台账季度校对制度。开展全县行政事业单位机构编制实名制公示活动，通过核对并调整各单位人员机构编制信息，完善编制实名制台帐信息并入网保存，基本实现机构编制信息与财政预算、社保信息的配套管理。三是进一步做好“三超两乱”专项治理工作。根据省、市文件精神，由县委组织部、县编办、县纪委监察委、县财政局、县人社局等联合继续开展“三超两乱”专项治理工作。县委、县政府主要领导非常重视均作出重要批示。通过2016年度的专项治理，在全县上下形成良好工作氛围。年内主要是开展如下工作：加强源头管控，推进机构编制管理制度化。召开编委会议专门研究“控编减编”、财政预算联合管控、清理“吃空饷”等问题，加强编制、人社、财政等部门的联系，形成机构编制、干部人事规范管理的长效机制；清理“吃空饷”工作常态化。全年开展清理吃空饷专项督查活动2次，不定期督查12次。以停发工资、核销编制关系、追缴清空饷资金，追究领导责任等措施，进一步巩固清理“吃空饷”所取得的成果。全年停发工资19人，追缴金额22万余元，“吃空饷”核销编制83人，为加强编制管理提供正能量。四是深入调查研究、努力做好信息调研工作。坚持“调研立办”，根据市编办2017年定为机构编制系统“调查研究年”的要求，围绕县委、县政府各项决策部署和年内机构编制工作面临的新情况、新问题，深入开展调查研究，推动更多研究成果转化运用。为鼓励全办干部开展调研、认真思考、推介亮点，积极撰写调研文章和信息，将调研信息报送与绩效奖挂钩。全年报送调研信息31篇，其中市级简报刊登5篇，《湘阴县周刊》和手机短信息报上刊登消息10篇。通过加强调研，加强舆论引导，为营造风清气顺的机构编制管理氛围取得成效。

【优化服务强监管】一是扎实做好事业单位登记管理工作。年内，以省市事业单位登记管理平台为依托，开展全县事业单位法人年度报告网上公示工作，进一步完善事业单位法人监管机制。年度报告公示工作全部完成。年度报告公示工作中，结合机构编制管理，对没有开展职能业务的5个事业单位，给予撤销；对规模较小、职能单一或已弱化的3个事业单位进行整合归并。二是开展社会信用代码赋码工作。根据中央编办发〔2016〕3号文件要求，自2016年3月7日起，机构编制部门开展机关、群众团体统一社会信用代码赋码工作，实施两证合一，年内办理社会信用代码95家，完成初始发证的98%。

（叶　磊）

中共湘阴县委机构编制委员会办公室
湘阴县事业单位登记管理局　主要负责人名录

主任　局长　刘定武
副 主 任　张仕平（至7月）
　　　　　张仁义（至7月）
副 局 长　王昌辉　谢　岱

档案工作

【概况】湘阴县档案局内设办公室、业务法制股、档案管理股、档案管理信息股。有干部职工14人。2017年，湘阴县档案工作围绕县委“对标对接、融长发展”战略，突出档案公共服务能力建设，加快档案资源和档案数字化建设步伐，强力推进加强档案法制、档案基础业务、档案队伍建设，使档案工作在湘阴县改革创新发展中实现提质增效。

【档案保管保护】2017年，县档案局档案事业财政预算为275.83万元，其中档案专项经费110万元。较2016年分别增加62.7%、120%。县档案局年内投资6万元，对馆藏档案进行保护和抢救，确保馆藏档案的安全。截至12月底，采取更换装具、完善目录、页码及封面的形式，完成馆内19个全宗627卷档案的保护；采取裱糊、誊抄、翻拍的方式对国家省级重点档案进行抢救，完成裱糊1311页，誊抄3352页，翻拍珍贵档案9卷1003页。

【档案行政执法】全年开展以档案移交、乡镇档案管理为主题的专项督查2次。开展档案行政执法检查1次，县人大内司委和县法制办均派员参加，检查单位114个，发放整改通知书8份，查处县环卫中心丢失档案的违法案件。

【档案接收整理】一是完成县人大、县政协、县统计局等7个单位1882卷到期档案的接收；二是与县房产局协议，将该局2016年前房屋登记交易档案全部接收进馆。年内完成561盒（8084件）档案的接收；三是完成13个机构改革单位、4个撤并乡镇7097卷档案的接收；四是从李时山（华国锋任湘阴县委书记时县委办干事）老人手中征集复制华国锋工作照片12张，并核实8个华国锋在湘阴县工作期间关于主持规划建设的建筑、亲笔题词、纪念地等资料的真实性。五是接收县工业系统县玻璃厂、县机械厂等11个改制企业文书、会计档案。

【档案信息化建设】2017年，县档案局完成馆藏20个全宗10148卷档案实体1662454页（A4页面）的全文扫描，比2016年新增762454页。完成4027页（A4页面）洞庭湖目录数据库档案的数字化。完成目录数据库的补充和修改，新增、修改条目130133条。两个数据库均采取移动硬盘进行备份，每套备份数据为1.95T，备份数据3套。

【公共服务能力提升】档案馆全年接待查档群众1021人次，为486人解决户籍、工龄、下放、社保等问题提供案卷1297卷；为修编县乡志、旅游节、美食节等本县中心工作提供档案368卷次；解决杨林寨乡群众上访、社保纠纷等信访事件3起。

【规范基层基础业务】一是上门指导县砂管局、县统计局等11个单位，提高基层档案工作规范化管理程度，截至12月，湘阴县有档案工作规范化管理省特级单位1个，省一级单位12个，省二级单位26个。二是多措并举对扶贫档案进行监督指导。制定《精准扶贫档案收集范围和保管期限表》；在金龙镇天井村建立村级扶贫档案模板，并在全县扶贫档案推进会上向全县进行推广；派出1名业务干部进驻县发改局，指导扶贫项目档案管理。三是完成机构改革中2个乡镇、5个机关的《机关文件材料归档范围和档案保管期限表》的审查批准。

【档案宣传教育】一是结合“6・9”国际档案日和《中华人民共和国档案法》颁布30周年，组织2次大型档案法制宣传，在县宗棠广场设立固定宣传点，布置1个咨询台、展出宣传板6块、发放宣传资料1500多份；组织1个宣传车队进行流动宣传，上街下乡进社区，大张旗鼓地开展“一法一条例”的法制宣传。二是将档案业务知识纳入县委组织部新招录乡镇公务员培训内容。三是分4批次派8名党员干部参加国家、省档案部门和市县党校举办的档案业务及党校培训，切实提高广大党员的理论修养和业务水平。四是完成360份《档案时空》及《中国档案》《中国档案报》各10份的征订任务。

【综合工作】一是承办市档案局“三八”妇女节活动；二是派出2名干部参加全省档案系统羽毛球赛；三是全年上报信息4篇，及时、准确上报统计年报、洞庭湖数据、重点档案普查等各项基础数据、材料。

（司马江）

湘阴县档案局主要负责人名录

局　长　熊　伟
副局长　杨　鞭　汤　桂

史志工作

【概况】中共湘阴县委史志办公室（简称县委史志办）隶属县委办公室，内设有办公室、方志股、党史股、《湘阴县志》编辑部、《湘阴县年鉴》编辑部以及归口的县委党史联络组。有在编工作人员5人，临聘人员10人。2017年，县委、县政府对史志工作高度重视，县委常委会组织学习《全国地方志事业发展规划纲要（2015—2020）》，认真听取史志工作汇报，将史志工作列入县委、县政府的重要议事日程和年度绩效考核之中。县委书记汪灿、县长李镇江多次到省委旧址现场调研，并将中共湖南省委旧址纳入三井头旧城改造规划，县长李镇江批示将湘阴县地情开发和健全寓外乡友联络机制工作交由史志办全权负责。2017年，史志办牢牢把握“党史姓党、以史鉴今、开门办史”和“依法治志、全面发展、修志为用”的基本原则，充分发挥史志部门作用，围绕中心，服务大局，助推全面建成小康社会，圆满完成县委、县政府及上级主管部门的工作任务。

【县志编修】《湘阴县志（1978—2015）》在全县各单位的鼎力配合下，编修工作历时7载，190万字的送审稿于2017年10月报送省市上级业务部门终审验收。修改过程中史志办针对评审会上省市县专家提出的1400多条意见建议，制定详细的修改方案，对修改任务涉及到的76个单位逐一上门指导，协调交换意见，努力达成共识。年内根据上级业务部门和县委主要领导安排将编辑内容下延至2016年8月换届，在保证原稿完善的基础上，安排专门力量负责下延部分的撰稿，年底进入出版社审稿阶段，先后修改调整补充1500多处，内容涉及24篇52万字，与原稿实现无缝对接。

【年鉴编撰】2010年起，《湘阴年鉴》编撰一直坚持内容选材上求全、数据记录上求准、排版设计上求新、发行赠阅上求广，保持县情特色。2017年，史志办开源节流多方筹措经费努力打造全新一流年鉴，实现全彩印刷，在全市年鉴编写和印刷方式上进行创新，质量上达到稳中有进。年鉴编辑人员不畏麻烦，多方渠道收集，3月底收齐各单位70万字文字资料，夜以继日的剪辑整理成条目。后根据文章体裁进行全面改版，篇幅大幅“瘦身”，将70万字压缩至60万字。编辑部在年鉴图照上与宣传部、摄影协会等多个单位沟通，资源共享170多张优质彩照，并抽时间跑单位采集30多个单位200多张外景图片，保证湘阴县年鉴的全面性、直观性、可赏性。《湘阴年鉴（2017）》于10月再次高质量印刷出版，先后将600册年鉴赠阅各部门单位、县市部分领导和县内专家，得到一致好评。《湘阴年鉴（2016）》在三年一届的湖南省第四届年鉴综合评奖会上获评全省一等奖，并代表湖南省获评第四届全国地方志优秀成果（年鉴类）三等奖。《湘阴年鉴（2017）》报送至上级相关部门后，得到上级部门的充分肯定，争取全国县级年鉴奖项，并纳入下届中国地方志的年鉴精品工程项目评选。

【编修乡镇简志】为做好《湖南乡镇简志·岳阳市卷》初稿工作，从2016年起，史志办专门抽调力量集中收集整理资料，编写全县乡镇简志文稿。历时近两年两易其稿，收集各类图片159张，整理报送文字资料42万字，年内23万余字的乡镇简志印刷出版。该简志基本做到记述齐全，图文并茂，特色鲜明，重点突出，紧扣中心，简明扼要的展现乡镇风貌、地域特色，并为撤并的乡镇记住乡情、乡韵、乡愁，留存区划调整痕迹。

【乡镇部门志编撰】在编纂第二轮县志的同时，分批分步开展乡镇志、部门志编修工作，制定工作方案，积极调动社会力量参与编修，开创“政府引导、单位主修，名人主持、专业主编，各界支持、社会参与”的运作模式，吸引社会专业修志团队承揽乡镇志编修任务，至2017年，完成玉华、新泉、岭北、长康、南湖洲、三塘、青山岛等乡镇志以及《湘阴畜牧志》《湘阴县质量技术监督志》的修编。2017年，重点推进《文星镇志》《金龙镇志》《鹤龙湖镇志》等乡镇志及《湘阴县政协志》《血防志》等部门的编修，年底，80余万字的《文星镇镇志》全面完成。

【重大决策资料汇编】2017年，按县委、县政府要求，安排人员重点整理第十一届县委领导下湘阴县工作纪实资料，启动《湘阴县委重大决策资料汇编（2011—2016）》约100万字的资料收集工作，年内进入初稿编撰阶段，完成初稿32万字。此外，2017年还组织编写《湘阴历史上的今天》《郭嵩焘的故事》《地下党口述史》等特色地情书籍。《湘阴历史上的今天》于7月出版发行。在现有湘阴县史志办门户网站的基础上，为更充分挖掘湘阴县地情特色，史志办在筹备搭建乡友信息网站，在筹办《人文湘阴》（拟定）地情类刊物。为做好这一项工作，史志办专门组织力量到华容、汨罗、平江等在这一工作上取得成效的县市进行交流学习，就网站建立、刊物栏目设置、创刊经费等做好前期衔接筹备工作。

【资政育人】2017年，史志工作在做好存史、修志工作的同时，更注重史志坚基固本、资政育人的作用，始终坚持“三位一体”办法讲史志，即本子为先，党史、方志书刊广泛赠阅，全年向省市内外同行、贤达，县直部门、乡镇、村（社区）赠送《湘阴历史上的今天》《华国锋在湘阴》《刘菊秋书记的故事》《湘阴县志》《湘阴年鉴》等书籍3000多册；订阅《湘潮》杂志400份；充分利用革命遗址“中共湖南省委旧址（19299—19305）”，在旧址内运用图、表、物相结合方式将湘阴县革命运动的过程清晰展示，做好“中共湖南省委旧址“的开放和接待，将县情、党史、革命遗址结合宣传，全年接待省市新闻媒体、省内知名学者、党政负责干部等各类人员1600多人；以人为本，充分发挥史志工作者的作用，以史铸魂，做讲党史、讲历史的模范，全年党史联络组讲课30多堂次听众10000多人。年内，在湖南省党史地方志刊物上发表《打造长沙后花园，展江湖名城新姿》《东湖蝶变》《郭嵩焘与<湘阴县图志>》等史志作品。为市委史志办编写《回首当年》提供各类文稿12篇、5万余字。

（韩　裕）

中共湘阴县委史志办公室主要负责人名录

主　任　黄平凡
副主任　周小虎

机关事务管理

【概况】湘阴县机关事务管理中心成立于2006年5月，归口县委办系统，属财政全额拨款的正科级事业单位。内设办公室、财务科、物业保卫科、公共机构节能管理科、水电运行维护组，下设公务用车服务管理办公室、后勤服务管理所2个独立二级机构。现有在编在岗工作人员为18人，劳务派遣人员77人，其中水电维修人员2人、保安20人、保洁员9人、厨师7人、服务员8人、司机31人（其中县委办、政府办、公安、国土、安监、环保等单位受用19人，公车办现受用12人）。行政办公大楼于2006年5月建成办公，占地面积5.33公顷，其中绿化面积3.73公顷，花草树木品种达53种，水面0.4公顷，总建筑面积22000平方米，有停车位530个，入住单位31个，有工作人员760多人。2017年，机关事务管理中心领导班子坚持抓党建、促业务、保廉洁不动摇，认真履行管理、保障、服务职责，积极推进机关事务工作创新创优、提速增效，确保全年任务目标圆满完成。

【讲政治重公道】一是坚持党建引领。规范党内活动，夯实党建基础。按步骤、按时间严格落实好“三会一课”，开好民主生活会、组织生活会，抓好“支部主题党日”活动，党支部书记带头自备党课讲义讲党课，以普通党员的身份与干部职工交心谈心，结合“两学一做”学习教育常态化制度化要求，组织全体干职工以集中学习、领导讲课、分组讨论等形式认真学习党章、习近平系列讲话和中共十九大报告精神，提高党员党性修养，确保广大干职工严守党的政治原则、政治纪律和政治规矩，做到头脑清醒、立场坚定、旗帜鲜明。同时，将党建与业务工作深度融合，充分发挥党组织战斗堡垒作用和党员干部先锋模范作用。党支部18名在职党员带头对照各自岗位职责以及年初公开承诺事项进行自查，对完成的工作进行回头看，查看是否需要进一步完善；对未完成的工作进行倒计时，列出计划，限期加快落实。二是坚持民主决策。坚持维护和执行民主集中制，班子成员有事同商议，平时常通气。在工程建设、选人用人等重大事项上坚持集体决策和依法行政，力求科学民主，经得起监督和考验。做到办事透明、干事透明、用人透明、用钱透明。三是坚持队伍建设。2017年，新一届领导班子成立后，以强烈的敏锐性，及时发现问题，以个别谈话做思想工作为基础，以单位成立党组，重新“三定”为契机，争取上级领导和相关部门支持，做大量工作。确定2名骨干为领导班子会成员，提拔1名骨干为科室长，1名骨干为副科长，解决6名借调人员的编制问题，大大提振单位士气，使单位干职工精神面貌焕然一新。

【规范后勤管理】一是安全保障措施得力。机关事务管理中心始终把大院安全工作放在首位。通过一系列行之有效的措施确保行政大院全年无治安、刑事案件和其他各类安全事故的发生。全年组织进行各类安保检查2100多次，消防、电梯、电力、中央空调等各方面设施设备检查维修160次，食堂、小商店食品、原料检查100多次，发现整改安全隐患5项。邀请市、县两级市场与质量监督管理局和专业技术人员对电梯、消防等设备进行全面检查，确保设备的使用安全。同时，通过领导班子成员轮班接访等措施扎实做好行政大院信访疏导和协调工作，确保全年行政大院无一起因上访引起的打、砸、抢、烧等暴力事件。年内接待群众上访326件，近7072人次。协调处理上访134件，其中由县级领导接待、批示交办的重点上访件4次；25人以上的集体上访事件111次。为确保行政大院全体工作人员饮食安全，机关事务管理中心通过严格供货渠道，每天派专人对食堂、商店的食品、原料和卫生进行检查和取样，以及对食堂、商店工作人员进行定期检查身体，确保食材、食品的新鲜、安全、卫生。二是后勤服务提质增效。通过积极开展大院环境卫生集中整治，加强日常保洁，确保大院良好的卫生环境；通过聘请专家对绿化布局进一步完善，确保大院环境优美、绿树成荫，全年补苗3187株、移栽树木320株；通过深入开展设施设备检查检修，有效预防和排除各类故障，保障行政大院院内各套设备设施的正常运转和水电的正常供应。年内对生态停车场73个车位进行改造，加装监控设备4台。三是中心工作落实到位。采取每季度召开公共机构节能工作联络会、开展节能宣传周活动、开展能耗统计培训等措施，扎实做好全县公共机构能耗统计工作；采取建立《湘阴县党政机关公务用车管理办法》及公务车辆使用、维护及司机人员管理等规章制度。加强制度落实，确保公车办安全、高效、有序运行。积极开展“两学一做”“四优四满意”、结对帮扶、防汛抗灾、综治民调等活动，有力地促进干部队伍综合素质的提升。

【做表率建制度】一是模范表率。班子成员严格遵守中央八项规定、省、县十项规定，深入学习《廉洁自律准则》，带头执行公务用车、办公用房、公务接待相关规定；严格执行领导干部个人重大事项报告制；二是规范制度。新一届领导班子成立后，对原有的各项制度进行完善，形成新的《机关管理制度》，对工程建设、财务管理、物资采购、公务接待等各方面进行详细规定，并要求各科室、二级机构根据自身工作职责和实际，制定出相应的管理细则和绩效考核办法，确保各科室明确职责、细化分工、责任到人。班子成员坚持带头以制度办事，以制度管人。树立单位风清气正的氛围。

（李金龙）

湘阴县机关事务管理中心主要负责人名录

书　记　戴志辉（7月任）
主　任　李　卫（7月任）　高治波（至7月）
副主任　金电波（5月任）　黎继业

老干部工作

【概况】中共湘阴县委老干部局（简称县老干局）是县委的职能部门，担负着管理服务全县离休干部和副处级以上退休干部的重要职责。局下设有办公室、生活待遇股、组织宣传股、老干所、老干部活动中心、老年大学等机构，并有县关工委、老科协、老年保健协会、老年门球协会、老年诗书画协会、钓鱼协会等6个涉老组织挂靠该局。全局有干部职工24人。2017年，县老干局围绕全县工作大局，不断提高老干部工作水平，进一步凝聚和发挥老干部服务经济社会发展的正能量，为全县经济社会跨越发展作出新的贡献。

【加强“两项建设”】一是成立湘阴县离退休干部党工委。3月28日，县委组织部经过反复酝酿，确定县委离退休干部工委领导班子成员，由县委组织部副部长、县委老干部局局长邵建兵任书记，县委老干部局党组成员殷杰任专职副书记，县委组织部部务会成员、干部办主任吴吉良任兼职副书记，县委宣传部、人社局、民政局、财政局相关负责人任委员。6月23日，县委离退休干部工委召开第一次全会，明确职责分工，制定工作规划，工作开始运行。二是加强基层老干党支部建设。通过学习宣传中办发〔2016〕3号、湘办发〔2016〕21号和岳办发〔2017〕1号文件精神，全县各乡镇（街道办事处）和县直各单位高度重视，迅速行动，切实加强老干党支部建设工作。至9月底，全县新建老干党支部27个，使老干党支部达到103个，覆盖全县3650名离退休干部党员。按时换届的老干党支部56个，由一批有威望的老干部担任老干党支部书记，基层老干党支部班子建设得到明显加强。积极开展“示范性服务型离退休老干党支部”创建活动。县工商局老干党支部、检察院老干党支部和县人大机关老干党支部等3各单位，获评全市示范性服务型离退休老干党支部称号；年内，又申报县人社局老干党支部、县民政局老干党支部、县教育局老干党支部3个创建单位，2018年接受验收。三是提升全县离退休干部党建工作业务水平。6月23日，县委结合“支部建设年”活动，举办一期老干党支部书记培训班，103名老干党支部书记或分管负责人参加培训学习；6月28日，在全县组工干部培训班上，县委组织部副部长、县委老干部局局长、县离退休干部党工委书记邵建兵就做好新时期老干部工作，特别是加强离退休干部党建工作作专题辅导报告；8月13日，湘阴县召开半年度组织工作讲评会，县委组织部常务副部长杨金光、县委组织部副部长、老干局长、县离退休干部党工委书记邵建兵对全县各乡镇（街道办事处）、县直各单位离退休干部党建工作进行点评，促进全县离退休干部党建工作平衡发展。四是建立离退休干部党建工作经费保障新机制。根据湘办发〔2017〕32号、岳组发〔2017〕35号文件关于建立健全离退休干部党建工作经费保障机制的要求，湘阴县下发《关于进一步加强和改进离退休干部工作的通知》，基本形成财政主导、单位支持、党费返还相结合的经费保障体制。首先是财政预算到位。根据2016年6月21日县委常委会议《纪要》，县财政追加县离退休干部党工委工作经费10万元，2017年纳入财政预算。岳组发〔2017〕35号《关于贯彻落实湘办发〔2017〕32号文件有关事项的通知》下发后，县委、县政府主要领导分别作出批示，要求按照文件精神认真抓好落实。即机关、事业单位按照离退休干部党员实有人数每人每年不低于1000元的标准，核定离退休干部党组织工作经费，并纳入财政预算，国有企业按同等标准列入企业预算。年内，县财政局、县人社局、县老干局等部门在澄清底子，由县财政拿出具体方案交县政府常务会议讨论通过后执行；其次是单位支持到位。县委明确要求，离退休干部党支部书记享受每月300元的工作补贴，支部副书记每月享受200元的工作补贴，支部委员每月享受100元的工作补贴，从各单位的行政经费中列支，调动他们的工作积极性；再次是党费返还到位。湘阴县加大党费对离退休干部党组织的支持力度，返还比例由的50％提高到80％，按照80％的比例将离退休干部党组织收缴的党费下拨，用于离退休干部学习活动开支。

【落实“两项”待遇】一是真正重视老干部。春节期间，组织老干部召开座谈会，向老干部通报县域经济发展情况。3月，组织召开全县老干部工作暨关心下一代工作会议，表彰一批老干部工作先进单位和个人。年内，县委2次组织召开议老工作会议，研究落实中央、省市各级文件精神，解决老干部工作中出现的新问题。县领导汪灿、李镇江、彭方建等就老干部工作多次作出批示。10月，组织老干部参观县域经济，县委、县政府主要领导全程陪同参与，县委副书记彭方建致辞。县里召开的人大、政协等重要会议都邀请老干部列席，年初还邀请部分处级老干部参加座谈会，听取老干部的意见建议。二是真心关爱老干部。春节和“七一”期间，县委书记汪灿、县长李镇江等上门拜访和看望部分县处级老领导和离休干部，通过他们向全县老干部表示亲切问候；6月底，市委老干部局副局长周兰一行到湘阴县调研5个文件精神落实情况，并看望慰问离休干部刘镇斌。县委、县政府为聂宗儒、张正良等因病致贫的退休干部解决医疗资金5万余元。三是真情服务老干部。进一步加强制度建设特别是离休干部医疗保障方面的制度规定，协调有关部门，认真做好有关离休干部分类、核查工作，及时提供拨付依据，确保离休干部生活补贴补发按时到位，保证离休干部医药费按政策及时报销。为老干部订阅《老年人》《书画精粹》《老年保健》等杂志2000余份，将学习资料整理成册送学上门。研究制定帮扶资金使用办法，启动特困帮扶机制，看望慰问张正良、徐志达等特困离休干部以及生活困难的老干部遗孀，发放帮扶资金9万余元。到医院看望住院老干部30余人次，参加5名老干部遗体告别仪式。春节、重阳节期间组织对老干部进行普遍走访，发放慰问金20万元。组织老干部到中医院参加健康检查，建立健康档案。

【发展老年教育】县老年大学充分发挥老干部活动中心（老年大学）的阵地作用，坚持专业学习与政治思想教育相结合，加挂“老干部党校”牌子，成立老年大学临时党支部，突出老干部和老年人政治思想教育，聘请2名政治理论教员，每年思想政治教育在10课时以上；县财政预算老干部活动中心经费10万元，老年大学经费8万元，保障老干部活动的开展和老年教育事业的发展。近3年来，湘阴县老干部活动中心（老年大学）累计投入建设资金100万元。至2017年年底，湘阴县老年大学增至4所，其中，乡镇分校3所，开设诗词、书画、美术、元曲、楹联、音乐、舞蹈等7个专业，有学员500多人。并通过兴办老年学报、兴建书画长廊、编辑学员作品集等方式，宣传、展出、收集学员作品，提高学员们学习的积极性。

【围绕中心献余热】在全县离退休干部中开展“展示阳光心态、体验美好生活、畅谈发展变化”和“点赞新变化、喜迎十九大”正能量活动，围绕全县工作大局和重点工作，动员广大老干部积极为党和人民的事业奉献余热。县关工委以精神文明建设为抓手，持续开展“家规家训进万家”“乡规民约建设”和“文明示范社区创建”活动。创建留守儿童托管中心18所，创办家长学校56所，优化青少年成长环境。积极开展扶贫助学活动，募集资金500多万元，帮扶困难家庭1200多户，扶贫助学成效显著。县老科协组织会员运用微信、QQ、邮箱等平台，积极开展互联网＋农业科技服务，为农民破解技术难题50多个。撰写调研报告11篇，为农民科技增收发挥重要作用。书画协会围绕建军九十周年和党的“十九大”召开等重要纪念日开展活动，创作书画作品300余件，4月，在宗棠广场主办群众文化周活动，会员现场进行书画创作，创作书画精品70件，获得县领导和广大群众的好评。门球协会举办大型赛事4次，片赛近百场次，年内发展门球队员6000多人。特别是2017年湘阴县湘江流域全线超历史水位，防汛形势非常严峻，湘阴县40余名老干部、老专家主动请缨，为夺取抗洪救灾全面胜利发挥重要作用。同时，充分发挥老干部的政治优势、经验优势和威望优势，在弘扬中华优秀传统文化，积极创建全国文明卫生城市等方面献智出力，释放出满满的正能量，涌现像聂宗儒、陈国平、周山连、单斗才、陈燕飞等一大批优秀老党员。县工商质量技术监督管理局老干党支部积极为民办实事，解难事，受到省委老干部局领导的充分肯定。

（朱　平）

中共湘阴县委老干部局主要负责人名录

局　长　邵建兵
副局长　余朝晖

党校工作

【概况】中共湘阴县委党校（简称县委党校）内设办公室、教务教研科、社会培训科、行政事务室。有教职员工19人，其中教师9人。2017年，县委党校班子成员精诚团结，带领党校全体干部职工，紧扣县委建设“左公故里、美好湘阴”发展战略，围绕中心，全力服务大局，以“两学一做”学习教育为契机，发扬抓铁有痕、踏石留印作风，忠诚履职，积极作为，各项工作任务取得较好的成效。

【抓培训强阵地】一是主体班培训实现新跨越。2017年先后主办青年干部培训班、农村（社区）支部书记培训班、科级干部培训班、入党积极分子培训班（2期），培训学员1600余人次。二是部门培训掀起新高潮。为更好地服从、服务于全县工作大局，充分发挥党校的教学优势，县委党校积极与相关部门沟通，联合举办各类培训班。截至12月底，县委党校配合、协助县委组织部、县政协、县纪委、县委办、县委统战部、县委宣传部、县公安局、文星镇等单位承办各级各类培训工作，培训人数6000余人。三是联合办学揭开新篇章。县委党校积极发挥与社会各界广泛联系的桥梁与纽带作用，争取到岳阳地区唯一一所与湖南省委党校联合办学的机会，成立湖南省委党校研究生班（湘阴县站），至2017年，有117人毕业，还有123人在读。

【专教学创精品】一是课堂质量高。对每一堂新课，都要通过讲课专题申报、新专题试讲、集体备课等，反复修改完善才能上讲台，校长易锦文带领班子成员和全体教师全程参与来保证教学质量，2017年也因此涌现多个精品课，其中《领导干部要有‘工匠精神’》这堂课，代表岳阳地区县级党校唯一参加省党校系统教学竞赛。二是培训内容新。根据形势和学员需求的变化，及时更新教学内容，年内新开设中共十八届五中、六中全会、中共十九大精神专题辅导、“两学一做”专题教育、“四种精神”专题教育、湘阴县经济社会发展专题、干部创新能力提升等课程，年课题更新率70%以上。三是载体形式活。情景模拟式、案例式、现场研讨式等教学形式进一步运用；“学员讲坛”、演讲比赛等活动形式进一步丰富；异地教学、开放式教学等教学模式进一步拓展。上半年青干班学员到长沙县委党校、下半年科干班学员到浏阳市委党校进行异地教学。

【重科研出成果】聚焦县域经济社会发展中的热点、难点问题，围绕县委、县政府的中心工作，进行前瞻性、对策性研究，落实科研任务和科研重点。《湘阴县新型城镇化问题研究》课题获得省社科联结项，《湘阴县承接产业转移问题研究》课题立项。年内，县委党校教员先后在国家、省、市级期刊上发表10多篇高水平文章。是2017年岳阳地区唯一一所获得省级科研先进单位的县级党校。县委党校还积极加强科研成果转化，围绕县委、县政府的中心工作去解决问题、鼓舞士气、凝聚人心，为促进县域经济与社会的全面协调发展出谋划策。年内有多个调研课题转化为教学专题。

【严管理聚合力】在内部管理和日常工作中，县委党校注重合理统筹内部管理、后勤服务工作，以制度管人、管事、管财。各项工作呈现出全面开花、亮点纷呈的良好局面。一是健全奖优罚劣机制，调动教师的工作积极性。年内开展第一次校内教师教学竞赛，邀请专家担任评委，根据奖惩方案奖优罚劣，同时加大科研成果奖励的力度，呈现既团结紧张又严肃活泼的景象。二是健全培训管理机制，增强学员的学习严肃性。严把“考学关”。建立考学机制，主体班培训开始组织入学考试，在结束时再统一组织结业考试，检查学员学习期间理论学习成效，不及格和缺考者通报批评，并责令补学补考。严肃“督学关”。参照县纪委考勤要求，对主体班学员党校录入指纹信息，与纪委考勤同步。严格“评学关”。根据干部培训期间的学风情况，建立干部培训期间“学员档案”，以供组织选拔任用参考。同时，及时搜集学员对培训工作的意见，加强学习回访与跟踪，对已培训学员走访了解或请回校听取意见，掌握学以致用的情况，不断改善培训管理工作。三是健全后勤保障机制，加强职工的岗位服务性。加强服务意识，坚持以人为本，把服务学员、服务教学和服务教职工作为工作的出发点和落脚点，不断提高后勤服务保障能力。面对增加的培训量，在未增加人员的情况下，保证全年各班次的正常开办和运行，得到各部门单位和学员的一直好评，学员满意度达98%以上。

（邵万红）

中共湘阴县委党校主要负责人名录

第一校长	彭方建（8月任）
校　　长	周雄湘（至2月）
	易锦文（3月任）
副 校 长	张宇光（7月任）
	吴　宇（至7月）
	兰　冠
	张　浩（7月任）

综　述

【概况】湘阴县第十七届人民代表大会常务委员会设“一办七委”，即办公室、法制委员会、财政经济委员会、选举任免联络工作委员会、城乡建设环境资源保护工作委员会、内务司法工作委员会、农业和农村工作委员会、教科文卫工作委员会。常委会组成人员32名，其中主任1名，副主任5名，委员27名。本届人大现有代表251名。2017年，县十七届人大常委会全面贯彻中共十八届三中、四中、五中、六中全会和十九大精神，围绕县委提出的建设“左公故里、美好湘阴”奋斗目标，认真履行宪法和法律赋予的职责，开拓创新，积极作为，实现本届人大工作良好开局。年内，召开常委会会议10次、主任会议15次，听取审议“一府两院”专项工作报告22项，作出决议决定、审议意见17项，依法任免国家机关工作人员和人民陪审员129人（次），开展执法检查2项、专题询问2次，有效发挥地方国家权力机关的作用。

【服务发展大局】面对经济下行压力，常委会牢牢把握县情，始终坚持“在监督中支持，在支持中监督”的工作理念，围绕全县经济社会发展大局，依法开展监督，全力助推县域经济社会提质增效升级。一是落实县委决策，服务经济发展。严守党的政治纪律和政治规矩，坚决贯彻执行县委决策部署，重大事项和重要工作及时向县委请示报告，做到指导思想与县委同心，工作目标与县委同向，实际行动与县委同步。围绕县十二次党代会确定的发展目标，突出事关全县发展大局和群众切身利益的重大事项，深入开展调查研究，先后就国民经济与发展计划、财政预算、政府性投融资计划等重大事项作出决议决定，批准县政府2017年投资26.7264亿元，重点实施240国道湘阴县段拓改、芙蓉北路至顺天大道立面改造、洋沙湖大道和滨江南路提质改造等29个政府性工程项目，推动全县经济社会的发展。二是创新财经监督，保障经济运行。坚持把《中华人民共和国预算法》的贯彻实施一抓到底，努力推动预算更加公开、管理更加规范、审查更加严谨。出台《关于预算审查前听取人大代表和社会各界意见建议的暂行办法》，先后听取和审议财政预决算方案、财政同级审计情况、政府投融资平台建设和政府债务管理情况汇报9次，就细化和公开部门预算、加强收入征管、保障民生支出、严控预算追加、加强债务管理等方面，向县政府提出整改意见建议28条，并跟踪督办，督促其整改到位，逐步建立“融资、建设、经营、偿债”一体化的投融资新体制，加强政府性债务管理，完善债务监控、预警制度，置换融资成本较高的政府性债务7.69亿元。三是开展专题询问，优化经济环境。创新询问方式，实行工作评议和专题询问相结合，采取电视台全程录播、公开报道的方式，取得良好成效。针对群众普遍反映的涉农资金管理使用问题，对县政府分管副县长和相关部门负责人进行专题询问，并向政府列出问题清单，督促政府一一落实，进一步规范涉农专项资金的管理使用，加强专项资金绩效考核。针对广大群众和企业反映经济发展环境方面存在的突出问题，对县政府副县长和相关部门负责人进行专题询问，对全县50个行政执法部门进行满意度测评并当场公布测评结果。县政府立行立改，县长亲自部署，亲自推动，督促各职能部门加快“放管服”改革步伐，取得初步成效。

【坚持民生优先】常委会始终坚持以人民为中心，高度关注民生，切实维护民利，积极回应人民群众新期待，努力让人民群众有更多的获得感。一是助推全域旅游发展。重视推动旅游业发展，先后听取和审议《中华人民共和国旅游法》的贯彻实施情况，开展农旅结合和农业产业化发展情况专题调研，提出理顺机制、完善规划、整合投入、加强管理等意见建议。县政府统筹规划，实行多规合一，积极筹办旅游节会活动，大力推广旅游项目，先后举办湖南国际旅游节开幕式、第十二届中国湘菜美食文化节、绿色食材企业展销会、湖鲜美食烹饪大赛等，拉开全县全域旅游的大幕。二是重视生态环境保护。始终把生态环境建设作为监督的重点，开展《中华人民共和国环境保护法》执法检查，提出加强环保法律法规宣传、科学编制生态环境保护规划、建立健全环保投入机制、加强环保监管执法、突出重点污染源治理等建议。县政府切实加大环保整治力度，扎实推进治污、治水、治砂等工作，一批污染源得到有效整治。常委会听取和审议《中华人民共和国畜牧法》贯彻实施情况，提出科学制订规划、完善管理机制、严格环保手续等意见建议。县政府进一步完善畜牧业发展规划，促进畜牧业发展与环境保护的有机协调统一，产业发展与环境保护之间的矛盾得到缓解。三是关注民生实事项目。始终把实现好、维护好、发展好最广大人民群众的根本利益作为工作的出发点和落脚点，先后就教育事业发展、人民防空、农村公路管养建、城乡医疗卫生基础设施建设等民生实事开展专项监督。通过听取和审议县政府融资置换公办教育债务的议案，县政府完成教育化债179亿元，减轻教育发展包袱，促进教育事业的发展。通过听取《中华人民共和国人民防空法》贯彻实施情况汇报，县政府及相关部门进一步健全人防工作机制，加强人防工程设施的维护管理。通过听取医疗卫生基础设施建设情况汇报，县政府及卫计部门扎实推进城乡医疗卫生基础设施建设，理顺管理机制，基层医疗技术和服务水平得到提高。通过听取农村公路管养建情况汇报，县政府出台《湘阴县农村公路管理养护办法》，实行养护经费分级列支到乡村，初步实现农村公路管养工作规范化、制度化。此外，常委会还结合健康扶贫、生态环境保护等，扎实开展“三湘农民健康行”“环保世纪行”“农产品质量安全行”“民族团结进步行”等活动，助推一批民生实事办理。

【坚持依法监督】常委会始终把推进法治建设、优化法治环境作为人大重要工作，不断加大对“一府两院”依法行政和公正司法的监督，着力推进依法治县和法治湘阴县建设。一是推进普法宣传。积极承担宪法宣传责任，围绕“平安湘阴县”创建和“12·4”国家宪法日暨全国法制宣传日，督促县政府深入到机关、企业、镇村、社区、学校等场所，普及法律知识，人民群众和国家机关工作人员的法律意识明显增强。常委会听取和审议“六五”普法工作情况汇报和“七五”普法规划编制情况，提出制定普法宣传方案、加强对重点单位重点人员的法律考试、把领导干部学法用法情况作为年度考核和选拔的重要依据等意见建议，促进普法工作深入开展。二是规范人事任免。坚持党管干部和人大依法任免的原则，保证县委推荐人选通过法定程序成为国家机关工作人员。坚持对拟任命人员实行主任会议审议、任前法律考试、任职发言、常委会议表决、颁发任命书、开展向宪法宣誓等制度，进一步增强国家机关工作人员的宪法意识和公仆意识。全年任命副县长3名、政府工作部门负责人29人（次）、人大专门委员会和常委会工作机构负责人20名、法院审判人员10名、检察院检察人员1名、专门委员会兼职委员3名、人民陪审员23名。免去副县长1名、政府工作部门负责人2名、人大专门委员会和常委会工作机构负责人3名、法院审判人员25名、检察院检察人员3名、人民陪审员6名。对8名“一府两院”工作人员进行工作评议，从工作角度提出履职建议，真正体现寓支持于监督之中。三是加强司法监督。听取和审议县政府关于《中华人民共和国治安管理处罚法》贯彻实施情况的汇报，提出加强治安管理、构建社会防控体系、加强治安队伍建设等意见建议，促进政府加大社会治安管理力度，治安环境进一步优化。听取和审议县法院关于《中华人民共和国行政诉讼法》贯彻实施情况的报告，提出规范依法行政行为、加强执法监督、维护法律尊严等意见建议，督促县法院坚持公开、公平、公正处理行政诉讼案件，维护人民群众的合法权益。听取和审议县检察院关于未成年人犯罪刑事检察工作情况的报告，提出把预防和减少未成年人犯罪工作作为一项重要工作来抓的意见。县政府、县检察院及相关职能部门结合湘阴县实际，在组织编写湘阴县中小学生普法读本，并计划纳入学校教程，加强以学生为重点的未成年人法治教育。针对禁毒形势严峻的现状，常委会听取县政府社区戒毒（康复）工作情况汇报，重点对源头治毒、社区戒毒（康复）工作管理提出建议，促进政府完善禁毒网络、加强禁毒措施、规范社区戒毒（康复），遏制毒情蔓延。

【发挥代表作用】常委会注重发挥人大代表的主体作用，切实激发代表履职行权的积极性和主动性，新一届人大代表的新风貌逐步显现。一是创新代表履职制度。加强“双联”考核制，开展县人大常委会组成人员联系代表、代表联系所在选区选民的“双联”活动和县人大代表闭会期间“12345”行动（提出1项合理化建议、帮扶2户贫困户、兴办3件好事实事、参加4次代表活动、走访50户选民），先后帮扶贫困对象1800户。建立代表述职评议制，组织代表向选民或选举单位述职，报告履行代表职务情况，选民或选举单位对代表履职情况进行评议。年内组织35名县人大代表进行述职评议，有效促进代表行权履职。二是聚力脱贫攻坚行动。积极响应市人大常委会的倡议，认真组织全县各级人大代表参与“我为脱贫攻坚争贡献”系列竞赛活动，全县289名省、市、县三级人大代表每人帮扶2户贫困户，843名乡镇人大代表每人帮扶1户贫困户。全县各级人大代表结对帮扶贫困户2189户，其中贫困学生1250名，组织开展扶贫工作专题考察、审议、调研、评议30多次，提出建议意见300多条，临时救助帮扶贫困户资金120余万元。三是提高建议办理实效。县十七届人大一次会议收到代表提出的建议、批评和意见118件。在建议督办过程中，常委会采取主任会议成员带队、委室督办、考评促办等做法，提高问题解决率。118件代表建议全部办理完毕，办理结果属a类的32件，占27.1%；B类的77件，占65.3%；C类的9件，占7.6%。建议办理结束后，常委会专题听取政府办理代表建议情况汇报，进一步促进建议办理实效。四是拓宽代表知政渠道。不断拓宽代表知情知政渠道，保障代表及时了解政情民意。年内邀请34名县人大代表列席人大常委会会议，组织50名县人大代表参加专题询问，组织30名人大代表参加履职监督评议，组织21名人大代表参与县人民法院“听庭”活动，组织36名人大代表参加“创新引领在岳阳”专题报告会，代表履职活动进一步丰富。

【加强自身建设】常委会坚持把自身建设摆在首位，坚持以“两学一做”学习教育为主导，以中央、省委关于加强县乡人大工作和建设“两个意见”为指南，努力提高常委会履职能力和水平。一是推进“两学一做”，加强思想建设。加强机关党组织建设，配齐配优机关党组班子，完成两个支部换届选举，党内组织生活有序开展。以支部为平台，利用“红星云”“干部培训网络学院”等媒介，深入推进“两学一做”常态化制度化，扎实开展党章党规、习近平系列重要讲话精神、十九大精神学习，思想教育常抓不懈。常委会党组严格落实党风廉政建设“两个责任”，严守党的政治纪律和政治规矩，思想防线进一步筑牢。二是开展创新对标，加强作风建设。主动对标对接，从履职范围、履职手段、履职能力建设等方面开展学习、交流、研究，先后创新重大事项决定、财政审计监督等制度性措施，有效增强人大依法监督能力和实效。常委会班子成员带头深入基层走访调研，全年开展调查研究50余次，形成调研报告和理论研究43篇，其中被选入省级刊物2篇、市级刊物3篇。服务中心工作，积极参与扶贫帮困、防汛抗灾，常委会班子成员一线指挥，机关干部全员参与，各级代表积极响应，为夺取防汛抗灾全面胜利发挥重要作用。三是完善制度体系，加强制度建设。全面梳理、修订、完善人大机关各项制度，形成更加具体、更加规范、更加完备的制度体系。出台《关于预算审查前听取人大代表和社会各界意见建议的暂行办法》，建立预算审查联系代表制度、预算审查专家顾问制度、预算编制工作通报制度和广泛听取意见建议等制度，进一步扩大预算审查的社会参与度和知情度；重新修订《规范性文件备案审查办法》，进一步规范备案审查的范围、流程和要求，完成规范性文件备案审查18件。参与省市立法调研，对3个法律草案进行意见征集，上报立法建设项目1个。四是理顺管理机制，加强基础建设。把机构和队伍建设作为重点，明确人大专门委员会和常委会工作机构的职能职责，完善机构、人员、编制“三定”方案，加大干部交流力度，推荐调整干部4名，交流调入干部8名。进一步加强对乡镇人大的联系与指导，督促各乡镇及时依法召开新一届乡镇人大第二、三次会议，坚持邀请人大主席或副主席列席常委会会议，指导乡镇人大主席团开展代表述职、工作评议、考察调研等活动，实行乡镇（街道）人大工作量化管理，人大工作基层基础得到加强。

（甘新平）

重要会议

【县人大主任扩大会议】1月19日，县人大常委会主任熊检华主持召开第二次主任扩大会议。会议听取县人民政府关于2016年年底财政收支平衡情况汇报，听取和初审2017年度人大工作要点。会议指出，2017年是全面建成小康社会的决胜之年，是新一届人大、政府的开局之年。县人大常委会要督促开展法治宣传教育、大力推进依法行政和公正司法，在推动依法治县上有新进步。要增强监督实效，进一步加强财政经济监督、创新监督方法，在服务大局上有新作为。要夯实工作基础，提升代表履职能力、加强议案建议办理，在发挥代表作用上有新成效。要加强自身建设，建设学习型人大、务实型人大、规范化人大，在提升履职能力上有新形象。会议还确定县十七届人大常委会第一次会议议程。

3月8日上午，县人大常委会主任熊检华组织召开第三次主任（扩大）会，审议县政府关于融资置换公办教育债务等事宜。会议听取县教育局负责人所做的县政府关于融资置换公办教育债务的方案汇报，并就方案进行研究讨论，研究确定县十七届人大常委会第二次会议议程，并讨论相关人事任命事宜。针对教育化债工作，熊检华表示，教育工作关乎社会稳定与经济发展，教育、财政、审计等部门要加强领导，协调配合，严格锁定债务，建立健全偿债机制，杜绝新增债务，同时严肃查处违法违规行为，把好事办好，促推湘阴县教育事业取得新发展。就人事任免工作，熊检华表示，各级各部门要以高度的政治敏锐感和大局意识，投好关键一票，切实履行好宪法赋予的职责与使命。

3月24日，县人大常委会主任熊检华主持召开第四次主任（扩大）会议。会议初审县人民政府2017年财政预算具体方案和县人民政府2017年融资议案。会议要求，要加强财政预算的执行监督，坚持预算就是决算，牢固树立五大发展理念，进一步深化财税改革，保障基本民生，盘活存量，用好增量，提升预算的透明度和公平性，为全县提供强有力的财力支撑和制度保障。要积极创造投融资条件、提升融资能力、稳控投融资风险，扎实推进投融资工作，确保全县投融资能力逐步增强，投融资形势稳定向好，投融资风险可控。会议还讨论通过《湘阴县人大常委会机关制度汇编》，传达学习全县平安创建工作会议精神。

4月21日，县人大常委会主任熊检华主持召开第五次主任（扩大）会议。会议听取和初审县政府“六五”普法工作和“七五”法治宣传教育规划编制情况汇报、县政府2017年投资计划议案。“六五”普法期间，湘阴县通过普法讲师团开展基层普法骨干培训班12期，大型普法讲座15次，培训普法骨干2万余人，全县普法对象普及率达99.5%。会议认为，在接下来的“七五”普法工作中，要坚持分类指导、突出重点。根据不同地区、部门、行业及不同对象的实际情况和特点，分类实施法治宣传教育，坚持创新发展，提升普法实效。推动法治宣传教育工作理念、机制、载体和方式方法创新，不断提高法治宣传教育的针对性和实效性。2017年，全县政府性工程项目投资按照“拟建设项目能开工、开工项目促进度、竣工项目早投产”的思路和“数量、质量双确保”的原则，从“水、工、城、路”四个方面，拟建设政府性项目28个。会议指出，2017年，规划推进的政府性投资项目突出民生实事的重点，议案务实担当，符合湘阴县发展实际。会议要求，要加强领导，加强措施，创优环境，确保全县重点工程项目顺利推进。会议还听取开展专项转移支付涉农专项资金管理使用及财政绩效考核情况专题询问方案。

5月25日，县人大常委会主任熊检华主持召开第六次主任（扩大）会议。会议听取县政府关于城乡医疗卫生基础设施建设情况汇报、《中华人民共和国人民防空法》贯彻实施情况和县法院关于《中华人民共和国行政诉讼法》贯彻实施情况汇报。会议要求，城乡医疗卫生基础设施建设要进一步加强队伍建设，增强基层医疗卫生服务能力；夯实农村基础，加强基层卫生服务网络建设；建立医疗服务联合体，推进卫生资源的有效整合。人民防空工作要进一步加大宣传教育力度，增强社会共识；加快人防建设步伐，努力构建工程防护体系；加大人防行政执法力度，不断推进人防工作开展。会议指出，《中华人民共和国行政诉讼法》作为我国的三大诉讼法之一，是行政审判工作的基本原则。县人民法院要加强对行政审判队伍的建设，定期或不定期组织开展业务知识学习，进一步提高审判水平。要牢牢把握司法为民、公正司法的主线，依法履行行政审判职能，努力化解行政争议，为促进社会和谐稳定，推进法治湘阴县建设，提供有力的司法保障。会议还传达全县“两学一做”常态化、制度化会议精神和全县脱贫攻坚会议精神。

县人大主任熊检华（右一）一行督查指导防汛工作（2017年摄）

6月27日，县人大常委会主任熊检华主持召开第七次主任（扩大）会议。会议听取关于涉农专项资金管理使用情况专题询问会方案；初审县政府关于《中华人民共和国畜牧法》贯彻实施情况的汇报。会议指出，近五年，湘阴县涉农专项资金的管理和使用，为推动农业产业结构调整、改善农村生态环境、增强农业抵御灾害能力、推进新农村建设和各项公益事业发展发挥重要作用，促进农村各项事业的快速发展。会议要求，要进一步推进涉农专项资金统筹整合、健全涉农专项资金管理机制、严格涉农专项资金绩效考评，切实提高涉农专项资金的使用效益。会议指出，《中华人民共和国畜牧法》颁布实施后，湘阴县坚持依法行政，全面提升畜牧养殖水平、技术服务水平和畜产品质量安全管理水平，全县多年未发生重大畜禽产品质量安全事故和区域性重大动物疫情流行扩散，近十年先后获评全国生猪调出大县、全省“畜牧生产先进县”“养殖业工作目标管理先进县”和“畜牧综合工作先进县”。会议要求，要进一步加大普法宣传力度、提升依法治牧水平、规范畜禽养殖管理、加强畜禽污染治理，促进湘阴县畜牧业持续稳定健康发展。会议还听取县人民法院陪审员选任工作情况汇报。

7月31日，县人大常委会主任熊检华主持召开第八次主任（扩大）会议。会议听取县检察院关于未成年犯罪监察工作、全县农旅结合和农业产业化发展情况的汇报。会议指出，2015来以来，县人民检察院认真履行检察职能，牢固树立未成年人特殊保护理念，积极推进“捕诉合一”一体化办案机制，扎实开展未检专业化、规范化、社会化建设，未检工作成效明显，受理审查逮捕未成年案件22件、42人，受理审查起诉未成年犯罪案件44件、83人。会议认为，要大力推进队伍专业化建设、努力构建社会化帮教预防体系教育，加强对未成年人犯罪的司法治理，进一步改进未成年人刑事检察工作，为未成年人健康成长营造良好的法治环境。会议指出，近五年，湘阴县坚持“以农促旅、以旅兴农”的工作思路，积极探索以休闲农业旅游为主的农旅融合新路子，至2016年，湘阴县拥有省、市级龙头企业43家、星级农庄14家，全县农产品加工业实现工业销售产值96.5亿元，休闲农业营业收入1.405亿元。全县获批省级乡村旅游区（点）17家。会议认为，湘阴县农旅融合发展要做好全域旅游、乡村旅游的详细性规划和控制性规划，坚持规划先行。要创优服务环境、完善体制机制，制定分区域、分产业、分特色、分年度的推进计划，形成农旅结合发展的工作体系。

8月18日，县人大常委会主任熊检华主持召开县人大常委会第九次主任（扩大）会议。会议听取和初审县政府关于2016年财政决算和财政同级审计情况、县政府关于2017年上半年财政预算执行情况、县人大常委会执法检查组关于《中华人民共和国环境保护法》执法检查情况；并听取人事任免情况和履职监督评议情况。会议指出，为实现全年预算目标，各部门要坚定不移地按照年初县人代会确定的各项预算和县委、县政府下达的工作任务，全力实现“两个突破、一个确保”，要坚持抓税源、抓监督、抓规范、抓落实，增强预算透明度，细化预算编制，严格依法理财，提高财政资金的使用效益。在环境保护执法检查方面，要落实打桩定位，确定区域环境保护责任人，加大环保法宣传力度，理顺环保机制，在乡镇或园区设立环保站，进一步加强源头控制，加大工业企业、工业园、金龙新区、城乡生活污水垃圾及农村农业面源污染治理，推进湘江湘阴县段和主要支流白水江流域的水质全面好转。

10月16日，县人大常委会主任熊检华主持召开第十二次主任（扩大）会议。会议介绍县政府副县长拟任人选文春华、李峰，县民宗局局长拟任人选傅拓、县人民法院副院长拟任人选蒋军的工作简历，就有关人事任免事项进行讨论。会议指出，人事任免权是地方人大常委会的一项重要职权。要深化对人事任免工作的认识，切实增强做好此项工作的责任感和使命感；要严格依法办事，进一步完善任免工作程序和制度，推进任免工作更加规范有序；要加强任后监督，促进任命干部依法行政、公正司法，常怀为民之心，多办为民之事。

10月26日，县人大常委会主任熊检华主持召开第十三次主任（扩大）会议。会议听取和初审县政府关于《中华人民共和国旅游法》贯彻实施情况汇报、县十七届人大一次会议建议办理和督办情况的汇报、《湘阴县人大常委会规范化文件备案审查办法（草案）》《关于预算审查前听取人大代表和社会各界意见建议的暂行办法（草案）》、县政府关于2017年预算调整的议案和县政府关于《中华人民共和国治安管理处罚法》贯彻实施情况的汇报。会议指出，《中华人民共和国旅游法》自2013年10月颁布实施以来，湘阴县突出依法保护和利用旅游资源，依法规范旅游秩序，加快推动全域旅游创建，2016年，全县接待游客425万人次，实现旅游收入48.6亿元；1—10月，全县接待游客总数达485万人次，实现旅游总收入54.6亿元。会议认为，湘阴县旅游事业呈现健康快速发展态势，要继续坚持把旅游业作为县域经济发展的支柱产业来培育，大力推进全景化建设、全县域覆盖、全产业融合，全力推动旅游业提速提质提效发展。会议指出，县十七届人大一次会议收到代表提出的建议、批评和意见118件。至7月上旬，代表建议全部办理完毕，并逐件答复代表。会议指出，要坚持把督办建议工作作为支持代表依法履行职责，充分发挥代表作用的一项重要工作来抓，要不断深化认识、加强业务培训、稳定办理人员，努力把办理代表建议工作提高到一个新的水平。会议还听取关于优化经济发展环境专题询问会方案、县政府关于农村公路管养建情况的汇报、关于社区戒毒（康复）工作站的工作情况汇报。会议指出，近年来，湘阴县扎实开展“雁过拔毛”式腐败专项治理，加大经济环境民主测评力度，从严打击“三乱”“三强”“三为”行为，全县经济发展环境不断优化。会议要求，要进一步加大宣传力度，加大对破坏环境行为打击力度，增强法律政策意识，共同构建和谐的经济发展环境。会议指出，湘阴县农村公路建设自2005年启动以来，经过“十一五”“十二五”两个五年的大规模建设及路面改造工程的实施，至10月，全县农村公路总里程达到2812千米。会议强调，公路建设三分建、七分养，要进一步建立健全管理机制、拓宽管养建筹资渠道、完善安全设施建设，确保农村公路管养建制度化、规范化、常态化。

11月20日，县人大常委会主任熊检华主持召开第十四次主任（扩大）会议。会议听取县第十七届人民代表大会第二次会议前期筹备工作情况，初审《选举办法（草案）》及选举工作方案，确定列席人员邀请范围、名单和会风会纪督查方案。会上，大会秘书组、组织组、会务组、议案组、宣传组、保卫组、后勤组分别汇报各小组前期筹备工作情况并提出意见和建议。熊检华指出，开好县第十七届人民代表大会第二次会议，事关湘阴县经济社会发展大局，意义重大，影响深远。要进一步深化认识，增强工作责任感和使命感，要加强沟通，密切配合细化工作，切实做好会议期间安全保卫、会风会纪、饮食住宿等各项工作，确保大会圆满顺利召开。

12月12日上午，县人大常委会主任熊检华主持召开第十五次主任（扩大）会议，听取县政府审计查出问题整改、2017年财政预算执行情况和2018年财政预算（草案）等情况的汇报。2015和2016年度县级财政预算执行和其他财政收支的审计工作报告，县人大常委会提出审议意见，县政府高度重视，审计局制订整改清单并提出具体要求，整改成效明显。至2017年10月底，绝大部分问题整改到位，上缴国库资金12595.29万元。2017年，财政预算执行情况呈现财政收入增收有方、支出保障有力、管理规范有序、建设积极有为等特点，全年收入总量有望突破15亿元。2018年，财政预算将坚持收入增长与经济发展良性互动，政策性支出应保尽保，非生产性支出应减尽减，非税收入应收尽收，坚持财政预算当年平衡。会议还听取2017年国民经济和社会发展计划执行情况及2018年计划（草案）的报告，初审调减2017年度主要经济指标的议案、县人大财经专家咨询委员会成员名单，并通过部分代表、委员辞职和补选人大代表情况的汇报，十七届人大二次会议各组还汇报大会筹备情况。

【县人大常委会会议】1月20日，县人大常委会主任熊检华主持召开县十七届人大常委会第一次会议。会议听取县政府关于2016年底财政收支平衡情况汇报，听取和审议2017年度人大工作要点，测评乡镇、（拟设）街道人大工作。2017年，县人大常委会拟重点督办关于建立农村公路养护机制的建议等议案；开展专项转移支付涉农专项资金管理使用及财政绩效考核情况和优化经济发展环境专题询问；对全县《中华人民共和国环境保护法》贯彻实施情况开展执法检查；组织部分县人大代表考察城乡医疗卫生基础设施建设，组织部分在湘阴县选举产生的省、市人大代表考察重点工程、重点项目建设。熊检华表示，这次会议是县十七届人大常委会选举产生后的第一次会议，标志着本届人大常委会履职的正式开始，全体与会人员要牢记职责，切实增强履职意识，提高履职能力。要加强监督，切实增强履职实效，提升履职形象。要加强纪律观念，认真审议各项议题，积极参加调研、考察、执法检查等各种履职活动。要按照工作要点，进一步理清思路、明确重点，细化工作计划，注重协调配合，齐心协力做好开局之年的各项工作。

3月12日，县人大常委会主任熊检华主持召开县十七届人大常委会第二次会议。会议审议有关人事任免事项，表决通过肖华为县人民政府副县长，张森、胡锦平等26位干部分别任政府工作部门主要负责人。会上，新任命的县政府副县长、政府工作部门负责人、人大常委会办事机构、工作机构和专门委员会负责人及岳阳市人大常委会批准的县人民检察院院长共46人分批向宪法宣誓。熊检华对新任命人员的全票或高票当选表示祝贺，希望他们要牢固树立大局意识，敢于担当、依法行政、勤政廉政。要树立人大意识，认真行使好人民授予的权利。要树立监督意识，增强接受人大监督的主动性、自觉性。要增强责任意识，切实为人民掌好权、谋好利。会议还审议通过县政府关于《融资置换公办教育债务的议案》。

3月27日，县人大常委会主任熊检华主持召开县十七届人大常委会第三次会议。会议表决通过《关于湘阴县2017年财政预算具体方案的报告》和《关于提请审议2017年政府性工程投融资计划的议案》。会议指出，2017年的财政预算和融资计划公开透明、重点突出，财政预算方案编制科学合理、预算明细清晰翔实、具有很强的可操作性，财政支出预算安排重点突出保工资、津补贴、五险一金，保民生实事项目，保经济发展和社会事业的重点项目，符合湘阴县财政经济发展实际。如何执行好2017年的财政预算方案，熊检华要求，要牢固树立预算就是决算的理念，严格预算抓执行。要加强目标抓征管，重点挖掘总部经济、砂石资源收入以及其他国有资产资源领域税收潜力，确保完成或超额完成全年目标任务。要加强监管抓支出，充分发挥财政监督、审计监督和社会民生监督作用，大力推行预算公示公开和绩效考核，切实提高财政资金使用效益。要完善制度抓融资，加快政府性投融资平台改革步伐，理顺投融资平台融资、投资、经营的关系，建立投融资平台盈利模式，从根本上改变借、用、还相脱节的局面。

4月27日，县人大常委会主任熊检华主持召开县十七届人大常委会第四次会议。会议审议通过县政府“六五”普法工作和“七五”普法规划编制情况、县政府2017年政府性工程投资计划议案。“六五”普法期间，湘阴县通过普法讲师团共开展基层普法骨干培训班12期，大型普法讲座15次，培训普法骨干2万余人，全县普法对象普及率达99.5%。会议认为，在接下来的“七五”普法工作中，要坚持分类指导，加强宣传引导，根据不同地区、部门、行业及不同人群的特点，鼓励引导各社会组织、志愿者和公民参与支持法治宣传教育；要坚持创新发展，提升普法实效，加大对青少年学法用法的教育力度，促进学校普法教育制度化、规范化；要完善法治平台建设，进一步加强行政执法监督，规范行政执法程序，提升行政执法能力和水平。2017年，全县政府性工程项目投资按照“拟建设项目能开工、开工项目促进度、竣工项目早投产”的思路和“数量、质量双确保”的原则，从“水、工、城、路”四个方面，精心筛选政府性投资项目29个。会议指出，2017年的政府性投资项目明细清晰翔实，投资计划合理有度，突出民生实事的重点，符合湘阴县发展实际。会议要求，要加强领导，加强措施，突出重点，加强监管，确保全县重点工程项目建设顺利推进。

6月29日，县人大常委会主任熊检华主持召开县十七届人大常委会第五次会议。会议审议通过县政府关于《中华人民共和国畜牧法》贯彻实施情况的汇报，任免县人民法院人民陪审员。会议指出，《中华人民共和国畜牧法》颁布实施后，湘阴县坚持依法行政，全面提升畜牧养殖水平、技术服务水平和畜产品质量安全管理水平，全县多年未发生重大畜禽产品质量安全事故和区域性重大动物疫情流行扩散，近十年，先后获评全国生猪调出大县、全省“畜牧生产先进县”“养殖业工作目标管理先进县”和“畜牧综合工作先进县”。会议要求，要进一步加大《中华人民共和国畜牧法》的宣传力度，加强对乡村干部、养殖企业、养殖大户的法律法规宣传和教育。要科学规划，合理调整养殖布局，尽快建设好全县畜禽病害肉尸无害化处理中心和全县综合性农产品质量检测检疫中心。会议还向新任职的23名县人民法院人民陪审员颁发任命书，并组织新任命的县人民法院人民陪审员向宪法宣誓。会议要求，人民陪审员要切实增强责任意识，不断提高业务素质，牢固树立为人民服务的理念。要严格要求自己，认真履行法律赋予的神圣职责，为构建和谐湘阴县，维护司法公平、公正做出应有的贡献。

8月28日，县人大常委会主任熊检华主持召开县十七届人大常委会第六次会议。会议对县委常委、常务副县长林恒求，副县长许波及4名部门负责人、2名法检两院负责人进行履职监督评议，表决通过部门负责人和法检两院的人事任免，新任命的干部向宪法进行庄严宣誓。会议还听取和审议县政府关于2016年财政决算和2017年上半年财政预算执行情况、关于2016年财政同级审计情况和县人大常委会执法检查组关于《中华人民共和国环境保护法》执法检查情况的汇报。会议指出，近五年，全县可用财力持续增长，财政资金管理比较完善、规范。与此同时，县政府紧紧围绕全县经济社会发展大局，认真贯彻落实《中华人民共和国环境保护法》，在开展法律宣传教育、加强环境质量、加强节能减排和污染防治等方面取得较好的成绩。与会人员纷纷表示各报告实事求是，客观反映成绩，敢于揭示问题，充分说明县人民政府敢于面对现实，具有解决这些问题的决心和信心。听取汇报后，熊检华强调，为实现全年预算目标，财政部门要进一步加强财源建设，开辟新的税收增长点，依法加强税收征管，严格控制违规减免税。要进一步规范预算编制，大力提高财政资金使用效益；坚持问题导向，着力加强财政资金监督管理，全力确保财政税收稳步增长。在环境保护执法检查方面，环保部门要打桩定位，加大环保宣传力度，理顺环保机制，在乡镇或园区设立环保站。加大对重点区域、重点行业、重点企业的监管力度，将湘江、资江、鹤龙湖、洋沙湖、哑河等水源地纳入重点保护范围，严格控制重金属污染，对不符合国家产业政策、污染重、难治理的企业下定决心清理，消除环境安全隐患。

10月19日，县人大常委会主任熊检华主持召开十七届人大常委会第七次会议，审议并表决通过有关人事任免事项。经全体常委会组成人员认真审议，表决通过副县长拟任人选文春华、李峰和民宗局局长傅拓、县人民法院副院长蒋军的任命议案。接过县人大常委会的任命书，他们向宪法庄严宣誓。在表态发言中，四位履新的人员均表示不辜负组织的信任，不辜负党和人民的重托，坚持依法办事、清正廉洁，踏实工作、开拓创新，为湘阴县经济社会的发展贡献力量。

11月1日，县人大常委会主任熊检华主持召开县十七届人大常委会第八次会议。会议听取和审议县政府关于《中华人民共和国旅游法》贯彻实施情况汇报、县政府关于2017年预算调整的议案、县十七届人大一次会议建议办理和督办情况的汇报、县政府关于《中华人民共和国治安管理处罚法》贯彻实施情况的汇报。会议指出，《中华人民共和国旅游法》自2013年10月颁布实施以来，湘阴县突出依法保护和利用旅游资源，依法规范旅游秩序，加快推动全域旅游创建，2016年，全县接待游客425万人次，实现旅游收入48.6亿元；1—10月，全县接待游客总数达485万人次，实现旅游总收入54.6亿元，湘阴县旅游事业呈现健康快速发展态势。会议认为，要继续加大《中华人民共和国旅游法》的宣传力度、进一步完善县文物旅游局机构设置、高起点规划好湘阴县农旅结合产业发展、完善好重点景区的服务配套设施建设；要进一步提高旅游行政管理人员依法行政意识和旅游企业负责人依法经营意识，营造依法兴旅、文明兴旅良好的社会氛围。会议指出，自《中华人民共和国治安管理处罚法》颁布实施以来，县公安机关严格规范执法，不断完善治安防控体系，社会治安秩序持续稳定，人民群众安全感和满意度逐步提升。2015年1月至2017年10月，全县依法查处治安行政案件4123起。会议要求，要进一步加大宣传力度，提高公民守法意识，从源头降低治安案件的发案率；要进一步加强队伍建设、加大执法力度，继续开展打击“黄赌毒”“盗骗抢”“治爆缉枪”“五打五整治”等专项行动，加大对各类治安违法行为的查处力度，为全县经济社会发展创造良好环境。会议还审议通过《湘阴县人大常委会规范化文件备案审查办法（草案）》《关于预算审查前听取人大代表和社会各界意见建议的暂行办法（草案）》。

11月29日，县人大常委会主任熊检华主持召开县十七届人大常委会第九次会议。会议审议并通过关于召开湘阴县第十七届人民代表大会第二次会议的决定（草案）。会议决定，县第十七届人民代表大会第二次会议于2017年12月25日至28日在县城召开，会期四天。会议议程为听取和审议县人民政府工作报告；审议县人民政府关于湘阴县2017年财政预算执行情况和2018年财政预算（草案）的报告，审查和批准2017年财政预算执行情况和2018年财政预算；审查湘阴县2017年国民经济和社会发展规划执行情况及2018年计划（草案）的报告，批准2018年国民经济和社会发展计划（草案）；审查湘阴县2017年环境状况和环境保护目标完成情况的报告；听取和审议县人大常委会工作报告、县人民法院工作报告、县人民检察院工作报告；及选举和其他事项。会议还采取不记名投票方式补选汪扬为岳阳市第八届人民代表大会代表。

12月15日，县人大常委会主任熊检华主持召开十七届人大常委会第十次会议。会议听取县政府2017年人大审议意见落实情况、主任会议纪要办理情况和审计查出问题整改等情况汇报。会议指出，2017年，湘阴县率先在全市启动公办教育债务置换，推动全县学校实现零债务、零财物负担；深入推进投融资改革，进一步拓宽投融资渠道，增强政府投融资能力，切实发挥政府投融资主体的引导和带动作用；严格落实各项涉农补贴政策，完善涉农专项资金使用长效机制，加强涉农专项资金的使用监督，切实增强涉农资金使用效益；进一步加大投入、深化改革加速城乡医疗卫生基础设施建设，切实把改革成果转化为广大群众的健康福祉和获得感。会议要求，全县各级各部门要严格按照审议意见，进一步压实责任，加强举措，抓好落实，确保各项审议意见落地生效。会议初审县政府2017年财政预算、国民经济和社会发展计划执行情况、2018年财政预算、计划报告（草案）。会议指出，2017年，全县上下认真落实全县党政负责干部大会和县十七届人大一次会议精神，聚焦经济发展主场，狠抓财政管理主业，担当增收节支主责，顶住经济下行和减收增支的巨大压力，圆满完成和超额完成各项财政工作任务，创造财政收入稳健增长、财政支出保障到位、财政管理安全绩效、财政改革亮点频显的突出业绩。会议要求，2018年，全县财政部门要充分融入促进经济快速发展的主战场，全面掌控促进收入稳健增长的主导权，统筹释放促进民生福祉改善的主动性，认真落实促进预算平稳运行的主抓手，积极担当促进改革深入推进的主力军，确保圆满完成2018年财政工作任务目标。会议还听取和审议县政府调减2017年度主要经济指标议案和县人大财经专家咨询委员会名单（草案）；初审2017环境状况和环境保护目标完成情况、人大常委会工作报告及财经委、法制委的工作总结；听取和初审提交人大二次会议的相关资料，确认选举、补选人大代表资格，接受部分代表、主任委员和常委会委员的辞职。

12月28日，县人大常委会主任熊检华主持召开十七届人大常委会第十一次会议。会议通过投票表决，依法任命3名县监察委员会副主任、3名县监察委员会委员、1名县人大常委会工作部门负责人。新任命人员面对宪法，庄严宣誓。熊检华对高票或全票当选的新任命人员表示祝贺，希望他们牢记使命，恪尽职守，把牢政治方向，对党忠诚，对人民群众负责，珍惜和行使好人民交给的权力；要不断加强学习，履职履责，锤炼自身能力，坚定不移把党风廉政建设和反腐败斗争引向深入；要严守党纪法规，严格自律，狠抓自身建设，为湘阴县经济社会发展做出新的贡献。会议还审议通过县政府《关于提请将滨江南路、洋沙湖大道提质改造项目政府购买服务资金调出县财政预算范围的议案》。

【县第十七届人民代表大会第二次会议】12月25日，县第十七届人民代表大会第二次会议在湘阴县剧院开幕。本次会议应到代表244名，实到235名，符合法定人数。大会执行主席、县人大常委会主任熊检华主持会议。县长李镇江代表县人民政府作工作报告。工作报告指出，过去的一年，县政府认真贯彻“五大发展”理念，全面开启“左公故里、美好湘阴”建设，强力推进“一二四”行动，打赢项目建设、防汛抗灾、生态环保、精准脱贫等多场攻坚战；举办湖南国际旅游节、长沙招商发布会、湘菜美食文化节等多场重大活动；破解开放对接、科技创新、要素保障等多个发展难题；实现新型工业向高新升级、现代农业向“三品”升级、休闲旅游向全域升级、商贸服务向规模升级等多元转型突破；推进城乡统筹，顺应群众期盼，多项提质行动有序开展，多批民生实事扎实推进。12月27日，县第十七届人大第二次会议召开全体会议。大会由县人大常委会副主任张亚玲主持。会上，大会议案审查委员会主任委员、县人大常委会副主任刘海棠作议案审查报告。会议通过县十七届人大常委会专门委员会成员名单，通过《关于湘阴县人民政府工作报告的决议》《关于湘阴县2017年国民经济和社会发展计划执行情况及2018年计划（草案）报告的决议》《关于湘阴县2017年财政预算执行和2018年财政预算（草案）报告的决议》《关于湘阴县2017年环境状况和环境保护目标完成情况的报告的决议》《关于湘阴县人大常委会工作报告的决议》《关于湘阴县人民法院工作报告的决议》和《关于湘阴县人民检察院工作报告的决议》。会议选举邓淼为县监察委员会主任，并补选县人大常委会委员8人，县人大财政经济委员会主任委员1人、副主任委员1人，县人大法制委员会主任委员1人。新当选的县监察委员会主任邓淼作为领誓人，带领补选的县人大常委会委员、县人大财政经济委员会主任委员、副主任委员、县人大法制委员会主任委员，走上宣誓台，向宪法集体宣誓。会议圆满完成各项议程后闭幕。

【市人大在湘阴县召开脱贫攻坚推进会】4月19日，市人大农业委召集各市县区人大农工委主任在湘阴县召开“我为脱贫攻坚争贡献”系列竞赛活动推进会。岳阳市人大常委会召开“我为脱贫攻坚争贡献”竞赛活动后，县人大常委会积极响应，真抓实干、求真务实，明确规定每位人大代表至少走访10户贫困户，帮扶2户以上贫困对象，提出3条建议意见，开展5次以上的宣讲活动，并结合代表自身特点帮助贫困村办一件以上的事实项目，至3月，湘阴县有900余名省、市、县、乡镇四级人大代表与贫困户建立结对帮扶关系，人大代表扶贫攻坚行动深入开展。与会人员先后查阅南湖洲镇政府帮扶台账，参观湖南百树山生态农业产业园，实地了解基地脱贫攻坚事迹，交流结对帮扶经验，与会人员一致认为，湘阴县扶贫竞赛活动开展早、亮点多、成效显著，工作经验可复制、值得借鉴。副主任吴志辉在致辞中表示，市人大“我为脱贫攻坚争贡献”系列竞赛活动推进会在湘阴县召开，既是对湘阴县前段工作的肯定，更是激励与鞭策，县人大常委会将以此次会议为契机，进一步创新工作思路、加强工作措施，全力推动湘阴县各级人大代表服务“三农”，为全市“我为脱贫攻坚争贡献”系列竞赛活动做出新的更大贡献。

【全市人大财经预算会在湘阴县召开】10月10日至11日，全市人大财经预算工作研讨会在湘阴县召开。与会人员先后参观考察洋沙湖国际旅游度假区、左宗棠文化园、东湖生态公园，详细了解湘阴县经济社会发展状况，并听取湘阴县人大财经预算工作介绍。近五年，湘阴县人大积极借助审计力量，严把审计计划关、审计过程关、审计结果关，2014—2016年，县政府及审计部门向人大常委会报告政府投资项目审计结果情况3次，涉及工程项目518项、金额21.9亿元，审计部门审减投资额1.26亿元，审减率为5.75%，实现对经济社会领域的高效监管。研讨会上，与会人员围绕如何充分发挥审计作用、注重审计问题整改、运用审计成果，增强人大监督实效等方面内容进行广泛交流和深入研究。市人大副主任陈志莲指出，依法开展财经预算审查监督工作，事关地方发展大计、民本民生，各县市区要进一步提高审计监督的认识，始终把握正确的政治方向，突出工作重点，提升工作水平；进一步加强对审计部门的联系，切实抓好审计问题的整改，努力开创人大财经工作新局面。县长李镇江在致辞中表示，全市人大财经预算工作研讨会在湘阴县举行，是对湘阴县财政预算工作的极大鼓舞和鞭策，湘阴县将以此次会议为契机，虚心学习兄弟县市区的先进经验，积极为县人大财工委依法履职创造条件、提供保障，全力推动财经预算工作再上新台阶。

（县年鉴编辑部）

议案督办

【人大代表建议办理】县十七届人大一次会议期间，先后收到代表提出的建议、批评和意见（以下简称代表建议）118件。截至7月上旬，这些代表建议全部办理完毕，并逐件答复代表。办理结果属A类的32件，占27.1%；B类的77件，占65.3%；C类的9件，占7.6%。联工委在建议督办过程中，以维护人民群众的根本利益为目的，紧扣民意，抓住难点，严格把关，注重实效，认真督办每件建议。一是制订方案抓交办。联工委按照县人大常委会主任会议的要求，坚持把督办建议工作作为支持代表依法履行职责，充分发挥代表作用的一项重要工作来抓。县十七届人大一次会议闭会后，联工委迅速对建议所涉及的范围和内容进行分析整理，并书面向县政府提出建议交办和督办意见。在交办过程中，与政府办反复沟通，准确确定承办单位。经县政府研究后，于3月14日召开“全县建议办理总结表彰暨交办工作会议”，同时举办承办单位办公室主任业务培训班。将118件建议交由28个相关部门单位承办。二是突出重点抓效果。县人大常委会主任会议研究确定《关于加强农村环境卫生综合治理的建议》《关于“五保”户患病就医扩大治疗的建议》等7件建议作为2017年重点办理的建议，分别由常委会副主任牵头、相关办委负责进行跟踪督办，均取得一定的实效。如房产局承办的《关于规范物业管理的建议》，积极借鉴外地经验，征求多方意见，起草《湘阴县物业管理办法》，拟提交政府常务会议讨论。洞庭控股公司承办的《关于背街小巷建设延期一年集中整治的建议》，年内作出方案，政府批准后即可实施。三是分工协作抓平衡。根据工作实际，联工委将118件建议分解到常委会的7个工作机构。其中财政经济方面31件，农业农村方面36件，城建环境方面13件，教科文卫方面12件，内务司法方面12件，其他方面14件。实行对口联系，分类指导，全方位督办，随时掌握办理进度，及时发现办理工作中存在的问题，确保建议办理工作的平衡发展。四是跟踪回访抓满意。在抓好对承办单位督办工作的同时，注意随时了解提建议代表对建议办理工作的意见和要求。除在走访代表时听取意见外，还向所有提建议的领衔代表进行电话回访，并将掌握的情况及时向有关承办单位反馈，督促承办单位进一步改进办理工作，提高代表的满意率。如代表易艳红提出的《关于三汊港垸机埠提质扩容的建议》，由于承办单位没有与代表见面沟通，草率答复，代表表示不满意。联工委向承办单位反馈后，该单位立即征求代表的意见，千方百计解决和解释代表提出的问题，取得代表的认可。五是检查验收抓典型。9月29日至10月25日，联工委与县政府办一道，按照《湘阴县建议办理工作流程及考核评分细则》，对所有承办建议的单位进行检查验收，建议办理工作细化为12项，进行100分制计分。根据综合情况，评出6个办理工作先进单位和6个办理工作先进个人，充分调动承办单位和办理人员的积极性。

（伍建华）

重要活动

【汨罗市人大考察团到湘阴县调研】2月21日，汨罗市人大常委会主任闵秀明率团到湘阴县考察调研。考察团首先深入元亨科技和山湖鹭岛基地，详细了解项目的科技含量和投资规模，在知源中学、县人民医院和洋沙湖——东湖国家级湿地生态公园，进一步了解到湘阴县兴办民生实事、提升城市品位方面所取得的实效。通过实地考察调研，考察团对湘阴县引进高、精、尖产业，促推县域经济和社会事业的发展深表赞赏，认为湘阴县在充分“对标对接长沙”、打造宜居、宜业、宜游的“省会后花园”所积累的经验值得借鉴。当日，两地人大机关还相互座谈交流，就如何履行人大职能，加强财政监督和专题询问作深入探讨。

【赵岳平在湘阴县考察】5月4日，市人大常委会副主任赵岳平率队督察湘阴县《中华人民共和国水法》审议意见整改落实情况。赵岳平一行先后到六塘水库、静河镇义和金鸡垸水管会段湘江河道等处，实地察看湘阴县农村安全饮水工程、河道管理、河长制推行、吹填处险工程等工作实施情况。据了解，湘阴县有堤垸保护及江河水域面积1100.3平方千米，4公顷以上堤垸12个，防洪大堤404千米。自《中华人民共和国水法》颁布实施以来，湘阴县以依法行政、依法治水、依法保护水资源、水环境和水工程等为重点，坚定执行最严格的水资源管理制度，切实加强水利工程建设和管理，促进全县水利事业持续健康发展，先后获评全国农田水利基本建设先进单位、全国农村饮水安全工程示范单位，连续多年夺得省、市水利“芙蓉杯”。赵岳平表示，湘阴县对《中华人民共和国水法》审议意见整改工作领导重视、举措有力、成效明显，值得肯定。赵岳平要求，要进一步加强《中华人民共和国水法》意识，不断加大对《中华人民共和国水法》的宣传力度，积极推动《中华人民共和国水法》的贯彻实施。要加强水灾害防治能力，不断加快大堤险工险段整治、水库处险工程建设，建立健全建管防三位一体的防汛体系，提升防汛信息化水平。要加大水环境整治力度，扎实配合中央环保督察工作，加强部门联动，依法开展河道采砂整治等水行政执法工作，巩固扩大整治成果。要加大涉水工程建设力度，做好整体规划，加强争资引项，扩大配套投入，整治各类资金，确保工程质量。县委书记汪灿表示，湘阴县将以此次督察为契机，在做好宣传国家《中华人民共和国水法》的同时，切实加强队伍建设和执法检查，有效提升水资源与水环境保护工作水平，保护和利用好湘阴县的水资源。

【陈光荣率队到湘阴县督查】5月10日，市人大常委会副主任陈光荣率督查组到湘阴县督查中央环保督查组信访交办件办理情况。截至5月9日，中央环保督察组交办湘阴县信访件11件，办结5件，责令整改企业两家。湘阴县自开展此项工作以来，突出从严从紧，压实责任不落空。突出联点高效，受理交办不延误。突出调查核实，精准施策不偏向。突出挂图作战，整改落实不打折。突出严查实督，问责处理不手软。严格按照“党政同责、一岗双责”要求，建立县级领导牵头协调督办、单位一把手亲自抓、负总责、分管副职具体抓的工作机制，层层压实责任、抓实整改。至4月底，有15家单位点名通报批评，5名部门主要负责人约谈，2名负责人问责，1名责任人立案调查。督查组充分肯定湘阴县信访交办件办理工作，认为湘阴县在中央环保督查组信访交办件办理工作上交办及时、措施精准、执法严格、进展有序。陈光荣指出，要进一步统一思想，明确任务，突出重点，落实责任，问题整改落实要提速，约谈问责措施要严格，依法依纪处理要加力，情况综合上报要精准，严格按照中央、省、市要求抓好信访交办件的整改落实。县长李镇江表示，湘阴县将以此次中央环保督察为契机，深入践行绿色发展理念，始终坚守生态保护红线，持续加大环保执法力度，全方位推进生态建设，全面提升湘阴县环境保护工作水平。

【省人大环资委到湘阴县调研】5月15日，省人大常委会委员、环资委副主任委员刘尧臣一行到湘阴县调研《中华人民共和国环境保护法》《湖南省环保工作责任规定》等政策法规的贯彻落实情况。金龙镇创新开展全域环境“十无”专项整治，建立农村垃圾“户分类、村收集、公司运转、镇管理”的运行机制，实现生活污水、粪便经储存、沉淀发酵后无害化排放，并于4月启动全镇排污水工程建设。到金龙镇美丽乡村建设示范点，调研组详细了解镇区污水处理规划和村级生活垃圾集中转运处理情况。刘尧臣指出，要加快推进污水处理和垃圾转运处理项目建设，创新垃圾和污水处理管理机制，培养群众环保意识，全面改善区域环境质量。在县工业园区第二污水处理厂和横岭湖（青山岛）省级自然保护区，调研组实地察看污水处理和湿地保护情况。刘尧臣指出，要将环境保护工作作为园区发展的生命线，不断优化产业规划，进一步完善园区环保基础设施，全面提升园区环保管理工作水平。要形成整体高压态势，强力推进河湖围网养殖清理、畜禽养殖污染治理、河湖沿岸垃圾清理等工作，全力抓好洞庭湖水环境综合整治。调研组对湘阴县环境保护工作给予充分肯定，认为湘阴县狠抓《中华人民共和国环境保护法》和《湖南省环保工作责任规定》的贯彻落实，始终坚守发展和生态两条底线，扎实推进环境保护各项工作，区域环境质量持续改善。县长李镇江表示，新一届县委、县政府明确提出建设“左公故里、美好湘阴”目标，将生态立县作为发展战略，动员全县上下切实加强生态环境保护，努力建设两型社会示范区、国家级生态县。以后将继续坚守生态环保底线，切实履行环境保护责任，扎实做好区域环境保护各项工作，全力提升县域环境质量和生态文明建设水平，为加快建设富饶、美丽、幸福《新湖南》做出新贡献。

【韩永文到湘阴县考察调研】9月5日，省人大常委会党组书记、副主任韩永文到湘阴县考察调研，并走访联系基层人大代表。韩永文首先看望省人大代表、湖南长康实业有限责任公司总经理谭光辉，详细了解其履行代表职责和企业发展情况，并听取他对人大工作的意见和建议。韩永文表示，作为企业家，要以对社会、对人民的高度责任感，抓质量、树品牌，打造百年企业，以“公司＋基地＋农户”的方式带动当地农民致富，实现精准脱贫；作为人大代表，要心怀大局，不忘初心，密切联系当地群众，积极反映民意，当好党和政府与人民群众之间的桥梁纽带。随后，韩永文还到蓝天豚硅藻泥千亿产业园、顺天洋沙湖国际旅游度假区等处，实地考察湘阴县经济社会发展情况。近五年，湘阴县紧紧围绕“建设富饶美丽幸福‘新湖南’”的总目标，大力实施“对标对接、融长发展”战略，全力以赴稳增长、调结构、惠民生，全县经济社会提质提速发展，其中各项主要经济指标增幅均排名全市前列，综合经济实力居全省第15位，连续两年评为全省城乡环境整治十佳县，安全生产工作连续三年获评全省先进，2016年综治民调排名全省第25位。招商引资成效显著，2017年引进项目34个，投资过亿元项目17个，特别是在长沙成功举办湘阴县历史上规模最大的一次综合性招商活动，现场签约五大系列、24个投资合作项目，合同引资75亿元。在迎战2017年超历史洪水的战斗中，取得“湘阴县保卫战”“沙田保卫战”的胜利，确保全县未溃一堤、未倒一垸、未死一人，创造湘阴县防汛救灾史上的奇迹。韩永文表示，近五年，湘阴县委、县政府在加快经济发展的同时，高度重视重大项目建设、旅游产业等相关事业发展，全县各项事业呈现出协调发展、齐头并进的良好势头，值得充分肯定。后段，湘阴县委、县政府要积极主动服务，继续为企业发展提供优质服务，着重为企业生产经营提供好的外部环境，切实为企业排忧解难，确保完成人代会确定的各项目标任务。同时，县人大机关要充分发挥人大代表积极建言、敢于监督、助推发展的桥梁纽带和模范带头作用，进一步加强自身建设，树立创新意识，全力推动经济社会持续健康发展和人大工作与时俱进。

（甘新平）

湘阴县第十七届人民代表大会常务委员会主要负责人名录

主　任	熊检华
副主任	吴志辉　张亚玲　蔡　炜 刘海棠　李军良

湘阴县人人常委会工作机构主要负责人名录

办公室主任	张水平
法制委员会主任委员	肖伟奇（至12月） 丰一德（12月任）
财政经济委员会主任委员	王铁安（12月任）
内务司法工作委员会主任	丰一德（至12月） 肖伟奇（12月任）
选举任免联络工作委员会主任	伍建华
城乡建设环境资源保护工作委员会主任	李　毅
农业和农村工作委员会主任	龙文光
科教文卫工作委员会主任	高星照（至8月） 易泽民（8月任）

湘阴县人民政府

重要会议

【县政府常务会议】3月15日上午，县委常委、常务副县长林恒求主持召开县政府第三次常务会议。会议传达学习省委书记杜家毫、省长许达哲在全省卫生与健康大会上的重要讲话精神，研究乡镇社区居委会调整设置问题。会议指出，全省卫生与健康大会全面总结全省卫生与健康事业发展成就和经验，部署新形势下卫生与健康工作。各相关部门要切实加强卫生与健康人才队伍建设，努力建设一支医德医风良好、能力素质过硬的卫生与健康工作者队伍。会议强调，各级各部门要高度重视乡镇社区居委会调整工作，按照有效整合资源、科学设置职能的原则，进一步研究相关政策，完善调整方案，明确社区职能，依法依规依程序完成好乡镇社区居委会调整工作，为建设“左公故里、美好湘阴”提供坚强的组织保障。

4月13日，县长李镇江主持召开县政府第四次常务会议。会议传达学习《中共岳阳市委办公室、岳阳市人民政府办公室关于重申和严明作风纪律要求的通知》的文件精神。会议要求，要牢固树立“作风建设永远在路上”的思想，重点抓好整改整治、加强正风肃纪、严肃党内政治生活，严格落实作风建设相关规定，持续推进作风建设。会议听取关于安全生产工作有关问题的情况汇报。会议指出，要围绕争创省级安全生产示范县这一目标，坚决压实安全生产责任，完善县级领导安全生产责任，建立无缝对接、责任可靠的责任体系，扎实开展企业安全生产主体责任年活动，坚持不解地开展各类示范创建活动，全面提升安全生产监管能力。会议审议《湘阴县重点项目协调机构管理（试行）办法》。会议指出，要严格按照方案要求，合理设置项目协调机构，精减工作人员，压缩工作经费，加强监督管理，细化职能职权，确保重点项目科学高效推进。会议审议《湘阴县人民政府关于推进湖鲜美食产业发展的实施意见》（讨论稿）。会议指出，要从战略的高度、经济的角度和产业融合的方向，整体推进美食产业，形成以饮食文化拉动旅游、农业、商贸等多产业聚合发展的效应。会议还研究城市管理行政执法局组建方案和县污水处理厂二期建设工程项目相关问题。

4月27日，县长李镇江主持召开县政府第五次常务会议。会议审议《湘阴县人民政府效能考核工作实施办法》（讨论稿）。会议指出，行政职能是政府的生命力，必须一环扣一环抓落实。抓行政职能必须解决为官不作为的问题，全面促进干部工作积极性，以效能考核促进工作成效。会议原则通过《湘阴县全面推行河长制工作方案》。会议指出，要把抓河长制落实作为生态立县的重要举措来抓，坚持目标导向，全面建立河长制的责任体系、工作体系、考核追责体系，迅速抓好方案贯彻实施，确保6月实现全县河长制全覆盖。会议原则通过《2017年全县政府性工程项目投资计划》（讨论稿），原则同意执行《湘阴县政府性投资项目管理办法》，审议《湘阴县小额工程建设项目监督管理试行细则》（讨论稿）。会议指出，要严格按照《办法》要求，执行好民主决策、审批管理、投资控制、建设管理、资金管理和监督管理。会议还听取关于新形势下加强和改进统计工作有关问题与食品安全工作有关问题汇报。会议要求，各级各部门要高度重视统计工作，进一步完善机制，创新工作方式，加强协调配合，提升工作质量，形成齐抓共管的工作合力，确保统计数据真实可靠。会议指出，食品安全事关经济社会发展和人民群众生命财产安全，食安委各成员单位要加强组织领导，细化责任体系，加大宣传力度，提升监管水平。要认真研究解决食品安全隐患，设立有奖举报机制，对重点领域、流通环节加大执法力度，全面加强全县食品安全监管工作。

5月16日，县长李镇江主持召开县政府第六次常务会议。会议原则通过中共湘阴县委、湘阴县人民政府《关于贯彻落实法治政府建设实施纲要（2015—2020年）实施方案》。会议指出，要牢固树立法治思维，加大法治宣传力度，加强法制机构和队伍建设，全面规范行政执法程序，加强行政权力的制约与监督，坚决做到依法行政。会议原则通过《湘阴县棚户区（城中村）改造四年行动计划实施方案》。会议指出，要进一步完善组织方案，细化工作责任，加强专业培训，统一政策标准，高效推进全县棚户区改造项目。会议原则通过《迎接中国湖南国际旅游节城乡提质行动实施方案》。会议指出，要进一步细化工作方案，明确工作时间，集中力量深入开展城乡卫生、市容市貌、交通秩序、环境质量、生态景观、公用事业等六大提质行动，全面提升城乡环境，巩固创建成果，做好2017年中国湖南国际旅游节开幕式前期准备工作，为加快推进“左公故里、美好湘阴”建设打下坚实基础。会议原则通过《关于加速推进新型城镇化提升城乡建设管理水平的实施意见》。会议指出，要明确目标，用新型城镇化新理念指导新实践。要把握要领，科学运用新型城镇化的基本手段。要坚持标准，不断提升基层功能、核心功能、生态功能和民生功能。要抓住关键，快速提升城市管理水平。要培育产业，培养城市经济健康持续发展。

6月8日，县长李镇江主持召开县政府第八次常务会议。会议审议《中南大学湘雅医院——湘阴县医疗联合体建设方案》，听取关于申请中国初保基金会捐赠医疗设备的情况汇报。会议指出，湘阴县医疗联合体建设和接受医疗设备捐赠能有效提升全县医疗服务水平，解决群众“看病难、看病贵”的问题。各相关部门要把握机遇，加强对接，确保项目7月运营。要定期召开联席会议，明确工作责任，创优条件，尽快出台八大合作内容的具体实施方案。会议审议《湘阴县2017年殡葬改革工作实施方案》。会议指出，要高度统一思想，以对历史负责的格局推进殡葬改革工作。要加强组织领导，要进一步加大执法力度，全面取缔非法公墓，力争三年时间实施全面火化。会议审议《湘阴县村（社区）综合服务平台建设工作方案》。会议指出，要坚持政府引导，协调各方资源，统一规划实施，加强村（社区）综合服务平台硬件设施、制度体系、服务体系建设，构建基层服务新模式。会议还审议《湘阴县农村“空心房”整治和城乡建设用地增减挂钩、农村宅基地退出及复垦项目实施方案》。会议指出，要按照规范有序、干净整洁、和谐宜居的要求，通过拆旧建新和土地整理复垦等措施，进一步优化城乡用地结构，合理配置村镇土地资源，全面提升村庄建设管理水平，把农村打造成“产业发展、环境整洁、功能完善、生态宜居”的美丽家园。

6月22日，县长李镇江主持召开县政府第九次常务会议。会议原则通过《湘阴县黏土砖瓦窑厂整治关闭工作实施方案》和《湘阴县新型墙体材料生产企业管理办法》。会议指出，要严格按照中央、省市相关文件精神，加快淘汰落后产能，全面关停不合法企业，大力推广新型墙材，严格规范管理，依法依规设置矿权，公开公正实施拍卖。会议原则通过《关于进一步加强全县人才工作的意见》和《湘阴县事业单位引进急需紧缺专业技术人才实施办法》。会议指出，全县上下要高度重视人才引进工作，多方搭建人才引进平台，全方位培养技术型人才，全力构建人才资源配置和激励保障机制。会议原则通过《湘阴县引进人才促进科技成果转移转化优惠政策》和《县域创新驱动发展行动方案》。会议指出，要牢牢把握创新发展的主动权，突出发展主导产业，打造创新平台，大力培养科技创新人才，全力创建全省创新型示范县、高校科技成果转换县、省科技成果转移示范县和国家级高新区。会议原则通过关于规范湘阴县国有土地上房屋征收补偿有关问题。会议指出，要统一组织领导，统一政策标准，统一规范流程，统一监督考核，严格按照文件要求，建立多方监督审核机制，做到阳光征拆、公平征拆。会议原则通过《湘阴县深化供销合作社综合改革实施方案》和《关于深化供销合作社综合改革的实施意见》。会议指出，要进一步提高认识，因地制宜制定改革细则，多方整合资源，完善政策，以文件为指导，以实效为导向，扎实做好供销合作社综合改革工作。

7月11日，县长李镇江主持召开县政府第十次常务会议。会议听取关于抗灾救灾、灾后重建工作汇报和民政救灾补损情况汇报。审议关于《湘阴县2017年生产自救、灾后重建方案》《水利工程修复、灾后重建工作实施方案》。会议指出，要进一步完善生产自救、灾后重建方案，切实加强组织领导，做好查灾核灾报灾、争资争项和社会动员，抓紧实施各类项目规划，引导民间力量积极参与。要迅速启动水利工程水毁修复、灾后重建和水利薄弱环节的巩固与新建，全面摸清涉水工程情况，继续保持一手抓防汛、一手抓救灾。会议审议《高等院校（科研院所）科技成果转移转化湖南基地—恒大·湘阴县生态康养谷项目新闻发布会暨湘阴县高新区招商推介会方案》。审议《关于实施“引老乡、建家乡”湘商回归工程的暂行办法》。会议指出，各相关部门单位要结合方案工作要求，按照时间节点做好活动组织策划、行程安排等工作，确保活动圆满成功。湘商回归工程是指以乡亲乡情为纽带，以总部回归、项目回迁、资金回流、人才回乡等方式，动员在外乡友回乡创业，要进一步优化项目审批程序，提升政府服务质量，切实提供服务要素保障，提高回归创业乡友的归属感。会议审议关于三井头棚户区改造有关问题。会议指出，要进一步统一思想、完善规划，做好基础性工作，加强招商引资，加快工作进度，抢抓政策机遇，全力推动湘阴县棚改和古城开发。

8月22日，县长李镇江主持召开县政府第十一次常务会议。会议原则同意《湘阴县2017年城市公交车改革方案》《2017年汽车客运总公司改制工作方案》《2017年通达出租汽车有限公司续牌工作方案》《湘阴县农村公路管养办法》《公路“路长制”实施方案》以及《2017年芙蓉大道北拓湘阴县段竣工验收、移交管养相关问题工作方案》。会议指出，要按照“公交专营、市场运行”的原则，引入新的运营机制，推行新能源公交车，科学合理规范公交站点建设，严格执行三类人员免费乘坐公交车的普惠政策。要依法依规抓好客运总公司企业改制工作，建立现代化的客运企业，确保职工妥善安置、客运服务不断提升。要严格按照现行政策，建立有效的服务监管机制，严谨有序地签订出租车公司续牌合同。要建立分级负责、分级管养、以奖代投的农村公路管养机制，进一步征求意见，完善方案。要全面建立齐抓共管的公路管理领导机制，全面加强路长责任，助力道路服务水平提升。要尽快启动芙蓉大道北拓湘阴县段竣工验收前的协调工作，严格按照相关工作要求，认真落实好竣工验收、移交管养等工作。会议还审议通过《关于进一步规范土地征收和棚改工作的规定》《湘阴县集体土地上被拆迁房屋合法性和安置人口认定办法》《关于2017年中心城区棚户区改造征收房改房30%不完全产权处理办法》《未登记和擅自改变用途的建筑认定和处理补偿标准》。

12月13日，县长李镇江主持召开县政府第十五次常务会议。会议指出，政府工作报告征求意见稿以贯彻中共十九大精神为总揽，确定后五年政府工作的总体思路，符合湘阴县发展实际和未来发展方向，要按照法定程序，进一步征求各方面意见建议，更好地反映全县人民意愿，对报告进行认真修改完善后，提请县委常委会议讨论研究。会议指出，各级各部门要以“优质粮油工程—中国好粮油示范行动”为总揽，将优质粮油工程作为推动全县现代农业发展的龙头工程、绿色食品产业发展的先导工程、三产融合的示范工程、农村发展资金整合的重要工程、乡村振兴的关键工程，积极引导粮油企业和合作社主动参与，制定切实可行的具体实施方案，统筹推动中国好粮油示范行动。会议强调，建立社区戒毒（康复）工作站和与湖南省白泥湖强制隔离戒毒所建立共建共管强制隔离戒毒所，将有力推动全县禁毒工作的深入开展。要按照“政府主导、司法主管、部门联动、省所指导、乡镇协作”的要求，全力打造全省社区戒毒（康复）工作示范县。要尽快与白泥湖强制隔离戒毒所签订合作协议，扎实推进共建共管强制隔离戒毒所建设。会议指出，科技创新基金要坚持公开、公平、公正的原则，主动对接省市相关政策，结合全县已经出台的政策，根据扶持类别、范围和对象的不同特点，进一步完善执行方案，确保早日实施。

【县政府全体（扩大）会议】8月10日，湘阴县召开县政府全体（扩大）会议，总结讲评上半年政府工作情况，部署下半年工作任务。上半年，全县各级各部门紧紧围绕稳中求进工作总基调，认真贯彻落实县委、县政府各项决策部署，全力攻坚，积极作为，推动县域经济发展保持稳中有增、稳中有进态势。1—6月，全县实现GDP148.23亿元，同比增长8%，增幅居全市第二、六县市第一；完成固定资产投资158.45亿元，实现规模工业增加值64.8亿元，社会消费品零售总额50.19亿元，完成财政收入9.15亿元，基本实现“时间过半、任务过半”目标。下半年是湘阴县经济建设的黄金期，也是实现全年目标任务的攻坚期。李镇江要求，各级各部门要全面对照年初工作部署，咬定总目标，大干下半年，突出重点加力加速，抓住关键奋力奋战。李镇江强调，要突出抓既定目标补短，加强经济运行研判，突出财税均衡入库、主要经济数据统计、脱贫攻坚、实事办理、城镇化率等重点；要突出抓产业提质增效，促进新型工业转型，稳定农业生产保收，加力全域旅游发展。

【全市经济社会发展情况分析会在湘阴县召开】
3月31日，全市一季度经济社会发展情况分析会在湘阴县召开，专题分析全市一季度经济形势，查找问题不足，研究发展举措，安排部署下阶段工作。会议指出，一季度，全市上下主动适应新常态，积极抢抓新机遇，全力推进湖南通江达海的新增长极建设，经济社会发展实现良好开局，各项主要经济指标增速均好于全国、全省，符合或高于年初预期。会上，湘阴县、临湘、汨罗、经开区等各县市区分别汇报一季度经济社会发展情况。湘阴县一季度完成GDP69.02亿元，同比增长6.82%；实现财政收入3.4亿元，增长13.5%；固定资产投资69.6亿元，增长15%；社会消费品零售总额21亿元，增长11.9%；城镇和农村居民人均可支配收入分别为8322元和5537元，增长9.5%、7.0%。会议强调，各级各部门要主动适应和引领经济发展新常态，切实改进作风、真抓实干，进一步推进经济目标的项目化、工程化和责任化，将目标任务细化到人、到单位，着力解决经济运行中的具体困难。要统筹抓好改革任务落地，不断增强市场活力，提升公共服务水平。要大力推进全民创新创业，创新融资模式，加快推进“一二四”工程建设。要加强对时间节点的把控，算清目标账、时间账和进度账，以目标倒逼进度，以任务倒逼责任，以督办倒逼落实，确保圆满完成全年目标任务。

（县年鉴编辑部）

重要文件

【2017年湘阴县人民政府文件目录】

湘阴政发〔2017〕1号　关于印发《切实提升政府效能的实施意见》的通知（2月24日）

湘阴政发〔2017〕2号　关于印发《湘阴县人民政府工作规则》的通知（2月24日）

湘阴政发〔2017〕3号　关于下达2015年城镇退役士兵安置指令性计划的通知（2月20日）

湘阴政发〔2017〕4号　关于表彰2016年度建议提案办理工作先进单位和先进个人的通报（3月10日）

湘阴政发〔2017〕5号　关于下达2017年财税收入目标任务的通知（5月10日）

湘阴政发〔2017〕6号　关于进一步加强协税护税工作的意见（6月5日）

湘阴政发〔2017〕7号　关于印发《湘阴县引进科技人才促进科技成果转化实施办法》的通知（6月22日）

湘阴政发〔2017〕8号　关于印发《湘阴县集体土地征收与房屋拆迁补偿安置工作操作规程》的通知（7月13日）

湘阴政发〔2017〕9号　关于规范全县国有土地上房屋征收与补偿工作的通知（7月13日）

湘阴政发〔2017〕10号　关于加大对高新区简政放权有关事项的通知（4月12日）

湘阴政发〔2017〕11号　关于印发《进一步规范全县土地征收和棚改工作的规定》的通知（9月9日）

湘阴政发〔2017〕12号　关于下达2016年城镇退役士兵安置指令性计划的通知（12月27日）

（县政府办）

重要活动

【国家卫生计生委到湘阴县调研】5月10日至11日，国家卫生计生委综合监督局副局长段冬梅率督导组到湘阴县调研卫生计生综合监督资源整合工作。在鹤龙湖镇菱角拐村卫生计生室和镇卫生计生监督管理所，督导组详细了解乡镇卫生计生监督管理所和村卫生计生室的功能布局、职责任务、制度上墙、业务工作开展等情况。2016年以来，湘阴县以卫计机构改革和职能转变为契机，坚持把综合监督执法工作延伸到基层，突出组织推动，逐步形成全覆盖的卫计综合监督管理体系。突出资源整合，推进执法网络、执法队伍、执法硬件建设，着力提升基层卫计综合监督能力。突出管理创新，建立信息平台快速联报机制、资金投入保障机制、业务监督与目标考核机制。突出联点执法，县、乡、村三级联合行动，全面加大监督执法力度。2016年9月，全国卫生计生综合监督工作现场会在湘阴县召开。2016年12月，湘阴县受邀参加全国计划生育监督工作经验交流会，并作典型发言。同时还获评湖南省“构建基层卫生计生综合监督执法体系”创新奖。段冬梅对湘阴县卫生计生综合监督资源整合工作给予高度评价，认为湘阴县在卫生计生综合监督资源整合工作上领导高度重视，相关部门密切配合，体系建设思路清晰，完全符合党中央、国务院精神，卫生计生综合监督资源整合“湘阴模式”值得大力推广。希望湘阴县进一步加强自身能力建设，充分利用网络平台、微视频、现场授课等模式，加强监督执法人员业务培训，全面推动基层卫计综合监督执法工作规范化、制度化、科学化。县长李镇江表示，湘阴县将加快推进综合执法监督能力建设，全面提升卫计监督队伍整体水平。进一步加大违法案件查办工作力度，依法推进计划生育监督执法工作，实现监督执法全覆盖，全力推动湘阴县卫计工作再上新台阶。

【何报翔督查湘阴县防汛备汛】6月28日，副省长何报翔到湘阴县督查防汛备汛等工作。何报翔在义合金鸡垸汽渡码头外脱坡险工处仔细察看险情现状，了解处险措施等情况。6月26日15时，该堤段发生两处外脱坡，全长100米。险情发生后，湘阴县迅速对出险处采取坡面扫障、卸载，彩条布覆盖等措施，险情迅速得到控制。面对2017年复杂的防汛抗灾局面，湘阴县及早准备、精心组织，积极备汛。全县储备砂砾石7万立方米、块石0.65万立方米、编织袋38.9万条、彩条布4.76万平方米，落实抢险队员624名、巡逻队员2490名、守护队员1152名、民兵舟桥队员46名，对全县74处山洪灾害预警系统进行调试维护，组织全县防汛抢险技术现场演练及山洪地质灾害避险现场演练。何报翔认为，湘阴县高度重视防汛工作，动手早、处险快、措施实、力度大，应给予肯定。同时指出，湘阴县作为全省3个防汛抗灾重点县之一，要充分认识当前防汛形势，抓好防汛各项工作的落实。要加大巡查力度，对险工险段和山洪地质灾害易发区加强防守。要配足备齐各类防汛物资，确保一旦发生险情，能迅速调配使用。随后，何报翔到顺天洋沙湖国际旅游度假区调研产业发展情况。

【许达哲到湘阴县检查指导防汛抗灾】7月2日，省委副书记、省长许达哲到湘阴县检查指导防汛抗灾工作。到湘阴县受灾情况较严重的城西垸浩河口崩案险工、北闸堤段以及沙田垸等险情处置现场，许达哲详细询问历史险情、巡查值守安排、险情处置等情况，并要求一线防汛人员坚守阵地，做最大努力守住大堤，做最充分的准备，保障群众生命安全。许达哲强调，湘阴县防汛形势严峻，务必要做到态度坚决、行动迅速、责任到位，切实保障人民群众的生命财产安全。要对照防汛一级应急响应，落实各级工作责任，扎实做好查险情、防隐患、堵漏洞等各项工作，洪峰来时严防死守，退水时更不能放松。省防指要做好预判统筹，加强部门协调联动，突出防范重点，加强科学调度，尽快增加对湘阴县等防汛重点地区的力量配置。要根据天气、水情变化趋势科学做出周密部署，果断决策，及时发布预警信息，遇到重要情况立即上报，及时处置。要做好灾情统计，总结薄弱环节，完善应急机制，全力以赴确保一方平安。要一手抓防汛抢险，一手抓沙田垸应急转移，采取一切措施降低灾害风险，以更大的决心、更实的责任，坚决打赢防汛抗洪攻坚战。市长刘和生表示，湘阴县作为全市的防汛抗灾重点县，要进一步压实责任，真正把“写在纸上、画在图上”变成实际行动落实到位。全市各级党组织和广大党员要把防汛救灾作为当前各项工作的重中之重，把做好防汛救灾工作作为开展“两学一做”学习教育的重要检验，让党旗在防汛救灾的大堤上高高飘扬。县委书记汪灿表示，湘阴县将认真落实省委、省政府和市委、市政府的指示精神，严格执行省、市防指指令，坚决服从统一指挥调度，全面落实属地主体责任，动员一切力量，集中一切资源，采取一切措施，全力迎战高洪高危水位，全面打响防汛抗灾保卫战，以更全的准备，下最大的决心，坚决夺取防汛抗灾最终胜利。

【何报翔督查指导湘阴县防汛】7月2日下午，副省长何报翔到湘阴县沙田垸督查指导防汛工作。沙田垸柳林江段全长6430米，截至7月1日中午12时，水位达38.01米，超历史最高水位0.66米。在廖家围堤段，防汛巡查队员相继发现10余处小管涌，严重威胁堤身安全。武警官兵和突击队员迅速参与抢险，他们各自分工，扛沙、传袋、筑子堤、打围堰，回填土包压实，稳定堤身。何报翔闻讯，迅速赶到现场询问险情，指导防汛抢险，并要求湘阴县紧急动员，全面启动防汛一级应急响应，将责任堤段明确到县、乡、村各级责任人，加强物资调运和技术力量，加大抢险处险力度，做好人员疏散准备，全力以赴保护人民群众的生命财产安全。

7月3日上午，副省长何报翔到湘阴县防汛形势较为严峻的城西垸浩河口堤段指导防汛工作。在城西垸浩河口，何报翔实地察看堤段加固、物资储备、人员配备等防汛重点工作，详细听取当前该堤段各项防汛措施落实情况。何报翔一边听取汇报，一边详细询问巡查值守安排、险情处置等情况，他要求防汛人员坚守阵地，加密查险力度，有效处置险情。何报翔强调，湘阴县要严格落实国家防总和省委、省政府部署要求，全力做好应急抢险各项工作，按期完成应急抢险脱险任务，立足防大汛、抗大灾，做到“责任、工程、预案、物资、队伍”到位，确保垸区大堤安全。

【国家防总督查组到湘阴县检查防汛抗灾】7月3日，国家防总督查组到湘阴县检查指导防汛抗灾工作。督查组一行先后到义合金鸡垸、城西垸、沙田垸等防汛一线实地察看，详细了解险情处置、险工险段、值班值守、巡堤查险等情况。督查组指出，入汛以来，湘阴县高度重视防汛抗灾工作，相关部门密切配合，各项措施落实到位，工作开展扎实有效。督查组要求，要时刻紧绷防汛抗灾这根弦，牢固树立防大汛、抗大洪、抢大险的意识，做到严防死守，绝不放松。要加强物资应急保障，对防汛物资储备进行分析评估，及时补充消耗物资，确保满足抢险抗灾要求。汪灿、李镇江表示，湘阴县将严格按照国家防总、省市防指的要求，不折不扣落实各项防汛措施，做到防汛意识更强、责任落实更实、巡堤查险更细、险情处置更快、值班值守更严、物资储备更全。

【财政部检查汛区转移群众安置情况】7月4日，国家财政部、民政部检查组到湘阴县防汛形势较为严峻的沙田垸检查防汛救灾工作。检查组来到沙田垸柳林江堤段集中帐篷安置点，仔细察看安置点周边环境，询问物资是否充足、群众是否安心。在铁角嘴中心幼儿园，检查组看望安置在此的五保老人以及转移群众，要求随行的相关部门要尽全力做好安置工作，确保群众有饭吃、有住处、有干净水喝、有病能及时治疗。

【何报翔再赴沙田垸督查防汛】7月4日，副省长何报翔再赴湘阴县沙田垸督查指导防汛抗灾工作。在柳林江大堤，何报翔沿堤脚一路步行，仔细察看各险工险段。沙田垸属洞庭湖区重点垸，总面积34.8平方千米，总人口2.81万人，防洪大堤总长16.608千米，其中一线防洪大堤长9.43千米，有穿堤建筑物21处。截至7月4日16时，该垸柳林江堤段发现险情71处，成功处理71处。何报翔充分肯定湘阴县前段防汛抗灾工作，他强调要加强思想动员，进一步营造防大汛、抢大险、抗大灾的浓厚氛围，落实好“一切工作以服务于防汛”的宗旨。要正确研判形势，全面把握雨、水、汛情。要科学稳妥决策，最大限度减少灾害损失。要突出工作重点，加大查险、处险、物资储备力度。要加强调度协调，进一步加大防汛会商、技术支撑、险情处置、队伍建设的力度，确保防汛抗灾工作万无一失。

【刘和生再次到湘阴县督导防汛救灾】7月5日，市委副书记、市长刘和生再次到湘阴县督导防汛救灾工作。自入汛以来，湘阴县建立健全县级领导包垸区、县直部门包乡镇、乡镇干部包村组、村组干部包堤段、水管单位干职工包工程的组织指挥系统，构建横向到边、纵向到底的全覆盖、无盲区的防汛抗灾工作格局，以最高标准全力迎战超历史最高水位的洪水，全力做好防汛抗灾各项工作。在县防指和沙田指挥分部，刘和生详细了解湘阴县当前防汛抗灾情况和险情处置情况。刘和生认为湘阴县前段防汛抗灾基础工作扎实、防汛物资丰富、抢险力量充足，值得肯定。现在最高水位虽已过，但也不能掉以轻心，一定要防止退水垮堤。要加强责任落实，把人民群众生命安全、重要堤防和重要设施安全摆在首位，全面加强打持久战、攻坚战的准备和措施，全力迎战持续高洪水位，坚决夺取防汛抗灾全面胜利。

【隋忠诚到湘阴县调研灾后恢复重建】9月13日，副省长隋忠诚到湘阴县调研灾后恢复重建工作。6月下旬以来，湘阴县遭遇持续强降雨，7月2日，湘资两水全线超保证水位。县防指及时调整响应等级，切实加强组织指挥、巡查防守、查险处险，全县出动公职人员1万多人，投入劳力7.8万人，处置堤身脱坡、管涌、散浸等各类大小险情200多处，取得抗洪救灾的全面胜利。针对汛期暴露的薄弱环节，湘阴县计划投资6.3亿元，按照轻重缓急、确保防洪安全的原则，实施重点险工治理、重大水利工程建设、水毁工程建设等五大类工程。来到岭北镇沙田垸，隋忠诚详细了解湘阴县防汛抗灾及灾后恢复重建工作情况。对湘阴县及时启动应急预案，迅速应对汛情，科学安排部署、组织发动干部群众积极开展生产自救，提早谋划灾后恢复重建的做法给予充分肯定。隋忠诚指出，在灾后恢复重建工作中，要采取应急谋远、轻重缓急的方式，抓好顶层的设计、规划，以更高的标准抓好恢复重建工作。要建立全省水利专家智囊库，把全省各地的老水利专家和资深水利工作人员纳入智囊库成员，确保发生汛情第一时间赶赴现场指导防汛抗灾。省直各相关部门要积极争取国家政策支持，进一步加大帮扶力度，制定具体的支持措施，努力提升全省防洪保安和防灾减灾能力。

【国务院安委会督察组到湘阴县督查】9月24日，国家安全监管总局监管二司监察专员王力争率国务院安委会安全生产大检查综合督察组到湘阴县督察安全生产工作。督查组分别到湾河汽渡码头、金龙新区再建安置基地二期工程建设现场、湖南斯派克科技股份有限公司等处，通过现场督查、查阅资料、问询座谈、听取汇报等方式，全面检查湘阴县落实大检查各项工作任务措施情况。近五年，湘阴县坚持“安全第一、预防为主、综合治理”的方针，加强安全监管，狠抓打非治违，筑牢基层基础，并扎实开展“落实企业安全生产主体责任年”活动，将抓好安全生产大检查作为一项重要政治任务强力推进，近三年未发生一起较大以上生产安全事故，2014年至2016年连续三年获评全省安全生产先进单位，2017年，在积极创建全省安全生产示范县，全县安全生产形势持续稳定向好。督查组指出，安全生产无小事，湘阴县委、县政府对安全生产大检查工作高度重视，组织领导有力，措施落实到位，在加大投入力度、突出示范创建的同时，严格开展执法检查、加强问题隐患整改、深入开展专项整治、严肃追责问责，有力地推动全县安全生产形势持续稳定向好，值得充分肯定。希望湘阴县进一步加强红线意识、安全意识，自我加压，克服麻痹思想和松懈情绪，时刻紧绷安全生产这根弦；不断健全完善安全生产责任体系，严格落实属地监管责任、部门监管责任和企业主体责任；全面开展安全生产大检查，不断深化安全生产“打非治违”，保持工作的稳定性、连续性和实效性；发挥举报监督作用，依靠群众力量，共同推动安全生产工作落实落细，为中共十九大胜利召开营造良好的社会环境。县委书记汪灿表示，湘阴县将以此次大检查为契机，提升认识、提高站位，立整立改、跟踪到位，从严从实从细抓重点抓关键抓薄弱环节，以最警醒的头脑坚守安全红线、以最强硬的监管筑牢安全防线、以最严格的责任守住安全底线，全力推动全县安全生产再上新台阶。

【刘和生到湘阴县督查园区建设大会战】9月26日，市委副书记、市长刘和生在湘阴县督查园区建设大会战情况。2017年，湘阴县通过突出优化顶层设计，升级园区规划会战；突出攻坚项目建设，培育园区产业抓会战；突出完善服务配套，提升园区功能抓会战；突出放大高新优势，促推园区创新抓会战。全力推动项目向园区集中，要素向园区集聚、政策向园区倾斜。1—8月，园区完成规模工业增加值53亿元，完成固定资产投资29.17亿元，完成高新技术产业增加值41亿元，税收9500万元。引进项目34个，合同引资98.9亿元。刘和生一行先后来到县工业园、临港新区和高新区，深入部分企业、在建项目现场和相关项目选址地实地察看，详细了解开工项目建设、企业发展、招商引资等情况。刘和生对湘阴县园区大会战工作给予高度肯定，认为湘阴县园区大会战工作，领导高度重视、要素保障到位、项目推动有力，各项任务指标完成较好，亮点较多，成绩斐然。刘和生指出，要增强工作的紧迫感和责任感，坚定不移实现园区大会战的各项目标任务。全力攻坚招商项目落地，制定详细方案，明确专人负责，通过引进一批、置换一批、升级改造一批，进一步夯实园区产业基础。要坚决推进落户项目建设，积极面对困难，主动化解矛盾，全力实现转型升级目标。要进一步加快标准厂房建设，倒逼基础设施建设、项目入园和转型升级。要全力保障园区建设，积极调度会商解决问题，高标准高质量完成各项工作任务，坚决打赢园区建设大会战，为全市经济社会发展做出更大的贡献。汪灿、李镇江表示，湘阴县将严格按照全市园区大会战要求，突出抓好项目建设、基础设施、要素保障、招商引资和督查考核等重点工作，齐心协力，合力攻坚，坚决打好园区大会战决胜战。

【刘和生到湘阴县考察调研产业园区建设】12月4日，市委副书记、市长刘和生考察调研湘阴县产业园区建设、“空心房”整治、规范村民集中建房等工作。刘和生一行分别到可孚智能医疗产业园建设现场、金龙新区在建安置基地、六塘乡金珠口村规范村民建房集中安置点及洋沙湖街道岳府村、漕溪港街道石塘社区空心房拆除整治现场，实地察看当前现状，仔细了解创新举措，检查验收工作成效，并就各项工作与相关部门开展座谈交流。2017年，湘阴县以“一二四”行动和“四大会战”为抓手，升级园区规划、推进产业集群、提升园区功能、加力园区创新，全力攻坚项目建设，狠抓产业升级，1—10月，园区完成规模工业增加值40亿元，实现高新技术产业增加值37亿元；规范农村村民建房工作按照全市“三个三”总体目标任务，计划三年建设集中建房点45个，并全部达到30栋以上体量，至10月，12处集中建房点基本竣工；“空心房”整治工作中，湘阴县将整治工作与美丽乡村建设、规范村民建房、全域旅游发展和农村环境治理等有机结合，积极探索，稳妥推进，至10月，全县拆除农村“空心房”3563栋、49.5万多平方米，占全县“空心房”总面积的89%。听取情况汇报后，刘和生对湘阴县工作给予充分肯定，并要求，湘阴县要集中精力抓工业，把握近长区位优势和良好的园区发展基础，高举“兴工强县”旗帜，大力引进大工业项目和战略投资者，抓紧研究，抓出成效；要改革创新抓农村，将“空心房”整治作为乡村振兴的重要抓手和洞庭湖突出环境问题整治三年行动计划的具体抓手，以主要干道、湘江沿岸、洞庭湖沿岸为重点，通过拆旧推动建新、推动集中建房，从源头上改变农村面貌，为环境整治、污水处理创造良好条件，推动农村绿化、美化、生态修复，并加大研究力度，大胆探索，作出更大成效，率先在全市形成可借鉴、可复制、可推广的经验做法；要毫不松懈抓底线，特别是环保工作上要大力推进河长制工作落实，脱贫攻坚工作中要抓紧“回头看”，确保万无一失，维稳工作中要建立健全长效机制，确保社会和谐稳定发展。县委书记汪灿表示，现在是湘阴县跨越赶超发展的关键时期，湘阴县将以此次调研为契机，以引进战略投资为抓手，加快园区产业发展；以规范村民建房和“空心房”整治为抓手，推动乡村振兴战略；以交通建设为抓手，做大县域框架格局；以精准扶贫和棚改为抓手，提升民生福祉；以洞庭湖水环境整治为抓手，建设秀丽城乡；以“不忘初心，牢记使命”为抓手，加强党的自身建设，全面提升湘阴县各项工作水平。

（县年鉴编辑部）

湘阴县获评“中国湖鲜美食之乡”（2017年摄）

交流考察

【吉首市领导考察洋沙湖度假区】2月22日，吉首市委副书记、市长李诗兴一行到湘阴县洋沙湖国际旅游度假区，就开展全域旅游等工作进行参观考察。占地1733.33公顷、总投资约200亿元的顺天洋沙湖国际旅游度假区在如火如荼地建设中。将开创七大水主题和七星度假系统，大全景构建世界级综合性一站式旅游目的地。项目计划2017年6月建成开园。李诗兴对湘阴县高品位的城市建设和强劲发展势头给予高度评价，希望以后两地加强联系，增进交流，为双方经济、文化等方面交流合作搭建良好的平台。

【李镇江率队赴益阳市赫山区考察】2月13日，县长李镇江率队赴益阳市赫山区考察垃圾综合处理、村级公共服务平台与村卫生室建设工作。益阳市赫山区委书记邓正安参加工作交流会。在赫山区泉交河镇松树桥村、菱角岔村和益阳市城市生活垃圾焚烧发电厂，李镇江一行实地参观村级公共服务平台建设和农村垃圾集中综合处理情况，详细了解村级公共服务平台与村卫生室建设模式和农村垃圾分流处理等方面的工作经验，听取企业有关垃圾焚烧发电项目情况介绍，详细了解垃圾焚烧设计原理、垃圾处理的工艺及流程等情况。在随后召开的工作交流会上，邓正安简要介绍赫山区相关情况。赫山区按照“户分类、村收集、乡镇转运、区处理”的垃圾分流处理模式，扎实推进农村清洁工程，农村垃圾集中无害化处理率达98.7%。新一轮行政村合并后，赫山区按照“基础在建、关键在管、核心在用”的思路，同步推进村民服务中心硬件设施、制度体系和服务体系三大建设，线上线下两大平台同步建设，全区有118个村完成制度体系建设。邓正安同时希望与湘阴县在水域治理、防汛抗灾、交通项目建设等方面进一步增强联系，全面扩大两地经济社会发展的合作空间。李镇江指出，湘阴县、赫山区虽然分属岳阳和益阳，但两地同属洞庭湖，同饮资江水，地缘相邻、交通相连，都处于加快发展的关键时期，加强两地交往，对增进彼此了解、推进合作交流、促进共同发展具有重要意义。李镇江表示，这次考察学习是一次开拓视野之行，赫山区农村垃圾综合处理方式、村级服务平台和村卫生室建设等方面的工作经验值得学习和借鉴，希望双方进一步加强沟通交流，推动湘赫两地共赢发展，共同开创两地更加美好的未来。李镇江一行还到益阳茶业市场考察黑茶博物馆场馆设置情况，并就如何做好茶叶与岳州窑结合文章，和场馆负责人进行深入交流。

【李镇江率队赴长沙对接洽谈项目】10月19日，县长李镇江率队赴长沙对接洽谈物流产业和医疗产业项目。湖南可孚医疗科技发展有限公司是一家以智能家用医疗辅助康复用具和智能家用电子监测产品研发生产销售为主导的医疗器械专业化高新科技型生产企业。2017年6月与湘阴县签约，在高新区建设可孚智能医疗产业园。李镇江一行在公司董事长张敏的陪同下，先后参观医疗产品展示区和电子商务区，并与公司高层就如何加快推进项目建设进行座谈。李镇江表示，可孚智能医疗产业园落户湘阴县后，各相关职能部门把该项目作为2017年的一号工程，在加速推进相关手续办理工作，全力优化项目建设环境。希望双方进一步加强沟通衔接，深化合作交流，争取项目早日动工建设。张敏表示，公司将加快投资进度，促使项目早日建成投产，为湘阴县经济社会发展做出贡献。在顺丰集团湖南有限公司分拣中心，李镇江一行实地察看物流分拣流程，详细了解全省物流行业发展前景，重点推介湘阴县发展现代物流产业的优势。李镇江表示，湘阴县地处省会长沙北郊，距长沙市区只有18千米，既是长株潭两型社会核心试验区，又是洞庭湖生态经济区核心区，还是中部首个国家级新区——湘江新区拓展区。物流产业发展潜力巨大，合作空间广阔。真诚希望双方能够携手合作，实现资源优势互补，共同助推现代物流产业发展。

【李镇江率队赴衡山县考察】11月4日，县长李镇江率队赴衡山县考察学习工业经济和园区建设工作。衡山经开区是省级经济开发区，累计投入基础建设资金6亿元，“五纵四横”的主干道路骨架全面铺开，水、电、通信、燃气等基础设施完善，存量企业和签约入园企业达64家，企业从业人员达16000余人。2017年，衡山县启动建设黄花新区，尝试园区开发新模式，以工业地产带动商业地产开发，促进园区工业化、城市化建设，逐步实现开发区与县城的无缝对接和融城。在衡山县委书记尹培国陪同下，李镇江到新开工建设的黄花新区和经开区，详细听取园区开发建设以及企业发展规划情况介绍。仔细了解厂房的建设样式、规格及利用情况，重点就黄花新区的产业布局规划、厂房建设、企业引进、运行模式等方面情况进行深入探讨。李镇江表示，衡山县的园区发展理念超前，规划建设水平领先，产业集群竞争力强，环境打造独具特色，积累丰富的成功经验，回去后将认真总结考察成果，学习借鉴衡山的成功经验，为湘阴县经济社会又好又快发展注入新的动力。希望双方进一步加强交流、巩固友谊、深化合作，实现共同发展。尹培国表示，湘阴县是我的第二故乡，在湘阴县工作两年多的时间得到湘阴县干部群众的大力支持，希望以后两地进一步深化交流合作，实现优势互补，发展共享，合作共赢。

【李镇江赴河北考察产业新城项目】12月7日至9日，县长李镇江率队赴河北和北京考察华夏幸福产业新城项目。华夏幸福基业股份有限公司以产业高度聚集、城市功能完善、生态环境优美的产业新城与产业鲜明、绿色生态、美丽宜居的产业小镇为核心产品，秉承以产兴城、以城带产、产城融合、城乡一体的系统化发展理念，通过创新升级运作模式，探索实现产业新城的经济发展、城市发展和民生保障。在华夏幸福公司高管的陪同下，李镇江一行先后到河北大厂产业新城、香河产业新城和固安产业新城，实地察看新城基础设施和公共配套建设，详细了解新城规划设计、产业发展与城市运营情况。河北廊坊市大厂产业新城、香河产业新城和固安产业新城是由华夏幸福基业股份有限公司与当地政府以PPP模式合作共建。PPP模式是政府与企业建立“利益共享、风险共担、全程合作”的共同体关系，以“政府主导、企业运作、合作共赢”为原则，把平等、契约、诚信、共赢等合作理念融入产业新城的协作开发和建设运营之中。在土地整理投资、基础设施建设、公共设施建设、产业招商服务、城市运营维护服务等方面，企业与地方政府全面合作，共同决策、共同推进，双方紧密协作，优势互补。李镇江在考察中指出，此次河北之行令人感受颇深。华夏幸福公司是具有创新意识的企业，产业新城项目是具有远见卓识的运营模式，非常符合产城融合发展理念，符合PPP建设理念，是双方目标一致、互利共赢的合作模式，令人进一步坚定合作信心。在北京华夏幸福基业股份有限公司总部，李镇江就加快推进与华夏幸福合作事宜与公司高层座谈。李镇江表示，湘阴县位于省会长沙向北30千米，全域处于长株潭半小时经济圈，全境纳入长株潭两型社会核心实验区、洞庭湖生态经济区核心区、中部首个国家级新区湘江新区拓展区，具备良好的区位、交通、资源、产业和环境等九大优势。湘阴县正以建设“左公故里、美好湘阴”为愿景，努力建设岳阳次中心、省会卫星城，城市发展进入新时期，是非常适合的产业新城布局点，希望双方进一步加强交流、深化合作、建立对接机制，将湘阴县产业新城项目作为湖南省产城融合发展的典范来加快推进，实现共同发展。湘阴县将积极解决项目建设中存在的困难和问题，全力营造“亲商、安商、富商、养商”的发展环境，努力实现产城融合、政企共赢、携手发展。华夏幸福产业发展集团副总裁秦文才简要介绍公司生产经营、企业布局和投资方向，十分看好湘阴县的发展前景。他指出，湘阴县拥有得天独厚的地理区位优势和大量的土地资源储备，产业发展潜力巨大、发展优势明显。秦文才表示，公司将组织团队赴湘阴县实地考察，进一步拓宽合作领域，早日实现项目签约，按照“一年出形象、两年打基础、三年大变样”的目标，集中资源、集中力量，完善基础设施，引进龙头企业，壮大产业集群，全力将湘阴县产业新城打造成为产城融合发展的经典之作。

（县年鉴编辑部）

湘阴县人民政府主要负责人名录

县　长　李镇江
副县长　林恒求　肖　华　文春华（11月任）
许　波（至9月）　蒋世杰　范　征
余建新　刘映球　方腊初
李　峰（11月任）　汤　静

县人民政府办公室

【概况】湘阴县人民政府办公室（简称县政府办）有在编在岗干职工50人，其中班子成员19

人，归口管理单位有县政府经研中心（正科级单位），内设秘书组、应急办、督查室、法制办、12345热线办、政务信息组、行政组、发改财税组、城乡建设组、社会发展组、农业农村组、商务金融组、工业交通组、外事侨务组、政工人事组等15个组室。同时，加挂县人民政府法制办公室、民族宗教事务局牌子。2017年，县政府办认真贯彻落实县委、县政府各项决策部署，坚持以更高标准、更快节奏、更优服务、更严管理，深入开展争当“六个表率”活动，聚焦聚力“三服务”，着力提升“三率”，服务效能不断提升，工作作风不断转变，队伍建设不断增强，较好完成全年各项工作任务。

【以文辅政】坚持“身在兵位、胸为帅谋”，以服务发展为导向，认真履行参政参谋职责，主动靠上，提前谋划，切实当好县政府领导决策的“智囊团”“思想库”“参谋部”。一是文稿服务精益求精。认真撰写各类会议讲话、工作汇报、典型发言等重要文稿材料，全年完成文稿起草200多篇，特别是县十七届人大二次会议政府工作报告、年初党政负责干部大会讲话、政府全体会议讲话、湖南国际旅游节系列活动讲话材料等得到领导充分肯定。二是调研问计紧扣中心。围绕领导关注的重点、年度工作的要点、群众反映的热点、推进工作的难点等问题，紧扣产业转型升级、创新驱动、金融财税、招商引资、城乡建管、生态建设和民生保障等重大决策部署，积极“走出去”“沉下去”，深入部门单位、乡镇村组、项目一线广泛调研问计，形成一批有深度、有价值、高质量的调研文稿，20多篇稿件在中央党校内刊、《湖南日报》《岳阳日报》《江湖名城》等刊物发表。三是意见建议精准实在。认真研究全县改革发展稳定中出现的新情况、新问题，积极谋划探索发展的新思路、推动工作的新举措、攻坚克难的新办法，适时出谋划策、建言献策，做到能参大事、会参难事、敢参新事，力求参之有度、谋之有方、谏之有策，配套制定政府性投资项目管理、协税护税、土地征收安置等20多个促公平、增效益、提效能的政策文件。

【办文办会】带头执行政府工作规则，下发《关于进一步规范办文办会办事程序的通知》，着力在规范环节、严密细节、注意小节上下功夫，切实把精细、精准、精致标准贯穿到办文、办会、办事的全过程，全力确保各级政令畅通无阻、各项政务运转高效。一是推动公文处理“零差错”。按照“统一管理、分块负责、合理调配、集中考评”的思路，将六个跟线组长全部纳入经研中心管理，实行集中办公、集中学习、集中管理。积极选优配强文稿服务力量，认真执行公文管理办法，全面规范公文办理程序，切实优化文件审阅审签审批等运转流程，严把公文政治关、政策关、文字关，严格政府各类公文的政策性、规范性、时效性，全年办理各类文件800多个。切实加强公文收发、传送、存档、保密工作，全年收阅办理各类公文1200多个，均实现零延误、零差错。二是推动会务活动“零失误”。进一步规范政府办会程序，严格会议审批，坚持压缩会议数量，精简会议议程，控制会议时间。同时，按照“充分准备、严密组织、周到服务、安全保密”的原则，认真做好会前、会中、会后服务，推动会务活动科学化、标准化、规范化，全年组织承办县政府大中型会议70多次、小型会议200多次。公务接待从细处着眼、小处着手，实行定人、定岗、定责，确保不出纰漏差错、勤俭节约周到。切实做好重大接待活动，圆满完成10多次国家部委、20多次省领导、30多次市领导到湘阴县考察接待活动，受到一致好评。三是推动工作协调“零障碍”。健全协调联动工作机制，畅通联络沟通渠道，充分发挥政府办承接上下、协调各方、联结内外的枢纽作用，切实加强与县委、人大、政协办公室和各个部门单位之间的协调协作，积极理顺各方关系，整合各种资源，统筹工作安排，使各级各方力量围绕发展大局聚集，朝着中心工作聚焦，实现服务最优化、效能最大化。圆满完成2017中国湖南国际旅游节、长沙招商推介会、湘菜美食文化节等大型公务活动服务工作，成功组织工业地产标准厂房接受新华社采访等工作。

【依法行政】深入推进法治政府建设，加强行政权力依法规范公开运行管理，切实优化政务环境、全力提升行政效能。一是推进依法决策。出台《湘阴县法治政府建设实施纲要（2015—2020年）》，协调安排政府常务会议学法活动2次，举办安全生产法律法规专题培训班，聘请5名资深律师组建县政府法律顾问团。对重大政策出台、重要合同签订、重要文件印发，均先由政府法制部门审查把关，全年依法审查政府合同43件、规范性文件20个、非规范性文件35个，清理政府性合同384件、规范性文件89个，取消各类无谓证明、循环证明和奇葩证明125项，参与涉法纠纷协调80多次，组织举行水价调整等听证会3次。认真做好建议提案办理工作，先后承办和协办市人大代表建议和政协委员提案4件，办理县人大代表建议117件、政协委员提案138件，办结率100%，代表、委员满意率99%。二是推进政务公开。推进“互联网＋政务服务”工作，切实加强政务外网规范化管理，启动电子政务外网向210个村（社区）延伸工程，完成县信访局等4家单位视频会议系统与政务外网的对接。按照“四统一”要求，重新规划政府门户网站架构，新版湘阴县人民政府网正式上线运行，政府网站建设获评省市先进。每季度编印《湘阴县政报》，及时规范公开规划计划、财政预算、政府采购等政务信息，全年累计发布信息17340条，及时回复市长信箱来信175件、县长信箱来信387件，回复率均为100%。受理市、县依申请公开平台来件7件，均依法依规及时答复。整合县内政务服务热线9条，受理热线工单12150件，及时办结率、回复率100%，群众回访满意率95%。三是推进行政监督。深入开展行政执法案卷评查活动，严格执法人员培训把关，发放行政执法证1389本，着力规范行政执法行为，认真执行行政单位负责人出庭应诉制度，全年受理审结行政复议11件。

【督查督办】坚持把抓落实、促落实作为政府办的核心职责，建立完善约束有力的政府督查机制，始终以踏石留印、抓铁有痕的劲头，从严从实督查督办，推动各项工作及时落地、全面落实。一是加强绩效督查考核。围绕县委、县政府重大决策部署、重要会议精神、重点工作任务和各级领导批示交办事项，紧扣任务分解、跟踪督查和考核奖惩三个环节，坚持“紧跟部署抓督查、一杆到底抓督查、动真碰硬抓督查”，实行“一般工作巡回查、难点问题突出查、重点事项反复查”，全面加强政府工作报告、领导批示件、县政府常务会、县长办公会等议决部署事项督促督办，确保督查工作始终与县委、县政府安排部署的工作步调一致、同频共振，维护政令畅通。全年组织开展专项督查90多次，编发督查通报35期，编写情况汇报6份，督促办理县政府主要领导批示件700件。二是抓好民生实事办理。及时细化分解省市县民生实事任务，逐项明确牵头领导、责任单位和具体责任人，与各责任单位签订目标管理责任状，加强“一把手”负总责、分管领导具体抓、承办人抓落实的工作机制。每季度对省市重点民生实事开展一次全面督查，对进展缓慢的进行重点督查、专项督办、限期整改，2017年，承办的17类27项省市重点民生实事全面完成或超额完成。三是推进重大项目建设。围绕“一二四”行动部署，坚持常规督查和集中督查相结合，切实加强对50个重大项目、重点工程的督查调度力度，全力促推项目建设。可孚医疗、卓达创新园等36个项目开工建设，鑫源新材料、元亨科技二期等8个项目加速推进，蓝天豚硅藻泥、苏德新材料等6个项目竣工投产；漕溪港码头二期基本完工；240国道湘阴县段、新乔线、武警机场公路全线通车，完成芙蓉大道湘阴县段改造升级，洋沙湖大道和滨江南路高标准改造通车。

【作风建设】党组一班人始终心系大局、心系发展、心系群众，坚持以身作则，带头转变作风、带头干事创业、带头创先争优。一是注重班子团结。各班子成员既分工又协作，平时工作各司其职、各负其责，中心任务齐心协力、整体联动，重大事项集体研究、民主决策，做到揽事不揽权、到位不越位、补台不拆台，机关团结和谐共事气氛浓厚。二是加强队伍建设。深入推进“两学一做”学习教育活动，定期组织班子和全体干部职工开展政治理论学习和业务知识培训，注重激发队伍活力，2017年，选调优秀年轻干部4人，3名在职干部完成学历提升。三是加强内部管理。大力推进基层应急管理规范化建设，参加省市组织的业务培训3次，开展应急知识宣传活动2次，组织全县水上交通安全、预防地质灾害、消防安全等演练活动10次，进一步完善专项应急预案，基层应急管理规范化建设工作通过省、市评估验收。本着“精、准、细、严”的原则，健全完善值班考勤、会务签到、印鉴管理等制度，机关日常事务管理进一步规范。坚持厉行节约，全面实行经费包干，严格落实财务管理制度，严控用电、用水、用餐、用车等各项经费开支，机关财务管理进一步加强。四是厚植为民情怀。全体班子成员带头深化联点帮扶，帮扶鹤龙湖镇联星村农户33户，一对一精准扶贫21户，发放困难慰问资金3万元，协助完成易地搬迁2户、危房改造8户，投入党建基础设施建设等项目资金5万元，协助争取省级秀美乡村、省扶持村级集体经济发展试点。五是坚守廉洁底线。班子成员带头遵守中央“八项规定”和省委、市委“九项规定”，严格廉洁自律，严格管住管好家属和身边工作人员，没有插手或干预重点工程项目行为，没有收受红包礼金和公款消费问题，没有发生违法违纪案件，较好地发挥廉洁从政表率作用。

（胡　卫）

湘阴县人民政府办公室主要负责人名录

主　任　张　森
副主任　胡建龙　黎安平　谭杰雄（至7月）
傅　拓（至8月）
钟建武　陈启寒　朱岳军　周献军
宋正文（7月任）　尚建璋（7月任）
吴卫民（5月至9月）

政务服务

【概况】湘阴县政务服务中心（简称县政务中心）内设办公室、业务股、财务股、效能监察股、工会。有干职工187人（其中政务中心工作人员17人），进驻的窗口单位有28个，设有服务窗口80个。2017年，县政务中心紧紧围绕稳中求进工作总基调，认真贯彻落实县委、县政府各项决策部署，结合大楼、乡镇便民平台建设以及互联网+政务服务等工作，进一步深化政务公开，提升政务服务水平，各项工作均取得一定成效。

【提升政务服务水平】2017年，县政务中心坚持把推进政务公开作为加快政府职能转变、深化简政放权、服务人民群众、创优发展环境、提升工作效能的重要举措，以深化政务公开和创优政务服务为抓手，突出在信息公开、政务服务、便民维权、网上办事等方面下工夫，县政务中心把重点领域信息、群众关注的政府信息作为公开的重点，进一步创新举措，加强督促指导，深化政务公开。一是进一步加强政府门户网站建设管理。学习借鉴全国优秀县市政府网站建设及管理模式，美化网页界面、完善网站结构、开设精品栏目、打造地方特色，优化办事事项、及时互动响应，进一步提升湘阴县政府网站建设与管理水平。二是进一步实现政务公开主体全面覆盖。加强政务信息公开工作，按照公开为原则，不公开为例外的要求，完善管理制度，细化政务信息公开目录，分解工作任务，依法做好申请公开，认真做好政府门户网站内容保障，重点推进公益性强、公众关注程度高的政府部门信息公开，确保政府各部门最大限度地实行政务信息公开，推进政府信息公开全面规范、健康有序地开展。2017年，通过不同渠道和方式公开政府信息14695条。同时，为解决老百姓办证难、切实打通服务老百姓的“最后一公里”，中心跟县里积极汇报衔接，于11月13日将不动产登记中心整体进驻县政务中心，避免群众办事来回跑。不动产登记中心成立于2016年9月26日，由于当时不动产权证登记中心成立时间紧、政策性强、任务重，因此临时把场地设在房产局大厅，导致老百姓办理产权证要多头跑（政务中心、国土局、房产局），且数据和网络端口设置不合理、不统一，使不动产权办理很不顺畅。登记中心进驻县政务中心后（有在编人员49人、6个股室、18个窗口），先后完成万余本权属证书的登记任务，初步完成房产、国土、林业等相关部门数据的整合。

【税费清查及征管】2017年，政务中心为加强房地产税收征管，坚持部门联动，信息共享，形成政务服务中心、地税、房产、国土、规划“五位一体”的运作模式，以税控证、以费控证。中心组织国地两税、房产开展房地产业税收情况调查，撰写《关于湘阴县2017年度房地产市场及税收情况的分析与建议》，以加强房地产税费征管为重点，认真分析财源，查找征管漏洞，分解工作责任，针对小型房地产项目、私人建房、填土工程以及隐蔽工程，加强措施，加大税费清查及征管力度。一是房地产行业所有税收数据都在网上运行，系统自动处理，所有税款通过银行卡刷卡直接缴纳到指定银行；二是开发监管账户软件，设立预售资金监管账户；三是统一城区存量房交易分地段计税基价；四是涉及二手房、土地交易价格有争议的实行价格认证；五是各类建设工程验收时，房地产税收一体化办公室必须参加，待税收结清后，方可办理综合验收手续；六是建设工程报建过程实行税费联办，由政务中心业务股把关，只有税完费清后，才能向规划、国土、房产等有关部门传递办证信息；七是针对小型房地产项目、私人建房、填土工程以及隐蔽工程，组织税收清查，有效地杜绝跑冒滴漏现象；八是在政务中心设置房地产税法咨询窗口，委派专人负责解答纳税人质疑；九是通过媒体发布公告，利用手机发送短信，印发传单，大力宣传税收政策；十是房地产税收一体化征管办公室制定考核、考勤、奖惩管理办法，明确税收入库目标任务，签订责任状，依法完善文书，分项建立档案。全年县政务中心完成房地产税收2.68亿元。同时，结合国家“营改增”这一政策，县政务中心通过和相关单位积极衔接，县国税局营改增成建制进驻中心，车辆购置税和房地产建筑安装以及经营类增值税也在政务中心大厅办理。按照“一窗受理、涉税同办、限时办结”的服务模式，将所有纳税人办理的涉税事项全程涵盖、全程优化，让服务纳税人“最后一公里”不梗阻、不堵车，实现国税、地税、纳税人“三方共赢”。全年国税入库税费1.77亿元，其中，建筑行业入库增值税1.18亿元，企业所得税163万元，房地产行业共入库增值税5725万元。另外完成车辆购置税6385万元。2017年，县政务中心完成国地税收入5.09亿元，非税收入4.2亿元。

【健全互联网智慧政务】自国务院办公厅编制发布国家“互联网＋政务服务”技术体系建设指南要求以来，县政务中心多次派人到常德、益阳、平江等市县政务中心学习，加快政务信息资源互认共享，推动服务事项跨地区远程办理、跨层级联动办理、跨部门协同办理，逐步形成全县一体化服务体系。8月24日，县政务中心就“互联网＋政务服务”等事宜到株洲市荷塘区政务中心参观学习，对于该区“互联网＋政务服务”的先进做法，湘阴县政务中心也在积极摸索，努力转变政府职能、加速推进现代服务型政府建设。11月10日，县政务中心还组织相关技术和业务人员赴海口参加省市组织的培训活动，学习借鉴外地先进做法和成功经验，有力地促进工作人员能力和素质的提升。同时，县政务中心还会同政府办信息科的专业技术人员到宁夏银川学习该市智慧城市建设，努力通过整合湘阴县大数据实现网上审批、虚拟审批。为进一步做好“互联网＋政务服务”及智慧城市建设，湘阴县在现有的电子政务外网基础设施建设的基础上，按照省市要求，一是提升网络带宽。力争将湘阴县电子政务外网核心及汇聚层由1G的网络带宽进一步提升至2G带宽。二是优化网络结构。对政务外网核心优化路由方案，升级机房交换设备，部署负载均衡系统，减少网络延迟。三是部署备用系统。为确保电子政务外网安全稳定运行，在网络核心部分，部署备用设备，分担网络压力。四是确保网络安全。升级网络防火墙、DDoS防护系统等，确保网络绝对安全。五是延伸覆盖范围。全力拓展全县电子政务外网覆盖面，以“应用系统需要覆盖到哪里，外网平台就延伸到哪里”的原则，进一步将外网延伸到各部门二级机构、各街道社区、乡镇村组，实现县、乡（镇）、社区和村组三级100%联通；确保各级各部门业务工作、政务办公均能实现。至年底，湘阴县基本形成较为完整的电子政务平台，政府部门的主体业务基本上都建有信息化应用系统，政务外网具有统一的互联网出口能力，可以承载政府管理、服务等各类信息化系统。

【平台及乡镇便民中心建设】一是重新启动政务服务中心大楼项目。湘阴县政务服务中心大楼建设列入县2017年重点工程项目，年内大楼建设的前期准备工作就绪，中心和县规划局将大楼选址论证报告提交县领导，待县政府会议决定以何种方式启动建设后即可动工。二是巩固便民服务中心建设成果。湘阴县14个乡镇、2个街道办事处建成便民服务中心的社区有27个，有意向新建便民服务中心的社区有31个，县政务中心进一步加强对乡镇和村（社区）便民服务中心建设的指导，整合计生、民政、财政、国土、农机、人社等相关业务进驻，做到项目、环节、收费应进必进，并实质运行，确保项目进驻率和实质运行率均达到100%。

【文明单位硬、软件建设】一是加强文明宣传，努力倡导健康文明生活方式，积极开展“无烟科室”“月优秀服务标兵”“红旗窗口”评选活动，将文明创建工作不断推向深入，中心评选“无烟科室”1个、“月优秀服务标兵”和“红旗窗口”各12个。二是积极开展职工关爱活动。中心领导作风民主、深入群众，切实帮助职工解决具体困难，每个员工生日、生病住院时都能感受到集体的温暖，中心上下相互尊重、互相帮助、团结和睦。三是紧抓“共产党员示范岗”创建载体，深入开展党员先锋工程，中心全体人员积极争做业务上的能手，技术上的尖子，服务上的明星，充分展示窗口单位的风采。四是切实增强创建活动实效。积极开展体育锻炼活动。由于中心现有场地局限，县政务中心跟武装部衔接，暂用其篮球场积极组织全体人员进行篮球、羽毛球活动，把干部职工从紧张、繁忙的工作中解放出来，既增强体质，又增进感情，丰富员工生活。同时积极开展丰富多彩的文娱活动。在雷锋纪念日、清明节、国庆节、中秋节、元旦节等节日，积极开展形式多样、寓教于乐、有益身心健康的娱乐活动。3月5日，中心组织干职工开展“学雷锋，献爱心”的主题活动，到联点村、社区进行学雷锋社会志愿活动；国庆期间，组织员工到宁乡革命老区、刘少奇故居参观，重温入党誓词、对全体干部员工进行爱国主义、集体主义、社会主义和革命传统教育，陶冶干部职工情操，增强集体活力和凝聚力。五是全面优化大厅办公环境。投入资金14万余元，扩建中心东侧大厅，将不动产登记中心工作区域全部重新装修，切实解决现有办公场所偏窄，窗口布置不合理，场所受限制，不利于开展日常工作等旧状，解决老百姓办证难、两头跑的难题，切实打通服务老百姓的“最后一公里”；投入资金2万余元，添置投影仪等文体设施，订阅各种报刊、书籍，为员工开展文体活动和业余学习创造物质条件；在大厅宣挂社会主义核心价值宣传栏、遵德守礼温馨提示牌、“讲文明树新风”公益广告，既起到美观装饰作用，也让干部职工在日常工作中潜移默化，得到启示，受到教育；投入资金98万元，用于整个大厅的网络升级改造，重新添置液晶显示屏、办事查询机、叫号机、工作人员评价器和监控25个，更好地解决影响企业和群众办事创业的难点堵点，充分运用信息技术手段，优化服务流程，创新服务方式，提升服务水平，推进数据共享，努力做到最大程度的利企便民；投入资金2万余元在大厅摆放各式盆景，为窗口人员和办事人员创造良好的环境；进一步完善工作制度，完善政务公开、安全保卫、重大事项报告、清洁卫生检查等制度，使中心的文明创建工作不断推进，贯彻始终。

（盛　岳）

湘阴县政务服务中心主要负责人名录

主　任　张守志
副主任　顾文曙（至7月）　陈　浩
肖皇华

来信来访

【概况】湘阴县信访局内设办公室、复查复核股、督查股、办信股、财务股、人民来访接待中心（设办公室、接访室、登记室、法律咨询室、涉法涉诉信访接待室、协调室）。2017年，县信访局突出信访工作责任制落实，深入开展“信访问题源头治理”“信访积案清零”“重点领域突出信访问题治理”“信访行为依法规范”专项行动，持续在“强基础、抓重点、创特色、促落实”上精准发力，取得信访渠道畅通、解决问题迅速、依法处置有力、信访秩序好转的明显成效。

【突出精准定责】严格落实全县各级党政机关及其领导干部、工作人员信访工作责任，构建齐抓共管的“大信访”工作格局。一是高位推动责任落实。县委常委会议、县政府常务会议每季度召开专题会议，分析信访形势、研究解决重大信访问题。县委书记汪灿亲任信访维稳工作领导小组组长，每月听取工作汇报，调度信访工作，对重要时期信访工作亲自过问，对重大接访活动亲自协调。县长李镇江坚持阅批“县长信箱”等渠道的群众来信，经常到县信访局接待来访群众，协调解决涉军、涉众型金融、问题楼盘等重大信访问题。县信访工作联席会议5位召集人带头包案和到县信访局坐班接访，及时召集联席会议，研究部署信访工作，协调处理疑难信访问题。其他县级领导对分管领域的重大来访及时接访，包案化解重点信访问题。二是理顺机制精准定责。根据《湖南省信访工作责任追究办法》《湖南省信访工作责任制实施细则》，县信访工作联席会议办公室起草《湘阴县信访工作责任制实施细则》，广泛征求县信访工作联席会议召集人、县纪委、县委组织部、县法制办等领导和部门意见，经县委常委扩大会议审议通过后实行。该细则对信访工作责任内容、责任划分、责任追究等方面都作详细规定，进一步明确责任、理顺机制，具有很强的可操作性。三是完善体系凝聚合力。坚持“属地管理、分级负责，谁主管、谁负责”的原则，健全完善各地各单位“一把手负总责、分管领导具体负责、班子成员一岗双责、各部门齐抓共管”的责任体系。各地各单位把信访维稳作为一项“底线”工作，始终将责任放在心上、扛在肩上、抓在手上，维护一方平安稳定。

【突出主动担责】围绕“事要解决”，各责任单位和责任领导担真责、真担责，攻坚疑难信访问题，减少信访问题存量；妥善办理信访事项，控制信访问题增量。一是信访积案化解成效显著。坚持把积案化解作为一件头等大事、把责任落实作为一项根本保障、把“案结事了”作为一条重要标准、把化解成效作为一个重要依据，扎实推进“信访积案清零”专项行动，成功化解积案33件，其中，省、市交办的22件全部化解或稳控，刘某、陈某、钟某等赴省进京上访老户诉求10年以上的信访问题得到妥善化解，信访人签订息访息诉协议书，信访事项得到终结。全县到市赴省进京非正常上访总量同比大幅下降，全国特护期间，信访老户无一人进京上访，积案化解成效明显。二是重点领域治理取得突破性进展。成立县委副书记任组长的重点领域突出信访问题专项治理行动领导小组，领导小组下设涉法涉诉问题、涉众型金融问题、军队退役人员问题、房地产开发建设系列问题四个工作组，由分管县级党政领导任工作组组长。对民间投融资中介公司债务化解问题，成立5个由县级党政领导任组长的帮扶处置工作组，对全县18家投融资中介公司化债工作进行督促落实和帮扶指导。通过依法清收、股东筹资、资金对接、债权转换、实物抵账等方法，湘阴县投融资中介公司债务减少5.29亿元。对军队退役人员问题，县长李镇江3次接访军队退役人员。8月上旬，县政法委书记周太平、副县长方腊初组织相关职能部门用一周的时间分批接访各涉军群体代表，对他们的诉求予以答复。至年底，涉军群体保持稳定。对涉法涉诉问题，县政法委成立专门工作组，处理涉法涉诉信访问题21个，重点人员得到有效稳控。对房地产开发建设系列问题，成立由县长李镇江任组长、副县长刘映球任副组长的问题楼盘处置领导小组，下设7个工作组，对“问题”楼盘进行逐一处置。三是信访事项办理质量大幅提升。通过进一步加强信访工作人员业务培训和开展信访事项受理办理自查自纠、专项督查、限期整改等措施的落实，信访事项办理进一步规范，促进信访矛盾纠纷及时有效化解、群众满意度提升。2016年12月至2017年11月，县本级受理群众来信来访和网上信访1926件次、办结1805件次，推动解决各类信访问题2000余个。

【突出履职尽责】加强基层基础和干部队伍建设，推进信访工作改革，信访工作规范化、法治化水平进一步提高。一是信访工作改革深入推进。网上信访、诉访分离、通过法定途径分类处理信访诉求、“网格＋信访”等信访工作改革深入推进。群众来信、来访、来电、网上投诉等不同形式反映的信访事项，全部实现“网下办理、网上流转”，网上信访在信访总量中占比62%，成为群众诉求的重要渠道。由县政法委牵头，县公安局、县检察院、县法院、县司法局各派1人参与，在县人民来访接待中心设立涉法涉诉信访办公室，接待反映涉法涉诉信访问题的群众，受理涉法涉诉信访事项。县委常委、常务副县长林恒求主持召开专题会议，研究部署依法分类处理信访投诉请求工作，25个单位制定依法分类处理信访投诉请求清单。文星镇建立“镇、社区、网格、楼栋、居民”五级网络组织体系，对群众诉求快速反应、及时办理、全程公开。这一“信访”工作模式在全县推广，衡东县、望城区等兄弟单位纷纷到湘阴县考察学习。二是基层基础进一步夯实。按照“方便群众、布局合理、功能完善、环境友好”的总体要求，进一步加强县、乡、村来访接待场所建设，完善以县人民来访接待中心为龙头、乡镇群众工作站为主体、村社区群众工作室为基础的信访综合服务平台。县人民来访接待中心新设立法律咨询室、心理咨询室，视频信访系统建成并投入运行。依托省信访信息系统，全县信访信息系统联通到所有乡镇、街道和大部分县直单位群众工作站。扎实开展信访工作“三无”乡镇（街道）创建活动，并将“三无”创建活动延伸到村社区。全县有12个乡镇（街道）申报全市“三无”乡镇。三是信访干部自身建设得到加强。进一步加强信访干部队伍自身建设，提升履职能力。县信访局实行“日碰头”制度，每个工作日17时，召开班子成员、人民来访接待中心主任碰头会，由接访值班负责人通报当日来访、协调、化解、转送等情况，和下一工作日值班负责人做好交接工作。实行“周例会”制度，每周星期五下午召开信访局机关全体干部会，回顾总结本周工作，安排部署下周工作；在周例会上开设“每周讲堂”，由局机关干部轮流讲授业务工作，并开展评课和讨论。完善“月报告”“月考评”和“年考核”制度，创办《信访工作情况汇报》简报，每月定期报送县级党政领导、政府办主任；每月对干部出勤、工作完成等情况进行考评；结合月考评情况，年底对干部工作绩效进行考核，考核结果作为评先评优的依据。规范信访业务工作，完善接访、办信、督查、复查复核等工作制度，对存量信访问题实行“挂号销号”制，不断提高信访工作科学化、规范化、法治化水平。5月，市信访局举办全市复查复核案例讲评“大比武”，在全市29支代表队中，县信访局选手代表湘阴县夺得第一名。同时，通过现场指导、召开会议、举办培训班，发放学习资料等方式，对乡镇、县直单位分管负责人和信访专干进行培训，并建立QQ群，随时为他们答疑解惑。县信访局负责人还在县委党校村社区“两委”班子集中培训班上开设信访处置知识讲座，村社区干部信访处置能力得到提升。

【突出处理问责】加大对涉访违法行为依法处理和信访工作人员失职失责追责问责力度，对信访行为和信访工作实行“双向规范”。一是依法处理处置。认真贯彻落实省政法委等五部门出台的湘政法〔2014〕14号文件精神，加大对涉访违法行为的依法处置力度。2017年，县政法机关依法处理涉访违法人员8人，其中训诫5人，刑事拘留3人。二是严格督查督办。由县级领导带队，县纪委、县委督查室、县政府督查室、县信访局为成员单位，成立联合督查组，开展4次专题督查。重点督查信访事项办理、积案化解、中共十九大会议期间信访维稳工作落实等情况，及时发现问题，及时反馈通报，及时督促整改。如10月11日，县委副书记彭方建、县政法委书记周太平、副县长兼公安局长范征分别带队到乡镇督查信访维稳工作，对督查中发现的问题，当场向乡镇主要负责人交办，限期整改落实。三是严肃问责问效。严格信访工作目标管理考核，乡镇和县直单位每月一排队、每月一通报，对排名后三位的单位在县政府工作讲评会上通报，推动工作落实。对因责任落实不到位或违规操作，发生进京非访或造成重大负面影响的，按照《湘阴县信访工作责任制实施细则》，坚决问责。2017年，有7个单位、16名工作人员被问责或追责。

（杨品优）

湘阴县信访局主要负责人名录

局　长　朱岳军
副局长　秦　宏（至7月）　周建文　刘伯华

民政工作

【概况】湘阴县民政局内设办公室、计财股、老干办、机关事务中心、政工人事股、工会、纪检监察室、宣教股、法律法规股、信访接待室、救灾救济股、双退办、优抚股、老区办、社会事务股、社团股、基政股、区划地名办、老龄办、项目办等20个职能股室，下设社会救助局、慈善办、慈善超市、募捐办、中福在线销售厅、婚姻登记处、军干所、殡葬管理站（执法队）、救助管理站、社会福利院、光荣院、烈士陵园管理所、康复医院等13个二级机构。有干部职工230人。2017年，县民政局按照县委、县政府分解民政的目标工作任务，以提高困难群体生活保障水平、加速民政公共服务设施建设、发挥民政在构建和谐社会中的基础性作用为着力点，狠抓落实，稳步推进各项工作。

【社会救助保障】完成低保清理整顿和兜底脱贫对象认定，兜底脱贫对象降至753户1917人，农村低保标准提高至3120元/年，实现与国家扶贫线“两线合一”。保障城乡低保对象11999户24098人，发放低保资金5978万元，月人平补差分别达到301元和141元。保障特困人员8677人，发放特困人员救助供养资金3654万元，年人均供养标准分别达到4056元和6864元。医疗救助方面，投入345万元资助4万余名困难群众参合参保，全年救助4.2万人次，救助资金达1480万元。

【保障受灾群众基本生活】在2017年“6·30”特大洪涝灾害中，充分发挥民政防灾减灾救灾工作职能，民政系统倾力投入。集中转移安置受灾群众8400余人并保障其基本生活；累计争取上级下拨资金950万元，募集爱心捐赠600余万元以及价值110万元的救灾物资，为灾害救助和灾后重建提供有力支持；开展灾后重建，落实4495名受灾困难群众紧急生活救助和过渡期生活救助，查实因灾损毁房屋困难群众875人，核准倒房户20户，下半年陆续开展重建工作，年底前完成验收工作。

【特殊群体生活救助】继续规范残疾人“两项补贴”发放工作，全县9393名困难残疾人和7850名重度残疾人全部纳入保障范围，全年下发补助经费918.2万元。加强流浪乞讨人员救助，完成救助站整体搬迁，通过安排食宿、治疗和购票返乡等方式，救助各类流浪乞讨人员1162人次。加强孤儿权益保障，将全县124名社会散居孤儿和10名机构收养孤儿纳入救助保障体系，按照每人600元/月和每人1000元/月的标准发放基本生活保障费。募集资金开展爱心助学，资助187名寒门学子圆大学梦，发放爱心助学金49万元。

【重点民生实事工作】养老床位建设方面，建成社区日间照料中心床位36张、养老服务示范点床位29张、敬老院特护区床位6张，全年新建养老服务床位71张，超额完成民生实事任务。城乡低保提标方面，2016年，城镇低保月人均保障标准达到440元，2017年，农村低保月人均保障标准由220元提高至260元，年内湘阴县城镇、农村低保月人均补差标准分别达到301元和140.5元，超过实事标准。

【推进全面小康建设】自2015年起，为全县2577名失能半失能老人提供基本养老服务，补贴标准为每人50元/月，实现基本养老服务补贴覆盖率100%。依法指导全县153个村，57个社区完成换届工作，城乡居民依法自治达标率达到100%。2017年，通过在各公办、民办养老机构进行养老床位增设，同时加强与卫计等部门对接，统计纳入卫生系统新增医养结合床位，截至第三季度，实现每千名老人拥有养老床位数35张的目标任务。

【涉军群体权益保障】优抚对象认定、资金保障实现“两个到位”；春节期间走访慰问880余名优抚对象和驻湘部队官兵，落实慰问金40余万元；开展军队退役人员大走访，在全县涉军群体座谈会上提交意见建议20余条，最大限度为优抚对象“解三难”。退役士兵安置全面落实，特别是近两年对符合安置条件的退役士兵采取“量化评分、阳光安置”的方式全部安排全额事业编制，对选择自主就业退役士兵，按服役一年2000元的标准发放自主就业补助金，并组织开展职业技能教育培训。

【民政信访工作】调整充实局信访工作领导小组，建立上下联动、齐抓共管的工作格局，确保信访事项及时答复。实行班子成员轮岗接访制度，让民政对象不跑路、少跑路就能够解决问题，把落实责任摆在做好信访工作的首位。信访接待以热心、耐心、真心服务。全年受理群众来信来访965人次，涉及优抚安置、低保评定、换届选举、收养登记、困难救助等方面，所有来信来访均在规定时间办结答复。

【安全生产管理】始终将安全生产摆在首要位置，定期召开专题会议和安全例会，将安全生产工作与民政业务工作同布置、同检查、同考核。组织全体干职工和各民办养老机构负责人特别是单位安全管理人员定期进行安全生产培训、安全生产知识讲座和安全生产演练，提升民政系统应对突发事件能力。同时结合养老院服务质量专项行动，组织开展安全生产专项督查检查，出动检查（督查组）3个，检查人员12人次，现场下达整改意见书50份，各类安全隐患均整改到位，全年民政系统未发生一例安全生产事故。

【社会组织管理】全县依法登记社会组织254个，依法注销社会组织4个。2017年，重点做好第二批行业商会协会脱钩和社会组织孵化基地建设，完成县广告业行业协会、县文星镇商会等7家协会商会与行政机关脱钩；县社会组织孵化基地正常运转，2017年，将湘阴县爱心志愿者团队、湘阴县蓝天救援队、湘阴县青年众爱公益协会、湘阴县篮球协会、湘阴县樟树镇辣椒产业协会等5家社会组织纳入2017年培育对象，并年底顺利“出壳”。

【殡葬改革工作】在推进殡葬改革中，当好勤务员、宣传员和战斗员。多次赴望城、宁乡、长沙等县市区考察学习，提请县委、县政府出台殡葬改革专门文件并安排专项经费，为殡葬改革顺利实施提供政策和经费支持；切实做好殡葬改革政策特别是惠民殡葬政策的宣传，营造“党员干部带头、群众积极参与、社会共同推动”的良好氛围。认真落实部门职责，积极指导各乡镇开展“三沿六区”乱埋乱葬专项治理和农村公益性墓地建设。年内各试点乡镇（街道）农村公益性墓地建设稳步推进，火化率较2016年同期显著提升，特别是在惠民殡葬方面，累计发放补助资金39.1万元，平均补助标准达到1500元。

【专项事务管理】第二次全国地名普查顺利通过省市验收，对照验收意见及时进行整改完善，做好充分准备迎接国检。取消婚姻登记工本费和收养登记行政收费，切实减轻群众负担，全年办理结婚登记4484对、离婚登记1746对、补领婚姻登记证件1817对，办理收养登记11例。福彩发行继续领先，全年销售福利彩票5500万元，位居全市第一。

（袁克敏）

湘阴县民政局主要负责人名录

局　长　秦少兵
副局长　吴献忠　刘东照　左　重
郭　力（至7月）

国土资源

【概况】湘阴县国土资源局（简称县国土局）内设办公室、人事教育股、档案室、财务审计股、信访股、纪检监察室、法规股、规划管理股、建设用地管理股、耕地保护股、地产管理股、地籍地政股、矿产资源管理股、地质环境管理股。直属单位有：湘阴县国土资源执法监察大队、湘阴县国土测绘队、湘阴县土地储备中心、湘阴县土地开发整理中心、湘阴县土地信息中心、湘阴县国土资源交易中心、湘阴县不动产登记中心、湘阴县征地拆迁办公室、县国土办证大厅（窗口办）。乡镇国土资源所有19个。全局干部职工354人，机关干职工68人。2017年，国土局一班人严格规范管理，认真履职尽责，全力攻坚克难，较好地完成全年工作任务。

【“空心房”整治】2017年之前，湘阴县“空心房”现象十分突出，为盘活土地资源，促进资源集约节约利用，县国土局努力探索“空心房”整治方式方法，并积极向县委、县政府汇报，争取县领导的重视和支持。县国土局在赴江西瑞金学习取经后，结合湘阴县实际，牵头制订《湘阴县农村“空心房”整治及城乡建设用地增减挂钩、农村宅基地退出复垦工作实施方案》，决定自6月起，采取“政府主导、国土搭台、部门协同、乡镇（街道）落实、共同推进”的方式，依法适当补偿的办法，对全县农村“空心房”进行集中整治。对符合城乡建设用地“增减挂钩”及宅基地退出复垦项目申报条件的地块，经实地踏勘后列入项目库，分年度计划分步实施。半年时间，空心办和乡镇所共同配合，精心组织，稳步推进，先后拆除农村废弃建设用地49.47公顷，其中拆除空心房3563户，面积45.73公顷，废弃工矿20处，面积3.67公顷。省两型办领导到湘阴县进行专题调研，《岳阳日报》头版、湖南卫视和《华声在线》等媒体都对湘阴县进行专题报道。12月初，市委副书记、市长刘和生专门到湘阴县调研“空心房”整治工作，并给予高度评价，鼓励湘阴县持续挖掘整治成果，为全市推进“空心房”整治工作形成可借鉴、可复制、可推广的经验做法。

【卫片核查验收】2016年，国土资源部下发湘阴县卫片图斑769个，监测面积313.03公顷，矿产图版8个，全部为黏土砖厂，整改时间紧、任务重。县国土局扎实开展地籍变更调查工作，对下发的769个图斑逐一实地核查，完善内务资料。3月，湘阴县代表湖南省接受国土资源部宁夏工作组2016年度土地变更实地核查，在对湘阴县设施农用地、临时用地等重点图斑逐一核实调查后，检查组充分肯定县国土局土地变更工作。为解决卫片执法检查单靠国土部门一家力量有限的现状，县国土局积极向县委、县政府汇报争取重视，县长李镇江亲自调度督办此项工作，明确卫片执法工作乡镇人民政府的主体责任、整改时限，由县政府督查室定期督办整改落实情况，8月，顺利通过省市卫片检查验收。

【破解用地瓶颈】2017年，省厅下达给湘阴县的用地指标仅27公顷，为确保重点项目及时落地，县国土局带领规划、用地、地籍等股室工作人员，主动和省厅衔接，先后从省厅批回项目用地27宗，168.27公顷。由于湘阴县土地利用总体规划修编、基本农田划定的原定方案与发展实际有很大差距，县国土局主动对接技术单位及省厅，专程赶赴国土资源部汇报，通过努力，数据修改基本达到预期要求。

【确保供地率达标】由于多方面的原因，近五年湘阴县的平均供地率只有43.36%，2016年，供地率甚至只有3.91%，疑似闲置土地77宗，面积311公顷，面临着问责、用地指标暂停的危险。针对该问题，县国土局提早谋划，积极作为，科学决策，主动向县委、县政府汇报，及时对接相关用地单位，争取省厅技术支持。通过加班加点组织资料，实地核查，将已批未供的存量土地通过划拨、出让等方式供应出去。截至12月，共计供地143.25公顷，供地率达77.636%，消除疑似闲置土地45宗，面积160.67公顷，达到省政府的考核指标要求，为来年的用地保障打下坚实的基础。

【保障耕地占补平衡】县国土局在切实加强耕地保护责任的同时，加大土地开发整理力度，同时严格质量管理，群众上访现象大大减少。为解决湘阴县耕地占补指标严重不足的问题，县国土局积极筹备，扎实推进开发项目建设，先后实施12个项目，总投资1409万元，可新增耕地120公顷。做好2016年度省市县农村土地综合整治项目的验收，共7个项目，涉及16个行政村，总投资1300万元，建设规模602公顷。积极与乡镇沟通协调，启动2017年2个省投项目和4个市县项目的实施，项目总投资1950万元，建设规模866.67公顷。

【保障重点工程用地】为县域经济发展，县国土局从机关和国土所抽调50多名精兵良将，安排专人服务大屋围棚户区改造、城东棚户区改造、嵩焘广场棚户区改造、湖南交通工程学院、伍益高速、沿江大道、洋沙湖文化旅游度假区等项目。对湖南交通工程学院等9个县“一二四”行动重点项目和卓达金谷创新园等8个“县产业园区百日攻坚项目”实行一对一帮扶、班子成员带头深入项目实地，加强协调，做好解释，配合乡镇做好用地报批、征地拆迁等工作，获得项目用地企业的一致好评。尤其在大屋围棚户区改造项目中，不到3个月的时间就与4个社区19个小组签订征地协议。全年征地190.6公顷，拆迁房屋235栋，迁坟460座，依法强制腾地2户，确保项目顺利建设。同时，为县财政增收，全年挂牌成交12宗土地，面积47.25公顷，成交价2.79亿元，年底，在公示的12宗，面积16.15公顷，预计成交价2.4亿元。为城区各项目开发建设工作提供强有力的资金支持，也为县财政做出积极贡献。同时，加大土地储备力度，投入收储资金7.5亿元，完成36宗159.31公顷土地的收储。

【优质服务】一是不动产登记更加方便快捷。针对群众反应在不动产证书办理过程中效率低、程序复杂的情况，县国土局通过对不动产登记中心内设机构进行整合，对办事流程进行优化，对数据共享开通共享通道，对工作人员奖惩兑现，并出台《湘阴县不动产登记中若干问题的处理意见》，化解积压疑难问题，11月又整体搬迁到县政务中心集中办公，使群众享受到真正的“一站式”服务，办事时限大大缩短，服务质量得到提升。年内，登记业务受理量9517件，登记8533件，发放证书2809本，完成20家房地产开发公司1.1万户楼盘信息的录入，发证量名列全市第三。二是地灾防治扎实有效。7月，县国土局在全县有16个地灾隐患点、防治任务十分艰巨的情况下，还要负责团结垸、东湖垸、岭北垸共计10.8千米一线大堤的防守任务。整个国土系统336人参加防汛抗灾，积极参与查险处险，全力以赴抗灾救灾，确保未溃一堤一垸，未垮一库一坝，无一人因灾伤亡，取得防汛抗灾的全面胜利，有3人获评全县防汛抗灾先进个人。三是精准扶贫深入细致。全局有31名党员干部结对帮扶洋沙湖伍桥村45户贫困户，制定切实可行的帮扶措施，通过产业帮扶、就业帮扶教育助学、医疗救助、低保兜底、招商引资等方式，确保全面完成年度脱贫攻坚任务。四是群众权益得到保障。积极稳妥地做好土地信访工作，全年调处土地纠纷10件，接待来访人员300多人次，回复12345电话信访163件；扎实开展全系统安全生产大检查，强力推进安全生产示范县创建，认真落实节假日和中共十九大期间安全生产措施，实现安全事故零发生。

（熊贵阳）

湘阴县国土资源局主要负责人名录

局　长　钟智勇

副局长　程　进　王志宏　冯科跃

安全生产监督管理

【概况】湘阴县安全生产监督管理局（简称县安监局）内设办公室、财务室、政工人事股、烟花爆竹经营监管股、危险化学品安全监管股、非煤矿山安全监管股、职工健康安全监管股、安全生产协调股、政策法规股。2017年，县安监局大力弘扬“生命至上，安全第一”的思想，按照“安全发展、改革创新、依法监管、源头防范、系统治理”的原则，以创建省级安全生产示范县为统揽，以落实企业安全生产主体责任年活动为抓手，抓住关键、统筹推进，年内全县未发生一起生产经营性死亡事故，安全生产形势稳定可控；安全生产工作得到国务院安全生产大检查综合督查组的充分肯定，先后获评全省依法办事示范窗口单位、湖南省人民满意的公务员集体。

【突出示范创建】按照“县委统揽、政府主导、部门参与、社会联动、齐抓共管”要求，全县上下咬定创建省级安全生产示范县目标，以创建找差距、抓整改、严落实、促提升，各项工作取得明显成效。积极开展示范创建活动，以点带面、从线到面，全力促推提升安全生产能力水平。建设安全生产标准化企业33家；创建平安畅通工程28处、平安公路省道2条、县道5条；创建省级安全生产示范乡镇7个、省级平安农机示范乡镇9个；省级标准化工地12个；平安校园139所；省级标准化渡口18个。积极创新工作思路，常态化打非治违机制、“空心房”整治铲除非法生产源头做法获省考核验收组高度肯定。

【突出打非治违】牢固树立“隐患就是事故”的理念，扎实开展“落实企业安全生产主体责任年”活动，狠抓“一单四制”贯彻落实，强力推进非法加油加气等八大专项整治，有力促进安全生产大检查工作落地见效。在安全生产大检查行动中，先后排查各类安全隐患5833项，整改到位5716项，整改到位率98%，向企业下达执法文书2109份，停产停业企业32家，取缔关闭企业12家，约谈2名建筑企业法人，行政拘留9人，行政处罚1345起，处罚金额400余万元。一些在过去认为是“顽症痼疾”，如河道采砂治理、烟花爆竹经营、非法加油站整治等方面取得突破性成果，特别是取缔杨林寨乡等8个非法加油站，以实际行动彰显打非治违“动真碰硬”的态度和决心，有力地震慑各类非法生产经营行为。两次高标准完成国务院安全生产大检查综合督查“国检”，是全省唯一个未被国务院安委会督查通报的单位。道路水上交通方面，深入推进集中打击重点交通违法行为“百日会战”、安全生产“大排查、大管控、大整治”春节攻势、三个不发生“四大攻坚战”等专项行动，查处各类交通违法行为6万余起。开展渡口渡船、小型船舶、桥梁水域专项行动，先后检查各类船舶260多艘，整改安全隐患120多项。烟花爆竹方面，整顿规范烟花爆竹经营秩序，制定并严格执行《湘阴县烟花爆竹零售经营布点规划》，全县烟花爆竹零售网点由过去的4000多家严格控制在700家以内，实行持证、合法、安全和有序经营，其中洋沙湖街道15个村全面实行“禁炮”，实现烟花爆竹零销售。开展声势浩大的打非清剿行动，出动执法人员6000余人次，开展专项行动700多次，收剿烟花爆竹7400多箱，没收违法所得或非法财物价值50余万元。危险化学品方面，对全县60家加油站进行“地毯式”安全隐患大排查，下发整改通知书11份，整改安全隐患22项，开展打击取缔非法加油站（点）专项整治行动，严厉打击无证无照经营成品油行为，杨林寨乡6个加油站依法整治到位。人员密集场所方面，全年检查单位1811家（次），发现隐患3846处，整改火灾除患3741处，责令“三停”19家，行政拘留1人，罚款79.63万元；公安基层派出所检查单位4953家，发现除患10120处，整改9907处。特种设备方面，出动执法人员1260人次，检查特种设备使用单位665家，及时下达特种设备安全监察指令书72份，立案查处特种设备违法案件11起，有效保障湘阴县特种设备的安全运行。砖瓦窑和农村“空心房”方面，关闭落后砖瓦窑厂39个，拆除病危烟囱32个。强力推进农村“空心房”综合整治，县委书记汪灿亲自部署调度，出动执法人员7800多人次，拆除“空心房”1294栋、18.4万平方米，既有效消除潜在安全隐患，又最大限度压缩不法分子利用“空心房”进行非法生产经营的空间。

【突出基层基础】2017年，全县投入安全资金5594万元。完成不停车治超站和水上视频监控系统、道路视频监控系统建设和设备升级，安装渡口摄像头27个、湘江主航道高清摄像头9个、道路摄像头297个。烟花爆竹经营企业和危险化学品企业均安装内部视频系统，成品油经营企业推广应用HaN阻隔防爆技术；13台危化、易爆等专用车辆和231台班线客车、273台国标校车，全部安装使用具有行驶记录功能的卫星定位装置，且校车全部由政府出资投保。设立水上治超点2个、道路治超点3个；硬化渡口道路31处、17千米，更新渡船45艘，新建候渡亭16个；完成县内所有临水临崖道路交通护拦建设，完善城乡道路交通警示灯等各类标识标牌350多块；建成校车固定和临时停靠站点1950个。

【突出宣教培训】以6月“安全生产月”活动为重点，进一步加大安全生产宣传力度，推动落实安全生产责任，全面提高全民安全素质。组织开展“领导干部谈坚守安全生产红线”、典型经验观摩、安全生产一线行等活动。6月20日，组织36个县安委会成员单位、5家重点企业、部分志愿者队伍在左宗棠广场开展安全生产月宣传咨询日活动。以月促年，围绕“全面落实企业安全生产主体责任”主题，新增和更新50平方米以上户外大型墙体标语50幅，不锈钢立体宣传标牌92块，各类宣传窗、宣传标牌、标识215个（处），印发各类安全知识手册15000余份。邀请安全生产专家、蓝天救援队、安全生产志愿者宣传队深入农村、企业、学校等单位开展安全知识专题讲座和宣传培训300余场、45万余人次。通过一系列宣教活动，进一步营造浓厚氛围，提升人们的安全生产意识，使安全生产的社会影响面日益扩大。

（陈　卫）

湘阴县安全生产监督管理局主要负责人名录

局　长　柳艳秋
副局长　汤应斌（至9月）
冯世民（至9月）
罗　明　高胜强（9月任）

民族宗教

【概况】湘阴县人民政府民族宗教事务局（简称县民宗局）内设办公室和行政执法大队，下属全县宗教团体3个：县佛教协会、县道教协会和县基督教三自爱国会。局机关有干部职工11人。2017年，县民宗局按照稳中求进的要求，深入贯彻落实国家、省、市民族宗教工作会议和全县统战工作会议的精神，牢牢把握“两个共同”“两个根本”确保全县民族宗教领域大局的稳定的主线。以高度的政治责任感和使命感，加强和创新民族宗教事务管理，以创建和谐寺观教堂为抓手，积极引导宗教与社会相适应，发挥少数民族、宗教界人士和信教群众为全县经济社会又好又快发展做出积极努力。

【推进南泉寺、法华古寺建设】2017年，县民宗局把南泉寺、法华古寺“卧佛灵山、八指头陀”文化广场项目建设等宗教活动场所的规划建设列入全年协调和跟踪落实的重点工作之一。局领导多次前往南泉寺、法华寺指导寺庙、景区建设工作，与湖南省佛教协会会长圣辉大和尚，湖南省佛教协会副会长、岳阳市佛教协会会长、南泉寺方丈怀梵大和尚多次交流寺院建设情况。法华古寺卧佛山整体项目前期规划初步完成。年内南泉寺筹资500多万元，继续进一步完善寺院的基础配套设施建设。

【学法守法意识增强】4—6月，根据国家、省市关于开展“国法与教规的关系”为主题的宗教政策法规学习月活动工作安排，一是成立宗教政策法规学习月活动领导小组，并制定活动工作方案；二是举办一期宗教场所负责人和教职人员学习培训班，组织学习中央“4·23”全国民族宗教工作会议和习近平系列重要讲话精神以及宗教政策法规知识。三是开展形式多样的学习宣传活动。通过悬挂宣传横幅、张贴标语、设置宣传栏等方式进行宣传，编印送发《宗教政策法规学习手册》5000多份，指导宗教活动场所悬挂横幅50多条，张贴宣传标语200多份，选择10个条件成熟的宗教活动场所建立图书阅览室，有宗教教职人员的宗教场所在重要节日举行升国旗仪式，受到宗教界人士和信教群众的欢迎和好评，同时树立他们爱国爱教的思想。四是结合“大走访”活动，把开展“学习月”活动与解决重点难点问题结合起来，与为宗教界人士和信教群众办实事、办好事结合起来，认真解决信教群众反映的突出问题15个。

【助推少数民族集聚村发展】一是开展民宗干部与少数民族困难群众“结对帮扶”活动。根据年初对少数民族村进行走访摸底，建立困难家庭台帐，每个干部联系服务1个少数民族困难家庭，帮助办好2件以上实事，针对不同家庭的问题做好协调、服务、帮助等工作，全年帮助10户帮助解决困难问题16个。二是着力改善村里的环境和办公条件。帮助少数民族村联系爱心企业，开展民企联村活动，成功帮助响铃村与湖南宏耀工业有限公司结成对子，该公司投入15万多元。同时，向省民宗委争取少数民族发展资金6万元，用于村里修路、建设村办公室、学习室等各项基础设施建设。三是县财政将少数民族村回民群众清真牛肉补贴纳入财政预算。

【维护民族团结】由于湘阴县离长沙市近，流动的少数民族外来人口多时上百多人，为更好的加强服务管理。一是建立临时登记制度。对流动少数民族常住人口和临时居住人员分类登记造册，建立专门档案，对常住人员明确专人负责联络，并通过他们及时掌握临时进入湘阴县的流动少数民族人员情况。二是建立定期走访制度。由县民宗局牵头会同国安、辖区派出所、城管大队分管负责人，至少每月走访一次少数民族流动摊贩点和固定店，及时了解他们的情况，掌握思想动态，与他们交朋友，引导他们依法办事、守法经营，及时为他们排忧解难。三是协调公安、工商、税务、城管、卫生执法大队等部门，做好外来少数民族经商户的服务、维权、解困工作，全年帮助维吾尔族同胞在湘阴县生活、经商摊点设点、占道经营摆放位置等困难和问题15个。

【加强宗教场所管理】根据县政府办下发的《关于进一步建立健全民族宗教事务管理网络和责任制的通知》文件精神，在完善县、乡（镇）、村（社区）三级宗教工作管理网络的基础上，又对全县批准登记开放的宗教活动场所由民宗局干部、乡（镇）分管负责人、村（社区）主任实行三级挂牌管理，规定民宗局责任人必须每月至少1次到场所、乡镇分管负责人每月至少2次到场所、村主任每月至少3次到场所了解情况，解决问题。三级挂牌管理落实情况纳入县年度综合绩效考核“民族宗教工作”考评内容。基本形成职责明确、信息灵通、上下联动、协调有力的民族宗教管理机制，全年妥善调处12起涉及民族、宗教的事件。

【宗教界“规范年”创建活动】根据国家民宗局关于以“规范”为主题开展和谐寺观教堂创建活动的通知要求，县民宗局成立领导小组，制订实施方案，组织召开全县乡镇分管负责人、宗教团体和场所负责人参加的动员会议。指导宗教场所建立健全人员、组织、财务、会计、消防、档案、文物保护、卫生防疫、大型宗教活动等内部管理制度以及重大事故事件防范处置、报告制度。为拓展创建活动，县民宗局组织开展创建学习型、规范型、和谐型、生态型“四型”宗教场所活动，进一步加强宗教场所自身建设，场所环境得到进一步改善，场所形象得到进一步提升，场所管理得到进一步增强，宗教界的良好形象得到树立和展示。南泉寺、法华寺作为省重点寺院，通过开展创建活动，法华寺获评省、市创建和谐寺观教堂“先进集体”，南泉寺获评国家“AAA级”景区。

【发挥慈善“正能量”作用】积极引导宗教界围绕“扶贫济困日”和“宗教慈善周”开展活动，发挥宗教慈善“正能量”作用。贯彻落实《关于鼓励和规范宗教界从事公益慈善活动的意见》，结合湘阴县实际细化鼓励和支持措施，进一步调动和发挥宗教界从事公益慈善事业的积极性。年内积极与宗教界联系，由县佛教协会牵头，在省佛协副会长、益阳市佛协会长、白鹿寺方丈明良大和尚的牵头资助下，于8月在湘阴县开展“洞庭湖区扶贫助学”的慈善爱心活动，募集40余万元结对帮扶200多名家庭困难的学生，自2017年起每人每年资助他们2000元直至大学毕业。组织南泉寺、法华寺等宗教场所开展慈善活动4次，捐款捐物3万多元；县佛教协会开展慈善活动6次，先后深入岭北镇、新泉镇、六塘乡、樟树镇等5个乡镇开展献爱心慈善事业，为全县100户困难户，5家敬老院发放慰问金和生活物资达14万多元。

【规范管理宗教活动场所】一是积极指导和督促各宗教场所抓好组织建设、道风建设、制度建设和人才队伍建设，不断提高自主管理工作的能力和水平。二是调整充实宗教场所队伍力量。为进一步加强宗教场所管理，把信仰根基深，有一定宗教学识、有威望和工作协调能力较强的人员引进、吸收充实到宗教场所管委会班子中去。三是宗教活动场所负责人实行末位淘汰制。年初召开全县宗教活动场所负责人会议，与各场所负责人签订《湘阴县宗教活动场所目标管理责任状》，下发《关于对2017年全县宗教团体和宗教活动场所进行考核评比的通知》和《宗教团体和宗教活动场所年度考评细则》，12月，组织对全县宗教团体、场所进行年度考核评比，总分分别为100分，实行有条件的末位淘汰制，考核评比倒数第一且60分以下的宗教场所更换场所负责人。

（周学辉）

湘阴县人民政府民族宗教事务局主要负责人名录

局　长　黎安平（至8月）
　　　　傅　拓（8月任）

住房公积金管理

【概况】湘阴县住房公积金中心成立于1996年，2007年年底上收到市政府办，更名为岳阳市住房公积金管理中心湘阴县管理部。正科级事业单位。主要负责湘阴县范围内干职工住房公积金的缴存、管理、运作等工作。2017年，住房公积金湘阴县管理部围绕年初市中心工作会议精神，按照确定的工作目标，努力开拓创新，突出重点，坚持以人为本，打造和谐公积金，提高创新发展和防范风险的能力；坚持健全制度与狠抓落实；完成好归集额、个贷率、逾期率等各项指标。全年归集住房公积金2.38亿元，完成年计划的136%，期末全县住房公积金归集总额10.5亿元。全年发生归集业务单位350个，涉及职工20000人。新增开户单位24个（其中非公有制企业16家），新增开户人数1703人。全年为3410户提取住房公积金9336万元，支取总额3.2亿元。全年为341户发放住房公积金购房贷款0.9亿元，帮助中低收入职工解决购房面积5万平方米；年末贷款总额6.7亿元。

【公积金提标扩面】坚持以人为本积极倡导公平正义，抓好乡镇干部和乡村教师公积金的提标，着力消除城乡差别，大力建设和谐公积金。一是建立宣传引导机制。坚持以宣传促归集的扩面和提标。向单位将退休的员工宣传，让他们多向单位提意见；向人大代表宣传，让他们关注监督执行这一制度，代言群众的呼声；勤向县委、县政府汇报工作重点，争取县委高度重视。县委书记在各种会议大力宣扬缴存公积金的好处，并指示相关部门，腾出户外广告牌12处，精心制作，效果甚佳。并通过电视、横幅、大型广告标语宣传，形成有效有利的社会舆论氛围；进行现场咨询答疑宣传，上街设点现场为群众解难答疑近700人次。二是建立依法归集机制。通过电话催缴，上门催收等形式，依法归集提标扩面，对一些没有将津补贴纳入住房公积金缴交基数的单位下达提标通知书。年内按照2016年联合财政局下发的提标文件，严格缴存标准，制定缴存细则，明确补贴金额，大大增强单位及职工的缴存积极性。三是建立以贷促缴机制。充分利用公积金贷款的政策优势，坚持以缴定贷，以贷促缴。对没有按时足额缴交的单位，一律实施黄牌管理，对该单位职工一律缓发贷款，要让该单位职工来配合开展提标工作。四是建立执法监督机制。针对有些单位不缴、停交断交的情况，安排执法专人上门进行催缴和宣传，通过努力，全县有近10家单位补交以前年度欠交的住房公积金30万元。五是财政配套补贴有提高。年初召开县委、县政府、县人大常委会、县政协及各相关职能部门的联系会，使各级领导对住房公积金的认识有进一步的了解。经过多方努力，湘阴县公积金财政补贴由2016年的3800万元提高到2017年的5100万元（基础工资+津补贴的7%），切实保障缴存职工的权益。六是非公有制企业推行住房公积金有新的发展，以湘阴县人民政府下发《关于全面推行非公企业建立住房公积金》的文件为导向，经常和市中心执法大队联络，请求他们为湘阴县的行政执法把关，收到良好的效果，全县非公企业新开户16家，新增人数1703人。

【完善运行机制】实现住房公积金安全、有序、健康运行，必须切实抓好风险控制。2017年，资金管理实现“三无”目标：无违规提取，无挤占挪用，无违规个贷。全年发放贷款9000万元，累计发放贷款6.7亿元，资金回收率100%，逾期率为零。一是工作中落实风险管理目标，全面进行风险识别，查找风险点进行风险预警。例如提取时严审查，认真识别单位签章和个人证明，严控资金走向；个贷环节中，除对房地产开发商相关证件进行核查外，对初次贷款的严审各种资信，包括购房、抵押、交易信息等，对归还后进行二次贷款的，全面考查还贷信誉，实现由“结果控制”向“过程控制”的转化，将资金风险控制在零。二是贷款资金使用实行多级复核，多级审批制，每笔贷款资金至少由3人以上办理。三是贷款楼盘严格执行房屋封顶后才能划转贷款资金制度。年内湘阴县公积金没有出现1笔资金风险，贷款回收实现零逾期，所有缴存工作投诉也为“零”。三是规范办贷流程，提高工作效率。为方便办贷职工，根据工作实际，制订贷款受理环节表，对个贷业务受理全程、受理事项、受理时限等做具体明确的规定，对符合贷款条件的，限时给予办结。四是完善贷款制度，积极防范贷款风险。认真落实贷前审核责任制，健全贷中抵押管理责任制，贷后加强催讨责任制，抓好贷款风险的分析、控制以及逾期贷款及时催收工作，将贷款逾期率控制在规定范围以内，较好地保证个贷质量。对极少数的逾期贷款户，经多次催收仍然不按时还贷款的，就采取行政执法手段，通过法院强制执行，达到理想的效果。

【机关效能建设】一是深化政务公开，增强管理透明度。以广大缴存住房公积金对象为中心，充分尊重广大群众的知情权和监督权，加强宗旨意识，提高办事效率，切实解决群众反映的热点难点问题，创建服务型机关。不断拓宽政务公开的形式，自觉将政务和业务行为置于社会公众的监督之下，增强住房公积金管理的公开性和透明度。二是牢固树立服务理念，紧紧围绕“维护职工合法权益，管好住房公积金”的工作思路，切实为广大职工提供优质的服务。认真落实“首问负责制”“首办负责制”“服务承诺制”和“责任追究制”，实行“一次性告知，一站式办结，一条龙服务”，优化审批流程，压缩办事期限，进一步便民利民。三是坚持以提高干部综合素质、改进工作作风、优化服务环境、提升服务水平，增强公仆意识、大局意识、服务意识、诚信意识、廉洁意识为目标，以解决住房公积金缴存职工关心的热点、难点问题为重点，努力营造“文明、勤政、务实、高效”的单位形象。

（左文臻）

岳阳市住房公积金管理中心湘阴县管理部主要负责人名录

主　任　陈铁钢
副主任　姚　晖

综 述

【概况】政协湘阴县委员会设有16个乡镇联络办，8个县直联络组。县政协十届二次会议有政协委员240名，常委有主席1名，副主席5名，秘书长1名，政协常委组成人员39名。县政协机关设有一办五委，即办公室、提案委员会、联络工作委员会、经济科技委员会、法制群团人力资源环境委员会、文史学习文化教育体育卫计委员会。2017年，县政协紧贴“对标对接、融长发展”主线，突出团结和民主两大主题，认真履行政治协商、民主监督、参政议政三大职能，切实发挥协调关系、汇聚力量、建言献策、服务大局四个方面作用，较好地完成十届一次会议确定的各项工作和县委、县政府交办的各项任务，为湘阴县加快转型发展和增进民生福祉作出积极贡献。

【咨政建言】2017年，县政协坚持围绕大事建言，聚焦热点议政，精准发声，较好地发挥政协“人才库”“智囊团”的作用。一是协商民主深入推进。落实由县委、县政府、政协三方共同议题，县委常委会议决，政协组织实施的协商工作机制，运用全体会议、常委会议、主席会议、专委会议、提案办理协商会议及联络办、界别协商会议等扎实开展各个层面的协商活动。全体会议协商着眼全局性。组织委员围绕湘阴县经济社会发展的重点问题及群众关注的热点难点问题，与县党政领导进行面对面的协商、交流和沟通，发表意见建议，并以书面形式报送县委、县政府，许多意见建议吸纳到决策之中。常委会议、主席会议、专委会议协商突出针对性。重点针对县财政预决算情况、“十三五”发展规划、智慧县域建设、城市综合管理、旅游产业发展等开展专题协商，为县委、县政府科学民主决策提供大量有价值的真知灼见，不少建议转化为政府的实际行动。提案办理协商注重实效性。把协商理念贯穿提案工作全过程，坚持督查与协商相结合，深化提案办理机制，通过协商推进、实地考察、专题调研、同类提案并案办理等方式，重点围绕委员提案所反映的经济发展、民生民利、社会管理、环境治理等方面问题与政府及相关部门认真协商，提高提案办理实效。联络办、界别协商坚持灵活性。各联络办组织委员就规范村民建房、民办教育工作、建制村合并、城乡垃圾处理等开展适时协商。教育界、文化艺术界委员就发展职业教育、三井头古城区保护与相关部门进行协商，提出意见建议。全年，县政协先后召开各类协商会议68次，其中专题协商5次，重点协商12次，对口协商6次，提案办理协商15次，联络办、界别协商30次。同时，县政协主席会议成员通过列席县委常委会、政府常务会、县长办公会，参与全县重大工作决策协商；政协重要协商活动邀请县委、县政府分管领导和部门负责人参加；专委会、界别、联络办协商活动邀请群众代表一起参加，进一步拓展协商的深度和广度，提高协商的精度和力度。二是民主监督不断加强。努力拓展监督渠道，创新监督形式，突出在监督中服务，在履职中尽责。派驻民主监督小组促监督。由5个专委会牵头，成立5个民主监督小组，派驻县卫计局、发改局、民政局、规划局和食品药品工商质量监督管理局进行民主监督，参加被监督单位的有关会议和活动，对相关工作开展考察、调研和走访，提出监督意见。同时，多次组织委员出席检察开放日，参与法院案件审查和听庭评庭活动，对县内重大工作进行考察和检查，政协民主监督职能不断加强。开展民主评议促监督。按照“选准对象、充分沟通、深入调研、务实建言、跟踪问效”的五步工作模式，年内重点对县卫计局、县发改局的工作进行民主评议。评议小组深入有关部门、乡镇、社区、企业、街道进行调研，发放问卷1000余份，召开座谈会20多场次，收集意见建议200多条，形成评议工作报告及时反馈，政协常委会议集中评议，并进行满意度测评，发言直击问题，评议不走过场，达到“红脸出汗”、整改提高、相互理解的目的，促进部门工作优质高效开展。加强提案督办促监督。出台《提案工作实施细则》，完善县委、县政府领导领办、主席牵头督办、专委会促办、常委参与跟办、委员面商办理及办理效果专题评议的提案督办工作机制。同时，创新“提案+”工作模式，融提案办理于调研、协商、评议、监督之中，推动提案办理与其他履职活动相融互促。年内对县国土局、县环保局、县住建局、县规划局、县民政局的提案办理工作进行集中讲评、现场点评和民主测评，有力地促进提案办理工作。十届一次会议以来收到的提案全部办复，委员满意或基本满意率100%。反映社情民意促监督。聘请社情民意信息员16人，全年收集和反映社情民意信息100多条，促进一批民生问题的解决。如“湘阴县公共交通亟待恢复正常营运”的建议，政府多次研究，启动公交体制改革，按照政府主导、市场运作、专业公司管理的模式，将个体经营的52辆公交车经营权全部收回，积极推行新能源公交车，完善城市公交运行，引入共享单车、共享汽车，极大地方便市民出行。三是参政议政务实有效。组织委员围绕民生、聚焦热点调研考察，据实建言，做到参政参到点子上、议政议在关键处。突出重点调研。认真落实省市县政协“三级联动”要求，配合省、市政协先后开展“促进企业科技创新推进供给侧结构性改革”“开放崛起在岳阳”“优化非公经济发展法治环境”“教育扶贫”等专项调研6次。其中《湘阴县“开放崛起”专题调研报告》为全市开放崛起调研提供湘阴县经验，获得市政协好评。同时，根据县委、县政府交题、政协调研、部门配合、委员参与的工作机制，全年组织开展推进智慧县域建设、城市综合管理等重点调研3次。特别是推进智慧县域建设专题调研，历时2个月，深入部分县直单位、企业和社区调研，赴省内外智慧城市建设先进地区考察学习，多次召开座谈会，听取部门单位和调研组成员意见，向县委、县政府提交《推进智慧县域建设专题调研报告》，提出加强顶层设计、实现资源整合、加快政务服务平台建设等多条建议。县长李镇江在专题协商会上高度评价并批示相关部门要积极运用政协调研成果，认真参照办理，加快推进湘阴县智慧县域建设。聚焦热点考察。围绕推进园区建设，助推创新驱动发展、加强科技支撑引领，6月，组织县科技工作考察，深入金为新材料、地生智能车库等科技创新企业和高新区科技孵化中心实地了解情况，协商座谈，助推园区转型升级。还就城区网格化管理、禁毒工作、美丽乡村建设等组织开展一系列专项考察。年内县政协先后组织各类考察活动8次，每一次考察，政府分管领导全程参与，委员现场建言，部门当场落实改进措施，考察的目的性、针对性，措施的可操作性更强。围绕民生建言。先后就城乡环境卫生整治、新型农村合作医疗、食品安全、水环境保护等提出许多具体的意见和建议，为党委、政府决策和职能部门落实提供参考，政协议政建言的实效得到进一步的发挥和彰显。四是文史功能充分发挥。制订《文史资料征集办法》，组建文史通讯员队伍，召开文史工作座谈交流会，以挖掘、弘扬湖湘文化特别是左公文化为重点，开展文史资料征集工作，为推动湘阴县文化事业大发展、大繁荣尽责尽力。积极配合市政协开展文史编辑工作，参加《岳阳老字号》文史出版物的组稿和编辑，《湘阴陶器业的历史情况》等3篇“三亲”稿件被采用，为抢救湘阴县濒临流失的珍贵史料、发掘本地历史文化资源、增强文化软实力和文化核心竞争力起到积极作用。

【服务大局】2017年，县政协围绕县委提出的建设“左公故里、美好湘阴”宏大愿景，把服务中心、助推发展作为头等大事，坚持县委、县政府中心工作推进到哪里，政协履职就跟进到哪里，主动投身湘阴县经济建设主战场，为湘阴县赶超发展贡献力量。一是把握中心要点，服务项目建设尽心竭力。县政协领导班子积极投身“一二四”行动，参与湘江景观大道、新乔线拓改、职教实训基地、美丽乡村金龙示范片、樟树特色小镇建设等重点项目的组织实施，和党政领导一道攻坚克难、协调推进。同时，有20多名政协委员和政协机关干部参与岳望高速、240国道、樟树港大桥、漕溪港棚户区改造等重点项目建设，积极发挥作用，体现政协人的担当作为。二是紧盯发展重点，助推全域旅游凝心聚力。为落实好县委、县政府交办的文旅招商任务，年内积极与深圳中旅联盟、新华联集团、香港铜锣湾、广东御金龙、中惠旅集团、恒大旅游集团等加强联络，对接商榷；精心策划和组织2017年中国湖南国际旅游节“畅游青山岛”活动；联合省摄影家协会举办以“左公故里、美好湘阴”为主题的旅游推介摄影大赛，历时9个月，收到全省300多名摄影家和摄影爱好者2458幅摄影作品，评选优秀作品94幅，并将在省内巡回展出，宣传湘阴县民俗风情、人文景观、社会风貌和发展成就，擦亮“湘阴县名片”。三是关注民生难点，助力脱贫攻坚出智出力。把助力脱贫攻坚作为政协服务大局、服务社会的重大政治任务。一方面，认真做好主席会议成员和机关联点的7个村的扶贫工作，帮助解决产业发展、基础设施建设等有关问题，机关干部结对帮扶贫困户35户。另一方面，扎实开展委员“三个一”扶贫行动，通过实施四种模式（“委员＋合作社＋贫困户”产业帮扶模式、“委员＋企业＋贫困户”就业帮扶模式、“委员＋爱心人士＋贫困户”助学帮扶模式、“委员＋协会＋贫困户”示范带动模式），采取“一帮一、多帮一和一帮多”的方式，组织全县400多名新老委员和社会爱心人士结对帮扶贫困户和困难群众1130户，充分展现政协组织和政协委员情系民生、履职为民的社会责任感。县政协扶贫工作得到市政协充分肯定，并在全市政协扶贫工作推进会上作典型发言。四是对准阶段焦点，投身防汛抗灾献计献力。面对2017年严峻的抗洪形势，县政协全力以赴投入抗洪抢险，政协机关干部除1人值守外，全部下到所联乡镇参与防汛抗灾。同时，第一时间发出倡议，各政协联络办和省市县三级政协委员积极响应，组成志愿服务团队参与巡查值守、排查处险，并捐款捐物近200万元，为2017年防汛抗灾贡献政协力量。

【促进和谐】2017年，县政协围绕团结民主两大主题，搭建履职平台，丰富活动载体，以创新精神推动工作实践。一是特色活动激发委员“精气神”。坚持开展委员履职“五个一”（提交一件高质量提案、反映一条社情民意信息、参加一次调研或考察活动、为群众办一件实事好事、参与一项社会公益活动）和“三进三服务”活动（进社区、进企业、进乡村，服务中心、服务社会、服务群众），以形式新颖的主题活动调动委员履职积极性。年内政协各界别、联络办、广大政协委员按照工作要求积极关注发展、关注民生，深入园区、乡镇和社区，调查研究，建言献策，反映社情民意，开展捐资助学、送医赠药、培训讲座、法律咨询等各类服务活动，为群众办实事，得到社会各界的广泛赞誉。教育界委员高度关注职业教育发展和残疾儿童教育问题，先后深入县一职专、县特殊教育康复学校进行调研，同时为残疾儿童组织爱心捐助；医药卫生界、社会福利界、侨联界委员开展“服务百姓健康行动”大型义诊活动；岭北镇、樟树镇政协联络办组织委员全程监督村支两委班子换届选举工作；南湖洲镇、湘滨镇政协联络办组织委员对乡镇部门工作进行评议；六塘乡、金龙镇、文星镇、洋沙湖街道办事处、漕溪港街道办事处政协联络办积极协调岳望高速、240国道、高新产业园区项目、棚户区改造等重点项目建设；宣教系统政协联络办组织委员围绕三井头故居、文庙、岳州窑等文化景点建设布局和挖掘湘阴县文化内涵开展调研考察座谈，为推进湘阴县全域旅游和历史文化名城建设提出多条建设性意见，得到县委领导的高度肯定。通过履职实践，委员的责任感、成就感更强，“精气神”更旺，履职热情更高。二是委员工作站打通服务群众“最后一公里”。为搭建委员服务群众的零距离工作平台，进一步延伸政协服务触角，在文星镇栗塘社区试点建立社区委员工作站。通过选派24名委员进驻、定期值班接访、座谈走访群众和协调解决问题，形成“接访”听民意，“走访”察民情，“会商”解民忧的三步工作方法。同时，开通网上社区委员工作站，实时发布委员履职动态，在线收集群众意见建议，形成线上线下两位一体委员履职新模式，为委员服务群众提供无缝对接。三是“政协云”开启委员履职“掌上时代”。县政协积极响应省“政协云”建设要求，主动将“互联网＋”融入到政协工作当中。通过政协云APP发布新闻资讯、在线提交提案、社情民意和微建议，实时与群众留言互动。年内在政协云上组织开展“推进智慧县域建设邀您建言”“缓解县城停车难问题邀您建言”及集中收看省政协“实施开放崛起战略，建设开放强省”议政协商常委会等3次在线履职活动，得到委员和市民的积极响应。其中“缓解湘阴县城停车难问题邀您建言”履职活动，3天时间点击量超过5000人次，转发分享100余次，收集意见建议226条，取得“互联网＋”履职模式的新突破，获得省政协“点赞”，湘阴县政协获评省政协2017年度政协云工作先进单位。四是学习交流扩大政协“朋友圈”。加强同省、市政协和县（市、区）政协的沟通联系、学习交流。组织委员先后赴长沙开福区、望城区进行对标对接学习，赴安乡县、桂东县、临湘市、宁乡县、攸县等地调研学习；热情接待桑日县、湘潭雨湖区、汨罗市、桃江县等县（市、区）政协到湘阴县考察学习全域旅游、协会组织、提案等工作；及时邀请工商联、无党派和非公经济人士、社会各界别和新阶层人士参加政协各类会议活动，加强与县委统战部的工作联系，配合参与组织百企千商同心结对”活动。通过一系列的交流互动，扩大政协“朋友圈”，提高湘阴县影响力。五是宣传报道弘扬社会正能量。相继在《湖南日报》和省政协云客户端发表通讯各1篇，在《湘声报》发表通讯或经验文章7篇，在《岳阳日报》发表通讯1篇，在《湘阴县周刊》发表通讯53篇，在县电视台发表新闻50篇，在湘阴县手机报发表工作动态89篇，在县政协云客户端发布工作资讯157篇。其中《把贫困户＋进产业链——湘阴县政协助力扶贫攻坚“三部曲”》被《湘声报》头版报道，《两百精英，一腔热血——湘阴县政协人抗洪救灾剪影》一文经《湖南日报》刊发后，被红网、中国日报网、华声在线等国内主流新闻网站第一时间转发，总点击量过30万。同时，在县电视台、《湘阴县周刊》开辟“委员三个一扶贫行动”“委员风采”等专栏，积极宣传县政协工作及委员履职成效。通过有声有色的宣传，树立政协的良好形象，弘扬社会正能量。

【自身建设】2017年，县政协始终把加强自身建设摆在突出位置，坚持学习提素质，激发活力促履职，努力建设高素质的政协委员队伍和打造高效能的政协机关。一是加强委员学习培训。开设政协机关理论课堂。认真组织双周五“机关学习日”活动。采取领导干部领学、机关干部自学和邀请理论专家、政治辅导员讲学相结合的方式，切实提高机关干部的政治素质、理论水平和业务能力。开设名校培训学堂。年内在厦门大学管理学院开设湘阴县政协委员履职能力建设专题培训班，组织全体县政协常委、政协联络办主任和县政协机关干部参加培训学习，开阔思维眼界。开设委员学习讲堂。为提高委员综合素养，面向全体委员推出“委员学习讲堂”，围绕政治、经济、法律、管理、文史、人文素养、政协工作等方面邀请领导、专家、学者组织开讲，对委员进行常年培训。从10月开始，先后就中共十九大报告精神、融媒体时代如何做好地方政协文史资料工作、左宗棠的家教家风与为官之道等组织辅导讲座。全年培训委员400多人次，丰富委员知识结构，提升委员建言献策水平和服务发展的能力。二是健全队伍管理机制。实行专委会工作定期汇报制。机关办委每月初向主席会议汇报上月工作和当月工作安排，由分管副主席点评，主席会议总评，传导工作压力，督促提高工作质效。实行联络办半年度工作讲评和年终考核制。坚持县直（乡镇）政协联络办半年度工作交流讲评，年终专委会考核打分、主席会综合考评，严格按考核结果评先评优，以良好的机制、管用的制度促进政协各项工作落实落细落地。实行委员履职量化考核管理制。完善委员履职考核办法，建立委员履职档案，加强委员履职跟踪管理，委员履职考核结果直接与委员的奖励和辞免挂钩。全年有7个基层政协联络办获评先进集体，43名委员获评优秀政协委员，21名委员获评“三个一”扶贫行动先进个人，10件委员提案获评优秀提案，对1名不合格委员撤销政协委员资格。三是加强机关自身建设。加强机关党的建设。县政协党组和政协机关党组认真履行党建责任，落实“三会一课”“党员活动日”“机关学习日”等制度，扎实推进“两学一做”学习教育活动，把“两学一做”“四讲四有”作为政协机关干部和党员学习教育的基本内容，长期坚持、形成常态；认真开展专题党课、主题讨论、廉政谈心谈话等活动，从严落实党风廉政建设两个责任，带头执行县委“刹人情歪风、治婚丧陋习、树文明新风”和“认真做好清理国家公职人员参与涉砂、涉矿等经营性活动”等要求，切实加强政协党风廉政建设。加强机关作风建设。严格执行中央、省、市、县委作风建设的有关规定，加强机关管理，规范政协各类会议和活动，厉行节约。深入基层，深入群众，调研办实事；严格督促，严格考核，跟踪问实效，努力打造“学习型、服务型、团结型、效能型、创新型、廉洁型”机关。机关作风不断转变，服务意识不断增强，工作效能不断提升。

（宋　灿）

县政协主席周义军（右二）调研玉华镇铁香茶叶（2017年摄）

重要会议

【县政协主席（扩大）会议】1月18日，县政协主席周义军主持召开县政协第十届委员会第二次主席（扩大）会，学习省市政协全会精神，安排部署2017年相关工作。会议传达学习省、市政协全会精神。随后，与会人员就县政协2017年度工作要点与主要活动、委员履职“五个一”活动、提案工作实施细则、社情民意征集和委员履职管理考核办法等议题展开研究讨论。并对政协机关节前慰问、走访进行具体部署。周义军表示，2017年是新一届政协履职的第一年，新班子要牢记使命、不忘初心，提升精气神，做好工作、狠抓落实，形成想事、务实、干事的良好氛围；要顺应县委与全体政协委员期待，加强与社会各界的沟通联系，把调研活动做实、协商活动做精、民主监督做准，做好政协网络平台建设工作，畅通社情民意渠道，搭好委员履职平台，推动政协工作在新年有新气象、新出彩，形成新风尚。

3月6日，县政协主席周义军组织召开政协湘阴县第十届委员会第四次主席（扩大）会，研究增补委员、办委分工以及3月重点工作等事宜。会议对新增补政协委员进行研究讨论，对政协机关相关办委人员进行任免，并对各办委工作进行分工安排，还就政协湘阴县第十届委员会第一次常委会会议事项以及3月重点工作进行研究部署。针对换届与分工调整后的政协工作，周义军表示，全体机关干部要做到识时务、行共识，提升做好政协工作的信心，严格按照省市政协要求，加强作风建设，充分发挥政协职能。要强责任、抓落实，把调研工作做精，提案办理做实，协商活动做活，形成既履职到位又活泼活跃的工作氛围。要严要求、守规矩，提升政协干部履职形象。做到工作不养闲人，团队不养懒人，为政协工作争光添彩，开创政协工作新辉煌。

6月5日，县政协召开第十届委员会第五次主席扩大会议。县政协主席周义军主持会议。会议汇报政协4—5月工作总结，明确6月工作计划，并传达学习县委常委（扩大）会相关会议精神，就政协参与扶贫攻坚、智慧县域建设专题调研、政协云建设等工作进行安排部署。会议指出，湘阴县扶贫攻坚工作进入关键时期，县政协作为扶贫攻坚的重要力量，要进一步理清思路、把工作责任层层压实；进一步紧盯问题、把集中整改落实到位；进一步宣传发动、不断凝聚社会合力，助推湘阴县扶贫攻坚工作再上新台阶。同时，要创新政协履职信息化载体，推进智慧县域建设专题调研，提高政协工作水平。周义军指出，扶贫攻坚、政协云平台建设是当前及以后政协工作的重中之重，在后段的工作中，要做到扶贫调研与民主监督相结合，不断完善相关制度建设。周义军强调，“政协云”为委员履职提供便捷的平台，会后要在智慧县域建设的框架下，对接省“政协云”，完善县政协履职信息化平台，并在各社区成立委员工作站，充分发挥政协委员参政议政的职能，提高政协委员的履职水平，助推政协事业发展，为县委、县政府中心工作服好务，为建设“左公故里、美好湘阴”献计出力。会议还组织学习《习近平总书记系列重要讲话》。

6月20日，县政协召开第十届委员会第六次主席（扩大）会议。政协主席周义军主持会议。会议协商审议《关于推进“智慧县域”建设的调研报告》，协商确定县政协第十届委员会第二次常委会议工作安排和2017年度县政协民主监督小组相关工作。会上，主席会议成员就《关于推进“智慧县域”建设的调研报告》进行深入讨论，从意义、外地的经验做法、存在的问题、发展措施等方面提出很好的意见和建议。会议初步拟定于6月底召开十届县政协第二次常委会议和推进“智慧县域”建设专题协商会。周义军对县政协“智慧县域”调研组前段工作给予充分肯定，认为调研组前期准备充分，调研广泛深入，非常务实。要求调研组根据主席会议意见进一步完善报告内容，合理控制篇幅，兼顾研究性和简洁性。要针对各地情况进行分析对比，突出重要性和必要性。建议意见要清晰明确，突出可行性和可操作性，并提交十届政协二次常委会议审议。周义军还对政协常委会和专题协商会的各项筹备工作提出具体要求。

7月20日，县政协主席周义军主持召开政协湘阴县第十届委员会第七次主席（扩大）会议。会议听取机关各办委上半年工作总结和后段工作安排，协商审议并通过政协联络办半年度工作交流及讲评、考察禁毒工作、城市综合管理专题调研、派驻民主监督小组、委员工作战建设试点、缓解县城“停车难”问题提案办理协商、2017年民主评议重点提案办理和开展提案办理答复满意度调查等工作的实施方案。周义军听取汇报后，就各项工作提出具体要求。她强调，要围绕县委、县政府中心工作和当前热点难点问题，抓好四个方面的落实。抓进度、赶目标，按时间节点要求，精细、高效地推进工作，争取提前完成年度各项工作任务；抓完善、补短板，加强制度建设，补齐短板弱项，规范工作流程；抓提升、创一流，积极思考创新，加强争先意识，以更高的标准创一流工作；抓协同、两不误，加强各办委合作，加强组织协调，提高履职成效，做到政协工作和中心工作齐头并进，为建设“左公故里，美好湘阴”做出贡献。

9月4日，县政协主席周义军主持召开县政协第十届委员会第八次主席（扩大）会。会议听取政协各办委8月工作总结和9月工作安排的汇报，并协商确定2017年度县政协民主评议的部门单位名单。会议决定，从9月起开设“政协委员学习讲堂”，通过搭建委员学习新平台，进一步弘扬中华传统文化，提高委员综合素质和履职能力。会议还对文史征集、提案督办、民主监督等工作进行明确和部署。会上，周义军指出，要常态化地开展政协委员学习活动，并根据授课的主题和内容，邀请相关的县直部门与社会团体共同参与，不断提高委员的综合素养和履职能力，全力打造“书香政协”。对于文史征集工作，周义军要求，要从实际出发，突出重点，有计划、有组织地开展珍贵史料抢救工作，充分发挥政协文史资料“存史、资政、团结、育人”的作用，逐步丰富湘阴县文史资料宝库。最后，周义军强调，后段还要进一步加强民主监督，抓好委派民主监督员工作。要积极开展调研考察，认真了解社情民意，抓好提案的办理工作，充分发挥政治协商、民主监督、参政议政的职能，为建设“左公故里，美好湘阴”贡献政协力量。

10月24日，县政协主席周义军主持召开政协湘阴县第十届委员会第九次主席（扩大）会。会议协商审议2017年度民主评议部门工作会议事项、2017年度民主评议重点提案办理工作会议事项、并协商确定县政协第十届三次常委会相关事项。会议明确将于10月27日召开政协湘阴县第十届委员会第三次常委（扩大）会议。会上，将对被监督单位工作和重点提案办理情况开展民主评议。周义军指出，民主监督小组要围绕促推工作实效，进一步拓宽意见建议收集的渠道，全方位、多层次搞好监督调研。不断完善修改调查报告，帮助部门总结成绩、树立典型，真实反映部门工作中存在的问题，进一步提高参政议政水平，扎实推进政协民主监督。同时要求政协各相关委办要加强联动配合，明确责任分工，切实做好常委会的相关会务工作，确保会议高效有序进行。

11月6日，县政协召开第十届委员会第十次主席（扩大）会议，研究县政协十届二次全会筹备工作的分工方案，安排部署美丽乡村考察、扶贫“三个一”行动推进等工作。县政协主席周义军主持会议。会议审议《县政协十届二次全会筹备工作及责任分工》，并对美丽乡村考察、政协委员扶贫“三个一”行动、专委会年度工作总结和2018年工作设想、政协联络办工作考核、政协委员学习讲堂第二讲等工作进行部署。周义军指出，政协全会是政协委员参政议政的重要平台，是全县政治生活中的一件大事、要事。她要求，全体工作人员要统一思想，增强责任意识，充分认识开好县政协十届二次全会的重要性；要完善方案，明确分工，协调配合，以“零差错、出精品、请放心”的工作理念，将各项筹备工作落到实处，确保县政协十届二次全会圆满成功召开。

11月23日，县政协主席周义军主持召开政协湘阴县第十届委员会第十一次主席（扩大）会议。会议协商确定2017年度优秀政协委员、先进政协联络办、优秀提案、提案承办先进单位；协商审议县十届政协二次全会议程和日程（草案）；协商审议提交县十届政协第二次全体会议增免的常委、委员建议意见（草案），并听取县十届政协二次全会前段筹备工作情况和各专委会2017年工作总结及2018年工作设想汇报。会上，周义军指出，要坚持以中共十九大报告精神为指导，以县委、县政府中心工作为重心，认真做好考察调研选题工作，不断提高政协参政议政能力，推动政协事业新发展。要进一步创新形式，抓实抓细民主监督工作，围绕人民群众关切的热点、焦点问题，采取走访、座谈、暗访、问卷调查等多种形式，全面了解和掌握受派单位的工作情况，把听政、问政作为民主监督的重要手段，努力为党政科学决策、推进工作提供帮助。同时要积极做好委员扶贫“三个一”行动，带着真情实意帮扶贫困户，确保精准扶贫任务顺利完成。会议还对“智慧县域建设”专题调研、委员履职长效管理机制、委员工作站试点工作等提出具体要求。

12月4日，县政协主席周义军主持召开政协湘阴县第十届委员会第十二次主席（扩大）会。会议协商审议县政协十届二次会议的会议议程和日程（草案），协商讨论《关于召开县政协第十届二次会议的决定》、会议的有关人事事项、会议组织人员名单、会议选举办法（草案）、县政协常委会工作报告和提案工作报告（讨论稿）。周义军指出，县政协十届二次全会的各项准备工作有序开展，工作报告思路清晰、数据详实、亮点突出，很好的总结县政协十届一次全会以来的各项工作，展现湘阴县政协组织和政协委员履职为民的社会担当。她强调，要加强领导，由大会秘书处统筹协调推进各项筹备工作；要务实作风，加强配合与协调，积极主动做好大会的各项服务工作；要扩大宣传，宣传政协各参加单位和政协委员履职的好典型和好做法，宣传新时代新蓝图新思路，把本次政协全会开成团结鼓劲、凝心聚力的大会。

【县政协常委扩大会议】3月7日上午，政协湘阴县第十届委员会第一次常委（扩大）会召开。县政协主席周义军出席会议并作讲话。会议以举手表决的方式，协商通过增免委员事项、办委人事任免，审议通过《关于任命县政协专委会兼职副主任、委员的决定》《县政协2017年度重点协商工作计划》《政协湘阴县委员会委员履职考核办法》《政协湘阴县委员会提案工作实施细则》。周义军要求，一要把握“高、实、活、严”四字要求，开创政协工作新局面。要定位求“高”，做到工作着眼点高、咨政建言质量高，牢牢把握政协履职的主攻方向。要工作求“实”，确保调研考察实、解决问题实、联络联谊实，始终抓住彰显政协特色的关键环节。要方式求“活”，做到机制活、协商活、监督活、成果转化活，不断增强政协工作的生机活力。要管理求“严”，严格政协组织建设、委员队伍建设、机关作风建设，努力提升政协自身建设的整体水平。二要突出四项工作，完成政协2017年各项工作任务。要突出抓好委员履职平台搭建，建立湘阴县政协微信公众号、提案和社情民意在线办理平台、委员联络工作微信群，建立委员工作室，形成线上线下两位一体履职平台。要突出抓好提案和社情民意工作，搞好提案集中交办、跟踪督办，加强培训指导，落实“提案提前合并制”“提案办理听证制”“提案督办销号制”“提案工作双向评价制”的具体操作流程。要突出抓好调研考察。重点抓好“教育扶贫”“智慧县域建设”“城市综合管理”三个调研和“美丽乡村建设”“打击毒品犯罪”“科技工作”三项考察，围绕大局，制定计划，细化方案，推动工作。要突出抓好委员履职活动开展，扎实抓好委员“五个一”活动和精准扶贫“三个一”行动，确保工作实效。三要增强“四种”意识，树立政协常委良好形象。要增强政治意识，牢固树立在党的领导下开展政协工作的政治理念。要增强责任意识，切实做到在其位、干其事、尽其责、献其智。要增强学习意识，拓宽眼界视野，优化知识结构，提升思维能力。要增强自律意识，做到洁身自好、淡泊名利、坦荡正派、乐于奉献，做一名组织和人民满意的政协委员。

6月29日，县政协召开第十届委员会第二次常委（扩大）会暨专题议政协商会，重点协商推进智慧县域建设。县政协主席周义军主持会议。县长李镇江，县委常委、副县长肖华应邀参加。“智慧县域”是“智慧城市”建设向辖区全域拓展的新阶段。通过“互联网+城市服务”功能向基层下沉，社会资源要素向系统集成，通过现代信息和通信技术手段感测、获取、分析、整合县域运行核心系统的各项数据和关键信息，对政务应用、产业经济、社会管理、民生服务等领域的各种需求做出智能响应。为掌握信息化建设第一手资料，县政协成立推进“智慧县域”建设专题调研组，先后深入部分县直单位、企业和社区调研，组织赴湖南宁乡、江苏昆山、宁夏银川考察学习。会议协商通过《关于推进智慧县域建设的调研报告》。调研组各成员单位与政协委员代表及相关部门负责人围绕如何加快推进“智慧县域”建设提出建议意见。李镇江指出，县政协服务中心发挥作用特别好，调动各方智慧的能量特别大，参政议政水平特别高。这次调研选题特别准，调研特别全，思考特别深，纳言特别广，成果特别好。李镇江强调，要进一步聚集民意，着力营造建设智慧县域的浓厚氛围。从社会发展的态势和信息化发展的机遇看，全县上下必须引起警醒，顺势而为。要用互联网思维改进政府管理，全面提升政府效能。要进一步汇聚民智，分步实施宽带湘阴县、无线湘阴县、三网融合、大数据中心、网络与信息安全及新一代信息技术产业培育等六大工程，逐步完成提升信息基础设施、构建数据生活、发展信息产业、创新社会管理、促进四化融合等五大任务，着力推进智慧县域建设得顶层设计。要突出工作重点，优先智慧民生、智慧政务建设，促进智慧商务、智慧城管发展，推动智慧环保、智慧警务、智慧交通提质，着力推进智慧县域的持续发展。要进一步整合资源，加快项目整合，加大建设投入，加速人才建设，着力构建智慧县域的信息共建共享。周义军表示，县政协各参加单位和全体政协委员要持续关注智慧县域建设的进展，建睿智之言、谋创新之举、献务实之策，将“智慧县域”打造成为湘阴县对标融长发展的新“接口”，助推湘阴县快速发展。

10月27日，县政协第十届委员会第三次常委（扩大）会暨民主评议部门工作会召开。县委副书记彭方建出席并讲话，县政协主席周义军主持会议。会上，县卫计局、县发改局两家评议单位汇报近年来的工作情况，县政协民主监督小组负责人就监督情况作发言，委员代表围绕提升服务质效、加强政风行风建设各抒己见、畅所欲言。县政协副主席甘文伟、甘政分别进行点评。会议还对两个单位现场进行满意度测评。彭方建指出，民主评议是政协履行民主监督的有效形式和途径，通过民主评议，能够进一步了解政府相关职能部门工作的开展情况，发现问题、查摆问题、解决问题，促进工作的开展。希望被评议的单位要密切配合评议工作，结合实际，制定整改方案，落实整改责任，确保整改工作落到实处。同时民主评议工作组成员要进一步提高认识，不断扩大调研渠道，全方位、多层次搞好调研，提高参政议政水平，扎实推进政协民主监督进程，助推县域经济大发展、大繁荣。

12月6日，县政协召开第十届委员会第四次常委（扩大）会议，县政协主席周义军主持会议。会议协商通过《关于召开县政协十届二次会议的决定》、会议议程和日程（草案）；讨论并通过政协常委、委员增免名单和县政协十届二次会议的会议组织人员名单；协商审议选举办法（草案）、常委会工作报告和提案工作报告。周义军指出，要充分发挥委员的主体作用，积极搭建委员履职平台，展示委员形象。要通过座谈走访，收集群众意见，继续开展委员履职“五个一”活动；要创新形式，加大宣传，不断宣传推介政协各参加单位和政协委员忠诚履职过程中的好经验、好做法；要集中思想，抓好落实，做好会前工作，进一步完善提案和全会总结；要认真负责，严谨组织，谋划好2018年的政协工作，利用政协云平台，了解社情民意，做到掌上履职，要把本次政协全会开成一个围绕发展、提神鼓劲的动员会，为政协再创辉煌、再创佳绩。

12月24日，县政协主席周义军主持召开政协湘阴县第十届委员会第五次常委（扩大）会议。会议听取有关人事事项和选举事项协商讨论情况汇报，听取分组讨论情况汇报和县政协十届二次会议提案审查意见，并协商通过《县政协十届二次会议政治决议》等3个决议（草案）。周义军对委员发言和履职情况给予充分肯定，她强调，要提高认识、端正态度，把握新时代对政协工作的新要求，不断提升政协履职科学化水平；要积极传播推广“政协云”的使用，让委员们用好用活“政协云”，通过“云”上履职，更好地明政知情，实时参与协商，及时参与监督，更好地参政议政。她还对做好会务组织、分组讨论意见建议收集、会议纪律等工作提出具体要求。

【政协湘阴县十届二次会议召开】12月23日下午，政协湘阴县第十届委员会第二次会议在湘阴县剧院开幕。县政协主席周义军代表政协湘阴县第十届委员会常务委员会向大会报告工作。她指出，2017年，县政协高举中国特色社会主义伟大旗帜，认真学习宣传中共十八届历次全会、中共十九大及习近平系列重要讲话精神，紧贴“对标对接、融长发展”主线，突出团结和民主两大主题，围绕“五个政协”建设要求，认真履行政治协商、民主监督、参政议政三大职能，切实发挥协调关系、汇聚力量、建言献策、服务大局四个方面作用，较好地完成十届一次会议确定的各项工作和县委、县政府交办的各项任务，为湘阴县加快转型发展和增进民生福祉做出积极贡献。受政协湘阴县第十届委员会常务委员会委托，县政协副主席甘文伟向大会报告县政协十届一次会议以来的提案工作情况。受县委书记汪灿的委托，县委副书记彭方建在会上作讲话，他代表县委向大会的胜利召开表示热烈的祝贺，向全体政协委员和出席会议的同志们致以亲切的问候。彭方建指出，一年来，全县各级政协组织和广大政协委员始终保持与县委、县政府合心合拍、同频共振，充分发挥协调关系、汇聚力量、建言献策、服务大局的重要作用，为全县经济平稳较快发展、社会和谐稳定和各项事业协调推进，做大量卓有成效的工作，使政协履职尽责的“好声音”越来越响，团结民主的“朋友圈”越来越大，赢得干部群众的纷纷点赞和叫好。希望全县广大政协委员要突出忠诚为基，在思想政治上巩固大团结。要突出担当为要，在推动发展上贡献大智慧。要突出民本为先，在促进和谐上释放大能量。要突出履职为重，在自身建设上实现大提升。12月25日下午，政协湘阴县第十届委员会第二次会议举行全体会议。会议通过《政协湘阴县第十届委员会第二次会议选举办法》和选举工作人员名单，以举手表决的方式，选举产生政协湘阴县第十届委员会常务委员会委员。县政协副主席陶娜受政协湘阴县第十届委员会第二次会议提案审查委员会委托，向大会报告提案征集和审查情况。会议审议通过《政协湘阴县第十届委员会第二次会议关于政协湘阴县第十届委员会常务委员会工作报告的决议》；审议通过《政协湘阴县第十届委员会第二次会议关于县政协十届一次会议以来提案工作情况报告的决议》；审议通过《政协湘阴县第十届委员会第二次会议政治决议》；并表彰通报一批先进单位和个人。会议圆满完成各项议程闭幕。

（县年鉴编辑部）

提案办理

【政协委员提案办理】县政协十届一次会议期间，政协委员、政协各参加单位和各专门委员会紧贴“对标对接、融长发展”主线，围绕县委、县政府中心工作和人民群众普遍关心的热点难点问题，认真开展调研，积极建言献策。先后征集提案150件，经审查立案139件，转作来信11件。其中，经济建设方面24件，占17.2%；城乡建设方面31件，占22.3%；社会事业方面42件，占30.2%；社会治理方面34件，占24.5%；生态文明建设方面8件，占5.8%。委员所提提案紧扣推动发展、改善民生、增进团结等方面内容，涉及面广，触及度深，切中时代发展主题和社会热点问题。年内有43个部门和单位承办政协提案。截至10月底，所有提案都书面办复，办复率100%。从办理结果看，提案提出的问题解决和基本解决的有86件，占61.9%；在解决和计划解决的有48件，占34.5%；因受条件限制，一时不能解决，留作参考或解释说明的有5件，占3.6%。提案办理见面率90%，委员对提案办理满意率97.9%，基本满意率2.1%。

（县政协办公室）

重要活动

【徐新楚到湘阴县座谈、调研】6月27日，市政协主席徐新楚到湘阴县组织召开优化非公有制经济发展法治环境座谈会。此次座谈会采取面对面、背靠背的方式听取意见和建议，不邀请一个当地党政领导参加，突出参与对象的代表性，受邀对象既有资产过亿的上市公司，也有刚刚起步的小型企业；既有食品加工、建筑房产等传统产业，也有新型材料、网络电商等新兴业态；既有经营多年的本地企业，也有近年入驻的外来公司。力争听到非公有制企业人士最真实的声音、最急迫的诉求。会上，20多家非公有制企业负责人坚持问题导向，围绕高效行政、依法执法、公正司法等政务和法治环境，集中反映一些突出问题。在认真倾听大家的发言后，徐新楚对多年来非公有制企业在调整产业结构、促进经济发展、增加财政收入、扩大劳动就业、承担社会责任等方面为地方做出的贡献给予充分肯定。他要求市政协相关委室认真梳理座谈会上反映的问题并列成清单，将中肯的意见建议纳入调研报告，将提供的典型案例作为报告附件，交由县市区政府和相关部门调查处理、研讨解决。他特别强调非公有制经济发展法治环境是要素资源、招商名片、区域形象，要求地方党委政府将其作为经济发展的软实力、竞争力和保障力予以高度重视、着力优化。最后，徐新楚寄语非公经济人士，要有梦想、不甘落后，善创新、培育动能，提素质、涵养品行，守底线、遵从法纪，谋发展、倍增效益，懂感恩、回报社会，为岳阳“一极三宜”江湖名城建设发挥生力军、主力军作用，做出更大更新的贡献。

6月28日，市政协主席徐新楚继续在湘阴县考察调研食品产业发展。徐新楚先后到湖南海日食品、湖南义丰祥实业、湖南长康实业集团等企业，看生产车间、问销售情况、听意见建议。近五年，湘阴县坚持把加快食品产业发展作为推动传统产业提档升级的主攻方向，紧紧围绕长株潭市民“米袋子”“油瓶子”“菜篮子”，着力做实基层、做强龙头、做大产业，有力推动食品产业快速发展，初步形成以油脂及调味品、茶叶、粮食加工、畜禽及水产品加工、蔬菜加工等为主的十大主导产业。徐新楚指出，食品产业是民生产业、永续产业，湘阴县食品产业发展有着良好的基础。后段发展中要规划专业园区，优化资源配置，发挥聚集效应；要延伸产业链条，搞好旅游休闲，增强带动功能；要利用既有优势，开发农业资源，打造基地品牌；要扶持上市融资，突出龙头企业，实现做大做强；要优化发展环境，解决具体困难，加快企业发展。县委书记汪灿表示，湘阴县将以此次考察调研为契机，积极争取省、市支持，高标准规划，进一步加快港区、食品园区等公共服务平台建设，补足产业短板，出台政策措施，加强基地建设，支持企业易地升级改造，推动湘阴县食品产业实现集群化发展。

【徐新楚到湘阴县调研精准扶贫】8月16日，市政协主席徐新楚到湘阴县调研精准扶贫工作。来到金龙镇金华村贫困户易四齐家里，徐新楚与大家围坐在一起，详细了解他们的家庭状况、收入来源及生产生活中遇到的实际困难，并鼓励他们保持乐观心态，坚定生活信心。在金龙镇金华村委会，徐新楚仔细查阅贫困户档案资料，现场提问抽查贫困户扶贫措施落实情况，他叮嘱驻村干部要认真做好贫困户档案资料的整理，确保数据资料的真实性和完整性。在随后召开的座谈会上，徐新楚听取湘阴县精准扶贫工作情况汇报，详细了解驻村帮扶工作开展情况和扶贫政策落实等情况。徐新楚对湘阴县的精准扶贫工作给予高度肯定，他表示，湘阴县把脱贫攻坚作为最大的民生工程来抓，政治站位高、示范引领好，基础工作细、整改见效大，干部作风实、督查问责严，帮扶举措准、政策保障强，脱贫攻坚各项工作均取得显著成效。徐新楚强调，湘阴县要守住目标底线，找准达标差距，抓实攻坚举措。认识要再提升，目标要再咬紧，问题要再聚焦，责任要再压实，措施要再精准。要进一步完善信息数据整改工作，全面规范档案资料管理。要进一步完善结对帮扶政策，坚持因户制宜、因户施策、一户一策，严格落实帮扶责任。要认真落实好异地搬迁、医疗扶贫、教育扶贫、金融扶贫、危房改造等各项政策，推动扶贫政策实实在在发挥作用，真正把好事办好、实事办实。要用好扶贫资金，严格监督管理，确保群众直接受益。要帮在“根”上，将扶贫工作贯穿于发展全过程和各方面，特别要完善镇村建设规划和产业规划、加大教育和医疗卫生投入、加强社会保障，补齐农村公共服务短板，让扶贫更加精准、更加有效。

【邵琪伟考察湘阴县全域旅游】9月25日，全国政协常委、原国家旅游局局长邵琪伟到湘阴县考察全域旅游发展情况。邵琪伟一行采取现场察看与听取汇报相结合的方式先后察看洋沙湖窑文化博物馆、岳州船厂、五彩花田、左宗棠文化园。每到一处，邵琪伟详细听取各个项目景点基本情况。邵琪伟指出，湘阴县要充分认识加快旅游产业发展和创建本土特色旅游名县对推进科学发展、跨越发展、城乡统筹发展的重大意义，毫不动摇地推进文化旅游名县战略。要加强旅游企业的组合、联合和协作，整合湘阴县优势旅游景区，走出一条集团化、规模化、品牌化发展的新路子；注重做好旅游发展与环境保护的关系，实现人与自然和谐发展；加强旅游公共信息服务体系建设，构建全县旅游信息平台，优化环境，广泛宣传推介。提升湘阴县知名度、美誉度，促推旅游产业提质升级。

【徐新楚督查指导湘阴县脱贫攻坚】10月9日，市政协主席、市脱贫攻坚大会战指挥长徐新楚率综合督查组，深入湘阴县新泉镇、鹤龙湖镇实地暗访脱贫攻坚工作。在随后召开的现场调度会上，徐新楚指出，湘阴县在脱贫攻坚工作中领导示范好，财政投入多，驻村覆盖全，政策保障实，整改动手早，社会氛围浓，取得阶段性成效。下阶段工作中要继续聚焦28个贫困村出列、7834名贫困人口脱贫的这一年度目标，坚持问题导向和目标导向，确保稳定脱贫；要压实县直部门包联责任、乡镇包干责任、村（社区）第一责任；要抓实整改回看，关注负面舆情，严查违规问题，提升群众满意程度，备战省、市考核，依照验收标准强力推进。县委书记汪灿表示，湘阴县将以此次督查为契机，进一步压实责任，集中时间、精力，补齐短板，夯实基础，确保完成目标任务，坚决打好脱贫攻坚这场硬仗。

【市政协调研组到湘阴县调研】3月30日，市政协调研组到湘阴县调研优化非公有制经济发展法治环境情况，并与湘阴县部分非公有制企业代表展开座谈。近五年，湘阴县非公有制经济呈现出总量扩张、质量提升、贡献增强的良好态势，并获评全省发展非公有制经济和中小企业先进县。2016年，全县登记注册工商户43388户，规模工业民企发展到153家，完成规模以上工业总产值794亿元，实现规模工业增加值160亿元。座谈会上，副县长方腊初向调研组一行汇报湘阴县优化非公有制经济发展法治环境的工作情况。钟光耀、王特、李顺等10名非公有制企业代表结合自身企业实际，先后进行发言，并就优化非公有制经济发展法制环境向市政协调研组提出意见建议。市调研组对湘阴县非公有制经济发展工作予以充分肯定，并表示，将认真梳理本次调研取得的意见建议，召集相关职能部门研究讨论，广泛听取各方意见，推动问题尽快解决。湘阴县各级各部门也要总结经验，推介自身在优化非公有制经济发展法治环境方面的先进典型，用好成果，为县委、县政府科学决策提供客观依据，推动全县非公有制经济发展再上新台阶。

【召开财政预算协商会】2月20日，县政协组织召开协商会，就湘阴县2017年度财政预算方案和重点建设项目规划进行协商讨论。2017年，湘阴县财政预算按照有保有压、有增有减，财政支出与建设支出分离，财政收入增长与县域经济发展同步等原则编制，全县财政总收入预算14.93亿元，比2016年增长10%；重点项目建设则从“水、工、城、路”四个方面，规划了66个重点项目，其中政府性投资项目36个，社会性投资项目30个。周义军说，本年度财政预算方案和重点建设项目规划，内容精细全面，框架清晰合理，编制科学严谨。县政协将在项目建设等工作上，充分发挥自身职能，牢固树立中心意识，服从服务县委、县政府安排，为全县经济社会发展献好策、服好务，助推湘阴县实现新跨越。

【开展智慧县域建设专题调研】4月9日，县政协组织开展“推进智慧县域建设”专题调研活动，并就如何做好智慧县域建设与相关单位展开座谈。调研组一行先后到农村淘宝县级服务中心、村淘“友爱”服务站，实地调研“互联网＋商务”的发展模式，了解全县电子商务发展情况。随后，调研组组织召开座谈会，听取县政府办信息中心、商务粮食局、政务服务中心、财政局等单位关于本部门网络平台建设情况的汇报，并就如何进一步做好“推进智慧县域建设”调研活动，形成高质量、有实效的调研报告展开讨论。周义军说，推进智慧县域建设，是搭乘“互联网

+”的快车，实现智慧强政、智慧兴业、智慧利民的有力举措。各级各部门要站在发展的角度，充分建言献策。要把调研活动再深入、再细化，反复研究、详细讨论，多学习外地先进经验，促进“互联网+”、大数据、物联网等新一代信息技术与城市管理服务融合，提升城市治理和服务水平，让广大市民享受更多发展红利。本次县政协“推进智慧县域建设”专题调研活动计划选择15个县直单位、2个乡镇，实地察看其网络平台建设和运行情况，并分析其中存在的问题与不足，促推平台建设再上新台阶。

【开展禁毒工作考察】8月2日下午，县政协组织开展禁毒工作考察活动。考察组一行先后到白泥湖强制隔离戒毒所和文星镇社区戒毒（康复）工作站。白泥湖强制隔离戒毒所是全省第一个专业收治戒毒人员的强戒所，至7月底，收治强制隔离戒毒人员约1200人。考察组详细了解收戒情况，并与戒毒人员亲切交谈，鼓励他们要树立对生活的信心。近五年，湘阴县登记在册的吸毒人员每年以10%的速度逐年递增。吸毒人员流动性、隐蔽性增大，管控难度加大，且80%的吸毒人员均有违法犯罪行为，严重危害社会治安稳定。近五年，湘阴县公安机关严格执法，坚决遏制毒品蔓延，1—7月，侦破毒品刑事案件25起，办理涉毒行政案件188起，查处吸毒人员259人，社区戒毒62人，强制隔离戒毒70人，缴获毒品20克。考察结束后，县政协在文星镇社区戒毒工作站会议室召开座谈会，县公安局、县司法局、白泥湖强戒所、县疾控中心负责人汇报相关工作情况，部分政协委员围绕推进禁毒工作进行建言献策。周义军表示，禁毒工作具有复杂性、艰巨性和长期性，毒品从文化和精神上对民众进行摧残，要把这项工作与国家安危、民族兴衰联系起来，当作重要工作来抓。各相关单位要整合资源力量，加强工作联动，形成齐抓共管的工作机制；要打防结合，多措并举，筑牢立体化禁毒防线；要加强宣传教育，普及毒品预防知识，营造良好的禁毒氛围，推动禁毒工作取得新成效。

【考察美丽乡村建设】12月20日，县政协开展“美丽乡村建设”考察活动。考察组一行深入美丽乡村金龙示范片，实地察看合龙屋场、双塘屋场、凯佳生态农场等地建设情况后，就美丽乡村建设工作进行座谈。近三年，湘阴县突出“布局美、产业美、环境美、生活美、时尚美”的要求，结合自身实际，科学规划、整合资源，强力推进美丽乡村建设，取得一定成绩。美丽乡村金龙示范片突出精准定位，整合高标准、全覆盖的建设理念，以“左公故里、美好金龙”为建设主题，加大环境综合整治，推进基层设施建设，加快民居风貌改造，加强乡风文明建设，加强农业产业招商，各项工作有序推进。座谈会上，县政协委员们畅所欲言，就科学规划、产业发展、发挥群众积极性等方面提出意见和建议。周义军对“美丽乡村建设”工作取得的成绩给予充分肯定。她希望，后段要进一步加大宣传力度，推介宣传示范片建设取得的突出成效和经验做法；要坚持整体规划引领，明确工作目标和措施；要突出产业支撑，发挥农业专业合作社作用，推进农业产业化；要提高群众参与建设的积极性，让群众参与谋划、建设；要加大投入，完善各项基础设施建设；要积极争资引项，整合资源，加力加速美丽乡村建设。

（县年鉴编辑部）

交流考察

【桃江县政协到湘阴县调研】4月13日，桃江县政协副主席任小琳率队到湘阴县调研科协学会工作与经济社会发展情况。任小琳一行先后到知源学校流动科技馆、东湖生态公园和洋沙湖国际旅游度假区进行实地调研，随后，听取湘阴县科协学会工作情况介绍，并就相关工作展开交流讨论。近五年，湘阴县科协学会工作成效显著，至2017年有学会、协会19个，涵盖工、农、医等多类学科。各类学会、协会有会员6823人，登记在册的科普志愿者265人。科协工作经验也曾多次在省市媒体宣传报道。任小琳表示，湘阴县科协学会工作亮点纷呈，一些创新性的举措让科协工作更具活力也更有吸引力，取得良好的社会效果。回去之后，将认真研究学习湘阴县经验，推动桃江科协学会工作取得新进步。县政协主席周义军表示，桃江与湘阴县在习俗、风情、地理等方面相通相近，桃江的发展来势很好，两县互补性强。希望以后能互促互学、共同提高，把各自的政协工作与科协学会工作推上更高水平。

【周义军率组考察攸县城市管理】9月12日，县政协主席周义军率考察组赴株洲攸县考察调研城市管理等工作。周义军一行先后考察攸县数字城管、攸洲公园、规划展示馆、湘东大市场、沿江风光带等地。攸县在城市管理方面形成的“标准精细化、运行网格化、操作人性化、监管全民化”的“攸县模式”给考察组留下深刻印象。座谈会上，双方重点就城市综合管理的体系建设、财政投入、机制体制、综合执法等内容，以及城乡环境卫生整治、城市网格化管理和清扫保洁市场化运作等主题进行深入讨论交流。周义军表示，攸县的城市规划理念新，在城市数字化、精细化、人性化管理等方面积累许多宝贵经验，值得湘阴县学习和借鉴。希望两地加强交流与学习，共同探讨城市建设和管理工作的新思路、新方法，促进两地城市建设与管理工作携手共进，推动经济社会又好又快发展。

（宋　灿）

政协湘阴县委员会主要负责人名录

主　席　周义军

副主席　吴星亮　甘文伟　陶　娜　熊国庭　甘　政

秘书长　李太平

政协湘阴县委员会工作机构主要负责人名录

办公室主任	李太平（兼）
提案委员会主任	宋学文
文史学习文化教育体育卫计委员会主任	李　威
经济科技委员会主任	易　冰
法制群团人力资源环境委员会主任	汤亚晖
联络工作委员会主任	黄定文

国防建设

人民武装

【概况】湘阴县人民武装部（简称县人武部）内设军事科、政工科、后勤科。有干部职工11人。全县基层武装部25个，其中乡镇16个，县直单位9个。2017年，县人武部以军委主席习近平关于国防和军队建设系列重要讲话精神为指导，以改革强军目标为牵引，坚持“稳心定神促改革，凝神聚气抓中心，着眼长远夯基础，从严依规保稳定”的工作思路，各项工作开展有序。

【思想政治建设】2017年，县人武部党委精心筹划和周密部署年度政治工作，坚持每月召开党委议教会，对年度理论学习、“两学一做”主题教育、“改革强军”教育和经常性思想教育“四大块”学习教育精心安排，把长期打算和短期安排结合起来，制定周密的学习教育实施方案。加强勤政廉政意识，树立“底线”思维，加强“红线”意识。紧紧围绕“六个肃清”，全方位清查清理，深层次挖根除弊。确保干部职工始终与党中央、中央军委保持高度一致，坚持正面引导，破除消极影响，切实把干部思想和行动统一到强军目标上来。

【战备训练】按照省军区“两面思考”“三处可用”的要求，细化本级“一防五反”、12种支援保障行动、5种社会救援行动方案，并与分区搞好对接，积极做好各项应急应战准备。坚持每月召开1次党委议训会议，研究制定军事训练工作计划。全年先后组织3期首长机关在职训练，在11月分区组织的年终考核中人武部4名干部均取得优异成绩。先后组织5期民兵训练，共330人，组训中有动员、有考核、有总结，确保训练时间、人员、内容和效果的落实，提高民兵分队的应急救援能力。年内应急分队参与应急救援3次，次次出色完成任务。特别是6—7月，全县受洪水袭击多处告急，险情不断，县人武部在县委、县政府的具体指导下，科学决策部署、合理运用兵力，带领民兵应急分队发扬连续作战精神，成功排除各种险情，解救转移被困群众，圆满完成抗洪抢险任务。

【民兵整组和征兵】结合战备方案修订，组织对辖区重要目标进行现地勘察、防卫作战有关问题进行研究、动员潜力和整组工作调研。及时召开全县民兵组织整顿会议，并组织专武干部对人员怎么编、队伍怎么建、民兵怎么训和民兵基层规范化建设怎么达标、兵役登记怎么补短等进行培训。3月底，在分区机关工作组的检查验收中，民兵整组取得较好的成绩。2017年，湘阴县兵员征集工作，通过采取严把体检和政治考核关口、公开条件、公开名额、公开结果等措施，纯正征兵风气、确保兵员质量，征兵任务圆满完成，上级和群众都比较满意。

【安全稳定工作】严格按照省军区“三个严禁”“六个管住”和“二十个严格加强、二十个确保不发生”的要求。县人武部党委把抓安全稳定作为保底工程，坚持每月分析1次安全稳定形势，以改进作风为抓手，以上级一系列安全事故通报为警示，在“加强基本工作落实、抓好管理规定落实、搞好涉军信访工作落实”三个方面抓安全保稳定。下半年，与省军区、军分区同步扎实开展“百日安全”活动，确保年底前各项工作圆满收官。

【党管武装工作】湘阴县有党管武装工作的优良传统。现任党政主要领导，既有想抓想管的主观愿望，又有会抓会管的能力素质，推动军民融合深入发展。党政领导认真履职责，表率带头作用发挥好，党管武装工作氛围十分浓厚。2017年，县委书记汪灿、县长李镇江和分管武装工作的常务副县长，经常到人武部现场办公，人武部组织的重大活动都亲自参加，为武装工作解决许多实际困难。9月，汪灿到分区参加党委第一书记述职，湘阴县的党管武装工作得到市委的充分肯定。

武警岳阳支队在湘阴县沙田垸抗洪抢险（2017年摄）

【李明辉看望慰问抗洪官兵】7月3日上午，武警湖南总队司令员李明辉到湘阴县沙田垸督查防汛工作，看望慰问奋战在一线的抗洪官兵。市委常委、统战部长熊炜，县委书记汪灿一同参加。持续多日的强降雨和上游来水导致柳林江水位不断上涨，并超过历史峰值，河床承受压力巨大，垸堤多处出现管涌、跌涡等险情。如果险情不及时处置，极易造成沙田垸大堤溃口、垮塌，垸内数万群众生命财产将受到严重威胁。武警湖南总队紧急抽调各地近千名官兵，前往沙田垸参加抢险救援。在沙田垸管涌处险现场，李明辉亲切看望慰问一线抗洪官兵，高度赞扬参战官兵展现出的大局意识、责任意识、号令意识。他鼓励全体抗洪官兵发扬持续作战的精神，坚决贯彻党中央、习近平关于做好当前防汛抢险工作重大决策部署，始终视人民群众利益高于一切，不畏艰难困苦、不怕流血牺牲，坚决打赢这场抗洪抢险攻坚战。

（邓英武）

湘阴县人民武装部主要负责人名录

部　　长　姜开顺
政治委员　张　琳
副 部 长　何建泉（兼军事科长）
政工科长　何江根
保障科长　蒋　敏
军事科参谋　骆　安

消防工作

【概况】湘阴县消防大队下设湘杨路中队、洋沙湖中队。2017年，县消防大队奋力拼搏，不断完善消防安全责任体系，扎实开展火灾隐患排查整治，加快推进公共消防设施建设，较好完成全年预期目标。全年发生火灾226起，无死亡、受伤人员，直接财产损失942万元，未发生重大以上火灾事故，火灾形势总体平稳。

【消防工作责任】2017年，县委常委会2次、县政府常务会2次研究部署消防工作，县委、县政府领导专题听取消防工作汇报10余次，率队开展消防安全检查督查20余次。乡镇政府以及县消安委成员单位签订消防工作责任状，逐级开展消防工作考核，推行并落实“一票否决”制度。县消防安全委员会主动发挥统筹议事作用，深化落实部门行业联合执法、问题抄告、情况通报等消防工作协调机制。卫计、教体、民政、安监等8个行业推行消防安全标准化管理。县安监部门组织对全县易燃易爆企业负责人进行约谈。

【消防安全环境】在抓好全国和全省统一专项行动的基础上，紧贴湘阴县实际，部署开展易燃易爆场所、烟花爆竹企业、地下公共建筑等集中整治行动。全县检查单位2168家，发现火灾隐患或违法行为4238处，督促整改火灾隐患4115处，下发处罚决定书44份，临时查封单位47家，责令停业整顿22家，罚款88万余元，拘留6人，有力净化消防安全环境。县文物旅游、民宗、消防部门对全县文物古建筑进行逐一排查；县房产、公安部门联合组织物业管理公司消防工作约谈；县交通运输局联合安监、公安交警、海事、运管、消防等部门开展连续8年开展消防产品专项整治。县民政局在全县社会福利救助机构推广安装独立火灾报警系统取得实质性进展。县安委、消安委、县委、县政府督查室、县公安局先后实施4轮消防安全联合督导，卫计、教体、民政、安监等8个行业推行消防安全标准化管理。联手综治、安监、住建等23个部门开展高层建筑、电气火灾综合治理、人员密集、易燃易爆场所等14类消防专项整治。

【消防基础建设】2017年，县财政努力克服经济下行压力，全面落实湘财行〔2013〕68号文件精神，消防预算经费突破392万元，同比增长3%，洋沙湖消防站评为“全省消防部队正规化达标创建先进单位”；县财政专项拨款购置一台瑞典斯堪尼亚18吨大功率水罐消防车投入到执勤备战，提高灭火和应急救援能力。同时，大力加强市政消防设施建设，县公用事业、城管、财政、消防等部门各负其责，重点加强对城乡结合部、老城区、新建道路市政消防设施建设，城管、消防和文星镇组织对老城区建新市场、三井头社区等地的消火栓设施的维修，确保老城区消防设施真正发挥作用。

【消防宣传培训】县消防大队部署开展119消防安全宣传月暨“关注消防，平安你我”等系列活动。县公安、教育、民政、文化等9部门联合发文部署消防宣传“七进”工作。县文广新局下发专项通知，部署开展“消防军训”“我是小小消防员”竞赛、“消防安全示范课”征集主题活动，辐射师生10万余人。县卫计、民政、文化等部门组织开展行业系统消防安全大培训，先后培训员工2000余人次。县委党校、人社部门将消防培训列入领导干部、大学生村官培训计划和各类学历、职业教育体系。

【灭火救援队伍建设】全面启动城市社区、重点单位“微型消防站”建设，按照配齐人员装备的标准，全县6个社区、29个重点单位设有消防控制室，完成“微型消防站”建设任务，有力地充实末端灭火救援力量。全年全县公安消防部队接警出动265次，疏散抢救被困群众352人，保护财产价值近3000余万元，成功处置“7·1”湘阴县新泉西林液化石油气槽罐车侧翻事故和7月系列城市内涝、抗洪抢险工作，获“抗洪抢险集体三等功”一次，圆满完成“两会”中共十九大等消防安保任务，得到县委、县政府的一致好评。

（陈甄文）

湘阴县消防大队主要负责人名录

政治教导员　杨远泽
大　队　长　彭南忠

人民防空

【概况】湘阴县人民防空办公室（简称县人防办）内设综合室、指挥通信股、法规工程股、审批股、财务室、机关事务管理中心、纪检监察室，有干部职工27人。2017年，县人防办努力工作，奋发向上，取得一定成效。

【坚持内外兼修】2017年，县人防办对内，切实提升干部素养；对外，积极争取地位，实现“干部素养大提升，人防地位大提升”。一是认真做实党建工作，干部素养得提升。举办“推进两学一做、共谋人防发展”演讲赛、青山岛爱国主义教育活动和体能拉练赛、羽毛球赛和拔河比赛。通过比赛，活跃机关氛围，增进机关团结；以党员活动日为载体，每月开展一至三次机关活动。组织开展支部组织生活会、湘汨屈人防工作交流活动、“两学一做”党课下基层宣讲活动和庆祝建军90周年转业复退军人座谈会等活动，干部提升素养，增强党性，精神面貌为之一振；年内讲授党课4次，组织学习讨论6次，并将省人防行政执法资料翻印至干部人手一份，要求干部自学笔记不少于1万字。通过多种学习形式，提高干部素质和业务能力。二是争取领导重视，地位得到提升。年内市人大副主任许伟奇到县人防办听取汇报，并对人防办存在的问题和困难向市办和县人大进行交办。县人大主任会于5月专题听取人防工作情况汇报，市、县人大领导的关心重视，大大促推人防工作的开展；政府高度重视，要求人防办参加所有项目的规划评审，未经人防审批的，不得颁发建设用地规划许可证、施工许可证；县政协主席周义军及政府办战线政协委员来人防办会商重大民生问题，就利用人防工程缓解停车难、与城市发展有机结合提出指导性意见。

【坚持主业为重】2017年，县人防办坚持围绕主业，加大人防执法力度，规范审批程序，实现“工程建设规范、规费征收提高”两大新突破。一是工程建设形成机制。6月底，县委、县政府研究出台《关于加速推进新型城镇化提升城乡建设管理水平的实施意见》，将促推人防工程建设写入文件，明确城市建设必须加强地下空间开发利用，推进人防工程建设。二是人防规费征收实现突破。全年征收易地建设费654万元，相当于前三年的征收总和。

【加强机关管理】从机关值班及纪律制度的“软件”和安保设施及水电“硬件”入手，机关管理“两手抓”，实现“机关安保、机关运行”两大保障。一是加强安保，保障机关安全有序。完善安保设施，机关增设摄像头6处，确保360度监控无死角。实行战备值班，明确每天由一名负责干部带班、一般干部值班，负责信访接待、安全保卫等工作。整合办公场地，将干部集中到五、六楼办公，促机关干部遵规守纪，促机关办公规范有序。二是改造水电，保障机关正常运行。办公区域位于东湖商业中心，一直未分设水户，欠缴水费致停水现象时有发生，2017年，单设水户后按时缴费，保证机关正常用水。办公大楼原有中央空调，用电量大，且须经常维修维护，每年仅电费开支达15万元左右。2017年，改装家用空调，电费支出节约近8万元。三是凝心聚力，保障机关和谐有序。从制度上严管干部，多谈话，多提醒，时刻敲响警钟，真正体现严管就是厚爱。通过多管齐下，办内心齐气顺，奋发向上，上半年综治民调县人防办名列全县第一。

【筑牢资产根基】县人防办班子顶住多方压力，集思广益谋发展，齐心协力构和谐，攻克“人防资产稳固、债务化解有力”两大难关。一方面诉诸法律，有效保全国有资产。因东湖商业中心资金链断裂，人防指挥大楼无法竣工验收，权证无法办理，东湖商业中心以实际造价高于合同价款为由，要求人防办继续付款。鉴于此，县人防办于7月向人民法院起诉，要求对指挥中心的付款金额及权属进行确认，人民法院支持县人防办的诉讼请求，有效保全县人防办的国有资产。另一方面开源节流，大力实施消赤减债。拓宽增收渠道。成立人防执法队，针对人防易地建设费的征缴做到依法征收，不留死角；严控机关开支。通过机关水电改造、人员集中办公、办公用品开支预审制度等，大力节约非生产性开支，实现消赤减债489万元。

【服务中心工作】县人防办干部敬业务实，在全县各项中心工作中力争上游，实现“中心工作创优、干部流动加速”两大跨越。一是联村扶贫防汛。协助杨林寨乡黄太港村选强班子、带强队伍，牵头做好该村的扶贫工作，15名干部防汛期间在一线大堤昼夜奋战，得到村民的一致好评。二是防灾减灾宣传。5月以来，县人防办联合蓝天救援队深入到36所中小学、5个社区开展“预防溺水”防灾减灾知识讲座，发放知识读本2万余份。同时，到县委党校青干班、科干班进行“空袭与人民防空”讲座，增强社会各界人士的防空意识和防灾能力。三是防空疏散演习。9月，深入到石塘中学、湘阴县一中开展新生会操及疏散演练活动；11月1日，省防空警报试鸣日，开展警报试鸣。县委常委、人武部部长姜开顺、副县长刘映球发出警报试鸣指令，全县19台警报器警报试鸣达到覆盖率100%、鸣响率100%，实现警报“双百”达标的目标。同时，在左宗棠等中学开展防空防灾疏散演练，增强学生的安全防范意识和应急避险能力。四是工程安全检查。每季度召开专题会议部署安排安全工作，建立领导带队安全检查制度，对老旧防空洞、人防工程设备进行定期检查。下半年，集中力量对所有防空洞进行测量和安全定级。由于工作认真务实，未发生任何安全事故。

（刘　瑶）

湘阴县人民防空办公室主要负责人名录

党组书记　陈　丽
主　　任　袁敏哲
副 主 任　杨高望　黄炎春

综　述

【概况】湘阴县委政法委与湘阴县社会治安综合治理委员会办公室，两块牌子、一班人马、合署办公。内设政治部、办公室、执法监督室。归口单位有县维稳办、反邪教办公室。干部职工23人。2017年，县委政法委积极推进“法治湘阴县”“平安湘阴县”和政法队伍建设，全县社会大局和谐稳定，社会治安持续好转。全省综治民调综合得分89.75分，排全市六县市区第一，位居全省前列。

【维护稳定】深入开展“五打五整治”“百日会战”等专项行动，全年破获刑事案件322起，刑事拘留350人，逮捕各类违法犯罪人员236人，移送起诉337人，强制隔离戒毒107人。受理各类诉讼案件6075件，结案4879件。坚持防控“五为主”制度，及时化解社会矛盾的同时，提高多警种联动巡逻频次，提高群众见警率，全县案发率明显减少。加大对企业、学校周边等重点地区，消防、食品药品等重点行业，以及社区矫正人员、吸毒人员等重点人群的管理力度，消除各类治安隐患。

【服务经济】始终坚持把服务发展作为政法工作第一要务。发挥政法部门专业优势，对县政府、县国土资源局两审败诉的行政诉讼案及时以事立案，严查该案背后隐藏的国家机关工作人员职务犯罪，有力地维护县委、县政府的执政权威。服务城乡建管，严惩城乡建管提质进程中腐败和损害群众利益的犯罪行为。同时扎实开展“三违三强”专项整治活动，加大对重点项目、重点工程建设环境的整治，对强揽工程、阻工闹事、敲诈勒索等违法行为，第一时间严厉打击、依法查处。

【社会治理】将全县所有村（社区）划分为866个网格，并明确网格管理员；启动县乡村三级综治中心建设，构建覆盖全县的基层服务管理网络体系。加快主街区、重要场所、交通要道、居民社区、农村重要路口等重点区域的“天网工程”建设，建成监控探头395个，电子卡口17个。坚持“平安创建人人参与，创建成果人人共享”，多渠道多途径向全县居民发放公开信、倡议书和民调问卷表，充分宣传、教育、引导、发动群众参与平安创建，形成全县上下“支持创建、配合创建、参与创建”的良好氛围。同时，扎实开展“平安乡镇、平安单位、平安村（社区）、平安小区、平安楼栋、平安家庭”等创建活动，平安湘阴县建设水平进一步提升。

【司法改革】准确把握方向，扎实有序推进司法体制改革各项工作。进一步完善以“4+X”为模板，开展“四中心三片区”的警务机制改革，初步建立起信息共享、资源整合、手段优化、合成作战的一体化警务运行体系，打防管控质效显著提升。积极推进法检两院体制改革，发挥员额法官和员额检察官在执法办案中的主导作用，遴选出37名员额法官和31名员额检察官。省委常委、省政法委书记黄关春到湘阴县调研时，给予充分肯定。

【矛盾化解】始终把信访维稳、处理和防范邪教工作放在重要位置，全面实施重大决策事项社会稳定风险评估机制，着力解决源头性、根本性、基础性问题，确保社会大局和谐稳定。定期开展“大走访、大排查、大调处”活动，特别是加大全国“两会”、中共十九大、中国湖南国际旅游节等特护期和村（社区）换届期间矛盾纠纷排查化解工作力度，2017年，排查各类矛盾纠纷1085起，调处成功率达98%。基本确保“小事不出村、大事不出乡、难事不出县”。同时，紧盯民间融资、涉军、移民等重点领域发生的信访问题，以及近五年多次进京赴省非访或发生过激行为的上访人员，及时掌握动态，成功预防和化解群体性事件苗头65起，防止民转刑案件11起，防止重大群体性事件9起。加大对历年信访积案摸底排查力度，成功化解信访积案41件。

【创先争优】积极推动“平安湘阴县”“法治湘阴县”建设，各项工作取得积极成效。全省综治民调排全市六县市区第一，位居全省前列。扎实开展“两学一做”教育实践活动，严肃政法机关党内政治生活；继续开展“人民满意服务窗口”评选；积极扩大“法律维权工作室”进驻范围，在拆迁拆违和重大项目现场为群众提供法律咨询和诉讼代理服务；弘扬创先争优潮流，积极传播政法部门“正能量”，服务水平不断提升，涌现一大批全国、全省、全市的先进集体和个人。各类矛盾纠纷和信访总量明显下降，社会大局保持和谐稳定，人民群众安全感、满意度进一步提升。

（麦志远）

中共湘阴县委政法委主要负责人名录

书　记	周太平	
副书记	向纯安（7月任）	蔡志伟（7月任）
	刘世雄（7月任）	周小满（至7月）
	孔俊喜（至7月）	黄群安（至7月）

法治政府建设

【概况】2017年，县政府法制办公室（简称县法制办）对全县政府法制工作进行规划、指导、监督、协调和服务；起草或组织起草县政府规范性文件草案；审查县直各部门以县政府名义制定规范性文件草案,并向县政府提出审查报告；承办县直各部门和乡镇规范性文件的备案、审查；承办县政府规范性文件清理、修改、废止工作；承办县政府规范性文件向市政府备案；拟定行政执法监督、行政执法责任制工作方案；组织年度行政执法责任制考核；实施行政执法评议考核制度和过错追究制度；指导、监督县直行政执法机关行政执法活动,协调执法矛盾争议；承办重大行政处罚决定备案；指导、协调全县相对集中行政处罚权；承办全县行政执法人员培训考核、资格认定和发证、管理工作,协助管理行政执法监督证件工作；研究行政诉讼、行政复议、行政赔偿、行政处罚、行政许可、行政收费等涉及政府行为规范法律、行政法规实施情况以及行政执法中带普遍性问题,向县政府提出完善制度和解决问题建议,拟定有关配套文件和答复意见；承担依法由县政府受理行政确权、行政复议、行政赔偿案件审理；受县政府委托办理应诉案件,办理行政赔偿案件；指导、监督、协调全县行政复议、行政应诉、行政赔偿工作；组织开展指导县政府法制工作宣传,政府法制理论研究与交流提供政府法制信息、法律咨询服务；承办法律、法规、规章草案征求意见工作；收集、整理法律、法规、规章执行反馈意见；承办政府一般经济合同备案审查工作,负责对重大经济合同、特别重大经济合同谈判、磋商、签订、履行等进行监督管理,调处履行过程中争议、纠纷；承办县委、县人民政府和上级主管部门交办的其他事项。

【推进法治政府建设】5月16日，经第6次县政府常务会审议并通过《湘阴县法治政府建设实施纲要（2015—2020年）》，成立由县长李镇江任组长，常务副县长林恒求任副组长，政府组成部门为成员单位的湘阴县法治政府建设领导小组，加强对法治政府建设和依法行政工作的组织领导。县法制办将《纲要》中的任务及措施层层分解，并将各部门工作任务和落实时间作出明确督查要求，强调由部门、乡镇的一把手负总责。制定《2017年湘阴县法治政府建设工作要点》，以此作为全年法治政府建设考核内容。拟定县政府全体会议、常务会议学法计划。5月23日，在县委党校组织安全生产法律法规的专题培训班，对各县直单位和各乡镇的一把手进行集中培训。10月18日县政府第13次常务会议还组织与会人员对《湖南省人民政府及各部门任命国家公职人员宪法宣誓组织办法》和《中国共产党巡视工作条例》进行专题学习，要求参会人员认真学习领会，将学习成果运用于实践，切实提升湘阴县依法治县工作水平。

【加强规范性文件监督管理】严格执行“三统一”制度。即对规范性文件进行统一登记、统一编号、统一公布，落实规范性文件有效期管理及动态清理制度，实行规范性文件目录和文本动态化、信息化管理，建立统一的目录台账；根据规范性文件立改废情况及时作出调整并通过政府公报、政府网站等向社会公布。深入开展规范性文件清理。根据《湖南省行政程序规定》《湖南省规范性文件管理办法》和岳阳市人民政府法制办公室《关于清理规范性文件的通知》精神，2016年12月，由政府办牵头对2010—2016年以县政府及县政府办公室名义下发的的89份规范性文件进行清理。3月，根据先由起草（实施）部门提出清理建议和理由，由政府法治机构审核把关，经与各部门进行沟通，反复衔接商讨，先后清理继续有效文件47件、失效文件35件、废止文件7件，并于4月将清理结果以《湘阴县人民政府办公室关于公布规范性文件清理结果的通知》在政府网站公布。6月，出台《湖南省人民政府办公厅关于进一步做好“放管服”改革涉及的规章、规范性文件清理工作的通知》的文件后，县政府办公室立即起草下发《关于做好规范性文件全面清工作的通知》，对过去全县与“放管服”改革精神不一致的文件进行清理，通过清查，近五年全县未制定一份违反“放管服”改革精神的文件。

【完善决策机制】严格落实重大行政决策程序。依托政府网站、部门网站建立健全行政决策公众参与平台，完善重大行政决策听取意见制度，推行重大行政决策听证制度，坚持重大行政决策集体决定制度，建立重大行政决策实施情况后评价制度，建立行政决策责任追究制度。县政府法制机构负责人固定列席县政府常务会议，参与县政府重大行政决策、提出合法性审查意见，确保决策制度科学、程序正当、过程公开、责任明确。年内，政府法制机构审查政府合同43份，出具审查意见70多条。同时，县政府为健全政府法律顾问制度，进一步创新政府法律顾问履职方式，形成事前防范、事中控制和事后补救的政府法律事务风险防范机制，聘请5名资深律师组建县政府法律顾问团。全年县政府法律顾问代理或协助办理以县政府为被告的行政诉讼案件7件，出具信访案件法律意见书3件，协助审查县政府合同20余件。加强和完善政府合同管理。3月9日，县政府办下发《关于开展政府合同清理工作的通知》，对全县各级各部门所签订的384件政府性合同进行清理，其中，履行完毕的合同18件，引发诉讼的政府合同3件，终止的合同1件，存在问题的合同16件，在正常履行的346件。合同签订主体集中，其中各单位代表政府签订4件，各单位以本单位为主体签订380件。合同类型众多。此次清理的384件合同中，其中出让类合同184份，租赁类合同53份，购买类合同40份，招商引资类合同3份，承包类合同64份，委托合同3份，借款合同8份，特许经营合同1份，其他合同28份。

【健全监督制约机制】县政府坚持依法受理、公平公正办理行政复议案件，充分发挥行政复议“层级监督”和“过滤网”“稳压器”作用，积极化解行政争议和社会矛盾纠纷，及时纠正违法或不当行政行为；加强行政复议案卷档案管理，提高行政复议案件办理质量；建立行政复议、应诉案件分析制度，通过典型案例提出规范政府和部门行政行为的意见和建议。年内，县政府受理行政复议申请11件，审结9件。县人民政府作为被申请人2件，作为第三人1件。为切实提高政府依法行政能力水平、加快全面推进法治政府建设，根据《国务院办公厅关于加强和改进行政应诉工作的意见》以及《湖南省人民政府办公厅关于加强和改进行政应诉工作的实施意见》的文件精神，年底在草拟《湘阴县加强和改进行政应诉工作实施细则》。年内，县政府作为被告的行政应诉案件9件，案件主要涉及行政合同、不服行政处罚等问题。至年底有5件审理完毕，4件胜诉，一件撤销具体行政行为。其中裕景房地产开发有限公司诉湘阴县国土资源局、湘阴县人民政府土地行政登记一案，经一审、二审及湖南省高级人民检察院抗诉并经湖南省高级人民法院再审，历时近四年，最后省高院撤销湖南省岳阳市中级人民法院（2014）岳中终字第72号行政判决和湖南省平江县人民法院（2014）平行初字第71号行政判决。还有涉及砂石开采标的数额7个亿的湖南驭龙实业开发有限公司诉湘阴县人民政府其他行政行为一案，7月26日在株洲市中级人民法院开庭审理完毕。11月24日收到驳回湖南驭龙实业开发有限公司诉讼请求的判决书，在该案中湘阴县人民政府常务副县长林恒求作为行政单位负责人出庭应诉，切实履行行政单位负责人出庭应诉制度。

（县政府法制办公室）

公 安

【概况】湘阴县公安局内设机构25个、派出机构17个。全局干部职工598人（其中在职人员470人，退休人员134人），在职人员中民警416人，未录警公务员18人，未录警干部1人，职工35人；在职人员中行政编制419个，全额事业编制48个。2017年，县公安局严厉打击违法犯罪，致力维护社会稳定，全力护航中心大局，竭力服务人民群众，圆满完成全年工作任务。

【维稳保安】坚持情报预警和高压打击相结合，针对中共十九大、“两会”等敏感节点和涉藏、涉疆、涉军等特殊利益群体，开展不稳因素滚动排查，收集各类有效涉稳情报信息345条，成功处置投融资群体集访、杨林寨老年移民“9·22”聚众冲击国家机关、“善心汇”群体串联等突发群体性事件20余起，对重点群体落实稳控措施，在控率和管控率达到省厅要求。协助新疆墨玉警方破获“1·15”重大暴恐团伙案，抓获并移交4名涉恐嫌疑人。开展“清仓见底”信访专项行动，全年受理涉法涉诉信访案件72起，办结率100%。举办中共十九大安保维稳大演练，圆满完成中共十九大、洋沙湖国际旅游度假区开园庆典、湖南国际旅游节等一系列重大政治经济活动的安保工作，确保万无一失。

【打防管控】一是坚持主动攻防、打防并举，有针对性地组织开展“五打五整治”“百日会战”“冬春攻势”、打击“盗抢骗”“黄赌毒”等系列专项行动，成功破获杨林寨乡跨国拐卖妇女案、李某海入室盗窃团伙案、陈某涛系列抢劫酒店案等一批性质恶劣的重大案件，年内2起命案全破。经侦大队侦办的“7·29”非法经营股指期货案获评全国精品案例银奖；协助广东警方破获部督“9·15”跨国网络组织卖淫案，获评省公安厅通令嘉奖。举行全县赃物公开返还大会，返还价值200多万元的赃物，得到群众好评。全年破刑事案件299起，查处行政案件1011起，刑事拘留433人，逮捕256人，移送起诉451人，强制隔离戒毒145人，行政拘留981人，全县社会治安持续平稳。二是升级防控。巩固深化移动警务平台和“5分钟治安防控圈”，进一步织密巡防网络；新建东塘警务指挥室和玉华镇及高岭、白沙社区警务室，打造前沿防控阵地；加强治安卡口和视频监控的实战应用，圆满完成“平安城市”三期建设任务，新建80个视频监控摄像机位，全县视频监控摄像机位达到600个，智能防控水平进一步提升。三是整肃乱源。围绕治安热点整治，深入开展扫黄打非、禁赌和娱乐服务场所涉毒问题整治专项行动，签订禁赌禁黄责任状，开展集中治安清查行动50余次，检查行业场所600余家；对网吧、旅馆业开展集中整顿，督促做好实名登记和信息上传，查处违规经营网吧28家，查处不按“四实登记”的宾馆酒店17家，加强对治安重点场所的阵地控制。

【安全监管】深入开展“治爆缉枪”、交通整治“百日会战”、消防安全检查等多个专项行动，查办安全生产领域刑事行政案件15起，打击处理22人。全县交通事故发生率和死亡率分别较2016年下降4%和15%，交通秩序整治排名全市第一。不断提升对涉枪涉爆危险物品的管控力度，全年收缴枪支106支、子弹720余发、管制刀具110余把，立案侦办涉枪案件6起，抓获涉案人员7人。开展火灾隐患整治，全年检查单位7469家（次），整改火灾隐患1.5万处，责令“三停”21家，罚款85万余元。坚持抓日常安全管理、抓执法安全管理、抓监所安全管理不放松，监管场所和执法办案中心实现全年安全无事故。

【服务大局】全力优化经济环境，对240国道、望岳高速等重点工程均派驻专门力量，打击处理三强三堵违法犯罪人员27人。成立“食药环旅”（食品、药品、环境、旅游领域）侦查大队和涉砂执法大队，办理“食药环旅”领域案件15起，打击处理18人，办理涉砂案件21起，打击处理违法犯罪人员26人，挽回经济损失近千万元。联系杨林寨乡王家河村开展精准扶贫，筹资100万元硬化村级公路、修整渠道，用实际行动帮民困、护民贫。面对超历史汛情，紧急集结300名警力赶赴沙田垸防汛救灾，24小时内安全转移群众2.8万人，保证防汛抢险期间全县治安大局稳定，获评省公安厅记集体三等功，县局和局党委分别获评市委、市政府授予的全市防汛救灾先进集体和全市防汛救灾先进党组织。全力服务民生、为民办实事，全年先后接待群众来信来访528人（批）次，办理12345热线工单1125件，办理率和回复率100%。办理身份证3.5万张、出国境证件2.8万张、户口登记迁移手续1.2万人次；办理车辆年检6325台、小车注册上牌6191台、驾驶人科目一考试9201人，窗口业务办理“零投诉”。

【基层基础】扎实推进警务机制改革，省委常委、省委政法委书记黄关春，省公安厅副厅长、政治部主任吴巨培等先后到湘阴县考察，给予充分肯定，获评全市警务机制改革一类单位。对东塘、乌龙等派出所的办公用房进行提质改造，派出所建设逐步升级，江东派出所获评全市十佳优秀基层政法单位。刑事技术室完成基础建设和设备采购工作，拟申报二级技术室。在金龙镇新建公安检查站，全县安装室外无线WiFi设备150台，网技工作站顺利通过验收，正式服务警务实战。高质量建设公安数字集群通信系统，领先全市公安机关。与省白泥湖强戒所协作建成强制戒毒所并投入使用，公安事业发展后劲不断增强。

【队伍建设】严格落实和履行党风廉政责任制，进一步夯实党建工作。认真开展“两学一做”常态化制度化、学习贯彻中共十九大等主题教育活动，邀请公安英模到湘阴县巡回报告先进事迹，举办“干部成长感恩谁”演讲比赛，坚持从严治警、关爱惠警，培育选树重大典型，文朗获评全国优秀人民警察、全县敬业奉献道德模范，陈国庆获评全省公安机关中共十九大安保工作先进个人。关心关爱退休老干部，装修改造老干活动室，丰富老干文化娱乐生活。坚持“重品德口碑、重担当作为、重实干实绩”的用人导向，先后调整中层干部50人，其中正职30人、副职20人，轮岗交流民警124名，队伍凝聚力和战斗力得到提升。2017年，获得国家级荣誉2人次，省级表彰5人次，市级表彰35人次，县级表彰106人次，在全省综治民调中，湘阴县公安队伍形象排名全省32名，位居全市各县区公安机关之首。在全县三级干部大会上，县公安局获评2017年度全县综合绩效考评特别贡献单位。

（刘立光）

湘阴县公安局主要负责人名录

局　长　范　征
政　委　余　宏（至11月）
副局长　胡清安
　　　　鲁海峰　李太虎　夏杰伦
　　　　李召根　李湘武（至7月）

检　察

【概况】湘阴县人民检察院（简称县检察院）内设办公室、政治部、侦查监督科、公诉科、监所检察科、控告申诉科、民事行政检察科、未成年人刑事犯罪检察室、行装科、技术科、检务督察室、纪检监察室、法警大队13个科室。有在职干警88名，其中本科以上文化80人，占91%，其中全日制硕士研究生13人。2017年，县检察院全面贯彻习近平新时代中国特色社会主义思想，围绕“加强法律监督，维护公平正义”的检察工作主题，忠实履行宪法和法律赋予的职责，各项检察工作全面推进，获评“省文明标兵单位”。

【服务保障经济社会发展】着力防控经济金融风险。2017年，针对经济发展新趋势新特点，依法严厉打击涉众型经济犯罪，批捕涉嫌集资诈骗、非法吸收公众存款犯罪6件10人，起诉16件25人。重视维护网络交易安全秩序，积极开展互联网金融风险整治，批捕利用电信网络诈骗犯罪2件3人，起诉3件4人。着力维护证券期货市场稳定，加大对操纵市场、内幕交易、非法经营股指期货等犯罪打击力度，依法对龙涛非法经营期货交易案提起公诉；着力服务实体经济发展。注重保障和服务重大项目建设、企业发展，批捕阻碍项目进度、破坏企业生产经营、侵犯企业财产涉嫌敲诈勒索、职务侵占、强迫交易等犯罪3件3人，竭力为县域经济发展清障护航。主动对接辖区内重点企业，探索建立“检企共建”机制，对帮扶企业蓝天豚硅藻泥项目全方位开展征地拆迁、规划报建、纠纷调处等重点帮扶工作，6月，蓝天豚硅藻泥一期顺利竣工投产；着力保障人民健康安全。把守护人民健康作为司法为民的重要内容，在全市率先在县环保、食药工商等三家单位设立民事行政检察室，对县域内的民事审判活动和破坏环境资源、危害食品药品安全犯罪案件的移送、立案、侦查全面开展法律监督。积极参与湘江流域和环洞庭湖流域生态环境综合整治，依法批捕污染环境、非法采矿、非法捕捞水产品等犯罪13件14人，提起公诉11件12人。依法严惩各类伤害医务人员人身安全、扰乱医疗秩序等涉医犯罪，维护正常医疗秩序，批准逮捕5件6人，提起公诉4件5人。

【平安湘阴县建设】依法严惩各类刑事犯罪，提升公众安全感。2017年，受理公安机关提请批准逮捕案件286件355人，批准逮捕212件260人；受理移送审查起诉案件412件538人，提起公诉390件511人。打击严重刑事犯罪，批准逮捕故意杀人、故意伤害（重伤、致死）、抢劫、绑架等严重暴力犯罪嫌疑人17人，提起公诉13人；批准逮捕抢夺、诈骗、盗窃等多发性侵财型犯罪嫌疑人94人，提起公诉79人，确保人民群众的生命财产安全。打击危害社会管理秩序犯罪，批准逮捕贩卖毒品、聚众斗殴、赌博等犯罪嫌疑人76人，提起公诉53人，有效净化社会风气；坚持宽严相济刑事政策，防范和化解社会矛盾。对轻微犯罪及初犯、偶犯、未成年人、老年人犯罪等依法慎捕慎诉，全年对涉嫌犯罪但无逮捕必要的不批准逮捕42人，对犯罪情节轻微、依法不需要判处刑罚或免除刑罚的不起诉29人，运用刑事和解机制办理轻微刑事案件23件23人；参与社会治安综合治理，提升群众满意率。认真落实县人大常委会对县检察院《未成年人刑事检察工作报告》的审议意见，积极争取县委、县政府和社会各界支持，成立未成年人犯罪刑事案件检察室专门机构。推进法治进校园活动，将庭审现场开到学校，选派资深检察官到中小学担任法治副校长，以抓未成年人法制教育为龙头，带动全民学法守法遵法。全面推进释法说理工作，采取部门联动、案例分析、法规解读等方式，认真做好正确裁判、决定的息诉罢访工作，让当事人切身感受司法的公平与正义，确保无涉检信访积案、无非正常赴省进京上访、无越级上访。

【反腐倡廉建设】继续保持反腐败高压态势。2017年，立案侦查涉嫌职务犯罪7件9人，其中查办贪污贿赂案件5件5人，查办渎职侵权犯罪案件2件4人。举全院之力高质量办理上级纪委、检察院交办的称为“三湘第一案”的长沙市轨道交通集团系列案主案，立案侦查娄底市国土局原拆迁三科科长彭耀峰特大受贿案、长沙市万坤图房地产公司总经理江伟雄特大行贿案、北京七彩国际投资集团有限公司董事长邱朝敏特大行贿案、湖南磁浮交通发展有限股份公司原工程部部长王俊特大行贿、受贿案，为国家挽回直接经济损失1亿余元。严厉查处发生在本辖区内的职务犯罪，立案侦查县国土局原副局长吴良文、原地籍股股长蒋邵宁、原地籍股副股长盛建勇滥用职权、受贿案，金龙镇荆杉村原支部书记易光辉挪用征地补偿款800万元特大案等案件。“打虎”“猎狐”“拍蝇”，反腐败工作重心下沉，人民群众参与反腐过程、亲历反腐实践，直接感受到发生在自己身边的反腐成效；深入推进职务犯罪预防工作。开展涉农惠民领域的专项预防调查，对农村公路、危房改造、农业保险等重点民生项目开展预防调查，采取实地查勘、约谈问卷、合同审查、账目查阅和专业审核等方式，对在工程招标、资金拨付、专款专用、质量监管、费用管理等方面存在的制度漏洞和操作缺陷提出检察建议20余条，并敦促整改到位。深入机关、乡镇、中小学等单位开展预防宣讲、以案释法、警示教育活动32场次。发挥行贿档案查询机制助推社会诚信建设的效用，对外查询行贿犯罪档案268次838人；拥护和支持国家监察体制改革。切实提高政治站位和政治自觉，在县委的统一领导和部署下，将反贪污贿赂局、反渎职侵权局、职务犯罪预防科职能整体转隶到国家监察委员会，按全体在编人数23%的比例，完成转隶20人。在转隶过程中，深入细致开展思想政治工作，严明组织纪律，确保在转隶期间队伍思想稳定，切实做好案件终结和线索移交工作。同时，坚决站好查办和预防职务犯罪工作最后一班岗，确保人心不乱、队伍不散、力度不减、质量不降、节奏不变，用拥护和支持国家监察体制改革诠释对党的绝对忠诚。

【促进公正法治环境】加强对刑事立案和侦查、审判活动监督。加大对刑事诉讼活动的监督力度。2017年，对公安机关应当立案而不立案的督促立案11件12人，不应当立案而立案监督撤案3件3人。对应逮捕而未提请逮捕的，追捕16人。严把批捕关，共不批准逮捕95人，其中，构成犯罪但无逮捕必要的不批准逮捕44人，不构成犯罪的不批准逮捕14人，因事实不清、证据不足不批准逮捕37人。对应起诉而未移送起诉的，追加起诉2人、追诉漏罪4条。对侦查活动中的违法情形提出书面纠正意见38件次。对刑事判决提出抗诉2件。加强对刑罚执行和监管活动监督。按照人档俱全的原则，对259名社区矫正人员建立文书档案和电子档案。严格审查减刑、假释、暂予监外执行决定，建议司法局向法院申请撤销缓刑、假释5人。开展羁押必要性审查15人，书面提出释放或变更强制措施建议14人。积极推进财产刑执行专项检查“回头看”活动，开展财产执行监督15件，纠正违法2件。监督纠正监管活动违法及不当情形32件，发出检察建议11件；加强对民事审判和行政诉讼活动监督。牢牢把握公益核心，紧扣环境资源保护、食品药品安全、国有土地出让等重点领域，积极稳妥推进公益诉讼工作。4月，省检察院游劝荣检察长亲临湘阴县专题调研民事行政检察工作，岳阳市、县两级检察长参加座谈，县检察院民事行政检察工作尤其是公益诉讼工作的先进经验，在全省检察机关得到推介。办理审判执行活动监督案件2件，督促行政机关依法履职案件40件，公益诉讼案件2件。县检察院以刑事附带民事公益诉讼立案的胡左武、张东风等22人非法猎捕、杀害、出售、收购珍贵、濒危野生动物案，是湖南省第一起刑事附带民事公益诉讼案件。

（汪　清）

湘阴县人民检察院主要负责人名录

检 察 长　何忠伟
副检察长　刘跃超　彭复建（至7月）
副 书 记　黄迪罗

法　院

【概况】湘阴县人民法院（简称县法院）内设行政装备室、监察室、办公室与研究室、政治部、工会、立案庭、刑事审判庭、民事审判一庭、民事审判二庭、行政审判庭、执行局、司法警察大队、司法技术室、审判监督庭与审判管理办公室以及长仑法庭、城南法庭、城西法庭、新泉法庭、白马寺法庭。2017年，县法院围绕“努力让人民群众在每一个司法案件中感受到公平正义”的目标，坚持“为大局服务、为人民司法”，全面加强审判执行工作和队伍作风建设，法院工作得到全面健康发展。全年受理各类案件6075件，结案5179件，各项司法绩效指标排名全市法院前列。

【依法履职】一是惩治犯罪，维护社会稳定。受理刑事案件411件，审结383件，全年判处被告人556人，其中判处三年以上有期徒刑85人。依法惩治涉黑涉恶、故意伤害、寻衅滋事、抢劫抢夺、绑架、盗窃等严重侵害人民群众生命财产安全犯罪，审判151案223人。依法惩治扰乱社会秩序、欺行霸市、强买强卖违法犯罪，审判14案25人，以聚众冲击国家机关罪判处杨林寨村民卿某某有期徒刑五年。依法惩治“黄赌毒”犯罪，审判96案141人。依法惩治非法吸收公众存款、集资诈骗等涉众型经济犯罪，审判16案25人，审理湘阴县首例涉投资公司的非法吸收公众存款案，判处徐某某等3被告人五年以上有期徒刑。该案涉案金额6400万元，涉及受害人200多人，群众意见较大，经法院多方做工作，在案件审理过程中未出现集资参与人缠访闹事。依法惩治贪污贿赂、渎职等职务犯罪，审判12案13人，以贪污罪、受贿罪、玩忽职守罪判处海事处原主任易某某有期徒刑10年6个月。贯彻宽严相济的刑事政策，对犯罪情节轻微、后果不严重、认罪态度好、未成年犯、初犯、偶犯的被告人，秉持教育挽救的目的，依法对56名被告人适用缓刑。推行刑事和解制度，刑事附带民事案件调解率达98%，有效修复社会关系。在惩治犯罪的同时，注重发挥案件的警示教育作用，发布布告3期，2万余份。先后在杨林寨中学、县第一职业中专巡回审理贩毒和盗窃案件，1000多名师生旁听，通过现场开庭，达到警示教育和预防青少年犯罪的目的。调判结合，促进社会和谐。审理民事案件1888件。二是坚持调判结合、调解优先的指导原则，探索多元纠纷化解机制，做好维护和谐大文章。审理婚姻家庭、继承、赡养纠纷等家事案件686件。审理的周某父子赡养纠纷案，原、被告系继父子关系，在共同生活期间，双方积怨较深，矛盾尖锐，县法院受理后，办案人员深入村组及原被告家中，充分听取周围群众意见，形成最终裁判结果。案件宣判后，双方当事人均息诉服判，取得良好的社会效果。审理交通事故、医患纠纷、人身损害赔偿等纠纷案件776件。县法院审理的周某某与某某医院医疗事故责任赔偿纠纷案，在事故发生时，原告因不懂法律，到医院吵闹，被公安机关行政处罚，案件开庭后，合议庭认为如果简单一判了之，会使原本剑拔弩张的医患关系进一步恶化，于是在分清是非责任的基础上，提出一个双方均可以接受的调解方案，最终双方握手言和，案件得到妥善处理。审理劳动争议、相邻关系、农村土地承包等案件420件。创新调解方法，引导当事人尊重传统美德，遵循公序良俗，弘扬和谐、诚信、友善的社会主义核心价值观，民事案件的调解率、撤诉率达53%。没有一件民事案件因处理不当而引发新的矛盾纠纷。三是主动服务，促进经济发展。审理商事案件931件，标的11.39亿元。服务实体经济发展，深入企业调研，准确把握服务的切入口和着力点，审理案件216件，盘活资金2.2亿元，有效调控企业的经营风险。按照最高人民法院《关于进一步加强金融审判工作的若干意见》的精神，妥善审理金融借款、民间借贷等案件，开展为期一个月的涉金融案件集中执行行动。为助力农商银行改制后续工作，抽调专门力量，开通诉讼“绿色通道”，审理信贷案件125件，执结227件（含旧存）。通过提供法律咨询、纠纷化解等司法服务，围绕企业清理债权债务、股权转让、财产处置等开展审判。针对湘阴县民间投资公司和部分房地产企业存在的问题，依法采取缓交2/3诉讼费的办法，有针对性地引导债权人依法维权，审理创一金天、明珠伟业、子曰投资等18家投资公司及远浦新城、融城国际、锦绣罗城二期、兴湘市场等房产纠纷案件426件，有效缓解矛盾，维护大局稳定。县法院审理的涉锦绣罗城二期的系列案件，涉及60多人，案件标的4000多万元，在开发商资金链断裂、矛盾十分复杂的情况下，通过大量耐心细致的工作，经多方协调，使债权人的权益基本得到实现。四是监督支持，依法促进管理创新。受理各类行政案件368件，办结367件。加大对行政行为的监督力度，加强对行政不作为、乱作为的司法审查，依法审理行政争议、行政确权、信息公开等行政案件，配合推进行政机关负责人出庭应诉工作，通过行政审判支持“放管服”改革，助推法治政府建设。受理行政诉讼案件29件，审结28件。加大行政非诉执行案件的执行力度，支持行政机关依法行政。全年审查国土、规划、质监、工商、水务、计生等行政机关申请执行的非诉执行案227件，全部裁定准予执行。主动为洋沙湖旅游度假区、240国道工程、机场公路、临港新区、大屋围棚户区改造、瓦窑湾棚户区改造、三井头旧城区改造、岳望高速等项目保驾护航，尽最大可能实现和谐拆迁。对确需强制腾地、强制搬迁的，在严格依法的前提下，对可能出现的各种情况，做好详细的应对预案，确保万无一失。先后依法强拆房屋3栋，强腾土地13.33公顷，有力维护行政权威和行政秩序，为湘阴县重点工程建设提供司法保障。

【司法为民】一是细化便民举措，杜绝“诉讼难”。以新审判综合大楼搬迁为契机，高标准建设诉讼服务中心，中心设有大、中、小审判庭、调解室、当事人接待室等，极大改善广大人民群众的诉讼环境。加强立案窗口建设，配备导诉台、书写台、饮水设备、宣传资料等便民设施。设立律师工作站，提供免费法律咨询，使法律咨询、诉前调解、诉讼费缴纳、案件受理等手续均在立案大厅办理，实行“一站式”服务。积极推进立案登记制改革，对符合法律规定的起诉，当场登记立案。开展司法救助，为低保户、“五保户”、特困户、交通事故受害人等弱势群体减免缓各项诉讼费用110余万元，确保经济确有困难的当事人打得起官司。二是推行诉访分离，解决“信访难”。除每天在县信访局安排专人接访外，县法院在诉讼服务中心设置专门的信访接待室，坚持每天一名院领导接访制，开展判后答疑、法律释明等工作，向社会公开院、庭长电话号码，切实解决人民群众申诉信访难的问题。全年办理来信、来电、来访7000多人次；按照责任制的要求，在重大活动、重要节日期间，对所有涉访苗头进行排查，集中力量，办结31件老大难的信访积案，确保党的十九大期间无赴省进京上访案件。实行诉访分离，配备专门力量，规范申请再审和申诉复查工作，确保审查质量，受理申请再审、申诉复查案件6件，坚持有错必纠，对3案进行立案再审和复查，畅通申诉渠道，减轻信访压力。三是推进综合治理，破解“执行难”。积极落实最高法院提出“用两至三年时间基本解决执行难问题”的目标任务，通过整合执行资源，加大执行工作的力度，实现执行工作质效的有效提升。受理执行案件2334件，执结1610件，结案率68.9%，结案标的11.3亿元，结案率较2016

年同期提高19%。加强执行保障，高标准建成执行指挥中心，配齐执行单兵装备，增配2台执行车辆。认真落实省“两办”下发的《关于加快推进失信被执行人信用监督、警示和惩戒机制建设的实施意见》，加强对失信被执行人的联合惩戒机制。发挥执行联动机制，与房产、国土、人社、银行、交警等部门紧密配合，加大对被执行人财产线索的查找和处置力度，先后冻结银行存款2000余万元，扣押车辆36台，查封不动产100多处，价值2000多万元。对拒不执行的被执行人作出失信决定634人次，限制高消费、限制出境154人次，司法拘留109人次，罚款8人次，对12名失信公职人员公开曝光。全面推行网络司法拍卖，通过淘宝网拍卖成交56案，成交标的3000多万元，大幅减轻当事人的佣金负担。通过公安“临控”等措施，加大对“老赖”的抓捕力度，从外地带回失信被执行人98人，司法拘留12人，其余86人均主动履行执行义务。县法院在执行一起交通事故赔偿纠纷案时，被执行人周某在逃避执行4年多后，在9月入住衡山县某酒店时被当地派出所“临控”抓获，县法院干警连夜将其带回湘阴县，周某迫于执行威慑，全额履行30万元执行款。

【加强管理】一是深化审判改革，加强司法责任。根据上级法院对法官员额制改革的要求，经过考试考核，遴选出37名员额法官。除院领导外，所有员额法官都在一线办案，回归法官本位，有7位员额法官办案数进入全省基层法院前100名，被省高院通报表扬。根据上级法院的改革精神，制订《院庭长办案制度的暂行规定》，明确院庭长相应的办案任务数，并就案件庭审、文书签发、辅助人员配备等进行详细的规定，倡导院领导带头办大案、难案。院、庭长（含副职）共办理各类案件4400多件，占全院案件总数的85%以上，11月14日，《人民法院报》对此进行专题报道。省委常委、省委政法委书记黄关春在县法院调研时，对县法院落实司法责任制、院庭长带头办案给予充分肯定。二是完善审判管理，提升司法绩效。遵循审判规律，围绕提升办案质量和效率，科学设计司法绩效考核办法。加强案件信息化管理，实行案件流程全程监督、超审限案件督办，杜绝超审限案件。开展案件质量讲评和上网文书交叉评比，对发现的问题讲评到案到人，责令整改。逐月通报绩效状况，对季度考核中排名后三位的单位，由庭室负责人在院务会上查找原因，督促整改提高。同时，通过优秀裁判文书评选、书记员技能竞赛、代表委员听庭评庭等一系列活动，提升办案质效。在2017年全市法院考评中，县法院案件质量稳居全市基层法院第一名，司法绩效名列全市法院前列。三是加强作风建设，提高队伍素质。加强政治学习。认真学习宣传贯彻中共十九大精神，深入开展“两学一做”常态化教育活动，准确把握人民群众对司法公正的新期待和新要求。通过邀请党校教师作中共十九大辅导报告、讲党课、建党96周年演讲比赛、重温入党誓词、全体法官宣誓等活动，坚定理想信念，提高党性觉悟，坚定政治方向。狠抓业务培训。选派7人次去北京大学、厦门大学、国家法官学院等地学习，30余人次参加上级法院培训，开展业务知识讲座、案件质量讲评6场次。以岗位练兵、能力培训为重点，开展调解能手、办案能手和优秀案例、优秀文书评比，开展庭审观摩、法警技能比武等活动，提高实战能力。开展调研活动，在上级刊物发表论文、案例32篇，充分调动干警业务学习的热情，积极申报省级重点调研课题，《湖北黄冈某制药公司环境污染案》案例被最高人民法院评为环境保护案例三等奖。加强廉政建设。加强党组在党风廉政建设中的主体责任，严格落实“一岗双责”“一案三查”责任制，做到主动担责、带头尽责、严肃追责。深入推进反“四风”，坚决执行中央“八项规定”，开展司法廉洁集中教育、惩治“雁过拔毛”式腐败、“纠四风、治陋习”等专项活动。坚持问题导向，注重工作实效，整治“六难三案”现象。开展审务督查，通过案件评查、日常巡查、院领导周督查等形式明察暗访，发现问题及时整改。四是加强基层建设，规范司法政务管理。年初，出台《党风廉政建设责任制》《岗位目标管理责任制》《综合绩效考核办法》等作为全院的纲领性制度来管人、管事、管案。加强对诉讼费和执行款的管理。对执行款进行专项清理，推行执行款“一案一账户”机制，实行专人管理。同时严格绩效考核，实行奖罚兑现，激发工作活力。6月8日，县法院在县委、县政府的大力支持下，实现新审判综合大楼竣工搬迁，大楼高七层，占地面积2.7万平方米，建筑面积1.4万平方米，投资8000多万元，基础设施和信息化建设得到明显改善。同时，县法院以搬迁为契机加强内部管理，加强法院文化建设，争创文明单位。法警大队获评全省“五星级警队”，人民法庭工作在全市法庭工作流动现场会中，得到市中院的充分肯定，城南、城西人民法庭获评全市优秀法庭。

【接受监督】一是坚持党的领导，畅通监督渠道。坚持把法院工作置于党的领导和人大监督之下，重大事项、重大活动、重要工作主动向县委和县人大及其常委会报告。院党组定期向县委汇报工作。年内向县人大常委会报告关于《中华人民共和国行政诉讼法》贯彻实施情况，还有一名审委会专职委员接受人大常委会评议。加强人大代表、政协委员联络工作，邀请代表委员260余人次考察法院工作。走访代表委员100余人次，收集意见建议12条。办理人大常委会、政法委交办督办案件7件。接受检察机关诉讼监督，接受社会监督和舆论监督，聘请执法监督员、廉政监督员22名，办理监督意见33条，公开回应网民和当事人意见46条。二是完善人民陪审员工作，推进司法民主。在县人大的重视支持下，年内补选人民陪审员23名。充分发挥人民陪审员职能，全程参加案件庭审和评议，人民陪审员参审率和陪审面100%，居岳阳法院系统第一。充分发挥人民陪审员群众工作经验丰富的优势，依靠他们在当事人和法官之间架起沟通的桥梁，让司法更加贴近人民群众，彰显司法民主，见证司法公正。加强人民陪审员履职能力培训，保障他们依法履职。9月，组织对全县114名人民陪审员进行集中培训，提高人民陪审员的履职能力。三是推行阳光审判，深化司法公开。继续完善审判流程公开、裁判文书公开、执行信息公开、庭审活动公开四大平台建设。借助人民法院报、湘阴县法院“一网两微两端”、县内媒体以及电子显示屏、宣传窗栏、公告布告等形式公开审务信息，立案、开庭、宣判、执行、听证、文书上网等公开率100%。邀请人大代表、政协委员参加听庭、评庭、见证执行等210余人次，通过新浪网直播庭审22场次，发布法院新闻及案件信息200余次，开展“12·4”公众开放日活动，充分满足人民群众的知情权、参与权、监督权。

（叶文霞）

湘阴县人民法院主要负责人名录

院　长　李卫东
副院长　范平辉（至7月）　郑国奇（至7月）
张　青　王一波　蒋　军（11月任）

司法行政

【概况】湘阴县司法局内设办公室、基层股、社区矫正股、政策法规股、财计股、政工人事股，下设湘阴县依法治县领导小组办公室、湘阴县公证处、湘阴县法律援助中心3个二级机构及16个乡镇司法所，并新增特殊人群涉毒人员收治中心为司法局下属正股级事业机构。全局有干职工89人，其中乡镇司法员21人。2017年，县司法局充分发挥自身工作职能，积极主动作为，全力服务全县工作大局，取得各项工作稳居全市司法行政工作前列的好成绩。

【推进法治湘阴建设】2017年，县司法局围绕《法治湘阴建设实施方案》的要求，扎实推进法治宣传教育。一是组成专门班子，结合湘阴县实际，认真开展“七五”普法规划前期调研活动，多方征求意见，扎实做好“七五”普法规划起草工作。二是扎实开展“法律六进”宣讲活动。组织律师、法律服务工作者和机关普法工作人员成立法律宣讲团，结合征地拆迁、土地调整、交通事故纠纷等群众关心和诉求较多的法律需求，深入各社区、乡镇（村）和各中小学校进行宣讲，先后授法制课60余堂。三是结合综治民调制作大型宣传展板8块，在县城显要位置及广场展出，同时印制大型法制宣传喷绘1200张，张贴到全县各社区和村，并向各村级阅览室赠送法律书籍6000本、普法资料10000余份。四是认真开展国家公职人员学法考试。积极推行国家公职人员网上学法考试和纸制类学法考试，县级领导全部带头参考。湘阴县公职人员学法考试参考率达到98%以上，在全县营造尊法、守法、学法的良好氛围。

【化解矛盾纠纷】始终坚持把化解矛盾纠纷、维护全县社会大局和谐稳定作为司法行政工作的首要任务。年内调处各类矛盾纠纷1860起，调处成功率达98%，有力地维护全县社会大局的稳定。一是认真落实人民调解“以奖代补”工作。积极争取县政府支持，认真落实省市对人民调解工作实行“以奖代补”的工作要求，结合湘阴县实际，制定和完善湘阴县人民调解“以奖代补”实施办法，对各人民调解委员会上报的调解案卷组成评审小组进行认真评审，全年评审各类人民调解案卷600多件，发放人民调解“以奖代补”资金17万余元，极大地调动人民调解员调处矛盾纠纷的积极性，使一大批矛盾纠纷化解在基层，有力地维护社会大局的和谐稳定。二是加强村居调委会的建设。出台村居调委会“八有六统一”建设标准指导要求，对村居调委会建设达标的实行以奖代补，同时对各调委会人民调解员以乡镇和片区进行集中培训，年内分两批对全县2200余名人民调解员进行业务培训，开展优秀人民调解员评选活动，不断提高人民调解员的业务知识和调解能力。三是全力服务县委、县政府重点工作。2017年，县司法局积极参与全县民间小额投资担保公司及相关问题的处置工作，派出1名副局长全程参与处置工作，积极协调处置投资人与投资公司之间的纠纷，宣讲政策、疏导情绪、缓和矛盾，千方百计帮助投资人挽回投资损失，取得明显成效，得到县委、县政府及广大投资人的充分肯定和认可。四是扎实做好各类重大矛盾纠纷的及时调处。对各乡镇和村上报的各类重大矛盾纠纷，县司法局直接派人主持参与调处。

【严格监管重点对象】一是严格管控一批社会服刑罪犯。全年接受有关机关委托开展适用社区矫正调查评估196例；累计接收社区服刑人员1372人，累计解除矫正1366人，年内在册282人。累计开展走访1020人次；对违反规定的社区服刑人员进行训诫谈话60人次；信息化定位监管83人，其中手机定位监管83人，累计开展信息化核查712人次；办理居住地变更4例；办理请假外出12例，其中准假外出12例，期满销假12例。全县组织开展集中教育学习192场次，其中16个司法所组织开展144场次；县矫正中心48场次；进行个别教育352人次；开展心理辅导521人次，其中心理异常18人次。组织开展社区服务198场次，其中16个司法所组织开展188场次。全县没有出现社区服刑人员重新犯罪。二是社区戒毒康复工作稳步推进。积极加强与公安、强戒的沟通协调，努力完善转介交接程序，定期不定期组织尿检，严格完善请销假制度，切实加强对社区戒毒康复人员的管控力度。全年进站戒毒人员23人，经过多次尿检暂时未出现复吸现象，戒毒情况良好。3月，对社区戒毒康复人员组织开展一次团辅教育活动；一次爱国主义外出参观活动，进行适应性训练，提高他们彻底戒断毒瘾的信心和决心，同时不断探索新的工作措施，积极推进社区戒毒康复工作有序有效开展。三是收治中心各项管理工作安全有序进行。收治中心收治特殊人群涉毒人员6人。收治中心在抓好日常监管的同时，重点抓好三项工作：继续抓好疾病预防，提高疫情控制能力。严格落实新收治对象必须在指定医院进行全面体检，确定不存在传染性疾病后方可进入中心；推进收治中心建设工作，年内主体建设基本完工；抓应急管理，提高疾病处置能力。不断完善相关医疗救治应急处置预案，建立应急处置队伍，明确医护人员工作职责和工作要求，着力增强应急抢救能力。2017年，没有发生一起脱逃、脱管和非正常死亡的现象。

【完善法律服务体系】一是继续进行公共法律服务体系的建设，在全县各乡镇完成公共法律服务站的建设，全县公共法律服务工作点的工作全面铺开，县法律援助中心利用本次湘阴县村部建设的工作契机，通过与当地加强联系，全县公共法律服务工作点稳步进行。二是完成同级人民法院法律援助工作站的建设。8月，通过与县法院沟通联系，在诉讼服务中心的立案大厅选取一块办公场地，通过请专门的家具公司，定制专门的接待窗口桌椅，为下一步开展法律援助律师值班工作打下坚实的基础；三是进一步降低法律援助门槛，优化对法律援助受援对象的法律服务，截至12月，县法律援助中心受理法律援助案件申请182件，其中刑事案件31件，民事案件151件，四是认真做好公证服务。年内公证处办理各类公证650件，其中国内公证315件，涉外公证307件，涉港澳台公证28件。五是继续做好政府法律顾问工作。县司法局抽调律师组成的政府法律顾问团，积极主动为县委、县政府重大决策提供法律服务，积极参与重大矛盾纠纷调处，重点行政诉讼案件代理和重要经济合同起草，为县委、县政府依法决策，依法行政发挥重要的参谋助手作用。

（钟　旺）

湘阴县司法局主要负责人名录

局　长　刘国琪

副局长　张　超　窦志辉　李国辉（至7月）
胡铁章（至7月）

道路交通管理

【概况】湘阴县交警大队内设办公室、法宣股、处罚股、路面秩序股、财务室、指挥监控中心、122事故处理大队、驾驶人警示教育中心、车管所及6个交警中队。2017年，县交警大队深入开展“两学一做”学习教育常态化制度化、深化公安“四讲”精神教育学习活动，围绕“压事故、保畅通、全力护航中共十九大”工作目标，开展“百日会战”“三个不发生”创建等专项整治行动，确保中共十九大期间全县道路畅通有序、社会和谐稳定。

【从严治警】一是抓学习教育。开展“两学一做”常态化制度化、岳阳公安“四讲”精神学习、“忠诚保平安、迎接十九大”主题教育及中共十九大学习等活动，大队逐一制定专门工作方案，专门印制《队伍管理制度化、规范化资料汇编》一书等学习资料，制作固定宣传标语，开辟专门宣传栏，干部职工均撰写心得体会，营造浓厚的宣传氛围。全年，总支委员深入基层开展谈心谈话活动90余次，组织开展“三会一课”活动20场次，总支书记夏闻天专门讲授党课。通过学习教育活动，全队干职工、协警员迸发工作热情，思想素质不断提升，在各项整治行动一个接一个的情况下，始终坚守岗位，兢兢业业。全年有1人记三等功，10人次受到县以上表彰奖励。二是狠抓廉政建设。结合党风廉政主体责任制工作建设，突出以党建促廉政、以责任促廉政。成立专门领导班子，制定工作方案。总支坚持重大事情集体研究，坚持总支委员之间交心通气。2017年，在民主理财、开源节流、廉洁自律等方面，总支模范带头，率先垂范，确保总支团队风清气正，气顺劲足。全年“三公经费”开支严格按照要求落实，班子成员拒礼拒贿3万元。三是狠抓作风建设。作风建设突出抓好考勤考纪、服务群众及问责追责等工作。严格每月督查制度，对基层窗口单位执勤执法严格督查，发现问题，及时进行整改。制定《协警员考核办法》，对协警员推行日考、月评、末尾淘汰制度。11月，对一名消极懒政的协警员予以辞退。

【严排隐患】为切实做好交通事故预防工作，突出抓住宣传教育、隐患排查等源头管理工作，切实压减事故。2017年，全县发生各类交通事故6870起，死亡82人，分别较2016年下降4%、15%，预防事故能力大幅提升。一是开展交通安全研判。坚持问题导向，突出对交通管理的研判工作，建立常态化研判机制，收到良好社会效果。对“五一”等重要节假日、周末学生放假等时间节点，组织开展研判，认为客运车辆因运力不足导致超载运输，极易引发安全事故。经过提高超载运输车辆打击频率，查处1起客车、2起校车严重超员案件，驾驶人均被刑事拘留。针对未年检、无证驾驶违法现象，大队指挥中心与中队联手实施查缉布控，对经过省道的违法车辆实施精准打击，查处上述交通违法56起。全年撰写专题研判报告5期，被总队研判中心采用1期。二是开展交通安全宣传。组织开展“落实责任　携手平安”“抵制危险驾驶，我参与我们安全”等为主题的宣传活动，制作横幅20条，组织3台流动宣传车在全县巡回宣传，深入企业、学校开展讲课36堂次，编发短信2万余条，利用新媒体编发信息20条，在《中国青年网》等媒体发稿9期。全年组织召开《湘阴县周刊》等县内主要媒体参加的新闻通气会3期，实现全方位交通安全宣传。三是开展重点车辆排查。突出对客运车辆、校车、危爆运输车辆、摩托车、黄标车安全监管工作，分别制定专门工作方案，严把入口关，严把出境关，严把线路关，采取专项整治行动、联合执法、流动巡逻、设卡检查等方式，对上述重点车辆全方位监管。9月始，多次深入汽车客运总公司、校车公司开展隐患排查治理，约谈企业负责人各1次，下发整改通知书21份，发布电视通告3期。与运政联手，对汽车站客车站外接客、旅客不系安全带进行全面整治，有效消除安全隐患。四是开展道路隐患排查。2017年，全县范围内排查隐患51处，通过向县政府专题汇报，引起高度重视。年内治理24处，其中省级督办一处，其余未到期的治理项目在有序推进，力争隐患治理率达100%。对全县重要道路路段，施划标线20万米，安装标志标牌320块，修复防护栏380块、信号灯86次。

【整治交通秩序】2017年，先后开展严厉打击重点交通违法行为“百日会战”“三个不发生”创建活动、“四大攻坚战”、护航中共十九大道路交通秩序整治行动等集中整治行动，先后查处交通违法行为61557起，其中非现场查处58407起、现场查处3150起，查处酒（毒）驾298起、涉牌涉证1769起、重点车辆超员78起、危化运输车违法100起、校车违法178起、违法停车32094起、刑事拘留46人、行政拘留182人。一是突出重点。突出重点车辆及驾驶人隐患排查、交通违法清零等工作，实现应排尽排，应治尽治。通过采取隐患曝光、上门催告、入户清查、见车见人等方式，督促清剿落实重点车辆及驾驶人管控，六类重点车辆清零、检验率、报废率实现100%，重点车辆驾驶人审验率及换证率达到99%，黄标车年内淘汰168台。全年以“禁超载、随意停靠、不系安全带、驾驶员资质不全”为重点，紧盯“两客一危一校一货”车辆，加强源头管理，加大现场查纠。二是突出重罚。采取夜间整治、“5+2”、集中统一行动等超常规措施，以零容忍的态度，加强重点路段、重点时段、重点违法巡逻防控。严查酒后驾车、“三超”、危险驾驶和不礼让斑马线等严重道路交通违法行为，形成整治高压态势。先后查处2起校车超员，1起客车超员，7起毒驾，4起醉驾。这些案件都是湘阴县首例入刑案件，震慑作用大，有助于减少因严重交通违法行为引发的交通事故。三是突出协作。联手交通、教育、安监、公安等部门，建立常态化监管、巡防协作机制。在汽车站综合治理，国庆、中秋及中国湖南国际旅游节疏堵保畅，部门与警种之间实现信息共享、联勤联动，确保重点场所、重要活动万无一失。

【坚持维稳向先】2017年，大队坚持维稳向先，坚持规范执法，坚持联勤联动，将事故处理在萌芽状态，有力地维护全县社会大局稳定。一是加强协调。深化“五为主”重大交通事故处理模式，建立常态化乡镇政法委书记联席会议制度。10月，政法委组织召开乡镇政法委书记参加的联席会，出台《关于交通事故资助资金、医疗救助及维稳资金使用的若干规定》。同时，加强与警种之间、周边县区交警部门之间的互动，建立联防联席机制。二是加强解。进一步深化交通事故责任认定集体研究制度，确保执法的严肃性、权威性。通过交警调解、法院诉讼、基层调解、申请救助等方式，大大提高交通事故处理速度，加快疑难案件的化解。三是加强破案。2017年，大队深化侦破逃逸案件人员选调、奖励、协调联动机制，加大逃逸案件侦破保障力度，确保案件得到及时侦破，无一积案。对全县9起存在信访隐患的交通事故，建立台账，加强协调，确保不出现越级上访，确保在事故得到稳妥处置。现场发生的3起交通肇事逃逸案件，均是加派精兵强将，实现快速侦破、快速处理，矛盾得到及时化解。

【规范执法水平】为切实规范执法，提高基层执法水平，减少因执法不规范带来的投诉、诉讼。2017年，大队坚持严字当头，对执法工作严把教育关、严把检查关、严把审批关，执法水平不断提升。一是严把教育关。法制部门把法治培训教育工作作为重点，先后开展民警规范执法学习班，协警员专题培训班，由县局法制部门骨干和大队业务骨干授课。二是严把检查关。坚持一月一检查制度，对路面执法状况、交通事故处理情况，每月定期检查，检查结果与绩效挂钩。三是严把审批关。规范交通事故责任认定制度，实行送审制度，基层单位交通事故责任认定必须经法制部门把关，重大事故经事故研究委员会集体研究后，再发放责任认定书。规范法律文书修改率，严格控制法律凭证作废、重点交通违法行为修改率，确保执法不断得到规范。

【增强服务能力】2017年，大队关注民生、服务民生，加强工作职责，不断增强服务群众能力。一是做好疏堵保畅工作。从春节到端午龙舟竞渡等重要节假日，均是提前部署、全面排查、全员参与，确保节假日期间全县道路畅通，确保群众出行安全。与此同时，围绕县委、县政府中心工作，服务全县经济发展大计，全力做好在湘阴县举办的中国湖南国际旅游节、洋沙湖度假区开园庆典、美食节等重要安保活动，为各级领导来湘考察及其它重要活动提供交通安保32余次，未出现严重拥堵现象，道路畅通有序。在这些重要节假日、重大活动期间，大队举全队之力，全警放弃休假上岗执勤，确保各项活动万无一失，全县道路畅通有序，得到省市县领导的充分肯定。二是做好处罚车驾管业务办理工作。近五年，车管所处罚股业务办理量剧增，全年办理9.2万笔业务，做到无一差错，无一群众投诉。推行延时、预约报名考试、服务热线与电信114对接、网上选号牌、网上交通违法处罚等服务举措，让群众少跑腿，切实为群众提供方便。

（李 辉）

湘阴县交警大队主要负责人名录

大 队 长 夏闻天
教 导 员 甘怀坤（12月任）
副大队长 赵新泉 杨友余
秦 坚（12月任）
张胜斌（12月任）

社会团体

总工会

【概况】湘阴县总工会内设机构有办公室、财务部、组织部、民管部、女工部、经审办、经济工作部办公室、财务部、女工部和组织宣教部，二级机构有职工维权帮扶中心、工人俱乐部。有在职在编人员33人，其中行政编制5人，事业编制28人（全额编6人、差额编7人、自筹编15人）。全县有工会组织556个，其中机关单位工会93家，事业单位工会180家，企业工会283家。工会会员110599人，其中专职工会干部302人。2017年，县总工会自觉践行新时代中国特色社会主义工会发展道路，围绕全县发展大局，切实履行工会职责，认真做好组织职工、引导职工、服务职工等工作，在全县改革、发展、稳定大局中发挥积极的作用。

【开展建功立业活动】一是开展劳动竞赛，展现“工人力量”。开展以“聚力‘一二四’、建功新湘阴县”为主题的五类劳动竞赛。广泛征集陶瓷手工制作技艺能手参加2017年“湘瓷”技能竞赛，湘阴县代表在市级比赛中取得前5名的优良成绩，并代表岳阳市赴省参赛。全县200多家企事业单位、近10万名职工群众参与各类竞赛活动，充分发挥广大职工在推动全县经济发展中的主力军作用。二是提升职工素质，发挥“工人技术”。以全市“十行百优”巴陵工匠职业技能大赛为契机，通过以赛促训的形式，引导广大职工在竞赛中提升技能素质。在工业园区主战场，深入开展技术革新、技术协作、技能比武、创造发明、合理化建议等职工技术创新活动。参与职工2万人次，涌现出各类技术标兵、技能明星30多名，创新成果20多项，推荐申报省级“工人先锋号”1个、市级“工人先锋号”2个。三是服务关爱劳模，树立“工人榜样”。联手宣传部、妇联、团委，深入开展第五届道德模范推荐评选活动。推荐鸿达建筑有限公司的“李立华劳动模范创新工作室”申报省级荣誉称号。帮助湘阴县御景养殖专业合作社带头人岳阳市劳动模范甘得良争取市总工会的重点救助帮扶，弥补其在7月历史罕见暴雨袭击中遭受的重大经济损失。集中报道一批先进工作者和劳模的先进事迹，营造学习、尊重、争当先进模范的浓厚氛围。

【主动建设美好湘阴】一是尽心尽力做好事，持续推进脱贫攻坚工作。做好“冬送温暖、春送岗位、夏送清凉、金秋助学”等活动。元旦春节期间，组织全县84个参联单位筹措物资175.8万元，慰问困难职工4190人。联手县人社局举办“春风行动”，为2865名下岗职工、返乡农民工实现就业愿望；深入中储粮湘阴县分库、武警直升机场公路施工现场等地，为冒着酷暑坚守在工作一线的职工送去2万元防暑降温用品。举办湘阴县“社会扶贫工会助学·鸿达建筑爱心捐助”活动，对40名寒门学子进行资助。实名制给317人发放中央专项帮扶资金28万多元；先后为265名患病职工发放互助金52.5万多元；给40多名单亲特困女职工送去慰问金2万元；在县水务局、远大可建组织130名女职工参加女性养生保健知识讲座。组织32家单位的1630女职工开展妇科普查。做优做实精准扶贫，协助村支两委做好贫困对象的精准识别工作，并建立扶贫对象台账；慰问困难留守儿童、大学生、党员、残疾人60多人次，送去慰问金近3万元；组织渔业生产人员职业技能培训班、蔬菜种植与加工技术培训班；投入资金近20万元，协助南湖州镇芷泉河村突出村级党组织建设、便民服务中心项目、村级公路硬化等多项帮扶项目。二是诚心诚意办实事，全面推进综治维稳工作。民调工作中，向全体干职工、家属和老干部宣传民调工作，回收的问卷调查表中填写不够准确的，安排专人逐人辅导，对模拟电话民调回答不理想的人上门做工作，再次进行回访，直到回答满意为止。禁毒工作中，利用工会组织覆盖面广的优势，积极开展面向企业和广大职工的禁毒宣传教育工作。与联系点横岭湖（青山岛）省级自然保护区一起开展不让毒品进我家活动。安全生产工作中，以“安康杯”竞赛活动为载体，督促企业落实好安全生产措施，发动职工寻找身边安全隐患。在左宗棠广场进行安全生产现场宣传，组织职工观看安全生产教育警示片，开展安全生产知识竞赛等活动，提升职工安全生产和自我保护意识。

县总工会金秋助学活动（2017年摄）

【激发基层组织活力】一是打造示范点，开展职工文化活动。启动第二届全县职工羽毛球赛，精心组织400多个基层工会的360多名职工参加，举办“畅享中秋情、共话劳动美”关爱劳动模范、特困职工中秋晚会，为职工“送温暖”“送欢乐”。激励全县各级工会不断完善职工文化阵地“学校和乐园”功能，充实职工的业余文化生活。二是构建指导线，完善企业民主管理。指导全县企事业单位厂务公开民主管理，有248家企事业单位推行厂务公开民主管理，其中事业单位推行率100%；国有企业22家，推行率100%；规模以上建立工会的非公企业117家，推行率达到90%；指导企业开展工资集体协商，全县续签和新签企业199家，涵盖职工5676人，其中单独企业17家，涵盖职工3256人。行业性1家，涵盖企业32家、职工357人。区域性4家，涵盖企业150家、职工2063人，建立工会的企业工资集体协商建制率达到97%。三是拓展覆盖面，推进工会组织建设。借力“党建带工建”机制，以工业园区、建筑项目、物流业、家政服务业、农业专业合作社等领域和农民工、劳务派遣工等群体为主攻方向，最大限度地把广大职工组织到工会中来，全年发展工会组织93家，发展工会会员3825人，其中农民工会员3092人，超额完成年度工作目标。切实加强乡镇（街道）工会组织规范化建设，重点指导和帮助远大可建工会、金为型材工会创建省级模范职工之家，锦逸农业工会、地生设备工会创建市级模范职工之家，玉华镇工会创建省“六好”乡镇工会，三塘镇工会创建市“六好”乡镇工会；筹划好全县乡镇（街道）工会主席赴浏阳市官渡镇学习“小三级”工会规范化建设。

【机关自身建设】一是开展对标先进活动。立足县委、县政府“工作对标长沙（北部片区）”的战略定位，县总工会瞄准长沙市宁乡县总工会主动对标，全体班子成员、部室长赴宁乡县总工会实地考察，结合其先进做法、亮点工作，将各项目标任务、完成时限，逐一分解到岗位和责任人。通过全面学习对标，推动工会工作水平大提升，实现逐项逐步缩短与标杆单位的差距。二是推进党风廉政建设。推进“两学一做”学习教育常态化制度化，切实履行党风廉政建设和反腐败工作党组主体责任，认真执行“三会一课”制度，扎实召开民主生活会和组织生活会，每季度开展一次学习讨论，每月组织一次党员主题活动。采取“请进来”的方式，邀请市总工会领导、县委党校专家上党课，引导工会干部筑牢拒腐防变的思想防线。紧密结合工会工作实际，抓住经费使用、资产管理、基本建设、出国出境、物资采购等关键领域和重点环节，加强工会经审工作，加大审计监督力度，始终保持预防和惩治腐败的高压态势。三是深化机关作风建设。进一步扎紧制度笼子，修订完善各项规章制度，涵盖机关公务接待、财务审批、上班考勤等各个方面，用制度方式引导机关干部转变思想观念，加强基层意识和职工观念，努力做到眼睛向下看、重心向下移，引导工会干部深入基层一线加强调查研究，解剖麻雀、总结经验、破解难题、推动工作，在求真务实、苦干实干中锻炼能力、展现作为。

（刘　亚）

湘阴县总工会主要负责人名录

主　　席	彭新良（至10月）
	彭方建（12月兼任）
常务副主席	蔡健清（12月任）
副 主 席	霍正魁　卢跃飞　张桂文

贸易促进会

【概况】中国国际贸易促进委员会湘阴县委员会（简称贸促会）成立于2016年3月，2017年3月投资促进局（简称投促局）与贸促会合署办公，两块牌子，一套人马。2017年，贸促会坚持以全面深化改革总揽招商引资和贸易促进工作，一班人精诚团结，分工协作，带领全体干职工积极履职、奋发作为，各项工作均取得新业绩。招商引资工作方面：全年引进项目57个，其中工业项目45个；5000万元以上项目40个，其中亿元项目21个；协议引资124.3亿元，到位58.45亿元（含续建项目）。贸易促进工作方面：年内先后组织县内地生工业、元亨科技、奇思环保、众钧科技、长康实业、华康实业等10多家企业参加上级贸促系统举办的境内外展会活动10次，商务峰会、经贸合作论坛、经贸对接交流活动等4次；自办协办大规模节会活动3次。招商引资和贸易促进工作跻身全市各县市先进行列。

【形成招商合力】3月，县委明确将湘阴县投促局（副科级）归属湘阴县贸促会管理，实行“两块牌子、一套人马”，合署办公，主要负责全县招商引资和贸易促进工作，整合充实招商引资工作力量。特别是下半年，从县商务粮食局和临港新区挑选两名年富力强、工作经验丰富的干部到贸促会，分任投促局局长和贸促会副会长，配齐配强会领导班子。一是明确招商责任。年初，县委、县政府下发《关于明确2017年度招商引资目标任务和考核办法的通知》（湘阴县办发〔2017〕15号），明确全县全年引进资金60亿元以上，合同利用外资3000万美元的招商引资目标任务，并对43个部门单位和16个乡镇街道下达具体招商引资任务，为构建“全民招商”大格局起到导向作用。二是完善政策配套。在现有优惠政策基础上，2017年，县委、县政府又相继出台或在研究《湘阴县引进科技人才促进科技成果转化实施办法》《湘阴县促进现代服务业发展扶持办法》等一系列优惠政策，包括“企业税收考核奖励、上市奖励、创新奖励、品牌奖励、总部奖励、孵化奖励，给予用地、用电、用水、用工、融资、标准厂房租金补贴”等内容。同时，对优惠政策执行情况加大督促检查力度，确保政策落地落实，招商引资的政策洼地效应、磁场效应初步形成。

【项目引进多点开花】一是突出工业项目招商。坚持招优选强、宁缺勿滥，紧盯主导产业项目和科技含量高、发展前景好的项目招商。先后与元亨智能装备制造、华伟汽车模型、可孚智能医疗产业园、中民筑友、鑫源新材料、琴海数码等项目签订正式协议。可孚智能医疗产业园项目包含智能康复设备和可穿戴医疗产品制造、高端智慧医疗产品研发、医疗器械智能配送系统等板块，总用地约21.33公顷，分两期投资建设，总投资10亿元以上，年产值20亿元以上，填补湘阴县高端智慧医疗产品研发制造领域的空白。对一般性的工业项目，坚持严格联审把关，杜绝高能耗、高污染、低效益的项目落户。二是紧盯重大项目招商。成功引进恒大・生态康养谷项目进驻湘阴县；与红星美凯龙签约，建设19万平方米的家居博览城项目；与新华联集团、华夏幸福、碧桂园、香港铜锣湾集团、南粤基金等达成投资合作意向。恒大・生态康养谷计划投资100亿元，建设体量200万平方米，用地200公顷，将打造长株潭周边山水最漂亮、功能最完善、集聚度最高的产城融合、城乡一体的生态康养特色小镇。三是统筹全方位招商。坚决贯彻“对标对接、融长发展”发展战略，全方位引资引项引智，努力实现与长株潭科教文卫资源融合共享、基础设施互联互通、主导产业承接配套。与湘雅医院组建医疗联合体、与长郡中学合作办学等进展顺利，与同济大学、中南大学、国防科技大学等高校合作取得实质进展，中旅集团、深圳笔克集团、中惠旅等旅游投资考察纷至沓来，上海中艺建设集团、龙元建设集团等一批央企和上市公司对到湘阴县投资基础设施建设表现出浓厚兴趣。四是紧扭抓手招商。以产业招商月为抓手，全面掀起新一轮招商引资热潮。由县委书记、县长统筹调度，四大家分产业牵头负责，分管常委、副县长具体专抓。制订《湘阴县关于落实岳阳市委市政府2017年产业招商月活动实施方案》和《湘阴县2017年产业招商月活动考核办法》。印发湘阴县“产业招商月”招商项目对接表、县直单位与省管企业战略对接责任分解表和招商推介会项目签约责任分解表，将任务层层分解、责任级级压实。五是领导带头招商。产业招商月期间，县四大家主要领导和分管领导带队，先后30多批次赴北京、上海、香港、浙江、广州、深圳、珠海等地招商引资，与恒大集团、红星美凯龙、正威集团、禾田投资集团、北京磁浮等50多家企业和同济大学、中南大学粉末冶金学院等20多所高校及科研院所进行深入对接，邀请香港铜锣湾集团、新华联集团、中农城投等30多家企业高层来县进行考察洽谈，为恒大·康养谷、可孚智能医疗产业园等项目的成功引进，起到决定性作用，示范和推动全县招商引资工作升温加热。产业招商月期间，全县签约产业项目38个，合同引资38亿元。特别是7月19日在长沙举办的大型招商推介会上，湘阴县一次性签约产业项目24个。

【全面走访企业】年初，贸促会研究制定本年度走访企业工作方案。3月起，即对县内规模企业特别是外向型企业进行走访摸底，通过与企业负责人面对面交流、点对点沟通，了解企业生产经营、产品市场销售、进出口以及“走出去”的意向需求等第一手情况，在此基础上，贸促会建立涵盖县内156家规模工业企业、29家外贸备案企业和208家小微特色产品企业信息库，组建湘阴县贸促交流微信群、QQ群，及时推送展会信息、解读相关政策；发动企业关注“岳阳贸促国际商会”微信群，有效畅通企业与贸促机构的信息互通渠道，为更有针对性地服务企业提供信息保障。走访中，贸促会了解到，县内以长康实业、华康实业、金为型材等为代表的企业已具备走出国门的实力，但受囿于“不敢走出去”“不想走出去”“不会走出去”，导致企业发展步子不大、发展速度不快、竞争力不强。针对这一实际，贸促会对走访台账进行分类细化，因企施策、分类指导。

【促进开放合作】组织企业参展参会是促进开放合作的有力抓手。在企业参展参会工作上，贸促会主要把握两条：凡是有利于企业“走出去”的信息，贸促会都大力推广；凡是省、市贸促会重点推介的展会，贸促会都积极组织企业参与。从转变企业思想观念入手，创新宣传形式，推动“要企业参展参会”向“企业要参展参会”转变，在走访企业过程中，贸促会向各企业负责人大力宣传“走出去”对促进企业发展壮大的重要意义，赠送《一带一路沿线国家贸易投资指南》近百本，有效调动县内企业参展参会的积极性；年内，先后组织县内地生工业、元亨科技、奇思环保、众钧科技、长康实业、华康实业参加上级贸促系统举办的境内外展会活动10次，商务峰会、经贸合作论坛、经贸对接交流等活动4次。在积极组织企业参展参会的同时，贸促会还按照县委、县政府的决策部署，自办湘阴县招商引资推介会，协办2017年中国（湖南）国际旅游节和第十二届中国湘菜美食文化节暨2017湘阴县湖鲜美食节。特别是由贸促会具体承办的大型招商推介会于7月19日在长沙举行，取得良好的实际效果和社会影响。

【加强对外联络】主动加强与省市各级贸促机构的联系沟通，与湖南异地商会、中国商业文化研究会、湘商文化促进会等行业商会和境内外经济贸易界、商会协会、贸促机构和其他经贸团体以及有关国际组织的交流合作，同时，建立乡友联络名录手册，不断拓宽经贸合作的信息渠道，积极宣传推介湘阴县和湘阴县的企业、产品。全年，湘阴县先后举办4次较大规模的招商引资推介会，邀请数十家商会主要负责人和近千名商界人士与会，日益频繁的交流互动带来大量的投资信息和商机，有力推动贸易促进和招商引资工作。

【助推外向经济】经济外向度低是湘阴县经济发展的一大短板。在深入走访企业，掌握大量第一手资料的基础上，贸促会参照省、市做法，借鉴贸促会对标单位——长沙县商务局的成功经验，多次向县委、县政府主要领导汇报支持企业“走出去”的重要性和必要性，积极争取设立湘阴县外向型经济发展引导专项资金，重点对企业参展参会进行补助，对出口企业进行奖励支持。这一建议引起县委、县政府领导的高度重视。同时，贸促会还抓住市政协开展“开放崛起在岳阳”课题调研的契机，撰写《湘阴县外向型经济发展情况报告》，紧密结合湘阴县外向型经济发展现状，客观分析原因并提出促进湘阴县外向型经济发展的建议，受到调研组的充分肯定和高度评价。党组书记、会长范文灿随省贸促系统代表团出访回国后撰写的《关于赴欧洲三国考察学习的几点感想》一文受到县委、县政府领导的高度关注和充分肯定。该文以《政府通报》的方式向全县刊发，引起广泛共鸣。

【抓实基础建设】机构合并以来，贸促会牢牢抓住班子队伍建设这个关键，内强素质、外树形象。通过集体谈心或个别谈话的方式，及时准确掌握干部队伍的思想动态，选优配强机关内设股室负责人。组织全体工作人员系统学习贸易促进业务知识、政策法规和商务礼仪，帮助他们迅速由“门外汉”向“行家里手”转变。同时，贸促会积极争取主管部门重视和相关单位配合，由过来的分散式办公调整为集中办公，对调整后的办公室进行必要的装饰装修，并根据实际需要补充购置电脑、打印机、办公桌椅等办公用品。建立机关学习、财务管理、公务接待、考勤等制度，会班子成员以身作则，带头遵章守纪，上下形成“有令必行”“有禁即止”的思想共识，机关作风建设得到全面加强。

（周洪勇）

中国国际贸易促进委员会湘阴县委员会主要负责人名录

会　　长	范文灿
副 会 长	姚科辉（8月任）
县投资促进事务局局长	范文灿（兼至7月）
	王海英（7月任）

妇女联合会

【概况】湘阴县妇女联合会（简称县妇联）内设综合办公室、信访办。有在编在岗工作人员4名。全县16个乡镇（街道）均成立妇联，设有专职的妇联主席。2017年，紧扣县委“对标对接、融长发展”发展战略，以建设“左公故里、美好湘阴”为目标，以“优化职能、增强活力”为重点，大力推进妇联组织和工作改革创新，各项工作取得阶段性成果。

【凝聚妇女力量】2017年，县妇联发挥妇联组织紧密联系妇女群众的优势，围绕党委政府重点工作，抓实事促发展。一是妇女共创共建取得实效。在“三八”妇女节期间组织开展门球赛、维权宣传周等活动，召开“三八”妇女表彰大会，评选最美女性，联合文明办开展“三八”红旗手、最美系列、道德模范评选活动，在全县范围内宣传正能量。联合团县委开展美丽乡村金龙示范片志愿者队伍组建工作，指导金龙镇志愿者团队开展志愿活动。二是扶贫帮困工作扎实开展。积极争取社会资源，努力构建党政支持、妇联组织、社会参与的贫困妇女儿童帮扶体系。争取香港烛光基金45000元资助湘阴县一中30名贫困优秀女学生。7月，在全县范围内对部分贫困妇女儿童家庭进行走访慰问，走访贫困户100多户。在走访过程中，发现并帮助湘滨镇1名困难家庭儿童入学黄金学校，帮助解决六塘乡2名面临失学少女的学费和部分生活费。暑期联合铭萱天使公益基金、众爱公益协会和部分爱心企业、社会爱心人士，对123名贫困学子进行一对一爱心助学。三是妇女权益得到有效维护。与民政等部门合作，探索建立婚姻家庭纠纷人民调解组织。年内接待来电来访59例，办结率98%，切实维护妇女合法权益和社会稳定。号召各乡镇妇联开展法制宣传周活动，开展妇女儿童权益保护法、未成年人保护法等法律宣讲，洋沙湖街道在“三八”妇女节期间设置法律资料发放展台，发放宣传资料200多份；“6・26”禁毒宣传期间，联合禁毒办、团县委在左宗棠广场设立20块宣传牌、4块大型展板，发放禁毒宣传资料2600多份，播放禁毒教育警示片，吸引1000多人观看。

【服务妇儿发展】一是创新宣传方式。开通湘阴县妇联微信公众号，每周向外推送2—3次消息，及时将各种通知、文件、信息等第一时间发送到妇女同胞的手机上。同时，拓宽信息报送渠道，各妇联主席通过微信工作群第一时间进行报送，县妇联进行编辑整理后在各大网站上发布。二是加强协调服务。联合县人社局、团县委等单位开展春风送岗位活动，47位女性现场签约实现就业、86位女性得到签约意向。组织开展4期月嫂培训班，结业率100%，推荐刘春华等2名女创业者到北京农家女培训学校学习。指导成立湘阴县旗袍协会和湘阴县旗袍文化促进会，联合协会开展旗袍文化讲座、旗袍和红酒沙龙、旗袍走秀等文化活动，丰富湘阴县女性业余生活。7月15日，联合多家社会组织，举办青年单身派对，为120多名单身男女青年创造相识相知的机会。三是广泛凝聚力量。制订湘阴县妇女儿童发展规划（2016—2020年），确定未来5年湘阴县妇女儿童事业的发展目标、主要任务、重大工程及行动计划、实施保障等内容。开展“两癌”救助，为10名患有两癌的贫困母亲发放救助12万元。年内12000名农村妇女“两癌”检查任务超额完成，完成率107%，检查出可疑阳性人数441人，阴道镜实检人数381例，钼靶检查人数196人，发现宫颈癌前病变78例，宫颈癌5人，乳腺癌7人，年底仍在随访中。“六一”儿童节期间，在黄金学校开展“相伴成长”关爱留守儿童送温暖活动，和留守儿童同过生日，为留守儿童们购买喜爱的书籍。防汛期间，迅速向全县妇女同胞发放16000多份防汛救灾倡议书，组织120名巾帼志愿者前往一线大堤巡堤守闸，号召女企业家对灾区进行物资和资金捐赠。灾后，县妇联积极申请省、市妇联和县政府救助，为受灾严重的留守儿童家庭和贫困家庭及时送去物资和慰问金。同时，通过中国儿童少年基金会向灾区争取2100件矿泉水。

【加强自身建设】一是扎实开展迎接中共十九大活动。认真学习总书记习近平关于群团改革工作的重要指示和8月26日中央群团改革工作座谈会精神，统一思想促改革，齐心协力抓工作。根据全国、省市妇联的文件精神，在六塘乡龙潭村开展“巾帼心向党、喜迎十九大”的主题宣传活动。二是创新妇女之家阵地建设。坚持党建带妇建、妇建服务党建的原则，切实加强基层妇联组织建设。在非公有制经济组织佰家俪景酒店和金龙镇分别建立妇女之家，在燎原村部建立省级示范妇女之家，为妇女活动提供阵地，指导燎原村妇联开展清洁家园、最美评比等活动，增强妇联组织在各层级妇女同胞中的凝聚力。三是稳步推进基层妇联组织改革。县妇联下发《湘阴县乡镇（街道）、村（社区）妇联组织改革实施方案》，组织在玉华镇召开“会改联”现场观摩会，成功地选出新一届玉华镇妇联班子和执委。在9月的全县妇联改革工作会上，对妇联区域化改革的情况进行通报表扬。

（任　惠）

湘阴县妇女联合会主要负责人名录

主　席　蒋丽娟

残疾人联合会

【概况】湘阴县残疾人联合会（简称县残联）内设办公室、政工人事股、财计股、信访维权办、康复股、宣教股、两项补贴管理办公室（简称“两补办”）。下辖残疾人劳动就业服务所。有在编在岗工作人员57人。全县14个乡镇、2个办事处成立残联，由民政所长兼任乡镇残联理事长，并配备残疾人专职委员；每村确定一名残疾人联络员。2017年，县残联以发展残疾人事业、构建和谐社会为主线，以切实改善残疾人基本生活状况为出发点和落脚点，着力改善残疾人生存状况，着力增强服务残疾人能力，不断提高工作水平和工作效能，各项工作顺利开展。

【县残联换届选举】经过近3个月的精心筹备，湘阴县残疾人联合会第三次代表大会于10月30日至31日在湘阴县宾馆召开，市残联党组书记、理事长方欲林，县委书记汪灿出席并讲话，县委副书记彭方建主持，县领导李青松、蔡炜、方腊初、吴星亮参加会议。会议成功选举县残联第三届主席团主席、副主席、委员和第三届执行理事会理事长、副理事长、理事以及各专门协会主席、副主席或委员，充分肯定县残联二代会以来的工作成绩，对后五年提出切合实际的工作思路，要求全县广大残疾人和残疾人工作者要紧密地团结在以习近平为总书记的党中央周围，在县委、县政府的坚强领导下，深入贯彻落实中共十九大会议精神，进一步解放思想，开拓创新，扎实工作，全面完成县残联第三次代表大会确定的各项工作任务，为全面推进湘阴县残疾人事业发展而努力奋斗。

【残疾人脱贫攻坚】及时组织全县16名乡镇、街道残疾人专职委员对全县的贫困残疾对象进行再甄别、再认定，2017年，新增建档立卡贫困残疾对象283人。年内，全县有建档立卡贫困残疾人2962人，其中脱贫1339人，未脱贫1620人，返贫3人。选定联点村南湖洲镇东方红村10户贫困残疾人家庭作为连千村帮万户扶贫工程的帮扶对象、24户贫困家庭作为结对帮扶对象，由班子成员及股室长分别结对帮扶，并根据其致贫原因、家庭实际制订切实可行的帮扶措施，分批次提供近2000元/户生产或生活资料的资金，争取帮助他们早日脱贫。同时，配合民政和财政做好残疾人“两项补贴”发放工作，全年发放困难残疾人生活补贴和重度残疾人护理补贴1042.59万元。

【残疾人康复救助】5月，由县政府办将《湘阴县残疾人精准康复服务行动实施方案（2017—2020年）》印发至相关部门、单位。全年推荐49名“0—6岁”残疾儿童到省、市、县定点机构参加康复训练；10名“7—17岁”残疾儿童在县特殊教育康复学校参加康复训练；为贫困对象发放爱心轮椅、坐便椅、助听器、助视器、拐杖、盲杖等各类辅助器具近2700余件；推荐并组织12名贫困低视力残疾人到岳阳市爱尔眼科医院免费适配助视器、10名贫困聋儿到市残联免费适配助听器；投入资金12万余元，为南泉社区等7个社区康复示范站添置训练器材、办公用具等，确保各社区康复示范站的良性运转。

【残疾人家庭就业创业】全年，为201名有需求的残疾人提供各类培训三批次，其中组织160人到汨罗大荆参加为期7天的实用技术培训，并为他们免费发放价值1000元的农药、化肥、电动喷雾器等物资；组织11名自主创业的残疾人参加市残联举办为期7天的创业培训，并在考察其创业项目的真实性及可行性后，给予9000—11000元的资金帮扶；组织20名听力言语残疾人及残疾人专职委员在县特校参加手语培训；组织30名贫困残疾人在县级残疾人就业示范基地进行缝纫、电商等技能提升培训。择优选定湘阴县劳保文具用品总厂为县级残疾人就业示范基地、湖南加西得乐种植养殖专业合作社和岳阳市博辣辣食品有限公司为县级残疾人扶贫基地，分别进行5万—8万元的资金帮扶，推荐并帮助他们参加市级就业示范、扶贫基地评选。

【家庭教育扶助】全年帮助7名参加高考的贫困残疾学生本人申报助学资金；为17名贫困残疾人大学生发放教育资助金5.6万元，为53名贫困残疾人高中生发放教育资助金5.7万元。帮助湘阴县一中1名符合合理便利申请条件的残疾学生进行鉴定并上报市招考办审批；推荐4名残疾学生到省特校中专就读；县残联在助残日期间慰问县特殊教育康复学校、县博爱康复中心贫困残疾学生40名、12000元；县人大代表、政协委员结对帮扶20余名贫困残疾学生。

【居家托养服务】湘阴县从2017年开始，实施“阳光家园”政府购买服务，筛选认定的100名残疾人由专业机构为其提供居家保洁、代办代购、咨询、配送等免费优质服务。县残联随机对受助残疾人进行回访，确保湘阴县残疾人真正享受到温馨、体贴入微的托养服务。

【残疾人救助基金】2016年11月21日，县财政投入15万元启动资金，经湖南省残疾人福利基金会岳阳市分会同意，设立湖南省残疾人福利基金会岳阳市分会湘阴工作站（简称“湘阴工作站”）。2017年，积极争取各级、各部门以及社会各界爱心人士的大力支持，为湘阴工作站捐款捐物，并按照《湖南省残疾人福利基金会代表机构管理办法》以及上级相关要求，建立健全工作站章程和相关规章制度，严格审批程序，积极发挥湘阴工作站的作用，使真正困难的残疾人实实在在受益。

【信息数据动态更新】截至9月10日，湘阴县残疾人信息数据动态更新工作全面提前完成，先后对15099名持证残疾人进行入户调查及信息数据更新，入户率99.31%、录入率100%，在县残联工作人员随机进行的电话抽查与入户登记表对比中，信息数据更新合格率99%。

【家庭无障碍设施改造】通过全面摸底、精心筛选，选定在玉华镇文桥村等周边7个村为符合改造要求的贫困残疾对象进行无障碍设施改造，并与指定施工单位一起上门勘察、制定改造方案，并于5月22日面向社会公示，6月中旬动工，10月初全面完成改造任务。

【残疾人信访维权】残疾人的诉求多、信访维权工作量大，难以解释和沟通，残联机关安排党组成员方亮负责信访维权工作，信访局派驻马德兵负责。“两会”期间，有近20名盲人到县信访局反映相关诉求，在各级领导和部门单位的重视和支持下，县残联成功的化解相关矛盾，确保社会大局的和谐稳定。县残联还与县司法局等9部门联合发文，成立残疾人法律援助站，完善全县残疾人维权网络建设，并协调县法律援助中心律师常年免费为残疾人提供法律咨询和援助服务，建立健全残疾人依法维权体系。2017年，湘阴县残疾人无一人越级上访，实现全年残疾人进京赴省、市“零信访”。

（周　旋）

湘阴县残疾人联合会主要负责人名录

理 事 长　邓　平
副理事长　何剑雄

中国共产主义青年团

【概况】中国共产主义青年团湘阴县委员会（简称团县委）设书记1名，副书记2名，工作人员1人。2016年，全县新建直属团组织42个，非公企业和两新团组织34家，驻外团工委1个，覆盖团员人数8987人，35岁以下青年17854人。2017年，团县委围绕中心服务大局，坚持“党政所望、青年所求、社会所需、共青团所能”的理念，不断增强党在青年中的凝聚力、青年对党的向心力和共青团组织的影响力，切实履行服务职能，团的各项事业取得新进展，共青团事业呈现出持续快速健康发展的蓬勃态势。

【思想政治引领】一是开展“雷锋精神永驻校园六个一”活动。在全县中小学校广泛开展“上一堂学雷锋班队课”“出一期学雷锋的黑板报”“读一篇雷锋日记”“讲一则雷锋故事”“背诵一句雷锋的名言”“做一件学雷锋的好事”活动。通过系列主题教育活动进一步弘扬雷锋精神，传承雷锋精神，于点滴处展现雷锋精神。组织60多名青年志愿者，集中开展“弘扬雷锋精神，志愿服务进农村”为主题的内容丰富、形式多样的志愿服务活动。活动中，各单位的青年志愿者在各乡镇集中开展法律咨询、免费理发、小家电维修、免费义诊、扶贫帮困等志愿服务活动。现场发放各类宣传资料600多份，免费义诊480多人次，免费理发140多人，展出展板20多块。为农村的困难户送去价值3000元的慰问金和生活用品，志愿者还为困难户打扫卫生。通过开展志愿服务活动，进一步弘扬雷锋精神，深化青年志愿者行动，在全社会倡导“从身边做起、从小事做起，关爱他人、奉献社会”的志愿服务精神。二是开展缅怀先烈活动。组织县一中、知源中学、袁家铺中学的团员代表到烈士陵园缅怀先烈，通过“缅先烈、诵经典”“向先烈默哀1分钟”等活动，认知尊重传统、继承弘扬传统，树立热爱祖国、热爱人民、热爱中华民族的人生信念，从而倍加珍惜现在的幸福生活。三是深入开展志愿服务活动。在建立、健全志愿服务队伍的基础上，积极开展志愿服务活动，培育志愿服务精神，弘扬志愿服务文化，将“奉献、友爱、互助、进步”志愿精神根植在每个市民心中，促使志愿服务活动精彩纷呈。开展“关爱学子　爱在路上”爱心送考志愿服务活动。通过在湘阴县电视台、《湘阴县周刊》、湘阴县手机报等媒体上宣传发动，公开招募有私家车的爱心志愿车103台，并在往年路上招手即停的方式上增加“一对一”免费为考生提供上门接送服务、临时应急服务，还在各高考点设立高考爱心服务站，免费提供应急药品和矿泉水，更加全面、快捷地为广大考生、家长、场外考务人员进行服务；开展“爱心送温暖”活动。11月21日，团县委书记周亮携手青年众爱公益协会的志愿者在寒冷的冬日给玉华镇几位贫困户送上粮食、油和保暖的物资。12月5日，组织岳阳市公益伙伴服务中心和湘阴县爱心志愿者团队共同向湘阴县玉华中学捐赠价值近3万元的书包及文具。组织湘阴县爱心志愿者团队的志愿者周末开展关爱老人、关爱留守儿童、保护环境卫生等志愿服务活动。四是开展团干部如何健康成长大讨论活动。通过大讨论活动，让湘阴县各级团干充分认识到团工作及党建带团建工作的重要性，让团干更加坚定信念、坚持信仰，树立严以修身、严以律己、守住底线、防腐拒变的观念，提高工作中联系实际联想创新的工作能力。五是开展“学习十九大，宣讲我先行”主题团日活动。在全县各级团组织中开展“学习十九大，宣讲我先行”主题团日活动，深入学习宣传贯彻党的十九大精神，让青年干部将十九大精神宣讲到基层、到农村、到校园。提高青年干部的政治素养，培养和锻炼青年干部的能力、展现青年干部风采。继北京红黄蓝事件后，团县委迅速组建讲师团在全县各学校为青少年学生宣讲“五防”教育活动，并进行相关心理辅导。

【发挥主力军作用】一是创新发展走在前列。搭建创新创业就业平台。围绕经济社会发展主战场，整合部门资源，着力搭建平台，通过县农村青年致富带头人协会、青年创业协会、创客协会和新梦想创客空间，引导和支持广大青年创业创新，促使在“大众创业、万众创新”的大潮中彰显才华、贡献力量，增强创业就业技能。团县委联合县人社局、县财政局、县工商局、县工业局、县国税局、县地税局等职能部门举办“2017年春风行动招聘会”，解决100余名青年的就业问题。二是积极参与抗洪救灾。面对“6·30”持续强降雨，团县委成立“抗洪救灾青年志愿者突击队”，组织全县青年投身加入到县城抗洪抢险队伍最前线，抢修抗洪大堤、驻守机埠涵闸、巡查守护排险，同时，整合团内外资源，为受灾地区募集捐助价值60万元救灾物资。三是深入推进非公企业和两新组织团建工作。非公有制企业和两新组织团建工作是团县委团组织建设中的短板，任务重，时间紧，压力大。按照团中央和团省市委的统一部署和安排，团县委细化工作任务和措施，通过深入走访对全县所有的非公企业和新经济、新社会组织的党组织建设情况和青年情况开展全面的调查摸底，确定“应建必建”原则，依托“党组织建到哪里，团组织就建到哪里”的党建带团建建团模式、借助青企协交友建团模式等，全力推进湘阴县非公有制企业和两新组织团建工作。年内全县新建非公有制企业和两新组织团组织10家。四是助力中国湖南国际旅游节。9月，中国湖南国际旅游节在湘阴县开幕，团县委组织300名志愿者参与活动，邀请省人社厅的专业老师对志愿者进行志愿服务礼仪相关知识及旅游节活动流程、工作要求培训，并根据旅游节的流程，合理统筹调配志愿者，负责接待工作、开幕式主会场和帐篷会场、摩托艇大赛、岳州窑文化节的志愿服务工作，获得嘉宾和领导的一致肯定。

【创新社会治理】积极开展法制宣传教育、禁毒宣传，先后印发“两法”宣传资料8000余份，开展预防青少年犯罪法律咨询服务5次；通过板报、橱窗、专栏，举办法制座谈会、报告会，大力宣传法制知识，引导青少年争做“普法小使者”，在青少年中有效地形成学法、知法、懂法、用法良好氛围。聘请县公安局、县检察院、县法院少年庭、乡镇派出所的专业法律工作者为学校的法律顾问、法制副校长，根据不同青少年的身心特点和各校的实际情况，定期到学校为学生举行法律知识讲座的法制报告，对个别问题学生进行分类别个性化指导。通过上一堂禁毒课、读一本禁毒知识好书、出一期禁毒宣传板报、发一份禁毒倡议书、开展一次禁毒宣传活动、举办一次全县中小学生禁毒知识竞赛活动，广泛宣传毒品常识、毒品危害、毒品预防及有关禁毒的法律法规，从而得到教训和启示，避免在盲目的状况下被染上毒品，使青少年自觉远离毒品，增强禁毒的意识和抵制毒品的能力。

（田豆豆）

中国共产主义青年团湘阴县委员会主要负责人名录

书　记　周　亮（9月任）
副书记　易　添　肖皇华（至7月）

科学技术协会

【概况】湘阴县科学技术协会（简称县科协）内设办公室、学会部，有干部职工5人。下辖有县财政会计学会、县青少年科技教育协会、县教育学会、县血吸虫病研究会、县老科协、县质量协会、县畜牧学会、县粮食科技与经济学会、县农机学会、县环保学会、县林学会、县水利学会、县水产学会、县计生协会、县农学会、县医药卫生学会、县建筑协会、县工业协会、县安全生产协会、税务协会。2017年，县科协以全面推进《全民科学素质行动计划纲要》，提升公民科学素质建设为主要内容，认真履行科协工作职责，圆满地完成科协年度各项工作目标。

【提升学会能力】一是引导各学会根据自身学科和实际在各社区和乡镇大力开展丰富多彩、形式多样的科普宣传活动，如医卫学会组织各医院医务工作者深入基层，到全县各村级医疗点进行免费义诊、检查，免费发放常见药品和宣传资料，受惠农民2万人次；县农学会组织专家在鹤龙湖镇、白泥湖乡、岭北镇开展种植技术培训讲座15期，培训农民2000多人次；县老科协积极响应县委、县政府助力精准扶贫的号召，深入南湖洲镇赛头村走访慰问当地农户。老科协的专家不顾年迈的身躯，毅然行走在精准扶贫第一线，为当地的农户带来种养技术，帮助他们脱贫致富。二是继续完善优秀科技工作者专家库，为县域经济发展献计献策。2015年以来，由各学会推荐，将湘阴县具有良好的科学精神和职业道德，具有较高的专业技术素质和学术造诣的优秀科技工作者纳入专家库，带领他们积极参与全国科普日、科技活动周、岳阳市科技论坛和全市优秀论文评选等活动，从专业领域角度为湘阴县经济发展提升智力支持。全年湘阴县科技人员在省市获优秀论文奖励的论文有10多篇。

【青少年科普】一是继续开展农村青少年校外教育活动。县科协与中国科协及联合国儿基会合作开展农村青少年校外教育活动。通过培训让他们做好进入社会前的准备，成为对社会有用的人。至2017年，县科协拥有一支由14名优秀教师组成的培训讲师团和两个培训中心。活动开办5年来县科协先后开课46期，培训青少年2000多人次。省科协副主席专程带队到湘阴县调研该项工作，并给予高度评价，并获评为全省该项工作的样板县，先后接待省内县市考察学习团2批次12人。二是继续开办“周六课堂”“千名小院士孵化工程”活动。周六课堂活动自2011年开展以来，受到学生和家长的欢迎，作为一个经常性的免费科普活动，县科协每年在科学技材、设备维护等方面的投入超过10万元。至2017年，滨湖学校、城北学校、袁家铺中学等3个授课点先后开课480期，直接参与青少年3万人。《岳阳日报》《洞庭之声》、岳阳电视台都对该项活动做专题报道，《湖南科协》杂志和全国青少年科技创新平台刊载周六课堂活动典型材料，成为在全国推广的青少年科技创新工作典范。“千名小院士孵化工程”是由市科协和市教体局共同推动，设计3年为一个周期，从全市20所学校遴选1000名有兴趣、有爱好、有志向的初小学生作为培养对象，以发现和培育青少年科技人才。湘阴县4所学校200位“小院士”参与该“孵化”工程，于2017年顺利开展所有培训计划。

【科普宣传】2015年，县科协申请“湘阴县科普”微信公众号，定期通过公众号发送科普信息。信息囊括科协相关情况介绍、工作动态、科普知识、科技动态、学（协）会工作等内容，集科学性、知识性、趣味性于一体，并及时更新，为湘阴县居民提供又一优质的科普平台。2017年，发送科普微信信息100余期，科普内容300余条，阅览1万余人次。

【科普日系列活动】2017年的全国科普日活动，县科协根据上级科协统一部署，县委、县政府就全国科普日活动召开专题研究会，围绕活动主题制定详尽的活动实施方案并成立活动领导小组，由副县长汤静任活动领导小组组长，各相关单位为活动成员单位，一把手为责任人。各单位根据方案要求，结合部门工作实际组织形式多样的科普活动，并以书面形式将活动开展情况报县科协。对于此次活动县财政安排专项经费确保活动顺利举行。2017年的科普日在县第一职业中学的“农村青少年校外教育”活动中拉开帷幕。100名2017年将毕业的职校农村学生参加为期三天的“青少年职业入门与发展”课程培训，授课讲师蒋浩从认识自己—制作名片由浅入深，提高他们对工作和社会生活的认知和适应，帮助他们完成从学校到工作阶段的转变，使他们成长为有责任的社会公民。随后，县人防办又组织刚入学的新生开展应急避险、防空防灾教育活动，并为每位学生配备一套专题科普书籍；医卫学会开展下乡免费义诊活动；爱心志愿者团队开展文明劝导活动。同时，其他各学会也开展自身特色的科普活动。

【举办“中国流动科技馆”活动】4—5月，“中国流动科技馆湘阴县站”在湘阴县知源学校启动，这是湘阴县科普工作的又一大盛事。为做好这项工作，县科协在开馆前就组织人员3次赴汨罗考察“流动科技馆”的相关情况，并向汨罗科协学习相关的工作经验和方法。3月，县科协联系县教育局、交警大队、知源学校、望滨社区等相关单位，协同做好开馆前的相关准备工作，确定场馆及管理制度等。经过充分的前期准备工作，县科协于4月11日上午启动该项目，至6月初结束，先后接待参观群众5万多人次，其中青少年4万多人次，受到社会各界的一致好评。

【做好对标对接工作】2017年，县科协高度重视“对接长沙工作”，年初召开会议部署工作，成立以主席李卫为组长的“对接长沙”工作领导小组。同时从3月开始持续开展到长沙望城区科协、开福区科协的考察工作，年内开展考察6次，学习当地科协先进的工作经验并及时总结，从科普活动开展、科普场馆建设、科普队伍建设等方面完善县科协的工作方法。

（侯　艳）

湘阴县科学技术协会主要负责人名录

主　席　李　卫（至7月）
书　记　刘　锦
副主席　覃　威

工商业联合会

【概况】湘阴县工商业联合会（简称县工商联）有机关干部5人。辖各类行业商协会11个，乡镇工商联分会19个。2017年，县工商联把握“大统战”主题，立足“两个健康”，团结带领广大会员，积极作为，认真履职，服务大局，各项工作呈现良好态势，获评全县综合绩效考核“优胜单位”。

【招商引资】充分发挥联系广泛优势，调动积极因素，整合各方资源，通过召开座谈会、推介会建立微信群等方式，努力发挥工商联在招商引资中的积极作用。参与组织召开“迎老乡、回故乡、建家乡”迎春座谈会。来自全国各地的52名知名寓外企业家参会。参与组织湖南高等院校（科研院所）科技成果转移转化基地新闻发布会暨湘阴（高新区）招商推介会，邀请到与湘阴产业相关联的浙江湖南商会、广东湖南商会、山东湖南商会等65名异地湖南商会负责人参加，先后参加北京、深圳两个异地商会年会活动，向企业家们介绍湘阴投资项目，了解其投资意向，邀请到湘阴县考察投资。通过缔结友好商会等经济联络活动，与深圳、长沙等省内外近10家工商联（总商会）保持友好往来。

【参政议政】参与组织举办为期一周的统战人士培训班，邀请市委统战部部长熊炜为培训班讲课。组织工商联界别的县政协常委参加厦门大学管理学院BDP中心的培训，积极参政议政，18位工商联界县政协委员提出35件提案。参与组织省市县各级政协开展的“优化非公经济发展法治环境”调研活动，分3批次，有长康实业、义丰祥实业、田埂上、西姆西科技等30多名非公有制经济法人参与、所提意见建议得到省市调研组好评。组织非公经济人士中的政协委员参与“关于推进智慧县域建设”专题调研等均有好的效果。

【脱贫攻坚】与县委统战部共同组织召开“百会千商同心结对”社会扶贫工作推进会，58家异地商会、工商企业、社会团体参加，现场授牌，首批“一对一”精准结对541户贫困户，确保结对帮扶对象顺利“脱贫摘帽”。据不完全统计，湘阴“万企帮万村”主题活动实施以来，组织50多家会员企业、5家行业商协会会员、5家异地湘阴县商会开展结对帮扶，帮扶资金3140万元。其中全县实施项目4个，在水、道路、基础设施建设等方面投资金额约320万元，公益扶贫资金金额217万元，就业安排2400多人，贫困户生产生活条件得到一定的改善，精准扶贫工作取得良好成效。

【服务大局】积极发动会员企业参与防汛救灾。元亨科技、西姆西科技等一大批非公企业和行业商会组织企业职工赶赴抗洪一线大堤值守巡查。广厦地产，长康实业、海日食品等县内民营企业为防汛抗灾捐款捐物600多万元。参与组织防汛救灾县外社会捐赠活动，香港湖南联谊会、香港岳阳联谊会、深圳市湘阴商会、岳阳市青年企业家协会、岳阳市益阳商会先后向湘阴县捐资捐物800多万元。在全县抗洪救灾总结会上，有30家会员企业及商会、协会受到县委表彰，县工商联获评特别贡献单位。不断加强组织建设。2017年，新成立工商联商会协会行业党委，并加强汽车行业商会党支部。

（柳　婉）

湘阴县工商业联合会主要负责人名录

主　　席　陶　娜
党组书记　刘美丽
副 主 席　陈春泉

文学艺术界联合会

【概况】湘阴县文学艺术界联合会（简称县文联）辖书协、美协、摄协、音协、小天鹅艺校、未来之星、星城艺术团、京剧票友协会、书画院、远浦文化研究会、收藏协会、县花鼓戏曲演艺教研会、中华民族艺术传统促进会。机关在职在岗人员4人。2017年，县文联以习近平在文艺工作座谈会的精神为指导，围绕培养文艺人才，繁荣文艺创作，配合中心工作等方面开展工作，充分发挥自身优势，大力实施文艺“繁荣工程”，各项工作均有长足进步。

【政治理论学习】一是深入学习有关的法律法规和党的文艺方针政策，提高思想理论水平，认真学习习近平总书记在文艺座谈会上的讲话精神，坚持先进文化的正确方向。二是召开全体党员会议，安排部署“红星云”手机移动平台推进工作。会上，认真组织学习“红星云”手机平台的作用、意义和操作，并现场组织党员干部进行登录和关注，设置支部书记为管理员，负责将党建相关活动上传红星云的“网上支部”中的“组织生活”栏目，凡激活使用“红星云”的党员积分在12月底要达到300分。年内，县文联注册率和使用率100%。三是开展主题活动，促干部提升素养守底线。通过开展系列主题教育活动，加强思想教育、作风建设，以党员活动日为载体，每月开展一至三次机关活动；组织开展支部组织生活会议，进行“两学一做”党课下基层宣讲活动和庆祝建军90周年等多种活动，干部精神面貌为之一振；组织专题学习，促干部熟悉业务强能力。通过讲授机关党课4次，组织学习讨论4次，要求干部自学笔记不少于5000字。四是认真贯彻落实党风廉政责任制，不断提高廉洁从政意识和人民公仆意识。组织党员干部认真学习《中国共产党领导干部廉洁从政若干准则》《中国共产党党员处分条例》《党内监督条例》。认真落实党风廉政建设责任制，全体党员干部严格要求自己，自觉遵纪守法，勤政廉洁，努力做好各项工作。

【组织协会开展活动】春节期间，县文联举办即兴书法活动。许多书法爱好者当场挥毫泼墨，不仅丰富湘阴人民的文化生活，而且增添节日的欢乐气氛。通过举办即兴书法活动，许多书法爱好者互相切磋技艺，增进了解。同时与毗邻的书法家协会初步达成书法共展协议。为湘阴县书法爱好者与外界沟通搭建平台。4月，与湖南省诗歌学会、岳阳市诗歌学会、中国诗人田野调查小组等单位联合主办第二届栗山诗会暨百年中国新诗的本土性研讨会，出席活动有湖南本地文艺界代表、朗诵艺术家50多人。大家就中国新诗百年叙事方法论展开讨论，提出许多独到的见解，并对诗歌创作中如何处理叙事、抒情和语言关系，有更加深入的认识。5月，组织动员协会文艺工作者，深入基层、深入群众、深入生活，开展文艺采风创作活动，从基层群众、从一线生活中汲取创作营养，激发创作灵感，创作出更多更好的唱响时代“主旋律”的优秀作品。8月，市文联系统学习习近平在文艺座谈会上的重要讲话精神专题培训在湘阴县召开，市文联下属14个协会的67名文艺骨干到湘阴县参加培训，协办此次培训不仅提高文艺工作者的业务素质和创作水平，也为全县文艺事业繁荣兴盛奠定良好基础。

【提升文艺创作水平】创作文艺精品是文联工作的一项重要职能。县文联紧紧把握这一职能不放松，努力打造“自主知识产权”这一品牌，2017年，文艺创作成果有显著提高。以青年女作家李娃、中年作家熊崴、散文家李清明、老年作家曹阿棣为核心的一个创作团队。2017年，该团队十分稳定，并且颇有收获。其中青年女作家李娃的散文、小说又推新作，相继发表于全国各大报刊、杂志;曹阿棣的少儿长篇小说《爸爸是英雄》由湖南少儿出版社出版，引起广泛关注。此外，湘阴县还有题材多样的各类文艺作品完成创作并在各报刊杂志发表，年内湘阴县发表于全国各报刊杂志的文艺作品有90篇，参加各种竞赛活动60多次，获奖人数达30多人，奖项13个。

【加强文艺平台建设】一是努力扩展文艺评论阵地。县文联巩固现有文艺评论阵地的基础上，继续加大文艺评论平台，加强手机网络建设，不断扩大文艺评论阵地，为文艺评论工作者开展健康评论提供更多的平台，努力使文联系统的文艺评论工作更具影响力。二是建立创作基金。打造文艺精品，繁荣湘阴县文艺创作。建立健全文艺精品创作激励机制，设立文艺精品创作基金，县文联从财政专项资金中抽调一部分资金奖励扶持文艺工作者自主创作，推动书法、美术、音乐、舞蹈、摄影等各艺术门类的创新。三是大力发展会员。积极培养文艺新生力量，认真做好县级会员发展工作，积极推荐县级会员加入上级协会。同时，采取“请进来，走出去”，提高文艺工作者视野。

【提升文艺惠民水平】一是继续开展文艺惠民工程。开展“深入生活、扎根人民”主题实践活动，组织广大文艺工作者到人民中去，为人民抒写、为人民抒情、为人民抒怀。坚持“二为”方向和“双百”方针，开展主题采风、创作、展演活动及文艺成果的展览展示。二是建立健全文艺志愿服务工作制度。继续建设好湘阴县文联文艺志愿服务工作，广泛开展文艺惠民的主力军和先锋队。指导各文艺家协会、基层文联提升文艺志愿服务的组织策划能力和志愿服务水平，不断满足人们群众的精神文化需求。

（涂　姣）

湘阴县文学艺术界联合会主要负责人名录

主　　席　熊国庭
党组书记　张湘华（兼至7月）
　　　　　　邵建新（7月任）

湘阴县环境保护局

国家污染源普查办公室领导、省环保厅领导到湘阴调研指导污染源普查工作

县委书记汪灿（左一）、县长李镇江（右一）出席生态环境整治“夏季攻势”活动

湘阴县环境保护局位于县城太傅北路，占地面积 1 公顷，现有在职干职工 119 人。内设办公室、财计股、管理股、人事股、法制股、作风办、总量股、行政审批股、环境应急中心和后勤中心。下设环境监察大队、环境监测站、横岭湖环境监察大队、文星环境监察中队、城南环境监察中队、长仑环境监察中队和新泉浩河环境监察中队。2017 年，该局树立环境保护工作全力服务经济建设的理念，认真贯彻落实省、市、县的决策部署和一系列指示精神，创新举措，做了大量富有成效的工作，圆满完成省、市、县下达的各项工作任务，着力为县域经济发展提供良好的环境保障。获评湖南省重点生态功能区县域环境质量 2017 年度考核第一名、全市危险废物规范化管理督查考核第一名、湖南省环保厅 2017 年度环境监察执法工作先进单位、2017 年度市级文明标兵单位、2017 年度岳阳市环保系统综合绩效考核先进单位、岳阳市“2017 环湖利剑”涉企环境执法优胜单位、全县综合绩效考评特别贡献奖、2017 年度（社区）党组织第一书记和驻村帮扶工作优秀单位、2017 年度洞庭湖水环境治理工作先进单位。

局长戴佑文（左一）走访鹤龙湖镇湘江村贫困户

干职工参加鹅形山环保志愿者活动

局领导带队开展环境监察活动

湘阴县文化体育广电新闻出版局

局长　殷辉

湘阴县文化体育广电新闻出版局（简称县文体广新局）履行全县文化、体育、新闻出版、版权的管理职能，内设办公室、公共文化股、群体股、文艺股、青少年业余体校、体彩办等 11 个股室；局属 5 个二级机构分别是文化市场综合执法大队、文化馆、图书馆、湘阴剧院、全民健身指导中心，全局共有干部职工 114 名，其中局机关在岗干职工 59 人。2017 年，县文体广新局干职工凝心聚力，真抓实干，开拓进取，坚持以习近平总书记为核心的党的建设和文体事业发展方向，以“两学一做”活动为抓手，全力推进制度建设、作风建设和廉政建设，努力打造优秀干部队伍，为推动湘阴“文化强县”建设打下坚实基础。2017 年，湘阴县获评全国群众体育先进县；县文体广新局获评全市文明单位；全县综合绩效考评一类单位，局党组获评全县党风廉政建设先进班子。

湘阴县全民广场舞大赛

岳阳五县（市、区）千人太极拳交流活动

“湘阴县第三届群众文化活动周体育舞蹈专场”演出

局机关党员活动日

局机关民主生活会

湘阴县科学技术局

省科技厅领导到湘阴调研

湘阴县科学技术局（简称县科技局）内设办公室、科技计划股、高新技术发展与产业化股、农村和社会发展科技股。下设湘阴县地震办公室、湘阴县知识产权办公室、湘阴县科学技术情报所、湘阴县生产力促进中心。2017 年，县科技局围绕县委、县政府“一二四”行动目标任务，以建设“左公故里，美好湘阴”为愿景，切实履行工作职能，大力发挥职能优势，加强廉政组织建设，服务于全县经济、社会发展大局，取得一定的成效。成功申报省、市科技项目 8 个，争取项目资金近 1000 万元；研究关键共性技术 15 项、开发新产品 12 个、建立生产线、示范点 5 个（条），转移转化成果 30 项，实现技术合同交易额 3400 万元；全县高新技术企业 22 家，专利申请 206 件，专利授权 223 件，发明专利申请量 46 件，发明专利授权量 24 件，有效发明专利总量 192 件，每万人口发明专利拥有量达到 2.8 件；组织企业与高校产学研对接 12 次，签订产学研战略合作协议 10 家；搭建科技创新平台 5 家，省级平台 2 家，市级平台 1 家；湖南省金为新材料公司获湖南省创新创业大赛三等奖，并且连续跻身全国行业总决赛。湘阴成功获批“湖南省知识产权建设强县”。

省知识产权局领导到湘阴调研

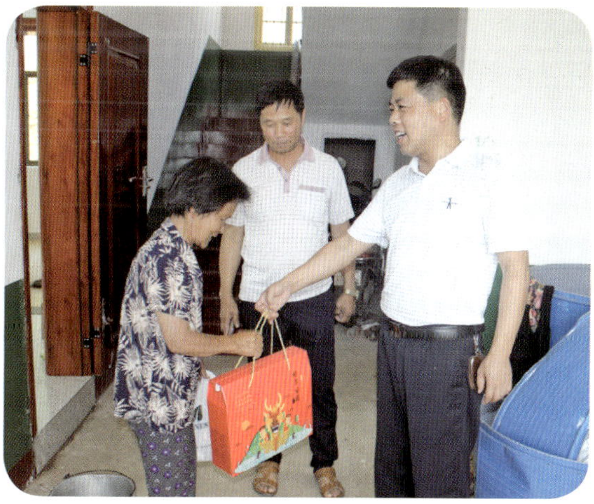

党组书记易宇锋（右一）慰问困难户

科技人才引进评审会

“中国创翼”湘阴选拔赛现场

“中国创翼”颁奖典礼

湘阴县安全生产监督管理局

局长　柳艳秋

2017 年，湘阴县安监局深入贯彻落实习近平总书记关于安全生产的系列重要论述和国家、省、市以及县委、县政府关于安全生产的决策部署，以创建省级安全生产示范县为统揽，以落实企业安全生产主体责任年活动为抓手，开展安全生产大检查，强化隐患排查治理，全县安全生产形势持续稳定向好。获评湖南省人民满意的公务员集体、全省依法办事示范窗口单位，获评湘阴县综合绩效考评优胜单位、行政效能建设优秀单位、落实党风廉政建设“两个责任”先进单位、社会治安综合治理工作先进单位等，成功创建省级安全生产示范县。

县长李镇江（右二）出席安全生产月“咨询日”活动

县委常委、常务副县长林恒求（左一）到汽车站检查安全生产工作

安全生产宣传进农村

集中销毁收缴的烟花爆竹

湘阴县老干部局

组织机关全体干部职工学习中共十九大精神

全县老干部工作暨关心下一代工作会议

2017 年，县老干部局深入学习贯彻党的十九大和习近平总书记系列重要讲话特别是 7.26 重要讲话精神，认真落实全国、全省老干部局长会议部署和市委老干部局要求，围绕全县工作大局，不断提高老干部工作水平，进一步凝聚和发挥老干部服务经济社会发展的正能量，为全县经济社会跨越发展作出新的贡献。9 月底，全县新建老干党支部 27 个，使全县老干党支部达 103 个，覆盖全县 3650 名离退休干部党员。按时换届的老干党支部 56 个，由一批有威望的老同志担任老干党支部书记，基层老干党支部班子建设得到明显加强。积极开展“示范性服务型离退休老干党支部”创建活动。县工商局老干党支部、检察院老干党支部和县人大机关老干党支部，获评全市示范性服务型离退休老干党支部。2017 年创建留守儿童托管中心 18 所，创办家长学校 56 所，优化了青少年成长环境。积极开展扶贫助学活动，募集资金 500 多万元，帮扶困难家庭 1200 多户，扶贫助学成效显著。县老科协组织会员积极开展互联网＋农业科技服务，为农民破解技术难题 50 多个。撰写调研报告 11 篇，为农民科技增收发挥了重要作用。书画协会围绕建军 90 周年和党的“十九大”召开等重要纪念日开展活动，创作书画作品 300 余件，获得县领导和广大群众的好评。门球协会举办大型赛事 4 次，片赛近百场次，至 2017 年发展门球队员 6000 多人。

2018 年处级离退休干部迎春座谈会

县关工委组织举办“传承红色基因，争做时代新人”主题教育活动启动仪式

老干工作会议

局机关党支部组织开展主题党日活动

湘阴县林业局

局长　吴亚辉

湘阴县林业局现有干职工 236 人，其中机关在职 170 人，退休 66 人；农牧工 110 人；党组班子成员 7 人，党支部 6 个，党员 129 人；内设股室 20 个、林业站 7 个，同时设有森林公安局、横岭湖省级自然保护区管理分局、洋沙湖—东湖国家湿地公园管理中心、老庙台国有林场和林科所等机构。湘阴县林业用地面积 21266.67 公顷（有林地 19266.67 公顷），湿地面积 62666.67 公顷（占县域总面积 40%），受保护湿地面积 44533.33 公顷（横岭湖省级自然保护区 43000 公顷，洋沙湖—东湖国家湿地公园 1533.33 公顷），湿地保护率 71%。森林覆盖率 12.6%，林木绿化率 20.44%，活立木蓄积量 117.5 万立方米。2017 年，县林业局围绕“森林调优、湿地提质、城乡添绿、产业增效、管服做精”的工作主题，开拓进取，攻坚克难，各项工作取得明显实效，评为全省森林经营示范单位，全省林业系统“六五”普法先进单位，全省林业站“一站式全程代理”服务工作优秀单位。芙蓉北路湘阴县段获评湖南省最美绿色通道，鹅形山省级森林公园获评全省森林公园质量良好森林公园。森林防火工作多次得到省森防指通报表扬，获评全市目标管理优胜单位。此外，县林业局还获评全县第一书记和驻村帮扶工作优秀单位，洞庭湖水环境治理工作先进单位，综合绩效考评工作优胜单位，综治民调工作一类单位第一名，精准扶贫、环保督察、防汛抗灾、洞庭湖欧美黑杨专项整治工作先后获奖。

局领导指导防汛工作

局全体干职工参加植树活动

局长吴亚辉（右一）走访慰问贫困户

美丽乡村建设植树签名活动

工作部署会议

湘阴县文物旅游局

局长　杨林

为进一步加快湘阴全域旅游事业发展，加大对旅游工作的领导，全面推动国家全域旅游示范县创建，经县委常委会议和县编委会议研究同意，县编委于 2017 年 9 月拟设“湘阴县旅游发展委员会”。县文物旅游局作为其日常办事机构，其机构性质、机构规格、人员编制、领导职数和经费渠道按原定不变。2017 年，湘阴旅游事业发展迅速，各项旅游数据均大幅增长。全年全县接待游客总数达 506.01 万人次，实现旅游总收入 51.8 亿元，较 2016 年分别增长 19.1%、6.6%。特别是旅游节召开后，国庆中秋两节期间县内旅游市场持续火爆，全县各旅游景点接待游客 115.6 万人次，实现旅游收入 6.94 亿元，同比分别增长 32% 和 35%。另外，“三湘蟹都”鹤龙湖日均食客游客不下万人，青山岛每天也有数百人沙滩露营，左宗棠文化园、柳庄和鹅形山等景区同样游客不断。旅游产业为湘阴带来显著的经济效益、生态效益、社会效益，逐步成为带动能力强、综合效益好、发展后劲足的支柱产业。

2017 中国湖南国际旅游节开幕式

局班子成员

旅游饭店服务技能大赛

水上乐园安全检查

左宗棠故居——柳庄

湘阴县司法局

省委常委、政法委书记黄关春（右二）调研湘阴县社区矫正工作、市委书记胡忠雄（右一）、县委书记汪灿（左一）陪同调研

省司法厅常务副厅长黄春阳（左一）调研湘阴司法行政工作。岳阳市司法局局长姜彬（右一）陪同调研

2017 年，县司法局充分发挥自身工作职能，积极主动作为，全力服务全县工作大局。围绕《法治湘阴建设实施方案》，扎实推进法治宣传教育。年内调处各类矛盾纠纷 1860 起，调处成功率 98%，全年评审各类人民调解案卷 600 多件，发放人民调解“以奖代补”资金 17 万余元，调动人民调解员调处矛盾纠纷的积极性，使一大批矛盾纠纷化解在基层，有力地维护社会大局的和谐稳定。

大力推进社区戒毒（康复）工作：文星镇社区戒毒（康复）工作站建成并有效运行，2017 年在册吸毒人员 160 余人，获得“省一级工作站”荣誉。2018 年将以文星站为模板，分区域建设四个工作站，实现湘阴社区戒毒（康复）全覆盖。严格管控一批社会服刑罪犯：全年接受有关机关委托开展适用社区矫正调查评估 196 例；累计接收社区服刑人员 1372 人，累计解除矫正 1366 人，年内在册 282 人。累计开展走访 1020 次；开展信息化核查 712 次；组织开展集中教育学习 192 场次、进行个别教育 352 人次、开展心理辅导 521 人次。全县没有出现社区服刑人员重新犯罪。降低法律援助门槛，优化对法律援助受援对象的法律服务：截至 12 月，县法律援助中心受理法律援助案件申请 182 件，其中刑事案件 31 件，民事案件 151 件。年内公证处办理各类公证 650 件，其中国内公证 315 件，涉外公证 307 件，涉港澳台公证 28 件。

国际禁毒日宣传活动

党风廉政建设专题会

法律明白人培训讲座

送法下乡活动

湘阴县地方税务局

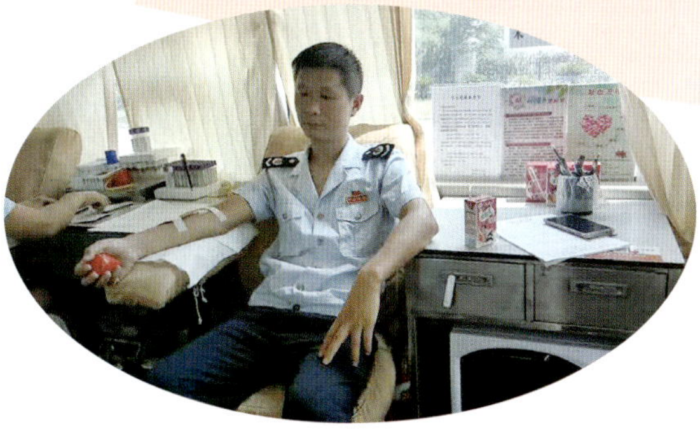

局长湛波参与无偿献血活动

县长李镇江（左一）调研地税工作

湘阴县地方税务局（简称县地税局）内设办公室、税政法规科、征管和科技发展科、收入规划核算科、财务管理科、人事教育科、监察审计室等 7 个科（室）。直属机构有：办税服务中心和稽查局以及信息中心（事业单位）。下辖 5 个税务分局：一分局，负责城区企事业单位的税收征管；二分局，负责纳税评估工作；三分局，负责全县范围内建安房地产税收征管；四分局，负责农村乡镇税收征管；五分局，负责城区的个体私营企业税收征管。全县地税系统有在职干部职工 84 人。其中公务员 78 人，事业干部 6 人；中共党员 67 人；注册税务师、律师 3 人，研究生 3 人，大学本科 55 人，大学专科学历 16 人，中专及以下 10 人。2017 年，面对主体税种缺失、税源大幅萎缩、控管手段弱化等一系列难题，县地税局始终绷紧组织收入这根弦，切实加强组织领导、加速推进征管转型，地税收入实现良性增长。截至 12 月 31 日，全局入库地方各税及附加 45629 万元，顺利完成全年收入任务，剔除营业税，同比增收 4794 万元，增长 11.72%。中央级完成 10308.44 万元，同比增收 3835.6 万元，增长 59.26%；省级完成 3885.92 万元，同比增收 649.72 万元，增长 20.08%；县级完成 30134.77 万元，与 2016 年同期相比基本持平。

“喜迎十九大，爱税爱国家”主题演讲比赛

青少年学生代表体验自主办税

“畅想青春，融情聚力”主题拓展训练活动

2017 年度领导班子考核述职大会

湖南洞庭资源控股集团有限公司

党委书记、总经理　张　放

办公楼

湖南洞庭资源控股集团有限公司是湘阴县公有资产管理局全额控股的国有独资企业。集团公司设董事会、监事会、经理层等高层管理机构及党委、工会等组织，设综合管理部、财务管理部、资本运营部、规划建设部、审计法务部和土地经营部 6 大部门，下辖湘阴县湘资砂石资源公司、湘阴县国有资产经营有限责任公司、湖南左公故里旅游投资发展有限公司、湘阴宾馆、湘阴县自来水公司、湘阴县远浦金融投资有限公司、湘阴振乡农村建设投资有限公司、湘阴县净源城乡环境建设有限公司等子公司，资产规模 88 亿元，净资产 56 亿元，负债率 27%，经中诚信和联合信用评级评定主体和债项均为 AA 级，是岳阳市县级唯一的 AA 级企业。集团公司经营业务分三大板块：一是城市建设与经营板块，二是旅游开发与金融投资板块，三是国有资产、资源经营板块，是一家集投融资、建设、经营于一体的综合性集团公司。

县领导到公司调研

县纪委监委领导来公司讲廉政党课

"学习党的十九大精神"主题演讲比赛

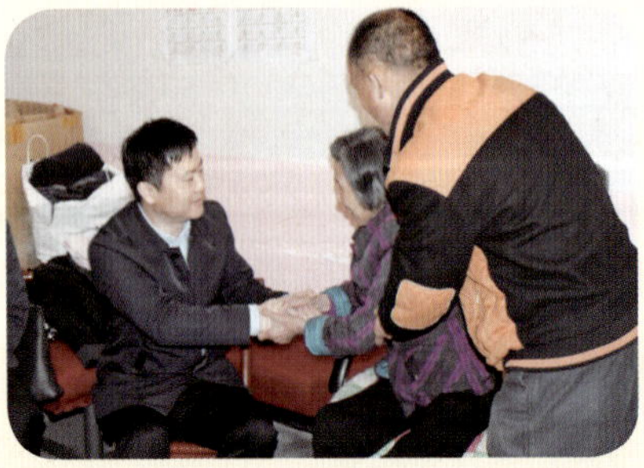

党委书记、总经理张放走访白沙社区困难群众

"巴陵先锋党员活动日"支部大会

铲雪除冰保安全义务活动

湘阴县扶贫开发办公室

市委常委、组织部部长王瑰曙（右一）在岭北调研光伏扶贫项目

县委书记汪灿（右二）在金龙镇走访贫困户

湘阴是精准扶贫面上县，共有28个贫困村，建档立卡系统内贫困户11884户、38395人。2017年围绕实现7454名贫困人口脱贫、28个贫困村整体退出目标，县本级安排扶贫资金1760万元，下拨到位1732万元。至2017年，全县累计脱贫7868户、26624人，未脱贫3895户、11384人。湘阴县始终把脱贫攻坚作为最大的政治任务、最大的民生工程，层层传导压力、切实抓紧抓好。坚决落实党政一把手负责制，成立了由县委书记任组长、县长任第一副组长、县委副书记和分管扶贫工作副县长为副组长的县精准扶贫工作领导小组。从25个县直单位抽调71名骨干力量成立23个驻村帮扶工作队。全县所有贫困村均成立专业合作社、设立电商网点，共联结贫困户666户、1816人，27个项目村光伏扶贫工程全面完工，村平年创收可达6万元，受益贫困群众1100人，着力确保每个贫困村发展一个以上集体经济产业，年集体收入5万元以上。组织开展“我为脱贫攻坚争贡献”“三个一帮扶行动”“我想有个家”“百会千商同心结对”“同心一加一”“万企帮万村”等活动，积极引导各界社会力量参与脱贫攻坚。

县长李镇江（右三）走访贫困户

县委副书记彭方建（左三）在洋沙湖街道走访贫困户

副县长蒋世杰（右二）在鹤龙湖镇走访贫困户

企业帮扶

湘阴县血防领导小组办公室

主任沈军（中）到文星镇乌龙社区指导血防工作

2017 年，湘阴县血吸虫防治领导小组办公室以血防传播阻断达标为目标，坚持抓重点、破难点，各项工作取得了较好的成绩。计划查螺 7200 万平方米，实查 7213.5 万平方米，完成年计划的 102%（其中垸内计划查螺 400 万平方米，实查螺 411.5 万平方米，完成 103%，其中垸外计划查螺 6800 万平方米，实查螺 6802 万平方米，完成 100.02%）；计划药物灭螺 1560 万平方米，实灭螺 1560 万平方米，完成 100%（其中垸内计划灭螺 130 万平方米；实灭 130 万平方米，完成 100%；垸外计划灭螺 1000 万平方米，实灭 1000 万平方米，完成 100%）；计划灭蚴 430 万平方米，实灭蚴 430 万平方米，完成 100%；查病计划 91000 人次，实查 101600 人次，完成 112%；计划化疗 63770 人次，实化疗 75899 人次（其中渔船民 14755 人次、当地人群 61144 人次），完成 119%。制订《湘阴县汛期洪涝灾害血吸虫病应急预案》，召开专题会议进行部署安排。开展血吸虫病预防工作，在一线防洪大堤抛投灭蚴药氯硝柳胺缓释球 20 吨，杀灭血吸虫病尾蚴。让参加抗洪抢险近 5 万干群和 1500 多名武警官兵掌握了血吸虫病的预防知识，并向部队赠送一批价值 10 万元的药品。发放血吸虫病须知 8 万册、防护膏 5 万支、预防药吡喹酮 3.5 万片。全县没有出现当地感染的急性血吸虫病人。

工作部署大会

“增补支部委员”会议

湘阴、望城两地联防联控工作现场会

办公楼

中国共产主义青年团湘阴县委员会

书记　周亮

中国共产主义青年团湘阴县委员会（简称团县委）设书记 1 名、副书记 1 名、工作人员 1 人。2017 年，全县新建直属团组织 42 个，非公企业和两新团组织 34 家，覆盖团员人数 8987 人，35 岁以下青年 17854 人。2017 年，团县委围绕中心服务大局，坚持“党政所望、青年所求、社会所需、共青团所能”的理念，不断增强党在青年中的凝聚力、青年对党的向心力和共青团组织的影响力，切实履行服务职能，团的各项事业取得新进展，共青团事业呈现出持续快速健康发展的蓬勃态势。开展“雷锋精神永驻校园六个一”活动。组织 60 多名青年志愿者，集中开展“弘扬雷锋精神，志愿服务进农村”为主题的内容丰富、形式多样的志愿服务活动。开展缅怀先烈活动。组织县一中、知源中学、袁家铺中学的团员代表到烈士陵园缅怀先烈，通过“缅先烈、诵经典”“向先烈默哀 1 分钟”等活动，认知尊重传统、继承弘扬传统，树立热爱祖国、热爱人民、热爱中华民族的人生信念，从而倍加珍惜现在的幸福生活。深入开展志愿服务活动。开展“关爱学子 爱在路上”爱心送考志愿服务活动。通过在湘阴电视台、湘阴周刊、湘阴手机报等媒体上宣传发动，公开招募有私家车的爱心志愿车 103 台，并在往年路上招手即停的方式上增加“一对一”免费为考生提供上门接送服务、临时应急服务，还在各高考点设立高考爱心服务站，免费提供应急药品和矿泉水，更加全面、快捷地为广大考生、家长、场外考务人员进行服务。

2018 年 5 月 3 日，在佰嘉丽景举办湘阴县首届十大青年工匠（能手）、十大岗位标兵表彰活动

2018 年 5 月 22 日，“青春扶贫 · 为爱摄影”公益摄影乡村行活动启动仪式

2018 年 2 月 12 日，“美丽乡村，绿色无毒”禁毒宣教活动启动仪式

2018 年 4 月 4 日上午，组织清明祭扫活动

2018 年 4 月，“美丽乡村添新绿”义务植树活动

湘阴县残疾人联合会

县长李镇江（左一）走访慰问残疾人

中共十九大精神专题学习会议

湘阴县残联1998年从民政局分列，基本职能为“代表、服务、管理”残疾人。全县共有各类残疾人4.6万人，占总人口数的近6%。至2017年，已办理第二代残疾人证的残疾人近1.5万人，其中重度残疾人8100余人，占持证残疾人总数的54%。机关设5个业务股室和1个二级机构，即残疾人劳动就业服务所，现有在编在岗工作人员47人，其中党组班子成员3人，除1名差额编外均为全额事业编。经费保障主要来源于县财政和残疾人就业保障金的征收。全县16个乡镇、街道成立了残联，理事长由各乡镇民政所长兼任，并配备了残疾人专职委员。2017年10月，县残联第三次代表大会召开，依法选举产生了新一届主席团主席、副主席和县残联领导班子及执行理事会，推举邓平为县残联第三届执行理事会理事长。近年来，全县残疾人工作围绕贯彻实施《中华人民共和国残疾人保障法》这条主线，加快推进残疾人社会保障体系和服务体系建设，逐步形成了“政府重视、部门配合、社会支持、残疾人参与”的工作格局。2001年和2011年两次获评全国残疾人工作先进单位，2010年获批全国残疾人社区康复示范县。2015年，县残联在岳阳市残疾人工作综合绩效考评中排名全市第一名，被县委、县政府评为2015年度全县综合绩效考评先进单位。2016年全市残联系统绩效考核工作湘阴位居全市第二；同年，成功创建“市级文明窗口单位”，被评为“六五”普法依法治理先进单位、计划生育良好单位、村（社区）党组织第一书记工作优秀单位。2017年，在全市残疾人综合绩效考核中排名第一，获评全县综合绩效考核优胜单位、社会治安综合治理先进单位。

理事长邓平代表第二届主席团作工作报告

免费假肢适配取型现场

党组会议

县残联党组成员与“怡智家园”学员合影

湘阴县地方海事处

省海事局领导到湘阴调研考察

市地方海事局领导检查节假日青山岛渡运

2017 年，县海事处把安全监管作为唯一主轴，把队伍建设作为基本依托，团结一心、忠诚履职、攻坚克难，较好地完成了市局和县委、县政府交付的工作任务，部分指标同比跨越式增长数倍，整体上保持了辖区水域平安畅通，在抓落实、抓形象、抓环境等方面取得了一些创新性的、突破性的进展。累计开展渡口全面安全检查 15 轮次，分别抽查 24 次；定期巡航 12 次，不定期巡航 21 次，日常巡航 280 次，巡航里程近 4000 千米；开展专项行动 7 个；累计整改安全隐患 132 处，现场纠违 300 余次。面对难点问题和复杂局面，该处紧紧依靠县政府和各涉水部门、乡镇来攻克难关。在县政府的统一部署下从安监、公安等部门抽调 10 多人，和海事联合执法，一面全辖区流动，一面在浩河口设立 24 小时运转的检查站。年内，联合执法大队累计稽查船舶 2328 艘次，强制卸载 520 艘次、卸载砂石 5.3 万吨，罚款 35.6 万元，移送公安部门 2 人。船舶超载现象根本好转，得到省局、市局和各界领导充分肯定。

市地方海事局领导检查湾河汽渡

水上联合执法联席会议

战枯保通动员会

向渡工讲解救生圈、救生引索的使用方法

湘阴县工业园区管委会

工业园区管委会党组书记、主任庞国荣（右二）带队到杨林寨乡扶贫

省领导参观考察蓝天豚硅藻产业园

湖南湘阴工业园区创办于2003年4月，2006年6月经国家四部委审核、省人民政府批准为省级工业园区，2016年7月获批省级高新技术产业开发区。园区选址在湘阴县城以南，依芙蓉北路和湘江而建园，南距长沙40千米，北临全省地理条件最优越的县级港口——漕溪港，交通便捷、区位优势明显，是湘阴改革开放的前沿阵地，是县委、县政府加速推进新型工业化和“东扩南进”城市发展战略的主战场。园区立足于“高起点规划、高标准建设、高效能管理”的指导思想，拉通了园区内的主干道，并完善了主干道的路面硬化、绿化、亮化及排水、排污系统工程，兴建了一座日供水4万吨的工业用水厂，一座日供水1.5万吨的生活用水厂，一座日处理能力达4万吨的污水处理厂，一座11万伏输变电站和一座22万伏输变电站，供水和电力管线已铺设到位。至2017年先后引进远大可建、元亨科技、地生智能车库、信达电梯、英思特电子、铂固标准件、奇思环保、拓沃重工等大项目、好项目140余家。园区基本形成了以绿色装配制造、绿色建筑建材、绿色食品加工为主，以新材料、电子信息为辅的主导产业集群。十三五期间，园区将围绕十亿企业、百亿产业、千亿园区的发展目标，凝心聚力、砥砺奋进，努力打造全省先进，争创国家级高新区。

园区举行企业党建和两学一做学习常态化推进会

园区干部烈士陵园祭奠缅怀先烈

蓝天豚硅藻产业园一期

湘阴县金龙新区管理委员会

县领导与金龙新区企业代表座谈

湘阴县金龙新区于2011年4月组建，是长株潭“两型社会”建设综合配套改革试验区滨湖示范区的核心区和先导区。

金龙新区位于湘阴县金龙镇，具有十分优越的区位、交通和资源优势，是长株潭经济圈和洞庭湖经济圈的交汇中心区，具备建设滨湖示范区物流中心的交通条件。新区远期规划20平方千米，产业定位为绿色智能制造产业。新区共投入建设资金10亿多元。完成征地400余公顷；区内金龙大道、金凤大道、安嘉路、机场路相继竣工，主干道网初步建成，项目吸纳能力进一步增强；110KV变电站竣工输电、主干道输电线路架设完毕、园区电网建设日臻完善；供水主管道贯穿全区；科技孵化中心已正式运营，技能培训中心、商服中心、网络数据平台等配套设施将陆续启动规划与建设，园区配套硬件进一步增强，功能和品质进一步提升。园区已引进36个发展前景良好的先进制造项目和优质的商服配套项目，项目总投资将超过50亿元。其中可孚智能医疗产业园总投入达5亿元，卓达工业地产、金高电力、金诺动力、航天康达新材料、西姆西焊接材料、铂固标准件制造、地生智能车库制造、众钧科技等16个项目投资规模均在亿元以上，项目全面建成投产后将成为湖南乃至中南地区的行业领军。 近年来，县委、县政府将金龙新区作为湘阴融长对接的桥头堡、决胜未来工业发展的主阵地，提出了全力打造全省十强工业园区和国家级高新园区的奋斗目标。2017年，金龙新区按照聚焦工业主业，提升顶层设计水平、产业集聚能力的工作要求奋力拼搏、砥砺前行。

卓达金谷创业园

湘阴县高新区办公楼

科技孵化中心

文 星 镇

党委书记　熊巍

镇长　易志杰

文星镇原名城关镇，位于湘阴县湘江尾闾之东，北临烟波浩渺的洞庭湖，南靠省会长沙，是湘阴县的政治、经济、文化中心，是展示湘阴改革发展成果的窗口。近年来，全镇上下以习近平新时代中国特色社会主义思想为指引，深入贯彻党的十九大精神，坚持市委“一三五”发展思路，以建设“左公故里、美好湘阴”为愿景，按照县委“一二三”目标任务，深入一线奋力攻坚，全力打造文星特色党建名片、全域旅游名片、智能服务名片、人文古镇名片，切实推进党建工程、经济工程、民生工程、生态工程、人文工程，携手共建自然生态美、人居环境美、民生服务美、智慧城市美、社会和谐美、发展活力美的“六美城市”。先后获评全市先进基层党组织、全市社会治安综合治理工作先进单位、全市安全生产工作优秀单位、全市防汛救灾先进集体、市级平安乡镇、全县综合绩效考评优胜单位等多项荣誉，镇综合绩效考评、基层党建、重点项目、全面小康建等主要考核指标均稳居全县第一。

陪同县级联点领导检查工作

文星镇第二届广场舞大赛

网格化管理指挥中心

“先锋护碧水 共促大保护”活动

碧水蓝天韵新城

新 泉 镇

党委书记　曾维光

镇长　阳 望

新泉镇位于湘阴西南边陲，西接益阳，省道308线和即将动工建设的伍益高速贯穿全境，地理位置十分优越。辖16个行政村、4个社区、660个村民小组，总人口8.9万，总面积148平方千米，其中耕地8533.3公顷、水面2573.3公顷，是全县人口最多的农业大镇。近年来，该镇以强镇富民、改善民生为根本，以“产业兴镇、交通活镇、环境美镇、民生安镇”为目标，全力建设绿色产业示范区、农水产品集散地、生态秀美新泉镇、和谐靓丽西大门。2017年获评全县综合绩效考评一类单位，市级综治民调工作先进单位，全市防汛抗灾先进集体和县全民国防教育工作先进单位、信访工作先进单位、综治工作先进单位、校车安全先进单位、食品药品安全工作先进单位等。资江村获评省级美丽乡村示范村。“空心房”整治超额完成任务。新泉富硒大米远近闻名，梅花鹿、娃娃鱼、豪猪等特色养殖规模化，现代农业、电子商务、观光农业蓬勃发展，党风政风清正，民风社风淳朴，人民群众安居乐业，社会大局和谐稳定。

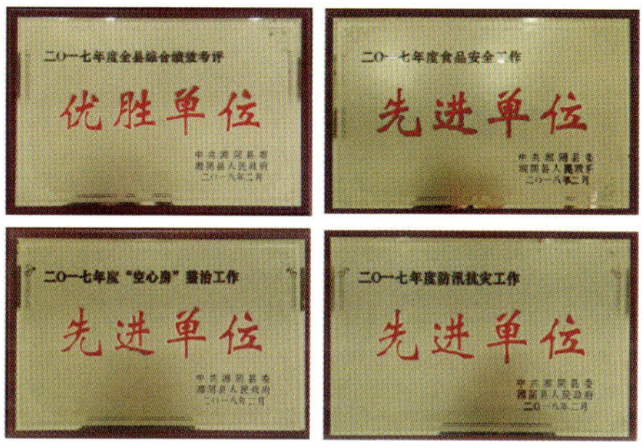

市领导到新泉中心敬老院考察指导工作

市领导考察新泉水闸

县委书记汪灿（右一）到红旗湖村调研镇扶贫工作

县长李镇江（左一）到金义湖村检查村级服务平台建设工作

鹤龙湖镇

党委书记　秦献鹏

镇长　焦志勇

鹤龙湖镇位于湘阴县中部，四面环水，东隔湘江与白泥湖乡、文星镇、静河乡相望，南隔湘江与岭北镇相邻，西隔湘江与新泉镇、湘滨镇和杨林寨乡相依，北面为浩渺的横岭湖。地势低洼，历史上为湘阴蓄洪垸区，又称“城西垸”，镇域总面积 140.49 平方千米。辖 14 个行政村、5 个社区居委会。即新河村、兴联村、鹤龙村、鹤龙湖农场社区、保合社区、东风村、仁合村、联星村、浩河社区、湘江村、华西新村、南阳渡社区、仁和村、古潭村、龙江社区、普和村、湘裕村、保和垸村、阳雀潭村，共 613 个村民小组，总户数 20748 户，总人口 73730 人。2017 年，鹤龙湖镇团结和依靠全镇广大干部群众，以保稳定强民生促发展为抓手，锐意进取、真抓实干，全镇经济社会发展取得新突破。镇政府引导，整合本地经营门店业主和资源，注册、回购“鹤龙湖”商标，组建湘阴县鹤龙湖旅游开发有限公司，并成功签约广东盛世商潮网络科技有限公司，开启鹤龙湖大闸蟹网络营销之路，新增 3000 万元线上销售额，全年实现总产值 8000 万元。举办鹤龙湖镇湖鲜美食“十大名店”创建评选活动，结合“蟹都鹤龙湖”微信公众号的网络投票，打造鹤龙湖特色美食餐饮行业标杆。服务湖湘美食文化节，打造鹤龙湖绿色食材基地。前往益阳市资阳区参观紫薇景区和云梦方舟国际度假区，学习文化旅游开发工作经验。实施 PPP 项目开展招商引资，赴深圳实地考察世界 500 强企业正威国际集团，并邀请相关负责人实地考察鹤龙湖镇，进一步推动文旅特色小镇项目落地。成功申报总投资 8000 万元的省级现代农业示范园基地。

县委书记汪灿（左三）调研易地扶贫搬迁鹤龙湖镇集中安置点

县长李镇江（左三）、人大副主任刘海棠（右一）到鹤龙湖镇调研污水处理厂建设

镇领导参加朗读湘江活动

“七一”表彰大会

办公楼

湘 滨 镇

党委书记　左一峰

镇长　王 道

湘滨镇地处南洞庭湖滨，东南面为资水东支和湘水西支，北临洞庭湖，西邻南湖垸，三面环水。湘滨镇是由原临资口镇、洞庭围镇、白马寺镇、柳潭乡合并而成，与湘阴移民乡杨林寨乡地处同一垸内。原 34 个村（社区）现合并为 12 个行政村，2 个社区，“村账乡代管”全面实施，精准发力着力选强配强村级班子，严把纪律关、程序关、稳定关，圆满完成 14 个村（居）“两委”换届工作。2017 年，湘滨镇强力攻坚精准脱贫，清理四类对象及不符合的贫困户 696 户 1639 人，新识别贫困户 196 户 559 人，动态调整保证整户纳入增加 858 人，自然减少 241 人，现系统还有贫困户 1324 户 4285 人，同时全面回头看完善 1324 户贫困户一户一档资料。积极与教育部门衔接，对建档立卡 759 名贫困学生进行助学补助；完成易地搬迁任务 9 户 37 人；完成 125 户贷款户贴息工作，新增 726 万小额信贷任务；2 个贫困村成功摘帽。投入资金 2000 余万硬化大堤临白路，新建改造危桥 2 座，危房改造 148 户，对全镇用户进户线进行改造，投资 150 万元对临资口村、云集寺村、湘滨村、白马村 11 个台区进行网改。筹措资金 400 多万元，恢复水毁工程 3 处、疏浚渠道 11 千米、维修抗旱机埠 28 处，完成镇、村、组自主建设项目 45 处，完成临赛公路维修改造 14 千米。

市领导到湘滨镇巡查资江

县领导到酬塘湖渔光互补光伏扶贫项目现场调研

县委常委、政法委书记周太平（右二）到湘滨镇王家河检查

全镇民兵应急演练

岭 北 镇

党委书记　任术海

镇长　杨建伟

岭北镇地处湘阴西南部，境内为湖区平原，湘江环绕周围，鼻湖、夹洲哑河镶嵌其中，物产丰富，环境优美；历史底蕴厚重，有观音阁、躲风亭、岳州窑等历史古迹；人才辈出，是钟铭烈士、刘继贤中将、周九银少将、龙义和少将、书法家陈曼若的诞生地。域内面积 114 平方千米，耕地面积 4307.93 公顷，水面 298.8 公顷。辖铁角嘴村、岳州窑村、沙田村、楠木村、柳江村、荆新村、仁义村、芦花村、白菱村、武洲村、合同村、合兴村、金沙台村、文洲围村、双华村、夹洲围村及铁南社区、桥头社区、茶湖潭社区。全镇总人口 83051 人。民族以汉族为主，少数民族有回族 24 户、89 人，为定氏十二世定简文，从湖北省沔阳锅底湾驾船于明朝洪武二年（公元 1369 年）迁来文洲围落业至今，是湘阴县仅有的一个有少数民族集居的镇。2017 年，岭北镇围绕“学赶乔口，领跑河西”的战略目标，奋勇争先、攻坚克难、务实进取，努力在湘阴实现“左公故里、美好湘阴”的美好愿景中干在实处、走在前列，全镇经济社会发展取得长足进步。

水利部部长鄂竞平（左二）、市委书记刘和生（右二）在岭北镇沙田垸调研水利设施建设

副省长隋忠诚（右一）调研岭北镇沙田垸水利工程建设

“七一”表彰大会

鼻湖光伏发电项目

云雷山花海

金龙镇

党委书记　焦洪桥

镇长　杨剑峰

金龙镇地处湘阴县最南端，原名界头铺镇。人口 2.1 万，总面积 47 平方千米。金龙镇区位独特，交通便捷，优势明显。芙蓉北路和京珠复线贯通南北，武警直升机场进场公路横贯东西，北靠县城，南临省会长沙，距长沙北站仅 24 千米，属长沙半小时经济圈内，是全省“两型”社会试验区滨湖示范区的重点乡镇。近年来，镇党委、镇政府团结带领全镇干部群众，解决围绕“左公故里，美好金龙”奋斗目标，坚持以习近平新时代中国特色社会主义思想为指引，深入贯彻党的十九大精神，践行新发展理念，对标高质量发展要求，按照县委、县政府决策部署，以“艰苦奋斗再创业，一线实干促发展”的工作要求，抓重点、补短板、强弱项，突出强党建、转作风、守底线，聚焦聚力重点项目建设，着力推动经济发展提速、镇容村貌提质、民生福祉提升。立足“领跑湘阴、领先岳阳、挺进全省百强镇”目标，深化“对标对接、融长发展”，充分发挥区位优势、交通优势、生态优势、资源优势、人文优势，全力实施“4365”工程（“4”：把握“四个定位”——门户大镇、人文古镇、康养名镇、高新重镇。“3”：做好“三篇文章”——文旅融合、乡村振兴、生态保护。“6”：突出“六大重点”——党建引领、项目建设、产业升级、脱贫攻坚、民生改善、社会治理。“5”：打造“五张名片”——融长对接桥头堡、产城融合新高地、美丽乡村示范区、休闲康养目的地、县域发展增长极），努力在推进“左公故里、美好湘阴”建设中走在前列、争做贡献。

省委副书记乌兰（右一）调研金龙镇美丽乡村建设

美丽乡村规划图

恒大项目施工现场

交通学院施工现场

中药材基地产业施工

湘阴县洋沙湖街道办事处

党工委书记黄新凯上党课

洋沙湖街道办事处地处县城东南，因全省区划调整，于2016年4月27日由原长康和袁家铺两个片区组建而成，办事处辖袁家铺社区、伍桥村、名山村、洋沙湖村、洋沙湖社区、涝溪桥村、金甫村、长康里社区、沿江村、岳府村、大中村、罗塘村、城南村、花石村、联合村，421个村民小组。总面积89.55平方千米。总人口50973人（其中流动人口1.1万人）。2017年街道投资100余万元完成友谊桥等桥梁新建，投资60万元完成6.5千米村级公路拓宽；投资150万元完成均坝等水利设施建设；投入劳力200余人次，机械35台套，资金59万元进行水毁工程恢复；落实精准扶贫专项资金11万元，对368名农村义务教育阶段家庭经济困难学生和67名家庭经济困难幼儿给予教育助学补助；完成易地搬迁申报34户126人，竣工（含入住）12户44人，5户在建；危房改造完成验收21户80人；评级授信605户，发放小额信用贷款86万元，申报二季度小额信用贷款贴息25046.01元；投入专项资金6万元对高考一本上线学生进行奖励。近年来洋沙湖街道以“融长对标谋发展，融城对接上水平，融游一体兴产业”为工作思路，扎实推进“一二四”行动及街道“12345”工程，始终保持干在实处、走在前列的干事创业激情，全年工作取得明显成效，并在2017年防汛救灾中获评全市先进集体。

党建现场会

河长巡河

“空心房”整治行动

党员活动日

地质灾害演练活动

杨林寨乡

党委书记　何建平

乡长　刘慕文

杨林寨乡位于湘阴县境北部，原是洞庭湖淤洲，存有黄土、太合、东合等几个废垸。1952 年整修南洞庭湖时将这一大片土地围成垸，建为杨林寨农场，隶属省农垦局。1969 年接收新化县柘溪水库 1.5 万移民，改为公社建制，移交给湘阴县管理，1984 年改为乡。全乡总面积 30.23 平方千米，其中耕地面积 1813 公顷。辖沅潭、黄太港、周家台、宗师潭、砂河淀、白洋湖、牧羊港、王家河、蒋家渡、莲子口、合湖、太合围、杨林寨、兴寨社区等 14 个村和 1 个居委会。全乡总户数 6305 户、总人口 26582 人，乡政府机关设兴寨社区。2017 年，杨林寨乡党委、政府以推进“两学一做”学习教育常态化为统领，以推进村支两委换届为契机，围绕突出主体责任、突出党建活力、突出干部作为、突出工作实效，积极进取、扎实工作，奋力开创学习氛围浓厚，工作开展到位、组织团结有力的工作新局面。

县委书记汪灿（左四）到杨林寨乡召开现场办公会

县长李镇江（左二）到杨林寨乡调研

市检察院领导到杨林寨乡开展走访贫困户

渠道疏浚、护坡

宗师潭村易地搬迁集中安置点

三 塘 镇

党委书记 戴卓伟

镇长 任 剑

2017年，三塘镇围绕“转变作风，规范管理，优势优先，争创一流”总要求，团结全镇人民，团结奋进，开拓进取，较好的完成年初确定的各项目标任务。获评省级文明乡镇、省级标准化财政所、省级平安农机示范乡镇。全年粮食播种面积3466.67公顷，实现粮食总产2.3万吨。有大型农业机械320多台，农业专业合作社26家。3公顷以上的种粮大户达120多户，服务农田530多公顷。现代化农业生产格局基本形成，2017年评为省级平安农机示范乡镇。全镇硬化公路3.8千米，对湘营线、湘杨线及村主道维修9千米，新装防护栏1060米，南撇洪堤沟渠疏浚2.3千米，维修机埠3处。龙船港一线防洪大堤新修挡浪墙300米，荷叶坝水毁工程完成修复。投资近100万元修复戴家坝水毁工程，同时硬化垃圾中转站进出道路950米。全镇拆除空心房33350.31平方米，签订拆除协议231户，拆除597间。在拦河坝社区建设一个易地扶贫搬迁点，项目投入建设资金978万元，安置搬迁蒙古包社区居民53户，由湘阴县规划勘测设计院勘测设计。年底第二期工程基本完工。

市长李爱武（左二）到三塘镇调研

县委书记汪灿（右二）查看易地扶贫搬迁点

县组织部领导到三塘调研

县人大领导到三塘调研

全域环境整治工作会

庆祝建党97周年暨“七一”表彰大会

东　塘　镇

党委书记　刘界雄

镇长　郑兵辉

东塘镇位于湘阴县北部，是湘阴、汨罗和屈原三县（市区）的中心枢纽，京珠高速、湘营线、湘汨线穿境而过。全镇下辖 9 个村、1 个社区、296 个村民小组，8446 户，总人口约 3.2 万人，总面积 58.7 平方千米，耕地面积 1913.33 公顷。东塘镇人杰地灵、资源丰富：在职的部级干部 2 人，厅、处级干部达 30 多人，在外成功创业的企业家众多，镇域经济也十分活跃；省水源保护地赛美水库及众多山塘渠坝密布境内，山林面积达 130 多公顷，是名符其实的“森林小镇”。

近年来，镇党委、政府发挥资源优势，大胆改革创新。产业发展兴旺，先后培育了徐记海鲜蔬菜基地、赛美生态农庄、生态稻虾套养基地、东乡薯业加工厂等一大批种养殖基地，逐步形成“来休闲旅游—看生态种养—尝绿色食品—买特色产品”的东塘特色产业。社会事业全面进步、农村面貌日新月异，2017 年先后获评安全生产全市先进单位、社会综合治理全县先进单位、全县创新创业示范乡镇、城乡居民医保参保缴费工作先进单位等。

吉首市领导到东塘镇调研“空心房”工作

县长李镇江（右一）到东塘调研

党委书记刘界雄（左一）走访慰问贫困户

党建业务培训

镇村干部及部门负责人会议

干部公租房

樟　树　镇

党委书记李山（右一）走访慰问贫困户

镇长廖昱（左一）检查公墓建设

樟树镇位于湘阴县西南部，湘江傍境而过，与长沙市望城区毗邻。辖 7 个行政村、1 个社区、284 个村民小组、6111 户，总人口 2.8 万人，其中中共党员 1013 人。镇域面积 64 平方千米，耕地面积 1633.3 公顷，森林覆盖率 75%。境内有晚清名臣左宗棠故居“柳庄”和千年古寺“法华寺”两大景区，文化底蕴深厚，区位优势明显。近年来，该镇以科学发展为主题，以富民强镇为主线，以改革创新为动力，以辣椒种植、生态农业、特色旅游为主导产业，按照“湘江古镇、文化名镇、休闲乐镇，礼佛重镇、特色水镇、产业新镇”的建设理念，大力实施“产业立镇、项目兴镇、富民强镇、旅游活镇、民本安镇”开放崛起发展战略，先后获得省特色旅游名镇、市文明乡镇、市美丽乡镇、县农村环境卫生整洁工作先进单位等，2016 年列入全省“十三五”重点建设的 100 个特色小镇之一，2017 年樟树港黄瓜、樟树港辣椒顺利通过国家地理标志农产品评审，文谊新村获评国家农业部一村一品示范村，成为湘阴县第一个获评“国字号”的村。

樟树港辣椒文化旅游节

游客采摘樟树港辣椒

辣椒现代化种植大棚

玉 华 镇

党委书记　戴 翔

镇长　任治国

玉华镇位于湘阴县东南部，西北与洋沙湖街道办事处接壤，南和金龙镇相邻，东面依托鹅形山脉与汨罗市高家坊镇相望，距省城长沙 26 千米，离县城 13 千米，区域面积 45.91 平方千米。玉华镇辖 5 个行政村（芙蓉村、胜利村、鹅形村、红旗新村、东福新村）、1 个社区（天鹅社区）、总人口 21828 人，总面积 46.9 平方千米，其中耕地面积 1328.76 公顷，林地面积 2122.86 公顷。2017 年，全镇 GDP10.6 亿元，同比增长 7%；实现财政收入 1122 万元；农村人均纯收入 14566 元，同比增长 19%。完成工商税收 192 万元。全镇各项经济指标如期实现，为镇域经济的持续、健康、快速发展打下坚实的基础；绿色产业基地初步形成。充分发挥华康食品与铁香茶叶公司 + 基地 + 农户的运作模式，使企业与农户形成利益共同体，实现互惠互利。积极与远大集团合作，推广无公害绿色有机水稻、蔬菜种植 80 公顷，每年为群众增收 200 余万元。大力开展“三年绿化行动”，植树 140 余万株，投入资金在文玉路补植桂花树、红叶石楠 1000 株，打造开发区至鹅形山的绿色通道。充分依托鹅形山省级森林公园青山、流水、云海的优势，大力发展生态休闲农业，全镇发展农家乐 41 家，其中锦逸农庄占地面积 20 公顷，集餐饮、住宿、会议、娱乐、体育为一体，吸引不少游客前来参观游玩。全年到达鹅形山游玩的游客达 12 万人次，农家乐创收近 900 万元。

县政协主席周义军（右二）调研玉华镇铁香茶叶

玉华镇地质灾害应急演练

玉华油菜花海

六 塘 乡

党委书记　郑 剑

乡长　但 鹏

六塘乡位于湘阴县东北部，全乡面积 36.12 平方千米，东南与汨罗市境交界，北抵东塘镇，西面是石塘乡。其中耕地 985.2 公顷，水面 154.2 公顷、山林 1446.4 公顷。全乡行政村由原 11 个建制村与 1 个集镇社区合并后为四村一社区。136 个村民小组，16588 人。2017 年，六塘乡围绕建设“左公故里、美好湘阴”的发展愿景，按照“基础先行、产业支撑、项目带动、和谐发展”的工作思路，以建设“美好湘阴、幸福六塘”为工作目标，全力推进“二四五”工程目标任务，努力推动基础工作落实，较好地完成各项工作。获评全县综合绩效考评优胜单位、全县社会治安综合治理工作先进单位、全县重点项目服务先进单位。

副省长隋忠诚（右一）到“兰岭人家”调研

市委、市政协领导到六塘乡调研

市长李爱武（右二）一行考察金珠口村

市、县领导考察六塘“空心房”整治及再建基地建设

湖师大博导及学生一行到六塘乡调研农村“空心房”整治及村民集中建房

鸟瞰六塘

湘阴县横岭湖（青山岛）省级自然保护区

湘阴县横岭湖（青山岛）省级自然保护区原名青山岛镇，于 2016 年初更名为省级自然保护区（简称青山岛管委会）。保护区位于湘阴县最北端，属国家级湿地核心，面积 430 平方千米，其中陆地面积 11.2 平方千米。湘、资两水在此相汇入洞庭湖，东北方向与荷叶湖接壤，西南方向为 4 万公顷湖洲水域的横岭湖，主岛内湖面积 400 公顷，耕地面积 80 公顷、水田 16.67 公顷、荒山 433.33 公顷（经县国土局核查，全岛无基本农田面积），辖青草湖村（即原上山村、中山村、下山村），全区有农户 557 户，人口 1983 人，均为专业的捕捞户，2017 年，青山岛管委会立足省级保护区功能职责，做好横岭湖环境保护工作，加大民生实事办理，确保岛内群众安居乐业，依托资源优势，积极发展乡村全域旅游。年内动员和团结各方面力量，努力完成各级各部门交办的各项任务，各方面的工作取得长足的进步。

检查保护区建设工作

水域巡查

走访慰问贫困户

“洞庭生态游、相约青山岛”爱心志愿者活动

候鸟天堂

晚霞中的青山岛

湘阴县城市管理行政执法局

局长　杨方清

全局干职工大会

湘阴县城市管理行政执法局根据中共中央、国务院，湖南省委、省政府推进城市管理执法体制改革的有关文件精神，经县委常委（扩大）会议、县政府常务会议研究同意，于2017年4月组建成立，主要行使市政公用设施运行管理、市容环境卫生管理、园林绿化建设维护管理、城市燃气管理、户外广告管理、渣土运输管理等城市管理职能，行使住房城乡建设领域法律、法规、规章规定的全部行政处罚权，环境保护管理方面法律、法规、规章规定的部分行政处罚权，食品药品工商质量监督管理方面法律、法规、规章规定的部分行政处罚权，公安交通管理方面法律、法规、规章规定的部分行政处罚权，城乡规划管理方面法律、法规、规章规定的行政处罚权，殡葬管理方面法律、法规、规章规定的行政处罚权等行政执法职能。全局现有干职工359人，设置内设股室13个，分别为办公室、政工人事股、计划财务股、政策法规股、行政审批股、信访办公室、广告管理办公室、市政管理办公室、重点项目管理办公室、燃气管理办公室、渣土运输管理办公室、信息化管理办公室、工会；所属单位11个，分别为县城市管理执法一大队、县城市管理执法二大队、县城市管理执法三大队、县公安局城市管理综合执法大队、县环境卫生管理中心、县园林绿化管理中心、县路灯管理中心、县城市公园（广场）管理中心、县城市管理金龙中队、县城市管理洋沙湖中队、县城市管理鹤龙湖中队。

局长杨方清在揭牌仪式上致辞

东湖环保行动

县领导为城市管理行政执法局成立揭牌

关爱留守儿童

综合经济管理

发展和改革

【概况】湘阴县发展和改革局（简称县发改局）为县人民政府工作部门，是全县综合宏观调控部门，主要承担着研究提出全县经济社会发展战略、发展规划和政策建议，进行总量平衡、结构调整、项目管理、招投标监管，指导经济体制改革，监管价格收费行为，维护市场价格秩序等职能。2016年机构改革后，全局现有人员130人（其中在职98个），党员103人，局领导班子成员7人，局内设办公室、投资股、审批股等股室17个，下辖价格监督检查所、节能监察中心等二级机构4个。2017年，县发改局立足部门职能，突出“创新、协调、绿色、开放、共享”五大发展理念，重举措、抓执行、强推进，圆满完成既定目标。获评全县综合绩效考核一类单位。

【谋划引领】深入企业开展“摸实情、办实事、解难题”大调研活动，与“一二四”重点建设项目相关负责人交谈近100余次，统筹协调解决相关问题60余个；按照县委、县政府“融长对接”发展要求，陪同县委、县政府主要领导先后10余次赴省发改委、湘江新区汇报、对接工作，做实湘江新区拓展区和与望城协同发展基础工作，全力配合湖南大学做好《湘江新区湘阴县拓展区发展规划（2017—2025）》。立足现状指导部门和乡镇策划规划民生实事、生态建设、基础设施、重大产业四大类项目106个、重点包装项目50个；适时修订、补充国家重大建设项目库中“三年滚动计划”项目32个；多渠道、多层次、多方面开展“左公故里、美好湘阴”重大建设项目征集活动，收集项目意见和建议20余条，为县委、县政府科学决策提供参考。同时，切实加强项目管理，牵头编制出台《湘阴县政府性投资项目管理办法》《湘阴县重点协调机构管理办法》《湘阴县推进“一二四”行动调度督查督办机制》《湘阴县政府性投资小额工程建设项目监督管理细则（试行）》等4个相关文件，为有序推进全县项目建设奠定坚实基础。

【扩大投资】加强对省、市6个重点项目和全县“一二四”等70个重点项目的事前考证、事中监督、事后管理，以项目落地加快推进经济发展，全年完成固定资产投资240亿元。与此同时，切实做好项目申报对接，先后陪同县委、县政府主要领导，组织干职工70余次赴国家、省、市发改委对接项目，直接向上争取项目25个、资金1.8亿元，比2016年同期增长38%，确保争取项目数量和质量的“双保证”。特别是“急政府之所急、解政府之所难、千方百计争资金”，在国家已安排专项建设基金且政策不予重复支持的情况下，争取落实湘江（湘阴段）漕溪港水环境综合治理中央预算内资金2980万元；白水江重金属治理项目省预算内资金1000万元；县人民医院配套工程建设项目中央预算内资金4000万元；保障性住房配套基础设施项目资金6330万元。这些资金的落实，在一定程度上缓解政府财政压力，助推湘阴县经济发展。

【均衡推进】切实加强对经济数据的调度，将涉及的GDP增速、固定资产投资增速等18项经济指标责任进行全面的分解，进一步压实责任、加强措施；与此同时，切实做好价费、认证、窗口、成本监审、价格监测等服务工作，规范市场价格秩序，维护群众正当权益；抓好抓实综治民调、联手帮扶、安全生产、计划生育、党风廉政、干部队伍建设等中心工作；扎实推进易地扶贫、精准扶贫、“气化湖南”项目建设和洞庭湖五大专项治理工作；进一步加强项目审批和政府性投资项目招投标监管，促进项目规范运转；认真落实新一轮积极就业政策，实施创业带动就业促进计划，培育壮大各类创业主体；积极推进公车改革、文化体制改革、生态文明体制改革等各项改革工作。

（冯绪勇）

湘阴县发展和改革局主要负责人名录

局　长　胡锦平
副局长　刘运根　阳晓艳　吴细政　杨岳章
陈　宪（9月任）　胡志明（至7月）
姚　琼（至7月）

人力资源和社会保障

【概况】湘阴县人力资源和社会保障局（简称县人社局）是主管全县就业创业、社会保险、劳动维权、公共人才人事等工作的政府工作部门，下辖就业局、社保局、医保中心、工保中心、农保中心、城居医保中心等6个副科级事业单位；劳动监察大队、仲裁院、培训中心等3个股级事业单位，内设18个职能股室。全局有干部职工298人，其中在职237人，局班子成员19名。2017年，县人社局围绕“深化改革服务经济发展、保障民生促进社会和谐”工作思路，紧扣县委、县政府建设“左公故里，美好湘阴”发展战略，咬紧年初目标任务，以完善人才服务体系、实现城乡充分就业、健全社会保障机制、构建和谐劳动关系为重点，攻坚克难，创新举措，真抓实干、务求实效，推动全县人力资源和社会保障事业持续发展。

【就业创业】实施就业优先战略，落实各项就业政策，加强就业服务，推动实现更高质量、更加稳定的就业。年内新增城镇就业5331人，完成目标任务的102%，失业人员再就业3096人，完成目标任务的103%，就业困难对象再就业1013人，完成目标任务的102%，新增农村劳动力转移4746人，完成目标任务的110%。新增创业贷款2272万元，完成目标任务的114%，享受创业贷款贴息达131户，贴息248万元。新增各类创业主体3620户，完成目标任务的101%，带动城乡就业6804人，完成目标任务的148%，带动城镇就业3922人，完成目标任务的171%，零就业家庭动态就业援助率100%。征缴失业保险基金715万元，完成目标任务的325%。一是落实政策扶持就业。贯彻落实《岳阳市创新创业带动就业扶持资金管理办法》，组织本地优质创业载体、高校毕业生和初创企业、个体工商户等，参加“百优工程”评选，联合财政研究制定《湘阴县创新创业带动就业扶持资金管理办法（试行）》。积极组织开展市级创新创业带动就业扶持资金申报工作，2016年创新创业带动就业省级示范典型评选中，1人获评全省自主创业就业先进个人、2家企业获评全省创业带动就业优质初创企业。积极争取更多政策，湘阴县获评全国农民工等人员返乡创业试点县，农民工等人员返乡创业实现就地就近就业将获得更多机会。二是突出服务扩大就业。做好企业用工调查，了解县内企业用工的需求岗位及技能人才。相继举办“春风行动”“精准扶贫招聘周”等现场招聘会，195家参展单位提供就业岗位8000余个，达成就业意向3176人。建立“湘阴县社保”和“湘阴县招聘”等微信公众号开展网上招聘，对城乡求职人员提供免费政策信息咨询、职业指导和职业介绍等信息，引导和帮助劳动者实现家门口创业就业。三是创新培训促进就业。根据企业用工需求和农村劳动力的就业愿望，进村入户充分发动农村劳动力，为他们度身订造技能培训内容。先后举办9期培训班，培训各类人员508人。其中创业扶贫培训班2期，共199人；就业技能培训班7期，包括家政服务员83人、育婴师和养老护理员164人、建筑工62人。

【社保体系】一是各项保险征缴成绩显著。全县“五大”保险征缴基金8.87亿元。其中征缴企业养老保险基金1.7亿元，完成目标任务的106%；机关事业单位养老保险基金22513万元，完成目标任务的120%；城乡居民养老保险基金2645万元，完成目标任务的115%；城镇职工基本医疗保险和生育保险6900万元，完成目标任务的186%；工伤保险基金1700万元，完成目标任务的136%；城乡居民基本医疗保险总参保人数为623404人，参保率95.2%，筹集基金3.8亿元。二是保险待遇支付到位。全年支付基金14.09亿元。其中企业养老保险支出5.8亿元；机关事业单位养老保险支出22亿元；发放城乡居民养老保险金11016万元、被征地农民养老保险费270万元、代发1667名三类人员困难补助金290万元；发放和激活社保卡325212张；城镇职工基本医疗保险支出8802万元；城乡居民医疗保险支出38669万元；工伤保险支出1920万元，按时发放率均100%。三是被征地农民社会保障工作进一步完善。严格按照《中华人民共和国社会保险法》、省政府办公厅转发《省人力资源和社会保障厅〈关于做好被征地农民社会保障工作的意见〉的通知》（湘政办发〔2014〕31号）等有关规定，联系湘阴县实际情况，牵头拟定《湘阴县关于被征地农民社会保障工作实施意见》（湘阴县政办发〔2017〕82号）文件，新的实施方案从保障对象、保障费、参保方式及待遇、参保缴费补贴、缴费资金来源等方面作更加科学、合理的调整。

【人事制度】加强人事管理制度建设，构建精细化的管理模式，使各项工作做到“依法依规、公平公正、开明开放”。一是全面实现公开招聘在事业单位的全覆盖，坚决遏制进人上的不正之风。继续保持对招考、招聘领域违法违纪行为的高压态势，安全有序组织实施人事考试，实现“零差错、零事故”，打造“阳光考录”品牌。全县事业单位公开招聘急需专业技术人员34人；另组织对县纪委廉政警示教育中心遴选工作人员3人、县电视台招聘5人、湖南洞庭资源控股集团招聘10人、旅游局招聘5人、城市管理综合执法局招聘3人、文星镇招聘社区工作人员15人；积极组织春季、冬季赴武汉“四海揽才”，引进金融、建造、路桥类高端人才9人、医学类人才27人。二是大力实施人才强县工程。认真落实《巴陵人才工程实施方案》，牵头拟定《湘阴县事业单位引进急需紧缺专业技术人才实施办法（试行）》《关于进一步加强全县人才工作的办法》等文件。

【劳动关系】开展劳动用工日常巡查，全年劳动备案信息系统新增用人单位116家，新增劳动合同备案13862人；23个在建项目，征缴农民工工资保证金1140.57万元，依法退还保证金140万元；先后检查用人单位920多户，涉及劳动者22000多人，接待群众来信来访960多人次，协助处理县长信箱和12345热线221起，案件到期处结率100%；受理举报投诉案件83起，及农民工工资拖欠金额4065.3万元，涉及农民工6134人，帮助追回农民工工资3825.3万元，涉及农民工6000人，调解处理65起，立案查处18起，下达劳动保障监察询问书18份，劳动保障监察限期改正指令书15份，结案15起，3起还在办理中；其中移送公安机关立案侦查1起，移送人民法院申请强制执行3起；有效化解矛盾和纠纷，维护劳动者的合法权益。12月8日，市全面治理农民工工作拖欠问题领导小组到湘阴县督查，对湘阴县农民工工资支付工作给予充分肯定。

【改革工作】全力推进“五险同征”，新成立湘阴县社会保险费征缴管理服务中心；医疗保险跨省异地就医全国联网和费用直接结算全面开通落实；实施生育保险与职工基本医疗保险合并实施改革试点工作；完成全县晋升晋级专业技术人员继续教育培训和职称评审工作；招募“三支一扶”高校毕业生2名到乡镇工作。

【其他工作】全县范围内医疗保险定点医疗机构进行专项检查，大力纠正和查处违规套取医疗保险基金行为，确保医疗保险基金安全运行；召开全县工伤保险及安全生产培训大会，大力宣传工伤保险政策，增强用人单位和职工知法守法意识；受理审查工伤认定申报材料279例，工伤认定155例，不予认定8例，对70名工伤职工开展劳动能力等级鉴定；完成仲裁院标准化建设，进一步加强调解仲裁办案系统和管理信息系统建设，全年立案33起，结案32起，法定期限内结案率969%。

【重点亮点工作】一是“两清理一规范”工作。严格按照“两清理一规范”文件要求，联合组织、编办、财政、纪委相关人员对全县96家行政事业单位“吃空饷”、在编不在岗，零聘人员清理和实行劳务派遣情况进行全面检查。查出“吃空饷”和在编不在岗人员123人，其中“吃空饷”人员19人，核销编制68人，追缴“吃空饷”资金226312元。有临聘人员的单位57家，临聘人员2134人，2052人已实行劳务派遣，清退临聘人员26人。市政府清理“吃空饷”工作组对湘阴县“吃空饷”专项治理工作给予充分肯定。二是“智慧人社”建设工作。充分整合人力资源和社会保障领域信息资源，面向公众提供一体化的信息服务，实现政府管理与政务服务的良性互动，以提升公共服务能力和水平，发挥公共服务的更大效用。着力构建“制度+科技+文化”网上政务服务系统和风险防控系统，“智慧人社”公共服务网络平台建设通过招投标程序确定投资银行为湘阴县农村商业银行，年底进入中心机房、乡镇社区硬件和软件建设阶段。三是行业扶贫工作。贯彻落实《关于切实做好就业扶贫工作的实施意见》（湘人社发〔2017〕58号）等文件精神，围绕精准识别贫困劳动力就业失业基本情况、精准提升贫困劳动力和扶贫带头人的创业能力和就业技能、精准对接有用工需求的企业、精准落实就业扶贫政策等方面，认真制定针对性措施，扎实开展扶贫工作。新增贫困劳动力转移就业1157人，完成目标任务的116%，贫困家庭“两后生”技能培训101人，完成目标任务的112%。对全县39670名贫困对象进行全面排查核对，确保每一名建档立卡的贫困人口进入基本医疗保险范围，根据扶贫政策降低50%的起付线，提高10%的补偿比例要求，完成7665人次的补偿，补偿金额3605001万元；对全县2400名完全丧失劳动能力、没有收入来源的贫困群体每年由政府代缴100元的养老保险费，基本医疗保险由县财政全额或部分资助人员36300人，金额408万元，其中社会兜底脱贫人员2000人由财政和民政各资助50%，每人补助90元，建档立卡贫困对象2300人由县财政每人补助100元。

（胡卫丹）

湘阴县人力资源和社会保障局主要负责人名录

局　长　邵凿耕

副局长　胡文斌　黄　明　陈　珊　汤　彦　陈　平（至7月）　张国志（至7月）　钟仙辉（至7月）

食品药品工商质量监督管理

【概况】湘阴县食品药品工商质量监督管理局是2016年初根据岳阳市人民政府《关于深化县市区食品药品监督管理体制改革的实施意见》等有关文件精神，撤消原县工商行政管理局、县质量技术监督局、县食品药品监督管理局，“三局合一”，设立湘阴县市场和质量监督管理局，加挂湘阴县食品药品监督管理局、湘阴县食品安全委员会办公室两块牌子，为正科级行政机构，属县人民政府工作部门，后又根据上级要求，更名为食品药品工商质量监督管理局。局机关内设有：办公室（加挂机关后勤管理中心牌子）、政工人事股（加挂老干部管理办公室牌子）、财务计划股（加挂财务内审股牌子）、政策法规股、行政审批办公室、食品监管股、药品监管股、医疗器械监管股、保健品和化妆品监管股、消费者权益保护股（加挂消费者申投诉举报中心牌子）、商标监管股、广告监管股、企业监管股、体经济监管股、网络交易监管股、标准质量股、计量股、产品质量监督股、特种设备安全监察股等19个股室。直属行政机构有：市场规范管理所、注册登记所、公平交易所。派出机构有：城关市场和质量监督管理所（加挂城关食品药品监督管理所牌子）、罗城市场和质量监督管理所（加挂罗城食品药品监督管理所牌子）、城南市场和质量监督管理所（加挂城南食品药品监督管理所牌子）、鹤龙湖市场和质量监督管理所（加挂鹤龙湖市场食品药品监督管理所牌子）、南湖市场和质量监督管理所（加挂南湖食品药品监督管理所牌子）、长仑市场和质量监督管理所（加挂长仑食品药品监督管理所牌子）、岭北市场和质量监督管理所（加挂岭北食品药品监督管理所牌子）、湘滨市场和质量监督管理所（加挂湘滨食品药品监督管理所牌子）、金龙市场和质量监督管理所（加挂樟树食品药品监督管理所牌子）、新泉市场和质量监督管理所（加挂新泉食品药品监督管理所牌子）。直属事业机构有：湘阴县市场和质量综合执法大队、湘阴县药品检验所、湘阴县产（商）品质量检验所、湘阴县计量检定测试所、湘阴县ADR监测中心（湘阴县GSP和产品质量认证中心）、湘阴县市场和质量监督管理局信息中心、湘阴县酒类监督管理办公室。社团组织有：湘阴县消费者委员会、湘阴县个体劳动者私营企业协会。2017年，县食品药品工商质量监督管理局始终紧扣改革发展和依法行政的工作主线，围绕市场和质量监管工作目标，牢牢把握服务县域经济发展、规范市场经济秩序、解决民生实事三个重点，团结协作，负重奋进，开拓创新，较好地完成全年各项工作任务。获得质量考核全市第一、年报统计工作全市第一、ADR检测评估考核全市第一、食品安全法律法规知识竞赛全市第

一、全县综合绩效考评为一类。获评消费维权获全国先进单位，消费维权工作、消委宣传工作、年报工作、食品安全工作获全省先进单位，综合绩效考评、落实党风廉政建设“两个责任”、重点民生实施办理、计划生育、安全生产、党建工作获全县先进单位。

【服务发展】一是商事制度改革全面深化。2017年，进一步完善“一站式”服务机制，明确“一条龙”服务流程，落实一系列改革举措，有力助推市场主体发展。9月28日开始全面实行“29证合一”登记制度，先后发放“一照一码”营业执照716户，个体工商户“两证整合”执照2107户。率先启动电子营业执照，11月2日发放六县（市）第一张全程电子化登记的企业营业执照，办证实现“面对面”向“键对键”的转变。截至年底，全县新登记注册市场主体4297户，其中企业877户，个人3420户，同比分别增长3%和40%。二是商标品牌培育硕果累累。先后指导市场主体申请认定马德里国际商标3个，普通商标837件，注册地理标志商标3件，获评湖南省名牌产品4个，获评省“重合同守信用”企业39家。至12月底，湘阴县有注册商标总量2369件，排全市第一，其中中国驰名商标7个，马德里商标23个，湖南省著名商标37件，地理标志商标5件，中国名牌1件，湖南省名牌21个，居全省前列。三是质量强县战略有效实施。成立由副县长任组长，相关部门负责人为组员的质量强县领导小组，编制《湘阴县品牌质量创建工作规划》《湘阴县关于进一步推进品牌质量兴县战略工作的实施意见》，质量工作责任得到层层传导落实。开展质量诚信评选活动，宣传典型企业，树立质量标杆。四是中心工作落实有力。脱贫攻坚任务全面完成。把脱贫攻坚纳入党组重要议事日程，全面加大脱贫攻坚工作力度，解决扶贫帮困资金20余万元，牵头组织协调，争取项目资金90余万元，帮助改造建设完成村级服务平台，建成60千伏光伏发电项目，年收益6万元。公路硬化1.3千米，线路改造6千米，完成水利建设7个，异地搬迁4户，成立1家专业合作社，对全村1800人免费进行体检。经省、市、县验收，59户实现脱贫，黄金村摘掉贫困村的帽子。重大活动全力保障。在洋沙湖国际旅游节、高考中考、两会两节等重大活动期间，切实加强食品药品和产品质量监管，有力保障各项重大活动的顺利开展。同时在防汛抗灾、招商引资、打非治违、来信来访、计划生育等方面积极作为，不折不扣予以落实，有力维护全县发展大局。

【市场监管】进一步完善监管机制，加大监管力度，市场秩序全面向好，监管水平全面提升。一是“四大安全”全面保障。积极应对安全事故多发形势，迎接应对各级安全工作督查，切实加强“四大安全”监管，守住安全底线。食品方面：开展食品生产企业风险分级评定工作，对全县86家食品企业严格考核，认真评定，其中食品生产企业风险A级0家、B级4家、C级12家、D级66家、停业4家。深入开展食品安全“清源”“净流”“扫雷”“清网”“护苗”“护老”等行动，通过追源头、查流向、清死角、端窝点，全面扫除风险隐患。先后检查食品生产经营单位3446家次，抽查各类食品900批次，督促办理食品经营许可证450份，责令停业整顿140家，查处食品类违法案件360起，捣毁黑窝点21个，其中刑事拘留1起，切实保障“舌尖上的安全”。药械方面：深入开展“两小”整治行动和城乡结合部、农村地区药店诊所药品质量安全集中整治行动，加强防汛期间药品、含特殊成份制剂和疫苗、“两非”药品和中药饮片的监管。认真开展对药品零售企业的飞行检查。开展角膜接触镜及护理液、医疗口腔科及牙科诊所、医疗器械经营备案企业等监督检查，查处药械违法案件51起。同时加强ADR监测工作，建立药品不良反应监测点30个，医疗器械检测点18个，眼镜监测点3个，化妆品监测站13个，全年完成药品、器械、化妆品不良反应报告737份，药物滥用报告261份，实现基层网络直报率100%。特种设备方面：突出重点单位、重点设备、重点时段和重大风险，全面落实企业安全生产主体责任。与100多个单位签订安全生产工作责任状，组织50多人参加省市特种设备行业专业培训。开展电梯、压力容器和气瓶充装单位、锅炉、起重机、场内机动车安全专项检查行动12次，检查特种设备使用单位665家，下达特种设备安全监察指令72份，整改率100%，立案查处11起，罚没金额35万元。全县特种设备运行良好，未发生特种设备安全事故。重要消费品方面：制定《2017年流通领域商品质量抽查检验工作计划》，对全县建材、摩托车、婴幼儿用品、床上用品、灭火器、车用汽柴油等65

个抽检样品进行检测，产品合格率71%，整改率100%。监督抽查覆盖率和针对性明显增强。开展电线电缆质量、校园周边经营“牙签弩”“红盾质量维权”等专项行动6次，检查各类经营主体4456户次，收缴假冒伪劣商品852公斤，立案查处消费品质量案件64件，做到质量安全风险早发现、早预警、早处置，及时消除消费品质量安全隐患，净化市场环境。二是消费维权亮点纷呈。全面开展“网络诚信、消费无忧”主题活动，放心消费创建活动。高标准搭建消费维权网络，投入100多万元升级改造县投诉举报中心，对“12315”“12331”“12365”热线进行整合，形成“三线合一”工作平台。积极完善“一会两站”建设，设立10个消委分会，153个消费维权监督站和投诉站。积极推进消费维权“五进”工作，县城各大超市、农贸市场、旅游景点都建立“消费维权服务站”，长仑分会、金龙分会设立消费维权流动服务站，文星分会组织志愿者开展消费维权服务活动，消费维权纠纷解决在基层，化解在源头。全年受理投诉举报780件，处理率100%，为消费者挽回经济损失300万元。8月22日，全省消委系统基层组织建设经验交流会在湘阴县召开，该局在会上做经验介绍。中消协副秘书长栗元广对湘阴的做法和经验给予充分肯定，湘阴消费维权工作进入全国先进行列。三是监管执法更加有力。开展无证无照、网络市场、违法广告、质量维权、打击传销、护农行动、商标侵权、合同和酒类市场等专项整治行动50余次，检定各类计量器具12516台件，检测各类产品1298个，比2016年增加654个。出动执法人员4808余人次，立案360起，结案345起，罚没入库400余万元，有力维护市场秩序。四是信用监管长效机制逐步形成。积极推进信用监管网的应用，稳步实行“双随机、一公开”，建立企业红黑榜，加强违法信息公示，及时曝光失信违法企业，录入经营异常市场主体189户，公示行政处罚信息134条，行政处罚信息公示率、信息归集率100%。加强部门协调配合，与县检察院、县公安局等单位建立联合惩戒失信者机制，实现“一处失信，处处受限”。加强年报公示工作，全年办理企业年报1871户，年报率87.92%，个体工商户22484户，年报率100%。

【宣传教育】组织开展“3・15”消费权益日、“5・20”世界计量日、“10・14”世界标准日、食品安全宣传周等宣传活动。开展法律法规进农村、进社区、进校园、进企业、进机关等活动，发放宣传资料15万份，接受群众咨询9800多人次，张贴海报5000多张。对农村宴席厨师集中培训，先后培训1200人次。加强诚信教育，评选计量诚信单位16个、质量诚信单位61家。加强学校食品安全教育，各学校都开设食品安全教育课。与县文明办共同组织，开展“文明餐饮示范店”“文明示范食堂”“文明药店”评选活动，通过宣传发动、自愿申报、专家评审等环节，评选出“文明餐饮示范店”10家、“文明示范食堂”15家、“文明药店”11家。由该局牵头组织，相关部门配合，在县电视台开辟《食品安全大家谈》栏目，通过对领导干部、执法部门、生产经营者、专家学者、社会公众的采访，动员全社会积极参与，营造关心关注、共治共享的良好氛围。该活动得到县委、县政府高度重视，县委常委、常务副县长林恒求作重要讲话。从节目录制到正式播出，经历两个多月，先后采访50多人，县电视台持续播放45天，社会各界反响良好。

（王吉仁）

湘阴县食品药品工商质量监督管理局主要负责人名录

局　长　郭　平

副局长　蒋世忠　马书生　曾光辉　夏介夫
张治金　曹亚军　黄建兵　曹庆良
刘　伟　张海波　钟小兰（9月任）
甘克伦（至9月）　刘汉平（至7月）
欧阳双华（至7月）

审　计

【概况】湘阴县审计局成立于1984年1月。现下设办公室、法制股、计算机审计运用股、财政金融审计股、行政事业审计股、农业与资源环保审计股、经济责任审计股、固定资产投资审计股（一股、二股）、人事和档案股、财务室。现有干部职工49人，其中退休12人，退线1人，在岗36人，拥有注册会计师2人，造价师1人，审计师7人，助理审计师2人，助理经济师1人中，计算机中级职称6人。2017年，县审计局坚持围绕中心、服务大局，理性面对主职领导人事调整、多名班子成员改非、审计管理体制即将面临改革、审计工作量超历史等诸多变化，坚持“强素质、提质量、严纪律、树新风”的湘阴县审计理念，团结带领全局干职工履职尽责、勇于担当，开拓创新。全年完成审计项目75项、查出违纪违规金额 5126万元，管理不规范金额34621万元，收缴财政金额205万元，应调账处理金额2763万元，提出审计建议320条，上报审计信息85篇，政府投资建设项目全过程跟踪审计核减工程投资4345万元，向纪检监察机关及相关部门移送案件线索1件、提交审计报告45件。连续第五年获评全市审计系统目标管理考核优秀单位，连续第四年获评全市审计系统审计项目质量检查第一名。

【审计服务政府治理】按照国务院《关于加强审计工作的意见》要求，坚持审计服务于党委、政府中心工作，持续组织开展对重大政策措施落实情况的跟踪审计，发挥监督职能。围绕“三农”，聚焦扶贫，实施保障性安居工程、扶贫资金、环保资金专项审计。结合县本级财政预算执行审计对部分预算单位开展公务支出和公款消费专项审计调查。

【财政预算执行审计】以摸清财政底数，提高财政资金使用绩效、保障公共资金安全为目标，以预算执行为主线，分别对县财政局、县地税局等12个县级预算执行单位和收支情况进行审计，同时延伸审计和审计调查13个与财政预算有关的单位和部分群众。年内督促有关被审计单位上缴国库资金10699.76万元。财政同级审重点关注政府预算体系完善情况、国有资本预算编制、调整和执行情况、转移支付资金预算管理和使用情况、财政体制运行情况、政府债务管理情况等。围绕部门预算编制及执行、政府采购、国库集中支付等改革措施落实情况，结合县直单位财务管理状况、乡镇政府财政状况，注重从体制、机制上提出审计建议，为规范财政收支行为、推动财政体制改革发挥积极作用。8月28日，县人大常委会召开县十七届人大常委会第六次会议，在听取县政府关于2016年财政同级审情况后，相关部门重视2017年预算执行审计发现的问题，逐条梳理，积极整改，取得明显成效。12月15日，县人大常委会召开湘阴县十七届人大常委会第十次会议，对审计部门抓审计整改工作给予高度肯定，同时对被审单位未完全整改到位的问题，要求县政府加大后续督查、整改力度，将审计整改情况纳入政府考核体系，进一步推进审计查出问题整改落实情况公开，接受人大和社会监督。

【领导干部经济责任审计】坚持把经济责任审计作为反腐倡廉的重要手段，年初邀请县委组织部领导参加领导干部经济责任工作座谈会，组织起草《湘阴县党政领导干部和国有企业领导人员经济责任审计规定》。围绕对权利运行情况，特别是对重大经济运行的决策、重大资金的使用，以及中央“八项规定”的落实情况进行严格审计监督。年内，对调整的51个单位、62个党政“一把手”逐步开展离任经济责任审计；对县人社局局长、县教育局局长、静河乡党委书记开展任中审计。在如此繁重的工作任务下，县审计局攻坚克难，全年完成22个离任经济责任项目和3个任中审计。通过依法审计，提高被审计领导干部依法行政的能力和水平。

【重点项目投资审计】2017年，以规范政府投资项目建设行为、促进提高资金效益和项目管理水平为目标，一是重点对政府委托的芙蓉大道北拓（湘阴县段）工程竣工决算进行审计，审计投资额76亿元；二是完成农村饮水安全工程结算审计、东湖生态公园一期工程审计、城建投零星工程、县检察院办公大楼、县水利局防汛抗旱指挥大楼等各类投资审计125个；三是在对县民政局老年养护楼、瓦窑湾棚户区改造安置建设项目等开展审计。全年，政府投资建设项目全过程跟踪审计核减工程投资4345万元，为财政节约巨额资金，充分发挥审计机关在控制重大项目成本、加强项目管理中防腐倡廉的作用。

【完成交办审计】2017年，县审计局积极服务全县中心工作，加大交办事项审计力度，确保上级交办审计事项“交办一件，快办一件，落实一件，办好一件”。全年完成全县教育化债审计、全县涉农专项资金审计和全县稳增长、促改革、调结构、惠民生、防风险政策措施落实情况跟踪审计等25项。全县稳增长、促改革、调结构、惠民生、防风险政策措施落实情况跟踪审计两次，获岳阳市审计局通报表扬。组织全县15个项目指挥部的财务移交审计等，都获得县“四大家”领导的高度肯定。

【审计结果运用】一是加强审计整改。健全责任机制，由审计组长对审计整改情况进行跟踪督促，确保审计整改工作落到实处。着力构建整改联动机制，及时将审计整改的进度情况向局党组和县政府报告，会同相关部门组成联合督查组对整改落实不及时的单位进行督查，对账销号，增强审计整改合力。二是推进审计公开。明确审计结果公开的基本要求、编审流程、时限等，扩大审计公开的范围，提高审计公开操作的规范性。年内对财政同级审结果报告和整改报告都在县政府公众网上公示。

【创新审计方式】从依法行政、推进审计监督全覆盖、加强审计质量控制、应用现代技术手段等方式，积极推动审计方式方法创新，使审计监督的效率效能明显提高。一是大力推进审计监督全覆盖。以预算执行审计为突破口，以计算机技术手段为支撑，初步实现对公共资金、国有资产、国有资源和领导干部履行经济责任情况的审计全覆盖。二是完善制度加强审计质量控制。认真学习审计法律法规，修订完善审计质量责任追究、执法责任、自由裁量权控制等20多项制度，把国家审计准则和审计质量控制的相关规定细化分解，从审计项目安排、审计组织实施、审计现场管理、审计成果运用等环节实行常态化监督管理，实行审计项目全过程、全方位的质量控制，确保审计质量和审计效果。三是推动审计技术方法创新。积极探索大数据下的审计技术方法，积极运用新计算机方法开展数据综合分析，推行“总体分析、发现疑点、分散核实、系统研究”的数字化审计模式，不断提高审计质量和审计效率。

（李　雄）

湘阴县审计局主要负责人名录

局　长	陈建国（至7月）
	周学斌（7月任）
副局长	谭艳清（至7月）　刘洪义　周　健

统　计

【概况】湘阴县统计局内设办公室、综合调查股、法制股、业务股、信息中心。2017年，县统计局坚持以“服务立统、基础强统、人才兴统、依法治统”的工作思路，围绕中心、统筹协调开展各项统计工作，并取得较好成效。

【基层基础】积极争取县政府领导重视，出台《关于新形势下进一步加强和改进统计工作的通知》《关于印发“四上”单位申报奖励办法的通知》《全县部门和乡镇（街道办事处）统计工作综合考评办法》等文件。会同县发改、工信、商务等主要经济指标牵头责任单位一道，持续发力夯实统计工作基层基础，努力提升统计数据质量。“四上”单位基本名录库不断夯实，新增5000万元以上固定资产投资项目54个，5000万元以上项目投资占比稳步提升；新增规模以上工业企业3家，另有12家企业在进行申报前期工作；新增园区规模以上工业企业6家，园区规模以上工业企业总数达到74家；积极做好个体工商户转改法人企业的服务协调工作，完成3个商贸单位的“个改企”工作，4家限上商贸企业入库工作在申报之中；限上服务业申报工作有力推进，新申报限上服务业法人单位4家。按照省市主管部门要求，组织对湘阴县限上和限下名录库内的1000多家法人单位和产业活动单位进行全面清理，先后清理吊销、注消和更名限上法人单位45家。认真组织统计业务人员培训，完成县内业务人员培训近10次。结合湘阴县实际，为优化统计队伍建设结构，满足统计业务工作的需要，县统计局还于9月29日开始分三期对全县统计人员开展专业培训，特邀市局对口业务科室业务骨干人员到湘阴县进行业务授课，此次培训班获得市统计局局长任欣欣的高度重视，从各业务科室选派业务骨干亲临现场授课，学员纷纷反映此次培训活动让他们受益匪浅，对他们以后工作中遇到类似问题处理及创建系统化统计工作提供极大的帮助。局业务人员参加省市业务20多人次，有效的提高统计人员业务水平。

【调度协调】认真履行统计分析预警职能，组织各专业及时开展月度数据分析和预警，在《领导参阅》上编发分析预警材料7篇。积极争取领导重视支持，加强与县直有关部门单位和乡镇（街道）的协调联动，建立县直有关部门单位和乡镇（街道）经济运行群，用简讯的方式通报联网直报工作报送情况及经济运行情况、各种培训业务学习情况，全力确保各项主要经济指标平稳运行。联网直报单位先后就“四上”单位入库、月度主要经济指标数据等多次召开调度会议，主动加强与省市主管部门在业务上进行沟通对接，争取省市统计部门对业务上给予重视支持，进一步提高统计业务管理水平。

【农业普查】积极争取领导重视和乡镇（街道）支持，精心推进第三次全国农业普查工作，顺利完成全县14.7万多农户、近2000个农业生产经营单位的普查数据录入工作；9月，又完成全县14个乡镇表、194个行政村表情况的上报工作。根据国务院和省市第三次全国农业普查领导小组的部署安排，扎实做好第三次全国农业普查数据的审核工作，完成近100万条错误信息的校正、修订、异常数据排查改错等工作，年内，湘阴县三农普处理平台里面没有一条逻辑性的错误，受到市局普办的好评。年底，在抓紧进行普查数据后期整理、普查原始资料整理和普查设备的回收维护工作。

【管理服务】认真履行管党治党主责，深入推进“两学一做”学习教育活动，抓好机关制度建设和内部管理，务实推进党风廉政建设，着力提升干部精神状态，提升统计服务水平，提升统计部门形象。认真做好防汛抗灾、民情走访、脱贫攻坚等中心工作，扎实推进全面小康监测、综合绩效考核指标监测等工作。认真落实市局相关统计工作部署，以优化统计服务为主线，坚持在统计数据监测、统计业务指导、经济运行预警、部门协作协调上重点着力，扎实做好企业联网直报工作和国检后的整改工作，进一步夯实统计基础，提高统计数据质量。一是加强部门统计工作。认真贯彻落实《关于印发湘阴县部门统计工作管理规定的通知》（湘阴县政发〔2011〕6号）和《关于进一步加强统计基层基础工作的通知》（湘阴县政办发〔2016〕38号）精神，按照“分工协作，分级负责，共同参与”的原则，进一步明确工信、商务、房产、建设等行业主管部门的工作职责，着力提升“部门为主，统计指导、县乡联动”的工作格局，扎实抓好部门统计联席会议制度的落实，进一步加强协调联动，形成工作合力。二是规范统计工作运行。国家统计局在湘阴县进行统计执法对工业和商贸业检查之后，根据湘阴县年初人大会议确定的年度经济发展目标，后段企业统计数据上报难度较大。县统计局盯牢后几个月数据上报的关键节点，及时分析预警，及时加强领导调度，切实加强部门沟通协调，坚持在统计数据监测、统计业务指导、经济运行预警、部门协作协调上重点着力，扎实做好企业联网直报工作，全力确保企业统计工作规范运行。三是健全基础统计工作网络。抓好乡镇统计站所和部门统计工作网络建设，对全县14个乡镇人民政府按照有专门机构、有专人分管、有专人专抓、有办公场所、有工作制度、有工作经费、有资料台账等要求建立乡镇统计站。县直部门单位成立统计机构，配备统计人员，进一步健全统计基础工作网络。为贯彻落实《中华人民共和国统计法》《国务院统计法实施条例》《湖南省统计局关于印发〈湖南省乡镇（街道）统计基层基础建设实施意见〉的通知》《湘阴县人民政府办公室关于进一步加强统计基层基础工作的通知》《湘阴县人民政府办公室关于新形势下加强和改进统计工作的通知》要求，切实加强部门和乡镇（街道）统计管理，进一步提高统计数据质量，夯实统计基础工作，规范统计工作流程，结合湘阴县实际，特制定《全县部门和乡镇（街道办事处）统计工作综合考评办法》等文件。四是加大“四上”单位申报力度。按照维护活库、管理强库、调整优库的思路，切实加强限上单位基本名录库的维护管理，逐步将“名录库”管理向乡镇延伸。迅速落实《关于印发“四上”单位申报奖励办法的通知》的奖励办法，将经费发放部门单位工作人员及企业，调动四上企（事）业单位申报入库积极性。

（周玉波）

湘阴县统计局主要负责人名录

局　长　陈三军

副局长　张应良　朱建阳（9月任）

市场建设管理

【概况】湘阴县市场建设管理市管中心（简称市管市管中心）下设高岭农产品批发市场管理所、城东市场管理所、通达湖综合市场管理所、桥东市场管理所、建新路市场管理所、城南市场管理所、市场秩序综合治理办。现有干职工94人，负责管理城区8个农贸市场和3个工业品市场，内设办公室、财务股、市场管理股、综合服务股、经营股、市场开发股、公物拍卖办、水利建设基金征集办。2017年，市管中心紧扣县委、县政府建设“左公故里、美好湘阴”的发展目标和“对标对接、融长发展”的战略举措，全面贯彻年初全县三级干部大会精神，充分履行职能职责，大干快上，各项工作任务全面完成。

【项目建设】2017年，市管中心继续高起点、高标准、高要求推进市场建设。一是阻碍桥东市场改扩建多年的周边矛盾，通过多次调处，初步达成一致，2018年可恢复施工。二是作为民生实事工程的长安农贸市场建设项目，2000多平方米的主体建设完工，市场内部装饰装潢也抓紧进行，只待招商入市，即可投入运营。

【市场管理】2017年，市管中心根据对标长沙宁乡市场服务中心先进管理经验，并结合自身实际，革故鼎新市场管理模式。一是出台《体改细则》，完善管理制度，加强责任意识，收到良好的成效，各市场在省、市、县多次明察暗访中均得到充分肯定。二是成功通过招标程序将市场卫生保洁项目打包物业公司具体实施，有效推进《创卫十条标准》常态化。

【安全生产】市管中心始终把安全生产摆在各项工作的首位，坚持“安全第一，预防为主、综合治理”的方针，牢固树立安全发展理念，夯实基础，细化责任，深化隐患排查治理，标准化、系统化、规范化的方式推进安全生产工作，并加大设施设备的投入与及时检测维护，坚持日常巡查与定期检查相结合，发现隐患及时整改。全年增添灭火器54个，消防水带12卷，灭火器增压21次，组织安全生产大检查10余次，排查隐患32处，及时整改32处。确保安全生产零事故，并在湘阴县安全生产工作迎国检、创示范县检查中，得到肯定。

【市场秩序】2017年，作为湘阴县市管中心体制革新的第一年，担负一定的压力，也尝到成功的喜悦，特别是在市场秩序管理方面的革新，可以说是顶住压力，大胆尝试，从各所抽调6名精兵强将，组建市场秩序综合治理办，并从城管大队借调2名队员协助开展整治行动，通过近两个月的整治，建新路、高岭农贸、高岭批发等市场周边“老大难”的秩序问题幡然改变，有效地改观“市场会挤断手胳”的口头禅，这也充分发扬敢打敢拼、团结协作的市管人精神。

【精准扶贫】按照县委对精准扶贫工作的要求，确定市管中心“一把手”为扶贫工作第一责任人，把精准扶贫作为推进“两学一做”学习教育常态化制度化的主战场，精选驻村帮扶队员，认真制定实施方案，精准识别贫困对象，明确责任和分工，确保扶贫工作落到实处。2017年，市管中心先后组织开展集中走访10余次，结对帮扶48户，精准脱贫29户，落实扶贫资金15万余元。

（徐　辉）

湘阴县市场建设管理中心主要负责人名录

主　　任	殷　辉（至8月）
	黄首帮（8月任）
党总支书记	吴胜洪

统计调查

【概况】国家统计局湘阴调查队既是政府统计调查机构，也是统计执法部门，内设办公室、业务股、监测与专项调查股、统计执法检查室4个职能股室，由湖南国调总队垂直管理。2017年，湘阴县调查队认真贯彻落实全省国家统计调查暨文明创建工作会议和全县三级干部大会精神，围绕“加强三大能力，深化三大建设，精塑三大品牌”战略主题，牢固树立“两个意识”，努力推进“三个提高”，各项工作取得较好成效。

【加强三大能力】一是瞄准真实性目标，加强数据质量提升能力。深入开展“数据造假、买数卖数、以数谋私”专项治理。湘阴县调查队于2月21日召开专门的会议，成立专项治理工作领导小组对问题进行查摆和整改；加强对辅助调查员队伍的培训和管理。结合月报季报工作、结合调查点走访慰问活动等，对城乡住户辅助调查员及记账户采取分片区集中培训与一对一培训相结合的方式，加强业务辅导。4月18日，召开全县粮食生产监测调查工作暨业务培训会议，对全县15个粮食生产监测调查点的辅助调查员进行业务培训。9月8日，召开全县住户调查样本轮换工作会议，对新点辅助调查员进行培训，推进湘阴县住户调查样本轮换工作。10月下旬，分点对新住户点所有记账户进行业务培训，保障试记账工作的顺利开展；加强数据核查，促基础工作水平的提升。各业务工作严格执行调查规章制度，认真落实月度电话回访、现场回访，按照各业务工作年度考核要求以及年中基础工作自查的要求，抓好数据核查。接受上级主管部门的业务督查，促进基础工作水平的提升；突出直接调查和独立调查。住户、粮食产量、畜牧业调查都坚持以队员深入基层直接、独立调查为主，确保人、经费和资源上的独立运作，不受干扰，保障数据的真实性、可靠性。二是树立“一盘棋”理念，加强系统管理能力。年初湘阴县调查队根据每个队员的优势，结合湘阴县调查队工作实际，对每名队员进行职责分工，落实责任；按照《湘阴县国调队年度工作目标岗位责任综合考核办法》，对全体队员定期进行监督考核，年底严格根据评分进行评先评优；开展交流学习活动。年内通过与望城、赫山等市县队进行交流学习，提高湘阴县调查队的管理能力、业务能力；继续做好综治民调工作。年初制定全年的综治民调工作方案，成立综治民调工作领导小组，召开6次专题会议部署民调工作，每位队员、家属、退休干部都进行细致的辅导，并填写问卷。三是适应统计调查需求，加强优质服务能力。搞好信息工作和数据评估分析是提升调查服务功能的重要手段，年内上报湖南调查总队各类信息29篇次，总队内网、县委、县政府采用12篇次。同时对重要指标的调查数据开展评估分析，为上级部门及县政研室、经研室提供不少有价值的信息，真实反映本县的经济生产情况、居民生活状况以及群众关注的热点难点问题等；业务工作服务到位。统计调查业务工作也是群众工作，只有服务到位才能支持配合到位，城乡住户调查工作中，调查队悉心为记账户提供多样生活服务，粮食监测调查中，尽心为农户提供生产信息服务，建筑业小微企业调查中，耐心倾听企业的疑惑与困难，主动帮助联系相关部门提供专业服务。在工作中与调查对象建立良好的合作关系，服务水平进一步提高，部门形象进一步提升。

【深化三大建设】一是建立信息技术运用平台，深化调查信息化建设。年初，湘阴调查队召开信息化建设及信息安全保密工作专题会议，制定具体的工作计划，成立左胜科为组长，朱晃明为副组长，刘旺、郭利、周湘云为成员的信息化和信息安全工作领导小组，明确责任，落实分工；建立健全制度，规范行为。为进一步做好信息化建设及信息安全保密工作，确保网络安全，调查队逐步完善《国家统计局湘阴调查队信息化及计算机网络管理制度》，内容涉及信息化网络及设备管理、安全保密管理、计算机病毒防治、资料管理等，并严格按照制度规定执行，规范使用行为；加强日常性的系统维护。对每台连接内网的电脑安装防病毒软件和终端安全管理系统，避免病毒在单位局域网内自我复制相互传播等各种危害，并及时的对软件进行升级，定期的清除隔离病毒的文件夹；加大投入，不断更新设备。为满足调查工作的需求，年内新购1台彩色打印机和1台台式电脑。二是增强依法治统理念，深化统计法制建设。深入贯彻国家统计局《关于加强统计法治工作的通知》，严格落实依法统计依法治统部署，为提高统计调查数据质量和政府公信力提供法治保障；加强统计普法宣传。年初湘阴县调查队整理全省统计调查工作会议资料、《关于深化统计管理体制改革提高统计数据真实性的意见》《中华人民共和国统计法》等，编制并印发500本《国家统计调查宣传资料》，6月，又与县统计局联合印刷《统计基础知识宣传资料》《统计法律法规宣传资料》发放给县委、县政府领导、乡镇统计员、村干部、各个专业的辅助调查员和调查户手中，形成全面有效的宣传；加强法制队伍建设。年内在业务十分紧张的情况下，仍派3名干部参加总队组织的统计执法证培训和考试，3名干部都以优异的成绩通过，进一步充实统计执法检查骨干人才库。通过与县司法局的联系，湘阴县调查队全体在编干部都参加如法网的学法，于9月30日一次性通过考试。三是着眼事业长远发展，深化班子队伍建设。湘阴县调查队班子只有队长和纪检监察员2人，一直没有配备副队长。6月，通过民主选举，推选刘旺担任副队长，并获得总队党组批准；提高队伍素质。鼓励年轻干部积极参加各级培训和学习，年内有1名年轻干部完成湖南省委党校在职研究生学习，获得研究生学历，另有3名年轻干部参加湖南省委党校在职研究生学习；人员力量安排到位，确保调查工作高质高效完成。2017年，调查队通过国家公务员考试，新招录1名公务员，同时通过招聘，聘请1名年轻的临聘人员，为湘阴县调查队注入新鲜血液。对每项业务工作至少安排一名专人负责，其中住户收支调查工作安排5名精壮力量包点负责，粮食产量调查更是全员参与，确保按时高质完成各工作任务；畅通交流渠道，增强队伍凝聚力。严格执行“三重一大”集体决策制度，避免一言堂。班子成员对普通队员坚持严管与厚爱相结合，对发现的苗头性问题及时提醒，对违规违纪行为及时制止，利用民主（组织）生活会等机会，开展批评与自我批评。平时开展经常性的个别和集体谈心谈话10多人次，畅通交流渠道，队伍凝聚力进一步增强，在队领导班子的带领下大家团结一致，展现出良好的精神风貌。

【精塑三大品牌】一是关注百姓福祉，精塑民生调查品牌。住户收支调查。完成13个调查小区141户居民住户报表任务。对辅助调查员开展集中培训4次，对记账户分点召开培训25次，针对记账不标准、不合格的个别记账户，多次上户进行一对一辅导。做到每季度访户率达到100%，年内入户访问1000余次。慰问困难、重病记账户32人次，慰问物资1.2万余元，经常为调查点群众做力所能及的服务。为做好2017年住户调查样本轮换工作，调查队严格落实调查方案，统筹协调，周密安排，在任务重、时间紧、人员少的压力下，顺利完成任务，全县120户新记账户于11月开始试记账。继续做好87户农民工监测、实时报告湘阴县小康监测情况，同时对湘阴县城镇就业困难人员就业援助情况进行走访调查，了解与百姓生活密切相关的数据。二是做精常规业务，精塑经济调查品牌。农业调查工作：完成全县15个点的早、中、晚稻播种面积调查。调查队早出晚归，手持PDA，逐田核实，确保所有调查样本框的地块作物准确无误。完成240户农户全年种植意向调查，详细了解农户种植意向。完成上级部署的各项农业专项调查任务。相继开展现代农业的进展情况和典型做法、全县春耕备耕进展情况调查等，撰写重要信息6篇次。畜牧业调查：完成全县17个乡镇2户生猪养殖大户、36户中小型养殖场户、674户散养户的畜禽监测调查工作，11月，对湘阴县的畜禽养殖情况进行全面的摸底，所有数据都由湘阴县调查队独立调查，对整个过程实行严格的把控。分管领导和业务人员深入牛栏猪舍开展现场核实工作4次，检查养殖户80余户。继续改革调查方法，用微信、QQ、彩信等现代化通讯手段实现与辅助调查员的密切互动，提高基层报表报送以及数据反馈的时效性，提高业务辅导与沟通联系的便捷性。其他经济调查：继续抓好规模以下工业调查、工业产品价格调查、采购经理调查、服务业微小企业等76个企业的小专业调查以及100户劳动力、16户农产品价格、1个集贸市场价格、8个农村点农户固定资产、8大品种72户农产品中间消耗等常规经济业务调查，密切关注、认真搜集与农业生产、工业发展相关的重要信息，用数据说话，客观、真实、准确地反映湘阴县经济运行情况。相继开展农民工进城购房意愿、医疗联合体建设试点进展情况调查等，撰写重要信息2篇次。三是发挥系统优势，精塑专项调查品牌。为积极配合国家统计局岳阳调查队完成岳阳市县域经济调研，湘阴县调查队积极与县直各单位联系，组织县发改局、统计局、市场管理（工商）局、政府办、地税局、国税局等单位分管领导召开一次座谈会，并对文星镇高岭社区的全部个体户进行地毯式的走访调查。配合县文明办对湘阴县省级城市文明程度指数测评工作进行调查部署。派精干力量参加全省城市文明程度指数测评和全省绩效评估民意调查。在调查过程中，坚持独立调查、直接调查，收集到真实有效的调查数据，保证调查的客观公正。

（周湘云）

国家统计局湘阴调查队主要负责人名录

队　长　左胜科

副队长　刘　旺（6月任）

种植业

【概况】湘阴县农业局是2016年年初县委、县政府根据上级农业机构改革要求，将县农办、县农业局、县农机局、县畜牧局、县水产局、县经管局、县生态能源局组合而成。过渡期内，县农业局合并到县农办办公，为正科级单位，县农机局、县畜牧局、县水产局、县经管局仍在原址办公，但降格为副科级事业单位，县生态能源局仍保留其副科级事业单位。新组建的县农业局内设办公室、农业技术推广中心、农业执法大队、法规股、农产品检测站、财计股、科教推广站、蔬菜经作站、粮油站、环保外经办、人事股、植保站、土肥站、绿办（含信息中心）、县域经济办、新农村办办公室、综合调研室、监察室、计生办（含女工部、工会）。2017年，县农业局认真贯彻落实中央一号文件和各级农业农村工作会议精神，加强措施，狠抓落实，较好完成各项目标任务，农业发展呈现出稳中提质、稳中增效、总体向好的态势。

【农业生产】全县粮食播种面积10.3万公顷（其中，水稻面积8.78万公顷，旱粮面积1.54万公顷），比2016年增长0.06%，早稻面积4.21万公顷，中稻一季稻面积1000公顷，晚稻4.47万公顷，全县没有出现耕地抛荒和水稻“双改单”现象，双季稻覆盖率97.8%、良种覆盖率98%以上。全年粮食总产量60.75万吨，增长1.4%。全县经作种植面积（包括间、套、复种）6646.67公顷，比2016年增加33.33公顷；总产值3.12亿元，比2016年增加0.1亿元，平均每公顷产值4.69万元，比2016年每公顷产值净增1275元。茶叶种植面积3913.33公顷，产值12200万元，其中名优茶1280吨、黄茶250吨，产值8120万元。各类时鲜水果、西瓜种植面积分别为820公顷、1133.33公顷，总产量分别为1.9万吨、2.23万吨，总产值分别为6373万元、2530万元。药材种植面积333.33公顷，产值650万元。全县蔬菜种植面积1.4万公顷，其中樟树港辣椒种植面积200公顷，产值6000万元，年内新建一个省级示范标准园，面积100公顷。

【美丽乡村建设】2017年，申报省级授牌村1个，市级美丽村庄5个、美丽乡村示范创建村3个，市级文明家庭5户，鹤龙湖镇联星村于11月23日接受省农委授牌示范村考核组的现场考评。同时，强力推进美丽乡村金龙示范片建设。聘请浙江大学作为规划设计单位，编制示范片总体规划和道路、产业、环境保护等专项规划。切实抓好污水处理、垃圾收集运转市场化运作和房屋风貌改造提升。加快推进项目建设，扎实推动示范片内道路、水利、人饮、电力、通讯等基础设施建设。围绕全市“三个三”总体目标部署，持续推进规范农村村民建房。全县年内12个集中建房点建设任务基本竣工，初步完成2018年度集中建房点的选址规划。全年规范审批1322户，其中集中建房454户，分散按图建房781户。全县拆除农村“空心房”3563栋、49.5万多平方米，占全县“空心房”总面积的89%。

【推进民生工程】一是创新推动银农对接。为助力新型农业经营主体发展壮大，3月，县农业局牵头筹备全县农业种养大户担保融资现场签约会。会上，12家农业合作社、种养大户现场签订委托担保协议，融资800余万元，25家与金融机构达成合作意向。5月26日，全省“惠农担粮食贷”

新产品发布会在湘阴县召开，更进一步为破解新型农业经营主体融资难、融资贵开辟新的途径。年内，先后发放33户种植大户担保融资贷款2242万元。二是加大农业执法力度。扎实开展农资打假、种子农药肥料市场专项整治、农产品质量安全专项治理等活动。全年出动执法人员762人次，检查2家肥料生产企业、1家农药生产企业及重点农产品加工企业、18家农资批发商、568家农资零售商，抽取种子样品12个，送检5个，农药样品28个，送检12个，肥料样品36个，送检16个，查处农资违法案件12起，涉及金额12.56万元，为农民挽回经济损失100多万元。三是扎实开展救灾补损。面对特大暴雨给湘阴县农业生产造成的严重损失，县农业局迅速启动农业救灾应急预案，组织100多名机关工作人员组成5支灾情勘察工作小组，下到各乡镇查灾定损，因地制宜落实排涝降渍、洗苗扶苗、追肥管理、改种补种、病虫防治等救灾措施，指导农民搞好生产自救；及时发布关于农业救灾补损的办法、措施以及种子供应的公告，紧急编印11万份技术资料，送达受灾农民手中；紧急调运补种种子3.6万公斤，肥料3200吨，并向省种子管理站订购种子5万公斤，贴价提供给受灾群众，帮助指导农民群众开展灾后恢复生产工作。四是有效开展政策性农业保险。2017年，湘阴县主要开展水稻、油菜、玉米、育肥猪、能繁母猪、肉鸡等5个险种，分别由人保财险、中华联合，太平洋保险，平安保险四家保险公司承保。其中水稻承保面积7.84万公顷，油菜5766.67公顷，玉米1766.67公顷，育肥猪47.8万头，能繁母猪3.02万头，争取省级控制规模为982万元，比2016年增加106万元。五是积极培育新型职业农民。年内全面完成省、市下达湘阴县的新型职业农民培训任务。其中，培训生产经营型职业农民400人（含新型农业经营主体带头人和现代青年农场主），线上培训1500人。年内，全县培训新型职业农民1220人，累计认定总人数923人，收到良好效果，并在全省工作会议上作典型发言。按照万名农业科技人员服务现代农业工程要求，遴选139名省市县专业技术人员对1000户科技示范户进行全程指导。六是大力开展“三品一标”认证。2017年，县农业局积极指导企业新增30个产品认证，10个保持认证和续展产品，截至年底，湘阴县“三品一标”有效认证产品数达到101个，其中无公害认证产品41个、绿色食品认证产品48个、有机认证产品10个、地理标志农产品认证2个。七是稳步推进农业植保工作。切实抓好病虫害防控预警和防治预报，全年印发病虫情报9期，手机短信5期6000多条，印发《病虫防治入户通知》5期40万份。全县病虫发生20.07万公顷次，防治37.54万公顷次、挽回粮食损失95067吨。其他作物种植面积3.69万公顷，病虫发生4.03万公顷次，防治3.12万公顷次。全年向农业部、省、市上级业务部门汇报164次，按时完成上级主管部门交办任务。

【农业产业化】截至年底，湘阴县拥有省、市级龙头企业43家，其中省级重点龙头企业10家，市级龙头企业33家，产值过亿元的18家；五星级休闲农庄4家，四星级休闲农庄7家。全县农产品加工业实现工业销售产值199.53亿元，利润总额5.77亿元，上缴税金2.67亿元，全县休闲农业营业收入2.81亿元。全县流转耕地面积2公顷以上，粮食适度规模经营主体6285户，比2016年增加451户，流转耕地总面积25978.5公顷，占全县耕地总面积的50.66%。

【精准扶贫】成立由局长胡迈之任组长的脱贫攻坚领导小组，制定《农业局2017年精准帮扶工作实施规划》，严格督促检查和管理考核等制度，抽调精兵强将组建驻村帮扶工作队。与联点村金义湖村建立结对帮扶机制，派出19名干部结对帮扶贫困户32户（其中有5户不符合脱贫要求而扶贫系统无法变更），针对各贫困户因户施策。其中农业产业扶贫户有15户，易地搬迁户有3户，危房改造户11户，教育助学户13户，兜底帮扶户4户。年内，金义湖村完成整村退出，贫困发生率由3.2%降到1.05%。同时，县农业局切实为该村办好民生实事。新建一处60千瓦光伏发电项目；拓宽村级主干道2.4千米；完成三个台区的电力设施改造；自来水管道铺设到村；整合农业项目衬砌渠道近1500米。同时，切实履行种养产业扶贫牵头单位职责。制订《湘阴县种养产业扶贫2017年度实施方案》和《湘阴县2017年种养产业扶贫工作考核办法》，多次召开党组会议、农业系统种养产业扶贫座谈会等进行专门研究和部署，认真履行农业部门脱贫攻坚职责，及时跟踪各相关单位工作落实情况，加强与相关部门沟通联系。全年投入资金240万元，加强对贫困村农田基础设施及配套设施建设的支持力度，推进特色种养业发展，助力全县28个贫困村及贫困户拓宽增收渠道。

【农产品质量安全监管】全年抽取蔬菜、水果样品3120个，合格率100%，发放监测通报5期。并在南湖百树山、樟树众源、阳雀湖三个基地配备农残速测设备，开展自律检测准出试点，为2018年开展农产品合格证试点奠定工作基础。同时，加大标准化基地建设力度，全县创建国家级藠头标准园 1 个、茶叶标准园 1 个，蔬菜标准园 3 个，农业特色产业园区3个，全县1万公顷水稻和6666.67公顷藠头确定为全国绿色食品原料标准化生产基地。年内在樟树众源农业生态有限公司开展可视性可追溯体系建设，农业标准化生产得到更好的应用和推广。

【招商引资】2017年，争取中央、省、市项目资金30个，争资12532万元。先后实施2017年田间工程、耕地地力保护、美丽乡村建设、新型职业农民培育等项目建设，进一步完善农田水利基础设施，提升耕地地力，增加粮食产能，保护农业生态环境。

（张　琳）

湘阴县农业局主要负责人名录

局　长　胡迈之

副局长　赵飞云　殷　毅　喻永华

欧正平（至7月）　龙新曙（至7月）

水　务

【概况】湘阴县位于洞庭湖滨，湘资两水交叉穿境，湖区面积1096.9平方千米。全县有大小堤垸21个，防洪大堤402千米，其中一线大堤271.174千米，是全省防洪大堤最长的三个县市之一。全县70%的耕地和80%的人口受堤垸保护。山丘区有水库71座，其中中型2座，小（一）型10座，小（二）型59座。县水务局设有办公室、人事股、法制股、规划计划股工程建设管理股、直辖有水土资源管理局、电力排灌管理总站、县防汛抗旱指挥部办公室，下辖有11个水管会、6个水利站、2个中型水库管理所、4个中型电排管理站、1个水闸管理所、2个企业。有在职干部职工1106人，其中局机关112人。2017年，县水务局紧扣防汛抗灾和水利建设中心，深化水利改革，突出抓好全面推行“河长制”和农饮安全巩固提升，全面推进依法治水，加强水政、水保、水资源等水务管理职能，认真做好“底线工作”，切实履行行业职责，各项工作取得新的成效。获评省水利建设“芙蓉杯”、沟渠塘坝清淤增蓄省级考核第三名（奖励奖补资金200万元），水务局获市防汛抗灾先进集体、先进基层党组织等称号。

【防汛抗灾】2017年，湘阴县遭遇特大暴雨洪涝灾害，降雨之强、水势之猛、险情之重，汛情之危，均为历史未有。6月22日至7月1日的两轮强降雨过程中，全县26个雨量站中，大暴雨站25个，最大雨量296毫米；3天时间水位一天上涨一档，最高涨幅4.27米，湘、资两水全线超保证水位，湘水铁角咀、窑头山、浩河口等3个站点超历史最高水位，沙田垸出现超历史最高水位0.72米的特大洪水，响应一天提高一级；全县发生大小险情200多处，其中沙田垸出现溃垸性险情5处，重特大险情10多处。面对异常严峻的雨情、水情、险情和灾情，在县委、县政府的坚强领导下，水务部门超前准备、敢于担当、忠诚履职、奋力抢险，以超常举措迎战洪涝灾害，充分发挥技术指导、会商研判、决策参谋的行业职能，取得“湘阴县保卫战”“沙田保卫战”的胜绩，确保全县未溃一堤一垸、未倒一库一坝，未因灾死亡一人，夺得2017年防汛抗灾历史性胜利。中央和省、市媒体大篇幅争相宣传报道，省、市主要领导给予高度肯定。

【水利建设】2017年，湘阴县实施主要险工治理、重大水利工程建设、水毁工程修复、民生实事及小型农田水利建设等五大类工程，总投资5.56亿元，较2016年（2亿元）增长178%。主要建设内容为：一是险工治理项目。对沙田垸撇洪河堤防整治、白泥湖范家坝加固处险、湘资垸魏家湾闸排渠管涌处险等14项主要险工及一般险工进行治理，投入8032万元，争取中央及省级投资3280万元，地方自筹4752万元。二是重大水利工程建设项目。全县各类重大水利工程建设含湘阴县湘江右岸（樟静段）堤防加固、新泉寺新建排涝泵站等9项工程，投入27593万元，争取中央及省级投资9395万元，地方自筹18198万元。三是水毁工程恢复项目。对岭北镇杨湖一管、南湖镇哑河控水设备等88处各类水毁工程，投入资金1724万元，采用以乡镇财政及群众筹资为主，县级财政奖补为辅（占项目投资的50%）的办法。四是民生实事保障项目。全县农村安全饮水巩固提升工程，“十三五”规划期间投入建设资金3.2亿元，其中争取农发行PSL贷款2.5亿元，省市奖补及群众自筹7000万元。2017年，向银行贷款资金1亿元，争取省市奖补及群众自筹4896万元。对全县25处农村自来水厂进行管网延伸，解决农村不安全饮水人口13万人以上（含解决13个贫困村13229人的饮水安全问题）。五是小型农田水利建设项目。全县各类小型农田水利建设7项，投入资金2990万元，争取中央及省级项目投资2390万元，县级投入600万元用于小塘坝、小渠道及小机埠改建的“三小”水利建设项目。

【水务管理】一是加强水土保持项目建设。认真抓好水土保持项目的实施，相继完成湘阴县三石项目区石塘小流域农业综合开发水土保持项目、湘阴县赛美水库径流场项目的竣工验收。完成水土保持重点工程项目县建设部分的实地踏勘和工程测量等前期工作。二是加强水土保持预防监督。2017年，先后对“岳阳交通科技学校建设项目水土保持方案报告书”“湖南交通工程学院大学生创新创业园建设项目水土保持方案报告书”等6个生产建设项目水土保持方案进行审查，方案编制率100%，无越级审批情况。每季度对原有的生产建设项目进行监督执法检查，年内日常监督检查50余次。三是加强水资源的合理开发利用。坚守水资源管理“三条红线”，严格执行建设项目水资源论证，实行取水许可管理，加强水资源规费的征收，积极倡导和推进节水型社会建设，切实提高用水效率。年内审核发放取水许可证30份，对所有生产建设项目及用水单位进行摸底调查，建立台账，对未经取水许可的用水单位违法行为依法进行查处，积极配合开展湖南省国控点安装工作。对县内三汊港灌区、洋沙湖灌区进行机埠、渠系改造，提高农业节水灌溉水平，对湖南洞庭柠檬酸化学有限公司、湖南省金顶食品有限责任公司、湖南华康食品有限公司等三家公司完成节水改造设施建设。四是加强水功能区水质监管。切实开展市级水功能区的水质监测与管理，加强入河入湖排污口的的摸底及监管，开展饮用水水源地安全达标保障建设。2017年，湖南省城市供水水质监测网岳阳监测站对湘阴县6个水功能区的水质进行取样监测，监测结果达标率100%。严格入河排污口设置实施论证审批制度和入河排污口登记制度，加强对年初摸底建档的66处排污口实行限制纳污责任管理，严格水质管控，每季度开展一次监督性水质监测。对依法划定的燎原水库、赛美水库、洋沙湖水厂取水河段及全县小（一）型水库等重点保护水源地实行严格管控，明确四至范围，禁止畜禽养殖项目。五是加强水政执法力度。县水政监察大队坚持集中性执法和联合执法的工作思路，加强对水事违法行为的查处力度，依法及时查处水事违法行为，对有代表性的水事违法案件，采取水政与其他部门联合执法的形式，重点办理，重点查处，有效维护水事秩序。年内查处各类水事违法案件22起，其中立案12起。办案过程中严格落实处罚纠错措施，切实优化执法服务，减少行政复议应诉工作。同时，积极落实预防为主、预防与调处相结合的水事矛盾纠纷调处机制，实现水事案件查处由事后查处向预防为主、防查并重的转变，把矛盾化解在基层、消灭在萌芽阶段。

【水利改革】2017年，湘阴县根据深化水利改革方案，突出重点改革工作，主要从全面推行“河长制”、农村饮水安全工作、乡镇电排站体制改革三个方面着手，推进改革工作。一是全面推行“河长制”工作。4月10日，成立湘阴县河长制工作委员会，由县委书记任第一河长，县长任河长，对全局负责，其他县级领导为县级河长，对省管、市管、县管和主要河流、湖泊、小（一）型水库负责；乡镇（街道）党委书记为本辖区第一河长，乡镇长（街道主任）为河长，对本辖区内河道、湖泊、水库负责。县水务、环保、交通、农业、发改等27个部门单位为河长制成员单位。县委常委扩大会议，政府常务会议，专题研究并审议通过《湘阴县全面推行河长制的实施方案》。县、乡两级河长及村级河道协管员、巡查员和保洁员等网格管理人员相继明确并树牌公示，县级安装河长公示牌54块，乡级安装河长公示牌656块，全县9河14湖实现河长体系全覆盖。5月后，重点开展工业园区污水集中处理设施与在线监测建设、一级A排放标准提标改造的污水处理厂建设、乡镇污水处理设施建设、船舶污水垃圾收集点建设、农业专业化统防统治、农业测土配方施肥、沟渠疏浚、拆除或关闭饮用水水源一级、二级保护区内入河湖排污口、畜禽规模养殖退养、采砂规范化管理、河道保洁管理等11项工作。全县集中开展河道、堤防、水库、湖泊保洁专项行动3次，清理垃圾2562立方米；依法查处重大水事违法事件15起，关停非法码头6处；全面退养畜禽污染养殖51户，退养面积22032.17平方米；抓获非法盗采船75条，在大坝堤水域集中扣押盗采船只25条，切割改装船只13条，治安拘留2人、刑事拘留2人，始终保持打击非法盗采行为的高压态势；下发问题督办函近20份。湘阴县全面推行“河长制”工作开展以来，由于方案有效、措施得力、调度有方，工作取得很好的成效，得到各级领导的肯定，省河长办对湘阴县的“河长制”工作检查时，给予一致好评。二是推进农村饮水安全工作。2017年，计划解决12万人的饮水安全问题。为推进城乡供水一体化、区域供水规模化、工程建管专业化，更好地整合全县农村自来水资源，保障供水水质，促进农村自来水厂的可持续发展，加快实施农饮安全巩固提升，在县政府的支持下，县水务局向省农发行申请2.5亿元的PSL项目建设贷款，2017年，计划放贷1个亿，对全县25处水厂进行扩网入户，解决13万人的饮水安全问题。年内超额完成全年工作目标任务，饮水安全巩固提升率先开创新的融资模式予以实施，成为全市农饮工程的亮点广为推介。2017年，成立湘阴县国有独资、县水务局主管的润众农村自来水公司，全县农村水厂将逐步实现公司化管理，标志着湘阴县城乡供水一体化迈出坚实步伐。三是推进乡镇电排站体制改革。湘阴县有11个乡镇电排站，定岗191人。过去由于体制机制不顺，导致电排机手身份核实不准、工龄信息不清、外排电费分配不够科学，一定程度影响电排站正常有效运转。2017年，经县长办公会研究，决定将乡镇电排站的人、财、物、事的管理权由水务局下放到各乡镇，实行“乡镇电排乡镇管、中型电排县局管”的管理模式。通过此次改革后，电排机手的个人社保、工龄、绩效等问题得到解决，电费的管理更规范，电排的管理运行更科学，水务部门的部分行政管理职能进一步下放，业务指导职能更明确。

（黄　伟）

湘阴县水务局主要负责人名录

局　长　周　勇
副局长　杨晓红　夏建勋　吴亚球
蒋子权（至7月）

林　业

【概况】湘阴县林业局内设22个股室、7个林业站，同时设有森林公安局、横岭湖省级自然保护区管理分局、洋沙湖—东湖国家湿地公园管理中心、老庙台国有林场和林业科学研究所等机构。现有干职工202人。全县林地面积2.13万公顷，其中有林地1.93万公顷，森林覆盖率12.6%，林木绿化率20.44%，活立木蓄积量117.7万立方米。全县湿地面积6.27万公顷，其中横岭湖省级自然保护区4.3万公顷，洋沙湖—东湖国家湿地公园2533.33公顷。2017年，县林业局坚持以健康森林、美丽湿地、绿色通道和秀美村庄四大主题建设为重点，大力发展生态林业和民生林业，各项工作推进有力、成效明显。全县林业用地面积21250.2公顷，林地保有率100%；有林地19237公顷，森林覆盖率12.57%，稳定率100%；活立木蓄积量117万立方米，年增长率4.8%；受保护的湿地面积44525.9公顷，与2016年持平。项目建设得到加强，绿色通道建设和护林员工资纳入县乡两级财政预算，全年争取并实施林业建设项目11个，项目资金2260万元，其中营造林项目4个、资金300万元，湿地项目1个、资金483万元，其他项目6个、资金1380万元。获评全省林业系统“六五”普法先进单位；全省林业站“一站式全程代理”服务工作优秀单位；芙蓉北路湘阴县段获评湖南省最美绿色通道；鹅形山省级森林公园获评全省森林公园质量良好森林公园；森林防火工作获评全市目标管理优胜单位。获评全县第一书记和驻村帮扶工作优秀单位；洞庭湖水环境治理工作先进单位；综合绩效考评工作优胜单位；综治民调工作一类单位第一名。

【推进城乡绿化】2017年，县林业局以城乡绿化三年行动为契机，结合湘江风光带湘阴县段绿化建设和全域旅游绿化工作，制订湘阴县植树造林三年规划和2017年城乡绿化实施方案，明确任务，制定考核和奖惩制度。同时，建立分管副局长负总责、股室站长包乡镇村组责任制，将造林目标任务分解到各乡镇，落实到各山头地块和各造林户主。全年全县完成造林1333公顷，中幼林抚育1000公顷，完成义务植树70万株，完成308省道线补植补造和提质改造58千米，栽植各类苗木15000株，休闲绿地建设500平方米。一是宣传发动到位。县委、县政府十分重视植树造林工作，

林业局开展植树造林活动（2017年摄）

多次牵头部署植树造林工作。3月24日，在县林业局召开全县林业工作会议，各乡镇分管负责人和林业干部200多人参加；3月27日，县委、县政府和县林业局在金龙镇开展义务植树活动，全体县委、县政府、县人大、县政协领导、乡镇负责人及林业干部200多人参加，栽植桂花、垂柳等苗木400多株。此外，县委、县政府还多次召开示范村庄建设、全域旅游绿化、湘江风光带绿化工作会议，全民植树造林热情高涨。二是技术指导到位。在造林过程中，县林业局营林股、绿化办15名造林技术干部按包乡镇责任制要求深入各造林基地和绿色通道建设现场，开展植树造林技术指导。通过现场察看，督促造林单位统一使用有“四证一签”的苗木，积极推广应用大苗带土移栽、容器苗造林、使用生根粉处理苗木等实用技术，同时紧盯整地、购苗、栽植、浇水、管护等环节，千方百计提高造林成活率。三是督查落实到位。县林业局全年完成1333.33公顷新造林、封山育林和森林抚育项目县级自查验收，完成666.67公顷农田林网示范基地建设县级自查验收，并通过省级评审。省林业厅、市林业局也对湘阴县新造林进度和质量、重点工程造林情况、通道绿化情况开展专项督查3次；县政府督查室对全县植树造林工作开展督查1次，督查乡镇28个。从检查验收和督查情况看，任务完成率100%、造林质量合格率100%。

【资源保护】林木林地资源保护方面，完成森林资源采伐审批7份、0.3万立方米；完成全县天然商品林区划界定外业调查；查处违法侵占用林地案件3起；完成2016年度林地变更调查工作数据库采集。特别是森林防火工作得到县委、县政府主要领导高度重视，年内先后召开森林防火工作会议5次，到各乡镇专题调研1次，专项督查6次。在经费保障方面，安排森林防火专项资金53.45万元（其中护林员经费33.45万元），森林防火基础设施建设资金50万元；举办森林防火进校园活动1次，森林防火业务培训班3期，开展大型宣传活动3次，出动宣传车巡回宣传3个工作日。同时，督促各乡镇落实森林防火护林员队伍建设等措施，全年没有发生一起森林火灾。野生动物保护方面，审批上报野生动植物经营行政许可13家，清理整顿活立木经营场所8处，没收无证收购的蛙类、蛇类、鸟类等野生动物20余公斤，取缔无证销售野生动物场所1家。特别是从2017年春节开始，省、市、县三级森林公安开展联合执法行动，重点查办在湘阴县横岭湖非法猎捕野生鸟类的违法行为。年内该案33名涉案人员全部到案。其中：移送起诉22人，死亡1人（抓获时是癌症晚期病人），待处理10人；缴获小天鹅实物5只（其中活体1只、死体4只）。湿地资源保护方面，一是借势借力开展宣传。利用“湿地日”“爱鸟周”“环保日”等节日，联合环保志愿者、县关工委、县老年科协等团体，在人流量密集及中小学校园等区域，开展保护湿地、爱鸟护鸟大型宣传活动14次。二是用好用活项目资金。根据湖南洞庭湖区横岭湖湿地保护与恢复工程项目建设要求，相继完成青潭管理站与王家河管理站建设，具备湿地巡护、候鸟观测以及上网办公条件；积极申报国务院三峡办生态示范工程项目，湖南湘阴县横岭湖省级自然保护区建设与完善项目第一期483万元项目年底进入招拍挂程序；积极配合实施GEF（全球环境基金）建设项目，项目资金约200万美元，项目进入招标程序。三是即查即改应对督察。以中央环保督查为契机，重点对东湖南岸猪场拆迁、东湖沿岸管道提质改造、洋沙湖污水处理、河道采砂等一系列问题进行上报并整改，问题均得到及时处理，对不能处理的问题及

时汇报县政府，做到履职留痕，最终顺利通过中央环保督察。以落实中央环保督察组反馈问题整改为契机，顺势开展洞庭湖突出环境问题集中整治月行动，年内核心区26.7公顷欧美黑杨全部伐除，工作进度和成效得到各级领导的首肯。四是积极申报调规。按县政府要求对横岭湖省级自然保护区进行调规设计，多次到省林业厅汇报，提出申请，陈述理由，邀请省厅领导和专家深入横岭湖现场勘察，做好调规申报的前期准备工作。

【林业经济】林产加工持续火爆，通过提高新增企业准入条件、对规模企业实行林政专管员及台账管理制度、对企业从外调进的木材实行绿色通道制度等办法，湘阴县福湘、湖湘等林产加工企业发展良好，品牌影响力持续增强。新增林下经济示范企业3家，其中桐林三合农种养合作社获评省级林下经济示范基地，年内获省级专项扶持资金15万元。长湘林农开发公司年内新建林下养鸡基地3000平方米，林下养鸡10000羽；在林间空地种植各类蔬菜3.33公顷、西瓜3.33公顷、金银花、铁皮石斛等药材0.67公顷，全年创造林下经济价值100万元以上。2017年，向省、市成功申报林业建设项目15个、1406万元；帮助长康集团和福湘木业申报贴息贷款105万元；帮助造林大户申报林权抵押贷款440万元。经济林产业园特色木本中药材项目、省级林下经济扶持项目、鹅形山森林旅游休闲康养工程项目、洋沙湖—东湖湿地修复与设施建设项目等在加速申报，项目资金数亿元。

（袁 亮）

湘阴县林业局主要负责人名录

局　长　吴亚辉

副局长　刘鹏飞　杨　柳（至7月）

周力军　周　盈

移　民

【概况】湘阴县移民局成立于1997年，现在编干职工59人，局班子成员6人，内设办公室、资金管理股、规划计划股、工程管理股、人口稽核与生产开发股、政策法规股、后扶股、人事培训股8个股室，下辖移民管理服务中心（加挂杨林寨移民牌子）。2017年，县移民局立足“转作风、争先进、抓管理、保稳定”，积极探索促进移民地区社会经济发展的新路子，切实解决移民群众迫切需要解决的问题，各项工作再上新的台阶。

【转变工作作风】一是争取上级支持。2017年，省市局领导十分关心和重视湘阴县移民和移民工作。2月21日，副市长李激扬率市农业委、市财政局、市水务局、市住建局、市民政局、市扶贫办、市移民局等单位到杨林寨乡调研，重点察看沅潭村及九渠、直一港整治、合湖蔬菜基地等，听取汇报，对接落实2017年支持项目。县委、县政府领导十分重视和关爱杨林寨乡，每年春节上班第一天就到该乡慰问，特别重视该乡的稳定发展，专题研究、专文通知，安排14名县级领导和43个县直单位对杨林寨乡14个村进行联点帮扶，要求掌握情况，周密安排，细化措施，确保工作有序推进。同时积极争取上级支持，经过省、市、县三级努力，2017年，从中央争取专项扶持资金3000多万元，用于全县移民的避险解困专项工作，极大改善移民地区的生产生活条件。7月4日，在防汛抗灾紧急时刻，省移民局局长李新连率队到杨林寨乡慰问干部群众，指导防汛抗灾和灾后自救。二是规范资金直补。完成2016年四季度和2017年一、二、三季度直补资金打卡发放，发放直补资金1499.87万元，其中2016年四季度25019人、373.4万元，2017年一季度25075人、374.73万元，二季度25065人、373.59万元，三季度25264人、378.15万元。严格按照中央和省市要求，扎实推进移民后扶政策落地，从2015年开始，每年按时发放四个季度后扶资金，由县移民局后扶股每季度提供报告、制作账户模板、经湖南省乡镇财政补贴平台系统导入、上报、公示后，县财政乡财局予以拨付到账，除杨林寨乡因实际情况后扶资金由信用社发放外，其他乡镇实行“一卡通”发放。2017年，在“十三五”规划编制的基础上，按照省局下达的资金额度和计划，及时编制和上报年度计划5个批次、项目84个、资金1487万元。三是扎实开展培训。全年度计划培训移民人数553人，实际组织完成移民实用技术培训10期，培训移民619人。实用技术培训由县移民局人事培训股组织实施，结合移民群众的实际需要，聘请农业、蔬菜、水产等相关专家教授，现场培训，实地指导；安排就业技能（育婴师）培训1期，培训移民59人，全部毕业，取得证书。三是省市送训3期，培训移民19人，通过省局认定的技术职业学校进行技能培训36人。年度实培训移民733人，超额完成省、市局2017年度大中型水库移民培训任务。移民群众十分满意。四是抓好整村推进，建设美丽乡村。湘阴县五个整村推进村为杨林寨乡沅潭村、黄太港村、周家台村、太合围村和金龙镇燎原村。根据省市移民部门精神，沅潭村定为2017年省级整村推进示范村之一，按照美丽乡村建设标准，以布局美、产业美、环境美、生活美、风尚美“五美”为目标，制定三年规划、整村推进实施方案，其具体措施有：精准选项，打造亮点。大堤沿湖风光带建设1625米，全程绿化、亮化；避险解困危房改造52户248人。选定集中安置点2处，新建房屋面积2340平方米。治安路沿线居民房屋立面改造；基地建设，路通水通。改造沅潭村蔬菜基地渠道2865米，基地公路硬化、拓宽4165米。新建30千瓦机埠一处；部门联动，整体推进。联合建设、水利、民政、交通、国土等部门协调资金配套进行，进一步加强沅潭村的基础设施建设，提高村民生产生活水平，提高全村绿化、亮化程度，改善村民人居环境；加强精神文明硬件设施建设，丰富村民的业余生活。五个整村推进村根据具体情况规划三年内拟投入1249万元，年内在五个村投入移民资金539万元，沅潭村安排资金806万元，其中移民资金313万元，地方各部门配套资金471万元，移民群众自筹资金22万元。

【夯实民生基础】2017年，完成蔬菜新建、改建100余公顷，即合湖村改建蔬菜基地66.67公顷，受益移民1200人；合湖村改建食用菌基地33.33公顷，受益移民600人；全年完成2016年度项目计划10批次，验收结算项目96个，完成投入移民资金1322万元，并按照项目管理要求和“十个一”标准完成2016年度的所有资料整理成册。牛石港渠整治建设项目完成渠道的整形和周家台村境内标段基础的硬化，完成投资96.5万元，占工程总投资额的39%。牛石港机埠建设项目因外界因素和自然灾害的影响，设计变更，影响工程的施工进度，年内只完成机埠主体建设，完成投资83万元。东塘镇公路硬化项目于1月10日签订施工合同，年内全面完工。2017年安排计划项目84个，所有项目的前期工作均按时完成（完成项目勘测设计55个），10月后，绝大部分项目全面开工建设。

【服务移民群众】做好信息系统基础数据采集工作。自5月15日接到省局关于认真做好湖南移民综合管理信息系统基础数据采集工作的通知后，县移民局立即召开专题研究会，加强组织领导，制定实施方案，明确责任分工，加强工作措施，积极与各乡镇移民办对接，利用后扶人口影像库建设的资料与当地派出所的户籍科查询并走村串户相结合的方式，历时一月有余进行移民直补人员基本信息的采集，基本按照时间要求通过市局初审，9月27日，派出5名相关股室人员赴长沙参加省局组织为期两天的相关培训。年内，往年项目计划录入该系统978条。直补移民人口基本信息录入25362人；抓好人口稽核年审。为进一步落实后扶政策，确保群众利益，有效保证后扶资金使用，县移民局于2014年开始建立后扶人口影像数据库，2015年年底基本完成。从2016年开始，影像数据库正式使用，作为后扶数据库的补充和后扶人口稽核年审的主要依据。从运行的情况来看，效果良好。2017年，四个季度结合直补移民人口信息系统采集工作的运行，先后核减移民直补人口119人；做好民主化建设试点扫尾工作。2016年，确定沅潭村、东合港村和蒋家渡村为民主化建设试点单位。3个试点村成立专门的宣传发动领导小组，通过宣传广播在全村不间断宣传，做到民主化建设家喻户晓。各村委会召开村民代表大会，确定2016年各村的民主化建设试点项目5个：沅潭村蔬菜基地机埠改造、沅潭村蔬菜基地道路硬化、东合港村中心渠衬砌、东合港村公路硬化、蒋家渡村水产养殖基地渠道硬化。至2016年11月，仅完成并验收东合港村中心渠衬砌和东合港村公路硬化2个项目，其他3个项目在2017年的2月才全面完成验收及结算工作。试点项目得到基层干部群众认可。试点项目的预算和资金来源在各村村务公开栏进行张榜公示，接受移民群众的监督。

（蒋　放）

湘阴县移民局主要负责人名录

局　长　吴建化
副局长　张先永（至7月）　杨　绰　易细斌

农村经营管理

【概况】湘阴县农村经营管理局（简称县经管局）内设办公室、农村事务管理股、财会股。机关有干部职工14人。2017年，县经管局按照年初工作计划，持续抓好各项农村经营管理工作，比较圆满的完成工作目标任务，获评省市农经工作先进单位、省市农村土地确权登记颁证工作先进单位。

【土地确权登记颁证】年内，全县农村土地确权登记完成14个乡镇、2个街道办事处、1个自然保护区所辖的153个村、48个社区5324个村民小组、157000个承包农户、44566.7公顷耕地的调查摸底、外业测绘、指界、内业数据处理等确权第一阶段的工作任务，8月17日，县政府书面向省确权办报告第一阶段工作任务完成情况，是全市第二个向省打出完成报告的县。二轮公示工作进入扫尾阶段，技术公司的数据也都到县确权办进行试移交。2017年，此项工作主要是从五方面着手：一是加强组织领导，完善工作机制。由县委书记牵头、县长为总召集人，统筹指导全县确权登记颁证工作。明确乡镇主体责任，各乡镇党委书记、乡镇长为农村土地承包经营权确权登记颁证工作第一责任人，并与县政府签订责任状，成立农村土地承包经营权确权登记颁证工作领导小组，实行乡镇干部包村、村干部包组的办法将责任层层下放，落实到人，并纳入年度目标责任考核内容。各村成立由村支部书记任组长，其他班子成员和组长为成员的工作小组，以组为单位组建确权专班，每个专班有一名村干部、一名组长、一名登记员、一至二名熟悉情况的指界人。通过成立县级领导组织及专门机构，为登记工作有序开展奠定很好的组织基础。二是制定实施方案，分步有序推进。为探索确权登记颁证工作经验，稳妥有序推进试点工作，2014年，湘阴县在原石塘乡先行探索开展农村土地承包经营权确权登记试点，为在全县推开这项工作趟出路子，积累经验。2015年，湘阴县作为全省48个整县推进的县之一，全县确权登记颁证工作全面铺开，2016．2017年经过严密部署，全面完成宣传动员、调查摸底等工作，年底一二轮公示进入扫尾阶段。三是落实确权经费，加强工作保障。为保障确权登记颁证工作顺利推进，湘阴县加大资金投入，将确权工作经费纳入财政预算，依据“二调”耕地面积，进行经费补助，明确兜底保障。部分乡镇还安排专项资金，对本区域村组确权工作进行奖补，确保不增加农民和村级负担，为确权工作开展提供有力保障。四是严格依规操作，保证工作质量。严格执行农村土地承包法律法规和政策，做到“三不变、五严禁”，即坚持现有土地承包关系、承包户承包地块、承包期限“三不变”；严禁打乱原有承包关系、推倒重来，严禁借机违法调整和收回农户承包地，严禁将确权登记实际测量后多出原承包地的面积收归集体，严禁暗箱操作或采取欺骗手段将村民组或村集体土地登记到个人头上，严禁借机增加农民负担。严格操作规程，按照规定的工作流程、技术方案和要求规范操作，重点把好调查指界关、公示公告关、签字确认关、结果审核关，做到三榜公示到户，保证确权工作合法有效。严格技术标准，对督查中发现的问题，及时督促技术单位做好错误纠偏，下发文件要求各地严格按省技术标准，规范标注承包地块四至边界，规范做好审核发证，引导农户规范签字确认等，确保确权登记成果真实准确完整，符合质量要求。加强规范统一，以县为单位统一采购规范的农村土地承包经营权证，对证书填写提出统一规范要求。五是加强督查调度，推进工作落实。下发《湘阴县农村土地承包经营权确权登记颁证工作考评办法》，进一步加强工作责任，落实工作措施。同时层层建立督查通报制度，各乡镇每月底向县确权办报送工作进展情况，县确权办每个阶段对确权登记颁证工作的进展情况进行督查，并根据工作进度对各乡镇确权工作进行自检抽查，对督查情况进行通报，纳入县委、县政府年度目标考核内容，确保工作质量符合要求。

【土地经营权流转】县经管局积极引导农村土地流转。按照产权明晰、形式多样、管理严格、流转顺畅的要求，加快培育土地承包经营权流转市场，规范农村土地有序流转。至12月，全县农村土地流转面积3.33万公顷，占农用地的49%，其中，6.67—33.33公顷的流转户135家，33.33—66.67公顷的流转户48家，66.67—133.33公顷的流转户24家，颁发土地流转证书13份。同时加大对农村土地承包合同纠纷的调解仲裁力度，新建县级农村土地仲裁委员会，充分发挥县、乡、村三级土地承包纠纷调处机构的作用，按照“村级协商、乡级调解、县级仲裁”的工作模式。全年接待农村土地承包经营纠纷上访事件11起，配合乡镇化解调处11起，调处率100%。

【引导新型农民经营】2017年，县经管局围绕“发展有序、程序规范、质量提升、形式创新”的工作思路，坚持数量质量并重的原则，加强引导服务，规范发展程序，积极引导以农民专业合作社和家庭农场的农民经营主体。一是进一步规范农民专业合作社行为。以规范农民专业合作社行为为工作重心，以带动农户致富为最终目标，从设立登记、办公场所、建章建制、经营服务、财务管理等入手，加强农民专业合作社的组建服务。截至12月，全县拥有农民专业合作社1090家，年内新增166家，其中农机合作社48家，水稻种植合作社29家，养殖合作社31家，种养结合合作社52家，其他6家。对98家农民专业合作社实行分类定级管理，实行分类指导和管理，其中国家级2家，省级9家，市级7家，县级80家。二是加大力度培育家庭农场。至12月，湘阴县家庭农场有454家，其中来县经管局认定的家庭农场有326个，并颁发湖南省家庭农场认定证书，工商注册128家；申报市级家庭农场示范社32家，创建县级示范家庭农场58个。

【村级财务管理】一是依法依规，完成村居财务清查和村居组织成员任期经济责任审计。根据《关于开展村居财务清查和村居组织成员任期经济责任审计工作的通知》（湘阴县办法〔2016〕88号）要求，确定审计的对象和审计范围，审计重点为农村经济责任目标完成情况、财经法纪执行情况和农民群众关注的热点问题。农民群众关注的热点问题主要包括集体资产的处置、债权债务的管理、土地和工程的发包及承包、专项资金的管理及财务公开等。此次审计单位37个，采取固定场所调账审计、走访农户明查暗访、深入实际专项调查、突出问题重点突破、违法案件严肃查处的方法进行，审计资金3581.82万元，涉及村级违纪人员6个，违纪金额18万元，违纪金额全部追回。二是搞好村级财务清查，化解矛盾纠纷。根据群众联名举报的问题，年内县经管局采取清查账务，查阅资料，调查取证，召开座谈会等方式，对3个村（居）群众所反映的问题进行核查，挽回村集体经济损失68万元，查出的违纪违法人员都均移交县纪委处理，给群众交待，还干部清白。三是进一步加强村（社区）集体资金资产资源的管理。11月，县委办公室和县人民政府办公室印发《湘阴县村（社区）集体资金资产资源管理实施办法》（湘阴县办发〔2017〕96号），更加规范湘阴县三资的管理。

【农村集体经济】进一步摸清全县村级集体经济发展状况，总结一些有益经验，梳理出一些存在的问题。及时制订印发《湘阴县2017年村级集体经济发展规划》，通过探索与尝试，走出一条具有湘阴县特色的村集体经济发展路子。全县2016年村集体经营性收入1120多万元，按照新合并村算，全县197个行政村，空壳村59个，0万—4万元的村63个，4万—6万元的村24个，6万—10万元的村19个，10万元的村以上32个，年内将全县农村集体经济组织发展较好的5个村（社区）上报省农委，争取省财政厅村集体经济组织奖励资金。

（赵曙阳）

湘阴县农村经营管理局主要负责人名录

局　长　刘正龙
副局长　李千超（至7月）　邵新华

气　象

【概况】湘阴县气象局内设机构有湘阴国家基本气象站、综合办公室、湘阴县防雷减灾办公室、湘阴县人工影响天气领导小组办公室。2017年，县气象局始终坚持以提高天气预测预报准确率和业务服务水平提升为中心，认真落实全市气象局长会议部署和市局重点工作安排及县三级干部会议精神，抓实开展各项工作，在广大干部职工的共同努力下，气象服务、新站搬迁、党建、扶贫等工作稳步有效推进。

【汛期气象服务】2017年入汛后，湘阴县灾害性天气较多，对此，县气象局密切关注天气变化，重点抓好灾害性、关键性、转折性天气过程的监测预报预警和突发灾害性天气的短时预警，全力做好每一次气象预报服务工作。一是坚持早动员早部署，不打无准备之仗。3月，县气象局对全县所有气象仪器设备进行全面巡检和维护，确保汛期各项仪器运行正常。二是坚持“主动服务、精准预报”开展决策气象服务。2017年，湘阴县出现多次暴雨天气过程，特别是6月下旬至7月上旬，湘阴县连续遭受“6·22—6·25”与“6·29—7·2”两次特大暴雨侵袭，因两次降雨落区部分叠加，湘资两水水位全线上涨，湘江湘阴县段长时间维持高洪水位。面对严峻的防汛形势，县气象局积极应对，全力做好预报预警服务。首先是加强重大天气过程服务。此次过程中，县气象局启动气象灾害（暴雨）应急预案三级以上应急响应5次；加强省市会商，发布《重大气象服务专报》等服务产品20余期，其中4份决策气象服务专报由县长李镇江和副县长蒋世杰做出重要批示后经县政府指示转发；主动邀请县电视台进行专题采访15次；积极参与防汛会商，加强与水利、国土、民政、农业等部门之间的合作，建立信息共享和联系沟通机制，及时发布气象灾害预警信息。其次是气象服务指导灾后农业自救。多次组织为农服务专家下达田间，调查农作物受灾情况，联合县农业局相关专家联合制作《湘阴县为农服务专报》，专报就强降雨后水稻、玉米、蔬菜等农作物如何进行田间管理及灾后补救等提出相关建议。此次过程中，县气象局通过预警平台和“湘阴县天气”手机微信群向全县防汛责任人、农业“直通”式服务用户、气象信息员和国土地质灾害责任人发布预警短信和雨情实况快汛约5万余条。通过湖南省市县气象服务一体化平台发送实况监测警报24条。为各级党政干部组织撤离和决策提供良好的气象保障，确保全县人民群众生命财产的安全。湘阴县因防范得当，没垮一堤一垸，县气象局准确的预报，及时的服务，积极主动的雨情灾情跟进，受到县委、县政府和社会各界的好评，几次主要过程受到县委书记、县长和副县长的批示表扬，如副县长蒋世杰在《湘阴县为农服务周报》上签署“气象部门的预报是防汛抗灾工作决策的重要参考，请各指挥分部参阅”；县长李镇江7月7日在《湘阴县重大气象服务专报》上做出如下批示：气象部门在本轮抗历史洪灾期间，精准预报预测做出重要贡献，望再接再厉。由于县气象局在2017年防汛工作中的精准及时的服务，获评湖南省气象局重大气象服务先进集体。

【专业气象服务】每天向手机用户定时发送气象服务信息，通过电视、报纸、“96121”、网络等途径向公众发布最新天气资讯。联合县农业局相关专家开展为农服务农事调查，制作发布《春耕春播气象服务专报》《农业气象灾害监测评估》《农业气象灾害预警》等专报50余期，争取国家财政资金50万元，完成全县14个乡镇气象信息服务站建设；完成岭北镇标准化乡镇申报；率先在金龙镇信息服务站和凯佳生态园安装电子显示屏，实现县级突发事件预警信息系统与乡镇村村响系统的对接；进一步推进“政府主导、部门合作、社会参与”的气象防灾减灾体系建设，成立以分管副县长为组长，发改局、国土局等相关部门为成员的气象为农服务领导小组，积极拓展服务领域，在继续与农业、水利等部门开展合作的基础上，与旅游、交通等部门积极沟通，按照“资源共享、优势互补、密切合作”的原则签署合作协议；为全县多项重大活动制定专门的气象服务方案，提供精细化气象服务。

【防雷机制改革】根据国务院关于第一、二批清理规范国务院部门行政审批中介服务事项的决定，深化防雷机制改革，停止向企业收取新（改、扩）建建构筑物的防雷技术服务费；加强雷电灾害防御的管理工作，认真履行防雷、施放气球安全监管职责。多次联合县安监部门开展防雷安全双随机检查，逐步在全县危化品行业开展防雷安全监管整治与检查，年内完成常规检测单位50个，发放常规检测报告46份，对检测不合格的，提出整改意见，并限期进行整改。截至12月，完成常规检测的单位有：油站36个，气站3个，烟花鞭炮6个，其他单位5个。为促进防雷体制改革中权力顺利移交，县气象局于年中向县建设局送去关于相关事项移交的函。

【新站建设工作】年内，新站国土手续得到省厅批复，证件在抓紧办理中；院内通透式围栏全面完工；观测场按规范要求建好，仪器安装到位；业务楼全面竣工；专用变压器安装到位且通电；联通与电信两条光纤开通接入办公楼；业务平台建设12月底全面完成；对比观测一直稳定；10月底通过国家局专家组的现场验收。

【安全生产】为切实加强安全生产工作，确保各项工作顺利开展，杜绝各类安全事故发生。县气象局先后利用“应急减灾宣传日”“安全生产月”“3・23”世界气象日等活动开展气象、防雷安全生产宣传。采用设置展位、展示展板、向民众发放传单、接受现场咨询、发送科普书籍等形式，对气象法律法规、防雷减灾知识、探测环境保护、气象科技服务等内容进行系统的宣传。活动期间，发放宣传材料1000余份，气象宣传手册100余本，积极向广大群众宣传实时气象灾害等热点问题和气象科普知识。邀请省消防协会专家来县气象局开展消防知识讲座，积极处理与小天鹅接界处的安全隐患问题，对待安全问题零容忍。全年先后投入安全生产经费5万余元。

（黄立成）

湘阴县气象局主要负责人名录

局　　长　汪世斌
党支部书记　蒋志光
副 局 长　钟　平　黄立成

养殖业（畜牧）

【概况】湘阴县畜牧局内设办公室、人社股、畜牧股、兽药监督管理股（行政审批股）、财计股、乡镇管理股、生猪保险办。机关有定编人员26人。2017年，县畜牧局以优化畜牧产业结构、提升产业品质为总要求，以“生态养殖，可持续发展”为目标，突出畜禽养殖粪污整治、洞庭湖区养殖场退养、动物疫病防控、畜产品质量安全检测与监管等工作，有效推进各项工作顺利实施。至12月底，全县发展生猪158.66万头、牛12.08万头、羊6.98万只、家禽835.62万羽；出栏生猪96.53万头、牛4.34万头、羊3.77万只、家禽368.22万羽；存栏生猪62.13万头、牛7.74万头、羊3.21万只、家禽467.4万羽；肉类总产量7.58万吨，禽蛋产量1.08万吨；畜禽生产始终保持稳定的发展态势。

【养殖污染整治】为推进全县畜禽养殖污染防治工作进程，2017年，县畜牧局进一步加强工作举措，推广安装喷淋装置、新建三级沉淀池、干粪发酵棚、沼气池或厌氧池以及其他环保设施，同时通过种养结合等措施，实现养殖废弃物就地转化。全县464个规模养殖场全部上户进行技术指导，先后有353家养殖场完成治理设施基建改造，完成设施设备配套规模比例761%，超额完成上级下达的70%工作目标。

【洞庭湖养殖退出】县洞庭湖养殖污染整治办2017年加强退养宣传工作，针对重点区域内的规模养殖场，工作人员多次上门开展工作，定期监测这些养殖场的养殖情况，确保退养工作顺利进行。至12月，全县洞庭湖内湖及取水点周边152个养殖场、5.9万平方米的养殖栏舍，基本完成退养拆除任务，年底在进行拆除栏舍验收和退养拆除补偿资金核实核发。湘阴县洞庭湖内湖及取水点养殖退出工作，进展顺利，在全市11个县市区中，完成进度排名全市第二。

【疫病防控】一是认真落实强制免疫。2017年，全县免疫禽流感疫苗214.96万羽份，猪O型口蹄疫疫苗66.19万头份，牛羊O型口蹄疫疫苗12.49万毫升，小反刍兽疫疫苗1.44万只，鸡新城疫疫苗169.03万羽份，集中强制免疫期间动物疫苗免疫密度100%，畜禽群体免疫密度常年维持在90%以上，群体免疫抗体合格率全年始终保持在70%以上，全部达到国家对动物强制免疫工作要求；二是严格落实产地检疫。2017年，全县检疫生猪10.66万头，牛0.26万头，羊0.02万只，家禽91.2万羽，消毒车辆8632台次；查处违反《动物防疫法》各类案件8起，违反《生猪屠宰管理条例》各类案件3起。全县动物疫情防控形势总体趋于平稳，全年未发生一起区域性重大动物疫情和动物源性食品安全事件。三是积极推进病死畜禽无害化处理中心建设工作。从5月开始进行建设用地选址工作，通过规划、国土等部门确认，在洋沙湖街道办事处花石村选择约0.67公顷的林用地建设县级无害化处理中心。规划在长仑地区、城南地区、湘滨镇、岭北镇以及温氏养殖公司的三塘苏仑、新泉小白湖两个养殖基地再建设6个病死畜禽收集暂存点。年底该中心建设进入网上招投标程序。

【质量安全监管】2017年，县畜牧局不断加强畜产品质量安全宣传和培训，先后印发兽药、饲料法律法规宣传标语280条，宣传册3500多本，散发宣传单3500多份，进行兽药、饲料安全法规培训3次，培训人员280人次。同时，进一步加强畜禽产品质量安全执法监管，将兽药、饲料专项整治常态化，先后出动执法人员300多人次，对不规范的兽药经营户下达整改通知书1份，立案1起；突击检查各种饲料仓库5个，停产整顿饲料生产企业1家，责令整改饲料企业1家，取缔不合格饲料经营户3家；每2—3个月对辖区内兽药饲料经营门店、企业开展一次专项执法检查和“瘦肉精”、三聚氰胺等违法添加专项整治，逐一排查抽样，全年完成抽检饲料218个批次，检查合格率99%以上，生猪尿液样品2820多批次，合格率100%，遍及420多个养殖场（户），均未检测出“瘦肉精”、三聚氰胺，确保全县未发生重大畜产品质量安全事件。

【养殖风险防范】2017年，湘阴县养殖业保险继续保持良好的发展势头，截至12月31日，能繁母猪保险承保数量为3.6万头，协助保险公司收取保费（含财政补贴）216万元；育肥猪承保数量47.86万头；肉鸡承保数量183.3万羽。同时，积极主动地向广大养殖户做好政策宣传和政策解释，在承保、查勘、定损、理赔和疾病防治等各项工作中为养殖户提供更优质、更快捷的服务。

【坚持对标对接】县畜牧局按照县委、县政府关于对标对接工作的统一部署要求，先后2次组织人员到对标单位长沙市望城区畜牧兽医水产局学习考察，寻找差距不足，认真总结梳理标杆单位在完善基层防疫体系建设、推广绿色生态健康养殖、加强畜禽屠宰监管职能等方面的先进做法和经验，同时将他们的先进做法与湘阴县畜牧业发展实际相结合，进一步细化各项对标工作举措，为推动全县畜牧业发展、树立畜牧行业信心奠定坚实的基础。

【安全生产】坚持抓常抓细。一是深入开展安全生产大宣传。局与下属二级机构、18个乡镇站负责人分别签订安全生产责任书，同时面向兽药、饲料生产企业、经营门店发放告知书、承诺书、责任书2200余份，安全宣传基本做到全覆盖。二是全面落实安全生产大检查。自7月起，先后对330个养殖场、58个饲料生产企业、兽药饲料经营门店进行抽查，对用电、供暖等设施设备、粪污处理设施建设安全、供电线路、沼气池及配套设施运行、消防设施以及安全生产管理主体责任落实等情况进行全面检查，有效消除安全隐患。

【综治维稳】一是严格落实好社会综治民调领导责任制，根据局人事调整进一步健全综治维稳工作领导小组，明确工作职责，严格落实综治维稳责任制，完善工作方案。同时，多次召开局党组和全局干职工会议，研究和部署综治维稳工作，局综治维稳小组也坚持每季度开展1—2次排查工作，深入排查调处不稳定因素，确保全局系统的稳定。二是及时调解和处理信访事件，阻止矛盾的进一步激化，对出现的信访问题及时给予书面答复和解决，做到来访有记录、问题有答复、处理有反馈。全年处理信访件5件、12345公众热线17件，群众来访230多人次，基本做到答复率100%，群众满意率100%。

【精准扶贫】2017年，县畜牧局进一步健全扶贫工作机制，加强扶贫举措，通过一系列工作开展攻坚脱贫。一是组织局班子成员、正科级干部及股室负责人20多人，先后6次对贫扶村南湖洲镇南湖新村进行集中走访慰问，为贫困户制定帮扶措施和脱贫计划，通过发放生产救助资金4万多元、开展助学扶贫、产业扶贫等措施，帮助贫困户增收脱贫；二是大力帮扶贫困村经济发展。2017年，先后投入10多万元扶贫资金帮助南湖新村开展基础设施建设和招商引资。年内该村完成面积480平方米、投入43万元、年发电量60千瓦的光伏发电项目建设；9月，该村启动村级服务平台建设，年底基本完工；860余米的村级公路路基建设完成，全面完成村级公路的改造升级。至年底，南湖新村实现45户156人脱贫目标，贫困村实现脱贫摘帽。

（任　康）

湘阴县畜牧局主要负责人名录

局　长　刘志军（至7月）
　　　　杜　勇（7月任）

养殖业（水产）

【概况】湘阴县水产局内设办公室、人保股、财计股、社保股、法规股、纪检监察室、生产业务股。下辖二级机构有水产工作站、渔政管理站、水产科学研究所、来仪湖国有渔场、鹅公湖国有渔场、鼻湖国有渔场、珍珠场。2017年，县水产局以中央1号文件为指导，认真贯彻落实县委、县政府水产业发展要求和《政府工作报告》2017年目标任务，一以贯之，积极作为，各项工作有序推进。全县水产品总产量15.16万吨；渔业总产值19.62亿元；创建部级水产健康养殖示范场4家，两家部级健康示范场通过复查，湘阴县部级水产健康养殖示范场16个；农业部组织全国100个最美渔村、全国50个休闲渔业主题公园评选活动，水产局积极推荐鹤龙湖农场社区和顺天洋沙湖现代农业科技有限公司分别参选，在农业部发布的网络投票中均名列前茅；接受农业部和省、市业务主管部门以及长沙市畜牧水产局对湘阴县水产品质量安全检测8次，检测指标4153个，合格率100%；夏塞湖矮围于5月中旬按省市要求摧毁堤坝1900米，矮围涵闸的主体建筑、附属设施、涵管、通道等全部摧毁。拆除网箱9448平方米、263口、14处。张家岔14800米钢网围10月26日前全部拆除；完成招商引资项目8个，引入资金594万元，并引入湘阴县晶和新能源有限公司在鼻湖渔场投资建设100兆峰瓦渔光互补光伏发电项目，项目总投资7.9亿元，至12月先后投入6亿元，总进度完成80%。

【渔业供给侧结构性改革】2017年，县水产局牢固树立创新、绿色的发展理念，以提质增效、减量增收、绿色发展、富裕渔民为目标，以健康养殖、适度捕捞、保护资源、做强产业为方向，大力推进渔业供给侧结构性改革，加快转变渔业发展方式，提升渔业生产标准化、绿色化、产业化、组织化和可持续发展水平，推动水产养殖向生态养殖转变，从注重产量向注重质量转变，力争走出一条产出高效、产品安全、资源节约、环境友好的渔业现代化发展道路。一是加大产业融合，大力推广稻田综合种养项目，全县稻虾种养面积900公顷，每公顷增加纯利1.65万元，扶持13.33公顷以上规模养殖大户15户，帮助湘阴县长丰盛养殖种植专业合作社、湘阴县伟光稻田综合种养有限公司、湘阴县强农生态农业专业合作社争取农业部渔业生产发展资金90万元。二是加快对标对接，大力扶持休闲渔业发展，全县渔业休闲项目9个，年产值1.8亿元。鹤龙湖农庄经营水产品养殖、加工、销售、餐饮、住宿、垂钓休闲和水上娱乐等项目，全年接待来客25万人，年收入1200多万元。三是加强行业管理，精心编制《养殖水域滩涂规划》。根据农业部要求，在县政府高度重视下，水产局成立专门班子，历经半年时间，编制好《养殖水域滩涂规划》，该规划首次划定湘阴县的禁止养殖区、限制养殖区和养殖区，合理布局全县水产养殖生产。该规划将由县政府颁布实施，规划的实施，有利于加快推进湘阴县水产养殖业转方式调结构，有效稳定基本养殖水域，保障渔民合法权益，保护水域生态环境，确保有效供给安全、环境生态安全和产品质量安全。

【健康养殖技术推广】局党组班子成员经常带领水产技术人员深入到龙头企业、水产养殖协会和水产养殖大户家中，开展面对面结对帮扶，全方位推进水产健康养殖。一是继续开展全国渔业健康养殖示范县创建，重点抓五个核心示范区建设，示范推广面积2133.33公顷。二是继续推动部级水产健康养殖示范场创建，帮助4个水产养殖合作社创建部级水产健康养殖示范场。三是全年组织举办健康养殖技术培训班9期，培训养殖大户725人次，组织现场观摩活动3次，发放技术资料4500余份。

【水产品质量安全监管】一是建设好水产品质量监管体系。水产局成立由一把手负总责的水产品质量安全监管工作领导小组，担负全县水产品质量安全监管的领导工作，县水产工作站、渔政站分工合作，具体落实。二是加强对苗种生产的监管。年初与全县16家苗种生产单位签定水产品质量安全责任协议。分别对全县16家苗种生产单位拥有的鱼类亲本、种苗及池塘水质现场进行随机抽检，抽检亲鱼样品80个、苗种样品40个、水质样品60个，检测达标率100%。全年组织开展水产品质量安全检测活动3批次，现场抽检基地渔场、合作社21个，检测鱼样品326个、水样105个，检测指标2376个，药残检出率均为零。三是加强对渔药和鱼饲料的监管。全年对全县19家渔药和30处鱼饲料销售点进行多次专项整治行动，对全县6家水产养殖示范场和5个养殖专业合作社共24户养殖户使用的渔药、鱼饲料及库存品进行现场突击检查，未发现禁用渔药、“三无”渔药和劣质饲料以及滥用抗生素等情况。四是加强对水产养殖户的监督管理。为切实加强对养殖户的全方位监管，对养殖户在生产过程中，严格要求做好养殖生产“三项记录”，并定期进行抽查，并对各养殖户使用的渔药和鱼饲料进行登记造册。五是加强对水产品销售的管理。积极协助工商行政管理部门，通过采取专项检查和随机抽查的方式，加强对全县各重点生产和销售水产食品场所的检查，杜绝毒鱼及腐烂变质的水产品上市流通。特别是对全县31家与长沙市产销对接单位通过与长沙市水产动物防疫监督站工作联动机制，全面进行监管，确保水产食品上市质量安全。六是加强渔业水域生态环境保护与管理。6月下旬，为保护湘阴县江河流域渔业资源，组织相关部门实施人工放流活动，先后投放各类淡水鱼种1011万尾，对投放种苗质量全程进行跟踪监测。在天然渔业水域环境保护方面，对沿江沿湖排污企业加强政策法规宣传力度，印发宣传资料220份，并加强监督管理措施，责令沿江沿湖3家排污单位整改，并给予行政处罚来确保捕捞水产品质量安全。在养殖渔业水域环境保护方面，与县渔业生态环境监测站一道，要求渔业养殖人员把握好水产投入品质量关，并定期或不定期对其渔业水体进行监测，确保渔业水体安全。年内，湘阴县水产食品安全监管主要针对包括养殖企业、养殖大户、饲料经营户、渔药经营户、大型超市、农贸市场、餐饮单位在内的所有涉渔产品，通过现场检测和日常监督抽查，检查结果明显好于往年，均未发现食品安全隐患。

【渔业环境整治】一是实事求是分析湘阴县水产养殖污染整治工作面临的形势与任务，围绕湘阴县水产养殖环境整治工作中存在的突出问题，制定整改工作方案，将整改任务、措施、完成时限落实到位。明确由局水产养殖环境整治工作领导小组负总责，加强内陆养殖水域环境整治和外江外湖围栏、围网以及网箱的取缔、拆除。二是摸清全县水库、湖泊等大中型养殖基本情况，多措并举，大力推广水产健康养殖。通过积极创建全国渔业健康养殖示范县、示范场和举办培训班、组织观摩活动、争取池塘标准化改造项目资金等形式，示范推广生态渔业、健康养殖模式，提倡不用药或减少用药，进、排水分离，养殖废水达标排放。

（易治国）

湘阴县水产局主要负责人名录

局　长　刘建球（至7月）
　　　　李少清（7月任）

农业机械管理

【概况】湘阴县农业机械管理局（简称县农机局）内设办公室、人事股、财计股、农机监管股、下辖农机推广站、农机监理所。机关有在职在岗干职工32人。2017年，县农机局规范农机购置补贴，积极推广新型农机具，提升农机社会化服务水平，加强农机安全生产、加强自身作风建设，农机化工作稳步推进。

【示范县建设】2017年，湘阴县抓住创建全省“粮油生产全程机械化示范县”这一契机，按照“政府主导、农机主抓、部门配合、社会参与”的原则，把农业机械发展与社会主义新农村建设、乡村振兴结合起来，树立“高起点规划，高标准建设，高效能管理”理念，走出一条具有湘阴县特色的粮油生产全程机械化新路子。一是加强组织领导，创建保障体系。将创建工作纳入年度综合绩效考核，成立由县长任组长的创建工作领导小组，组织相关单位、乡镇层层签订责任状，将创建工作重心下沉、责任到人。县委、县政府主要领导亲自抓，分管领导具体抓，多次对创建工作进行专题研究，经常到项目点检查指导。并坚持一月一督查、一月一调度，及时协调解决项目实施和管理中遇到的困难和问题。县农业、农机、财政等部门加强项目资金管理和监督，多次召开督察督办现场会，切实解决项目实施过程中的资金筹措、组织协调等问题，为项目建设保驾护航。二是加强业务培训，提高合作服务。湘阴县把提高农民使用新型农机的各项技能作为推动“示范县”项目的重要抓手。创新农机实用技术培训思路，改革培训模式，变坐等培训为上门培训，深入农村开展技术咨询指导，主办新型农机使用、保养、故障排除等实用农机培训班，采取集中培训与个人讲解相结合的培训方式，充分调动农机手的学习积极性。2017年，通过举办各类学习班、岗前培训、安全教育、技术交流等不同形式，先后培训农机手1119人次。在此基础上，以扶植创建农机专业合作组织为载体，促进水稻育插秧机械化技术与耕整植保、油菜收割等机械化技术集中配套，建立规范和生产作业标准，形成可推广示范的“湘阴县模式”。年内，全县有24家农机专业合作社通过省市验收。各农机专业合作社、农机大户以农作物耕、种、收、植保、装运、烘干、秸秆处理等生产环节机械化技术为努力方向，重点突破机械化插秧、水稻秸秆、油菜机播、农作物植保、粮食烘干的“瓶颈”，形成适用湘阴县粮油全程机械化生产模式，从而辐射带动提高周边地区的粮油全程机械化生产水平。三是加强整体推进，确保项目效益。在创建过程中，始终坚持“四个突出”，全面快速提升全县粮油生产全程机械化水平。突出基础先行。整合农业、交通等相关单位1000余万元配套资金，以机耕道和农田水利设施为重点，切实加强基础设施建设，实现机耕道设施完善，水利设施齐全，田块集中连片，方整化程度高；突出示范引领。根据地形、土质的不同，因地制宜，按照东部乡镇油菜为主、西部湖区乡镇水稻为主，在每个乡镇规划建设一个粮油生产全程机械化示范点，点面结合、整体推进，全县形成“东”油“西”粮的农机化大生产格局。突出重点攻坚。在机械化育秧上求突破，把机育机插机肥机保技术作为主推技术，采取以奖代投的办法，加大高速插秧机、水稻育秧成套设备、同步精量施肥机、植保飞机的应用力度，快速提升水稻机械化插秧的装备水平和作业水平。截至12月，全县有高速插秧机270台、精量施肥机32台、植保飞机56台；突出监督监管。为严格补贴监管，一改过去的补贴机具复核的老模式，纪检、财政等部门提前介入，与农机监管一道以“谁检验、谁签字、谁负责”，实行见人、见机、见票、查参数、查配置、查使用和查后抽查的“三见四查”补贴机具复核模式，同步对国家补贴、累加补贴、扶持农机专业合作社等惠农资金发放进行全面核查。补贴机具的复核抽查率50%以上。通过一年的努力，湘阴县争取省财政配套投入创建资金1000万元，县直相关部门整合涉农资金1000万元，投入示范县创建工作。年内，全县实现水稻机耕率和机收率两个100%，水稻耕种收机械化综合水平87.9%，油菜耕种收机械化综合水平84%。改、建、维护机耕道300千米，全县机耕道通达率80%以上。扶持现代农机合作社49家，创建省级示范社6家。

【农机购置补贴】根据《湖南省2015—2017年农业机械购置补贴实施方案》要求，严格实行“自主购机、带机申请、定额补贴、县级结算、直补到户”的操作程序，积极参与农机购置补贴实施。负责办理耕整地机械、农产品初加工机械、秸秆还田机械以及手扶拖拉机等补贴额较低的小型机械补贴。做好农机购置补贴政策宣传、农机补贴申请受理、机具核实、补贴对象公示等工作。配合省市农机局做好补贴机具抽查核实工作等。截至12月，先后补贴购置各类农机具829台套，受益农户445户，落实中央财政补贴资金1907.74万元。为让新型机具能够更有效地让农民接受，县农机局抓实抓好新机具操作培训和农机技术示范推广。3月22日、3月29日，县农机局分别在静河、新泉进行机插秧示范；9月30日，在漕溪港街道夹河村湘园农机专业合作社举行油菜机械化生产现场演示会，观摩油菜精量播种机的耕作流程；11月13日，在鹤龙湖镇祥发农机专业合作社举行水稻插秧同步精量施肥机推广培训会。这些观摩会、培训会为推广新型机具起到很好的宣传作用。全年推广水稻高速插秧机50台、油菜精量播种机10台、精量施肥机32台、植保飞机25台。

【创建平安农机】为坚定走出农机安全生产“发现问题再整治、出事故再处理”的怪圈，县农机局紧扣“平安农机”主题，高悬危机之剑，重点突出“认识、精力、宣传”三个到位，通过创新建立“共管、预警、联动”三个机制，构筑“责任、宣教、治理”三个全覆盖，实现农机安全管理的法制化、规范化、科学化。一是建立共管机制，做到责任体系全覆盖。将农机安全生产工作作为维护全县经济社会发展的政治高度来部署、来推进。成立分管副县长挂帅，交通、安监、交警、农机乡镇（街道）等成员单位主动担责的农机安全生产社会化管理工作领导小组。每年年初，层层签订农机安全生产责任状，把农机安全生产隐患排查治理、督促办牌证、安全生产宣传、安全事故防控和矛盾化解等工作逐一包保到人，逐级传导工作压力，层层夯实责任链条。年内，全县明确419人为村级农机安全员。同时，建立健全以农机局局长为第一责任人，分管副职为主要责任人，监理所长为直接责任人的目标责任制，监理员（安全员）每年至少与包保机手面对面宣传教育3次以上，将农机安全生产责任落实到每个路段、每台机具、每名机手，实行动态监管，争得农机安全的主动。二是建立预警机制，做到安全宣教全覆盖。为加强广大群众农机安全意识的主动渗透，县农机局充分调动一切可以调动的资源，大力开展全方位、立体化的宣传预警。在春耕双抢秋收冬播农忙季节，随车携带宣传图板进行农机安全宣传教育活动；在新型农民培训时，有针对性地进行驾驶技术加强培训；在办理农机购置补贴时附送一本“农机安全生产手册”；在“安全生产月”活动期间，与交警、安监等部门开展农机事故应急救援演练，在主要路口设立安全生产宣传咨询台，拉标语、发传单，对重要路段、重点农机具、农机大户、农机合作社进行重点农机安全生产宣传和隐患排查、整顿，做到“广播有声、电视有影、报刊有文、网络有言、户外有势”。三是建立联动机制，做到隐患治理全覆盖。将安全防线全面前移，加强乡镇、村两级农机安全生产监管责任，加强与交警、交通、安监等有关部门的配合，定期召开联席会议和开展联合整治行动，重点抓好“人头”“车头”和“路头”，严厉打击“黑车非驾”、报废续驾、超载超速行驶、非法载人营运等违法违章行为，始终保持安全监管的高压态势。截至12月，全县建立平安农机示范乡镇11个、平安农机示范村75个，农机安全生产建设步入良性循环的发展轨道。

（刘志凯）

湘阴县农业机械管理局主要负责人名录

局　长　杨立华（至7月）
　　　　　张湘华（7月任）

生态能源

【概况】湘阴县生态能源服务中心（原为湘阴县生态能源管理局，2016年2月机构改革后改称湘阴县生态能源服务中心）内设办公室、业务股、财计股、县农村能源服务中心。有干部职工15人。2017年，县生态能源服务中心广泛拓展能源领域，最大限度地发挥能源、经济、生态和社会等效益，促进湘阴县农村能源事业又快又好发展。获评省、市农村能源工作先进单位。

【维护建设生态能源】年初，县委、县政府下达的目标任务为：维护建设沼气池600口，推广太阳能热水器1000台（其中，美丽乡村金龙示范片建设100台）。至年底，完成维护建设户用沼气池600多口，推广安装太阳能热水器及节能产品1200多台，金龙示范片太阳能热水器推广建设前期工作完成；重点打造沼气集中示范片7处（即樟树1处、东塘1处、三塘2处、杨林寨2处、岭北1处）。鼓励养殖户因地制宜采用“猪－沼－果，猪－沼－鱼、猪－沼－菜、猪－沼－粮”等循环农业生态模式开展生态建设，促推生态循环农业的发展；支持建设五大服务网点拓展功能，鼓励技术员采取包进出料、包维修、包安全使用指导的办法为缺原料、缺劳力的沼气用户提供全方位服务，确保广大沼气用户使用沼气安心、放心；同时，鼓励服务网点创新思路，拓展领域，积极投身农村环境卫生整治，发挥各网点的功能，服务三农。

【巩固联合管网供气】对三塘、静河、杨林寨联合管网供气点加大投入力度，采取引领沼气“走村入户”的方式，让更多的无“燃料”的农户用上清洁能源，在确保养殖场所产粪便的发酵利用外，还改善当地村民的居住环境，取得“一举多得”的效果。

【打造“亮点”】通过与岳阳“家家曜”公司共同联手，发动全局干职工分组、分片到乡镇到村组。干部分为5个组，对应5个片区，挑选5位年轻人担任片区组长，班子成员各分管一个片区，将全局干部充实到生态能源建设的第一线，加强农村能源建设新生力量。通过宣传发动、讲解新能源新理念等方式，让广大的市民和农户接受节能减排理念，从而达到推广的目的，新打造太阳能示范点2处。计划投资10万元为美丽乡村金龙示范片安装太阳能热水器100台，8月26日前完成摸底，9—12月登记造册，年底安装工作持续推进。

【争项争资】以“一二四”行动为契机，积极主动与省、市对接，充分发挥湘阴县养殖业优势，争取大、中型沼气项目落户湘阴县：一是配合发改局取消原调整的楠竹村项目，落实调整至静河青云村小湖坪养殖场，协助业主做好项目的前期工作，年底前项目启动程序全部完成。二是做好2018年两个项目申报。配合农业局申报农业面源污染项目以及配合县发改局、县畜牧局申报畜禽粪污资源化利用整县推进项目。三是争取2018年省专项资金30万元，为推进2018年生态能源建设打下良好基础。

【深化改革】打破传统观念，将单一的农村沼气建设扩展为生态能源维护建设和新能源推广，建立目标任务分解表、倒排表、进度表；新闻报道改革成果，以第三季度为重点建设期，全面掀起新能源推广和生态能源维护建设高潮。

【主动对标对接】按照主动研究长沙、学习长沙、对接长沙、融入长沙的要求，在全面学习对标的同时，重点学习先进经验，以更实举措、更实工作、更实作风，取得融长发展的更实成效。6月，负责干部一行与长沙望城区能源局对接，学习望城区生态能源建设经验，结合湘阴县实际，取长补短，全面提升生态能源建设的效能效益；7月到岳阳县参观，学习岳阳县特大型沼气工程沼气提纯并入燃气的先进经验。

【精准扶贫】举全局之力，扎实做好“一书记”工作和联点工作。结合“三访三解三比三促”“先锋先行”活动的要求，县生态能源服务中心班子成员、一书记、股室长、政协委员一行深入澧溪港街道办事处利民新村开展走访帮扶活动，全年走访500多农户，结对帮扶15人，对口帮扶资金2.6万元；收集建议意见30多条；发放便民服务卡1000多张，同时，主动争取相关部门的大力支持，为一书记村办理民生实事，一是为150户电线陈旧老化的农户实行农网改造，新增200千伏安变压器一台，架设农田排灌线路600米，改造新建排灌机埠3处，疏浚渠道6000米，修建农田机耕便道3处，平整荒田0.8公顷，塘坝清淤2处。二是为环境卫生整治增添硬件设施，帮全村新增垃圾围50个，新添垃圾桶800个，确保一户一桶。三是拓宽硬化村主干道2000米，对原长湖幼儿园门前10多米水渠进行钢筋混土覆盖，拓宽汇车面积，消除安全隐患，确保入园安全。全年帮扶资金近20万元。

（蒋　彪）

湘阴县生态能源服务中心主要负责人名录

主　任　杨超凡（至3月）
欧正平（7月任）

工业和信息化

【概况】湘阴县工业和信息化局（简称县工信局）内设办公室、人事股、财务管理股、经济运行股、信息产业股、政策法制股。2017年，湘阴县咬定“工业强县”总体目标不放松，克服层层困难、顶着种种压力，抢抓机遇谋发展，虽然增速放缓，但保持全县工业经济优质、稳步发展。全年完成规模工业总产值364.4亿元。园区规模工业增加值占规模工业增加值比重48.5%。工业用电量30418万千瓦时；上缴税收22385万元，同比增长13.9%。

【骨干企业贡献突出】远大可建公司年内投入几台钎焊炉以扩大不锈钢芯板的产量，并启动多条生产线建设。建华建材在经济形势不乐观的情况下完成产值2.5亿元，同比增长28%，预应力混凝土管桩产能达到150万米。信达智能生产电梯与立体停车库，产品在国内行业中属领先地位，企业产销两旺，产品供不应求，市场占有率高，年内与长沙岳麓区政府签订1680万元的12层平面移动类自动停车库项目，同时计划将长沙高新区总部和贵州车库生产基地搬迁至湘阴县，届时企业的产能和税收有大幅提升。宏耀工业产值破亿元，年内与铁塔公司合作研发生产移动铁塔，同时承接芙蓉北路沿线亮化工程，生产形势较好于往年。华康食品年内电商业务拓展迅速，电商产品销售额7000万元，同比增长15%，占到全部销售额的65%以上。

【项目建设力度加大】蓝天豚硅藻泥一期于6月28日竣工投产，年底企业的硅藻泥生产线处于设备调式试生产阶段。同时企业还在考察市场，计划筹备1条硅藻板生产线，产品相对于传统石膏板、装饰板等材料更加环保、美观；元亨科技二期年底在协调对接项目建设用地，进行新设备采购，研发中心、测试台、冷冻机房等土建施工准备就绪；建华建材二期征地基本完成，年底启动项目建设；国网湖南省电力公司检修公司的A级工厂化检修基地项目年内主体基础完成，包括检修车间桩基工程、门卫净油室基础工程，水电消防工程等，年底启动检修车间基础工程和净油室结构工程的建设；卓达工业地产入驻企业中五季丰生物科技、威邦新材料等企业均符合规上企业录入条件，5月，均正式投产，五季丰生物科技主要从事天然植物提取物、动物抗病营养饲料添加剂及添加剂预混合饲料研发、生产和销售。威邦新材料主要生产（水泥）砂浆复合料、建筑装饰材料、干混砂浆的生产，防水建筑材料的制造，年内几家企业产值均达到3000万元以上。技改方面远大可建第六代可建技术—不锈钢芯板结构技术体系技术攻关取得重大突破，年底该项技术可应用于正式生产中。2018年，将全面铺开装配式建筑部品部件生产线项目的升级改造，一期完成现有6个车间22.4万平方米的改造，二期新建4个生产车间和133.33公顷生产基地；福湘木业拟投资860万元与大专院校合作研究速生人工林新材料绿色增值制造项目，目的在于加强板材的强度、阻燃防水等性能，提升产品的附加值和市场竞争力；金为新材料历时7年成功研发出钢铁精密复杂制造技术，主要应用于超高层建筑，截至2017年，全世界只有金为新材料和瑞士一家企业具备该项技术，该技术一旦广泛应用，将给企业带来发展机遇；英思达电波投资1000万元新建1条实用晶体元器件生产线，投产后可实现晶振类产品月产能1000万只，年产值2亿元；可孚医疗产业园年内部分完成征地和拆迁工作，完成平面设计图评审，国土用地手续报省国土厅窗口待批。

【五年行动计划有序推进】2017年，《关于促进工业发展的五年行动计划》得到有力推进，园区规划初步完成，基础设施建设得到夯实、征地任务全面完成。年内签约18个项目，协议引资30亿元，在洽谈项目6个。电商产业得到长足发展，引导12家大中小型食品加工企业转型升级、触网销售，重点培育湖南华康食品有限公司成为省级电子商务示范企业；发展物流、电子商务、信息技术服务、人力资源服务等生产性服务业企业17家。帮扶工作力度加大，四大产业帮扶工作强势开展，各产业办公室年内均成立。

【智能制造成效显现】为规划湘阴县智能制造改造，明确制造业转型升级的目标、思路、重点和保障举措，推进一批传统企业转型升级，着力建设智能制造创新高地，培育发展智能制造装备产业，实现湘阴县向工业强县的跨越，2月27日，湘阴县与长沙智能制造研究总院签订《湘阴县智能制造改造合同》，制订《湘阴县智能制造改造实施方案》，并按照目标推进。企业基础调研完成包含长康实业、元亨冷暖设备、英思达晶体电波等40家调研；湘阴县智能制造示范基地规划完成修订并定稿；湘阴县智能制造云平台的建设软件部分全部完成，云服务器安装到位；湘阴县智能制造专家讲座年内完成三期专家讲座及一次湘阴县重点工业企业参观长沙示范企业进行交流学习。

【地条钢企业取缔到位】湖南鑫光新材料科技有限公司自4月18日认定为“地条钢”问题企业后，湘阴县坚决落实“四个彻底拆除”，于5月初对该公司8台中频炉、7台变压器、4个除尘罩、轧钢部机械设备、轨道等设备全部拆除。7月初企业擅自安装3台中频炉，发现问题后，湘阴县立即采取行动，于7月20日对3台中频炉进行彻底拆除和销毁，同时对未安装的5台中频炉予以没收并全部销毁。该企业“四个彻底拆除”得到中央督察组的认可，年底在组织该企业积极申请转型生产。

【砖瓦窑厂整治有力】为严格落实国家《产业结构调整指导目录（2011年本）》文件精神，根据中央环保督察工作要求和县委、县政府统一安排部署，湘阴县实心黏土砖瓦窑厂进行全面彻底的整治。湘阴县砖瓦窑厂52家，其中列入2017年关闭取缔的砖瓦窑厂40家（24门以下）；列入整治限产至2018年6月30日前关闭取缔的12家（24门以上）。通过宣传发动及时动员、制订实施方案落实奖补、组织队伍实施强拆等措施，截至10月底，列入关闭取缔的40家砖瓦窑厂全面关闭拆除，列入整治限产的12家砖厂全部按照环保要求整改达标。

（杨　钺）

湘阴县工业和信息化局主要负责人名录

局　长	刘　杰（至7月）
	吴铁坚（7月任）
副局长	刘丈冰（至7月）
	郭建文（至7月）　刘国辉

药品经营

【概况】湘阴县医药总公司内设办公室、质管股、财计股。下辖1家药品经营公司、1家中药饮片加工厂、12家大药房。有干部职工310人。2017年是县医药总公司跨越式发展关键的一年，也是该公司战略发展中承上启下的一年。随着国家医药改革的逐步深入，管理更加规范，市场淘汰风险加大，企业生存空间越来越小。然而，县医药总公司全体干部职工在严峻的形势面前没有等、靠、要。而是发扬迎难而上、顽强拼搏的精神，在确保经营与改革两不误的情况下，严格按照县委、县政府的统一部署和要求，对上级交办的各项中心任务，认真逐项抓好落实。各项工作取得显著成效。全年上缴国家税收120多万元，比2016年增长21%，全年销售收入增长16%，职工社保金、医保金和住房公积金确保全额上交外，职工人均年收入增加3000多元。公司在全省同行医药企业中各项指标名列前茅。

【全面深化改革】年初，县医药总公司在面临内忧外困的情况下，主动提出“深化改革、开拓创新；确保稳定、促进发展”这一中心主题，并围绕这一中心切实落实以下措施：一是逐步提高职工收入和推行个人绩效考核。大胆改革分配制度，改档案工资为岗位工资和津贴，在中心大药房试点推行“个人计酬”，职工奖金直接与销售等劳动成果挂钩的分配制度。面对重重阻力和压力，公司领导深入基层调查研究，广泛听取职工意见和建议，做好思想工作，确定分配方案，维护职工切身利益。从分配制度改革以后，松散的管理得到加强，销售和毛利显著提升，差错事故相应减少，员工的积极性和主动性也大幅度提高。全年人均月奖由原来的700～800元，增加到1000余元。同时，还上调社保金、医保金、住房公积金的上缴比例，全年增缴40多万元。二是改善职工居住环境。先后筹资20多万元，对职工宿舍、下水道、厕所、垃圾围等设施设备进行维修和更新。还与三井头社区争取社区改造资金，对原有职工宿舍进行拆除，兴建职工娱乐休闲场所，逐步改善职工的工作和生活环境。另外对原有三栋职工宿舍全面进行维修，耗资10多万元。三是为职工群众排忧解难。公司一直把职工群众利益放在首位。公司党组考虑职工上缴住房公积金数额较低，青年职工无法得到公积金贷款的实际情况，决定大幅度提高住房公积金上缴比例，切实解决职工住房难的问题。年内公司有10多名青年职工都申请到住房公积金贷款。四是解决退休职工后顾之忧。公司党组在保障职工切身利益的同时，注重对退休职工的关爱，对100多名退休职工除每年召开一次座谈会和进行慰问外，还成立关爱退休老人组织，提供活动经费。11月，还专门组织退休老人洋沙湖一日游，解决老有所养问题。

【党风廉政建设】一是压实党组责任。与各单位签订党风廉政建设目标责任书，先后对各门店负责人进行常规约谈，各党支部对所有党员坚持“三会一课”“一会四评”等各项制度。同时在全体党员中开展学习习近平系列讲话和中共十九大会议精神，加强党员的四个意识、四种精神等教育活动，并通过开展“党员集中活动日”确立党员的先锋模范作用。二是加强制度落实。公司党组始终坚持把党风廉政建设纳入总公司全年工作重点进行部署，统一实施。党组主要负责人每个季度要听取各下属单位党风廉政建设和反腐败工作情况汇报。对县医药总公司所有涉及财务费用支出、基建和集中采购等有关制度，做到集体研究，公开、公正和透明。三是规范使用干部。组织开展对责任制落实情况的监督检查和考评，并将检查、考核的结果作为干部考核使用、评先选优的重要依据，切实维护党风廉政建设责任制的严肃性，确保党风廉政建设和作风建设各项任务有效落实。对县医药总公司基层负责人在德、能、勤、绩、廉方面进行考察，做到能者上、庸者下。县医药总公司近年来在干部使用上，确保相对稳定，促进公司持续健康发展。

【打造服务品牌】一是改革招工模式。改变过去一直招收固定工的做法，全部实行聘用制。无论职工子弟还是外招人员，一律实行聘用。享受社保金、医保金和职工福利的同等待遇，确保员工队伍的相对稳定，切实解决公司青黄不接的后顾之忧。二是实行员工全面轮岗。公司除特殊岗位不进行轮岗外，其他岗位一律实行半年一次的轮岗。三是全员进行培训。年内先后10余次邀请大型企业专业技术人员进行员工培训，并制定相关奖罚制度，大力提高员工的业务素质和服务水平，打造县医药总公司的服务品牌，促进公司的健康稳定发展。四是对标知名企业。2017年，公司按照县委、县政府要求，与长沙老百姓健康大药房进行对标。总经理刘国辉组织公司班子成员和各药房经理几次到长沙进行学习交流，学习先进管理经验。

（狄　武）

湘阴县医药总公司主要负责人名录

总经理　刘国辉

交通运输

【概况】县交通运输局（简称县交通局）内设办公室、人事股、法制股、安全股、基建股、计划股、企管股、系统工会、纪检监察室、武装部、计生办。二级机构有：道路运输管理所、农村公路管理所、港口航务管理所、质量与安全监督管理所、农村公路路政执法大队、城市公共交通管理所、客运总公司。2017年，县交通局围绕建设“左公故里、美好湘阴”宏伟目标，以办人民满意交通为总揽，以“对标对接、融长发展”为战略，以攻坚“一二四行动”为工作重点，以全力争资争项为突破口，以全面打响湘阴县交通大会战为抓手，努力打造平安、廉洁、务实、跨越四大交通建设，年内各项工作均有序推进。

【交通会战强势推进】一是交通建设大会战：新泉寺—望城乔口公路：完成全线路基土石方工程，完成在建部分桥梁主体工程建设，完成2.2千米中面层沥青混凝土油面摊铺；二合同段完成4.3千米下面层沥青混凝土油面摊铺。于10月1日完成半幅通车。武警长沙机场进场公路：路基完成100%，防护工程完成70%，排水工程完成90%，涵洞完成100%，桥梁完成100%，碎石垫层完成80%，水稳完成10%，完成投资1.54亿元。240国道岳阳县城区至湘阴县公路湘阴县段：完成全线路基、路面基层、路面下面层、路面中面层、桥涵工程等工程，并根据市委、市政府、县委、县政府工作计划安排，于9月18日开始进行通车试运行。完成总投资27950万元，完成率86.03%。湘阴县樟树港湘江大桥及连接线：完成通航、水保、节能评估、地灾压矿、规划选址报告。在抓紧办理国土预审、防洪评估报告。岳望高速：11月开始复工。平益高速：完成初步设计外业验收工作，项目投资人招投标工作，中标单位为湖南路桥建设集团有限责任公司，年底开工建设。城市轻轨：方案、成果未正式确认；市域旅游线路研究中；金龙站、洋沙湖站移至芙蓉路西侧；考虑采用磁悬浮或城市轨道交通轻轨列车。虞公港：工可报告编制完成，在进行外业地质勘察工作。湘江景观大道（湘阴县段）：全线按二级公路标准设计兼顾城市道标准，路基宽度22米，全长20.5千米。拟建项目主要控制点：苏栗围、樟树镇、静河乡、洋沙湖、远大路。本项目总投资约8.4亿元。年底在抓紧编制初步方案。湘江北路：线型走向基本确认，在抓紧对PPP模式的公司进行考察。农村公路：窄路加宽10.199千米，投入资金305万元，完成县乡路网硬化39.467千米，投入资金3785万元；完成重要县乡道旅游公路改造17.2千米，投入资金3678万元；危桥完工桥梁16座，完成投资990万元。安全保障设置完成计划里程140.87千米，完成投资1989.8万元。临白公路建设：杆线迁移和路基处理全部完成，完成路基和200米水稳层，完成投资120万元，12月竣工通车。界华路建：完成清淤换填、挡土墙、片石抛填、挖填土方、砂石回填，在抓紧进行原混凝土路面破碎，碎石垫层精加工，完成征拆及建设投资1000万元，11月竣工通车。争资争项：年内县交通局向上级争取的项目资金18150.81万元。

【行业监管规范有序】一是运输市场整治方面。道路运输市场：在“打非”过程中，县交通局积极开展工作，一直保持着高压态势，在一定程度上抑制非法营运。年内县交通局向市民发放相关的法律法规宣传手册8000余份；查处非法营运黑车95台，摩的110台，处罚金额37万元；检查道路运输车辆3000台次，查处和纠正非法经营行为535起。通过狠抓、严管、重处，湘阴县道路运营环境得到进一步净化。另外，按照政府常务会安排，县交通局积极推进公交车改革，于9月2日完成原有公交车的回购工作，并对回购公交车进行检修，重新组织未报废的车辆采用公车公营的模式重新投入运营，保障公交改革过渡时期湘阴县市民的出行。同时，对通达公司进行信用等级评定，在抓紧议定合同细节。水上运输市场：3月和7月国务院、省、市、县先后安排部署安全生产专项整治和安全生产大检查2项重大专项行动。自专项行动开展以来，县交通局始终高度重视，严格贯彻落实上级要求，扎实开展两大专项行动，顺利通过9月底国务院安全督查组对湘阴县的安全工作检查。二是工程质量管理方面。扎实推行坚持程序，严格监管，加强巡查，加强检测为主的工作措施，对所管辖的工程建设进行严格管理。先后开展安全检查5次，巡查4次。另外通过检测公司对桥梁建设的各个部位进行抽样检测和施工原材料检测，发现不符合设计要求，签发监督停工令1份，确保工程建设质量、安全均处于受控状态。三是安全生产工作。组织开展全县“落实企业安全生产主体责任年”活动、全县道路运输“隐患清零”行动、安全生产专项整治行动、“大排查、大整治、大管控”等四大行动。突出抓好交通工程建设项目的安全监管，涉水乡镇渡口码头、渡船渡口码头的标准化建设工作，“打非治违”工作，宣传教育培训以及节假日的现场值班值守和重点工作安全维护工作，全力落实督办函督查整改回复工作。

【中心工作紧抓不懈】一是精准扶贫不断深入。县交通局成立“脱贫攻坚大会战”办公室、行业扶贫领导小组、驻村帮扶领导小组，由局长李峰负总责。县交通局下属各单位也相应地成立机构，进一步明确目标任务，加强工作责任；同时统一思想、加大宣传力度。该局相继召开党组会、机关干职工、二级机构一把手和办公室主任、退休退线老人和家属代表等专题会议；详细制订《继续开展“三访三解三比三促”活动实施方案》（包括《“四三”活动安排表》《结对帮扶表》）《脱贫攻坚工作方案》等方案；并发放《致全县人民的公开信》580份；认真组织、全力兴办实事。重点走访拦河坝社区困难群众30户（预脱贫户），七种对象20户（有影响力人物、党员、现任或卸任村干部等），帮扶资金6.8万元。对群众反映的问题和意见高度重视，认真进行部署安排，将拦河坝社区3条路的维修纳入计划笼子，由县交通局牵头，公路所具体负责实施，大力改善拦河坝社区的交通基础设施。在杨林寨维稳大事上，县交通局继续按照县委、县政府提出的“一进二访三包四讲清五反思”的指导思想，联合县直各单位以及杨林寨籍在县工作人员进驻联点村白洋湖村，实行分片包干负责制，第一批投入资金2500元慰问贫困户，并对13名贫困学生进行每人每年1000～1200元的教育帮扶。经过不懈努力，得到人民群众的肯定和支持，维护一方平安稳定。二是政风行风不断提升。深入开展“两学一做”学习教育，各级党组织精心组织，广大党员积极参与，组织生活制度化、经常化，基层党组织功能明显增强。坚持正确用人导向，全面加强干部教育管理，大力营造干事创业氛围。认真落实党风廉洁建设“两个责任”，深入推进“雁过拔毛”式腐败问题和“纠‘四风’、治陋习”专项整治，切实抓党风、促政风、带行风。不断规范交通行政行为、执法行为和从业行为，推动交通运输事业持续发展。三是环境整治不断优化。在接到岳阳市地方海事局（《岳地海函〔2017〕17号》）关于要求全市各港航所开展规范港口作业行为的文件通知后，县交通局立即安排部署湘阴县港口码头作业行为专项整治，召开7次专项整治工作会议、向9家相关港口码头送达《关于规范湘阴县港口作业行为的通知》、对8家港口码头法人或经营人进行约谈、张贴宣传标语20余条，派出执法人员800多人次、公务执法艇70多艘次，现场巡查港口码头320多次，现场下达4份责令整改通知书。通过加大巡查力度和处罚力度，确保整治工作实效。另外，根据市处发《关于开展岳阳市维修企业（门店）废机油、废铅酸蓄电池处置专项整治行动的通知》精神，联合县环保部门积极组织及实施维修企业（门店）废机油、废铅酸蓄电池处置专项整治行动。组织全县51家维修企业召开全县道路运输车辆维修企业安全技术管理贯彻实施工作会，并协助其中41家维修企业门店与湘阴县浩宇废油收集公司签定合作协议。其他固废收集处置、烤漆房改造、环保备案工作，企业在以湘阴县汽车行业商会名义牵头联系落实。

（黄　波）

湘阴县交通运输局主要负责人名录

局　长　李　峰
副局长　刘兴隆　邵志高（12月任）
张松林（12月任）
周孟龙（至7月）
甘平安（至7月）

公路管理

【概况】湘阴县公路管理局（简称县公路局）内设办公室、政工股、工务股、财审股、机安股。下辖大桥管理所（副科级单位）、路政大队（副科级单位）和公路管理所，担负着全县境内123.242千米省、县道的公路建、养、管和湘阴县湘江大桥、临资口大桥等管、养职责，2010年，搬迁至县新世纪大道新址。全局现有在职干职工141人，离退休干职工59人。其中，大学本科19人，大学专科65人；中级技术职称13人，初级技术职称27人。2017年，县公路局以“对标长沙”活动为契机，全面提升公路建、养、管水平，按照年初既定的工作思路和目标，凝心聚力、勇于担当，各项工作与时俱进，不断推动湘阴县公路事业大发展。

【公路养护】一是加强日常养护稳定路况。加强“六率”考核，深入开展“专项月”活动，严格按照养护标准抓好日常养护工作，以省道干线公路养护为重点，发现病害及时处理，做到及时性和预防性养护。全年完成路面挖补1080平方米、修补沥青路面坑槽1840平方米、水泥路面换板548平方米、板角处治86平方米、裂缝处治21200

米、清挖高路肩1250平方米；平均每月清扫路面148平方千米、清理路肩堆放物2400平方米、清除杂草240平方千米、清理垃圾180立方米、好路率94.046%。二是开展劳动竞赛，抢修水毁公路。做好雨季巡查工作，收集各线路路损情况及图像资料，认真做好除险、排水工作，大力开展“雨季杯”劳动竞赛活动，加强道路雨季养护，获得“雨季杯”劳动竞赛“优胜单位”称号。自6月底始，连续强降雨，管养道路水毁严重，养护干职工奋力抢修，及时修补管养线路路面坑槽、边坡、水沟等，先后投入水毁抢修资金60多万元。全年清理坍方120立方米、修复路基缺口1469立方米、疏通涵洞8道、疏通边沟2553米、整修开挖边沟340米、清理水毁路面淤泥3500平方米，确保雨季道路安全畅通。三是完善规范桥梁养护管理。成立桥梁养护管理领导小组，明确专职桥梁养护工程师职责，完善“三个一”责任制。加强湘江大桥和临资口大桥的日常养护和监测工作，对两座大桥进行全面检查，完善检查资料。禁止湘江大桥上下游挖砂船挖砂，组织专业队伍对湘江大桥伸缩缝进行维修更换，对湘江大桥和临资口大桥的航标灯进行维修，确保大桥安全畅通。组织有资质的检测单位对合龙桥、保合桥和漕溪港桥进行定期检查，完成危桥入库申报工作。四是加强安全防护工程建设。加强生命安全防护工程建设和摸底申报工作，进一步完善公路使用功能，确保公路通行更加安全。对057县道文南线不符合规范要求的钢护栏进行更换；完成064县道界樟线安全生命防护工程计划；对050县道牛大线和059县道培长线安全生命防护工程进行调查摸底并申报；对308省道线K193-K207沿线护栏缺损情况进行排查，及时上报且逐一处治到位；对308省道线鹤龙湖新村路口安全隐患和凤南、杨红、新泉、西林等急弯隐患路段进行处治。

【公路执法】一是加强执法队伍建设。狠抓政治业务学习和培训，利用每周例会学习相关文件和法律法规，提高执法人员的工作能力和水平。二是加强法律法规宣传。自5月22日起开展为期一周的路政宣传月活动。活动以“规范执法，提升服务”为宗旨，围绕“爱路护路、保障畅通”为主题，通过出动宣传车、散发宣传单、张贴悬挂标语、走访座谈、路政巡查、集中整治等多种形式向群众宣传《中华人民共和国公路法》及《国务院公路安全保护条例》《超限运输车辆行驶公路管理规定》《进一步做好货车非法改装和超限超载治理工作的意见》等法律法规及超限超载运输危害的典型案例，提升全民爱路护路意识。活动出动宣传车20余次，悬挂宣传标牌4块，发放宣传单1200余份，拆除非公路标志牌10块、横幅6条。三是加强制度内业管理。在日常工作中，注重定责任抓落实，加大路政巡查力度，科学制定巡查方案，发现问题及时处理；严格按国检标准规范内业资料，做到资料齐全、真实有效。四是加强超限超载治理。全力参加湘阴县严厉整治货运车辆超限超载大会战行动，联合交警、运政等部门开展为期一个月的“治理超限超载集中宣传活动”。依法依规严厉查处非法改装车辆上路行驶、道路货物运输源头超限超载、路面超限超载等运输行为，有效遏制超载车辆非法行驶。全年开展集中联合执法30余次，出动宣传车辆35台次，执法人员60人次，检查货运车辆18245台次，查处违法超限超载车辆130台，配合交警扣分183分，行政拘留4人，依法恢复、拆除非法改装车辆34台，强割“马槽车”16台，处罚源头企业3家。五是加强路域环境整治。牵头参与全县路域环境整治，配合县政府制订《全县路域环境综合治理工作方案》，对省县干线公路存在的违法行为进行摸排登记，先后排查线路7条，查处违法行为308处，并要求各乡镇政府和相关职能部门配合限期整改。全年拆除非公路标志标牌510块，拆除违法棚点20余处，清理公路两侧堆物放料200余处。

【队伍建设】一是加强培训学习。利用空闲时间举办安全和业务知识培训班，加强学习，提升队伍素质。组织技术人员参加专业执业资格考试。二是加快路网改造。完成横渔咀桥加宽公路并线等增补工程项目；积极争取S308线凤南桥至新泉段3.6千米大修项目，由于该路段车流量增大，重车增多，需进行大修提升路况。县公路局组织技术人员完成对该路段情况调查和相关数据采集工作，初步制定大修设计方案，为启动大修建设做好前期准备工作；308省道线鹤龙湖段随着车流量增大，路面病害增多，同时为对接鹤龙湖镇城镇建设，需要进行拓宽改造。局领导向县委、县政府做专题汇报，由县公路局配合设计院完成前期工可、设计、评审，争取尽快完成一阶段初步设计，尽早启动该路段拓宽改造。

【安全生产】一是健全组织机构，明确安全责任。成立安全工作领导机构，严格落实“一岗双责”制度，逐级签订安全生产目标责任状，制定2017年湘阴县公路局安全责任清单，明确各部门、各单位安全责任，严格执行“尽职照单免责、失职照单追责”责任主体制，做到一级抓一级，层层有人管，从源头上保证安全工作有序开展。二是加强宣传培训，增强安全意识。通过开展“春运”“安全生产月”“打非治违”等专项活动，开展安全教育培训，悬挂安全横幅，制作安全知识宣传栏，持之以恒开展安全宣传教育，牢固树立“居安思危，安全重于泰山”的忧患意识。6月20日，组织机安、路政15人参加在左宗棠广场举办的“安全生产宣传咨询日”活动，发放安全常识小册子500余本，展出安全常识展板2块。全年多次组织安全监管人员参加市局、县里组织的各类安全教育培训活动。三是加强隐患排查，加强机务管理。严格按照“一单四制”工作要求，加强安全隐患排查，定期对重点路段、桥梁和施工现场进行安全检查，发现隐患，及时整改，投入120多万元对管养路段多处安全隐患进行整治，以安全促生产，以安全保效益。对全局机械设备和行政用车进行检查和保养，确保行车安全。全年安全形势良好，未发生任何安全事故。

（余利红）

湘阴县公路管理局主要负责人名录

书记、局长　胡耀军

副　局　长　陈铁祥　鄢　辉　邵志高

电力供应

【概况】国家电网湘阴县供电县供电公司下辖6个部室（综合管理部、发展建设部、运维检修部、营销部、电力调度控制分中心、乡镇供电所管理部），6个班组（输配电运检班、变电运维班、营业班、抄表班、计量班、用电检查班），2个多经县供电公司（湘阴县明源电力建设有限责任县供电公司，恒力电力电杆加工县供电公司），8个农村供电所、2个农村营业网点，现有正式在岗员工149人，集体工9人，退休职工88人，农电员工385人。8个供电所（南湖、洞庭、新泉、岭北、浩河、城南、界樟、长仑供电所），2个营业网点（杨林寨、城郊）。全县有15个变电站，容量393000千伏安。其中110千伏变电站6个，容量302000千伏安（2014年12月由市县供电公司检修、县供电公司管理维护）；35千伏变电站9个（长仑变、城南变、樟树变、丁家山变、鹤龙湖变、兴隆变、南湖变、西林变、岭北变、岭北白沙变、杨林寨变）；全县有输电线路35条，长度335千米。其中110千伏线路11条、长163千米，35千伏线路14条、长172千米。全县有配电线路90条、总长2171千米，配电变压器3335台。城关用电客户38809户，农村公变台区3035个，农村专变台区898个。2017年，县供电公司围绕“进军省十强、争当排头兵”这根主线，为加快推进“三十工程”建设，提供安全可靠电力供应，服务地方经济社会发展，奋力争先，务实工作，取得较好成效。获评岳阳市供电公司党风廉政建设先进单位、湘阴县综合绩效考评优胜单位。

【安全生产】2017年，县供电公司扎实推进安全生产各项工作。深入开展标准化作业。坚持每周一次安全生产例会和每月一次安全生产分析会制度，做到检修有计划，且严格按计划进行。全面实施调控一体化、运维一体化，提升对电网的调控和应急处置能力，确保电网安全稳定运行。务实开展春季、秋季安全生产大检查和设备专项整治行动，对检查发现的问题逐项按要求有序整改。继续完善风险评估管理工作，进一步提高安全生产管理水平。加强现场安全管控，有效防控安全风险。年内，县供电公司没有发生责任性事故，没有发生市县供电公司和省县供电公司督查的严重违章行为和考核的安全事故。创市县供电公司无违章现场8个，创省县供电公司无违章现场2个。截至12月31日，实现连续安全生产5650天。

【防汛抗灾】始终立足于防大汛、抗大灾、抢大险，认真整治防汛安全隐患。6月29日至7月2日，湘阴县遭遇特大暴雨，全县各支流水系和各大水库全面超警戒水位，在严峻的水情汛情面前，县供电公司积极响应县防指号召，迅速组织12支“电骆驼”共产党员服务队，夜以继日架设抗洪照明线路286千米，安装防汛照明灯9187盏，出动一线抢修员工951人次，出动车辆761台次，投入大量应急物资，冒雨抢修全县受损电网设备，为全县防汛救灾和恢复重建提供安全可靠的电力供应。7月4日，县供电公司防汛抗灾保电工作得到县委、县政府和县防汛指挥部的充分肯定和通报表彰。

【营销服务】2017年，售电量完成8.08亿千瓦时，增幅7.25%。县供电公司进一步深化营销服务，确保营销服务工作稳步提升。加快推进营配调贯通建设，充分利用信息技术手段加强营销专业管理和业务管理，积极开展营销现代化和费控工作，推进营销管理工作再上新台阶。加强台区关口管理，确保台区同期线损合格率达到要求。加强分类用电定比定量核查工作，确保电价政策严格执行到位。全面整治供电服务中的突出问题。加强服务协同，加强电子政务建设及12345热线工单办理工作。按时接收和办理各类公文，及时传阅、督办和工作衔接。对12345热线工单，主动与反映问题的客户取得联系，并派相关人员现场核实，分管领导审核签字后，行文盖章在规定的时限内都一一予以回复，截至12月31日，县供电公司所有工单办结率和回复率均100%。合理安排计划停电检修电网运行方式，加强电力调度领导和值班工作，最大限度避免长时间停电。充分发挥24小时抢修综合服务功能，真正为用户用上电、用好电。认真办理招商引资企业的用电手续，扎实做好特困企业、改制企业职工用电工作，为困难企业职工用电排忧解难。积极做好项目帮扶企业工作。为保障远大园区扩产和金龙新区的电力负荷需求，积极主动与岳阳供电公司、湖南省电力公司等单位汇报对接，争取政策支持。全力配合做好湘阴县境内京珠复线、平益高速、240国道杆线迁移及城区主干道提质改造电力线路电缆入地相关工作。供电服务得到进一步提升。

【电网发展】按照“依法开工、有序推进、均衡投产”总体原则，加强项目过程管控，切实抓好新建变电站配套线路、重过载线路、完善村网工程、城关新增布点，有力有序完成28个帮扶村、12个为民办实事村和5个光伏发电扶贫村的农配网改造工作，加快完成10.2万户集抄建设改造和上线录入工作。年内，完成农配网改造项目投资4000余万元工程。如期完成2018年配电网规划县级报告修编工作。

【三个建设】积极开展“两学一做”“一进二访三提升”“共产党员服务队”活动，公司领导班子带队到该公司“精准扶贫”村湘滨镇姑嫂村走访慰问困难户，开展党员一对一结对帮扶活动，防汛救灾保电出动“电骆驼”共产党员服务队11支、出动次数72次、出动人次402次，受到县委、县政府通报表彰并获评先进集体。深化全员绩效管理，完善全员量化考核体系，加强劳动纪律考勤工作，有效调动员工工作积极性。新闻宣传报道工作富有成效。全年完成宣传报道87篇，其中在市级及以上新闻媒体刊发12篇，较好地完成市公司下达的新闻月度考核任务。创标杆工作、班组信息化管理、文明创卫、综治民调等工作有序有效开展。认真落实党风廉政建设责任制和“一岗双责”，加强纠风和行风建设。全年县供电公司没有发生被执法部门查处的违法违纪违规的人和事。班子团结，队伍稳定，企业和谐。

（陈义明）

国家电网湘阴县供电县供电公司主要负责人名录

总 经 理	唐　武
党委书记	陈必昌
党委副书记	钟献威
副总经理	田新成　黄丽丹

邮　政

【概况】中国邮政集团公司湖南省湘阴县分公司（简称湘阴邮政）内设综合办公室、市场经营部、代理金融中心和大客户中心等4个部门。辖邮政网点18个，其中综合网点（邮政储蓄＋邮政营业）11个、纯储蓄网点5个、纯邮政营业网点2个、空白乡镇补建网点8个；从业人员184人（不含邮政储蓄银行和速递物流公司员工），其中专职投递人员40人，每个乡镇基本配备2～3个投递员，投递段道37条，投递里程2850千米，投递总面积1500多平方千米。业务范围涵盖邮政金融类、邮务类、速递物流类三大类业务，具体开办信函广告、快递包裹、电子商务、电子汇兑、报刊发行、速递物流、集邮、邮政储蓄、代理银行业务、代理保险、代收费、代发资金等传统业务和新型业务。2017年，湘阴邮政围绕企业的中心任务，全面贯彻落实省市邮政工作会议精神，以推进“一体两翼”经营发展战略为主线，按照年初确立的“明目标、抓管理、提素质、促发展，努力实现湘阴邮政跨越发展新目标”的工作方针，积极采取有效措施，对内加强管理，为发展打好基础，对外大力加强市场营销，以发展促巩固。针对市场形势和公司的实际情况，及时出台相关的制度，调整营销策略，在经营管理、安全生产、党建工作等方面取的较大进展。全年实现邮政业务收入5209.3万元；邮政储蓄规模21.35亿元，年内新增3.73亿元；邮政函件进出口121.13万件；包裹快递业务量15.02万件；邮政报刊期发数：10.95万件；建成综合服务平台318个，基本建成覆盖城乡的邮政服务网络。

【助推邮储发展】随着年内湘阴县多条道路和地方各类园区建设的相继展开，征地拆迁项目增多，为此，湘阴县邮政迅速采取应对措施，公司各级各部门组织人员对重点项目积极跟进、攻关，主动上门服务。成功揽收金龙新区多个村组征地资金2740万元、文星镇征地资金2000万元、顺天集团征地资金1200万元，为完成“跨年度竞赛”“二三会战”“百日攻坚”等业务竞赛活动奠定扎实基础。

【构建和谐企业】2017年，湘阴邮政按照市公司提出的“讲关爱、利民生，全面促进和谐企业幸福发展”的工作指导思想，以改善和提高员工的福利待遇，将员工打造成为对公司对社会有用的人作为自己的使命，一方面大力发展业务，提高物质基础，一方面加强思想教育，增加精神食粮，充分利用公司的各种平台，努力营造和谐的企业环境，同时进一步畅通职工诉求通道，加强职工心理疏导和减压方面的维权，使职工深切感受到邮政大家庭的温暖。加强党组织建设，充分发挥党组织、工会的作用。按照党总支2017年的工作计划，认真推进“两学一做”学习教育常态化，每月组织党员干部进行党课学习。通过政治理论学习，党员干部的思想认识和管理水平有明显的提高，在实际工作中他们以身作则，处处起到表率作用。组织开展一些有益员工身心健康的活动。如“五一环湖跑步比赛”“庆十九大职工卡拉OK比赛”。通过比赛活动的开展，既锻炼身体，陶冶情操，又加强交流，加深感情，促进团结，提高队伍的凝聚力，营造一个健康和谐的企业环境。

【队伍建设】队伍建设是企业经营管理的重中之重，2017年，湘阴邮政非常重视干部员工的思想素质教育，引导员工从大局出发，向前看，向远看，树立正确的人生观、价值观和世界观。尤其是提高中层骨干的业务技能和管理能力，使他们成为公司发展的中坚力量。通过实行干部员工动态管理，最大限度地激发干部员工的奋发向上，让干部有危机意识而更加努力地工作，让普通员工有“盼头”而更加努力地去学习，去提高自己的业务技能和综合能力。年内，有5名骨干由营业岗位聘任为网点负责人，对多名员工的工作岗位进行调动。通过这种能者上，庸者让的竞争机制和干部调动机制，培养一批志同道合、真抓实干、敢于管理、擅于管理的干部队伍，和一批爱岗敬业、不畏辛苦、任劳任怨、积极向上的员工队伍，在这些干部员工的努力拼搏下，公司得到健康快速的发展。

（江　桅）

中国邮政集团公司湖南省湘阴县分公司主要负责人名录

总 经 理　李志勇
副总经理　吴　珊　左建武
　　　　　　朱祖宋（至7月）

电　信

【概况】中国电信湘阴分公司（简称湘阴电信）内设综合管理部、销售服务部、网络部、政企客户部。下辖10个生产中心、16个农村支局，有在岗职工85人。2017年，湘阴电信以全面把控市场动态，明晰市场区域划分，坚决完成年度收入目标为工作指导思想，紧跟市公司发展的步伐，齐心协力务实进取，对外积极拓展市场，内部狠抓划小承包，全面落实倒三角支撑。全年完成业务收入7847万元，完成年度计划的113.09%，完成超越目标的99.58%，排名县市分公司第一位。其中，计费平台收入由年初的576万元提升至11月的717万元，提升幅度24.48%。在业务发展方面，至年底，累计发展移动用户57103户，累计发展宽带13996户，累计发展ITV18990户。

【夯实基础建标准】2017年，湘阴县电信仍处于全业务经营的初级阶段，各项基础工作都在规范、完善，在业务上，逐步规范并完善业务受理流程、业务稽核流程、收入管控流程、客户服务流程、存量保有流程、欠费收缴及退减免处理流程等；在管理上，湘阴县电信逐步建立标准，如经营业绩考核办法、客户经营项目制办法、服务质量管理办法、欠费管理及续费项目制考核办法、社会渠道建设标准及规划等等。并取得较好业绩。一是平台收入逐月提升，收入目标全面实现。年内湘阴县电信完成严格口径收入7847万元，完成年度收入计划（6939万元）的113.09%，超额完成年初预算收入目标。其中，市场口径收入进度排名县市分公司第一位，严格口径收入进度排名县市分公司前二位，平台收入较年初增长142万元。二是移动宽带规模发展，发展质量显著提升。年内累计发展移动57103户，移动市场份额由年初的15.1%提升至近21%，提升幅度在全市排名靠前，每月的移动发展也进入县市分公司前列。在宽带业务发展方面，累计发展宽带13996户，在其他运营商激烈的竞争环境下，湘阴县电信能超额完成市公司下达的发展及净增目标，实属不易。在竞争的外部环境下，湘阴县电信的宽带市场份额始终保持绝对优势。每月的宽带发展中，湘阴县电信宽带完成率始终排名县市分公司前几位。在ITV业务发展方面，累计发展ITV18990户，发展稳步提升，电信电视用户的渗透率进一步逼近老牌的电视运营商。三是渠道规模拓展，渠道效能提升明显。年内全力拓展渠道网点，新建、改造、策反异网全面突破，特别是大力引进强商，组建核心商圈营业部，每月开展大型的内购会、抢购会，移动日均发展量及过网市场份额一度超过友商。社会渠道单点销售能力得到明显提升。四是存量流失有效遏制，欠费回收效果显著。针对移动、宽带流失加剧的态势，湘阴县电信从维系队伍、维系举措、维系激励、项目制考核等维度加大存量维系管控力度，年内各项维系指标得到明显改善与提升。

【推进经营创新】2017年，优化划小承包工作，对经营单元等部门架构与中层骨干进行选拔与优化调整，将一批业务能力拔尖、责任心强的员工充实到中层骨干队伍与渠道经理队伍，调整后，使得湘阴县电信的部门架构更合理、营销队伍更强大、配合更加默契、经营管理更精确，提升湘阴县电信的经营管理与营销服务能力。在营销组织上，在实践中探索、提升营销方法，加强营销组织与执行力度，每月组织由领导带队，督导与帮扶支撑团队下经营单元进行现场帮扶与指导，送培训下基层，开展“以赛代训”的营销方式，提升各级经营末梢的营销能力。在经营管控上，湘阴县电信不断提升管理团队的经营管理能力，建立健全经营管控举措，加大对收入与发展的业务稽核、通报管控、质量管控、数据挖掘、点评分析与考核通报力度，提升湘阴县电信的经营管控能力与水平。

【扎实推进网络转型】2017年，湘阴县电信全面承接上级公司工作安排，有条不紊的开展网络互联网化工作，年内通过EPON窄带缩容、光网平移等方式，退网DSLAM设备35套、ONU设备344台，缩容传统宽带端口5502线、楼道交换端口570线，全面完成市公司下达的退网任务，完成退铜17.33吨，全年节约能耗费用5.25万元。同时积极开展接入网优化工作，全面开展OLT级联整治，全面清理光缆资源，OLT直达BRAS率100%，对波分设备进行升级扩容，新增樟树、袁家铺两套波分设备，扩容白马、南湖、新泉、界头铺波分10G端口，在中心局新增MSE设备一套，全县出局带宽升级到160G，新增躲风、兴荷基站、茶湖潭、玉华、沙田五台农村OLT，新增中心局、兴湘、太傅、江东4个机房、6台城市万兆OLT。升级杨林赛、沙田、东塘、新世纪、浩河、河西、樟树、乌龙、西林、南阳、袁家铺、兴荷5680T、白湖、长康C300OLT上行为万兆。扩容石塘、柳潭、开发区、界头铺、湾河、躲风、茶湖潭、赛头、南湖、新世纪、车马、玉华、六塘、中心局、新泉、岭北、南湖、和平闸等18个点的OLT上行15条，有效降低网络风险和瓶颈，全面支撑市场发展。全面IPRAN环路优化和整治工作，实现重点业务成环保护，期末IPRAN成环率82.83%，余下4条环路在紧张处理当中。全面开展网络侧和用户侧光衰整治工作，期末网络侧光功率88.59%，用户侧光功率达标率96.16%，全面完成上级公司下达的接入网优化工作，为实现省公司大数据、大视频、大流量战略布置打下坚实基础。为进一步加快网络建设，年内完成FTTH光网投资717万元，新建农村光网端口12000个，完成接入网主干光缆投资76万元，新建主干光缆60皮长千米，

3000芯千米，完成平安城市、教育信息化网等政企类投资250万元，新建10个万兆IPRAN政企环，开通入网800M基站37个，1X基站2个，光网和无线网能力得到进一步增强。

【稳步推进装维提质】一是管理提质。对装维服务管理上存在的流程点管控不严、重大服务问题管理不力，人员管理力度软弱等问题，县分公司一方面选聘责任心强、业务熟练的人员上岗，对工单的关键流程点予以管控，另一方面在市公司支持的基础上再增加两名装维备员名额，用于装维队伍优化和应急支撑，用明确的制度和规则针对性的解决装维人员管理问题。二是支撑提质。明确管理人员和综合化维护人员倒三角支撑责任，对装维人员多途径进行在线支撑，除11832526外，装维人员可通过易信、QQ、微信、电话多途径对日常工作中存在的疑难问题进行反映，OLT维护人员、资源维护人员等支撑人员与装维人员同时进行延时值班，负责对装维人员反映的问题进行一点受理，按专业指派，多角度的确保装维人员自身无法处理的问题得到及时解决。三是人员提质。设立装维内训师，在客户端维护中心选拔责任心强业务技能高的优秀人员兼职内训师，负责对全县装维疑难工单的支撑帮扶与培训，每一项新业务或新指标上线前，网络部第一时间会同内训师全面了解并熟透这些业务和指标，再在全县内逐级加以推广，确保不走弯路岔道。优化装维队伍：在确保装维队伍基本稳定的大前提下，策略性的通过再培训、警告、劝退等程序对落后装维人员进行人员替换，全年替换淘汰6名装维人员。通过以上各项举措，湘阴县电信装维工作彻底扭转过往落后的局面，期末各项指标全面达标，装维精品窗口达到100分，指标的提升不止带来客户的认可，装维人员责任心、归属感也逐步增强，真正做到客户满意，自己满意，前端满意。

【维护工作改革】2017年，根据市公司维护划小工作安排，湘阴电信重新调整综合化维护区域，设立4个综合化维护班组，聘任维护经验丰富、责任心强的4名负责人担任承包责任人，重新划分维护区域，变更系统派单策略，建立服保装维工单非装维人员责任转派机制，严抓工单接单及时率与处理及时率，维护管理效率大幅提升。全年累计发生故障1342起，其中传输故障75起、电源故障27起、数据、接入网故障105起、政企VIP客户、无线故障983起、光衰整治152处。累计受理杆线维修工单1160张，所有故障均得到有效及时处理，障碍处理及时率100%，各项支撑保障工作得到公司内外一致好评。

【健全绩效体系】湘阴电信在日常维护工作中严格兑现相关文件精神，形成一套以正向激励为主，适度考核为辅的绩效考评体系，有效的提高运维一线员工的工作责任心与积极性。首先，致力于人文管理，坚持思想工作、生活交流，与日常态工作执行紧密融合，广泛地与员工沟通交流，讲形势，讲个人业绩，讲企业愿景。同时，坚持高标准严要求地开展运维各项工作，所有的工作信息实施全面共享，让每位员工都解全局工作方向和思路，把每件事都当成自己的事来看待，形成一个良好的工作氛围和工作环境。最重要的是，做到身体力行，运维线的干部职工加强实践，主动深入生产最前沿，与一线员工长期同劳动，同工作，同生活，共同促进共同提升。

（杨建辉）

中国电信湘阴分公司主要负责人名录

总 经 理	王正平（至11月）
	汪　靖（11月任）
副总经理	蔦云峰　曾　超

移动通信

【概况】中国移动通信集团湖南有限公司岳阳市湘阴县分公司（简称湘阴移动）内设综合部、市场部、网络部，下辖政企客户中心和四个营业部，有干部职工78人。2017年，湘阴移动按照全年制定的思路目标，结合县委、县政府全年重点工作，主要从业务发展、网络建设及综合管理等方面，比拼赶超竞争对手，推进提速降费利民政策，提升网络覆盖和客户服务，夯实党建基础，巩固文明建设成果，做好精准扶贫工作，全年各项工作如期保质完成。

【生产经营】2017年，湘阴移动全面完成运营收入，同比增幅5.04%，净增4G客户数23390户，期末客户市场份额为58.21%，净增宽带客户数9361

户。客户满意度领先度、网络感知满意度领先度均排名区县分公司第三；移动客户整体NPS领先度排名区县分公司第一；宽带满意度、专线满意度排名区县分公司第二。2017年，湘阴移动高度重视政企集团单位拓展，有效组织各客户经理、各营业部及社会渠道对重点集团单位开展攻坚行动，取得较好的效果。同时，积极响应中央提速降费精神，顺应用户呼声，以提速降费实效惠及地方民生（9月1日起，全面取消手机客户国内长途和漫游费）；严格落实手机实名制工作，通过严管控、勤督导、细整改，确保信息安全。

【通信建设】2017年，在公司“争先创优”的定位目标指导下，围绕“加强管理、保证质量，降低成本、提高效益，深化改革、加强支撑”的网络运维方针，加强基础管理、网络优化、大客户支撑以及安全生产等方面工作力度，积极开展降本增效活动，取得一定的成绩。公司全年施工开通完成47条农商银行专线、9条林业局专线、和另外95条互联网专线，完成211条政府电子政务网的查勘设计。行政村通宽工程完成107个（湘阴县行政村153个），占比69.9%，其中全覆盖行政村25个，全覆盖占比16.3%，推送自然村130个。在2017年4.2期、行政村LTE基站建设中，湘阴县计划建设LTE基站82个，继续加大在城区、工业园区、旅游景点及道路、高速覆盖，开通宏站64个，室分7个，微站11个，确保信号在城区的深度、广度覆盖，为市场发展提供强有力支撑，为全县通信网络畅通提供强有力的保障。

【综合管理】一是以“五化一提”为抓手，推进党支部标准化建设，严格落实“管党治党，从严治党”主体责任，推进“两学一做”教育制度化常态化，贯彻落实“三会一课”制度，加强监督执纪“四种形态”，党建和生产融合互促融合、同频共振。二是建立健全工会组织机构，推行“暖心工程”、职工之家“五小”建设，开展“两节促销”劳动竞赛和创先争优竞赛、举办“幸福1+1”“最美移动人”“H-EAP员工幸福成长计划”“走、转、听”工会活动等。三是抓好安全生产，严格落实“一单四制”，建立安全隐患清单，开展全面安全生产检查，建立严格的领导督办机制，加强提高安全生产从业人员“四个能力”，不定期组织消防安全培训和疏散演练，建立志愿消防队，筹建微型消防站，每天定时防火检查、巡查。四是高度重视精准扶贫工作、在争取扶贫资金、信息化行业、扶贫走访慰问成绩显著。五是弘扬时代新风尚引领公司党员干部和全体员工做社会主义道德的示范者，学习雷锋、奉献他人、提升自己，广泛普及低碳生活理念，本年度治安状况佳，工作环境好。

（刘超男）

中国移动通信集团湘阴县分公司主要负责人名录

经　理　陈　煜
副经理　李志辉

地方海事

【概况】湖南省湘阴县地方海事处（简称湘阴海事处）（加挂“湖南省湘阴县船舶检验处牌子），负责辖区水上交通安全监督和防止船舶污染水域，管理水上交通航秩序和通航环境，调查内河交通事故，负责辖区船舶进出港口签证管理，对辖区运营船舶和渡运船舶检验申报（市局授权范围），负责辖区水上，水下施工作业审查等。内设办公室、安全监督室。有工作人员9人。湘阴县是一个湖区县，有通航水域305千米、客渡35处、渡船42艘、汽渡4处、每天进出港口船舶200余艘、大桥3座，枯水期还有汶泾滩、南门港至湘阴县湘江大桥航道瓶颈2处，点多、面广、线长，安全监管任务十艰巨。2017年，湘阴海事处把安全监管作为唯一主轴，把队伍建设作为基本依托，团结一心、忠诚履职、攻坚克难，较好地完成市局党委交付的工作任务，部分指标同比跨越式增长数倍，整体上保持辖区水域平安畅通，在抓落实、抓形象、抓环境等方面取得一些创新性的、突破性的进展。

【推进基础工作】2017年，在力量与任务不成比例的情况下，湘阴海事处坚持以市局《考核方案》为纲做好“规定动作”，抓基础、促落实。一是责任到人。把与县海事处有关的10大项36小项任务分解，责任到人、任务到人，逐条督导落实。二是重建基础。2015年，由于处领导班子非正常换届，以及搬家和大部分人员变动等因素，很多原始资料和档案遗失，或存放混乱，或不知所踪，工作衔接十分困难。在此情况下，湘阴县海事处依法规、按实情重建安全责任分解、安全工作例会、联系渡口和联系企业等10多种制度，以及现场检查船舶、行政处罚、船舶管理、视频监控等20多种台账，探索建立新的工作运转机制。9月，为迎接湘阴县创建省级安全生产示范县预验收，湘阴县海事处重新整理2016—2017年工作资料汇编，初步理清“家底”。三是抓好落实。年内，先后开展渡口全面安全检查15轮次，分别抽查24次；定期巡航12次，不定期巡航21次，日常巡航280次，巡航里程近4000千米；开展专项行动7个；先后整改安全隐患132处，现场纠违300余次。

【抓好重点难点】湘阴海事处在全市不仅辖区最广、任务最重，也是离市局最远、与驻地关系最紧密的基层单位，在人力、艇力严重不足的情况下，面对难点问题和复杂局面，湘阴海事处依靠县政府和各涉水部门、乡镇来攻克难关。一是联合执法“真刀实枪”。县财政每月预算30万元，从安监、公安等部门抽调10多人，和海事联合执法，一方面全辖区流动，一方面在浩河口设立24小时运转的检查站。年内联合执法大队先后稽查船舶2328艘次，强制卸载520艘次、卸载砂石5.3万吨，罚款35.6万元，移送公安部门2人。上行船舶超载现象根本好转，得到省局、市局领导充分肯定。二是战枯保畅有声有色。枯水期堵船问题年年都是湘阴县的一个关口，2017年的枯水期来得早、来得猛、堵船多，湘阴海事处在县政府支持下成立战枯保畅指挥部，由分管副县长任指挥长，7个涉水部门、6艘公务艇、60多名干部职工参加，指挥部办公室设海事处，采取分时单向通航管制、加强信息通报、调节砂石产能等7条措施。同时在年初的战枯保畅行动中，先后疏散船舶5000余艘次，在水位和航道通过能力降到近10年最低的情况下，保障船舶通行。省、市多家媒体和广大船户纷纷点赞。三是综合管理日益规范。在新渡船办证、船员培训、采砂船舶管理等方面，和交通、砂管等部门紧密配合、加快推进。如船员培训工作厚积薄发，年内分8期完成640名船员的基本安全培训和客渡船员特殊培训。四是事故处理群策群力。“3·1”事故不可避免地经历搜救打捞、家属闹事、艰难谈判、收尾善后等系列流程，在肇事方没有赔付能力的情况下，县政府领导和安监、公安以及鹤龙湖镇政府全力协助，没有双休日，又垫钱、又出力，最终快速达成赔偿协议。家属和社会舆论对海事部门和海事工作人员给予十分正面的评价。湘阴海事处工作环境的改善，得益于湘阴海事处坚持以实干赢得尊重、以担当争得地位。年内除日常工作外，湘阴海事处先后组织实施水路春运、“三大”行动、端午龙舟竞渡、防汛抢险、安全生产月、洋沙湖国际旅游节、内河船舶水污染防治等7项有全行业和全局性影响的中心工作，给县领导和各界留下接令坚决、措施有效、管控有力的深刻印象，因而信任、支持海事部门。

【队伍建设】2017年，湘阴海事处把队伍建设作为一切工作的抓手，从领导开始、从细节入手，切实把一班人团结起来、把氛围营造起来。一是坚持信念导向。通过开展岗位意识教育和纪律警示教育，让事业心、责任感占领思想制高点，把升官发财的心思打下去。二是坚持向我看齐。作为人员不多、事情不少的基层单位，大家工作生活都在一起，朝夕相处的时间比和父母妻子还要多，花架子和“玩套路”都不好使。湘阴海事处坚持一条“向一把手”看齐，从日常考勤到上船下河，从工作态度到作风细节，一把手先做到，其他人跟着做。三是坚持交心通气。经常性谈心谈话、沟通交流，及时掌握队伍的工作、生活、思想状态，知其所欲、解其所惑、正其所思，营造相互之间知心会意、理性包容、向上向前的良好氛围，激发老、中、青各个年龄层次以及领导与干部、临聘人员各方面干事创业的热情。四是坚持制度刚性。在规矩面前不讲价钱、不搞下不为例，除认真执行遵守局里各项规章制度，还重新制定实施《考勤管理制度》《财务管理制度》等；同时，湘阴海事处特别专注一条：执法艇上不能见条子烟，发现就交市局监察室处理。湘阴海事处的努力取得明显成效：队伍更精神，整体有朝气、有干劲；纪律更严明，工作上令得行、禁得止；评价大提升，各级各界和船户都反映有改变、改变大。

（鲁晓军）

湖南省湘阴县地方海事处主要负责人名录

主　任　胡祥华

副主任　黄　益

城乡建设·环境保护

住房和城乡建设

【概况】湘阴县住房和城乡建设局（简称县住建局）内设办公室、人事股、财计股、法规股、住房保障指导股（加挂“村镇建设管理股”牌子）、工程技术股、安监办、纪检监察室。下设独立二级机构有：建筑施工管理站、建设工程质量安全监督站、城乡建筑工程监察执法大队、建筑设计院、自来水公司。2017年，县住建局积极改革创新，加强行业监管，推进项目建设，提升发展质量，工作亮点纷呈，工作得到省市住建部门的高度肯定，受到县委、县政府的一致认可，赢得市民群众的赞誉和好评，再次获评全县绩效考核优胜单位，全局上下全年获得上级荣誉10余项。

【改革创新】一是行政改革持续推进。整合行政审批职能，设立行政审批服务中心，实行项目联审联办联查，全程跟踪服务，做到“一个窗口受理、一条龙服务、一站式办结”。全年办理审批事项122项，实现零投诉，得到办理单位和个人的一致好评。清理“放管服”政策措施，取消或下放各类事项50项，由过去的23项前置条件精简至12项，简化施工许可办理流程。主动理顺体制机制，推进综合执法，促进城市管理行政执法局的成立，破解职责交叉、多头执法、联动不畅等问题。稳妥顺利彻底地完成宏图公司、监理公司两家中介机构的改制工作，真正实现政企分离，促使中介机构走向服务市场，健康持续发展。二是招投标管理日益规范。在招投标资格审查上找准突破口，设置小额招投标准入门槛，严把招投标程序监管，加强标后管理，联合相关部门开展标后围标、串标、违法分包等专项检查，切实净化公共资源交易市场环境。2017年，实行项目招投标35宗，中标金额5.4亿元，监督政府小额标14宗，程序规范，秩序良好，各建筑企业遵纪守法意识明显增强。三是质安监管方式日趋完善。出台《工程质量安全提前介入工作方案》，对符合条件的政策性投资、重大招商引资、保障性住房、公益性事业、市政基础设施等项目，确实一时难以办理许可的，实施质量安全提前介入，既解决过去重点项目前期工作、项目实施与管理脱节的问题，又保障工程质量安全，加快项目建设进度。率先在全市建筑工程领域开展诚信体系建设，建立建筑业信用信息平台，出台建设工程关键岗位人员考勤管理办法，初步构建“守信得偿、失信惩戒”的市场信用环境。启动建筑工程质安监督系统建设，实施项目智能监管，对全县在建项目实行“指纹+脸模”考勤管理，敦促关键岗位人员到岗履职，有效扼制资质挂靠行为。在全市范围内率先聘请专业机构开展起重机械设备监督抽查，对重大危险源有效地进行监管，控制重大事故发生的苗头。特别是以加强预拌混泥土生产企业管理为切入点，按照县长办公会议精神，理顺发改、规划、国土等相关部门的审批程序，对全县预拌混凝土生产企业情况进行全面摸底，编制预拌混凝土生产企业规划布点实施方案和整治方案。四是对标融长成效得到提升。组织业务骨干到长沙、岳阳、望城等地跟班学习、业务培训，学好、用好先进管理经验。局党组先后2次听取专题汇报，提出20余项管理制度与办法，进一步创新湘阴县城乡建设管理工作方式方法。

【民生实事】一是民生实事工程取得新成效。农村危房改造向省厅争取到指标1400户，补助资金3353万元（其中扶贫资金549万元），开工率100%，竣工率100%，住房最危险、经济最贫困的农村居民真正享受到政策红利。小康指标圆满完成，先后4次赴省、市相关业务部门对接，加强沟通，厘清城镇区划人口基础数据，加强统计报送管理，积极开展配套设施建设。常住人口城镇化率51.08%，城镇污水处理率95.7%，城镇建成区绿化覆盖率38.75%，均达到或超过年度目标任务。精准扶贫工作深入开展。切实做好一书记工作，在六塘镇旭日村精准建档立卡贫困户29户98人，并逐一因户施策，制定帮扶计划，2017年脱贫22户74人。先后走访旭日村、杨林寨乡困难群众576户，发放慰问金近3万元，收集各类意见建议百余条。针对旭日村4类重点扶助对象的实际情况，县住建局采取村支两委统筹、政策资金扶助、帮扶单位兜底的方式实施危房改造，筹资36.3万元为16户贫困户建起新房。同时还充分发挥行业政策优势，向全县28个预退出贫困村倾斜危改指标和补助资金，实际解决245户建档立卡贫困户的基本安居问题。县住建局这一做法得到市住建局、县扶贫办的高度评价，也成为《岳阳日报》、湘阴县电视台、《湘阴县周刊》、手机报等新闻媒体报道的热点和焦点。二是重点项目建设取得新进展。严格落实“单位主体责任、部门协调联动”的工作责任制，成立专门班子，加强责任落实。6.8千米洋沙湖大道和滨江南路高标准改造通车，芙蓉北路至顺天大道临街房屋改造基本完成。全县城区主干道全面实现“白改黑”，背街小巷基本完成硬化亮化美化，市民群众从城市扩容提质中感知到更多的获得感和幸福感。深入开展洞庭湖生态环境综合整治，第一污水处理厂（二期）工程基本竣工；集镇生活污水处理设施建设正式启动，在全县10个乡镇新建污水处理厂，将有效改善农村人居环境质量；附山垸原生活垃圾填埋场治理修复工程立项；扎实推进第五自来水厂建设，前期数据调研工作基本完成。三是助力新型城镇化建设实现新突破。编制并提请县委、县政府出台《关于加速推进新型城镇化、提升城乡建设管理水平的实施意见》，准确把握湘阴县村镇建设的发展脉搏，为“美丽乡村、宜居小镇、特色小镇”建设指引方向和提供指导。成功申报金龙镇为省级美丽乡村。重点突出六塘镇、金龙镇、鹤龙湖镇小城镇建设，年内3个小镇的生态环境和载体功能明显改善，发展后劲明显增强。全年向上级部门申报各类项目6个，争取中央、省有关政策支持到位资金4423万元。

【主职主业】一是质量安全进一步提升。坚守质量安全底线，大力提高动态监管频次，“落实企业安全生产主体责任年”活动、建筑施工安全生产大检查及“回头看”、工程质量安全提升行动、“打非治违”专项行动、建筑起重机械设备专项排查整治等行动深入开展；工程报建、审图、造价、检测等监管环节联动紧密；“一单四制”、红黄牌警示、住宅工程分户验收和预制构件、商品混凝土及工程实体质量检测等制度实施有力。全年新办理工程质量安全监督注册备案项目24项，先后开展检查行动56次，召开安全事故隐患现场会30余次，竣工工程安全考评合格率89%，质量合格率100%，竣工备案率98%。全年创省级标化示范工地6个、市级14个，受监工程连续12年未发生一起较大以上工程质量安全事故，确保湘阴县建设工程领域一方平安，在全市建设工程质量安全形势分析讲评会上获得表扬。顺利通过高规格的“国检”“部检”。二是建筑产业进一步发展。以企业资质服务管理为抓手，对全县建筑施工企业进行全面清查、建档，实施资质动态管理，加强职业技能鉴定，联合人社部门开展农民工工匠培训，全面提升关键岗位、关键人员的专业素质，加强工程造价、合同审查备案管理。全年企业资质增项18家，新申报总承包企业6家、劳务公司5家，核发施工许可证29份，备案登记项目23个，组织培训农村建筑工匠300多名，培训考核架子工、安管人员等260人次。全年新增报建总建筑面积46.3万平方米，完成建安产值8.5亿元，建筑产业在行业低迷中稳势发展。加速推进绿色建材产业发展，逐步培育装配式建筑产业集群和新型墙体材料，主动帮扶远大可建装配式混凝土结构、钢结构建筑市场的推广和运用。三是执法监督进一步严格。组织执法人员对全县在建项目进行拉网式巡查监管，严厉打击“三包一挂”行为，认真处置安全涉险事故。全年排查各类安全隐患284处，下发整改意见书58份，停工通知书13份，对3家建筑企业记黄、红牌警告，对12个项目的单位及个人认定严重或一般不良行为，对安全隐患较为严重的11家企业及相关责任人进行行政处罚，全年罚款170多万元，查处力度和处罚程度为历年之最，有效形成震慑作用，树立建筑执法权威，提高各方责任单位依法建设的意识。四是服务能力进一步增强。结合城市道路提质改造，更换、新增供水管道25.3千米，维修水管600余次，保证城区供水安全稳定。特别是6月洋沙湖欢乐水世界营业、9月湖南国际旅游节举行，县住建局通过科学调度、铺设供水管线、对现有水厂进行扩容改造等有效措施确保非常时期的正常供水。还有1月冰灾期间，自来水公司全员出动，抢修全县冻损供水设施近4000处，打赢一场抗冰保供战。全年售水量突破1千万吨，无一起质量安全事故。同时积极推动智慧水务建设，开设微信、支付宝等方式缴费，极大地方便广大市民，受到群众热捧。建筑检测能力和水平持续提升，检测管理软件系统与省信息平台实现接轨对接，推进检测工作程序化、规范化。全年承接各类项目35个，科技含量、精准程度均有大幅度提高。启动档案信息化建设，整理城建档案3500余卷，利用百余卷次，档案管理日趋完善。年内还取消城建档案综合服务性收费，切实减轻企业负担。总工办通过努力实现施工图数字化审查备案，设计院完成一系列节能建筑设计，在设计市场占有率稳中有升。

（胡卫丹）

湘阴县住房和城乡建设局主要负责人名录

局　长　刘志伟
副局长　王　斌　杨建文　熊　才

城乡规划

【概况】湘阴县城乡规划局内设办公室、总工办、行政审批股、设计院、管理股、法规监察股、村镇办、信访监察室、档案室、工业园分局等10个股室。现有干职工82人。2017年，县规划局上下精诚团结，真抓实干，立足规划编制与管理主业，积极服务"左公故里、美好湘阴"建设，工作亮点频出，规划编制实现新突破，规划管理进一步加强，规划服务获得广泛好评。夺得县综合绩效考评优胜单位、招商引资先进单位、服务重点项目先进单位、提案办理工作先进单位和一书记工作先进单位，圆满完成年度目标任务。

【强基固本】认真履行党组书记全面从严治党管党第一责任人责任，始终抓紧抓牢班子队伍的政治思想、纪律作风和履职能力建设。一是抓谋划部署。年初，根据县第十二次党代会精神和县委、县政府建设"左公故里、美好湘阴"的战略部署，制订《2017年城乡规划工作要点》，提出全年要着力推进实施"强基础、上水平、严要求、求实效"四大工程，将加强党的建设、打造务实有为的规划干部队伍作为固本培元的首要基础工程。重新调整局党建工作领导班子，制定全年党建工作计划。同时，重视制度建设，用制度管人管事管党务，以制度促规范。通过广泛征求意见、党组集体审定，编制印发《湘阴县城乡规划局工作手册》，调整人员分工，明确股室和人员岗位职责，修订完善《财务管理制度》《考勤制度》《学习制度》《印鉴管理制度》等10多项机关内部规章制度。二是抓示范引领。坚持以书记带班子、班子带党员，认真落实各项制度措施，发挥榜样示范作用，营造既严肃紧张又生动活泼的组织氛围。始终坚持集体议事、发扬民主，对规划审批事项一律由局业务例会集体议定，其他重大事项由局党组集体议决。除定期组织开展党组中心组学习和民主生活会等活动外，局班子成员均还以普通党员身份积极参加支部各项组织活动。三是抓教育监管。重视党员干部的政治理论教育，常态化推进"两学一做"学习教育，特别是连续掀起学习贯彻中共十九大精神热潮，组织全体党员收看中共十九大开幕式直播，邀请党校副校长张浩解读中共十九大报告精神，引导党员坚持在红星网手机平台学习，党员人均修满500分以上，个别党组班子学分突破800分。深入推进党风廉政建设，全面落实党组主体责任，加强党纪党规教育，严防"四风"反弹回潮，大力开展涉砂、涉矿专项整治行动。以谈心谈话、股室长述职述廉等制度措施为抓手，主动践行监督执纪"四种形态"，时时敲打提醒，切实把纪律和规矩挺在前面，坚持处早处小处了，防患于未然。机关党员政治素养和党纪意识进一步增强，工作作风持续好转。

【规划业务】积极对标对接，创先争优，着力提升规划编制与规划管理工作水平。一是围绕项目，引领发展，规划编制提质加速。围绕湘阴县经济社会发展和项目建设的实际需求抓规划编制，认真贯彻县委、县政府的发展战略，与国内外一批顶级规划设计单位紧密对接，在过去面上规划全覆盖的良好基础上，实现规划编制数量和质量的同步跃升。2017年，县财政投入规划编制经费近2000万元，启动规划编制项目10余个，其中湘江新区湘阴县拓展区规划、三井头旧城保护与利用城市设计、恒大康养谷城市设计、行政中心周边城市设计及县城东西入口景观设计等规划设计基本完成；省高新技术产业开发区规划完成总体规划和产业发展规划部分；金龙镇镇区规划、鹤龙湖镇镇区规划及全域旅游规划等完成初步方案；全县重点地区战略发展规划等在加紧编制中。二是健全机制，严格程序，规划审批更加规范。宏观法规层面，出台容积率管理办法、规委会议事规则和修建性详细规划及设计方案评审管理规定等对全县有普遍约束力的规范性文件。微观操作层面，制定公章管理股室长主体负责、业务例会集体议事、规划条件核发逐级审核等规范内部运行的制度措施；推行分级审查。根据建设项目规模等级和重要程度，实行一般项目规划局审查、重要项目专家评审委员会评审、重大项目县规委会审议的分级审查机制；坚持集体审批。对规划条件出具、一书三证核发等业务审批和重要事项，全部由局业务例会集体审议、决策，以会议纪要形式作依据进行审批。年内，完成用地批复项目7个、规划建筑设计方案审查项目29个、施工图审查项目16个、规划调整项目6个，办理建设项目选址意见书3宗、建设用地规划许可证6宗、建设工程规划许可证78宗、核发规划设计条件通知书46份。同时，根据县主要领导指示，从4月起冻结城区私人建房审批，待个人建房管理办法出台后再按新的政策要求实施许可，为规范成品油市场，从严审批建新的成品油站项目。三是压实责任，全程监管，批后管理大力加强。根据行政职能划转的变化，进一步加强批后监管，加强内设的规划管理股人员配备，全面推进城区批后的网格化管理，打桩定位，责任到人，并完善巡查监管失职追究办法，加强工作责任。及时组织项目的定点放线、基础验线和竣工验收，开展不间断高密度巡查，对建设项目实行全程跟踪，动态管理，及早发现和纠正违反审批要求的建设行为，第一时间向县城管局反馈违法建设情况。全年通过规划放样启动新建项目60宗，验收项目39宗，跟踪管理往年未全部完工在建项目31宗。

【规划服务】充分发挥规划专业技术优势，积极参与重大项目建设，认真做好相关规划指导、策划和服务。按照旅游节筹备领导小组的统一部署，高标准完成芙蓉北路建筑与城区环境整治方案，并派员现场指导整治实施，提升城市和道路景观，为旅游节的成功举办增光添彩。主动跟踪恒大康养谷项目，全程参与实地考察、合同谈判，协调国土、水务等相关部门，划定项目用地红线，力促该项目签约落地。积极组织开展县政务服务中心、长郡洋沙湖中学等项目选址论证咨询，确保相关项目的科学选址。同时，还自主完成湘阴县物流园、左宗棠文化生态旅游综合体、汽车产业贸易中心、农村公墓、村级服务平台、湖上桥棚户区改造及村民建房等一大批规划设计任务。

【中心工作】信访维稳方面。耐心做好做好群众解释工作，积极化解矛盾纠纷，推动问题解决，年内成功组织听证会、协调会10多个，办理回复湖南省网上信访20多件、岳阳市“12345”公众热线工单118件。精准扶贫方面。组织17名班子成员和股室中层干部与联点的金龙镇燎原村50多户贫困户结成帮扶对子，投入扶贫资金10多万元，帮扶干部坚持一月一走访，因户施策，综合运用教育、信贷、就业等措施，帮助16户成功脱贫。同时，还做好杨林寨宗师潭村和三塘镇拦河坝两个易地扶贫搬迁集中安置点的选址和建设指导工作。议提案办理方面。注重办理实效，2017年，由该局承办的7件政协委员提案，均坚持程序办理到位，获得委员们认可。并积极协助县政协提案委开展关于解决城区停车难题的专题调研，主动参谋献计，提出综合施治的解决方案。防汛抗灾方面。组织干职工到防汛形势最严峻的沙田垸参与巡堤查险，连续坚持战斗近10天，及时发现并报告险情8处，参与1处重大管涌险情处置，为夺取该垸防汛抗灾全面胜利作出应有的贡献。企业帮扶方面。实行一个项目，一名领导、一个班子、一套方案的四个一工作机制，并由局长组织定期调度，专题研究解决项目推进中的问题和困难。该局帮扶的苏德新材料第二栋、第三栋厂房于7月建成投产。

（陈　鹏）

湘阴县城乡规划局主要负责人名录

局　长　王骥明
副局长　夏四斌　杨延辉

房地产管理

【概况】湘阴县房地产管理局（简称县房产局）负责行使房地产开发经营管理、房屋产权产籍管理、小区物业管理、房屋装饰装修管理、国有土地上房屋征收与补偿管理等行政职能，负责全县保障性安居工程建设、白蚁防治、直管公房管理等工作。内设9个股室，二级机构19个，有干职工270人。2017年，县房产局围绕县委、县政府建设“左公故里，美好湘阴”“领跑十三五，进军省十强”的工作目标，以对标对接、深化改革为抓手，全力稳定房地产业发展、推进棚户区改造、加强房地产市场监管，加强干职工队伍建设，实现工作体制机制进一步健全、管理服务进一步提升、各项任务圆满完成的工作目标。

【整顿规范市场】2017年，湘阴县房地产业发展进入常态化，完成房地产开发投资7.71亿元，同比增长9.5%；商品房新开工面积38.06万平方米，同比下降26.3%；竣工面积32.32万平方米，同比增长50.2%；销售商品房2094套、29.17万平方米，同比下降6.2%、5.9%，实现销售资金近13.44亿元；完成房地产税收1.5亿元，同比下降52.5%。主要措施：一是加强市场引导。认真组织开展市场调查，向县政府提交《关于促进房地产业又好又快发展的实施意见》和《关于促进房地产业稳定健康发展的建议意见》，提出科学制订产业发展规划、加强建设用地管理、实行征拆货币化安置、加强房屋质量监管、房屋交易监管、小区物业管理等十二条稳定房地产业发展的具体政策措施，争取县政府印发《关于促进房地产业稳定健康发展和依法整治“问题楼盘”的会议纪要》，积极引导房地产业稳定健康发展。二是加强资金监管。对新预售许可的楼盘，严格按标准监管项目资本金；对过去已预售许可的楼盘，明确在不动产首次登记前，必须按项目资本金100%在预售资金账户上保证。同时，在楼盘分户前，严格商品房预售资金监管，严防抽逃或挪用预售资金行为，督促预售资金只能用于项目建设，进一步加强项目监管。年内新开工建设的项目、项目资本金或商品房预售资金全部按政策监管到位，有效防范市场风险。三是加强楼盘清理整顿。组织开展问题楼盘清理整顿行动，初步调查18个问题楼盘的基本情况，向县政府提交初步的处置建议，争取县政府成立依法整治“问题楼盘”领导小组及其办公室。年内依法整治“问题楼盘”领导小组办公室由县房产局牵头，各相关部门参与，按照“政府主导、企业主体、依法依规、分类施策”的原则，紧扣“年前处置3～5个，2018年10月前全部处置到位”的目标，统一程序和标准，全力以赴、依法依规推进问题楼盘处置工作。年底基本完成全部问题楼盘的约谈工作，开展众力金都、安富家园等5个项目的全面调查摸底，初步商定5个项目的处置方案，进一步规范市场，维护购房业主利益。

【保障性安居工程】2017年，保障性安居工程以棚户区改造为重点，县房产局根据上级政策要求，及时调整思路，深化体制改革，稳步推进棚户区改造工作，加强保障性住房管理，较好地完成各项工作任务。一是健全棚户区改造工作推动机制。多次到外地考察学习成功经验，多次争取县委、县政府召开棚户区改造专题会议，争取出台《湘阴县棚户区（城中村）改造四年行动计划实施方案》《关于进一步规范全县土地征收和棚改工作的规定》，争取县政府成立以县长任组长的棚改工作领导小组和棚改办，明确棚改办负责棚改项目的组织实施、统筹协调等，建立以县级领导主导、分区分项负责；指挥部牵头协调、乡镇主体负责的棚改工作推进机制，以及经费包干、定期督查、跟踪督办的激励考评机制，为高位高效推动棚改工作奠定坚实基础。各棚改项目指挥部从相关单位抽调精干力量，搭建专门工作班子，设立固定办公场地，加大政策宣传力度，大力推进棚改工作。年底实施的7个棚户区改造项目中（改造任务4142户），除三井头棚改项目在进行入户调查外，其他项目都正式启动。二是健全公租房分配机制。按照“住有所居”的要求，以及“公开、公平、公正”的原则，进一步完善公租房“阳光分配”机制，所有公租房入围对象都在政府门户网站进行及时公示，所有公租房配租都在县公证处、文星镇等相关部门及人大代表、政协委员、群众代表的全程监督下，实行现场公开摇号。全年新配租500套公租房，群众对配租方案和配租过程比较接受，反响良好。三是完善保障房多层次运营管理机制。坚持“条件成熟的小区由专业物业公司进驻管理，条件不成熟的小区由县房产局牵头，推行居民自我管理、自我服务”，全县35个保障房小区，其中有4个由物业公司进驻管理。同时，增设保障房管理机构，扩充保障房管理人员，完善保障房维护管理制度，各保障房小区安装服务电话，设立值班室，安排专人负责，及时协调解决入住对象反映的各类问题，确保小区维修维护及时，保安保洁到位。

【内部管理服务】全面落实县委、县政府关于对标对接的工作要求，多次组织到长沙县、望城区、湘潭雨湖区、临湘市、平江县等地对口部门进行学习，吸收外地成功经验，健全体制机制，改进管理服务。一是规范国有土地上房屋征收补偿工作。争取县政府出台《关于规范国有土地上房屋征收补偿有关事项的通知》，草拟并提交《未登记建筑认定办法》和《“住改非”房屋认定办法》，明确征收补偿工作程序、各项工作经费及相关奖励的标准和执行办法、未登记建筑和“住改非”房屋的认定及处理方式，有效规范和推进国有土地上房屋征收补偿工作，加快棚户区改造、重点工程建设征拆进度。二是加强小区物业管理。向县政府提交《关于加强湘阴县小区物业管理的实施意见》，进一步明确部门单位小区物业管理职责，完善小区物业管理机制，实行部门联动，加强小区物业管理。加强与文星镇、各社区的协调配合，建立小区矛盾纠纷协调化解机制，由文星镇牵头，县房产局配合，坚持依法依规，稳妥处理，协调解决各类矛盾纠纷300余起，既确保小区的和谐稳定，又有效规范小区物业服务行为。开展物业管理政策宣传进小区活动，印制《物业政策法规宣传手册》，组织开展长达2个月的物业宣传活动，进一步加强小区业主的物业意识和物业服务企业的服务意识，为推进小区物业管理奠定坚实的基础。三是加强房屋交易管理。全面推行房屋交易网签备案、房地产中介机构备案管理和房源核验服务等制度，督促开发企业和中介机构现场公示楼盘全部信息，及时办理网签备案手续，严禁开发企业和中介机构代缴相关税费，有效杜绝开发企业代收税费、挪用税费的行为，切实加强商品房预售管理，稳定市场秩序。加强与不动产登记中心的衔接，搭建房屋交易登记信息前置平台，并将不动产登记改革前的原房屋登记和交易档案整体移交至县档案局，实现房屋登记与交易信息实时共享、实时传输、房屋登记档案整体移交的目标，有效推进不动产登记改革工作，保证房屋交易监管和不动产登记工作顺利实施。

【中心工作】始终围绕县委、县政府中心，落细措施，狠抓落实，稳步推进各项中心工作。一是精准扶贫扎实推进。成立驻村工作队，安排30余名帮扶干部，全面核实文谊新村贫困户信息，认真清理不符合条件的贫困户，因户施策制订并落实具体的扶贫计划和扶贫措施，全力帮助52户贫困户脱贫致富。同时，积极筹资近50万元，协助推进贫困村基础设施建设，组织启动红旗大道1.75千米道路硬化，文泾大道3千米道路拓宽、文体广场建设、光伏发电项目建设、村部扩建等5个项目，在市里考核验收中得到充分肯定。二是安全管理明显加强。积极推进安全生产示范县创建工作，全面落实房地产开发企业、物业服务企业和装饰装修企业的安全生产主体责任，扎实开展安全生产大检查，严格按照“一单四制”的要求，狠抓安全隐患排查整治，组织开展各类安全检查30余次，排查和督促整改小区物业、建筑施工、装饰装修施工、保障房建设与管理等安全隐患30余个，有效落实上级安全管理工作要求，在全县安全生产年度考核中得到高度评价。三是综治维稳效果显著。健全综治维稳目标责任管理、矛盾纠纷定期排查化解、信访包案等工作制度，坚持依法依规，处理各类矛盾纠纷500余个，有力维护全县稳定大局。特别是在锦绣罗城二期项目处置工作中，坚持依法处理，坚持民生为重，积极化解各类矛盾纠纷。年底该项目开始办理入住手续，进入办证阶段。项目的各类债务也基本清偿到位，购房业主和相关利害关系人情绪稳定，没有出现上访行为。

（余木军）

湘阴县房地产管理局主要负责人名录

局　长　刘　勇

副局长　王立人（至7月）　郭正平

刘　怀　王明高（至7月）　余克义

湖南洞庭资源控股集团

【概况】湖南洞庭资源控股集团有限公司（简称洞庭控股集团）的前身是成立于2009年3月的湘阴县农业开发投资有限责任公司，2012年1月，公司名称变更为湖南洞庭资源开发有限公司。2017年3月，湘阴县委、县政府决定，组建成立湖南洞庭资源控股集团有限公司，集团注册资金1.4亿元，净资产规模70亿元，是湘阴县政府国有独资公司。集团设董事会、监事会、经理层等高层管理机构及党委、工会等组织，设综合管理部、财务管理部、资本运营部、规划建设部、审计法务部和土地经营部6大部门。集团公司业务包括三大板块：即城市建设与经营板块；旅游开发与金融投资板块；国有资产、资源经营板块。现有湘阴县湘资砂石资源有限公司、湖南左公故里旅游投资发展有限公司、湘阴县远浦金融投资开发有限公司、湘阴县精准扶贫开发投资有限公司、湘阴县安广房地产开发有限公司、湘阴县自来水公司、湘阴县宾馆、湘阴县国有资产经营有限责任公司、湘阴县左郭教育建设投资有限公司等9家子公司，控股湘阴县漕溪港深水码头建设开发有限公司，是一家集融资、投资、开发、建设和经营于一体的现代国有企业。2017年，洞庭控股集团认真贯彻落实市委、县委提出的“做好一篇文章、打牢两个基础、突出四个重点”的“一二四”行动要求，围绕建设“左公故里、美好湘阴”发展战略，立足新常态，突出新作为，实现新业绩，以全面深化公司改革为重点，以融资争资为根本，以工程建设为基础，强力推进各项工作，圆满完成各项目标任务。

【深化平台改革】一是注册成立新的集团公司，重新设置机构。将原县内的政府平台公司进行认真清理、分析和重组，成立规模更大、结构更优、功能更全的湖南洞庭资源控股集团有限公司，于2017年5月9日挂牌和营运。为进一步明确工作权责，改善和提高组织效能，按照现代企业公司治理结构，集团公司建立董事会、监事会、经理层，并重新设置资本运营部、财务管理部、规划建设部、审计法务部、综合管理部、土地经营部等六大部门，并按照组建方案设立子公司，配齐人员，实行法人机制。新的组织架构的建立，使公司管理水平和工作效益得到较大提高。二是清理清查原平台公司资产，整合优质资源。按照“市场化运作、公司化运营”的总体要求，由县审计局、公资局全程参与，中天华公司具体负责，对原洞庭资源公司、城投公司、湘资砂石、旅游公司、远浦投资公司、国资公司等公司的资产进行全面清理和审核，并根据资产性质进行认真的梳理、归并和分类，为集团公司及其分公司、子公司的资产配置做好前期准备工作，对公司历年来的债权债务进行详细梳理。10月，土地储备中心正式划归集团公司，进一步充实公司资产，扩展公司职能，为实现土地资产化和资产效益化提供前提和打下基础。三是做好首批人才引进和绝大部分人员分流工作，重视人才资源。根据新的集团公司运作和发展的需要，3月开始，洞庭控股集团委托县人社局通过“四海揽才”计划、公开招聘、以及向其他县直单位引进人才等方式，引进13名专业技术人员，年内全部到岗到位。同时，原平台公司中不热心于平台公司工作或不能适应新集团公司改革发展的老员工，通过反复做工作和交流意见，绝大部分分流到县内其他单位，为确保新公司的生机活力和对接市场、面向社会打下基础。四是制定一系列管理规章制度，规范公司运营。根据中央政策精神和湘阴县实际情况，以及现代国有企业运营、管理和发展的要求，在虚心借鉴外地成功经验的同时，专门聘请湖南中天华公司对新的集团公司的运营模式和效益、员工薪酬按企业管理的要求进行包装和设计，从体系体制上做到与市场化相一致。同时，起草和制定企业目标管理、绩效考核、人力资源管理、财务和效益管理等14项规章制度。做到照制度办事，凭德能用人，按业绩计酬，打破大锅饭和平均主义。

【创新融资方式】一是资金运行情况。截至12月6日，年内支出资金29.94亿元，其中：还本付息20.34亿元，工程款6.2亿元（2016年终结算），政府调度3.4亿元。现账上资金余额6.5亿元（其中棚改资金3.5亿元，其他项目贷款资金3亿元）。二是融资工作情况。2017年，共对接金融机构23家，对接资金154.9亿元，到位资金20.52亿元。1月，与国开行签订100亿元的战略合作协议；5月，与湖南信托签订50亿元的战略合作协议；10月，与岳阳市建设银行合作签订4个申贷项目合计14.5亿元；所有签约项目均在积极落实中。三是创新融资方式。根据不断变化的金融市场和政策，按照“主攻政策银行，紧盯国有商业银行，尝试新鲜产品”的总体思路，不断开拓融资渠道。近三年，县委、县政府把融资的主攻方向定在国开行、农发行和湖南信托。在县委、县政府的重视和支持下，洞庭控股集团与国开行、湖南信托、建设银行合作签订共计164.5亿元的申贷项目；坚持多腿走路。只要在政策允许的范围内，成本符合要求的产品，都主动进行尝试，包括发债、贷款、基金、租赁等多种方式；创新融资渠道。除常规的融资渠道和融资方式外，还积极创新渠道，有望与一些新的金融机构达成重大实际性合作，填补全市融资产品的空白，如攻坚企业债和商业银行、城商行与证券公司合伙发行的PPN、债券融资计划、中期票据等，千方百计力争确保公司还本付息需要和县里重大项目建设的资金需求。

【推进工程建设】一是积极启动新项目。洋沙湖大道、滨江南路提质改造工程于5月开工，年底完成90%左右的工程进度。冬茅东路的提质改造工程于10月开工，年底完工。二是加速已建工程扫尾。香域路项目2017年完成项目竣工验收并通车。气象局建设项目2015年开工，年底前基本完工。郭嵩焘文体广场2017年9月完工。城区16路提质改造项目2017年9月全面完成竣工验收工作。三是民生项目加快推进。瓦窑湾棚户区改造工程于2015年9月28日开工，440套安置房全部分配到安置户手中。左宗棠文化园安置基地及四周路网项目年内主体框架完成，年底基本竣工。人民医院安置小区工程于2016年4月27日动工，年内安置房主体竣工。文星地区水毁及应急工程全面完工。

【作风建设】深入开展“两学一做”学习教育活动，注重党的建设、中心组理论学习、和学习常态化的落实，全年开展党委中心组集中学习6次，集体研讨3次，全体干部职工集中学习党史党章、廉政教育、“四种精神”、中共十九大报告等12次，党员干部积极影响带动全体干职工学习党的理论指示。全面推行“巴陵先锋党员活动日”活动，将每个月的第一个星期五定为“巴陵先锋党员活动日”，与“三会一课”紧密结合，提高党员队伍素质、增强党性观念、加强为民服务、发挥先锋模范作用。建立完善党风廉政建设责任体系，党委班子成员和各部门负责人均签订党风廉政建设工作责任书。严格规范上下班和工作秩序，实施上下班指纹打卡考勤，加强日常督查。落实廉政约谈，公司党委先后开展廉政谈话7次13人。县委第五巡察组对公司工作的全面巡察，有效助推作风改进和问题整改。

（蒋　意）

湖南洞庭资源控股集团有限公司主要负责人名录

集团董事会董事长　刘伟良
总经理　张　放
监事会主席　王志光（6月任）
副总经理　宋正文（6月至7月）
吴常龙（6月任）　陶建康（6月任）
张治政（6月任）

环境保护

【概况】湘阴县环境保护局（简称县环保局）内设办公室、财计股、管理股、人事股、法制股、监察室、总量股、行政审批股、应急中心和后勤中心10个股室，下设环境监察大队、环境监测站、文星环境监察中队、城南环境监察中队、长仑环境监察中队、新泉濠河环境监察中队和横岭湖环境监察大队等7个二级机构。现有在职干职工124人。2017年，县环保局以提升环境质量为核心，以保障环境安全为底线，加快环境基础设施的建设步伐，切实加大污染防治和生态保护力度，有效保护环境资源，全县环境质量得到明显改善，获得全省重点生态功能区县域环境质量年度考核第一名。

【环保督察】一是突出高位推动。县委书记汪灿多次对环境保护工作进行指示、批示，亲自暗访明查。县长李镇江多次主持环保调度会，亲自调度部署，亲自交办突出问题，亲自督办问题整改进度。分管副县长方腊初多次就环保工作指导、协调，多次实地督查整治情况。县委、县政府出台《湘阴县环境保护工作责任规定（试行）》等多个文件。二是突出责任传导。在中央环保督察期间，县环保局常常晚上十一二点召开会议研究问题，凌晨一两点、三四点奔赴现场处理问题，真正做到责任压实到位，压力传导到位，责任追究到位，由县纪委、县委组织部对中央环保督察组信访交办件所涉问题的相关责任人进行约谈，先后约谈48人、问责19人，办结率100%、约谈率100%、问责率51.16%。县环保局受理中央环保督察组信访交办件21.5件（重点件4件），受理信访件的总数量在岳阳六县市中是最少的，重点信访件在岳阳六县市中也是最少的，无一领导被中央环保督察组约谈，办理情况无一群众不满意投诉件，无一问题被省纪委立案追责，得到省市领导的高度肯定。三是突出问题整改。结合洞庭湖突出环境问题集中整治月行动，对中央环保督察组反馈意见、省领导督查交办突出环境问题未整改到位的问题、中央环保督察组交办信访件未整改到位的问题、洞庭湖突出环境问题进行进一步梳理，逐一制定整改方案，明确“一个突出问题、一名县级领导、一个专项行动小组、一抓到底”机制，画好路线图、立下军令状，实行责任倒追、时间倒逼、进度倒排，严格按照时间节点整改落实到位。年内，湘阴县非法采砂问题全部整改到位，非法矮围网围拆除2200公顷，14个非正规垃圾堆放点全面完成清运和无害化处理工作，饮用水水源地1000米范围内的畜禽养殖户全部退养，横岭湖核心区26.7公顷欧美黑杨全部砍伐完成，40家非法砖瓦窑厂全部取缔关闭，13家列入整改限产的砖厂全部整改达标，农村安全饮水居民新增14万余人，河湖沿岸垃圾清理、重点工业污染源排查、危险废物规范化管理全面完成。四是突出监管执法。2017年，湘阴县环保监管尺度之严、执法力度之大前所未有，先后开展化工企业、畜禽养殖、危废管理、食品工业、违规企业等一系列专项执法整治行动，实行铁腕治污，收到良好的效果。年内，县环保局先后出动环境执法人员2000余人次，巡查企业420家，发现各类环境问题383个，消除环境隐患240个，立案查处143起，行政罚款391.53万元，行政拘留14人，　查封扣押9起、停排整治185起、停产整治4起、限制生产12起。特别是在全省“环湖利剑”行动中，湘阴县创新环境执法手段，开展交叉执法检查，建立问题台账，实行挂号销号管理，持续保持打击违法排污行为的高压态势，得到省市环保部门的高度肯定。

【重点污染治理】一是深入推进大气污染防治。城区范围内10吨以下燃煤锅炉全部淘汰或实行能源替代，高岭加油站等35家加油站油气回收系统改造完成，6个灶台以上的规模餐饮店全部安装油烟净化装置，餐饮业清洁能源使用率在95%以上，全县4家挥发性有机废气排放企业全部整治到位。二是深入推进水污染防治。洞庭湖水环境综合治理五大专项行动、白水江污染治理、湘江重金属污染治理、黑臭水体综合治理等加力加速，工业污水和城乡生活污水垃圾、农村农业面源污染治理扎实推进，湘江湘阴县段非法入江排污口全部取缔。年内，县内无一家造纸、冶炼企业，无重金属污染企业。三是深入推进农村环境综合整治。累计投入资金近2亿元，全面实施农村饮用水源保护、农村生活垃圾污染整治、农村生活污水污染整治、畜禽养殖污染整治和农业面源污染治理等工程，实现农村环境综合整治全县域覆盖，按时按质完成各项整治目标任务，重点解决农村环境突出问题，农村环境质量整体提升。年底湘阴县农村环境综合整治工作顺利通过省财政厅、省环保厅的验收。四是深入推进危险废物管理。对全县产废企业开展专项整治行动，对发现的环境违法行为一律依法从严从重进行处理，年内涉及危险废物立案处罚8起，罚款29万元；督促全县40多家机动车维修行业规范贮存场所，并与有资质的处置单位签订危险废物处置协议；全县27家医疗机构基本按照规范化要求整改到位；湘阴县广兴化工历史遗留重金属污染治理项目强力推进，完成填埋场土方外运、废液收集井、废渣清运等工程，12月底全面完成工程任务。在全市危险废物规范化管理考核中，湘阴县获得第一名。

【环保服务】一是环评审批更严格。全面推行环评审批“审核合一”和“一审一核”制度，对政府重点项目开辟环保审批绿色通道，年内湘阴县项目环评率100%。同时，凡不符合产业政策、环境污染得不到有效控制、不符合园区产业定位的项目，坚决不批。二是环境监测更精准。每月对地表水、地下水和空气环境质量进行监测，虞公庙、横岭湖、樟树港、洋沙湖、乌龙嘴断面水质各项指标均达到《地表水环境质量标准》（GB3838-2002）中三类标准，水质合格率为100%，水环境质量总体保持稳定，鹤龙湖、东湖水质较2016年提高一个类别；1—12月，实际开展空气自动监测365天，有效监测天数365天，优良天数304天，优良率83.3%，同时，出具污染源监测报告128份，及时掌握环境质量，为湘阴县环境管理和污染防治提供科学依据。三是污染减排更有效。根据上级确定的主要污染物削减要求，全年全县实施工业、生活及畜禽养殖水污染物重点减排项目14个，削减化学需氧量708.2吨、氨氮111吨、总磷53.19吨；大气污染物重点减排项目5个，削减二氧化硫267.7吨、氮氧化物24.4吨、挥发性有机污染物160.4吨，减排任务超额完成。四是信访调处更及时。12369环保热线和值班热线24小时畅通，24小时受理群众咨询和举报。全年接到环保信访举报1026件，结案率为100%，从根本上杜绝因环境问题而到市、赴省、进京上访的情况。

（钟权辉）

湘阴县环境保护局主要负责人名录

局　长　戴佑文

副局长　唐世才（9月任）李　宇

钟德梅（至9月）

甘志高（至9月）

周胜恩（至12月）

城市管理

【概况】湘阴县城市管理行政执法局（县城管执法局）是根据中共中央、国务院，湖南省委、省政府推进城市管理执法体制改革的有关文件精神，经湘阴县政府常务会议、县委常委（扩大）会议研究同意，于2017年4月组建成立，主要行使市政公用设施运行管理、市容环境卫生管理、园林绿化建设维护管理、城市燃气管理、户外广告管理、渣土运输管理等城市管理职能，住房城乡建设领域法律、法规、规章规定的全部行政处罚权、环境保护管理方面法律、法规、规章规定的部分行政处罚权、食品药品工商质量监督管理方面法律、法规、规章规定的部分行政处罚权、公安交通管理方面法律、法规、规章规定的部分行政处罚权、城乡规划管理方面法律、法规、规章规定的行政处罚权、殡葬管理方面法律、法规、规章规定的行政处罚权等行政执法职能。全局有在职在编职工359人，设置内设机构13个，分别为办公室、政工人事股、计划财务股、政策法规股、行政审批股、信访办公室、广告管理办公室、市政管理办公室、重点项目管理办公室、燃气管理办公室、渣土运输管理办公室、信息化管理办公室、工会；所属事业单位11个，分别为县城市管理执法一大队、县城市管理执法二大队、县城市管理执法三大队、县公安局城市管理综合执法大队、县环境卫生管理中心、县园林绿化管理中心、县路灯管理中心、县城市公园（广场）管理中心、县城市管理金龙中队、县城市管理洋沙湖中队、县城市管理鹤龙湖中队。2017年，县城管执法局以城乡环境综合整治、中国湖南国际旅游节等活动为载体，咬紧目标、把握机遇、攻坚克难、乘势而上，经受严峻考验，取得丰硕成果，评为“全县综合绩效考评优胜单位”“行政效能建设优秀单位”“安全生产工作先进单位”。

【突出源头治理】实施社会停车场建设，西湖堤路社会车辆免费停车场于11月初投入使用，福鑫市场区域静态交通秩序得到有效改善；太傅北路大型车辆社会停车场于12月底投入使用，通过宣传引导，严管重罚等措施，该停车场日均停车量100台左右，有效解决城区大型车辆无序停放问题。引进全国第三大共享单车运营商哈罗单车，分批次在湘阴县投入共享单车3000台，有效减少城区机动车出行。经多方协调，租赁文星镇南泉社区一宗土地作为城区建筑垃圾消纳场，解决城区建筑垃圾乱堆乱倒问题。督促城区四家渣土运输企业投入1000多万元购置25辆新型环保渣土运输车，同时加大处罚力度，查处违规运输、倾倒渣土23起，渣土运输市场秩序得到有效规范。联合安监部门开展两次烟花鞭炮清理整治行动，取缔一批违法销售烟花爆竹经营门店，收缴假冒伪劣烟花爆竹2000多万响，劝导、制止违规燃放700余起，立案处罚53起。督促39家较大规模的餐饮经营场所安装油烟净化器和高空排放设施，督促50家餐饮门店安装专用排烟管道，取缔无证无照和违法经营的餐饮门店5家，督促84个烧烤摊点更换使用无烟烧烤炉和环保烧烤炉。制止社会生活噪声污染476起，查扣高音喇叭、音响设施15台套。严格限定各建筑工地的施工时间，督促各建筑工地制定扬尘污染防治方案、洒水抑尘措施。

新建和更新禁停标识标牌170块，现场处罚违法停车1170台次，查扣违停僵尸车，报废车13台。全面开展实施市容市貌专项整治，对出店经营、流动摊点发放整改通知书1500余份，暂扣落地广告招牌116块、收缴流动摊点90个，规范出店经营等问题260起。拆除临时搭建的各类晴雨棚亭60余个，约谈各个社区违规搭棚出租户16人，查处违规搭棚治丧事件2起，拆除2起，规范管理27起。进一步提升环卫承载能力，购置吊挂车2台、转运车2台、洒水车3台，添置240升塑料桶800个，新增不锈钢U型桶80个、地坑式垃圾箱10个，完成芙蓉北路与湖滨路交汇处环卫洒水车取水泵站建设，对先锋路胜利巷公厕进行改造，对政府购买服务的两家保洁公司加强管理，坚持质量为先、监管为重、处罚并行，全年对两家公司实行处罚6万多元，有力的促进两家公司的作业质量提升。

【规范执法长效机制】2017年以来，县城管执法局不断加大对违法建筑巡查发现和查处力度，立足一个“管”字，落实一个“拆”字，做好一个“疏”字，在控违拆违攻坚战中取得良好的成绩。一是健全网络，落实长效管理机制。坚持从“堵源头、截过程、拆违建”三方面着手。成立巡查组，实行日巡查、周通报的巡查机制，按照“谁主管、谁负责”的原则，实行常态化值班巡查，全面落实节假日值班制度，确保做到及时发现，及时制止，及时拆除。二是疏堵结合，落实拆违促控违。按照存量违法建设“负增长”、新增违法建设“零发生”的要求，凡是未批先建、批少建多等违建行为，坚持露头就打，发现一处拆除一处。对于存量违法建设，要求各乡镇做好存量违建拆除计划，按照要求督促落实。三是加强联动，确保强拆到位。年内该局组织和协助各乡镇拆除违法建设321处38408平方米，其中新增违法建设165处18380平方米；存量违法建设155处20028平方米，未发生重大安全事故和影响稳定的事件。至12月底止，湘阴县存量违法建设拆除234处26551平方米，完成存量违法建设拆除工作总量的85%。特别是芙蓉北路湘阴县段、远大路及城区主要地段存量违法建设基本拆除。

【市政公用设施管理】配合政府的各项对外宣传工作，先后设置四类公益广告11700多平方米，其中创建宣传1800多平方米，湖鲜美食节宣传1300多平方米，旅游节宣传4500平方米，文化墙2000多平方米，重大活动、节假日公益宣传2100多平方米。对城区13条路段的城市牛皮癣进行全面清理。全年发放责令改正通知书169份，清理横幅1200多条、破旧喷绘400多处，清除城市牛皮癣11000多处，清理违规设置户外广告牌430多处，拆除面积3000多平方米。对城区公园、广场实行定人员、定责任、定目标的“三定”管理模式，实施全天候管控。重点加强对擅自改变公园、广场功能，侵占公园、广场用地，在公园、广场内违规摆摊设点、违规经营茶摊、夜宵、儿童游乐设施等行为的查处，让市民群众拥有一个良好的休闲、娱乐环境。实施城区绿化提质工程，补植补栽各类地被植物9150平方米、乔木110株，县城区新增绿化面积1.9公顷。实施重要节点、重大节日、重大活动时令鲜花栽植，先后栽植时令鲜花约2400平方米，城区绿化基本做到搭配合理，四季有花、四季有绿。湘阴县绿化覆盖面积538.63公顷，绿化覆盖率38.75%，各项指标在全市均保持先进水平。加大市政设施维护和城市管网疏浚力度，疏通嵩涛路排水管道200多米、冬茅路排水管道80多米、其他地段排水管道300多米、易堵网点120多处。同时，及时调节东湖水位，在2017年两次特大暴雨期间，县城区没有遭受重大内涝。提升城市亮化水平，对东湖北岸及县城区公园、广场的亮化设施进行全面维修，有效保障夜景亮化效果。对芙蓉北路、远大路路灯安装工程进行质量监管与技术指导，保证工程质量。加强路灯设施维护，对城区260盏受损路灯进行维修，对2500米受损路灯电缆线进行更换，更新配电箱组件20余台套，更换路灯检查井91套，保障路灯设施完好。坚持夜间巡查，发现问题及时修复，城区路灯亮灯率在98%以上。

【服务中心工作】启动湘阴县生活垃圾焚烧发电厂（技改工程）立项工作。该项目计划投资3.5亿元，占地面积4公顷。项目建成后，湘阴县垃圾处理能力可达600吨/日，年处理生活垃圾21.9万吨，年发电量9070.4万千瓦时。年内，项目立项手续办理有序推进中。实施乡镇垃圾转运站建设项目，该项目概算总造价2861万元，计划在岭北等14个乡镇建设垃圾转运站16座，使湘阴县乡镇垃圾收集转运量达到600吨/日。年内，项目选址全部完成，金龙、樟树、新泉3个乡镇完成中转站主体建设。实施城区排水防涝工程，解决城区主管网雨污分流以及东湖水质治理问题。年内完成立项等前期手续办理，进入招投标阶段。完成城区排水管网疏浚项目政府采购。由专业公司对城区部分淤积较为严重的管网实行疏浚，年内该项目由中标公司按程序稳步推进。完成《湘阴县燃气发展规划（2017—2030）》修编，经县政府批准实施，并以此为指导启动湘阴县燃气市场整治工作。年内城区范围内的利民、湘威、高岭3家气站完成整合，重组后的利民气站取得燃气经营许可资质，实现规范经营；长仑片区的石塘、东塘、六塘3家气站完成合作协议签订，重组后的石塘气站具备发证条件。

【加强队伍建设】制定《湘阴县城市管理行政执法局小额维修建设项目管理办法》，加强对单位小额维修建设项目的监督管理，节约资金成本，确保项目质量，降低工程建设廉政风险；制定《关于加强队伍管理落实规范执法文明执法有关问题的有关规定》，对工作人员思想、作风、纪律等各方面进行严格要求，形成用制度规范行政行为，按制度办事、靠制度管人的机制，实现廉政建设关口前移，防患于未然。全力推进数字化城市管理平台建设，整合公安“天网工程”、政法委平安县城等部门单位监控资源，建立数字化城市管理指挥中心，有效消除城市管理的盲区盲点，切实提升执法效果。借助湘阴县城管手机APP，对工作人员去向进行GPS定位和智能签到管理，队伍管理得到有效加强；处理应急事务时，利用平台就近协调执法队员，实现点对点智慧调度，提高队伍应急快速反应能力。加强法制建设，聘请行政执法资深人士、县人大内司委法学专家举办两次法律业务集中培训，并由局政策法规股常态化开展法律业务的学习培训，采取以案说法、举列剖析的方式，不断提升工作人员的管理水平和执法能力。年内办理各类行政处罚案件1000多件，其中当场处罚案件580件，一般程序行政案件216件、燃气案件27件、违法建设案件316件，除发生一起行政复议案外，其余行政案件基本上办结，六塘液化石油气站非法经营一案依法向公安机关移送入刑。加强行政审批管理，出台《湘阴县城市管理行政执法局行政审批事项管理制度》，进一步压缩办理时限，优化办理流程，全年受理各类行政审批事项251起；加强信访维稳工作，接待群众来信来访1235起，妥善化解各类矛盾，没有发生越级上访和群体上访事件。

（王　维）

湘阴县城市管理行政执法局主要负责人名录

局　长　杨方清

财政·税收·商务

财　政

【概况】湘阴县财政局内设办公室、人事教育股、经济建设股、预算股、行政政法股、社会保障股、会计股、农业股、企业股、行政股、非税管理局、乡镇财政管理局、国库集中支付局、财政监督检查局、公有资产监督管理局、农业综合开发办公室、政府采购管理办公室、基建预决算评审办公室、农村综合改革办公室、教科文股、信息股、重点工程建设财务管理办公室、绩效管理股、监察室。下属19个乡镇财政所。2017年，县财政局以全县三级干部大会精神为指引，围绕“左公故里、美好湘阴”建设目标和年初通过的财政预算目标，紧扣财政部门“对接省厅、加强征管、规范管理、优化服务”思路，坚持稳中求进工作总基调，深入贯彻落实“创新、协调、绿色、开放、共享”五大发展理念，积极稳增长、调结构、惠民生、推改革、强管理，着力推进财税体制改革和全面小康社会建设，戮力同心、攻坚克难，圆满和超额完成全年各项工作目标任务。县财政局综合工作和多项单项工作分别受到省市财政部门和县委、县政府表彰。

【服务经济社会发展】围绕县委、县政府“对标对接、融长发展”战略，深入对标长沙市（望城区）财税管理，进一步提高财政服务经济社会发展水平。积极筹措资金，全力推进“一二四”行动，先后投入10余亿元资金重点支持公路、郭嵩焘文体广场等重点工程建设和“旅游节”“美食节”等县域影响力推广项目。县本级整合设立财源建设专项资金（包括科技创新基金、产业股权基金等多个基金的工业创新基金3000万元），落实创新开放战略，全面推进招商引资，支持“一区两园”做大做强，支持县域经济发展。设立旅游发展基金500万元，支持创建国家全域旅游示范县。进一步完善涉税信息平台建设，在县财政局成立协税护税办公室，整合28个重点涉税部门单位资源，有效推进依法治税和促进企业规范纳税。加强土地储备收入、国有资产、政府性基金、政府性投资、国库集中支付五项财政管理和砂石资源税费征管，促进企业增效、财政增收。全面落实“营改增”、清理规范涉企收费等结构性减税降费政策，全年严格按国家政策免征、停征和取消行政事业性收费项目19项、金额1124万元，切实降低实体经济运行成本。推广运用PPP模式，确定12个项目为2017年PPP项目，1个项目在北京PPP项目会上推介，带动和激活民间资本。充分对接上级惠企政策，全力争取中央和省市对湘阴县经济社会发展的支持，培育壮大中小企业。加强国外贷款管理，推进银企合作，促进外向型经济发展。完善中小企业信用担保体系和风险补偿机制，利用国债资金、开行贷款，采取贴息、奖励补助等手段，大力支持优势产业、重点企业发展。支持组建村镇银行，加强与湖南省农信担保公司的对接沟通，积极争取县内外金融机构加大对湘阴县“三农”工作的支持，确保农村大局稳定和城乡经济社会协调发展。

【提升财政综合实力】2017年，全县上下积极克服经济下行压力、结构性减税降费、特大洪涝灾害等因素影响，加强收入形势分析和调度，深入推进国地税联合办税和部门单位协税护税，重点开展城区房地产税清缴、乡镇房地产税清缴、总部经济发展、契耕两税清理、砂石行业规范纳税、建安税增收“六大行动”，全面开展税收征管“五个十”企业（十户重点企业、十户总部经济、十户省属企业、十户欠税企业、十户长亏不倒企业）稽查清查，全县财政收入总量突破15亿元，达到15.0008亿元，占年计划的100.5%，同比增长10.5%。其中财政部门完成47949万元，同比增长138%。完成税收收入102059万元，同比增加9992万元、增长9.2%，税比68%。调整非税收入统筹政策，按照“征收法定，完整统一，收支脱钩，成本补偿，统筹安排，绩效考核”的原则确定非税收入委托征收指导计划，进一步规范非税收入征管程序。不断加强对中央和省最新扶持政策及投资动向的分析研判，主动协助各部门单位努力向上争资争项，全年争取上级财政专项补助收入和一般债券转贷收入总量突破13亿元，增幅10%，其中财政部门争资争项突破7000万元，占年计划的140%，有力支持扶贫、村级组织运转、防汛救灾、农业开发、村集体经济发展、村级公益事业建设、财源建设、整村推进美丽家园等项目建设。县本级可用财力21亿元，同比增加2.2亿元、增长12.3%，有力支撑县域经济和社会事业发展，县域经济综合实力位居全省前列。

【保障公共财政支出】2017年，全年完成财政总支出42.8亿元，同比增长11.5%；县本级财政支出完成22.5亿元，同比增加3.1亿元，增长16%。坚持新增财力向民生领域倾斜，全县民生支出31.9亿元，同比增长10%，占财政总支出比重的74.5%，超过全省平均水平，确保涉及人民群众切身利益的重大民生政策全面、及时、足额落实到位。通过采取严格预算编制和执行、压缩一般性开支，进一步优化财政支出结构，优先保障重点民生、重大事项、重点工程支出，努力实现基本公共服务惠及全县人民。通过年初预算安排、争取上级支持、整合专项资金、盘活存量资金等途径，加大对精准扶贫、农村公路建设、美丽乡村建设、村民规范建房、燎原水库水资源保护、郭嵩焘文体广场建设、三井头等棚户区改造、农村公共服务中心建设、平安城市建设、新增城镇就业、新增养老服务床位、农村妇女“两癌”免费检查等实事项目投入力度，切实保障项目的推进和竣工。完善以绿色生态为导向的农业补贴制度，惠农补贴“一卡通”由原来的一卡一折升级为两卡两折，全年发放各类补贴45项、3.4亿元，让农民明明白白得实惠。推进高标准农田建设，客观、准确地编报全县高标准农田建设项目可行性研究报告，加大中低产田改造力度，提升耕地地力。支持开展农村环境卫生整治、环洞庭湖环境治理和土地治理等工程，提高农业生态环境承载力。推进涉农资金统筹整合使用，整合城乡环境卫生、水利、国土、现代农业以及其他涉农资金4500万元。健全“一事一议”财政奖补制度，奖补项目覆盖所有行政村。全面在城区环境卫生、绿地管养、就业培训和社会养老体系等领域推进政府服务社会化。统筹推进教育公平，全面落实城乡免费教科书、贫困寄宿生生活补贴和校舍维修改造补助等政策。深化医药卫生体制改革，整合城乡居民医保制度，提高基本公共卫生服务项目财政补助标准。完善公职人员工资（津补贴）制度改革和公车改革，提高行政事业单位和企业离退休人员待遇。

【深化财税体制改革】有效实施积极的财政政策，深入推进财税体制改革。全面深化全口径预算改革，加大预算统筹整合力度，转列一般公共预算的政府性基金6项，国有资本经营预算全部调入一般公共预算，县级专项由719项压减到608项。实行预决算公开制度化常规化大众化，严格做到“非涉密，全公开”，全面压实公开责任。加强新增债务管理，以置换1.82亿元教育债务为突破口，全年置换政府性债务10.42亿元，有效防范债务风险。盘活并优化财政存量，全面收回2016年以前年度国库存量资金1.91亿元。积极推进绩效目标部门全覆盖和财政预算资金全覆盖，预算绩效管理实效有力提升。切实推进“放管服”改革，探索涉农资金分配权下放乡镇管理。切实加强财政扶贫资金监管，财政扶贫投入方式由过来的“大水漫灌”转变为“精准滴灌”。对单项采购额在20万元以内的涉公消费实行政府定点采购管理，并拟定相关实施方案和管理办法（草案）。完成湘阴县2016年度政府综合财务报告试编工作。利用全县各级各部门现有数据平台，打造一个具有“两个门户、三类数据、四大功能”的“互联网+监督”平台，实现民生数据大整合、政务信息大公开、监督效率大提升。配合做好省以下法检两院财物省级统管改革。不断完善乡镇预算管理制度，全面铺开星级财政所创建工作，乡镇财政预算管理水平不断提高。“村账乡代理”改革扎实推进，在组织领导、业务指导、人员配备、代理服务、业务培训、制度建设六个方面实现统一，农村“三资”管理更加规范。美丽乡村建设和农村公共服务运行维护机制建设作为全县仅有的两项省级改革试点纳入岳阳市深改组重点调度范围，农村人居环境进一步优化、美化、亮化。加强财政投资评审监管，建立健全“先评审、后下达预算”“先评审、后拨款”“先评审、后批复决算”的制约机制。横跨基本制度、专项风险防控办法和操作规程三个层次的财政内部控制制度逐步建立。重点工程建设财务管理人员力量得到加强，支出审批权限和资金监管责任进一步明确，有效提高资金拨付和使用效率。

（陈小良）

湘阴县财政局主要负责人名录

局　长　许长虹
副局长　甘要云　周正利
胡红祥（至7月）
周岳平（至7月）

公有资产监督管理

【概况】湘阴县公有资产监督管理局（简称县公有局）成立于2007年9月10日，为正科级行政支持类事业单位，隶属县财政局。是县政府负责国有资产监督管理的主管部门，履行国有资产所有权、处置权职能，按照统一领导、分级管理、授权经营、分工监督的总体方针，坚持所有权和使用权相分离的原则，对全县国有资产实行综合管理。内设综合办公室、金融与债务股、资产管理股。有干部15人。2017年，县公有局一班人以推进国有资产管理科学化、规范化、精细化为目标，大胆创新模式，积极对标省市，狠抓班子建设，较好地完成年度各项工作任务目标。

【加强监管】一是扎实开展国有资产检查。上半年，县公有局联合县监察局、县财政局组成联合检查小组，历时2个半月，对全县16个乡镇（街道）、43个县直部门及28个二级机构等单位近三年来的国有资产购置、处置和经营性资产出租出借及收支情况进行重点检查。通过这次检查，全县各行政事业单位能够坚持把“夯实基础、严格程序、规范管理”作为国资管理的工作重点，较好地做到资产家底清晰、管理规范有序、资产账实相符。二是严格规范国有资产处置。全面完成全县公务车改革资产处置工作。此次公车涉改车辆378辆，根据湘阴县公务用车改革实施方案要求，其中保留车辆153辆（含调剂至县公车平台中心43辆、其他执法执勤单位96辆、乡镇14辆）、报废32辆、退回非涉改二级机构34辆、调剂各单位20辆，剩余139辆于上半年分5批次进行依法公开拍卖，实现拍卖收入368万元，比评估价222万元溢价146万元，取得良好的经济效益和社会效益。经县政府批准，朝阳大酒店整体资产以成交价1708万元拍卖给湖南湘阴星龙村镇银行，进一步盘活国有资产。三是不断加强经营性资产监管和办公用房调剂。2017年，对30余个行政事业单位40余宗经营性资产的出租出借和经营性收益等情况进行严格监管，全年经营性资产收益1586万元。同时对部分行政事业单位办公用房进行合理调剂，将县城市管理综合执法局调剂到县法院老办公楼办公，将县文物旅游局调剂到县环保局附楼办公，将中医院调剂到老县人民医院，进一步提高国有资产使用效率。

【深化改革】全面完成融资平台改革。根据县政府关于融资平台改革的统一部署和《湖南洞庭控股集团组建工作方案》的具体要求，上半年，县公有局指导、督促集团公司完成工商注册和宗棠旅游公司归并、高层架构搭建以及高管人员招聘方案、薪酬方案等拟定，认真组织开展清产核资，全面完成政府融资平台改革，洞庭控股集团公司于6月挂牌运营。二是积极推进政府性债务债务摸底与置换。认真贯彻落实财政部50号、62号、87号和89号等一系列关于加强地方政府性债务管理和杜绝违规融资举债文件精神，突出加强对政府性债务的举债、使用、偿还等环节的监督管理。下半年，县公有局组织对洞庭控股集团、金龙新区、工业园区、临港产业新区等8家融资平台公司和部分行政事业单位及乡镇的债务规模、债务来源、债务风险控制等情况进行全面清理和摸底，通过清理摸底，截至9月30日，湘阴县政府性债务余额为145.85亿元。按债务人主体划分，湘阴县政府性债务由融资平台公司债务、行政事业单位债务、县财政局专项债务、乡镇债务等四部分构成。其中融资平台公司债务余额104.28亿元；行政事业单位债务余额7.87亿元；县财政局专项债务余额31.56亿元；乡镇债务余额2.14亿元。同时，县公有局通过积极与省财政厅对接，置换债券4.71亿元，新增债券2.06亿元，置换民间金融公司债务2.18亿元，湘阴县政府性债务置换工作走在全省前列。三是大力推进PPP模式推广实施。制定湘阴县《2017年PPP项目推广实施方案》，并经过充分论证，拟定湘阴县宋城和左宗棠文化园开发、柳庄景区及樟树港古镇建设、虞公庙港口建设等12个PPP模式项目，聘请专业咨询公司对其进行项目包装，投资总额222亿元。5月，邀请省PPP示范项目评审专家到湘阴县授课，派专人到北京参加省政府组织的PPP项目推介会，积极申报省级和国家级PPP示范项目，其中古城保护与开发利用项目通过省级评审，向财政部申报国家级PPP示范项目入库工作。农村污水处理项目成功落地湘阴县并在实施中，湘江二桥和湘江北路建设项目、湘江沿江景光大道项目、集镇污水处理建设项目、古城保护与开发利用项目等一大批PPP项目在洽谈中。

【班子建设】一是认真履行党建工作主体责任。以推进“两学一做”学习教育制度化常态化为契机，狠抓党组班子和机关支部两级班子建设，认真落实“三会一课”、民主生活会、民主评议党员、“巴陵先锋”党日活动等制度。学习教育中，坚持领导班子带头，以上率下，坚持学用结合，知行合一，并教育引导党员干部努力践行“四讲四有”标准，立足岗位作贡献。二是认真履行党风廉政建设主体责任。年初，制定班子成员和股室负责人党风廉政建设目标任务及责任分工，从班子成员到股室负责人层层签订党风廉政建设责任状。扎实开展经常性廉政教育和“涉砂、涉矿经营”等专项整治工作，班子成员带头执行中央、省、市一系列关于党风廉政建设和作风建设一系列规章制度要求。三是扎实开展扶贫帮困工作。按照县委、县政府的统一部署，2017年，县公有局联点金龙镇香杉村，结对帮扶35户贫困户，按照“因地制宜、分类实施、精准扶贫”的要求，年初制定切实可行的扶贫方案，下派一书记驻村帮扶。协助村委积极争取一事一议项目，帮助该村完成村级服务平台建设、村级道路硬化、电网改造、主干道路灯安装、新建垃圾围等基础设施建设，全年为村上争取各类资金20余万元，大力促进全村经济发展。通过采取产业扶贫、教育扶贫等不同形式的扶贫方式，确保每个贫困户都按上级要求和时限脱贫，得到乡镇和村上群众的一致好评。

（冯　岳）

湘阴县公有资产监督管理局主要负责人名录

局　长　熊志明
副局长　鲁江波（至7月）　曹卫文
秦　宏（7月任）
周胜恩（12月任）

国家税务

【概况】湘阴县国家税务局（简称县国税局）内设办公室、政策法规科、收入核算科、征收管理科、人事教育科、监察室、财务管理科、纳税服务科（办税服务厅）、税源管理一科、税源管理二科、机关党委办公室、工会办公室。直属机构有：湘阴县国家税务局稽查局。派出机构有：白马寺税务分局、袁家铺税务分局。事业单位有信息中心。全局在职干部113人。2017年，县国税局按照“突出主业，提升能力，创新驱动，奋发求为”的工作主题，坚定信心、负重前行，围绕税收现代化建设的工作目标，依法治税、深化改革、创新服务，全面落实税收政策，打造联合办税阵地，实施人才兴税工程，完善廉洁从税机制，取得较好的成效。

【依法治税】全面推进“放管服”改革，大力优化营商环境。一是依法缩减审批事项，放更彻底且有序。对2015—2017年规范性文件进行统计、清理；认真落实《出口退税管理工作规范11版》，认真清理和规范备案类、审批类减免税，严格实行减免税备案程序，严格权限管理，要求干部按规定时限办理。二是依法落实政策，服务更优质且有感。落实国务院6项减税措施、福利企业、出口退税等优惠政策。

【税收征管】一是全面深化国地税征管体制改革。成立深化征管体制改革任务落实督促办公室（简称改督办），统筹协调任务落实；全面深化国地税合作，4次召开国地税联系会议，联合下发工作方案、机制制度4项，在联合服务、联合征收、联合培训、联合创建国地税合作示范区等10个方面推行新举措；二是认真开展发票排查工作。加大对大型超市等商业零售行业和餐饮服务行业纳税人共计166户纳税人的发票检查力度，持续开展发票打虚打骗打假工作。

【办税效能】一是推行“一窗一人”模式，借助创建“联合办税先进单位”的契机，全面提升联合服务水平。接受预约服务133户次，实时延时服务48户次，接待纳税人34911人次，平均办税时间6分钟，评价为“满意”的超过98%，在满意度调查中，县国税局名列全省154个基层单位中第34名，名列全市系统第4名，纳税人满意度持续提升。联合办税大厅成为岳阳市局系统两个推选单位之一，进入省局选评环节。二是丰富税收宣传举措，结合“纳税服务日”、税收宣传月等活动，开展抢答赛、书法展示、问卷调查等，发放宣传资料852份，接受纳税人咨询2107次，解决重大疑难问题164次。在税收业务、汇算清缴、网上办税等方面对纳税人辅导186户次，举办7次纳税人学校培训，参加人数1000多人次。

【“互联网＋税务”】一是综合运用信息化管理平台。利用企业所得税管理监控平台，核查涉税风险；利用建安一体化管理系统，抓好建安、房地产和跨地区税收管控工作；利用“智慧湘阴县”手机软件，联合举办多期发票抽奖活动，大幅提升纳税人规范使用发票意识。二是大力开展网上办税。认真做好实名认证和电子税务局推广工作，国地税共建微信公众号，涵盖办税服务、税收宣传等操作平台。通过微信、电话或上门等方式提醒纳税人报送资料或缴纳税款成为税管员常态化的工作方法。

【绩效管理】一是党组高度重视。年初即召开专题会，研究部署全年绩效工作。每个季度对各项工作进行一次“回头看”，总结工作短板，以问题为导向，统一思想，争先创优氛围越来越浓。二是制作“绩效指标销号单”。绩效办负责督察督办，全年开展督办事项53次，制作销号单以督促效，引领全局各项工作，进一步压实各项工作责任主体，要求承接科室在规定时间内，不仅要完成好绩效指标要求工作，还要针对科室承接指标所做的工作做详细说明，做到“完成一事，销号一单”，倒逼任务执行。三是打磨湘阴县亮点。通过印发绩效专题通讯、开展征文活动等形式，扩大绩效宣传，在全局系统内广泛凝聚绩效共识，不断营造争先氛围。同时认真开展全局一科一品、一局一品征集工作，精选亮点特色，开展典型选树。

【党的建设】一是贯彻中共十九大精神，推进“两学一做”学习教育常态化制度化。县局以增强“三员”身份意识为抓手，召开专门会议制定支部学习计划，将推进“两学一做”学习教育常态化制度化与税收业务、规范化建设、各类专项整治等紧密结合。党组组织党建专题会4次，中心组学习6期，各党支部结合“巴陵先锋党日”活动开展“四个意识”等主题党日活动60余次，组织全体干部收看中共十九大开幕式直播，专题召开中共十九大会议精神党组中心组学习会，并由一把手做辅导发言，邀请县委中共十九大讲师团进行专题辅导，组织“青春喜迎十九大，不忘初心跟党走”进企业、下社区专题宣讲活动等。二是规范支部建设，提升基层战斗力。选优配强下辖9个支部和机关党委班子，对各支部规范化建设进行督查抽查，高标准开展党组织关系及党费清理工作，零差错完成党员信息系统录入，按程序开展民主评议，评选出优秀党员25名，推进党支部制度建设、工作流程、党员教育标准化。三是深化“党建＋”，发挥先锋模范作用。开展“我为党旗添光彩”活动，成立党员先锋队，增置“党员示范岗”，组织党风廉政专题讲座、七一红歌比赛、送党课进企业，全情参与湘阴县抗洪救灾活动等，召开5次扶贫工作会议，联点帮扶对象46户，帮助110余人解决社会保障和生活救济问题，树立湘阴县国税局勇于担当的好形象。

【廉政建设】一是加强主体职责担当。党组书记带头，年初签订党风廉政建设主体责任责任书、制订主体责任工作任务清单，党组班子履行24项职责，由党组书记履行其中11项职责，党组班子成员共同履责14项，各部门负责人履责10项。二是开展四个专项行动。印发湘阴县局《严禁违规操办或参与“升学宴”“谢师宴”的通知》《清理国家公职人员违规参与涉矿等经营性活动专项整治工作实施方案》《“刹人情歪风、治婚丧陋习、树文明新风”专项整治工作实施方案》《开展违规公款购买消费高档白酒和香烟问题集中排查整治工作实施方案》等4份文件通知或工作方案，让党风廉政建设“两个责任”落实在行动上，将“升学宴”“周岁宴”“乔迁宴”和“满月宴”列为纪检监察重要内容，不定期对餐饮场所组织明察暗访行动，发放并收回《公职人员参与涉矿等经营性活动个人情况报告》《树文明新风》承诺书各113份，按科室收集白酒自查表格16份，增强干部自律意识。三是加强特色廉政教育。组织全体党员学习《习近平总书记关于严明党的纪律和规矩的重要论述摘编》《巡视工作条例》《廉洁自律准则》《纪律处分条例》，组织观看《不可触碰的底线》《决不饶恕》警示教育片，以案释纪说法，每周发送廉政知识、格言、小故事，将纪律观念植入人心。

【提质升级】一是加大培训力度。面对日益复杂的税收形势和繁重的税收任务，针对人员素质短板，尤其是新进人员中税收相关专业人才占比过低，很多新公务员还难以适应现代化税收管理的需求这一现象，扎实开展“人才工程”建设，分类分层组织培训，认真开展“青税夜课”系列主题培训活动。二是打造优美机关。完成机关院落的“黑化”“绿化”工程，为纳税人提供温馨舒适的办税环境，为干部职工提供优美干净的工作环境。

（谭　波）

湘阴县国家税务局主要负责人名录

局　长	刘　泓
副局长	周智勇　吴战辉
	吴红辉　蒋清泉
纪检组长	王　辉

地方税务

【概况】湘阴县地方税务局（简称县地税局）内设办公室、税政法规科、征管和科技发展科、收入规划核算科、财务管理科、人事教育科、监察审计室等7个科（室）。直属机构有：办税服务中心和稽查局以及信息中心（事业单位）。下辖5个税务分局：一分局，负责城区企事业单位的税收征管；二分局，负责纳税评估工作；三分局，负责全县范围内建安房地产税收征管；四分局，负责农村乡镇税收征管；五分局，负责城区的个体私营企业税收征管。全县地税系统有在职干部职工84人。其中公务员78人，事业干部6人；中共党员67人；注册税务师、律师3人，研究生3人，大学本科55人，大学专科学历16人，中专及以下10人。2017年，县地税局认真贯彻落实省、市局税收工作会议和党风廉政建设会议精神，坚持“一严两保三争”总基调，各项工作均取得良好成效。

【保质保量抓收入】2017年，面对主体税种缺失、税源大幅萎缩、控管手段弱化等一系列难题，县地税局始终绷紧组织收入这根弦，切实加强组织领导、加速推进征管转型，地税收入实现良性增长。截至12月30日，全局入库地方各税及附加45629万元，顺利完成全年收入任务，剔除营业税，同比增收4794万元，增长11.72%。中央级完成10308.44万元，同比增收3835.6万元，增长59.26%；省级完成3885.92万元，同比增收649.72万元，增长20.08%；县级完成30134.77万元，与2016年同期相比基本持平。一是摸清“家底”，细化责任。将收入任务分解到位，明确责任，分解到每条线、每个岗、每个税管员。二是筑牢“地桩”，夯实征管基础。抓好日常申报入库，加强内部收入调度和考核，加强纳税评估和巡查。三是织好“天网”，加强联合办税和部门协税。加强源泉控管，完善纳税信用等级评价制度，落实税收“黑名单”、重大违法案件公告等措施，增强税收威慑力。四是捡好“芝麻”，进一步挖潜堵漏。通过健全机制，加强力量，在乡镇耕地占用税、小型水利电站、小产权房、小厂小作坊税收上加强征管，扫除盲点，防止税收流失。五是攥紧“拳头”，强力清欠。开展企业所得税欠税“清零”行动，通过政府介入、信用降级、欠税公告、强制执行等“组合拳”，强力清欠。六是擦亮“慧眼”，寻找税收增长点。依靠总部经济，对接新项目税收，清查撤乡并镇、城区扩围土地使用税，清理财政土地返还款企业所得税，寻找股权转让所得税有效控管措施等新的增收点。

【群策群力强征管】坚持以法律法规为主、以地方税种为主，以自行征收为主思路，根据年初明确的“稽查户数占比3%左右，纳税评估面70%以上，主要地方税种增速在10%以上、风险推送数据处理率100%”的工作预期目标，突出“四个加强”，持续推进征管转型。一是加强纳税评估。整合力量成立纳税评估分局，2017年年初制定《湘阴县地方税务局2017年纳税评估计划》，同步推进日常评估和专业评估，以“月工作报告”形式在每月的局务会上进行通报。年内，累计评估户数1785户，单位纳税人评估面达到93.7%，入库税款2159万元。其中，专业评估年度计划5户，完成5户，入库税款567万元。二是加强风险管理。巩固完善分管领导亲自抓、征管部门专人管、基层分局实时应对的工作机制，2017年，向下推送风险应对任务9批次，涉及829户纳税人，完成814户，完成率98.2%，入库税款333.10万元。三是加强税务稽查。认真落实“双随机”选案制度，扎实推进异地稽查，持续深化“一案双查”，充分发挥稽查促收促管职能。根据市局税收工作会议要求，全年确定检查户数42户，实施检查30户，查补地方各税及罚款1070万元，入库查补税款812万元、滞纳金41万元、罚款87万元。年内继续推行“一案双查双报”，有效地防范自由裁量权、随意执法、办人情案、失职渎职等违法违纪行为的发生。四是加强综合治税。提请县政府牵头成立建安和房地产税收联合征管办公室，由国税局、地税局派专人负责，明确职责，实行专业化管理，联控把关。实行先税后投，将缴清以往项目和以前年度实现的增值税和地方各税（费）作为建安房地产开发企业招投标资格审查的前置条件；实行先税后证，国土、房产、规划等部门在办理相关证件时，必须要求企业提供完税或免税凭证；实行先税后票，对未缴清地方税费的纳税人，国税部门不得开具发票；实行先税后款，对财政投入建设的工程项目，在支付工程款时，除发票外还要凭国地税双方出具的税费缴纳清单作为付款凭证。实行先税后验，对未取得建筑工程增值税发票和国税、地税部门按工程决算全额开具的工程项目完税证明单的建设工程项目，不得办理综合验收手续。同时，国土、房产、住建、规划、财政、政务中心、政府融资平台需按月向联合征管办公室报送涉税信息。

【全心全意优服务】努力构建“税收服务经济，地税人服务纳税人”的服务格局，不断提升税收服务的质效。一是全力减负。顶格落实各项税收优惠政策，充分发挥税务部门信息灵通、了解政策的优势，找准经济发展与税收政策的结合点，大力开展税收政策调研，为经济发展、招商引资提供决策依据，助推企业做大做强，对符合享受优惠政策条件的纳税人，主动服务，早办快办，让其及时充分享受到税收优惠带来的好处，增强其发展后劲。年内积极为下岗职工、退伍、转业人员就业及残疾人办理减免税手续，顶格执行针对高新技术企业、小微企业等一系列税收优惠政策，减免税费121万元。二是全面增效。认真落实《国地税合作规范》和《纳税服务规范》，融合服务、整合资源、聚合管理，持续推进“一窗一人”通办国地税业务，全面实现纳税人“到一个窗、办两家事”，大幅度降低纳税人的办税成本。实现办税厅“共建”。三是持续提质。全面推行“绿色通道服务、专家团队服务、一窗一人服务、减税台帐服务、四联帮扶服务、廉洁作风服务”六项措施；深入开展微信平台覆盖率、纳税提醒到位率、培训辅导普及率、网上办税推广率、资料报送同步率、监督电话知晓率“六个百分百”服务行动，切实打通服务纳税人“最后一公里”。四是倾情帮扶。认真做好精准扶贫工作，对联点三塘镇白雪村10户贫困家庭，采取危房改造、技能培训、教育助学、发展生产、大病救助等措施，实行“一对一”精准帮扶，长期受益。

【从严从实带队伍】突出以党建带队建，以党风带政风，扎实推进“两学一做”学习教育常态化制度化，为地税事业发展提供坚强保障。一是抓深思想教育。始终坚持县局党组统一领导下的党总支、党支部分级负责制，分层面建立“党建工作清单”，确保日常工作有人抓，具体工作有人管，明确党建工作“3+5”活动方案，以党员学习痕迹化、党支部建设标准化、党建工作规范化为主要抓手，按照全市系统基层党支部标准化建设考评标准，在基层党支部中全面开展达标活动，重点围绕组织设置科学、阵地建设规范、制度落实严格、组织生活严肃、活动开展经常，积极开展党建示范点创建活动，重点抓好一分局党支部达标建设先行样板工作，争创“样板党支部”。启动机关地税文化展示平台建设，组织“喜迎十九大　爱税爱国家”演讲比赛，为鼓励干部读书写作，拓宽干部交流平台，年内创办属于湘阴县地税人自己的刊物《湘阴县地税》杂志，其涵盖税收政策解读、税收理论调研、随笔、文学创作、生活常识等各方面内容，得到局内干部职工的广泛好评。二是抓实问题整改。把省委巡视“回头看”整改和总局税收执法大督查整改，作为加强党建工作，促进规范执法的重要内容，全面开展排查，制定问题清单，建立整改台账，明确整改期限，纳入绩效考核，并切实做好整章建制，做到责任到人，实行“挂图作战”，坚持序时推进。三是抓严作风建设。进一步细化量化“两个责任”，层层传导压力，常态化开展作风督查，推动从严治党向基层延伸，向全员覆盖。全面落实省局“五条禁令”，配合县委、县政府对县地税局参与“带彩”赌博和参与采砂、运砂、浮吊、砂石码头经营活动情况进行全面自查，全局干部无相关违纪、违规经营及以税谋私行为，保持正风肃纪的高压态势。四是抓细绩效管理。发挥绩效管理“指挥棒”和“紧箍咒”的作用，突出重点、拉开差距、奖优罚劣，不面面俱到、不平均分配、不平衡照顾。绩效奖励拉开差距，防止平均化，使绩效考核落地落细落实。

（丰　宇）

湘阴县地方税务局主要负责人名录

局　　长　湛　波
副 局 长　郭立军　李尚文　姚维申
纪检组长　易卫国

河道采砂管理

【概况】湘阴县河道砂石综合执法局（县砂管局）内设办公室、财计股、砂政股、安监股、生产经营股、综合执法大队、纪检监察室7个股室。下设4个水上工作站。有在编工作人员108人。2017年，县砂管局党组团结带领全局干部职工，围绕省市砂石管理工作要求，牢牢把握安全生产和廉洁自律两条底线，扎实做好湘阴县砂石管理各项工作，生产秩序日益规范、目标任务圆满完成、党的建设不断加强、两个责任全面落实。年内两次综治民调工作都排名全县第一、防汛救灾工作获得全市先进单位，连续两年砂石目标管理考核位居省、市前列，特别是积极探索政府经营的成功经验引起广泛关注，先后有江西九江、江苏徐州、安徽宁国和株洲、衡阳、沅江、山东等地前到湘阴县考察学习，河道采砂管理经验在全省工作会上重点推介，2017年的全市河道采砂安全生产工作现场会和全省洞庭湖综合治理现场会都在湘阴县召开。

【科学采砂】湘阴县湘资两水贯穿全境，面积大、水域长，砂石资源丰富、品质优良，河道采砂是湘阴数万人赖以生存、就业的重要产业，全县投资总额超过10亿元。2017年，湘阴县继续实行“政府主导、公司经营”管理模式，坚持对砂石资源“在保护中开发、在开发中保护”，对“采、运、转、销”等各个关键环节实行全面监管，严格落实限船只、限功率、限时段、限采区的开采方式，坚决杜绝越界、超时、超量开采。建立和完善采砂船舶安全生产管理制度，全面落实河道采砂安全生产责任，严格遵守“早六晚八”生产作业时间规定和与防洪大堤、险工险段、机涵管闸、桥梁渡口等保持规定的安全距离。设立水上治超工作站，对过往没有留足安全干舷的超载运砂船一律强制卸载，全年全县没有发生一起河道采砂安全生产责任事故，没有因采砂作业损坏任何水利或交通设施。生产秩序的日益规范，创造近三年来砂石效益历史最好成绩，2017年，财政收益突破5.46亿元。完成全年目标任务。

【从严管砂】2017年，县砂管局以“加强制度建设、加大绩效考核”为抓手，把制度建设作为干部作风的牛鼻子来抓。新建立“岗位能上能下、人员能进能出、待遇能高能低”的激励约束机制，健全《砂石局工作人员目标管理绩效考核办法》和局机关《考勤出勤》《廉洁自律》《财务管理》《公务接待》和《安全生产》等12大项规章制度；高度重视国家公职人员参与涉砂经营专项清理活动，坚持常态化监管与集中式整治相结合，从严从紧执法执纪，努力形成用制度管人、按制度办事、依制度奖惩的全新工作机制。针对县砂管局职工较多、人员分散、难于管理的现状，局党组多次召开专题会议，明确党组成员分工，根据每个工作人员的能力特点，确定每个股室、站队的岗位职数和岗位职责，加强目标管理、加大绩效考核、实行末位淘汰，在干职工中树立“讲规矩、守纪律”的良好风尚，全局干职工的纪律意识、规矩意识、危机意识明显增强，干事创业的氛围更加浓厚。

【铁腕治砂】为全面贯彻落实省市洞庭湖治理专题会议精神，局党组进一步提高政治站位、加强工作措施。在现有104名执法人员的基础上，再从县公安、国土、水务、工商抽调19名精干力量，成立公安涉砂执法大队和水政、国土两个执法中队，统一派驻县砂石局集中办公，实行统一指挥、统一调度，形成执法的强大合力。在湘望、湘益、湘沅、湘汨4个交界共管区域设立6个水上执法站，打桩定位、各负其责，形成网格化管理模式。不断加大蹲点值守和日夜巡查的力度、密度，实行24小时全天候、全过程、全方位巡查值守，特别是加强在特殊天气、特殊时段（夜间、凌晨）的执法巡查，确保处处巡查不留死角，天天防守不留空隙。积极与望城、汨罗、沅江、益阳等地对接，开展跨区域联合执法，实行信息资源共享、共同巡查执法、相互监督管理，建立打击非法采砂联合执法机制。年内集中力量在湘阴县、益阳、沅江交界共管水域，开展集中宣传活动3次、联合执法行动12次，抓获非法盗采船82条次，在大坝堤水域集中扣押盗采船只25条，现场切割改装船只13条，治安拘留2人、刑事拘留5人、追逃2人，确保非法盗采行为露头就打的高压态势，省水利厅厅长詹晓安、省发改委主任胡伟林、市砂管办、市环境整治领导小组对湘阴县打击非法采砂的措施和效果都给予高度评价，年内湘阴县水域基本杜绝非法采砂行为。

【中心工作】一是综治民调上台阶。局党组高度重视综治民调工作，学习贯彻会议精神，研究制定工作方案。通过宣传栏、横幅标语和座谈会等形式，大力宣讲党的好政策、湘阴县的好形势、干部的好作风。大力加强信访维稳工作，通过加大宣传力度、推行模拟民调、建立激励机制等措施，2017年，综治民调工作都取得全县同类单位排名第一的好成绩。二是精准扶贫有亮点。2017年，县砂管局联点金龙镇望星村，有贫困户28户。为全面落实精准扶贫政策，对贫困家庭明确具体帮扶措施。全村落实教育帮扶28人，帮助该村申请危房改造9户，落实产业帮扶5户，投入脱贫攻坚资金20多万元，解决群众反映强烈的水利建设、村主干道路灯亮化、绿化等热点问题，金龙镇望星村多次代表湘阴县接受省市扶贫检查，都得到高度评价。三是抗洪救灾作贡献。局党组接到防汛指令后，迅速召集100多人，组建一支突击队和两支小分队参加抗洪抢险。另外，还动员砂石协会组建一支50人的突击队参与抢险，发动负责人捐钱捐物，解决灾区群众的实际困难。在防汛砂卵石的调度上，全局工作人员不分昼夜采挖、全面保障到位，为夺取防汛抗灾的全面胜利发挥关键作用，特别是帮助益阳小河口临时调运砂卵石3000吨一举抢险成功。四是采区规划定位高。4月，湘阴县对所有采砂区域实行全面停采，长时间的停采严重制约湘阴县经济社会发展，部分重点工程项目砂卵石无法供应、砂石行业中断，价格居高不下、群众怨声载道。为做好采区规划，县砂管局抢抓机遇、主动作为，从9月工作启动以来，不惜动员一切人力、物力、财力，积极做好采区初选、地质调查、储量勘测和防洪影响评价工作，年内多项工作全面完成任务，省水利厅也下发湘阴县采砂规划的批复意见，市里相继召开采区规划评审会，年底湘阴县四个采区进入省市规划笼子。

（周　辉）

湘阴县河道砂石综合执法局主要负责人名录

局　长　王　锐
副局长　蔡　浪（至11月）　陈　新

烟草专卖

【概况】湘阴县烟草专卖局（简称县烟草局，与县烟草公司两块牌子、一套人马，合署办公）内设机构有办公室、综合股、纪检监察与安全保卫股、专卖监督管理股（稽查大队）、市场服务分部及内部监督管理股。2017年，县烟草局全面贯彻落实中共十八届五中、六中全会精神以及省、市烟草工作会议精神，紧扣“稳定规模、优化结构、提高质量、增加效益”和“五稳五进”工作思路，按照“四个尽最大可能”要求，咬定目标、攻坚克难，实现企业持续健康稳定发展。全年销售卷烟2.84万箱，超全年任务量的1.31%，同比增长0.79%，总销量排全市第三，其中，省外烟0.72万箱，占总销量的25.5%，同比增长16.62%。

单箱均价为3.07万元，同比增加2.54%。实现销售收入8.71亿元，同比增长4.46%。

【卷烟营销】一是成立“局党组成员+营销部门主任”联点工作小组，一一对应片区，细化卷烟销量目标计划，以日保周，以周保月，以月保年，实现卷烟销量与结构同步提升。二是认真开展“两个真实性”调查。对全县2900余户零售客户进行走访摸查、拍照登记，修改客户订货电话400余条，发现并提交专卖部门处理“人证不符、地址变更、无经营迹象、关门歇业”客户85户，市场运行的规范化程度进一步提升。三是全面改进客户服务质量。加大客户满意度考核比重，深入开展“季优月星”劳动竞赛活动，稳步推进价格自律互助小组建设，组织368名客户签订价格自律互助协议，建成自律互助小组19个，召开各类客户培训会90余场，受训面90%，协调做好物流配送工作，及时更换差错烟、损坏烟225次，乐捷卡持卡率100%，刷卡率99.54%，客户满意度90%，居全市第二。四是大力亮化终端形象。以提升300余户“先锋烟行”现代功能店柜台形象为切入点，指导客户做好拆零上柜、明码标价和特色陈列，逐步提升终端整体形象，组织“最美卷烟零售终端”和“最美片区”评选活动，累计200余户零售客户报名参加，8万余名消费者参与微信投票，有效激发零售客户和客户经理参与终端美化的积极性。五是协同开展品牌培育。加大重点品牌、低焦油、低危害、细支新品的培育力度，联合中烟公司召开客户经理、零售客户新品推介会9场，大力开展面向消费者的品牌培育，组织客户经理新品覆盖率竞赛3场，省外卷烟落地消费率和新品培育成活率在全市名列前茅。

【市场监管】围绕“全力打假打私，重点监管真烟非流（非法流通），规范行政许可，以考核促绩效”的工作方针，大力向打假打私要销量、向真烟非流治理要销量、向市场净化要销量。一是贯彻落实“放管服”要求，为特殊群体及偏远地区客户开通“绿色通道”，提速行政许可，先后办理行政许可事项1027项，其中新办260项、延续417项、变更18项、补办6项，便民服务赢得客户“点赞”。二是设立专职市场监管员，加强许可证后续监管，加强与工商部门联合行动，取缔无证经营户55户，积极吸收有条件的零售户办证入网，市场净化率进一步提升。三是以《全省系统卷烟规范经营问题清单》中的84个问题为导向，对大户治理专项行动进行自查“回头看”，建立违规大户清单，全面排查疑似代订、疑似代调、一卡多结等现象，依法严管“二次批发、左右价格、扰乱市场”的卖烟大户，劝退违法违规大户7户，取缔受其控制的小户39户。四是每月召开营销、专卖、内管“三员”联席会议，核实同一IP/ID订货和其他预警信息149条，对代取点全部清查到位、协议签订到位，市场规范基础进一步夯实。五是严抓真烟非流治理。加强规范经营宣传，一线人员和协会、内管人员在客户到货日进行“蹲点式”和“巡逻式”相结合的教育监督，做到严防死守，同时，严格落实真品卷烟非法流通治理责任追究办法，对党组成员和中层干部先后扣发绩效工资12000元，党组约谈部门负责人2次，扣罚一线部门员工月度绩效工资7000元，全年无“双八十”“双三十”案件发生，被其他执法单位查处的非法流通真烟数量全市排名第五，真品卷烟非法流通治理工作取得阶段性胜利。六是完善“政府领导、部门联合、多方参与、密切协作”的打假打私体系。主动对接政府职能部门，联合县公安局开展“春雷7号”和“洞庭利剑1号”专项行动，查办假烟案件89起，假烟40.06万支；联合岳阳邮政局召开打击卷烟寄递违法行为工作会议，形成全县打击物流寄递涉烟违法行为的统一战线，寄递物流环节查办假烟案件198起，查获假烟54.18万支。七是加大案件查处力度。以雷霆之势打击售假违法行为，全年查办假烟案件214起，其中省标网络案2起，假烟80.65万支，案值94.7万元；坚持露头就打，查办真品卷烟非法流通案件96起，涉案真品卷烟165.62万支，案值109.49万元，罚没金额9.69万元，其中，5万元以上真品卷烟非法流通案件4起，3万元以上真品卷烟非法流通案件19起。全年刑拘3人，批捕2人，判刑2人。专卖监督管理股获评“2016—2018年全省依法办事示范窗口单位”。

【企业管理】一是加强资金监管。加强预算管控，突出执行与控制，严格考核抓落实；加强对招投标管理、物资采购等日常经济活动的监管，全面落实《采购管理规定》，确保应招尽招、真招实招。按照“5+2”重点领域廉洁风险防控工作方案要求，制定物资采购监督管理实施办法，梳理监管工作流程，明确风险关键节点，评定风险等级，确保资金使用规范；全面清查固定资产，严格财务审批，业务招待费、会议费同比分别下降100%、50%。二是加强安全维稳。分管局领导带队，认真开展安全检查12次，消防演练1次，全面加强信访维稳、安全综治、平安创建等工作，保安全、优服务、应急响应和突发事件处置能力不断增强。三是加强法律风险防控。不断加强法制烟草建设，认真开展普法宣传、法律考试、合同审查和案卷评查，获全市系统“行政处罚案卷评查优秀单位”“零售许可卷宗评查优秀单位”。四是加强课题研究和政务宣传。大力培养大学生创新技能，完成调研论文7篇、精益管理课题2个，在企业内部形成降本增效的良好学术氛围；加强通讯员队伍建设，国家局省局市局网站分别采稿件13条、136条、284条，排名全市第一。

【队伍建设】一是进一步完善部门月度绩效考核方案，在坚持向一线倾斜的基础上，加大二次考核力度，奖优罚劣，拉开差距，体现公平。二是开展百日劳动竞赛活动，培养、树立“技能明星”“服务明星”，引导全员爱岗敬业，勤奋工作，形成学先进、见行动、干工作、促发展的良好氛围。三是严格执行客户经理、稽查员11级、12级岗聘任办法，确保能力强、素质高、奉献精神强的一线员工获得相应的职级待遇，并起到模范带领作用，让“有为者有位”。四是继续实施中层干部末位管理制度，严肃问责责任意识不强、工作水平不高的管理人员，督促后进，推动中层干部整体素质稳步提升。五是组织开展迎新春文艺晚会、元宵节包元宵、“三八”妇女节踏青、工会登山活动、女性健康知识讲座、退休职工重阳节等活动，推出“金叶医疗卡”困难员工帮扶项目，体现组织关怀。六是丰富“八个更加懂得”企业文化宣贯载体，积极参加省、市局组织的“在懂得中成长、在岗位上成才”青年博文诵读，“恪尽职守、廉洁从业”演讲和“好家风”征文等各类比赛，并取得优异成绩；组织为烈士扫墓和参观临湘廉政文化教育基地、防汛救灾等活动，继续开展“爱心月月捐”，组织青年员工代表上门慰问40余人次，积极参与扶贫攻坚，主动对接静河镇水山村，进一步推动烟草企业文化入脑入心入行。

（吴　恩）

湘阴县烟草专卖局主要负责人名录

局长、经理	彭庆云
副 局 长	钟建文
	杨　勇（兼纪检组长）
副 经 理	戴　晖

盐业管理

【概况】湘阴县盐业公司（与县盐业局两块牌子、一套人马，合署办公）内设经理室、副经理室、综合办、市场营销中心、市场管理股。有在职员工22人，其中在岗16人，内退6人。2017年，县盐业公司干部职工齐心协力，切实转变工作作风，加强服务意识，努力推进湘阴县盐业因应改革进行的转型升级，确保公司始终保持稳增长稳发展的运行态势。全年销售各类盐6300吨，完成年计划5890吨的107%，其中小包盐销售量2200吨，完成年计划2450吨的89.8%，高端新品盐销售923吨，完成年计划980吨的94.2%。实现利润40万元，完成年计划的180%。非盐销售收入18万元，实现利润1万元。

【有序供应】面对盐业的改革，市场的不稳定性，县盐业公司积极发展有食盐销售实力及人流量众多的大型商超，并积极新增客户，对新开办网点采取“一证、一卡”的方法进行管理，发放“食盐零售许可证”“访销登记卡”，并张贴“雪天”食盐品牌海报，基本做到大型超市新品盐陈列不少于7个品种。将全县划分为三大片区，由班子成员带片，片区经理负责营销和市场管理，对终网情况实施“动与静”相结合的流程。并根据双百日活动方案，加强访销力度和客情关系维护，要求各商户均证照齐全，经营规范，并按公司要求摆放公司各类产品。各片区经理经常下到各客户家中或电话联系了解各客户的销售情况，及时补充产品。同时建立行之有效的访销督促机制，把市场的变化时刻掌握在自己手里，及时报告和解决存在的情况和问题。对于商户因避免占压资金而减少库存的情况，主动增加上门访销送货次数，按时足量保证食盐供应。积极宣传引导调整优化盐品结构。面对2017年以来整体经济疲软的现状，在保证供应附加值低的盐品的同时，合理推广多品种盐的销售，从而达到以退为进，拓展多品种食盐的市场占有额的目的。针对部分群众对各品种食盐认识不全、对新品种价格和品质不了解等情况，公司业务营销人员多次在县人口密集的大型超市内摆设宣传台，并利用电视台播放、车载视频、散发宣传单、超市专柜展示、地推宣传等方式，让群众理多地了解雪天品牌、所有新品盐的的种类和食用效果，让越来越多的消费者树立“少吃盐、吃好盐”的观念。“顾客就是上帝”客户的满意程度直接影响到产品销售的质量和数量，所以县盐业公司特别注重客情维护，融洽客户关系。盐的价格、销售区域全面放开，有部分腌制厂家准备到外地购进低价盐的情况，公司领导与营销人员一道深入各用盐厂家，摸清全年腌制用盐和其它各类盐的用盐的数量，通过近一个月的了解走访。公司针对各厂家的情况制定详尽的供应方案，从矿区直达生产用盐厂家，与各分厂沟通协调，并保证腌制用盐如期到位，从而打消那些准备私自到外地购进加工盐厂家的念头，得到厂家的一致好评，终于拿下全年的腌制用盐订单，签下销售合同，用盐量有2000多吨，为全年的销售打一场漂亮仗。

【整顿和规范盐业市场】根据省局下发湘经信消费品〔2017〕289号和290号文件精神及市局安排的行动要求，县盐业局高度重视，迅速召开局盐政工作会议，精心安排，组织落实上级工作任务。按照省局方案指示，盐政执法人员行动小组自5月10日至6月10日对湘阴县地区展开为期一个月的盐业市场专项行动。本次行动出动盐政人员28人次，发放张贴宣传资料1000余份。专项行动期间对全县的食盐经营户及部分餐饮店、食堂进行一次全面检查，先后检查食盐经营及用盐单位700多户，未发现有制贩假盐情况。检查过程中发现外省品牌食盐6个，并将久大应城盐矿有限责任公司生产的400克“古兰真牌”精制碘盐和中盐舞阳盐化有限公司生产的400克精制盐抽样送省产品质量检验站检验，其中中盐舞阳盐化有限公司生产的400克精制盐检验报告结果、感官检验项目结论不符合食用盐规定标准。9月20日起，县盐业公司根据分公司“产销联动、百日会战”活动方案，深入清理市场，打击制假售劣、违规经营等涉盐违法行为，通过两次专项行动的宣传及检查，使广大人民群众认识真假食盐的辨别办法，对雪天牌多品种食盐也有新的认识，为确保市场管理有序，食盐安全零事故奠定基础。2017年，县盐业局先后出动盐政人员150人次，发放各种法制宣传资料5000余份。并以“3·15”“5·15”为契机借助新闻媒体以及其他职能部门正面宣传与典型盐业违法案件宣传相结合，引导广大消费者自觉购买放心合格碘盐，营造良好的食盐安全氛围。县盐业公司走进学校、社区宣传。盐政执法人员利用日常食盐市场检查和开展盐业市场专项整治行动等机会，深入学校、社区和农贸市场宣传盐业法规和普及碘盐知识等。面对省外回流“雪天”牌食盐，县盐业公司积极进行兑换，兑换320克海藻碘盐6吨。

【推动企业发展】完善目标考核办法。县盐业公司以认真贯彻分公司年初的会议精神为指导，围绕中心工作，根据盐业的发展趋势和公司的实际情况，制定和完善各项工作目标责任书，把公司的各项工作目标按部门职责范围，落实到每个岗位，明确责权利和奖惩考核办法，促进各项工作的顺利进行；加强财务管理，提高财务运行质量。严格遵守会计核算程序和财务管理规定，进一步规范财务制度，加强财务监督管理，规避财务风险。进一步加强内部监督，每月底进行仓库盘点，账目核对，对于考核数据由经办人逐人签字负责，内部手续传递进一步规范。并及时对所制报表及表格的复核与审查，避免工作失误和不轨行为的发生。严控各项费用开支，对招待费开支实行提前报告，限额报销。遵照《财务管理制度》和《车辆管理制度》，合理调配公司车辆，降低运营成本。为使公司有限的资金更好地发挥效益，达到完成和控制各项经济指标和费用的目的，公司采取严格财经纪律，规范财务行为，积极发挥财务核算和财务监督作用，杜绝不合理开支，坚持“财务审核，经理审批，集体监督”的原则；各项收支做到账账相符，账表相符。大额费用有报告、有审批、有明细，一切以挖潜增效，勤俭节约为宗旨。将手机费、电话费、车辆油料费、维修费等定额控制，对业务费用支出严格控制，不签单，现金结账，汽车费用、修理费用由办公室派人到修配厂跟踪把关，逐笔审核每笔开支。

（廖　畅）

湘阴县盐业公司主要负责人名录

经　理　杨基文
书　记　冯文华
副经理　唐艳明

商务粮食

【概况】湘阴县商务粮食局内设办公室、党建办、监察室、人事教育股、财务股、商贸服务与运行调节股、市场体系建设股（加挂电子商务股牌子）、法规和监督检查股、粮食调控与储备股、粮食行业发展股；下设二级机构有：外贸行业管理办公室、商务粮食综合行政执法大队。2017年，县商务粮食局主推“电子商务、湖鲜美食”两大产业，突出“商贸流通、开放型经济、粮油产业”三项攻坚，争创一流队伍、一流作风、一流业绩、一流形象，立足实际，忠诚履职，主要做到：维护“一方稳定”，机构改革工作进一步落实，信访维稳、综治民调工作稳步推进，原粮食、商业、物资部分改制遗留问题得到妥善解决，确保大局稳定。推进“两大产业”，全县电商年交易额8.5亿元，较2016年翻一番；成功举办第十二届湘菜美食文化节暨2017湘阴湖鲜美食节系列活动，打响湘阴美食品牌。争取“两项荣誉”，湘阴县获评“中国好粮油”行动示范县和“中国湖鲜美食之乡”。完成“三项指标”，全年湘阴县社会零售商品总额105.64亿元，增长9.5%；1—8月，外贸进出口总额1676万美元，同比增长23.7%，加工贸易总额1046万美元，同比增长13.6%（因国家海关总署对加工贸易企业进行清查，9—12月暂没有外贸数据）；抓实“三个重点”，招商方面，湘阴红星美凯龙国际家居城项目正式签约；争资方面，2017年，争取到位项目资金2378万元，完成年度计划任务（313万元）的775%；对标对接方面，通过学习宁乡商务局的好思路、好经验、好方法，有效推进商贸流通、电子商务、开放型经济的发展，对标取得阶段性成效。

【激发电商产业动力】一是抓站点建设。至12月，全县有电商平台23个，专业微商服务平台10个，商家自建微商平台500多个，村级电商服务站点465个（村淘站点56个、邮政便民站点305个、我连网站点59个、淘实惠站点33个、其他平台站点12个），其中28个贫困村电商站点实现全覆盖。二是抓产品上行。全县全年产品上行交易额突破2.5亿元，其中华康食品全年突破8000万元，华康食品打造的“嗳也”电商品牌具有一定的知名度，年内还有长康、兴湘鱼仔、华硕食品、金甸甸、西都红等一大批本地农产品企业触网转型或与电商平台开展深度合作。联合鹤龙湖镇政府整合100多户螃蟹销售散户成立大闸蟹股份公司强力推进螃蟹上行，全年螃蟹销售额8000万元以上，增长25%。三是抓示范创建。全县有省级电商认定企业7家，省级电商示范企业1家（华康食品），12家大中型企业和近百家小型企业触网转型。2016年引进农村淘宝项目，高标准建成2000平方米集物流配送、办公培训、产品展示于一体的淘宝服务中心，本地30余家企业、100多种特色农副产品进入中心展示。年内建设农村淘宝村级服务站56个，并全部开通医疗、缴费、预定火车票和飞机票等便民服务功能。村淘开业至12月，日均下行包裹量2000多个，村级合伙人人均收入位列全省第三位（月均收入8000元），组织召开合伙人月度激励大会和产品线上推广活动5次，发放奖金20多万元。四是抓配套支撑。全县登记快递物流企业40家，其中物流公司15家、仓储配送企业3家、快递公司15家、零担专线及货运代理7家，日均进出包裹量2万多个，其中寄出包裹量每天2000多个。通过农村淘宝项目引进菜鸟、三人行物流公司，构建县、乡、村三级物流网络，打通农村物流“最后一公里”。湘阴圆通快递公司投入200多万元，以电商+快递模式，建立集自动化分检物流配送、培训、产品上行服务等于一体的多功能服务中心。

【焕发美食产业活力】一是着眼长远定规划。在深入调研湘阴县餐饮行业及食材生产、加工企业等发展情况的基础上，起草《推进湖鲜美食产业发展实施意见》，为美食产业转型升级、提质增效提供新动能。二是打造“三名”提品质。5月初，启动名店名厨名菜评选工作，有100余家餐饮企业、50多名厨师、73道菜品申报参与评选，推选出湘阴县十大名店、十大名厨、十大名菜。邀请湘菜大师深入湘阴县餐饮门店和食材基地，考察指导菜品制作和食材加工，并指导打造具有湘阴县特色的湖鲜美食宴，在省市县媒体进行集中宣传推介，打造一批具有地方特色的餐饮品牌。三是举办节会树品牌。围绕“畅游左公故里、品味湖鲜美食”这一主题，组织举办第十二届中国湘菜美食文化节。6月9日开幕式当天，26名厨师在左宗棠广场现场角逐“十大名厨”，20余家食材企业展示本地优质食材，70余道特色美食菜品现场制作、展示，省市县20余家主流媒体对活动现场进行采访报道。11月2日，又举办食材推介会、湖鲜美食品鉴晚宴、颁奖典礼等闭幕式系列活动，来自全国各地的餐饮和食材企业代表、湘菜大师390余人出席活动。美食节期间，县商务粮食局还组织全县100多家餐饮和食材企业参加湖鲜美食烹饪大赛、湘阴县名菜挖掘及打造等各项活动，《大湘菜报》“新湖南”客户端、湘阴县电视台、《湘阴县周刊》分别开展“湘阴县民间美食大搜罗”“寻食记”等一系列宣传报道。

【拉动内需消费潜力】一是培育限额以上商贸企业。通过举办美食节、发展电子商务等助推零售和住宿餐饮企业转型升级，深入做好潜力企业的调查挖掘，全年新增限额以上商贸企业11家，并积极鼓励批发、餐饮、住宿行业“个改企”，优化限额以上商贸企业结构。二是全力招商引资。多次赴浙江、上海、长沙、湘潭九华工业园等地，开展“点对点”招商活动，特别是与红星美凯龙、颐高集团、湖南粮食集团进行上门对接。湘阴县红星美凯龙国际家居博览城项目于10月20日签约，该项目总投资约10亿元人民币，主要建设集现代家居商场、家用纺织品大世界、装饰建材专业市场、家庭装饰设计指导沙龙、公寓为一体的新型城市商业生活中心。三是加强执法监管。加强对成品油、家政服务、典当、二手车等商贸服务业的监管，牵头开展全县成品油市场专项整治及取缔无证非法加油站行动，联合相关部门依法拆除杨林寨乡6座无证非法加油站，一定程度上消除安全隐患和社会负面影响。

【增强对外开放实力】一是壮大企业队伍。筛选10余家产品竞争力强、发展潜力大的企业进行重点培育，引导和帮助企业开展进出口业务，年内新增外贸备案企业8家，优美工贸外贸业绩实现倍增。二是帮扶企业发展。对海日食品、士达纺织等企业进行一对一帮扶，在政策宣传、手续办理等方面加强服务，协调解决问题10多个，推荐5家企业向省商务厅申报外贸扶持项目。三是促进企业转型。积极争取项目资金，支持海日食品等企业开展技术引进与更新，优化出口产品结构。海日食品较2016年产能增加30%左右，年内出口额达1197万美元。

【提升稳粮保供能力】一是强监管、保安全。认真落实粮食安全责任制，加强对全县粮食购销的指导和服务，全面开展粮食安全隐患“大快严”集中行动，及时整改储备粮轮换不及时、虫害密度较高等问题。二是争资金、跑项目。国家粮食局在8月正式确定湘阴县为“中国好粮油”行动示范县，成为全省8个获批此殊荣的县之一。年底，县商务粮食局在进一步完善实施方案，将用三年时间，通过建设优质粮油示范基地，改造和升级精深加工技术，加强质量安全监管、产学研技术合作等公共服务体系建设，培育壮大一批粮油加工产业化龙头企业。

（王　勇）

湘阴县商务粮食局主要负责人名录

局　长　陈　锋

副局长　陈建红　叶　伟　张　波
罗定武（7月兼任）　王海英（至7月）
余德泉（至7月）　李光辉（至7月）
汪介凡（兼至7月）　向纯安（兼至7月）
殷　辉（兼至8月）

湖洲管理

【概况】湘阴县湖洲管理中心内设办公室、生产业务股、社保医保股、财计股、保卫股、人事股、信访接待室、工会、纪检监察室。机关有干部职工36人。2017年，县湖洲管理中心深入学习贯彻习近平系列重要讲话精神。努力践行“两学一做”，积极适应湖洲工作发展新要求，围绕县委、县政府的中心工作，全面完成全年目标任务。

【班子建设】结合“两学一做”，抓班子和机关干部的学习提高。党组成立中心学习小组，坚持每月学习一次。机关干职工每周星期五学习一次，并把集中学习和自学有机结合起来。主要学习报刊、杂志、政策、法律及全国干部培训教材；党章和习近平的重要讲话，开展“巴陵党员先锋行”活动，规定每月的第一周的星期一开展党员活动，分党支部进行四次讨论并每个干部撰写学习心得。提高干部的思想觉悟、知识、文化、政策、法律工作的水平。用制度管权、管人、管事。制定党组工作规定，进一步完善机关干职工的各项规章制度。按照上级党组的要求增设老年党支部，部分股室长进行轮岗调整。

【机关作风建设】2017年，系统地学习习近平系列讲话精神，严格落实“两学一做”，做到“四讲四有”，抓好机关干部作风建设，重新制定《机关工作制度》《学习制度》《财务管理制度》《人事工资管理制度《接待开支管理制度》《安全保卫管理制度》《生产管理制度》和《信访管理制度》等，做到用制度来管人管事，严格按制度办事。全年，“三公”经费降低40%，干职工指纹考勤违规率也大幅度下降。

【优化投资环境】2017年，对湖洲洲头出现的矛盾纠纷进行全方面的梳理排查，协调处理柳潭村渔民与客户姜益鸿之间的矛盾纠纷，把冲突化解在萌芽之中；对杨林寨乡王家河村渔民与客户范国武之间的权属纠纷进行现场办公、实地调查，协调处理好矛盾；处理并确定湘阴县湖洲与汨罗、沅江、青山岛镇的区域界线问题，确保湘阴县湖洲洲土资源不流失。

【服务基层】2017年，在各个党支部设立老年活动室，确保每个退休的老年职工晚年的生活丰富、安详。党组利用“七一”和“重阳节”分别召开退休人员茶话会，通过会议收集老干部和分流职工提出的中肯的意见建议，对于这些建议性意见，湖洲管理中心不回避、不推诿，当众逐条作出解决、解答或解释，并通过老干部向全体职工转告传达，通过他们化解许许多多的矛盾和问题。党组和单位工会还对基层困难职工进行走访，对于病重及瘫痪在床的退休干部和职工给予慰问，并多途径的帮助他们解决困境。

【服务新农村】积极开展“大走访”及精准扶贫工作，多次对南湖洲镇赛头口村，文星镇南泉社区开展大走访活动，走访农户400余户，下岗困难职工45户，广泛征求意见，了解社情民意，帮助他们解决实际问题；精准扶贫方面，县湖洲管理中心结对帮扶南湖洲镇赛头口村村民10余户，及时对困难户送去慰问金，并收集10余户群众的困难和意见，针对他们的困难，中心党组班子成员积极帮扶，解决10余户群众的实际问题，使10余户困难家庭的民生问题得到保障，真正做到帮扶对象精准、资金使用精准、措施到位精准、脱贫成效精准。

（柳　震）

湘阴县湖洲管理中心主要负责人名录

主　任　汪介凡（至7月）
　　　　　罗定武（7月任）
副主任　龙　文

供销合作

【概况】湘阴县供销合作联社（简称县供销社）内设办公室、人事纪检科、改制办、财务科、工会。机关有在职干部职工18人。2017年，县供销社紧紧围绕全县“对标长沙、融长发展”的总体战略目标，以推进供销合作社综合改革为重点，求真务实、积极创新，各项工作取得新成效。

【综合改革】一是高度重视综合改革工作。成立以县委书记任组长，县委副书记任常务副组长，县委常委、县委办主任和分管副县长任副组长的领导小组，各乡镇也成立以党委书记任组长的领导小组；5月，县委、县政府出台《实施意见》。下半年，结合创建示范市的要求，领导小组多次组织相关人员到外地参观学习，6次召开专题会议反复研究讨论，经县委常委会和县政府常务会审议后又出台《实施方案》和《实施细则》。方案和细则出台后，县委、县政府立即召开全县动员大会，并在鹤龙湖镇打造乡镇“两组织一平台”和村级惠农综合服务社示范点，及时组织各乡镇党委书记和分管负责人召开现场推进会。同时，还建立微信群，各乡镇随时汇报工作进度；制定动态图，实行挂图作战，跟踪督查。二是成功争取示范县建设项目。为切实做好湘阴县综合改革惠农服务体系建设，县供销社积极争取全省惠农综合服务工程示范县项目，县财政还为此安排300万元的配套资金，通过项目申报书评审和现场答辩，湘阴县在全省21个申报单位中综合排名第四，成功入围示范县项目建设范畴。三是积极组建供销惠农服务公司。为搭建好县级惠农服务平台，经报县政府批准，由县供销社全资注册组建“湘阴县供销惠农农业服务有限公司”，公司人员由县社机关工作人员兼任，主要职责是指导和参与乡镇惠农服务公司建设。安排专门办公室，添置办公设备。后段，各乡镇惠农服务公司全部建成后，再联合入股县级惠农服务公司，健全服务功能，真正做成“股份合作、功能完备、服务三农”的县级惠农服务公司。四是扎实建好乡镇“两组织一平台”。充分发挥全县农民专业合作社数量多（1038家）、农业托管服务初具规模的优势，确立整合农民专业合作社组建乡镇农合联、依托农合联成立乡镇供销社、以农合联为基础组建乡镇惠农服务公司的“两组织一平台”建设思路，并在鹤龙湖镇打造示范点。由该镇党委政府组织、县供销社指导，以祥发农机技术专业合作社牵头，联合8家农民专业合作社，组建“众益惠农农民专业合作社联合社”，并以农合联为基础成立“鹤龙湖镇供销合作社”，又由农合联负责组建“众益惠农农业服务有限公司”。通过示范点的带动，各项工作在各乡镇全面铺开，全县13个农村乡镇、2个街道办事处有12个选定牵头社（企业），组建农合联（供销社），并确定惠农服务公司建设地址，拿出建设方案。至年底，全县13个农村乡镇、2个街道办事处的“两组织”全部完成组建任务。五是加快建成村级惠农综合服务社。县供销社以“党建引领，社村共建”为原则，将村级惠农综合服务社定位为村（社区）两委负责管理的综合服务机构。在服务内容上实现政务、社务、商务“三务合一”。设置政务服务窗口，以民政、住建、计生、农合、社保等各类政府公益性服务为主要内容；设置社务服务窗口，以乡镇农合联及惠农服务公司农业生产托管服务代办、农技咨询和农业保险推广等为主要内容；设置商务服务窗口，由村（社区）“两委”引进电商等市场主体自主经营。在鹤龙湖镇龙江社区建成示范点后，通过示范带动，全县村级惠农综合服务社建设也全面铺开，年内基本完成60个建设任务。湘阴县综合改革的成效得到市委和省、市供销社领导的肯定。市委副书记李爱武到湘阴县调研供销合作社综合改革时对县供销社依托农民合作社组建农合联，依托农合联组建基层社的做法给予肯定；省供销社主任曾震亚认为湘阴县的综合改革思路结合实际，操作性强；市供销社主任彭岳武对县供销社示范点建设模式表示要大力推广。县电视台先后三次对供销合作社综合改革进行报道。

【党建工作】一是认真落实“三会一课”制度。将每月第一个工作日定为“巴陵先锋党员活动日”，围绕“两学一做”，采取集中学习、听取汇报、专题研讨等多种形式有计划的组织学习，让党员干部在学习中更新观念，树立正确的世界观、人生观、价值观、党员观，不断提升政治思想水平和政策法规水平。年内，相继开展“七一”送党课下基层、民主评议党员、“两学一做”专题学习及讨论等，党员们积极参与各项学习活动并结合自身实际写心得、谈体会、谈认识、谈问题、谈整改措施，并落实在工作和行动上，通过推进“两学一做”的常态化、制度化，机关党员的政治觉悟和党性修养明显提高。二是创新宣传学习方式。在机关院内，以宣传栏、横幅标语载体进行定点宣传，并利用微信党建群、公众号、QQ群等平台建立“互联网学习小组”，形成“互联网+”的宣传新模式，在职党员红星云注册率100%，让党员们进行碎片化学习，极大延展学习时间，丰富学习方式。三是规范党费管理。严格执行党费收缴管理规定，班子成员带头作表率，在自觉交党费的同时，督促其他党员及时足额缴纳党费，在党费收缴方面做到专人管、足额收、及时缴。同时做到党组织关系转接及时，程序规范，党内统计准确。

【机关管理】一是加强廉政建设。严格落实廉政风险防控工作，积极开展廉政党课、廉政谈话等活动；扎实做好国家公职人员涉砂涉矿、“雁过拔毛式”腐败问题、吃空饷问题专项整治；紧盯重要节假日集中开展“纠四风”工作，机关工作人员廉政意识进一步提高，无一人有违纪违规行为。二是严格指纹考勤。实行上下班按时考勤，外出公务提前申报，请假事先审批制度，每月定期汇总上报，奖罚措施及时兑现，有效加强工作纪律。全年违规率控制在0.5%以下。三是加强财务管理。建立完善相关财务制度，制作公务开支审批单、来客接待单等，遵照纪委相关文件规定，规范审批程序，做到不随意开支、不超标接待。同时，每季度对“三公”经费开支情况进行张榜公示，接受干职工和群众监督。年内，“三公”经费都严格控制在规定范围内。

【中心工作】一是积极落实精准扶贫工作。2017年，县供销社结合“两学一做”“社村共建”“扶贫日”等活动，对扶贫帮扶工作中做到在认识上再提高、措施上再细化、责任上再压实。成立以县供销社主任为组长的帮扶工作领导小组，多次召开专题会议研究扶贫工作；帮扶干部每月去看望慰问帮扶困难户，为他们送去生产资料和生活用品；细致研讨新泉镇西林港社区集体经济发展状况和致贫原因、存在问题进行分析，研究解决方案，制定脱贫计划和帮扶措施，对12户帮扶户做到“一户一措施、一户一帮扶”。落实帮扶资金5.6万元支持贫困户及村级经济发展。二是积极做好防汛抗灾工作。在接到任务后，除4个留守人员值班外，其余12名干部均参与防汛，在新泉镇新塘机埠坚守10天，获得当地群众及督查组的肯定。同时，县供销社克服自身经费十分紧张的困难，筹措防汛资金15万元。三是积极开展对标学习活动。除组织干职工到对标单位长沙市望城区供销社学习先进管理经验外，班子成员还深入山东高密、益阳南县、常德澧县、临湘、平江等地学习镇村惠农服务平台建设的好做法。通过充分学习借鉴，结合湘阴实际，最终形成湘阴县供销合作社综合改革的思路。四是积极做好信访维稳工作。明确专抓和专职工作人员，做到及时办理、及时答复。年内，配合处理好潘祥林等29名公私合营工商业者过渡人员上访问题、系统26名涉军人员问题以及和平闸商店原职工集资款问题。深入开展走访。按照“三比三解三访三促”活动要求，抽调15名干部深入新泉镇联点村、高岭社区和系统下岗职工当中集中走访3次，收集整理意见建议300余条，及时和有关职能部门联系，促进问题解决落实，确保群众得到满意的答复。扎实搞好综治民调。县供销社党组多次召开干职工会、退休人员会和家属会，开展综治民调宣传，评选出12户平安家庭。安排机关干职工分片负责，到各联系点进行解释宣传工作，并对特困职工挤出资金进行帮扶，最大限度地提高综治民调水平。

（戴　波）

湘阴县供销合作联社主要负责人名录

理事会主任	吴志摩
监事会主任	宋建文
理事会副主任	易正斌（至7月）
	柳　锋（11月任）
	刘　景（11月任）

商业物资管理

【概况】2017年9月，商业总公司、物资行业管理办公室根据县委常委会议的要求，并入县商务粮食局，隶属县商务粮食局的独立核算二级机构，更名为商业物资行业管理中心（简称管理中心）。内设办公室、财务管理办公室、人事管理办公室、工会、综合管理办公室、改制企业管理办公室。现在职人员43人，离退休57人。原有34家下属企业（原商业系统23家，物资系统11家），近4000名企业下岗干职工。管理中心主要承担商业、物资两大系统改制遗留问题的处理，承担政府定点屠宰场的经营管理，协助国有资产管理局管理广兴、天恒、屠宰场三大国有资产，维护商业、物资系统大局稳定，确保完成县委、县政府、商务粮食局的交办的各项工作任务。2017年，管理中心求真务实、奋力作为，信访维稳、计划生育、安全生产、防汛救灾、联点帮扶、精准扶贫等中心工作均进入全县先进行列，综治民调工作在下半年全县三类单位中获得第一名。

【底线工作】一是精准扶贫。2017年，管理中心联点为鹤龙湖镇仁合村和青山岛自然保护区青草湖村。仁合村有贫困户24户，青草湖村有贫困户7户。年内帮扶干部针对所联贫困户的实际情况，建立帮扶台账，明确帮扶对象的发展目标、脱贫时限。根据贫困户的实际情况，一户一策，制定帮扶措施，坚决杜绝简单的给钱、给实物的帮扶做法，重点在发展生产脱贫、发展教育脱贫及社会保障兜底上下功夫。帮扶干部扑下身子，积极深入农户，开展系列帮扶，主动协调好与镇、村干部和农户的关系，认真做好调查研究，严格遵守扶贫工作纪律，扎扎实实开展帮扶工作。二是综治民调。9月，为贯彻落实县委、县政府对综治民调的各项要求和任务，管理中心第一时间组织召开全体干职工大会、离退休老人会以及职工家属动员会，将县委、县政府相关会议精神传达，对综治民调的各项内容讲解。在综治维稳工作中，坚持以“建立平安社会、构建和谐中心”为主题，把综合治理工作作为维护稳定确保一方平安的政治任务来抓好、抓实。从组织领导、工作措施、制订平安创建工作制度、在机关内务管理等方面进行用心有效的落实，确保中心的稳定和各项工作有序推进。下半年的综治民调评分工作较上半年有很大的提高，继续得到县委、县政府的肯定。三是安全生产。9月，管理中心安全生产工作领导小组对广兴、天恒、屠宰场、农贸市场及各办公室重新签订安全责任状，进一步明确安全责任。对存在的安全隐患及时提出整改意见，拿出整改措施。如广兴八楼楼面维修维护、广兴超市部分消防设施更换维护等，严格按照消防部门意见进行维修维护，整改到位，安全生产得到有效的落实。广兴大楼八层楼面渗水，影响广兴宾馆正常营业。广欣商贸有限责任公司负责人反映后，管理中心立即安排专人，联系专业技术人员实地查看，并商定出一套既有效又经济的解决办法，对八层楼面进行维修修补，确保广兴宾馆正常营业和生产安全。四是计划生育。计划生育工作，在点多面广，基础工作较为的困难局面面前，分管负责人和计生专干一起进市场、入超市、对下岗职工做调查、摸情况。努力做好基础工作，更新所有信息；坚持常抓不懈，常查不止，使计生工作不留空白和死角；坚持广泛宣传，下岗职工均置换身份，对计生工作有抵触情绪，管理中心坚持上门讲政策，耐心细致做工作的办法，使管理中心的计生工作没有懈怠。

【重视信访】中共十九大会议期间，管理中心对李红霞、徐小平、喻水平、李庆年4个重点信访人员进行领导包案，24小时专人稳控，确保会议期间无一人赴省上京上访。9月，县政法委交办的李红霞、胡志云关于请求解决维权困难补助的报告，管理中心安排专人对李红霞、胡志云等人长达9年的110多万元上访费用进行认真的清理，并作专门的情况汇报；徐小平上访从2015年至2017年，要求民政部门重新安排工作。管理中心组织专门力量到屈原，从他的父母、妻子、朋友入手，耐心细致的做政策解释、情绪疏导、困难关怀；钱俊文要求恢复商贸公司、股东享受股权及个人问题多次上访。管理中心坚决维护县政府解散商贸公司，以及原商贸公司员工并入机关、同工同酬的会议精神。对其多途径多方式做通工作，对原无编人员要求继续发放津补贴的问题，多次和他们对话沟通，及时讲解政策，该问题基本得到他们的理解。

商业物资机构改革合并动员会（2017年摄）

【招商合作】一是优化环境，市场秩序得到明显改观。广兴农贸市场入口多年来脏、乱、杂，摊位、车辆摆放无序，管理中心积极与市管中心联系商讨优化办法，规范车辆停放点，设置摊位摆放位置及摆放时间段，市场环境及秩序得到明显改观；针对广兴农贸市场入口新疆人摆设摊位，年内多次与民宗、市管、城管等部门负责人协商沟通，10月，通过密切合作，终于妥善将新疆人摊位迁移，解决多年来，新疆人摊位占用、堵塞市场消防通道的安全隐患。二是积极申报，屠宰场环保问题得到彻底解决。弘商牲畜定点屠宰场是由管理中心托管的国有资产，经过近10年的运营，污水处理设备严重老化，机械化屠宰场运行刚性成本过高，致使屠宰场亏损日益严重，正常运行十分艰难。管理中心积极联系相关部门，多方面寻找解决屠宰场运行难的问题。经多次与主管副县长及相关部门领导请示和汇报，11月8日，主管副县长方腊初、林恒球组织商务粮食局、畜牧局、财政局、环保局、动检等部门一把手，对屠宰场进行深入的调研，并专门针对屠宰场环保不达标的问题拿出具体的方案，在年底基本解决屠宰场环保问题。三是洽谈合作，招商单位合作各项事宜落实。广兴大楼顺利整体续租。经报请主管副县长方腊初及县商务粮食局、县国资局批准同意后，积极与广欣商贸有限责任公司负责人联系洽谈。12月13日，又邀请国资局负责人、驻商务粮食局纪检组长、单位常年顾问律师、广欣商贸有限责任公司负责人和管理中心负责人一起共同磋商广兴大楼整体续租事宜，确保合同签订依法依规依程序办理。屠宰场租赁签约。屠宰场常年亏损，运行艰难，承包商虽二度换主，但仍无力承担原来每年40万元的屠场租赁费。对此，管理中心高度重视，多次召开负责干部会议，共同商讨解决办法。考虑到屠宰场是一项民生工程，如坚持原定租赁费，会导致承包商无法经营，让屠场瘫痪。最后，经负责干部一致同意，屠场租赁费每年收取20万元，再从租赁费中每年返还10万元给承包商，用于屠场机械设备维修维护，实报实销。这一支持政府民生工程、给予屠宰场减免租金的举措，得到主管副县长的高度肯定。屠宰场的租赁合同也顺利签订。

（陈　旦）

湘阴县商业物资行业管理中心主要负责人名录

主　任　蒋国民
副主任　吴伟胜　王明亮

石油供应

【概况】岳阳石油公司湘阴县支公司（简称县石油公司）内设综合办、业务科、财务室。有干部职工30人。2017年，县石油公司严格按照省、市公司的整体工作目标和要求，围绕年初“多卖一吨油”销售竞赛活动方案，全力推进扩销增量工作，在轻油、非油品销售、安全数质量、员工队伍建设、企业文化建设等方面取得较好的成绩。全年陆上加油站完成23164.4吨，完成年计划的106.7%，其中汽油17650.5吨，柴油5513.9吨，同比汽油增加9.9%，柴油下降14.5%。水上加油站完成1213.3吨，完成年计划的率27%；直销完成9300吨，完成年计划175.5%；非油品销售完成581万元，完成年计划的74%，同比增加57%；IC卡完成沉淀资金656万元，完成年计划的96.5%。

【轻油销售】2017年，市场竞争日趋白热化，市场压力进一步放大。中海油、中石油、中石化所有从事成品油经营业务的央企全部入驻湘阴县，社会加油站全面冲击零售市场，抢占市场份额。针对这一严酷市场环境，县石油公司通过开会、学习、实地考察等多种形式，开展各种各样的思想、形势教育，统一思想、转变观念，顺应变化，做实做优加油站的服务水平，服务技能。创造良好的购物环境、服务质量，以中石化的品牌和服务来创造差异化的品牌服务和用户体验，赢得市场和未来的经营思路。一是大力开展好各项活动。在各站广泛铺开“多卖一吨油”活动、“优质服务月”活动和“柴油联名卡”活动。重点加油站点对点营销，站长锁定大客户群体，进行一对一的走访，根据用油量实行加油优惠返利政策。对长期固定到站加油的个体客户，保持热线联系，超千升的客户直接进行返利。二是开展客户走访和排查工作，根据客户用油量的排名，客户从高到低确定由县石油公司领导分级包保维护。县石油公司领导上门走访系统外客户26家，宣传油品品质，充值优惠等情况。在感受到县石油公司的真诚与尊重后，客户流失现象得到遏制。三是以IC卡五进活动为推手，促销上量。年内开展IC卡进社区活动8次，均取得良好效果，其中，11月23日，在汽车站前广场开展的活动充值额114万元，突破单日充值记录。年内该活动以深入人心，客户参与活动积极性高，并且形成一定的消费惯性。四是加强对竞争对手的价格监控。县石油公司对中海油、中石油以及主要社会加油站的价格进行积极监控，建立专门台账，每周进行一次统计，及时将相关价格信息反馈到市分公司。

【非油销售】非油销售一直是近三年经营工作中的难点、热点，更是经营工作中的着重点。县石油公司高度重视非油工作，多次组织员工召开非油工作专题研讨会、经营分析会，宣传非油工作的重要性、必要性，消除部分员工的错误观点。公司班子积极向市分公司汇报、与非油供货厂商积极联系开创会议营销新模式，不拘泥于门店销售，督促员工走出去，以团购和外销提升易捷品牌影响力。10月26日，组织召开县石油公司非油销售历史上第一次品鉴会，本次品鉴会原定计划希望能实现15万元销售。县石油公司班子和员工们上下一心，发动员工通过微信、电话等多种方式广泛宣传，大造声势。会议营销结束当天就实现27万多元的销售额，比原定计划超过接近一倍。同时通过各种渠道，积极联系县石油公司粮油使用大户，争取大额订单。年内争取到湘阴县一中食堂，月供大米约在2万元左右。同时县石油公司通过积极引导加大尾气处理液、燃油宝、润滑油等重点商品的销售，通过加大对这些高利润商品的销售带动整体毛利率上升，加大奖励力度调动一线员工的积极性。

【加强管理】一是加强培训员工“加油八步法”让每位员工熟练掌握加油八步法。二是积极组织员工开展各项应急　预案演练，提高员工处理紧急事故的能力。三是县石油公司及时将员工的福利补贴下发到员工手中，保证员工的生活水平。四是积极开展“优质服务月”“转变观念，做实做优大讨论”“中共十九大报告”学习等各种活动。在“优质服务月“中组织加油站开展各项活动，要求员工积极参加，认真做好市公司的各项要求。通过“优质服务月”提高员工的服务水平，各站的环境卫生有明显的改善。在“转变观念，做实做优大讨论”中所有员工都参与学习讨论《湖南石油分公司工作汇报》和《夏世祥书记在湖南工作汇报会上的讲话》两个文件，进一步统一思想，明确转变观念、做实做优的经营思路。在下半年开展的“中共十九大报告”学习活动中县石油公司着重提出发挥党支部的战斗堡垒作用和党员的先锋模范作用，各级党员、骨干都明确要将中共十九大会议精神和县石油公司的实际工作相结合、切实做好各项工作的总体要求。各站党员、骨干带头利用交接班时间开展“加油八步法”训练，提升业务技能。加强环境卫生清扫工作，重点加强加油现场、营业室、便利店的环境卫生清扫。给顾客提供一个环境优美、安全便捷的消费环境。各便利店开展商品检查对临近过期商品进行检查处理，保证商品的质量。活动取得良好的效果。五是在油站资金管理方面，严格按照要求管理。各站营业款及时投入保险柜中，加油员身上所带的随身找零零钱不超过200元。每个加油站的营业款都要求及时的存入银行。要求各站及时认真填写投款记录，填写好各类台帐，保证账目清楚精准。各种报销单据认真严格填写，领取发票要认真填写台帐。各站严格规范使用发票，客户未拿走的发票及时盖上作废章。

【网点建设】2017年，县石油公司大胆创新与社会加油站魏家加油站合作。之前魏家加油站由于与益阳市相隔较近，加油站的进油基本上都在益阳地区和通过社会渠道进低价油。通过与县石油公司开展“他有我营”的经营模式，魏家加油站从过去的月销量不到80吨上升到2017年的210吨，而所有进油全部在中石化内过油，开展“他有我营”的经营模式取得良好的效果，达到互利共赢的目的。

【降本减费】2017年，县石油公司加大HSE管理力度，每月认真开展风险排查工作，能解决的在第一时间内解决，不能解决的安全隐患做到及时上报给市公司等待解决。在油品数质量方面认真的做好加油机校检工作，保证加油机付油精度。每次接卸油品时取样仔细观察，发现质量问题第一时间报告。年内，县石油公司在营站平均损耗率1.7‰，较2016年同比降幅0.2‰。全年没有发生一起因为数质量问题引发的纠纷和投诉。安全设备管理方面公司对所有加油站内的消防设施进行检查，发现老化的立即更换。县石油公司多次开展应急预案安全演练比武，提高员工事故防范及应急处置处理能力，确保全年安全无大小事故。

（陈镇波）

岳阳石油公司湘阴县支公司主要负责人名录

经　理　吴东升
副经理　马建华　陈　雷

金融·保险

金融工作

【概况】湘阴县政府金融工作办公室（简称县金融办）内设综合办公室、银行管理股、证券保险股等3个股室。核定财政全额拨款编制9名，主要负责指导、协调和服务全县金融机构，对全县金融市场进行监管。2017年，县政府金融办围绕全县中心工作，积极发挥职能作用，致力提升金融对经济社会发展的支撑力度，全县信贷投放稳步扩大，金融改革创新持续推进，资本市场平稳发展，金融生态环境不断优化，金融监管和服务力度不断加大，各项工作取得明显成效。截至12月末，湘阴县各项存款余额152.57亿元，比年初增加10.33亿元、增长7.26%；各项贷款余额99.19亿元，比年初增加13.97亿元、增长16.39%，银行业资产质量和效益明显提高。

【加强金融协调沟通】一是开展金融机构支持县域经济发展考核。印发《湘阴县财政性资金存放与银行贡献度挂钩激励试行办法》《湘阴县金融工作业绩目标管理考核办法》等文件，根据文件规定，县金融办、人民银行等共同对全县金融机构进行考核，对在2016年度支持县域经济发展工作中做出突出贡献的单位进行通报表彰并奖励52万元，调动金融机构加快发展、支持改革的积极性。二是召开金融支持实体经济研讨会。围绕如何加大对县内实体经济的金融支持，着力保障中小企业、尤其是小微企业、“三农”经济的融资需求，切实解决实体经济“融资难”“融资贵”问题，多次召开研讨会议，印制2000余册《湘阴县银行信贷指南》企业版与农业版，分别介绍各家银行的特色信贷产品，为企业与个体经济发展的融资需求提供较好的服务。三是重点项目融资工作成效显著。为支持县域基础设施建设，2017年，经过多方协调洽谈，县第五水厂、县城建投城北新区公司、城北漕溪港片区整体城镇化建设土地整治、240国道工程及城北新区地下管网、湘阴县中医院、教育债务置换等工程建设重点项目，向各家银行申请的贷款金额10.2亿元，年内全部投放到位。另外，还有县城建投城北新区、县人民医院、洞庭控股集团等项目贷款均与银行合作良好。四是大力开展金融扶贫。精准扶贫是2017年县委、县政府下达的一项重要工作，县金融办协同县人民银行加强引导金融机构加大扶贫贷款力度，组织各家涉农银行在全县28个贫困村全面建设金融扶贫服务站，年内对全县11966户贫困农户进行评级，评级面98%，对10989户贫困农户进行授信，授信金额27472万元，授信面达90%。年底扶贫贷款的余额为1587笔、金额6675万元，比2016年同期增加1720万元、增长34.71%。

【金融改革创新】为支持地方经济加快发展，全县各银行业金融机构积极开展改革创新，结合湘阴县特色优势产业发展需要，不断探索，提升金融服务水平。一是村镇银行筹建工作有序推进。星龙村镇银行是2016年11月县政府与湖南星沙农村商业银行正式签定战略合作协议的，2017年4月，通过公开竞买，顺利拍得湘阴县原朝阳大酒店整体资产作为村镇银行营业场所，年内筹建工作有序开展，主体装修施工基本完成，通过笔试、面试等环节，完成5名人员的招聘录用，年底在积极筹备开业相关工作。二是不断推动金融产品和金融服务创新。为打通金融服务“最后一公里”，农商行、邮储行等涉农银行机构在湘阴县各主要行政村加大惠农取款终端等设备布置力度，极大方便农民的生产生活；各银行业金融机构积极创新金融产品，如建行的“助融贷”“善融贷”“税易贷”，工行的个人信用消费“白名单”贷款，农商行的“白领卡”等；各保险公司也不断加大金融创新服务力度，湘阴县现有保险机构15家，截至12月底，全县保险业保费收入3.96亿元，理赔支出1.85亿元，完成税收2044万元。8月，组织各家保险公司提出创新产品实施方案，年终一并予以考核。为进一步鼓励辖内各金融机构开展信贷产品和服务方式的创新，县金融办起草《促进金融支持实体经济发展工作方案》，加大对中小微企业、个体工商户和“三农”的信贷投放，设立“金融创新贡献奖”，奖励创新信贷产品，支持实体经济发展贡献突出的金融机构。三是推动融资担保体系发展。2017年，湘阴县先后与省农业信贷担保公司、省中小企业信用担保公司开展战略合作，3月，由县政府牵头组织邀请湖南省农业信贷担保公司、县内相关金融机构及39户种养殖业大户，就种养殖业大户担保融资召开现场签约会。12家农业合作社、种养大户现场签订委托担保协议，融资800余万元，5月该公司全省惠农担粮食贷在湘阴县率先启动，利用省农信担在湘阴县设立办事外的基础上进一步深化银担合作，截至12月底，省农信担公司在保余额1.8亿元。同时，为有效解决县域中小企业融资难问题，湘阴县加强与湖南省中小企业信用担保有限责任公司工作对接，专门为湘阴县中小微企业提供融资担保服务，年内工作初见成效，先后为湘阴园区内3家企业发放担保函近2000万元。

【扶持企业挂牌上市】一是开展“资本服务进湘阴县”活动。为促进湘阴县中小微企业的规范发展，拓宽湘阴县中小微企业的融资渠道，着力推动湘阴县多层次资本市场建设。6月27日，县政府与湖南股权交易所成功签订战略合作协议，开启“资本服务进湘阴县”活动，签约现场县内近100家企业参加直接融资培训辅导，并发放直接融资业务简介及政策汇编等学习资料。12月21日，县政府和湖南股权交易所成功举办“美好湘阴・资本盛宴——‘资本服务进湘阴县’企业挂牌签约仪式暨路演培训活动”。嘉盛德科技和民鑫新材料2家企业成功登陆湖南股交所标准板。二是坚持择优培育、分类指导。前期通过调研走访80余家企业，按照企业规模、经营状况、所属行业特点和企业意愿，明确不同的资本市场层次，择优选择10家产业层次相对较高、管理规范、成长性较好的企业作为重中之重，加以动员、辅导和推进。联系华略律所、元端律所、财富证券、兴业证券、楚商资本等多家券商、中介机构针对不同企业进行培育辅导，指导企业选择适合的直接融资方式。先后多次上门对县内企业进行面对面的培训辅导。经过多场、多形式互动活动，截至12月，湘阴县有12家企业签约股改板，其中中介机构进场项目7家，完成股改挂牌2家。三是建立直接融资后备企业资源库。按照省、市筹建多层次资本市场的要求，县政府金融办根据县内企业资产状况、经营情况开展调查摸排全面梳理，择优确定50家企业纳入直接融资后备资源库，选定5家申报省重点上市后备企业资源库，并加强辅导和培育。鼓励更多企业逐步进入新三板市场和股权托管市场，努力拓展中小企业融资发展的新渠道。四是不断加大政府政策支持力度。通过协调与沟通，前期争取到湖南股交所对于湘阴县首批股改挂牌的企业给予相关优惠政策：第一家完成股改挂牌的挂牌费全免，第二家完成股改挂牌的挂牌费五折，第三家完成股改挂牌的挂牌费七五折。同时，对照“金融十条”及省内重点县市做法，湘阴县在全市率先出台《关于加快利用资本市场支持县域经济发展的意见》（湘阴县政办发〔2017〕74号）文件，进一步加大政府对县内企业挂牌上市的奖励扶持力度。随着湘阴县“资本服务进湘阴”活动的深入发展，大部分企业对资本市场认知度逐步加深，参与积极性也在逐渐提升。

【优化金融生态环境】一是进一步加大宣传力度。3月15日，县金融办组织开展2017年金融知识集中宣传日活动，全县金融系统20多家单位和县直相关部门在左宗棠广场参加这次宣传活动，现场发放《防范非法集资违法犯罪活动社会宣传册》1000多册、政策宣传单6000余份，悬挂宣传标语200余幅，发送手机短信8万余条，设置的咨询点接受群众咨询500余次。县电视台、《湘阴县周刊》、政府门户网、湘阴县手机报等县内媒体广泛宣传防范非法集资知识，增强公民的风险意识和辨别能力，教育广大群众远离非法集资，加强风险防范，确保社会稳定。二是进一步规范民间金融市场。根据民间借贷市场出现的种种情况，制定湘阴县民间借贷中介行业突发事件应急处置预案，建立风险预警机制，落实工作责任，成立帮扶处置工作领导小组，从相关单位抽调业务人员28人对所有民间借贷中介服务机构进行依法帮扶处置，并对其中3家公司进行依法打击，相关责任人受到刑事处罚。按照“政府主导、依法依规、综合施策、分类处置”的指导思想和“依法帮扶、依法处置、依法打击”的基本原则，切实做到维护合法权益，维护社会稳定。

（周中伟）

湘阴县政府金融工作办公室主要负责人名录

主　任　吴卫民（至5月）
刘立波（5月任）
副主任　李明辉

人民银行

【概况】中国人民银行湘阴支行（简称县人行）内设办公室、会计国库股、货币信贷与统计股、信用信息中心。2017年，县人行围绕“夯实基础、促规范、讲和谐、强履职、保平安”的工作思路，确定“履职有为争地位、管理有方争效率、创新有效争亮点、建设有力争口碑，确保县人行平安和谐，争创先进县人行”的工作目标。贯彻货币政策、加强金融服务，夯实内部管理、完善系统建设，取得较好的工作成效。

【执行稳健货币政策】一是加强窗口指导，以会议传导货币政策。及时召开人民银行与县金融办协调会，定期召开金融机构负责人季度联席会，认真传达稳健中性货币政策，统一地方党政和金融机构货币政策执行共识，积极配合县政府做好2017年市政府组织的银企洽谈会的各项准备工作。与县金融办一起敦促县政府印发《湘阴县财政性资金存放与银行贡献度挂钩激励试行办法》《湘阴县金融工作业绩目标管理考核办法》等文件；召开金融支持实体经济研讨会，围绕如何加大对辖内实体经济的金融支持，出台《湘阴县人民政府促进金融支持实体经济发展工作方案》，着力保障中小企业、尤其是小微企业、“三农”经济的融资需求，切实解决实体经济“融资难”“融资贵”等主题开展，扭转实体经济经营性贷款负增长局面。县人行配合县政府出台《湘阴银行信贷指南》的企业版与农业版，分别介绍各家银行的特色信贷产品，为企业与个体经济发展的融资需求提供较好的服务。探索“续贷保”业务，尝试解决企业贷款过桥资金，年内决定由县财政出资1000万元作为续贷保的保证金，由县农商银行具体承办该项业务。截至12月末，湘阴县各项存款余额152.57亿元，比年初增加10.33亿元、增长7.26%，各贷款余额99.19亿元，比年初增加13.97亿元、增长16.39%。二是金融管理与改革稳定工作扎实推进。加强金融监测与分析。加强对金融机构不良贷款统计表、统计快报、统计月报、地方法人金融机构存贷余额监测表、流动性监测报表、各项利率监测报表、各类风险监测报表等报表的统计与分析，按时上报反馈金融机构流动性、民间融资等情况的新动向、异常情况等，确保及时预警。9月中旬，县人行联合县公安局妥善处置一起金融消费者权益保护事件，将金融纠纷化解在萌芽状态，确保中共十九大和两节前湘阴县金融秩序平安稳定。全年辖区保证“零系统性风险事故”，获评县政府“金融管理先进单位”和“综合绩效考核一类单位”。组织开展金融生态环境评估，对湘阴县2016年金融生态环境进行评估，对相关数据进行采集，并撰写《2016年湘阴县金融生态评估报告》。加快村镇银行组建工作。继续推进湘阴村镇银行的各项筹建工作，湖南湘阴星龙村银行筹建取得实质性进展。

【提升金融服务效能】一是账户监督管理得到加强。单位账户审核方面管理更加规范。截至10月底，由县人行核准办理银行账户974个，有效加强人民银行核准类账户的管理，账户风险得到进一步防范。另外组织开展可疑个人银行账户排查工作。对筛选出来的可疑个人银行账户，逐一进行真实性核实，杜绝可疑账户开户行为，堵截犯罪分子资金转移通道。二是业务系统的正常运行。对业务系统进行精心维护和保养，保障国库“三T”（TCBS、TBS、TIPS）、金融统计等业务的正常运行。完成ACS、AMIS和档案管理子系统的升级换版工作，并且落实安全生产和建设完善“三道防线”机制。顺利完成内网机一体化终端安全管理系统上线运行，组织开展消防知识讲座和消防演练、业务网下联路由器主备切换和纵向防火墙主备切换应急演练等，确保安全。三是加强金融扶贫力度。县人行制定《2017年湘阴县金融机构扶贫工作方案》，及时召开金融机构行业扶贫工作联系会，将上级部门下达的湘阴扶贫小额信贷任务分配到各涉农金融机构。组织各家银行全面建设金融扶贫服务站，湘阴县有28个贫困村，2016年建立11家金融扶贫服务站，2017年建成17家，实现金融扶贫服务站全覆盖。另外，引导金融机构加大扶贫贷款力度。至12月，办理扶贫贷款授信11600笔、授信金额30105万元，发放扶贫小额贷款1737笔7652万元，年底扶贫贷款的余额为2189笔9540万元，比2016年同期增加4396万元，增长85.46%。积极推进金融扶贫服务站、助农取款服务点、农村电商服务站三站融合共建的建设，年内完成10个融合站点的建设。四是开展结对帮扶精准扶贫工作。根据要求，县人行重点开展洋沙湖街道长康里社区党支部一书记工作和精准扶贫工作，由县人行班子成员和一书记等5人结对帮扶脱贫24人、6户贫困家庭。县人行认真响应县委、县政府“三访三解三比三促”组织号召，重点围绕精准扶贫、安全生产、民生实事等情况先后7次开展“大走访”，并对“四类人员”进行清退。对老党员、困难户家庭送去慰问金4200元，为社区解决帮扶资金20000元。

引进的星龙村镇银行（2017年摄）

【夯实内部管理】一是严格落实日常考核办法。继续认真推行行领导轮流值月制度，每月组织定期和不定期工作考勤并对考勤结果进行通报。设立“行长信箱”，广泛征求干部职工意见和建议，接受社会监督。实施行务公开，做到“财务、政务、党务”三公开，对县人行后勤事务、财经管理等工作进行监督审核。实行透明办公，推行阳光行政，不搞“一言堂”，召开党组会、行务会讨论和解决群众关心的热点、难点和重点问题。二是完善各项内控制度。县人行针对会计、国库业务工作提出新要求，组织对内部管理制度进行清理、修订、完善。对25个管理制度、17个岗位职责和四级目标责任状进行修订和完善。三是合理安排岗位轮换。针对县人行人员少的情况，为确保岗位轮换工作的完成，对部分岗位进行整合、人员进行合理调整。这样既保证业务的延续性，又保证岗位人员的相互监督、制约性。四是认真开展自查自评工作。每月组织由分管行领导带队，组织纪检、内审、保卫、科技等人员对机密文件、制度、会计凭证、章证押、计算机信息等方面进行逐项检查、核对。开展违反中央“八项规定”精神问题专项整治工作，对全行违反中央八项规定精神及“四风”问题进行全面排查、梳理、处置。坚决防止“四风”问题反弹回潮，确保中央八项规定精神落地生根。严格落实出入国（境）相关制度，加强员工八小时之外管理，组织开展异常行为大排查、涉矿、涉砂经营行为排查等。

（李田托）

中国人民银行湘阴支行主要负责人名录

行　　长　毛高清
副 行 长　巢敬辉　谭建良
纪检组长　彭　博

工商银行

【概况】工商银行湘阴支行（简称县工商银行）内设办公室、营销一部、营销二部。下设2个营业网点。有干部职工37人。2017年，县工商银行围绕“转型、发展、质量、效益”为主线，认真贯彻落实省、市行行长会议精神，着力推进湘阴县支行“三个文明”建设，促进地方经济发展，正确处理好宏观调控和自身发展、总量和结构、数量和质量的关系，加强风险控制和业务创新，继续保持良好的经营发展。截至2017年

12月底止，各项存款余额130256万元、比年初增长26513万元，其中，对公存款49585万元，比年初新增20752万元，储蓄存款80665万元，比年初新增5786万元；贷款余额126361万元，比年初新增12192万元，其中公司贷新增22000万元，个贷35168万元，比年初新增3171万元；完成中间业务收入721万元；不良贷款率3.03%；完成收息5618万元；完成净利润3037万元。

【拓宽金融市场】2017年，为突出“政银”关系，为双赢谋福祉。县工商银行从业务发展的角度出发，不断拓宽金融市场，增强盈利水平，深层挖掘效益增长点，理顺政府、银行、客户三者之间相互信任、相互支持的和谐经济环境，深层挖掘效益增长点，为双赢谋福祉。年内，为进一步贴近市场，充分了解县域中小企业的需求，创新思路和方法，为众多优秀企业提供一个更加畅通的融资渠道，同时也把工商银行为中小企业客户提供的包括信货、贸易融资、票据、结算现金管理、电子银行、投行、财务顾问和债券融资等在内的一揽子综合金融服务提供给每个企业，帮助企业提高资金使用效率、加速资金周转。始终把公司资产业务拓展列入全行的重要日程，坚持“把一切方便留给客户，将所有麻烦留给自己”的服务宗旨，注重变“坐商”为“行商”，积极上门为各类客户群体提供金融服务。对新招商项目的客户，行长总是亲自带领客户经理在第一时间主动上门，帮助他们办理开立验资帐户工商注册、税务登记、现金管理等，帮助投资企业落户工行。2017年，县工商银行向10户公司客户和个人客户发放贷款，至年底，先后贷款余额129822万元。新增贷款27300万元。其中湘阴县城市建设投资有限公司发放22000万元项目贷款，用于建设湘阴县第五水厂；湖南卓达置业有限公司1000万元项目贷款；湖南善源生物科技有限公司400万元小企业贷款，用于生产周转；士达纺织有限公司500万元小企业贷款，用于生产周转；湘阴县远境建筑材料有限公司500万元小企业贷款，用于生产周转；湖南湘泰建筑环保科技有限公司1000万元小企业贷款，用于生产周转；湘阴县宏君黄金珠宝行300万元小企业贷款，用于生产周转；湖南苏德材料技术有限公司800万元小企业贷款，用于生产周转；湖南威邦新材料有限公司580元小企业购建贷款，用于购买厂房，是湘阴县支行的新业务，也是岳阳分行第一笔发放的固定资产购建贷款；湖南恒德种业科技有限公司220万元小企业购建贷款，用于购买厂房。年内发放个人贷款35168万元，其中新增个人住房按揭贷款3471万元。

【加强服务创新】2017年，县工商银行围绕创新金融服务业务、加强金融资源整合、服务地方经济发展的宗旨，在传统金融服务的基础上开拓创新，不断推出符合市场需求的低成本、高质量的新产品和新业务，向社会提供更完善、更全面、更有效的金融服务，提高县工商银行的核心竞争力。一是牢固树立“以人为本”与时俱进的服务理念，牢固树立服务立行，服务兴行的观念，使全行员工深刻认识到，做好优质文明服务不仅是赢得竞争的重要手段，而且是提升员工的职业形象和事关自身的切身利益。二是抓好窗口服务，提升服务层次，湘阴县支行将从员工的精神面貌，规范服务用语、仪表入手，使每个员工接待客户“有礼、有节、有度”，让客户得到温馨的服务；同时抓好内部环境的美化和秩序的规范，在现有的资源情况下，完善基础设施建设，增设营业间客户自助服务区，通过客户自助服务区的设立，服务项目引导牌，摆放产品宣传单，服务提醒等，给客户一种“舒畅、整洁、和谐”宾至如家的感觉。三是加大零售的产品营销力度，大力发展新型业务。根据新业务的特点，结合本地经济环境，细分客户市场，为高端优质客户量身定制服务方案，通过客户经理做好上门服务、重点服务、贴身服务，差别服务等系列服务，开展全方位、多渠道、多层次的营销，积极营销县工商银行各种新产品，提高核心竞争力。

【抗洪救灾】2017年汛期，县工商银行团结一心，众志成城。在行长杨文韬的带领下，积极响应县委、县政府的号召，走在抗洪救灾的第一线，以党员当先锋、做表率。抽调10人，车辆3台，分2个小组坚守五个涵闸的任务，24小时不间断，在烈日当空的白昼和雨交加的夜晚与全县一万多抗洪大军一起奋斗9个日夜，投入资金10万多元。扎实做到五个确保：注重效果，确保坚守岗位；确保按时到岗；确保仔细巡查，认真做好记录；确保值夜班时不打瞌睡；确保人民群众的生命财产安全不受影响。人人身先士卒，率先垂范，人在阵地在，与群众共进退，较好地完成抗洪任务。

【做好维稳工作】一是加强贷款管理维护，切实维护存量贷款优质客户，积极营销纯按揭项目，找准市场，加大新项目的营销力度。二是加强服务维护工作，实施行领导、客户经理、大堂经理分层拓展营销、服务、管理维护。积极发挥个人客户关系的资源，全方位营销和竞争个人中高端客户，为客户提供热情高效、安全快捷、舒适优先服务。三是加强风控能力，认真做好“十大重点领域和关键环节”风险点，加强管理人员履职，完善临柜人员和网点负责人的管理质量档案，努力追求“双零目标”，加强培训学习，增强自律意识和自我保护意识，同时关心员工生活，解决员工的思想问题和实际困难，增强员工队伍的凝聚力，激发正能量。

（陈鄂平）

工商银行湘阴支行主要负责人名录

行　长　杨文韬（至10月）
　　　　胡思舸（10月任）
副行长　王　英　熊科红
　　　　焦苑兰（10月任）
　　　　秦　聪（至2月）

农业银行

【概况】中国农业银行股份有限公司湘阴支行（简称县农行）内设机构4个，营业网点3个，离行式自助银行2个，业务和客户遍及社会经济生活的各个领域。在岗员工73名。2017年，县农行围绕省、市分行年初工作会议思路，结合本行实际，加强员工行为管理，完善激励机制，全面增强风险管控能力，扎实开展“春天行动”“夏日激情”“收获金秋”“赢在冬季”等综合营销活动，虽然全行努力拼抢，但因受客户基础薄弱和不良基数大的影响，导致全年工作十分被动，绩效考核仍然落后。

【业务经营情况】一是负债业务有所增长，市场份额仍然较低。截至12月31日，全行各项存款余额103564万元，比年初增加1165万元。各项存款四大行市场份额18.88%，比年初下降2.21个百分点。二是资产业务营销放缓，风险管控形势严峻。本年除个人按揭贷款、农户贷款、分期业务等资产业务有所增长外，小企业贷款和项目贷款营销没有任何进展，同时受中长期贷款偿还1.1亿元和核销4751万元的影响，各项贷款比年初减少14271万元，同时不良资产总额和不良率仍远高于全市平均水平。三是产品营销有进步，但单个产品亮点不多。2017年，支行注重员工营销意识的提升，同时及时兑现计价工资，加强贵宾客户交叉销售率的提高，以竞赛活动促全员营销，通过以上措施，全行员工的产品营销意识有提升，效果也比较明显，营业部在全市的网点深化转型活动中，名列第三名，全行分期业务在全市处于领先，其他产品也都有明显进步，但因多种原因，产品营销仍落后，个别产品尚未破零，产品营销总量与当地经济状况、市场容量还有较大差距。四是不良贷款额度下降，清收处置压力较大。12月末，全行不良贷款及信用卡透支余额3405万元，比年初减少3661万元，虽然2017年核销和清收的额度都多于往年，但因对客入的准入和管理的不到位，新增1200多万元不良贷款，导至不良贷款清收压力仍然很大，特别是又新增一户玉田米业800万元法人贷款不良，因此，风险的化解仍是支行面临的最大问题之一。五是基础管理有序开展，管理水平有所提升。加强三线一网格工作的落实，加强员工的行为管理和网点的运营基础管理，按上级行要求，开展安全大检查，并整改到位，如更换灭火器，自助银行线路整理，自卫器具配备，防盗、防诈骗、防抢、防火演练，对ATM机一日三巡查，定期召开联系会议，确保全年安全无事故。但因遗留的问题较多，特别是假担保、假贷款、个别员工借用客户信用卡和资金，导致客户投诉和来访问题时有发生，严重影响支行正常工作。

【强势宣传】年初，通过媒体宣传和报道，发布“春天行动”的启动信息，积极向贵宾客户推介重点零售业务产品。加大对农行新产品的品牌宣传力度，积极联系本地主流媒体，通过电视、报纸等载体宣传县农行品牌产品，提升县农行产品的市场认知度；加大户外平面广告宣传的投放力度，在全县各繁华街道、社区、及各交通要道投放一定数量的户外平面广告。营业网点进行新产品推介和风险提示宣传，设立产品展示柜，设置现场咨询台和业务台，布置产品展示墙，加强柜台品牌宣传营销工作。

【发展重点资产业务】全行进一步深化对宏观经济走向的清醒认识，根据支行和县域的实际，重点发展住房按揭，农户贷款、分期业务，组织专门的团队，优选客户，强力营销，全年发放按揭贷款4075万元、农村个人生产经营贷款净增2060万元、全年营销汽车分期2154万元，农户贷款和汽车分期业务完成率居全市前列。

【加强重点营销】2017年，支行把组织机构存款作为综合营销的重点。一是明晰机构客户底数。摸清县域机构客户存贷款、开户行及在县农行存贷款占比，注重机构客户业务的持续发展。二是明确机构客户目标。支行成立以行长为组织的营销团队加强对财政等存量机构客户的营销力度，增加资金流量，壮大资金势力，全年日平资金增量千万元以上的有县非税管理局、县社会保险管理服务局、县工业园区财税分局、县房地产管理局住房维修基金管理办公室，先后增加日均存款7260万元。

【推动电子银行】支行抓住旺季时期资金量大、人流密集的特点，组织开展“湘阴县农行零售业务竞赛活动”，组织全行员工开展“学产品、用产品”活动，手机银行开户、贵金属销售有效突破。每季根据产品营销情况，开展短板产品专项营销活动，相比往年，员工的营销积极性和产品营销效果都有所提升。

【加强内控管理】年初，支行行长、主管行长与部室、网点经理签订“党风廉政建设、案件防范查处、信访维稳、信息安全责任书”“安全保卫、社会管理综合治理、消防安全责任书”“消防安全承诺书”，并明确网点规范服务等工作目标。一是明确内控管理责任。支行明确各部室、网点经理为内控管理第一责任人，并将内控管理纳入部门、网点和员工绩效考核内容。二是加强员工行为管理。借助三线一网格的运用，坚持以部室网点为单位，按月对员工行为进行常规排查，到行政单位、信贷客户进行走访，发现6名员工的问题，支行有针对性进行谈话和管理。三是认真开展创建工作。严格按照考核办法进行奖惩，极大地调动运营主管及柜员的创建热情，运营基础管理提升较快。四是持续抓好“合规示范网点”工作。主管行长、合规经理经常到网点指导工作，现场督导整改，使网点创建工作有很大提升。支行通过检查，对月度安全教育学习、防爆演练、消防演练、安全检查等方面好的做法和经验在全行介绍学习，促进内控管理水平不断提升。

（戴腊明）

中国农业银行股份有限公司湘阴支行主要负责人名录

行　长：郭少舟
副行长：赵怀宇　宋艺宏　侯　鼎

农业发展银行

【概况】中国农业发展银行湘阴支行（简称县农发行）内设办公室、信贷业务部、会计结算部3个部室，有干部职工20人。2017年，县农发行认真落实全省分支行行长会议精神，持续抓好“两学一做”常态化教育，认真学习贯彻中共十八届六中全会和中共十九大精神，落实总行总体发展战略，突出项目营销，夯实基础管理，不断提升全行经营管理水平，有力支持地方经济发展，推动全行工作持续健康发展。截至12月末，各项贷款余额14.19亿元，比年初增加3.17亿元；各项存款余额35.91亿元，比年初减少1.75亿元；各项存款日均余额3.68亿元，较年初增加3977万元；实现账面盈利1840万元。

【履职尽责】一是加快贷款投放力度。4月，向城北新区投资开发有限公司发放农村土地整治中长期贷款2亿元；8月，向临港产业园公用事业投资建设开发有限公司发放棚户区改造贷款2亿元；完成湖南金惠农业科技发展有限公司852万元县级储备粮扶贫贷款、720万元省级储备粮贷款，湘阴县长城粮油购销有限责任公司4200万元省级储备粮贷款的轮换工作；做好湖南省金顶实业有限公司1582万元市级储备油贷款的展期工作。不良贷款继续保持零余额。二是加强粮油信贷监管。做好对湘阴县长城粮油购销有限责任公司、湖南金惠农业科技发展有限公司、湖南省金顶实业有限公司省级储备粮、县级储备粮、市级储备油的库存监管及轮换，确保粮油的增储和轮换计划顺利实施；扎实做好总行中央储备油和中储粮长沙直属库湘阴县分库粮食的异地库存监管工作，切实履行农发行支农和监管职能，年内监管中央储备油15426吨、中央储备粮43136吨、最低收购价粮76253吨、国家临时储备菜籽油9311吨；对湖南省金顶实业有限公司制定监管方案，加强库存监管，做好客户维护工作。三是加大对“基金”和易地扶贫搬迁资金的拨付和监督。按照上级行要求，县农发行对基金项目进行全面整改和风险排查，年内，县农发行12个基金项目，金额4.35亿元，支付2.77亿元，余额1.58亿元，无零支付项目。收到易地扶贫搬迁资金4054万元、支付3983万元，确保湘阴县易地扶贫搬迁集中安置和分散安置工作的顺利进行。

【风险防控】一是认真落实信贷队伍建设年活动。年初成立信贷队伍建设年活动领导小组，制定《湘阴支行2017年信贷队伍建设年活动实施方案》，高度重视贷后管理工作，每月按时召开贷后管理例会，并切实加强贷后投后管理工作，对所有贷款和基金进行全面风险分析排查，对发现的隐患及时采取相应措施，突出风险防控。全年组织开展12次信贷业务集中学习，并积极参加上级行组织的各项培训活动。因此，大大提高员工们业务素质和履职能力。二是加强内控，确保财会无差错。通过狠抓业务规范化管理，巩固提高营运核算质量，做到代办现金业务安全、IC卡安全，会计结算部全年综合业务系统无差错，作为支行的营业窗口，树立农发行良好形象，特别是创建星级服务单位开展得有声有色，经市银行业协会文明规范服务示范单位检查验收评分达到四星级标准。三是突出加强党风廉政建设。支行党支部认真落实党风廉政建设责任制，年初县农发行层层落实签订党风廉政建设责任书、合规承诺书、廉洁从业承诺书、银企廉政共建协议书、廉政建设谈话记录和安全目标管理责任制，做到防微杜渐，防范于未然，从而加强内控制约机制，确保廉政建设的落实，全年县农发行未发生一起违法违纪案件，从而达到“从严治行、从严治党”要求。四是安全保卫常抓不懈。县农发行从加强员工安全防范教育入手，按照“预防为主，群防群治”的方针，努力提高安全防范意识，重点制定重要岗位职责，做好节假日值班，严格车辆管理，定期进行消防知识的培训和演练，开展经常性的安全检查等，及时消除隐患，实现“四无”目标。

【学习教育】一是抓好党建工作，促“四个意识”提高。2017年，支行党支部按照上级行党委统一部署继续深入扎实开展“两学一做”常态化制度化教育，并把“两学一做”贯穿于党建工作的始终。制定“三会一课”实施方案和学习计划，明确落实“两学一做”专题教育和贯彻中共十八大、十九大精神的目标任务，采取集中学、讲党课、自学和召开民主生活会等形式，每位党员对照《中国共产党廉洁从政若干准则》和《中国共产党纪律处分条例》认真对照检查，进一步加强大局意识、政治意识、责任意识和担当意识，旗帜鲜明地同以习近平为核心的党中央保持高度一致。二是抓好作风纪律教育整顿活动，促工作作风的转变。按照上级行关于作风纪律教育整顿活动的总体部署和要求，7月中旬，县农发行精心组织，扎实推进改进工作作风，针对市分行党委指出的六个方面问题深入查摆，对照整改，顺利完成作风纪律教育整顿各阶段的工作任务，全行员工通过教育活动转变工作作风，以更加务实负责的态度对待本职工作，纪律观念有明显增强，工作作风更加务实，精神面貌换然一新。

（冯　光）

中国农业发展银行湘阴支行主要负责人名录

副行长　喻　明（主持工作）
　　　　陈　莎　朱曙秋

农村商业银行

【概况】湖南湘阴农村商业银行股份有限公司（简称县农商行）成立于2016年6月28日，注册资本2亿元。其前身是成立于1984年的湘阴县农村信用合作社联合社，2007年，实现统一法人。2017年，县农商行有营业网点39个，其中营业部1个、一级支行22个、二级支行10个，分理处6个；机关内设12部门2室2中心。在编员工345人。截至12月31日，县农商行资产总额为59.84亿元，负债总额为57.09亿元，所有者权益2.75亿元。各项存款余额53.23亿元，比年初净增8.33亿元，占全县金融机构市场份额的35.39%。各项贷款余额25.43亿元，比年初净增4.64亿元。占全县金融机构市场份额的25.63%，存贷款总量和增量均居全县各金融机构之首。全年发放扶贫贷款1691户，金额7459万元。电子银行交易替代率67.25%，比年初提高21.32%。电子银行动户率18.85%，社保卡激活率80.5%。在农村成功建成32家便民金融服务点。实现经营利润1.41亿元，完成省联社全年任务的125.54%，账面利润5433万元，税后利润4233万元；经营等级为5级，绩效等级为B^{++}级。年内各项业务保持规模、速度、质量、效益的整体提升，成为全县纳税十强企业。获评湘阴县“2017年度全县综合绩效考评优胜单位”、岳阳办事处“2017年度安全保卫工作优胜单位”“2017年度信贷营销专项考核优胜单位”“2017年度案件防控治理二等奖”。

【拓展客户】一是拓展基础客户。通过加强与客户互动，拓展系统客户、行业大户、个人客户到县农商行开户结算。二是开展营销活动。2017年，县农商行以开展专题营销、特色营销等方式，积极的推进营销战略实施。年初，在全辖区广泛开展“开门红”“金鸡报春、新年感恩”活动，促进存贷款、电子银行等业务迅速发展；结合县农商行周年庆开展银联扫码支付惠民活动，以共享、共建、共赢为主题，建立银行·商家·客户异业联盟，打造农商银行新金融经济圈。三是加大宣传力度。积极开展“金融知识下乡”宣传活动，重点宣传反假币、金融消费者权益等，促进农村经济健康发展；结合省联社存款突破8000亿元宣传，利用电子显示屏、大型广告牌、城区集镇网点设置宣传台、发送宣传单等方式，大力宣传相关业务产品，树立湘阴农商银行良好的外部形象。

【贷款营销】2017年，全行重点推进基础客户拓展、金融扶贫和支持实体经济等工作。一是扎实开展客户评级授信和基础客户拓展。年初，总行对评级授信和基础客户拓展工作进行专项布置和安排，制订实施方案，搭建专门班子，并将相关任务进行分配，通过六塘等4个支行的成功试点，逐步在全县各网点全面铺开。至年末，全行先后完成80318户客户初评、24927户客户信息采集、10028户客户授信。二是拓宽营销思维抓实“金融扶贫”。做实贫困农户评级授信基础工作。至年末，全行对12211户贫困农户进行评级，评级面100%，对11601户贫困农户进行授信，授信面95%，授信金额3.01亿元；做优扶贫贷款发放工作。全行发放建档立卡贫困农户扶贫小额贷款1737笔，金额7652万元，分别完成省、市政府目标任务的136%和105%，历年累计发放2964笔，金额12831万元，现有存量户数2189户，余额9540万元；做好金融扶贫服务站建设工作。全行建成17家金融扶贫服务站，占全县金融机构建设扶贫服务站总数的60%，提前完成金融扶贫服务站三年建站计划，担负起全县金融精准扶贫工作的重任；完成金融扶贫工作目标任务。全行加强对全县金融扶贫、惠农工作的统筹规划和实时监督，协助政府发放扶贫“明白卡”，100%完成扶贫明白卡的发放工作任务。三是持续开展“访客户、问需求、优服务”专项活动。深入金龙新区和工业园区企业客户全面走访，在信贷投放上向园区企业、重大项目和第三产业倾斜，全力支持县域实体经济发展。在岳阳市第15届银企洽谈会上，县农商行与湖南卓达置业有限公司等17家企业签订总额31亿元的贷款意向协议，向17家企业授信31亿元。

【不良贷款清收】2017年年初，县农商行实际不良贷款余额1.5亿元，由于经济下行、管理缺失等因素，新增不良贷款1.14亿元，不良贷款清收压降压力巨大。2017年，全行上下凝心聚力，通力合作，通过采取百日攻坚活动、压实贷款责任等措施，累计清收处置不良贷款1.38亿元。至年末，实际不良贷款余额压降至1.26亿元，比年初减少2383万元，不良贷款率4.96%，控制在目标任务5%以内。一是积极开展“百日攻坚”。召开动员大会、制定实施方案、成立竞赛活动领导小组、加强清收措施等，百日攻坚活动取得阶段性胜利。活动期间，清收处置表内不良贷款5028万元，其中现金收回3297万元，其他方式处置1731万元；清收表外不良贷款208.6万元，其中收回核销贷款200.2万元，央行票据置换贷款8.5万元。二是严格贷款责任追究。总行定期组织部门经理、支行行长、不良贷款第一责任人召开不良贷款清收处置推进会，压实清收责任，实时确定回收任务，签订清收责任状。通过采取通报批评、扣发绩效、“三停”、降职免职、解除劳动合同等方式，对97名不良贷款责任人员进行不同程度的责任追究。三是推进依法清收工作。通过公安系统网上追逃、法院加大对案件执行力度等方式，继续开展依法清收不良贷款活动，全年收回诉讼类贷款6笔，本金1533万元，利息81.2万元。

【拓展平台功能】一是业务手段不断创新。以省联社“新一代”业务系统上线为契机，不断加强电子银行业务创新，加大手机银行、微信银行等电子银行产品推广力度，新增微信提现支付、银联扫码支付功能，完善电子银行产品体系。至12月末，全行手机银行客户新增5216户，扫码支付个人客户签约58656户、商户签约2796户。二是开展社保战略合作。年初，县农商行与县政府社保平台建设协议达成后，县人社局先后在县农商行开立新农保、城镇社保、医保、失业保险等收支专户，账户余额近1亿元。三是完善金融服务环境。年内，全行布放自助设备55台，其中ATM机20台、CRS机35台；布放POS机623台，新增23台；助农终端32台；ETC新增60台。发放便民卡1.06万张，授信9.26亿元，用信7.85亿元。在农村地区成功建成32家便民金融服务点。

【提升管理水平】一是加强基础管理，严控信贷风险。在确保“三个不低于”的基础上，加强“三率”管理，对到期贷款收回率、当期利息收回率、不良贷款率进行动态监控、综合考核、落实奖惩；需按规定审批的贷款基本都通过OA系统由总行审批后再发放，规范放贷流程，缩减审批时间；贷款回归本源，各网点进一步加强贷款区域管理，严格控制新增跨区域贷款。二是加强绩效考核，完善激励措施。与软件开发公司合作建立绩效考核电子化系统平台，通过不断完善绩效考核办法，将绩效考核细化到网点、到岗位、到人，改变以往平均主义的传统工资分配方式，建立有效的绩效考核管理机制，推进绩效考核全面实施到位。三是优化网点格局，整合资源配置。结合县农商行实际情况，将39个基层网点进行优化整合，调整为1家营业部、22家一级支行、10家二级支行、6家分理处；将总行三农事业部撤销，原信贷管理部、市场拓展部分别更名为业务管理部和业务拓展部，按照省联社要求设立党群工作部，规范部门设置、加强部门职责。四是规范财务管理，完善操作流程。认真贯彻落实办事处“三年基础管理年”工作要求，规范会计档案管理，严控会计核算流程，严格财务费用管理，持续开展会计达标升级，推进基层网点实行委派会计制度；实行会计例会制度，按月开展会计业务辅导与培训，提升财务管理人员操作水平；定期不定期开展会计基础工作检查，加强反洗钱、支付结算等管理工作。

【风险管控】县农商行积极应对岳阳银监分局全面检查和省联社巡察第五组巡察工作。开展各项检查“回头看”，针对岳阳银监分局全面检查发出的现场检查事实与评价书涉及到的公司治理、内部控制等6个方面的问题，及时对全行各网点和部门进行通报，组织人员对存在的问题进行积极整改，对相关责任人员进行责任追究；针对省联社巡察组反馈的党建等7个方面、20个突出问题及时整改，做到层层落实责任，建立问题台账，制定整改措施，落实专项整治，加强问责追究，以改革精神抓落实、促整改，努力使整改工作取得看得见、摸得着的成效。

【企业文化】2017年，县农商行不断加强企业文化建设，一是加强队伍建设。注重员工管理，用人机制不断完善。在全行加大人才选拔和年轻干部的培育力度，建立后备人才储备库，不断完善员工能进能出、干部能上能下的有效机制。加强基层负责人队伍建设，年内新提拔年轻支行行长6人。二是加强培训工作。结合实际情况制定全年员工教育培训方案，年内开展各类培训36期，参训员工2000余人次，培训内容覆盖新一代业务系统上线、法律知识与合规风险、会计实务、银联扫码业务、反洗钱、消防安全、档案管理、内控知识等。同时，冠名湘阴县第三届“农商银行”杯广场舞大赛，组织合规知识竞赛，承办岳阳市农村信用社（农商银行）2017年“庆国庆·福农杯”男子篮球赛，并在比赛中取得较好成绩。三是加强五小建设。2017年，县农商行因地制宜，合理规划，积极推动“五小”建设，全面完成鹤龙湖、东塘支行两个基层示范网点建设。通过“五小”建设，改善农村网点的工作条件和生活条件，让员工安心基层，用心工作，增强员工归属感，提升网点的综合竞争实力。

【案防从严从紧】2017年，全行重点在控案、防案、风险防范上下功夫，加强案防职责、压紧案防责任，保障安全稳定。稽核审计方面，2017年，全行累计专项审计项目6个、审计网点67次，突击检查网点62次，经济责任（离任）审计累计42人次。发出整改通知21份，提出整改意见23条，落实整改意见23条，经济处罚20人次、金额

2.83万元，辖内通报批评网点11个、18人次；监察工作方面，重点组织开展“一排查、一检查、一清理”活动，认真开展员工“九种情形”排查，年内，排查出“九种情形”人员9人，其中约谈整改2人、解除劳动合同2人和行政记过处分5人；加强突击检查，对全行各营业网点库存现金、重要空白凭证管理进行重点检查；开展员工涉砂涉矿专项清理，做到底子清、情况明，清理表和承诺书以及专项清理报告由专人存档保管；安全保卫方面，通过对所有网点的营业场地、金库、自助设备、自助银行、报警系统和消防等安防设施进行全面摸底排查，制定整改方案，投入资金更新，升级安防产品技能，全行39个网点的安全评估达标工作全部顺利通过验收；严格值班守库制度，不定时不定点对全行值班守库情况进行突击检查，加强夜间值班守库制度执行，规范安全联防人员履职；加强视频监控中心规范管理，顺利完成监控中心搬迁改造工作。与各网点签订安全保卫、消防、综治维稳责任书，形成一级抓一级，人人负责的良好局面。

（甘宇翔）

湖南湘阴农村商业银行股份有限公司主要负责人名录

董事长 包 洪（7月任）
行 长 曹振宇
监事长 常险峰（7月任）
副行长 钟思治 陈 慧（12月任）

中国银行

【概况】中国银行湘阴支行（简称县中行）内设综合管理部、业务发展部、营业部、江东路支行、先锋路支行。2017年，县中行围绕省分行“树正气、建机制、严管理、防风险、求发展”的工作要求和“湘阴支行2017年十项重点工作”，全行上下统一认识，转变观念，凝心聚力，真抓实干，开创出又好又快发展的良好局面，真正实现各项业务的持续、健康发展，制度建设稳步推进，内控管理和风险防范进一步得到加强，确保全年业务运行安全无事故。湘阴支行营业部获评市银行业协会免检“五星级示范单位”，江东路支行获评“四星级示范单位”。截至12月31日，各项人民币存款余额143916万元。其中，人民币储蓄存款余额109765万元，较年初新增8500万元；人民币公司存款余额34151万元，较年初新增3369万元，二项存款合计净增11869万元。各项贷款余额为100888万元，其中公司贷款余额39474万元，全年累计投放48500万元；个人贷款余额61444万元，全年累计投放6000万元，二项贷款余额较年初增长22367万元。关注类贷款和不良贷款余额均控制在市分行下达的任务指标之内。销售代理保险2880万元，代发薪金额337亿元，个人电子银行新增4654户，借记IC卡新增12500张，中银易商理财9286万元，三方存管完成302户，信用卡发卡946张，开通短信通2664户，ETC拓展36户，结售汇交易额299万美元，贵金属销售173万元，表外理财日均新增5846万元。实现净收入4543.4万元，净利润2144.32万元，中间业务收入完成608.23万元。

【严格管理】一是明确班子分工，责任到人，做到事事有人管，责任明确；二是加强对行务会成员管理，班子和行务会成员自觉接受员工监督和考评，做到考核有标准、有依据；三是每周至少召开一次班子会，回顾上周工作，安排布置本周工作；经营性网点每天召开晨会，部门每周召开例会；每半月至少召开一次行务会，安排工作、听取建议；每两月召开一次员工大会，安排布置全行重点工作；四是实行三个网点挂钩机制，支行班子成员与综合管理部成员分三组分别挂钩到三个网点，进行支持、服务、督导，每周至少参加一次网点晨会；五是支行行长定期与班子成员及行务会成员进行交流交心，开展批评与自我批评；行务会成员定期与基层员工交流，倾听思想和建议，班子再进行商议，以解决基层的困难，推进各项业务和管理的发展;六是出台《湘阴县支行2017年度定编定岗定责方案》，每个部门与员工的职责分工得到明确，做到因岗定人，人人责任明确，全行上下积极履职，呈现可喜的变化。

【营销团队建设】一是大力提升全行员工营销意识，提出“全员营销、分层营销、联动营销”的营销策略；二是加强营销岗位，在人员十分紧张的情况下，配齐配足客户经理和大堂经理队伍，客户经理和大堂经理全部进行公开竞聘产生；三是加强前台营销及服务工作，减少后台人员，降低内控成本；四是加强对重点项目的营销工作；五是加强客户经理队伍集中办公，集中力量加大贷款投放力度和贷款催收工作。

【重视催收工作】一是支行班子高度重视催收工作，多次召开专题会议，研究制定催收方案。二是支行分工明确，成立以行长为组长的支行催收工作领导小组。三是制定详细的催收方案和奖惩措施。经过全行上下努力，团结协作，该行不良及关注贷款均控制在市行任务指标以内。

【加强内控合规】一是依法合规经营不动摇，案防达标有序推进。历年来，支行一直坚持依法合规经营，有效管控风险，根据省、市分行的统一部署，继续有序推进“基层机构案件防控达标”“柜台运营业务百日专项整治”“尾箱交接操作合规性专项整治月”“关于加强基层网点风险管控的若干措施（2017年版）”和“珍爱生活，远离案件”主题教育活动，特别严控员工参与非法集资活动等内控案防工作，并根据活动要求出台相应的措施办法，同时加强相关制度与业务学习，与各层级管理人员和员工层层签订相关责任状，同时，加强非现场视频抽查，加大“双十禁”检查力度，认真深入开展员工思想行为排查工作，与员工交心谈心，做到用制度管事、用人文关怀管人，从而达到无道德风险与操作风险，把好风险管控关。全年支行未发生一起违规、违纪事件，未处分一个干部。二是案防教育常抓不懈，案防制度从严执行。安全无小事，支行定期组织对网点进行检查督促，及时学习案防知识、案防简报、案防工作动态及相关安保制度，提高案防意识，坚持“安全轮值制度”与“晨会案防一分钟制度”，做到案防工作天天抓，逢会必讲。同时，为提高员工处理突发事件的应变能力，支行年内邀请消防部门专职人员来给员工进行授课，并组织网点员工进行二次消防演练，让员工熟悉消防器材的使用，同时，对消防设施定期进行检查，确保其处于正常状态。三是提升服务理念，创新服务手段，促进服务达标。支行提出“品牌服务、品质服务、产品服务”的服务理念，根据中国银行网点标准和省分行个人客户标准化服务手册，对员工销售服务“七步曲”进行系统加强训练，规范服务行为和举止，从开晨会到开门迎宾、举手招迎，逐项落实到位，提升服务效率；结合省银协“百佳”文明规范服务示范单位的创建要求，支行从内外环境、硬件设施添置、公共教育和低碳环保宣传、便民服务、爱心窗口、专座和车位设置等，全方位进行改造，网点环境焕然一新，为县中行文明优质服务打下坚实基础。

【服务县域经济】一是精准扶贫工作。按照县委、县政府的工作安排，县中行联点帮扶鹤龙湖镇龙江社区，支行指派专职一书记负责该项工作，行长、主管副行长经常下到联点村进行帮扶指导，积极参加扶贫村的各项工作，包括驻点村的党建工作、“两学一做”学习教育活动、建设金融扶贫服务站等，同时进行资金上支持。全年支行累计为扶贫村投入帮扶资金6.7万元，走访贫困户60余人次，上门慰问贫困户资金15000元，同时到樟树镇文谊新村新建一个金融扶贫服务站，为贫困户提供小额取现、资金转账、农村淘宝等免费服务，有效满足村民多元化的金融服务需求。二是防汛工作。7月上旬，县中行积极响应县委、县政府的召开，抽调18名男员工24小时轮流上堤到古塘机埠进行防汛值守，行长徐奉芳24小时坐镇古塘防汛指挥分部进行指挥和督查。10月，支行向上级行争取防汛救灾资金15万元捐献给鹤龙湖镇政府和龙江社区，秉承“担当社会责任，做最好的银行”宗旨。三是配合做好县里的其他各项中心工作。如综治民调工作、文明县城创建工作、平安家庭创建工作等，支行及时召开全行员工大会进行动员发动和安排布置，确保各项工作落到实处。四是响应县委、县政府号召，开展对标活动。县中行分别与中国银行宁乡支行、中国银行平江支行、湖南长康实业有限公司对标对接，并多次开展学习交流活动。五是贷款支持中小企业。支行全年累计投放公司贷款4.85亿元，争取蒙华铁路贷款3.5亿元在县中行投放，有力地支持地方经济建设。

（余　曙）

中国银行湘阴县支行主要负责人名录

行　长　彭　斌

副行长　黄若仁　夏　利

建设银行

【概况】建设银行湘阴支行（简称县建行）内设综合部、客户经理室，下设营业部。有干部职工17人。主要从事收储和信贷业务。2017年，县建行围绕市行党委工作思路，努力实现年初规划和目标，大力推进“双百工程”。并以双基管理和案防工作为基础，通过抓党建、抓员工队伍建设、抓优质文明服务、抓重大客户拓展、抓重点产品营销等手段，有效推进全行业务快速发展，吸收大的个体金融客户竞赛活动连续2次小组第一。全年一般存款余额16.25亿元，比年初新增1.73亿元；各项贷款余额12.36亿元，贷款新增3亿元，其中公司贷款投放3.82亿元，个贷新投放1.65万元。同时，电子产品百花齐放，在全市乃至全省均居于领先地位，电子银行综合考评在全市排名前列，信用卡业务在全市保持领先水平，基金定投业务在系统占绝对优势，系统排名第一，龙支付单点型网点全省第一；实现中间业务收入786.12万元，创造利润3500万元。

【党建工作】2017年，县建行把党建工作与员工队伍建设有机结合，充分发挥党员模范作用，传递正能量，把全行员工紧密团结在建行党支部周围，引领全行员工思想上进、情趣健康、崇尚荣誉。一是严格按照要求开好党的“三会一课”，加强党员政治修养，特别是在正风正纪和加强党风廉政建设方面从严要求、从实管理。二是深入开展“两学一做”，抓党建促发展，围绕转型和业务发展，打造新的竞争优势，提升核心竞争力，做好“五个结合”，学习教育取得实实在在的效果。三是在全行开展党群“一对一、手牵手”帮扶活动，充分发挥党员的先锋模范作用。四是组织党员干部到扶贫村组进行走访和入户调研，践行群众路线工作要求。

【激励约束机制】2017年，县建行的三个考核方案在激发员工活力方面起到重要作用。一是《湘阴县支行优质文明服务考核方案》，把员工的柜面服务规范化、流程化，做到考核有据、奖惩有力，在客户服务禁止性规定上，让员工不敢为。二是《湘阴县支行员工绩效考核办法》，把每一项指标分解落实到岗位，考核岗位化、数据化，做到考核结果清晰、以业绩服人，让员工有所为。三是《湘阴县支行客户维护考核办法》，对每项规定动作制定相应的考核指标，落实“真正以客户为中心”转型发展思路，建立多层次、立体化的客户分层、分群维护管理机制，提供综合金融服务，提高个人客户精准营销和精细化管理能力，通过严格考核，县建行客户维护步入全市先进水平。

【落实服务目标】2017年，县建行认真贯彻落实省行制定的各项服务理念和规定。多次召开服务工作会议，专题研究和安排部署服务工作，通过集中整治，全行的服务工作有明显的好转，客户投诉率明显下降。年内，市行每半个月就来县建行进行服务录像抽查点评，支行每个月评选一次服务明星，把服务质量纳入每次的绩效考核方案。经过不断努力，县建行的服务质量明显上升。柜面人员“七加八”优质文明服务行为规范逐渐成为湘阴县银行业的一道亮丽风景，大堂、客户经理室等直接接触客户的区域，卫生环境干净整洁，焕然一新。年内通过总行五星级网点、中国银协四星级网点、岳阳银协五星级网点的验收。

【关心关爱员工】员工是业务发展的基础。县建行在抓好员工思想工作的同时，也高度重视员工的物质生活和文娱生活，取得员工及家属的理解和支持，与建行荣辱与共。一是与员工不定期开展谈话，及时掌握员工思想动态，及时解开员工心结。二是定期进行员工家访，了解员工家庭情况，与员工家属进行面对面的沟通，取得家属信任。三是广泛听取员工的意见和建议，并认真回复，取得广大党员和员工的理解、支持和监督，真心实意让员工参与决策、参与管理，当好主人翁。四是关心员工政治成长，积极培养和发展新党员。五是不定期举办小聚会，如生日会、茶话会等，增加员工之间的交流、增进了解、促进和谐。六是开办食堂、建设职工之家，改善员工的工作用餐条件、丰富员工的业余生活。七是组织工会活动，如到青山岛参观抗战军民死难纪念园，使员工对日本侵略者的残酷暴行更深认识，对现在的工作和生活备加珍惜。

【投入经济建设】县建行历来的经营方针，立足当地，做好服务，依托政府，融入到当地经济建设中。近三年，把扶持政府重点工程项目建设作为撬动地方政府的切入点，全力对接湘阴县政府建设工程，为湘阴县“冲刺省十强”做贡献。一是率先支持县人民医院整体搬迁项目。二是独家支持湘阴县砂石经营项目。三是高效支持一批湘阴县龙头企业的发展，如食品龙头企业长康实业、林产品加工龙头企业福湘木业、金属制造龙头企业宏耀工业及国资公司。年内县建行投放自来水公司（5000万元）、国资公司（5000万元）、人民医院（1.75亿元）、城北公司（1亿元）、湖南地生工业设备有限公司（700万元），申报授信长康实业（6000万元）、搭建小微企业融资平台（额度5000万元），并全部审批通过，审批额度1.1亿元，湖南洞庭资源控股集团公司6亿元中期票据业务在县建行也审批通过。县建行一直廉洁办贷、高效办贷、务实办贷的工作作风服务政府，得到客户的一致好评。连续两年获评全县“金融工作先进单位”。

【重点产品营销】重点产品营销是县建行“延伸服务触角、拓宽服务领域”的重要手段。与同业比，县建行没有网点资源优势、也没有人力资源优势，仅有的一个营业网点还面临客户停车难、排队等候时间长等不利因素，要战胜同业，特别是个金业务要拔得头筹，唯有走出去，才能引进来。一是创新转型谋发展，为服务好广大客户，年内增设一个离行式自助网点，追加6台智慧柜员机，很大程度上减少客户排队现象，提升客户体验。二是大力推进“普惠金融”服务，实现湘阴县一中网上收银台学费自助缴费1100笔，搭建自来水公司自来水网上收费平台、知源中学学费云平台、洋沙湖度假区物业收费云平台等5个收费平台，积极营销湘阴党费云平台，由党员自主在网上、手机等渠道缴纳党费。三是以重点产品抢客户，组建团队在各大市场和商业街道抢铺POS机；在各行政事业单位抢发公务卡等。四是以信贷产品挖客户。充分利用大数据类产品，如POS贷、税易贷、善融贷等信贷产品，拓展流通类、结算类客户。五是将个贷（含信用卡分期）作为拓展客户的拳头产品，加强客户群体营销，实行零售业务批发做，并结合客户特点开展产品联动营销。六是做深做透金融生态圈，年内新申报东湖商业中心、知源中学、福湘木业3个金融生态圈，累计申报8个金融生态圈，并积极做深做透，取得良好效果，其中湘阴县新农合一卡通属于市重点项目，上半年发卡1.3万张，布设金湘通服务点80台。

【精准维稳】支行执行协解员工“一对一”的帮扶维稳工作，实行精准维稳、以点带面，深得协解员工的认可，近两年，未出现过协解员工进京、进省上访事件，创建一个宽松的业务发展环境。特别是在协解员工突发事件上，方法得当，处理及时，得到全体协解员工的好评。

【扶贫整建】严格按照年初县委、县政府扶贫工作的要求，迅速组成精准扶贫小组和建整扶贫小组，先后多次赴精准扶贫村实地入户调查，核实具体情况和建整扶贫村调查具体情况，落实扶贫资金，积极开展金融扶贫，布设金湘通，为当地居民提供金融服务。

（廖希华）

建设银行湘阴支行主要负责人名录

行　长　李新鸣
副行长　李建军　廖希华

华融湘江银行

【概况】华融湘江银行湘阴支行（简称县华融银行）内设综合部、运营部、营销部。2017年，县华融银行围绕县中心工作，围绕分行年初工作会议精神，各项工作有序开展。营业网点安全运行，各项贷款新增3.75亿元，其中实体经济贷款发放7500万元，政府贷款发放3亿元，有效的支持湘阴县经济发展，积极参与县政府安排的各项工作事项，为政府、社会做出一定贡献。

【营业网点安全运行】一是进一步规范支付结算账户的开立、销户等行为，根据上级文件精神，县华融银行加强异地账户开户核实和账户分类工作，做到真正了解“我们的客户”，并加强网络电信诈骗宣传，给予客户必要的风险提示；二是进一步加强反洗钱工作力度，进行反洗钱知识培训和考试，通过反洗钱系统，每天排查可疑交易和大额交易，及时提醒和制止洗钱活动，年内尚未发现洗钱活动；三是加强消费者权益保护培训，县华融银行以服务立行，提倡优质文明服务，优质文明服务最重要的内容就是消费者权益保护，将消费者“八大权益”内化于心，外化于行，言行举止严格要求，不断提升该行的服务质量，为此，该行开展“3・15”消费者权益保护户外宣传、消费者权益保护培训等相关活动；四是加强消防、安保巡查，确保网点不发生案件及安全事故，严格按照相关制度安排，加强监控录像的查阅，确保录像查阅的频率和质量，努力将事故控制在事前。

【各项贷款稳步增长】有效支持县域经济发展。截至12月31日，该行新增投放3.75亿元，其中政府性贷款3亿元，主要用于240国道项目建设、湘阴县中医院流动资金支持，0.75亿元投向实体经济。县华融银行年底存款规模11亿元，但信贷投余额14个亿，存贷比严重倒挂，在总行信用规模和风险资产及其紧张的情况依然申请3个多亿元的贷款规模。年内先后支持湘阴县卓拓贸易有限公司、县知源学校、湖南特构工程有限公司等实体经济，并加强消费贷款的投放力度，全年累计新增投放住房按揭贷款127笔，金额近5000万元，丰富该行信贷资产结构。

【中心工作】一是做好新农村建设服务工作，根据安排，该行对接南湖洲胭脂湖村，行长亲自去南湖洲镇6次，并带领该行员工一同看望和慰问贫困户和孤寡老人，赠送慰问金3万元；二是初步建立金融扶贫站，该行委派分管授信副行长担任金融扶贫站副站长，并将金融扶贫站站牌和人员安排到位；三是响应政府号召，积极参加防洪抗灾工作，接到通知后，该行在男员工仅有3人的情况下，依然派出2名员工支援防汛工作，这其中包括行长、副行长。

（许　静）

华融湘江银行湘阴支行主要负责人名录

行　长　田　波
副行长　彭茜茜　黄　微

邮政储蓄银行

【概况】中国邮政储蓄银行湘阴支行（简称县邮储银行）内设综合管理部、综合业务部。下设旭东路支行（文星镇旭东路）、南湖洲镇支行（南湖洲镇北正街）。有干部职工47人。2017年，县支行围绕年初制定的工作目标和措施，狠抓落实，加快转型，加强合规，以提质增效为目标，积极开拓新市场，努力开创工作新局面。全年累计实现业务收入2862.39万元。截至12月31日，个人存款余额47665万元，年内净增余额5655万元；对公存款结余36677万元，比年初增长4314万元。各类贷款结余36899万元，年增长347万元。所有贷种不良金额为1024万元，较2016年下降642万元。不良率为2.78%，较2016年下降1.69%。

【负债业务】坚定不移“存款立行”，调整产品结构，确保负债业务稳定增长，围绕“个金业务强发展，中间业务上台阶”这根主线，巩固个人负债优势。一是充分发挥网点优势，全面提升银行综合竞争力。充份利用网点阵地营销，深度挖掘来到大堂的每一位客户，尽最大可能地做到以产品粘性吸引客户。组织开展微沙龙厅堂营销，做好返乡务工人员的资产提升活动。二是创新个性化服务。结合“跨赛”“心计划”活动，借节日契机开展个性化活动，开展客户新春答谢、元旦、春节、元宵节、“三八”妇女节等节日系列营销活动。三是开展大走访活动，挖掘客户储备。四是多措并举，促进信用卡、“双投”、贵金属业务发展。

【资产业务】促信贷上规模，推动资产业务高效发展。一是小贷稳步回升。抓机遇，银担合作，为加快推进“银担合作”工作，该行与“湖南农业信贷担保有限公司”（简称“湖南农担”）进行多次沟通与联合上户调查，为开展良好合作和畅通工作流程打下基础。在与客户对接后尽快上户调查，打出邮政储蓄银行快字招牌，赢得湖南农担的支持，粮农贷款的发展初显成效。二是提质发展消费贷款。加快业务流程办理，抢抓汽车消费贷款市场份额，推进特色支行建设。年内进一步简化与优化车贷办理流程，继续加强总对总模式，安排专人负责及时与汽车经销商做好培训与对接工作，做到白天调查、晚上撰写报告及资料上报，以优质的服务、快捷的流程来吸引更多的客户选择邮政储蓄银行车贷产品，从而大力提高市场占有率，进而推动车贷快速的发展。同时加大营销力度，推进额度类消费贷款快速发展。利用好各种渠道包括阵地、平台营销、媒体户外宣传等对额度类消费贷款进行针对性地开展营销。利用营业网点优势开展好柜员与信贷客户经理结对帮扶，加强消费贷产品和个金产品的综合营销贡献率；同时搭建一手房贷款合作项目和二手房中介营销平台。重点营销和维护二级资质以上或很优质的三级资质的房产开发商，完善三级资质以上开发商和房产中介信息数据库，根据数据库的分析进行有针对性的跟踪维护与营销。

【信贷资产质量】铁腕整治不良，千方百计降逾期。为实现2017年不良资产压降达到年初既定的目标，一是加强内部管控，充实专职清收人员的力量，对50万元以上的不良重点客户制定一户一策压降方案，每季度更新，每月跟进，定时召开不良资产压降专题会，周六、周日取消休假，由行领导带队上门催收，做到每周有总结，下周工作有计划；每天的催收情况在群里进行通报，对重点客户不同类型针对性的采取措施。二是积极与法院沟通，加速诉讼处理流程及跟进强制执行结果。

【基础管理工作】加强管理，队伍结构得到优化，选人用人机制得到落实。人力资源管理不断加强，打造两支高效队伍，一是打造精干高效的干部队伍，提拔两名优秀员工进入干部队伍。二是打造一支充满朝气和活力的信贷队伍，对信贷员加强学习和回炉再造，调整和优化信贷队伍结构。以机构改革为契机，开展机关人员双向择岗，优化人员配置，合理兼并后台岗位，经过学习动员、公布岗位、组织报名、双向选择、公示选岗结果等环节的稳步推进，后台机关16名原专业岗编制员工参与12个专业岗位的双向选择，有11位员工通过双选获得后台专业类岗位，5人分流到部门操作岗位，稳步推进支行人员队伍建设。坚持党管干部、党管人才原则和正确选人用人导向，严格执行三重一大集体讨论决定制度，采取基层推荐，党支部集体讨论通过，有4名员工参加全市范围的后备管理与后备专业人才公开选拔，其中1人进入省行后备管理人才复试，1人通过分行后备专业人才复试。对重要关键岗位人员实行岗位轮换，合理安排员工年休假制度，稳定人心。

【企业文化】党建引领企业文化和精神文明建设，工会管理促融合，企业文化展现新风貌。年内，围绕党建引领发展中心工作，通过深入学习贯彻中共十九大精神，支行进一步构建和谐向上的企业文化，凝聚力和向心力不断增强。一是党的建设深入推进。完成发展党员、党风廉政等基础工作，加强党的作风建设，年内将1名优秀干部吸收到党组织。在省分行举办的微党课比赛中获三等奖，在7月抗洪工作中，党员充分发挥先锋带头作用。二是文化建设稳步开展。在支行工会组织牵动下，组织女职工“三八”妇女节踏青、“五四”青年节健步行活动，通过员工家访活动，送温暖活动广泛开展，慰问困难员工。年底创建工会之家，进一步凝聚人心、鼓舞士气。三是社会责任积极践行。7月汛期期间，支行克服人员少的困难，组织人员投入抗洪保家园战役，心系扶贫结对村，组织员工募捐9000余元资助临资口村12户贫困村民，并在省、市分行的帮助下，资助当地扶贫资金3万元、防汛资金4万元。为构建和谐湘阴作出应有的贡献，彰显邮储银行的社会责任与担当。

（杨　强）

中国邮政储蓄银行湘阴支行主要负责人名录

行　长　魏崇华
副行长　李　燕

财产保险

【概况】中国人民财产保险股份有限公司（简称人保财险）内设经理室、车商业务部、个代营销服务部等9个部室，并在新泉镇、南湖洲镇、东塘镇建立三农营销服务部。现有三版员工20人、出单分部人员3人、理赔分部人员6人，外包人员13人，查勘车辆5台。2017年，实现保费收入7145.42万元，比2016年同期的7095.62万元增加49.8万元，其中常规业务保费收入4457.88万元，政策性农业保险2687.54万元，同比增长5.46%。赔付成本4319.4万元，综合赔付率66.7%，其中常规业务赔付成本2436.5万元，比2016年同期增长97.44万元，政策性农业保险赔付成本1882.9万元，表结利润604万元。全年缴纳各项税费637.62万元（含代征代缴），比2016年同期增长2.62万元。

【保障农民收益】为切实保障广大农民收益，湘阴县人保财险多次对接县委、县政府，积极衔接相关部门，做好专题汇报，凭借着多年来承办农险的良好口碑，新承办玉米保险。2017年，政策性农业保险保费2687.5万元，赔付成本1882.9万元，简单赔付率70%。其中水稻签单78401.33公顷，保费收入2116.8万元，玉米签单1894.11公顷，保费收入47.73万元；油菜签单5768公顷，保费收入77.85万元，育肥猪签单148375头，保费收入445.1万元。随着承保面不断持续扩大，湘阴县农业抗击自然灾害的能力得到有效提升，对稳定湘阴县农业生产、促进农村和谐发展起到积极作用。湘阴县人保财险的农业保险工作还得到县委、县政府的充分肯定，赢得农业相关部门的一致认可，在6月召开的全县农业保险工作会上，湘阴县人保财险作为承保农业保险的主体做先进工作经验介绍。

【抓车险增长】1—10月，湘阴县车险发展不尽人意，业务一直徘徊在低迷状态，车险完成保费仅3044.16万元，同比下降0.13%。为改变车险增长乏力的态势，湘阴县人保财险采取一系列措施。一是加强地面电销呼出团队的建设。按照“全清分、用工具、重过程、早签单、严考核”的要求，规范管理地面电销呼出团队。通过天天业务分析，定期技能培训，月月销售评比，加强绩效考核等手段，使地面电销呼出团队取得不俗的业绩，人均产能165.3万元，居岳阳市先进行列，二是加强与交叉互动渠道的紧密联动。利用交叉互动庞大的销售网络，通过产说会、专题会议、营销活动等方式，推广保险产品，推介优秀经验，1—10月，交叉互动渠道完成184.78万元，同比增长29.84%，完成年计划的115%，提前完成年度计划。

【扶贫特惠保】为贯彻落实中共中央、保监会对金融扶贫的决策及部署，实现保险业助推打赢脱贫攻坚战的责任担当，湘阴县人保财险积极谋划，反复与湘阴县扶贫工作办公室沟通、探讨，经过多次协商，于9月12日成功签订湘阴县“扶贫特惠保”合作协议，为樟树镇、金龙镇、玉华镇、洋沙湖街道办事处等5个乡镇，3132户贫困户提供意外保险、大病补充保险等扶贫保险产品，保费收入59万元，并在短短的一个星期内，行程2000千米，发放扶贫特惠保告知单4000余份，并逐一上户宣导保险方案。此保险充分彰显人保精准扶贫举措，在各乡镇和广大群众中树立人保良好的品牌形象。

【依法合规经营】依法合规是公司经营的生命线。2017年，湘阴县人保财险大抓内部管控，在承保管理方面，严格执行上级公司的单证管理制度和标准操作流程；理赔管理方面，严格关注理赔管理各项指标；农险方面，坚定不移执行农险保险条例，规范各承保、理赔档案、农户回访档案。公司始终把依法合规、风险管控融入日常工作的全流程中。由于扎实的工作作风和勤勉的工作态度，公司获评全县2017年度金融工作红旗单位。

【基层农网建设】为推进基层农网建设，年初，在东塘镇新成立东塘三农营销服务部，该服务部位于东塘中心地段，主要负责东塘镇及周边乡镇的农险、车险及非车险承保、协赔服务工作。至此，湘阴县人保财险在全县3个乡镇设立三农服务营销网点，保险服务辐射到周边多个乡镇，为广大农户创建保险快速渠道。

【工会活动】2017年，在工会工作上，认真学习贯彻《中华人民共和国工会法》《中华人民共和国劳动法》等法律法规，建立健全各项规章制度，以促进公司业务发展，维护职工权益为使命，调动员工的积极性和创造性，扎实有序开展一系列建家活动，完善基本硬件的建设，分别建立员工食堂、员工活动室、图书阅览室、理赔人员值班室，大大丰富员工的文化生活，有效提高广大员工的凝聚力。为切实保障职工福利，提升员工幸福指数，湘阴县人保财险工会还开展一系列的活动，如5月组织青年员工开展的户外体验活动，7月组织全体员工在省内最专业的体检机构的全面体检，9月对因家属住院而产生经济困难的员工，在第一时间发动捐款等，这些工作得到上级公司工会的认可，10月，湘阴县人保财险工会顺利通过人保财险岳阳市分公司的“合格职工之家”的验收，11月，又顺利通过人保财险湖南省分公司的“先进职工之家”的验收。

（胡　鹏）

中国人民财产保险股份有限公司湘阴支公司主要负责人名录

经　理　黄光辉
副经理　吴　乐

人寿保险

【概况】中国人寿保险公司湘阴支公司（简称湘阴人寿保险）内设综合部、客户服务部、个险部、银保部、团险部等5个部，机关在编员工20人，代理人382人。2017年，湘阴人寿保险深入贯彻落实总公司“优化结构、把握节奏、依法合规、效益经营”的战略部署，积极应对市场形势变化，全面加快业务发展，稳步提升公司自身能力，各项核心指标稳中有序快速向前发展。截至12月31日，保费收入9631万元，首年期交保费4464.34万元，其中个险完成新单期交2351.41万元、同比增长72.86%，3年期交达成486万元、同比增长46.83%，10年期及以上期交达成1861.27万元、同比增长82.62%，标准保费达成1323.76万元、同比增长89.46%，团险929万元，同比增长37.39%，银保1183.93万元，同比增长136.59%，营销人力623人，同比增长49%，上缴财政税费131万元，公司各项保费指标呈突破性增长。

【销售队伍建设】公司要发展，人力是关健，保险市场是人力的市场，只有不断引进新的人力资源，注入保险新型血液，才能增强公司活力。公司经理室坚持队伍驱动业务的发展新理念，积极响应市分公司企划，在全县范围内展开大规模增员宣传活动，采取各种措施，以“周送训”为出发点，以“扬帆营”为着力点，以“晋升组经理”为落脚点，加强销售队伍建设，个险部要求每一位营销员建立个人有效拜访的客户资料库，注重客户经营。加强销售队伍的日常基础管理，开展客户的经营和积累工作。通过发展队伍的带动公司发展，加盟中国人寿业务员迅速增加，新增合同人力382人，突破首年保费2200万元。

【团险业务】2017年，团险渠道实现放大短险格局。积极建设综拓队伍，努力适应、完善大短险的业务发展要求，搭建与县各级政府部门、社会组织、中介机构的合作平台，着力推动个、团、银三大渠道，加大短险发展力度，实施资源整合。打破渠道壁垒，充分整合个险、团险、银保等资源，逐步实现各渠道之间客户资源的合理共享。探索出“扶贫特惠保”“工伤意外险”等新项目，在县扶贫办和县人社局的大力支持下，承保“扶贫意外医疗保险”和“工伤意外伤害保险”保费235万元。达成短险929万元，达成率116.13%；同比增长33.82%。银保渠道凸显价值提升。2017年，在市分公司及湘阴经理室的大力扶持下，银保队伍迅速扩大，从业务滞后到紧追猛赶，紧跟银保渠道转型步伐，首年期保费突破1183.93万元，同比增长136.59%。

【创新驱动】推进销售创新。湘阴县个险在密集运作公司会销平台的基础上，广泛运用大、小型产说会、农网产说会、业务精英个人品牌推介会和新人推介会平台，多个层面推动业务发展。全年运作公司产品报告会153场，银保探索和推进银保“精品网沙”“借船出海”参与个险会销平台，与个险一体化运作等项目；团险渠道积极搭建与各级政府部门、社会组织、中介机构的合作平台，探索出“扶贫意外保险”及“工伤意外伤害保险”保险新项目。

【优质服务】湘阴县人寿保险从托管新农合业务后，拥两个服务机构—“新农合”“客户服务中心”。客户服务部员工始终秉成“成人达已、成已为人”的经营理念服务客户，加强主动服务意识，树立以客户为中心的服务理念。主动站在客户的角度换位思考处理赔付，多为客户说一句话，多跑几步路，不惜赔，但不乱赔，以诚信让客户认同保险，全年赔付率为58%，同比上升6%，全年赔付413万元。为有理合法的整合新农合资金，快捷有序理赔到位，为农合资金保驾护航。制订一整套完整的规章制度，遇到重大嫌疑案件，实行现场查勘，双人查勘，确保案件报销的真实性。年内无一案件上访闹事，为农合办及政府实现排忧解难。

【中心工作】以服务地方经济为已任，公司自觉地将经营管理融入县委、县政府建设和湘阴县的大局，为构建农村社会保障体系服务。在保障业务稳健、持续、快速发展的同时，积极履行社会责任，为湘阴县群众办实事，彰显社会管理功能。一是关注民生，作为全县保险业的龙头老大，湘阴人寿保险始终秉成“成人达已，成已为人”的优良传统。当汛期来临时，经理室克服公司人员少、业务冲刺繁忙的情况。按照县防汛指挥部指示，立即成立以黄军经理为首防汛抗洪25人小组，日夜轮流巡逻在指定河段上，并赞助6万元支援抗洪救灾工作。二是积极参与精准扶贫，指派B柜面经理为扶贫帮扶"一书记"，到联点帮扶村进行点对点帮扶工作，组织司务会成员与帮扶对象一对一帮扶，帮助指导脱贫致富，支助扶贫费用4万元。

【素质教育】由综合部牵头，经理黄军挂帅，倡导员工用科学发展观理论武装自已的头脑，组织员工认真学保险知识和"国十条"，加强内部风险防控，杜绝销售误导，倡导干部员工的爱国、爱司、爱岗敬业教育，引导职工树立正确的世界观、人生观、价值观，激发广大职工的团结奋进，无私奉献精神。

（赵　立）

中国人寿保险公司湘阴支公司主要负责人名录

经　理　黄　军
副经理　吴雪华

教　育

【概况】湘阴县教育局内设办公室、结算中心、纪检监察室、老干部党支部、督导室、民办教育协会、安全体卫股、招考办、教育阳光服务中心、基教股、工会、关工委、职成股、民办教育股、校车办、人事股、教师奖励基金会、计财股、学生资助管理中心、师训股、审计股、勤管股、学前教育股。局机关在职职工82人，退休职工71人。下设局直二级机构6个，分别为教师进修学校、湘阴县广播电视大学、教育科学研究室、教育技术中心、机关幼儿园、特殊教育康复学校。全县现有各级各类学校190所，其中普通高中学校5所，中等职业学校4所，特殊教育学校1所，义务教育阶段有初中25所，九年一贯制学校17所，乡镇中心小学和县城小学67所，村片小教学点71个，全县在校学生68117人，在职在编教职工4750人、离退休教师3426人。2017年，全县教育系统干部职工履职尽责、真抓实干，开拓进取、攻坚克难，教育大局和谐稳定，各项工作均取得较好成绩。先后获评省校车管理工作优秀单位、省生源地助学贷款优秀单位、省五好小公民主题教育优秀组织奖、省现代教育技术试验县、市招生工作先进单位、市研究性学习优秀组织奖、市关心下一代工作先进单位、市学宪法讲宪法优秀组织奖、市无偿献血最美公益团队。9月，通过教育工作第三轮县级人民政府“两项督导评估”验收。12月，通过全国义务教育基本均衡县的验收。

【公办教育债务置换】平稳有序置换6897名债权人债务1.83亿元，同时出台《湘阴县防控新增教育债务管理办法》，健全控债机制。

【教育质量攀升】在全市中考13个评价单位中，湘阴县2014年第13名，2015年第11名，2016年第9名，2017年名列第八，全市中考状元在湘阴县城东学校。湘阴县学考成绩在6个县市区2014年排名第六，2015年排名第六，2016年排名第三，2017年排名第三。2017年高考湘阴县纯二本以上上线人数1172人，高于临湘和华容，六县市名列第四，比2016年提升一个名次。并且湘阴县与兄弟县市的差距在进一步缩小，2017年，二本以上人数比汨罗少98人，比岳阳县少128人。

【重大工程投入】2017年，合格学校、标准化学校、校安工程、全面改薄等重大工程投入力度大，推进有力、规范。全县26所项目学校完成“全面薄改”投资3284万元，新建和维修改造校舍面积36000平方米，改扩建运动场地15000平方米，购置学校生活设施和教学仪器设备31200台（件、套）。年内重点民生实事工程，投入资金2691万元。新建和维修校（园）舍38200平方米，购置教学仪器设备和幼儿园教具21600台（件、套）。11月，36所项目校（园）全部通过县级初评，12月初，接受市政府实事办的验收检查并获得好评。

【教育对标】2017年，通过教育对标、合作办学，知源中学成功与衡水一中合作办学，长郡城东学校引进长郡高中这块优质品牌，总投资近4亿元的长郡洋沙湖中学正式动工兴建。

【教师招聘】2017年，公费定向培养农村教师招生计划74个；民办教育学校招聘定岗教师30人；招聘中小学教师170人，安排免费师范生29人，按政策从外县转入湘阴县籍教师25人。

第28届全县中学生田径运动会（2017年摄）

【教育扶贫】2017年，发放学生资助资金2168.4万元。年内县教育局对口帮扶岭北镇芦花村，6月，省精准扶贫工作督查组对教育系统扶贫工作给予高度认可。11月底全县脱贫攻坚迎市检中,岭北镇芦花村评估得分99.5分。

（王石罗）

湘阴县教育局主要负责人名录

局　长　倪立祥
副局长　刘西城　李正銛　蔡　浪（11月任）
余令安（至9月）　苏爱莲（至7月）

湘阴县第一中学

【概况】湘阴县第一中学（简称湘阴一中）内设办公室、教务处、政教处、教研处、总务处5个职能处室。二级法人机构有湘阴县教育印刷厂。群团组织有学校工会、学校团委。学校有教职员工305人，其中具有研究生学历12人，本科学历264人，特级教师2人，高级教师83人，一级教师144人。2017年，湘阴一中积极创建“平安校园、文明校园、书香校园”，各处室与学校的工作思路和工作目标保持高度一致，尽职尽责，学校各项工作取得长足的进步。2017年高考取得理想的成绩：600分以上15人（全县共16人），本一上线201人，本二上线612人。学考合格率基本达到预期目标，高一期末统考各项指标优势显著，获评全国新课程写作教学示范校、第一届全国创新数学大赛人才培养基地、全国中学生基础学科创新能力大赛人才培养基地。

【德育化人】2017年，湘阴一中始终把德育工作放在学校工作的重中之重。政教处严格考核班主任工作，铸就出一支作风正派、工作默契、充满活力、富于创新的班主任队伍。努力做好树立典型、宣传典型、学习典型的工作，在本学年初召开颁奖大会，通过表彰大会，树立学生努力拼搏、奋发向上、勇争第一的求学意识。加强安全教育管理工作，构建学校规范化的安全教育管理模式，丰富安全教育内容。通过各种形式，把日常安全教育与阶段性安全教育结合起来。通过开展全体师生应急疏散演练活动，对学生进行组织纪律和安全意识的加强教育。坚持每天早读课前分班落实校园公共卫生打扫，规范自行车、私家车的摆放，使学校天天保持整洁卫生，校园环境得到美化净化。政教处利用召开主题班会，对学生进行系统的思想品德教育。本学期各班召开多次主题班会，主题包括“爱我湘阴，创建文明卫生县城”“远离毒品，遵规守法”“卫生、健康、文明，做时代新人”“做文明一中人”等。政教处要求各班针对班会主题，认真设计，精心组织，确保高品位、高质量、高效应。全年，各班的主题班会都很成功，有效地助进班风校风建设。年内继续举行好每大周一次的升旗仪式，结合时事对学生进行爱国主义教育。国旗下的讲话，内容更注重结合国际、国内形势和学校学生生活实际。每大周由学校一位当班行政作国旗下专题发言。通过这一活动，有效地对学生进行思想、道德、理想、前途教育和良好行为习惯的培养；继续加强校园文化建设。继续办好校园广播站、校刊、校报、黑板报、宣传窗等。进一步丰富学生文化生活，陶冶广大学生的道德情操。扎实开展爱湘阴、爱校园等活动。让学生了解湘阴县的历史、一中的历史，激发学生爱校、爱乡的感情；抓校园、教室文化建设，建设一个让学生乐意、让学生满意、让学生受教育的天地，实现环境育人的目标；团委对在工作中表现突出，成绩优秀的集体和个人在五四青年节进行通报表彰。各社团积极联动，通过寄语高三等方式表达对学长们的良好祝愿。积极组织开展献爱心帮扶活动，爱心社团通过广泛宣传，为希望工程募捐万余元，将所得款项捐给县红十字会。同时拓展渠道，积极联系爱心企业。高三年级范欣等3名学生每人获得步步高企业对口帮扶助学款2万元。组织部分学生进社区打扫卫生，到养老院帮扶孤寡老人，特别是洋沙湖国际旅游节期间，湘阴一中师生的志愿服务活动受到上级领导部门及相关企业的高度肯定。学校团委得到上级团组织的肯定，获评岳阳市先进基层团组织。

【规范办学】湘阴一中全面贯彻落实科学发展观，进一步规范办学行为，杜绝教育乱收费，严格依法办学，依法治校，促进教育健康均衡发展，切实维护群众利益和教育形象，力争办人民满意的教育。一是规范招生入学和分班。各年级不分重点班，分班过程做到公开、透明、规范，并进行公示。在学生入学后，及时完成学籍电子注册，全年学生学籍管理的制度健全。从未出现任何违规行为。二是规范考试评价与次数。各年级对学生考试成绩也予以规范的管理，从不按考试成绩给学生排名次，更没有按考试成绩给学生安排座位。各年级实行学生学业成绩与成长记录相结合，采取等级制的综合评价方式评价学生。三是规范学生作息时间和作业量。学校严格执行国家规定的作息时间，严格执行节假日放假通知，不占用课余和节假日等时间安排学生集体补课或上新课。正常开展阳光体育活动，坚持大课间活动，保证学生每天在校体育活动时间不得少于1小时，学校购置大量体育器材，阳光体育活动保证人手一件器材，提高大课间质量。艺术教师和体育教师认真上好艺术课、体育课和健康课。文化课教师能根据课改的要求，严格控制作业量，精选作业内容，不布置机械性、重复性、难度过大的作业，学生作业量基本上适中。教务处定期对各班的作业布置情况进行检查及不定期抽查。四是规范教育教学活动。坚持按标准课时开课，不随意增减课时；坚持按课程设置开课，不随意增减科目；坚持按课程标准要求教学，不随意提高或降低教学难度；坚持按教学计划把握进度，不随意提前结束课程和搞突击教学；坚持按规定的要求考试，不随意增加考试次数。加强教师的职业道德教育和业务培训，提高教师专业化水平。学校制定一系列师德建设规章制度，规范教师的教学行为。广大教师能够自觉遵守学校的规章制度，没有歧视、体罚和变相体罚学生的现象。学校每学年开展教师职业道德考核，评选优秀教师、师德先进工作者，积极营造教书育人，爱岗敬业的良好风尚。加强对教师的管理，学校严禁教师利用工作之便对学生实行有偿家教、有偿补课；严禁教师私自在校外兼课、兼职；严禁教师举办或参与社会举办的各类收费培训和补习班。教师也不得组织学生统一征订教辅材料。对有偿家教及统一征订教辅材料的教师，采取“一票否决”的办法予以处理，年度考核直接定为不合格。从全年情况来看，全校无有偿补课行为，无教师要求学生购买教辅材现象。

【素质为本】湘阴一中始终秉承“师生为本，质量示范，和谐发展，创新提高”的办学理念，全面推进素质教育。团委切实做好组织青少年、引导青少年、服务青少年工作。积极开展社会实践活动，重视能力培养。两年一次的元旦晚会，每年一次的高一年级校歌合唱比赛，每年的学雷锋活动，清明节扫墓、植树活动，保护母亲河湘江的环保活动，每大周的升旗仪式，学校团委都积极策划，精心组织。通过有计划、有步骤、有成果、有总结、有序地开展社会实践活动和社区服务活动，量化学生的综合实践活动，让学生利用课余时间、假期，到广阔的社会大舞台去体验生活，感悟生活，培养他们的实践意识，增强他们与人交往的能力，处理实际问题的能力。学校十分重视学生的心理健康，心理咨询室每天定期开放，接待各年级学生的咨询。针对学生心理负担过重，特别是高三学生学习压力过大等相关问题作好心理辅导工作，使学生的认真努力学习的同时获得身心的健康成长。在2017年举行的湖南省第二届中学生运动会上，湘阴一中男子排球队夺得冠军，女子排球队夺得季军。年内组织健美操队员参加省级比赛，有13人获奖。同时，学校也十分重视各项体育活的开展。认真组织一年一度的秋季校运会，积极开展学生篮球、排球比赛。年内，学校成功举行第三十七届学生田径运动会、高一男子排球赛、高二女子排球赛、高二男子篮球赛等体育竞技活动。

【教学教研】教务处着力抓好教学常规工作。加强对教师的教学常规考核工作。坚持每月一次教学检查，定期、定时、定点检查教师的备课和作业批改情况，发现问题及时与教师沟通，使教学工作落到到实处；加强早读晚修的管理。早读由教师进教室指导读书，晚自习由下班教师坐班辅导；加强上课的管理。教务处工作人员与学生干部双线考勤。实现堂堂课必查并定期通报；加强对各年级备课组的评比，提高教学质量；严格规范考试。认真组织高一、高二每月单元检测考试、高三月考与各年级期中考试。严格考试过程，严格考试纪律，发挥考试功能，了解真实情况，营造公平竞争氛围，调动师生教与学的积极性。规范实验室、计算机教室、多媒体教室、图书馆等的管理。教研处以年级部为单位，分学科落实常规教研工作，成效明显。加强课题研究工作。4月，组织部分备课组长去湖南师大附中参观学习。9月，完成两项湖南省十三五教育科学规划课题“近代湘阴县乡贤的家教家风研究”及“县域内普通高中历史教学质量提升研究”的开题论证工作。9月，参加第二届高三备课组长市级学科核心素养培训活动。9月，组织岳阳市金鹗杯高中教师教学竞赛湘阴县初赛，9科次获得第一名，获得参加市级竞赛资格。10月，省级心理学课题顺利结题。以备课组为单位，集体开发、编写校本教材，成效显著。指导高三历史备课组及英语备课组编订出版高三第一轮导学案，反响很好。组织教师不断学习先进教学理念和经验，有针对性地优化高三复习迎考工作。校级交流频繁。10月，教研组长参加岳阳市同课异构教学研讨活动。10月，组织相关教师参加岳阳市金鹗杯高中教师教学竞赛决赛，初步确定，两个科目获岳阳市第一名，还有3个科目获一等奖，2个科目获二等奖。10月，组织全校参加岳阳市金鹗杯教学竞赛的12名选手及刘兵权、陈文革等老师参加湖南省教学课件及微课竞赛活动。10月24日至27日，高三31名教师赴澧县一中参加高三教学经验交流活动。11月中旬，陈文革、易卓参加湖南省高中生生涯规划教育研讨会，与各级学校有广泛交流。通过一系列的校际活动的开展，相互学习，相互促进，共同提高，深受广大教师好评。认真组织优秀教师参加省市县各级教学竞赛屡获殊荣。

【后勤管理】总务处牢固树立服务意识，确保服务形象，提供各类的优质服务，满足师生各个层次的需要。做好传染病防治工作，总务处与政教处、年级部配合，安排人员对学生进行晨午检，对学生流感等传染性疾病认真登记，及时诊治，情况严重者及时向上级主管部门申报，让患病学生及时得到治疗，同时，对学生请假复课的情况进行详细记载；开展健康知识宣传活动，医务室每学期出刊三期卫生知识宣传栏，针对学生疾病防御及生活保健等方面的知识进行宣传，同时，针对全校师生进行两次健康知识讲座，增强师生的健康卫生意识；进一步树立为师生生活服务的意识，学生宿舍楼安装饮水系统，解决学生在寝室的饮水问题；重视食品安全卫生。为改善学校食堂的就餐环境和质量，学校借鉴先进经验，探索新的食堂经营模式，采用食堂托管的方式进行改革；完成学校的绿化补点工作，定期修剪绿篱、草坪，按计划施肥、治虫，使得学校绿化可持续发展；扎实做好校园提质改造工作。年内，总务处工作人员积极主动联系县直相关部门，办理好提质改造所需的各种相关手续，认真参与组织提质改造工程招投标，最终确定施工单位，年底在积极办理施工许可证；印刷厂不断开拓市场，取得一定的经济效益。办公室按照学校的工作安排和要求认真执行并创造性开展，坚持用“中央八项规定”、省委“九项规定”等党纪条规来规范公务接待活动；扎实做好信访接待工作；出色地完成学校各项重大活动的材料撰写、组织实施，认真组织和安排近140余次大小会议，做好招生及各级考试的宣传工作，力度大，影响远；扎实做好学校档案管理工作，更好地做好服务工作；注重学校发展需求，为营造团结、和谐、向上的内部发展氛围和重视、理解、支持学校教育事业的外部发展做及时有力的宣传。督导室在每月月初接到省政府教育督导委员会最新评估通知后，组织有关教师及管理人员，参照评估标准，将有关的数据、表册和文字档案资料进行整理归类。由于湘阴一中管理模式和体制的特殊性、交叉性、日常管理工作的相对独立性，给准备工作带来相应的繁琐与环节的复杂。但是，各处室克服时间和工作上的各种困难因素，确保日常正常工作与迎检工作两不误。纪监室积极响应上级主管部门的号召，开展国家公职人员涉砂经营专项整治活动，加强对助学资金监管，参与学校项目招标和合同签订，加强重大事项的监督管理，进行工作纪律专项督查，加强作风建设，开展行业不正之风清理工作，积极处置各类信访举报，加强监督执纪问责职能。纪监工作方面，调查、处置、回复一起信访举报，介入一起问题反映。完成公职人员身份信息录入、报备，无差错。进行出入境管理登记、上报；开展近三年6个学期教辅资料征订清理和数据上报。开展涉矿经营专项清理、情况上报。按时间节点进行谈话提醒和问题线索处置情况上报。参与学校有关合同签订等重大事项。

（朱治波）

湘阴县第一中学主要负责人名录

校　　长　蔡健清（至12月）
党委书记　葛云华（3月任）
党委副书记　陈　宇（7月任）
副 校 长　范　伟（至7月）　楚明汉（至7月）
刘爱卿（至7月）　汤光辉（11月任）
张乐义（11月任）

第一职业中专

【概况】湘阴县第一职业中等专业学校（简称县一职中）是首批国家级重点职业高中、国家中等职业教育改革发展示范学校、全国足球特色学校、全国国防教育特色学校、湖南省示范性中等职业学校、湖南省示范性县级职教中心牵头学校。学校创办于1985年，2017年有在籍学生3800余人，教职工278人，开设旅游服务与管理、计算机应用、电子电器应用与维修、机械加工技术等9个专业。学校建成现代装备制造省级示范性专业群1个；省级特色专业3个；省级学生生产性实训基地（教师培训基地）2个；中高职衔接项目1个。学校先后3次获岳阳市中职学生技能测试总成绩第一名，2次获得岳阳市中职学生技能竞赛团体总分第一名，先后获湖南省职业教育先进单位、教学管理先进单位、德育工作先进单位、安全文明校园。

【中心工作】2017年，在省两项督导评估工作中，县职中代表湘阴县职业教育积极备检迎检，充分发挥桥头堡、领头羊的作用，为湘阴县获评职业教育单项优秀等次立下头功。基层党建工作方面，县职中扎实开展红星云学习、民主评议党员、集中学习等活动，先后几次接受省、市、县检查，得到上级党组织的高度认可。在精准扶贫工作中，县职中为学校扶贫点青山岛青草湖村争取各类扶贫资金10.6万元，帮扶的12个贫困户按计划全部脱贫，贫困村整体摘帽。接受省、市、县脱贫验收零整改，社会扶贫网上线工作排名全县第一。年内县职中综治民调工作再上新台阶，获得全县第二名。实训基地建设项目稳步推进，前期准备和招投标工作全部完成。在县直单位综合绩效考核工作，县职中在基层党建、党风廉政建设、对标对接、全面小康、安全生产等各项中心工作中成绩突出，获评为二类单位，获得县政府专项奖励基金16万元。

【教学质量】学生技能竞赛参赛项目和获奖人数较往年有所增加。在下学期岳阳市中职学生技能竞赛中，县职中参加7个大类的14项比赛，21名学生分别获得二等奖、三等奖。张胜波、周霞、吴汉、易伟、何俊、龚娟、刘峰、易国华、彭依婷9名教师获评市级“优秀辅导教师”。教育教学工作再出新成果。教务科、实训科、年级部抓教风、学风建设，加强常规教学管理，扎实开展课堂巡查，学生问卷调查，严密组织期中、期末考试，统一命题，严抓考风考纪，有效提高教学质量。徐艳、周霞、胡倔 3 名教师参加岳阳市金鹗杯教学竞赛获得二等奖，20余名教师参加省、市多媒体课件制作比赛和论文比赛，选送15名教师参加国家级和省级培训，组织教师外出参观交流2次。招生就业科组织师生参加全市创新创业大赛，湛姝老师获得二等奖；何俊、徐艳老师指导的学生获得二等奖1个，三等奖1个。何俊老师指导的学生参加省黄炎培职业教育奖创业规划大赛获得市级三等奖，省级优胜奖。学生管理工作再上新台阶。学生科抓班级工作重心理疏导、教育转化；抓活动开展重素质培养、习惯养成；抓安全工作重预防为主、防控结合。跑操运动、校服校徽穿戴、校园控烟、安全教育等工作常抓不懈。年内学校的班风、学风、校风均有明显好转，学生重大违纪现象大幅减少，良好的文明卫生习惯正在养成。校团委充分利用广播站、团报、黑板报等宣传阵地，开展守纪、尊师、安全、中华美德、学习心路等主题教育活动。精心组织校园歌手赛、演讲赛、才艺比拼、艺术节等活动，为学生提供发挥个性特长的良好平台、为营造良好校园文化起到重要作用。

【改革创新】改革绩效评价与绩效工资发放办法。突出多劳多得与奖优罚劣，充分体现公平公正，激发队伍活力。建立健全民主评议机制。年底，对各部门、全体行管人员进行民主评议，并将评议结果作为评优评先的重要依据，充分发挥教职工参政议政、民主监督的作用，提高行政管理效能。创新校企合作模式。携手华翔集团、元亨科技等企业，大力推进跟岗实习，改革学生实习模式，着力培养学生实践能力，切实提高学生就业竞争力。

【民生实事】改善教学条件，提升后勤服务水平。年内，学校投入基础条件建设资金300余万元，教师办公室，高三年级教室和寝室全部安装、更换空调，建好班主任休息室；商店、食堂以及办公楼进行提质改造，新建两个计算机房。同时，后勤科加强服务意识，提高保障水平，服务工作更加及时到位。学生食堂就餐率显著上升，营业额由原来的每天4000—5000元增加到7000—8000元。教工食堂由原来每天不到200人次就餐上升到每天近500人次就餐。商店日营业额比2016年同期提高12%。后勤科全期维修、更换灯管160余次，更换阀门水嘴50余只，零星维修服务100多次，赢得师生认可。

（吴海兵）

湘阴县第一职业中等专业学校主要负责人名录

校　长　陈觉民（5月任）
副校长　范　伟（7月任）　王鹏飞（11月任）
杨永明（至9月）　张念军（至7月）

卫生和计划生育

【概况】湘阴县卫生和计划生育局（简称县卫计局）有在职工作人员2923人，其中大专及以上学历1977人，占67.2%。现有卫生技术人员1978人，其中副高以上职称89人，中级职称438人，初级职称1466人。局机关内设职能科室20个，有干部职工151人（包括机关退线退休人员44人）。下辖卫生计生机构有49个，其中县级6个：县人民医院、中医院、县三医院、妇幼保健院、疾控中心、综合执法监督局；乡镇卫生院25个，乡镇（街道）卫计办16个，卫生计生群团组织2个：县计生协会、县红十字会。2017年，湘阴县卫生计生工作以群众满意为目标，以改革为主线，以项目为纽带，以质量为基础，全力推进机构改革和职能转变，全面深化医药卫生体制改革，扎实做好计划生育工作，凝心聚力，攻坚克难，创新举措，狠抓落实，全县卫生计生事业呈现出“和谐奋进、提质增速、务实创新、亮点纷呈、群众受益”的良好态势。

【重点改革工作】一是卫计执法体系建设巩固加强。年内，全县14个乡镇、2个街道办事处均组建卫计监督管理所，153个村、48个社区均设立卫计监督协管室，每个村民小组都设立卫计监督信息点，实现卫计执法监督服务全覆盖。5月，国家卫计委综合监督局督导组一行到湘阴县督导卫计综合监督资源整合工作，给予充分肯定和高度评价。二是医联体和分级诊疗工作迅速推进。湘阴县以深化国家医改、推进公立医院改革为契机，以4家县级公立医院为核心医院，将19家乡镇卫生院和所有村卫生室统一纳入紧密型医疗联合体内，与中南大学湘雅医院合作，组建全省首家与三级甲等医院联营的新型的区域医疗联合体。7月19日，湘阴县与中南大学湘雅医院签订框架协议，建立基层首诊、双向转诊、急慢分治、上下联动的分级诊疗模式。下半年对信息化建设、医保改革、人才培养、药品采购、文化建设等工作任务在加紧对接，年底进一步完善各项运行制度，医联体开始进入实质运行操作阶段。湘阴县“省三级医院带县级公立医院、县级公立医院带基层卫生院、基层卫生院带村卫生室”的对口支援帮扶模式逐步形成。三是医药卫生体制改革扎实推进。全年全县医疗机构基本药物采购金额达6300余万元，5月，省基本药物制度考核督查组到湘阴县考核督查基本药物工作，获得省检查组高度评价。全县居民电子健康档案，老年人、高血压患者、二型糖尿病患者、重症精神病患者健康管理，0—3岁儿童、农村孕产妇保健管理服务等各项基本公共卫生服务项目顺利实施，并通过上级验收。年内，全县开展大型义诊活动3次，派出医护人员60人次，接收群众义诊2300人次，免费发放药品价值近8万元。得到广大群众的一致好评。

【服务体系建设】一是重点项目建设加速推进。妇幼保健院建设项目有序推进。经县委、县政府研究决定，由县政府划拨土地3.67公顷，对县妇幼保健院实行整体搬迁，总建筑面积3.3万平方米，计划总投资2亿元，项目各项前期准备工作基本完成，2018年年初可开工建设。中医院整体搬迁建设项目也在紧锣密鼓的筹备。二是村卫生室标准化建设有序进行。争取158个村卫生室改扩建项目，每个项目建设面积200平方米，每个项目投资40万元（包括医疗设备5万元）。截至12月，启动10个标准化卫生室建设，各项前期工作稳步开展。

【计划生育工作】计生工作坚持年初“改革创新，保优提质”工作目标，各项工作均有序开展。县卫计局切实加大平时计生工作的督查监管力度。7月，全系统组织召开股室长以上干部的工作讲评会，深入分析工作形势，查漏补缺，对症下药，确保把各项工作落到实处。8月，组织开展大规模的半年度抽样调查。至9月底，全县符合政策生育率97.43%，政策外多孩率2.46%，出生性别比106.98。2017年，全县征收抚养社会费950万元，申请县人民法院强制执行个案156例；完成“两非”（非医学需要的胎儿性别鉴定、非医学需要的选择性别的人工终止孕娠）案件12例；开展免费婚前检查8924人，完成目标人群的74.37%。

【中心工作】一是各项检查督查顺利过关。9月14日，湘阴县卫计系统迎接省卫计委关于2017年中央转移支付卫生计生项目工作的督导检查，检查组通过数据复核等方式，对湘阴县2017年中央转移支付工作进行一次详细全面的督查，各项工作获检查组一直好评；9月20日，湘阴县迎来省卫计委关于湖南省妇幼健康优质服务示范县的评审验收，省卫计委评审组对湘阴县妇幼健康服务工作采取现场抽查、实地核查等方式，进行一次仔细、全面的评审验收，并顺利通过。二是医患矛盾纠纷得到有效控制。鼓励县、乡医疗机构全部参加医疗责任保险，继续推行第三方介入调处医疗矛盾纠纷机制，着力构建和谐的医患关系。2017年，先后调处医患纠纷和医闹事件26例，较2016年明显减少。三是抗洪救灾工作取得全面胜利。县卫计局按照县防指统一安排部署，精心组织、全员参战，认真落实各项抗洪救灾措施，各受灾区医疗救治和卫生防疫工作取得显著进展，确保大灾之后无大疫。年内，全县卫计系统先后派出医护人员及相关防汛工作人员400人次，诊疗服务近700人次，发放药品种类15种，价值近45万元。四是传染病防治工作有序开展。突出抓好重大传染病防治。针对年初H7N9禽流感，县卫计局高度重视，积极应对，成立专门的工作组，与相关部门密切配合。加强疫情监测、报告和风险评估，及时准确掌握疫情态势；组织医务人员开展培训，提高早发现、早报告、早诊断、早治疗的能力，最大限度降低疫情对人民群众健康安全的危害。特别是11月底湘阴县发生流感疫情后，县委、县政府高度重视，迅速落实应急处置措施，控制疫情，全县无重症和死亡病例。每年的手足口病是儿童的常见传染病，县卫计局积极科学应对、依法管理、分类处置，确保每年手足口病没形成较大的疫情。五是健康扶贫工作成绩显著。始终把脱贫攻坚作为最大政治任务、最大民生工程，开展最强攻坚。坚决落实党政一把手责任制，成立由县长任组长、分管副县长任副组长的健康扶贫工作领导小组，明确专抓、专干、专员，并将健康扶贫工作纳入脱贫攻坚考核。突出精准识别、统筹推进、政策宣传，确保各项工作落实到位。调配医疗卫生资源向基层流动和下沉，统筹做好基本公共卫生服务、家庭医生签约服务、医疗巡诊、入户调查、健康体检等工作。全力落实因病致贫、因病返贫的贫困人口政策。城乡居民医保对农村贫困人口住院费用报销比例提高10%，实行农村贫困人口特殊慢病患者给予门诊补偿的帮扶政策；农村贫困人口大病保险起付线降低50%，大病住院政策范围内报销比例提高到90%以上；对患有重特大疾病贫困人口的住院治疗费用，政策内自负费用由医疗救助基金按照低保和非低保分别给予70%和50%的救助；“两补贴、一减免、一兜底”到位。从而推动全县扶贫工作取得良好效果，确保党的惠民政策落地生根。

（田立峰）

湘阴县卫生和计划生育局主要负责人名录

局　长　徐介民

副局长　戴　高　曾兴元　李自力　夏　智　王　剑（兼至7月）　杨超人（兼至7月）

人民医院

【概况】湘阴县人民医院是一所集医疗、教学、急救、预防于一体的“二级甲等”大型综合公立医院，承担着全县78万人口医疗、急救、预防、保健、康复和教学科研任务，是全县医疗卫生服务中心，先后挂牌“爱婴医院”“红十字医院”“湘雅医院重点指导、双向转诊医院”。医院现有干部职工839人，其中医疗专业技术人员677人。新院于2016年10月建成投入使用，总投资5.6亿元，总建筑面积83175平方米，是全县十大重点民生工程之一。新院按三甲标准设计，全院有后勤综合楼、办公楼、医技楼、门诊楼、住院楼、传染病楼等建筑，设置床位1000余张，临床科室20个，整个院区智能化设计，并配备64排进口CT、1.5T进口核磁共振、美国产血管机和胃肠机等高档设备。每年能接纳门诊患者约40多万人次，收治住院病人4万多人次，完成手术量近2万多台。2017年，该院坚持以病人为中心、以质量为核心，加强管理、改善服务、取得良好社会效益和经济效益，圆满完成年初制定的工作目标与任务。2017年，该院总收入达到2.81亿元，较2016年同比增长32%；门诊量达到232242人次，出院人数38526人次。

【医疗质量管理】医疗质量是医院生存和发展的根本问题。医院严格把控基础医疗质量，依据工作实际，健全医疗质量控制体系，定期组织各职能科室对临床科室进行医疗质量检查，年内组织科室业务查房48次，对各临床科室进行近200次质量督查，对不合格人员进行经济处罚，其中对违反医疗质量管理制度处罚16500元，违规用药处罚11900元；全年医疗文书质量有所提高，但仍存在问题，如在架病例不能及时完成、病历书写不规范、归档不及时等，全年查出病历不合格258人次，经济处罚28400元。医疗技术是医疗质量的内在核心，围绕医疗技术的提升，年内通过教授授课、课内医务学习、远程教学等形式，组织全院职工广泛开展业务学习，同时以二甲复评为契机，广泛开展岗位练兵，内容涵盖各个方面，通过各种应急演练，加强各科室之间的协同合作能力。年内医院还派出队伍参加岳阳市急救技能比赛并获得团体及个人奖项。

【学科建设】学科建设是医院发展的保障，是全院工作的重中之重。医院采取多种形式提升医务人员的技术水平，并把重点转移到培养专科人才和学科带头人上来。年内组织全院大课业务学习34次，邀请院内、外知名教授为职工、实习生进行学术讲座及远程教学达34次，内容涵盖临床内、外科、急救、医技、院感、法律及医疗纠纷等各个方面；按照上级要求，开展“人感染H7N9禽流感防控知识”“手卫生”“合理用血”全员培训工作，组织全县基层医院开展大型培训3次。选派6名医务人员到上级医院进修学习，外出参加各种学术会议146人次；全院年内业务性考试近20次，技能操作集中加强培训一个多月。各个专业培训项目考核通过率100%。2017年，该院全科医学培训基地获得通过，医院多次组织相关人员考察学习，抽检师资队伍，制定培训方案，并招录首批全科医师学员14人，学制三年。

【设备管理】在学科建设的同时，该院设备管理趋于合理化、制度化。年内新添置婴儿辐射保暖台1台、除颤仪1台、小儿监护仪7台、输液泵30台、注射泵24台、立式灭菌器1台、颅内压无创监测仪1台、监护仪3台、黄疸计3台、动态血压监护仪4台、光疗设备2台、自动气压止血带1台、自动血压止血带1台、十二道心电图机1台、电子胃镜图像处理系统1套、高频点外科系统1台等专业设备。医用耗材严格执行公开、公平的原则实行招投标采购，医用耗材供应商必须签订购销协议，并签订湘阴县人民医院医药、卫生材料供销商廉政责任书。购销过程中，认真审核供销商所提供的相关证件，并要求所有证件必须加盖本单位红章，备案审查。2017年，医院信息化建设达到新的层次，现医院拥有服务器、存储10余台、信息系统节点3000多个、交换设备100多台，电脑及打印机400多台，服务器虚拟化、容灾备份网关的应用也使医院的硬件水平上到一个新的层次。

【药事管理】2017年，全院药品收入约为7496万元，其中门诊药房药品收入约1224万元，住院药房药品收入约4968万元，综合中药房药品收入约1303万元。药事管理工作更加规范。年内召开药事会1次，讨论抗菌药物的甄选、临床使用药品的引进、不规范用药的处罚等相关问题。对本院的抗菌药物目录进行调整。临床用药监督更加透明。在药事管理和药物治疗学委员会的监督管理下，临床药物的遴选、药物不良反应监测、处方审核、病历查阅和参与查房等工作有条不紊，对每月的处方病例进行抽查和质量讲评，对每月的临床用药情况也进行统计和分析，并对其中存在的问题进行通报，宏观把握处方质量。抗菌药物使用实行动态监管，每月对本院抗菌药物的前十位进行排序统计，对连续三个月排在前三位的抗菌药物进行预警，对超常使用的抗菌药物进行调查。全年收集药品一般不良反应报告33例，其中严重不良反应3例，并上报国家药品不良反应监测中心。

【医药改革】医院按照县级公立医院改革实施方案的要求，继续实行药品零利润销售，为配合医改顺利进行，组织多次院内会议，并以此为依据结合医院实际制定相应的单病种、临床路径诊疗规范。2016年，医院与湘雅医院签订医联体创建工作协议，2017年，医院以此为基础，积极筹备各项工作，与包括中南大学湘雅医院在内的医联体成员建立联络机制，畅通沟通渠道，积极推进对接工作，进一步完善相关制度与规划。

【后勤服务】2017年，医院安全生产工作基本达到预期目标，后勤服务工作有明显进步。确保医院的用电、用水安全，定期维护保养配电措施及电源线路，坚持每周两次下临床科室巡查，加强与临床科室的联系，很多问题都得到“早发现、早处理”。院内机动车停放秩序也得到明显改善。针对新院区环境问题，医院积极筹划，建造医疗垃圾、生活垃圾暂存点，对医疗垃圾、生活垃圾分类管理，把环保工作和环卫工作制度化，常抓不懈，大大提高该院安全生产工作效率，为职工和患者创造舒适的环境。

【护理质量】2017年，护理工作以医院“二甲”复评和“平安医院”创建为中心，结合护理部的工作计划和目标，积极开展各项工作。护理各项指标基本完成，护士的在职教育与培训受到院领导的高度重视，年内有8名护士长参加市护理管理培训学习，4名护士长参加省护理管理培训班学习，全年护理部派送护士长和护理骨干参加省市护理学院主办的各类培训65人次。结合整体培训计划，将护士考试调整为一周一次。6月，二甲考试，护理人员成绩均在90分以上。加强质量过程监控，确保护理质量安全。通过调整组织机构、健全督查机制、加强护理人员及患者的环节监控，保障护理质量安全。各项护理指标完成。基础护理合格率91.2%。危重患者护理合格率93.6%。危重患者陪检率100%。患者对护理服务满意率98.65%。出院患者责任护士回访率100%。

【人事管理】2017年，该院正常晋升薪级工资工作圆满完成，做到无错漏、零误差。根据医院办公会议研究决定，办理9人次核销编制手续，4人调入，1人调出，13人“四海揽才”入编手续；15人退休手续，3人因去世办理抚恤费手续。年内引进各类人才26人。临床医疗与医疗技术专业20人，其中本科学历20人；临床医学专业15人，口腔学科专业2人，医技专业3人，行管后勤6人。有15人参加卫生系列高级职称报考，其中有9人理论成绩合格（正高2人，副高7人），并完成综合材料申报工作。中级卫生专技资格考试中，该院有127人报考。年内还完成12名副高职称、17名中级职称、16名初级职称聘任工作。

【院感管控】2017年，该院院内感染防控狠抓落实、加强培训、注重细节，做到规范化、制度化、常规化，该院院感管理的重点科室—消毒供应中心和血液透析中心2017年顺利通过验收。在省、市环保督查及院感检查中均得到上级专家、领导的一致好评。在完善院感制度方面，该院全年先后汇编《医院感染管理及传染病防控法规文件》50册，制定《医院感染工作手册》50本，建立健全医院感染管理规章制度76项，进一步完善相关工作流程和感染管理持续改进方案。感染培训方面，年内选送感染管理专职或兼职人员到上级卫生行政机构和医疗机构参加新法规培训26人次，院内多次开展《中华人民共和国传染病防治法》《医务人员手卫生规范》《医疗废物管理条例》《医院感染应知应会》等多方面的培训。全年讲授培训课程8堂，下发培训资料1816份，抽查考核435人次，均达到合格要求。

（刘　毅）

湘阴县人民医院主要负责人名录

党组书记	易洪海（11月任）
院　　长	杨超人（至7月）
	鲁国庆（11月任）
副 院 长	蒋迎谷　张正清（至7月）
	谢传达（至7月）

血吸虫病防治

【概况】湘阴县血吸虫病防治工作办公室（简称县血防办）内设办公室、业务股、人事股、财计股、法监股。下属副科级单位有湘阴县三人民医院和浩河、洞庭、南湖、新泉、城南5个股级血防站。2017年，县血防办认真贯彻落实全县血防工作会议精神，以血防传播阻断达标为目标，坚持抓重点、破难点，各项工作取得较好的成绩。

【夯实达标基点】全年计划查螺7200万平方米，实查螺7213.5万平方米，完成年计划的102%（其中垸内计划查螺400万平方米，实查螺411.5万平方米，完成103%；垸外计划查螺6800万平方米，实查螺6802万平方米，完成100.02%）；计划药物灭螺1560万平方米，实灭螺1560万平方米，完成100%（其中垸内计划灭螺130万平方米；实灭130万平方米，完成100%;垸外计划灭螺1000万平方米，实灭1000万平方米，完成100%）;计划灭蚴430万平方米，实灭蚴430万平方米，完成100%;查病计划91000人次，实查101600人次，完成112%;计划化疗63770人次，实化疗75899人次（其中渔船民14755人次、当地人群61144人次），完成119%。

【破解控急难点】急性血吸虫病控制既是血防传播阻断达标的一项重要指标，又是血防工作的重点与难点。面对2017年汛期长、堤线长、水位高、气温高的严峻形势，县血防办迅速制订《湘阴县汛期洪涝灾害血吸虫病应急预案》，召开专题会议进行部署安排。一是加大宣传攻势。采取设立血吸虫病防治咨询台、悬挂横幅、张贴标语、出动宣传车等多种形式开展血防宣传外，另投入资金10万元，印发10万份“血防健教须知”发放到群众手中，做到一户一册。二是加大急血防控力度。在一线防洪大堤抛投灭蚴药氯硝柳胺缓释球20吨，杀灭血吸虫病尾蚴；指定专人、打桩定位，对参加防汛的抢险队员、大堤值守巡查队员和武警指战员进行登记造册、适时化疗。特别是在湖区几个大垸进入超历史最高水位后，组织2支血防预防医疗突击队，深入沙田垸、城西垸设立“血吸虫病预防医疗点”，开展血吸虫病预防工作。让参加抗洪抢险当地近5万干群和1500多名武警官兵掌握血吸虫病的预防知识，并向部队赠送一批价值10万元的药品。三是加强血防哨卡职能。在原有20个固定哨卡基础上，增设18个急血防控移动哨卡，聘请熟悉当地水情、汛情的人员实行日间12小时不间断巡查大堤，劝阻非生产生活需要人员不要接触疫水，对确因工作需要接触疫水的人员发放防护油膏。先后向军民发放血吸虫病预防须知8万册、防护膏5万支、预防药吡喹酮3.5万片。全年全县没有出现当地感染的急性血吸虫病人。

【加强责任目标】3月，省政府在湖南宾馆召开由全省所有疫区市、县人民政府及血防领导小组成员单位负责人参加的“湖南省血吸虫病防治工作会议”。县血防办在会后第一时间向县领导汇报会议情况，争取到领导的大力支持，于5月17日召开“全县血防工作会议”。会上县畜牧局、青山岛镇省级自然保护区领导就做好血防传阻达标工作分别作表态发言；参会的各乡镇、街道办分别向县血防领导小组递交“湘阴县‘十三五规划’期间血吸虫病防控目标责任书”，保证按时间节点以乡镇为传阻达标的主体单位完成工作任务。全县20个“达传播阻断标准”行政村完全按责任和目标的要求，出色的完成血防达标各项指标，从而确保省、市血防主管部门在11月底组织的考核验收。

【护航“国际旅游节”】9月25日举办的“湖南省国际旅游节”是湘阴县一次向外推介湘阴县旅游形象，打造“全域旅游”湘阴名片的盛会。为给外来参加盛会各路嘉宾营造绿色、安全的旅游环境，县血防办在9月5日至15日组织查灭螺队员300人次，邀请省血防所专家对旅游节的主会场洋沙湖和帐篷会议的青山岛进行血吸虫病传播风险评估，并向当地政府出具“血吸虫病传播风险评估报告”；同时在青山岛外围易感地带修建隔离带和抛投缓释球5吨，聘请巡查人员10人劝阻外来游客接触疫水，保证一个绿色环保的旅游节顺利召开，为湘阴县经济发展保驾护航。

【对接打造亮点】县血防办紧紧抓住《湖南省血防十三五规划（2016—2020年）》对血防加大投入的良好机遇，积极和省、县相关部门联系，并安排专门人员认真做好项目对接的相关工作。一是县三医院新增“造血科室”。根据医疗市场的变化和县三医院拓展业务的需要，县血防办审时度势抓住县三医院的发展机遇。经积极向上级主管部门申请，投入资金1200万元引进医疗设备，开设胸科门诊和口腔专科门诊，为县院突破发展瓶颈、提质增效增添“造血科室”。二是基层站站貌换新。为使下面干职工有一个温馨、漂亮的工作环境，安心扎根基层。按照“重点投入、有的放矢、成熟一站、建设一站”的思路，县血防办筹措资金80万元对2016年进行院内鱼塘、门楼改造的洞庭血防站实施住院部改造升级，一个全新的洞庭血防站在年内打造完成。三是血防项目争取全省第一。县血防办年内积极与省市对接，争取到的白泥湖许家台、青山岛上山村2个渔船民码头建设；居民厕所改造；交通船只、水上渔船民厕所改造等项目的资金近400万元。年底，上述几个项目在紧张的组织实施中。

【抓实综治重点】11月7日，湖北省血防办主任洪志华带领“湖区五省血吸虫病联防联控督促检查组”督导湘阴县血防工作开展情况。督查组一行深入到湘阴县鹤龙湖镇金星村、文星镇渔船码头、浩河血防站和血防专科医院实地现场查看居民改水改厕、以机代牛、沟渠硬化、渔船民厕所改造、网络实验室建设和晚期血吸虫病救助等“四大工程”建设情况，对湘阴县血防工作给予高度肯定。督查组认为湘阴县通过实施政府主导抓保障、部门联动抓治理、血防健教抓宣传、阻断源头抓管控、晚血救助抓服务五项举措，推进血防综合治理，基层站、院能力建设跨入省市一流行列的经验是切实可行、行之有效，建议在湖区其他省市推介湘阴县的做法。

【晚血免费救治】为民减负一直是社会各界，特别是广大人民群众普遍关注的热点问题，县血防办一直把晚血免费救治当作一项减轻群众负担的民生工程和实事工程来对待。年内收治住院的晚血病人有160人，为他们减免治疗费用150多万元。由于真心为民帮扶解困，融洽党群、干群关系，获得广大疫区群众的一致好评。

（阳旺华）

湘阴县血吸虫病防治工作办公室主要负责人名录

主　任　王　剑

副主任　杨　勇　易洪海（兼至7月）

钟立新　刘宏遐

科　技

【概况】湘阴县科学技术局（简称县科技局）内设办公室、科技计划股、高新技术发展与产业化股、农村和社会发展科技股。下设湘阴县地震办公室、湘阴县知识产权办公室、湘阴县科学技术情报所、湘阴县生产力促进中心。2017年，县科技局围绕县委、县政府“一二四”行动目标任务，以建设“左公故里，美好湘阴”为愿景，切实履行工作职能，大力发挥职能优势，加强廉政组织建设，服务于全县经济、社会发展大局，取得一定的成效。成功申报省、市科技项目8个，争取项目资金近1000万元；研究关键共性技术15项、开发新产品12个、建立生产线、示范点5个（条），转移转化成果30项，实现技术合同交易额3400万元；申报高新技术企业13家，专利申请239件，专利授权206件，发明专利申请量34件，发明专利授权量13件，有效发明专利总量195件，每万人口发明专利拥有量达到28件；组织企业与高校产学研对接12次，签订产学研战略合作协议10家；搭建科技创新平台5家，省级平台2家，市级平台1家；湖南省金为新材料公司获湖南省创新创业大赛三等奖，并且连续跻身全国行业总决赛。湘阴县成功获批“湖南省知识产权建设强县”。

【科技项目建设】一是项目申报。全年组织申报13个项目，8个项目获湖南省科技厅科技发展计划立项，技术创新引导计划2项，湖南省科技重大专项1项、重点研发计划3项，争取项目资金近1000万元。其中由湘阴县湖南福湘木业有限责任公司的“速生人工林绿色产业链循环增效关键技术创新与应用”项目获湖南省科技重大专项立项支持，三年将获得项目资金800万元。二是项目实施。组织实施科技计划项目10多项，由县科技局组织实施的湖南省科技成果转移转化示范县建设项目，通过一年的实施，研究关键共性技术15项，开发新产品12个；建立生产线、示范点5个，建立实验室或研究中心3个，科技创新服务机构7个，转移转化技术成果12个，技术交易额3400万元，科技成果登记11项；实现工业或农业总产值165亿元，销售收入164亿元，利润总额11亿元，新增产值18亿元，新增利税1.2亿元；培养科技创新人才14人，增加就业人数674人，培训技术人才401人；制定技术标准5项，申请及授权专利205人，发明专利23人，新增高新技术企业1个；开展中期评估2次。湘阴县超额完成合同约定的各项指标任务。三是项目储备。5月，组织干部到全县企业进行一个多月的摸底、调研，筛选出科技含量高、市场前景好的24个项目进入项目库，其中本土特色辣椒品种提纯复壮及绿色高效栽培技术、赤眼鳟苗种规模化繁育关键技术研究与示范等16个项目，列入下一年度申报计划。增强湘阴县科技项目申报的后劲。

【科技成果转化】县科技局以湖南省科技成果转移转化示范县建设项目实施为契机，取得丰硕成果。先后开展科技成果和技术合同交易登记、企业知识产权贯标培训等工作，开展专利维权执法，科技创新成果不断涌现。金为新材料、远大可建科技有限公司等企业进行幕墙、一种用于建筑结构的金属蜂窝板等30项技术成果的转移转化。湖南地生工业设备有限公司实现技术合同交易额3400万元。开展技术成果登记11项，其中湖南金为新材料的“防锈紧固型锌钢阳台护栏”等11件技术成果在省科技厅进行成果登记，远大可建“装配式钢结构体系建筑消防关键技术研究”获得公安部科技信息分局科技成果登记证书。金为新材料、远大可建、蓝天豚硅藻泥3家骨干企业参与行业和地方标准修制订5个，确定为湖南省地方标准修制定单位，其中福湘木业确定为林业行业标准《负离子功能人造板及其制品通用技术要求》的主要起草单位。湖南金为新材料科技有限公司是最大的成果产出大户，年内公司围绕特钢型材精密复杂制造技术开发，先后申报专利95件，其中发明专利45件，获得国家知识产权管理体系认证，其中“防锈紧固型锌钢阳台护栏”项目被住建部列为2017年全国建设行业科技成果推广项目。

【高新产业发展】2017年，组织湖南信达电梯车库制造有限公司、湖南省金为新材料科技有限公司、湖南利天旭日生态农业发展有限公司、湖南英思达电波科技有限公司等13家企业申报湖南省高新技术企业，13家（重新认定2家）企业全部获批高新技术企业，年底，全县高新技术企业达到25家，比2016年增加11家。

【知识产权工作】一是知识产权项目申报。2017年，为推进湘阴县知识产权强县建设，全面提升知识产权创造、运用、保护和管理水平，充分发挥知识产权促进经济发展的重要作用，经书面申报，材料审核、专家评审、公示等环节，湘阴县成功获批“湖南省知识产权建设强县单位”；6月，国家知识产权局考核验收组对湘阴湖南省金为新材料科技有限公司的国家知识产权示范企业和优势企业申报考核工作进行考核验收，成功贯标，获国家知识产权管理体系认证证书，是岳阳市第一家；为加强企业在专利成果应用转化，湘阴湖南省金为新材料科技有限公司、湖南福湘涂料化工有限公司两家企业申报2017年度“百项专利转化推进计划”重点专利技术转化项目，11月上旬完成验收。两家企业于8月与省知识产权局签订湖南省知识产权战略实施项目合同书，并争取项目资金20万元。二是专利申报。1—12月，湘阴县专利申请239件，专利授权206件，发明专利申请量34件，发明专利授权量13件，引进发明专利17件，有效发明专利总量195件，每万人口发明专利拥有量达到2.8件。三是专利执法。专利执法4次，检查商场、门店52家，登记专利标示商品160余件，查处假冒专利案件41件，立案41件，结案41件，查处专利侵权纠纷案件4件，立案4件、结案4件，结案率100%。四是举办知识产权培训6场。

【政产学研合作】一是同济大学技术转移中心湘阴县分中心签约入驻湘阴县高新区，这是湖南省第一批科技成果转移转化示范县建设单位落户的第一个省外高校技术转移中心。二是政校合作，同济大学、中南大学、长沙理工大学、湖南理工学院等19所高校、科研院所与湘阴县签订科技成果转移转化合作协议，湘阴县启动高校科技成果转移转化项目建设。三是校企合作更加实质深入。湖南农大、湖南农科院与湘阴县利天旭日生态农业发展有限公司、铁香茶叶、阳雀湖农业开发有限公司开展技术合作，先后为公司解决技术疑难问题3个，开发新产品2个，开展培训3次，产生很好的经济效益和社会效益。湖南省阳雀湖农业开发有限公司定为湖南农业大学实践研究基地，年内成功申报湖南省科技厅的“星创天地”。中南大学与湖南金为新材料科技有限公司开展技术合作并为企业解决技术攻关问题。

【科技平台构建】一是创建省级平台。协助指导湘阴县湖南省华康食品有限责任公司的“湖南省华康食品有限责任公司技术中心”获批湖南省企业技术中心，远大可建科技有限公司的“新型高效装配式钢结构建筑湖南省工程研究中心”获批湖南省工程研究中心。二是创建市级平台，依托湘阴县湖南省金为新材料科技有限公司组建的“岳阳市特钢型材工程技术研究中心”顺利通过由岳阳市科技局组织的专家评审。三是创建县级平台。在湘阴县高新区卓达金谷创业园建立湘阴县科技孵化中心，建设科技创新网。5月投入运营，引进7家科技服务机构开展相应科技服务，中心年内开展各类培训16次，各类签约、参观、调研等活动20余次，企业咨询260余次，解决企业技术攻关问题26个，解决知识产权纠纷6起。

【科技创新创业】一是创新环境更加优化。由县科技局牵头起草经县委、县政府审定发布《湘阴县域创新驱动发展行动方案》《湘阴县引进科技人才促进科技成果转化十条》。同时起草《湘阴县科技创新基金管理办法》《湘阴县科技创新发展规划》，待县委、县政府审定发布。通过一系列激励政策的实施，优化科技创新氛围，年内引进创新创业人才22名，其中博士3名。二是创新创业成绩斐然。2017年，湘阴县组织湖南省金为新材料、地生工业等多家公司参加第六届中国创新创业大赛（湖南赛区）暨第四届湖南省创新创业大赛，金为新材料公司获得湖南省创新创业大赛三等奖，并且连续两年跻身全国行业总决赛。

【防震减灾】一是创建省级农村民居地震安全示范工程（打造新泉镇西林港社区示范样板工程），年内通过省地震局验收。二是创建省级防震减灾科普示范学校。滨湖学校于6月通过验收。三是创建省级地震安全示范江东社区，9月通过验收。近三年地震工作一直为全省先进单位，2017年，由省市地震局推荐为全国先进单位。

（黄　建）

湘阴县科技局主要负责人名录

党组书记	陈国华（至7月）
	易宇锋（7月任）
局　　长	胡莎丽
副 局 长	刘戈文

文化·旅游

文化体育

【概况】湘阴县文化体育广播电视新闻出版局（简称县文广新局）履行全县文化、体育、新闻出版、版权的管理职能，内设办公室、群文股、群体股、青少年业余体校、体彩办等10个股室；局属单位有文化市场综合执法大队、文化馆、图书馆、湘阴大剧院4个二级机构（原电影公司进行企业改制）有干部职工163名，其中局机关在岗干职工57人。2017年，县文广新局干职工凝心聚力，真抓实干，开拓进取，取得可喜成绩。湘阴县获评全国群众性体育先进县；县文广新局获评全市文明单位；全县综合绩效考评一类单位，局党组获评全县党风廉政建设先进班子。

【加强制度建设】坚持新时期以习近平为核心的党的建设和文体事业发展方向，以“两学一做”活动为抓手，全力推进制度建设、作风建设和廉政建设，努力打造优秀班子干部队伍，为推动湘阴“文化强县”建设打下坚实基础。一是坚持民主决策，切实增强班子的凝聚力和战斗力。在重大事项决策上，局党组班子严格按照“集体领导、民主集中、个别酝酿、会议决定”的原则，淡化个人因素，保证集体决策、科学决策和民主决策，增强党组对全局的驾驭力。班子成员都自觉维护班子团结，班子合作共事、顾全大局，成为心往一处想，劲往一处使，团结战斗的集体，单位的社会形象和地位大幅提升。二是坚持厉行节约，着力推动班子廉政建设。局党组带头贯彻落实中央八项规定、省委九项规定、市委九项规定，严守廉政要求和相关纪律，自觉接受广大干部职工和社会各界监督。班子成员之间相互监督，杜绝干职工利用婚丧喜庆等各种名义收受礼金行为，确保班子集体和文体系统的清正廉洁。坚持厉行节约原则，严控“三公经费”，每一个班子成员都自觉遵守机关财务制度，自觉控制各项开支，机关的招待费用一直保持在较低水平。三是坚持制度管理，转变机关作风，努力打造高素质干部队伍。完善机关规章制度，制定《加强自身建设及工作运行规范》守则；坚持用制度管人管事，全局上下都按制度办事、按程序办事、按要求办事；完善竞争激励机制，对单位、股室和干职工实行目标管理，奖优罚劣，奖勤罚懒，努力调动干部工作的积极性和主动性；切实加强干部政治教育和业务学习，深入开展“两学一做”教育实践活动，着力解决党员干部队伍在思想、组织、作风、纪律等方面存在的问题，不断提高党员干部干事创业的能力和水平，努力打造一支想干事、能干事、干成事的干部队伍。特别是在7月重大洪水灾情期间，县文广新局派遣30名干部奔赴湘临片区、白水江参加防汛救灾，大家昼夜奋战、发挥党员模范先锋作用，为湘阴县夺取抗洪抢险的全面胜利发挥积极作用。

【改变文化民生】一是重点惠民工程扎实推进。按照“覆盖城乡、便捷高效、保基本、促公平”的要求，坚持重点突出、点面结合、统筹推进，引导村民自主建设综合性文化服务中心32处，新增文体设施公共面积3.45万平方米。郭嵩焘文化广场于9月开园，图书馆、体育馆移交管理，全县文化体育设施面积240万平方米，人均拥有公共文化体育设施面积3.52平方米。在此基础上，还专门成立全民健身指导中心机构，进一步完善服务体系管理。二是文化体育活动日益丰实。年内先后组织“湖湘文化进万家”文化志愿者进社区文艺演出活动、“湘阴县第二届文化活动周”活动、“欢乐潇湘·美好湘阴”大型群众文艺汇演等群众文艺活动13场次，举办“世界读书日”全民阅读、“左宗棠大讲坛”“文德讲堂”文化宣传展览等大型系列活动9场。积极参与2017中国湖南国际旅游节活动，高规格承办中国FHM（洋沙湖）国际摩托艇邀请赛和首届岳州窑国际文化艺术节。按照省市要求，完成全县公益电影放映4848场，送戏下乡80场，送图书下乡45070册，公共文化服务项目免费接待10万人次。组队参加湖南省青少年武术锦标赛、全国健美操联赛、全国皮划艇激流回旋锦标赛，均取得较好成绩。特别是篮球队参加岳阳市篮球联赛获得冠军，参加湖南省经济强县篮球联赛获得第七名。三是文艺创作工作喜报频传。2017年，《湘阴县文化》《湘阴县地方故事集》编发名家名篇60多篇，推介新人新作100多篇。县内作家潜心创作，精品力作不断涌现，萧萧、田宁、李娃、蒋娜、湛鹤霞、杜华等作家在省内外报刊杂志上相继发表小说、散文、故事、人物传记、随笔、杂文等作品20余篇。特别是《水牯子》是根据女作家湛鹤霞的原创故事《牛市真多事》改编而成的农村题材电影。4月29日，获得第50届美国休斯顿电影节金雷米奖。四是文化市场管理井然有序。组织开展教辅读物、音像制品、网络市场大检查，重点检查学校征订教辅读物情况、音像店销售非法音像制品、网吧接纳未成年人等行为；还组织开展为期1个月的网吧专项整治行动，针对城区及乡镇中、小学校周边网吧开展高频率、高密度的执法检查，查处22家网吧违法违规经营行为，为全面规范网吧市场秩序、净化社会文化环境打下坚实的基础。特别是与公安等部门侦办“9·29”非法出版物案，刑事拘留7人，查获非法印刷书刊近60万册，得到国家和省相关部门的充分肯定。五是体育彩票发展日新月异。2017年，采取多种方法和渠道，努力提升体彩销量业绩。新增体彩网点8个，升级改造网点3个；全年完成销售2亿多元。取得全市销量第一、全省第二的成绩。

（任　斌）

湘阴县文化体育广播电视新闻出版局主要负责人名录

局　长　钟志平
副局长　杨奇红　刘宇文（至7月）
　　　　　李文治（7月任）

广播电视

【概况】湘阴县广播电视台（简称县电视台）内设办公室、财计股、人事股、督查室、事业股、行政股、工会等7个部室，下辖湘阴电视台、湘阴人民广播电台和湘阴县数字电视网络公司，现有干职工360人，其中全额编制186人，差额编制和自收自支编制174人。电视台自办频道3个，转播中央电视台节目3套。2017年，湘阴电视台始终准确把握新闻宣传的正确导向，内外宣传同步推进，很好地贯彻县委、县政府的各项指示精神。

【新闻宣传】一是主题报道重点突出。以习近平48字宣传方针为指导，围绕县委、县政府的工作重心，针对“一二四”工程、对标对接、脱贫攻坚、从严治党、防汛抗灾、旅游业发展、中共十九大系列学习等深入展开主题宣传和重点报道，充分展示湘阴在推进全县经济社会发展所采取的重大举措、所取得的重要成就和所发生的巨大变化，舆论引导能力明显提高。特别是防汛抗灾的宣传工作，电视台全线出动、全天候工作、全方位报道，密集采写新闻300多篇，向省市中央发稿30多条，为鼓励全民抗洪、争取八方支援、夺取防汛的全面胜利发挥重要的作用。二是日常报道鲜活生动。认真贯彻“三贴近”，镜头对准基层、对准群众、对焦亮点和热点，加大民生新闻的报道力度，全面报道全县人民撸起袖子加油干、创造幸福美好生活的生动场面，展示湘阴县在美丽乡村建设、治陋习树新风、社会综治、生态文明等方面的喜人成绩，年新闻量超过3500条，营造良好的舆论氛围。三是专题专栏有声有色。年内，电视台在原有栏目的基础上陆续新开《湘阴故事》《政协委员三个一行动》《食品安全大家谈》《司法行政聚焦》《党的建设永远在路上》《安全生产在行动》《作风建设大看台》《治陋习树新风》《聚焦十九大》等电视专栏10多个，年度栏目30多个，为历年之最。栏目开辟关注热点，节目内容更加丰富，既正面重点报道全县上下的先进典型，弘扬主旋律，激发正能量；又敢于亮剑，报道反面典型，充分发挥新闻监督的作用，影响广泛深远，取得良好的宣传效果。全年就洋沙湖国际旅游节、湖鲜美食节、发票摇奖等活动现场直播15场次，尤其是《发票有喜》现场直播栏目的开辟，还在全县掀起一股购物索发票热潮。四是外宣创优力度空前。主动衔接上级媒体，加大向省市的上稿力度，全年被上级媒体采用播出的新闻220多条，并涌现如《贫困户摘帽底气从何而来》《亿元项目为百年古樟让路》《中国好人李立华——积小善成大爱》等30多篇优秀作品，很好的向外推介湘阴县的深刻发展和文明新风，有效地提升湘阴县的影响力、知名度和美誉度。2017年，湘阴县电视台又有10多篇稿件分别评为市优秀新闻作品一等奖、二等奖、三等奖，优稿得奖率位居全市各县第一，通联工作继续蝉联全市各县第一。

【事业建设】2017年，湘阴县电视台在事业建设取得较大成就的基础上，又加快传统媒体与新兴媒体的融合步伐，全力推进“互联网+”的发展速度。一是“互联网+手机”运行良好。智慧湘阴县手机台上线以来，不断完善内容建设，开通电视直播、电视点播、广播直播等服务功能，加强电视缴费和生活服务功能的建设，年内取得初步成效。2017年，为增创国家税收，拓展智慧湘阴县手机台注册用户，湘阴县电视台在全省首创发票摇奖电视专栏并现场直播，影响力非常大，各方反响非常好，县长更是寄予厚望，指示要重点推进、办成全省品牌。年内发票摇奖成功举办9期，每期发票录入金额持续攀升，累计录入发票36万多张、录入金额3.5亿多元，先后产生特等奖9个、一等奖9个、二等、三等、四等奖81个，场内场外奖等2000多个，累计发放奖金232万元，增创财政税收1200多万元，创造良好的社会效益和经济效益。二是“互联网+广播”村村响系统建成。投入资金1000万元的应急广播“村村响”系统经过两年时间的努力，年内基本建成村村有广播室、县域全覆盖、点对点控制的智能广播系统，极大的提高政府工作效率，方便群众，全年累计使用1万多次，受到各方好评。在2017年的防汛抗灾中，及时播报有关文件、通知、信息等3000多次，充分发挥广播系统无可比拟的优势。特别是成功应急指挥、疏散沙田垸群众28000余人，受到省市领导的高度肯定，省广电局局长朱建刚还积极表扬并在全省推广湘阴县广播“村村响”的建设经验。三是“互联网+数字电视”工作启动。初步建成长沙—湘阴县—岳阳的光纤骨干环网；全面完成城区光缆网线入地工程，完成光纤到社区、到楼栋、到用户等工作；网络双向改造取得进展；加大与省市网络的对接与整合力度，开通高清电视节目，开始搭建互联网业务平台，尝试上线视频点播、节目回放、互联网接入等增值业务试点。全县数字电视用户稳居全省各县第一。

【安全生产】2017年，湘阴电视台认真贯彻落实县委、县政府有关文件和会议精神，积极配合县社会治安综合治理、安全生产示范县创建等工作，始终紧绷安全这根弦，做到人防、物防与技防并重，做到责任上职责明确，导向上严格三审，技术上严密防范，设备上更新备份，节点上轮流值守，从而确保全年安全播出、安全维稳、安全保卫等工作无一疏漏。

【综合管理】一是班子和谐。本届班子是2008年组成的，至2017年，这届班子在10年的工作中，团结、务实、尽责、坚持原则、顾全大局。在工作中形成的共性意识、服从意识、战斗意识都非常强。二是管理规范。各项制度不断完善，机关管理不断加强，作风纪律不断好转，服务效率不断提升，电视荧屏不断净化，非生产性开支持续压缩，下降幅度与前五年相比在80%以上。特别是在党风廉政建设方面，认真落实党组的主体责任，做到五个“从严”：从严规范、从严要求、从严管理、从严监督、从严处罚。近五年全台没有一个违反党风廉政建设受到过党纪处分的，也没有一个触犯法律法规受到法律约束和制裁的，党风廉政建设工作受到县纪委的高度肯定。三是队伍优化。采取招考录岗、竞聘上岗、交流轮岗、培训换岗、跟班带岗、末位下岗、零底薪考核等多种方式提高干职工队伍素质，培养一大批政治强、作风正、业务精的广电人才。四是待遇提高。湘阴电视台纳入全口径财政预算单位行列，年度财政拨款近2000万元，干部职工基本福利进入财政兜底的笼子，五险一金单位缴纳部分超过全县平均水平。

（苏红亮）

湘阴县广播电视台主要负责人名录

台　长　殷　辉
副台长　任景云　刘毅安（至7月）

文物旅游

【概况】2017年，为进一步加快湘阴县全域旅游事业发展，加大对旅游工作的领导，全面推动国家全域旅游示范县创建，经县委常委会议和县编委会议研究同意，县编委于9月批准设立"湘阴县旅游发展委员会"。县文物旅游局作为其日常办事机构，其机构性质、机构规格、人员编制、领导职数和经费渠道按原定不变。湘阴县旅游发展委员会（县文物旅游局）内设办公室、财计股、旅游规划法制股、旅游行业管理股（加挂"安全股"牌子）、旅游产业发展股、旅游市场营销股、旅游信息中心、旅游执法大队、文物管理股（加挂"行政审批股"牌子）。下辖文物管理所、湘阴县博物馆、湘阴县岳州窑遗址博物馆、湘阴县左宗棠纪念馆。现有在岗干职工30人。2017年，县文旅局上下统一思想，积极进取，主动作为，切实履责，扎实推进文物旅游工作，取得一定成绩。

【创建全域旅游】一是加快编制规划。为进一步突出发展全域旅游，加强规划衔接对接，推进"多规合一"，做好顶层设计。通过比选方式确定北京绿维创景规划设计公司作为编制方，编制《湘阴县全域旅游发展规划》，并于4月7日、5月19日召开两次前期汇报会，规划初稿出台，10月底进行初审。二是加强全景建设。洋沙湖国际旅游度假区完成欢乐水世界、项目管理中心、渔窑小镇、五彩花田等一期工程的建设，并于6月16日开园。年内国际游艇俱乐部、养老中心、欧式滨湖度假小镇等二期工程项目也全面启动。同时，加快城乡提质，240国道项目9月20日全部完工，实现主线通车；投入3.2亿元升级改造洋沙湖大道和滨江南路，基本投入使用；全面完成芙蓉北路"穿衣带帽"工程，深入开展全域环境集中整治行动，城乡环境卫生大为改观，获评"国家卫生县城"。三是加大宣传推介。先后组织参加深圳第三届文旅产业大会、2017年湖南省第八届旅游商品博览会，通过展会展示湘阴县旅游龙头项目洋沙湖国际旅游度假区、湘阴县旅游线路、特色旅游商品，积极推介旅游资源，推进旅游项目招商。同时，与湖南卫视合作重新制作湘阴县旅游宣传片，为湘阴县全域旅游发展谋好势、起好篇。

【旅游宣传营销】利用大型活动促宣传，努力提高湘阴县旅游的知名度。2017年，全县先后举办第二届樟树港"辣椒节"、中国第十二届湘菜美食文化节、湘阴县首届"湖鲜美食节"等旅游节庆活动，特别是9月25日至26日，2017中国湖南国际旅游节开幕式在湘阴县成功举行，取得丰硕成果，获得各方赞誉。一是规格较高。这次旅游节开幕式由省旅发委、市人民政府主办，市旅游外事侨务办公室和湘阴县共同承办，全国政协常委、国际山地旅游联盟副主席、原国家旅游局局长邵琪伟，湖南省人民政府副省长何报翔，国家旅游局政策法规司司长周久才，湖南省旅游发展委员会主任陈献春，岳阳市委书记、市人大常委会主任胡忠雄，市委副书记、市政府市长刘和生等领导亲临现场出席活动。此外，还有各级领导嘉宾、外国友人、投资商等近1000余人及国内外40多家媒体参加，规模空前。二是亮点突出。本届旅游节以"锦绣潇湘·天下洞庭·水韵湘阴"为主题，先后推出湖南省旅游推介会、文艺演出、首届天下洞庭·滨水休闲旅游高峰会（论坛）、"洞庭揽胜—畅游青山岛"旅游项目招商考察、湖南精品旅游线路考察、中国FHM（洋沙湖）国际摩托艇邀请赛、首届岳州窑国际文化艺术节等七大主题活动。这些集山水景观、人文历史、运动休闲、学术交流于一体的系列活动，有特色、有创新、有突破，可谓好戏连台、精彩纷呈、惊喜丛生。三是成效显著。此次旅游节开幕式是湖南旅游节史上首次由县级政府承办的一次国际性大会，也是湘阴县旅游产业发展史上具有里程碑意义的一次综合性盛会。此次旅游节开幕式的成功举办，有效提升对外形象。通过节庆造势和推介，湘阴作为长株潭城市群湖湘文化游和生态休闲游旅游目的地的知名度、美誉度进一步提高。国庆期间，旅游市场异常红火，出现一个床位、一个车位、一张餐桌、一条游船难求的场面。

【重点项目建设】一是帮扶旅游重点项目。县文旅局将帮扶旅游重点项目纳入重要工作日程，全力支持洋沙湖国际旅游度假区6月16日开园营业，为进一步推介宣传洋沙湖这一龙头旅游项目，通过积极争取，2017中国湖南国际节开幕式在洋沙湖举办，进一步提升其影响力；郭嵩焘广场户外工程于9月全面完工，并对外开放；着力推进现代农业发展和文化旅游的紧密融合，将美丽乡村金龙示范片作为湘阴县全域旅游的一个重要节点，重点打造凯佳生态、燎原水库垂钓基地，支持发展农村餐饮、农家乐和综合度假山庄；锦逸农庄完成整体房建工程、整体装修工程、户外拓展、娱乐设施设备工程等设施的建设，并申报湖南省五星级乡村旅游区（点）。二是深入推进“一二四”行动。2017年，县文旅局以“一二四”行动为抓手，大力推进旅游项目招商引资工作。先后与长沙兴旺集团、中惠旅、御金龙、东方园林等旅游企业进行项目对接16次，邀请中旅集团、恒大集团、深圳笔克集团、中惠旅、中体飞行、新华联集团、广州御金龙集团、康辉旅游小镇等有投资开发意向的企业到湘阴县实地考察。7月在长沙举办的湘阴县（高新区）招商推介会上，完成艾美五星级酒店、地中海俱乐部、麦咭儿童乐园、伐木哩通话小镇等旅游项目的签约，与中惠旅就景点托管经营达成意向性协议。三是开展精准扶贫工作。2017年，县文旅局联点漕溪港街道办事处湘园新村，安排一名一书记长期驻扎该村，结合大走访工作，局党组及干职工先后多次赴湘园新村实地调研，了解情况，为该村扶贫工作的开展献计献策，与12户贫困户进行结对帮扶，为贫困户送去近2万元的慰问资金和物资。此外，县文旅局在经费困难的情况下，投入扶贫资金8万元，积极支持湘园新村新农村建设，在防汛期间，支持该村防汛资金5万元。

【旅游行业管理】一是积极申报旅游项目。2017年，向省旅游局申请左宗棠系列景区建设、湘阴县微商中草药健康养生旅游基地建设项目资金；同时，将洋沙湖渔窑小镇、樟树古镇申报全省湖湘文化特色风情小镇；帮助指导锦逸农庄申报湖南省五星级乡村旅游区（点），鹅形山村湘满园农庄申报湖南省三星级旅游区点，促推全县旅游行业提质升级。二是加强旅游安全检查。县文旅局常抓旅游安全工作，重点抓好旅游行业、景点景区安全生产工作，先后出动检查次数63次、人数10余人次，检查旅游行业30余家（个）宾馆、景点、旅行社、农家乐，对旅游企业安全生产目标责任制进行考核，并逐一签订安全生产责任状，确保不发生一起安全生产责任事故。在2017年的安全生产迎国检工作和安全生产大检查中，县文旅局安全生产工作落实得较好，资料完整，受到县安委会的好评。三是推动旅游扶贫工作。根据《湘阴县旅游行业扶贫五年工作规划》和《湘阴县2017年旅游行业扶贫工作计划》的工作要求，县文旅局积极通过旅游项目扶持的形式，对旅游资源丰富、乡村旅游发展潜力巨大的青山岛青草湖村和玉华镇鹅形山村进行结对帮扶，帮助贫困户增强致富意识。年内就鹅形山村竹篾制品的包装和开发提出思路。同时，指导鹅形山村湘满园农庄申报湖南省三星级旅游区点，相关的资料整理工作基本完成。

【重点文物单位保护】一是积极申报文物项目。完成全国重点文物保护单位湘阴文庙修缮立项报告，得到国家文物局批复同意，年内完成编制湘阴文庙维修方案，在积极申请国家专项补助资金，待资金下达后即可立即按程序实施修缮；湘阴文庙防雷工程方案也通过国家文物局审批，于10月下拨防雷资金200万元。二是收回文物景点经营权。全面清退湘阴文庙、远浦楼、岳州窑遗址博物馆的门面经营户，将三处景点的经营权予以收回。同时，对岳州窑遗址博物馆、左宗棠纪念馆、左文襄公祠和远浦楼等景点进行提质改造、完善展陈，全面提升湘阴县文化旅游景点品质。三是编制文物保护规划。为切实加大对全县文物保护单位的管理，有效保护和利用文物资源，编制《湘阴县十三五文物保护规划》，同时制定湘阴文庙、岳州窑遗址博物馆、左宗棠纪念馆、左文襄公祠和远浦楼等景点提质改造工程方案。

【全域旅游产业发展】2017年，湘阴县旅游事业发展迅速，各项旅游数据均大幅增长。据不完全统计，年内，全县接待游客总数485万人次，实现旅游总收入54.6亿元，较2016年同期分别增长26%和29%。特别是旅游节召开后，国庆中秋两节期间县内旅游市场持续红火，全县各旅游景点接待游客115.6万人次，实现旅游收入6.94亿元，同比分别增长32%和35%。旅游节开幕式承办地洋沙湖国际旅游度假区得到众多游客青睐，10月1日至6日，该景区接待游客4.55万人次，其中10月2日最大单日接待量1.46万人次，10月6日该景区3家客栈320间房528个床位，入住率93.4%；景区中心地上停车场5000个车位全部停满，人气旺盛。另外，“三湘蟹都”鹤龙湖日均食客游客不下万人，青山岛每天也有数百人沙滩露营，左宗棠文化园、柳庄和鹅形山等景区同样游客不断。旅游产业为湘阴县带来显著的经济效益、生态效益、社会效益，逐步成为带动能力强、综合效益好、发展后劲足的支柱产业。

（石　宪）

湘阴县旅游发展委员会（县文物旅游局）主要负责人名录

主　任　焦洪桥

副主任　刘　鳌　杨建煌　刘应斌（4月任）

图书发行

【概况】新华书店湘阴公司内设综合管理部、资产财务部、图书业务部、教材发行部。有在职干职工34人。2017年，湘阴县新华书店始终坚持以经营为中心，解放思想，开拓创新，拼搏进取，扎实苦干，努力开拓图书发行事业。特别是以市公司产业发展大会精神为指导，提高思想认识，转变思想观念，围绕“夯实基础、创新转型、稳中求进、持续发展”的这一工作思路为目标。在公司全体干部员工的共同努力下，取得一些成绩。

【转变发行模式】面对新形势下主营业务开展，上半年，继续加强巩固征订与发行模式，政策内的一教一辅由教育局选定做到订齐订足，不留死角。市场类教辅继续采取分片包干，责任到人，一个学校、一个片区的上门做工作，不但实现深入到校，甚至做到深入到人，用愚公移山的精神，完成市场类教辅销售码洋630万元。在服务理念上，进一步加强服务意识、提高服务水平、优化服务质量，全心全意为学校、为师生服务；在业务管理上，加强发行管理工作，提高业务素质，提高工作效率，发现问题及时处理，并做好细节工作，维护好教材教辅市场发行秩序，巩固主营业务的话语权和主导地位。上半年，教材教辅完成销售2226万元。秋季教辅发行由于受五限政策的影响，使得市场类教辅推进寸步难行，虽然在一教一辅的征订上做到全额订齐订足，但是由于市场类教辅的所有品种叫停，使得销售码洋也急度减少。受政策的影响，2017年秋季，教材教辅销售码洋比2016年同期减少870万元。因为湘阴县新华书店一直以来提倡的优质服务和加强店校关系，在教育系统开展的教辅发行整顿自查自纠中，积极配合教育局做好学校解释工作，使清理整治工作平稳过渡，虽然在教辅销售上有所减产，但确保一方平安，保证市场稳定，在2018年春季教辅征订会上，湘阴县新华书店如期全额拿回全部订单。

【丰富营销手段】2017年，湘阴县新华书店在一般图书销售上注重加强营销模式，抢抓节假日有力时机，集中促销，先后以新华书店成立80周年、全民阅读、书香七进和迎国庆千人大营销等活动为契机，精心组织策划，开展一系列形式多样的促销活动，一是在店堂开设学生用书预订服务专台，陈列样书和学习用书市场调查表，采取预订奖励措施，开展学生用书预订活动。二是成立服务小分队，员工分片包干，开展进机关、社区、广场等大摆摊活动20余场次，在提高销售的同时，也丰富市民的精神文化生活，发挥新华书店精神文明示范窗口的作用。三是加强线上宣传，利用阅达书城和微信公众号，采取发展会员的形式向读者提供第二卖场，通过宣传发动，年内阅达书城会员达到2000余人。在加强营销手段的同时，对政治书的发行也是毫不松懈，全年，在发行“全面从严治党面对面”和中共的十九大政治书籍上，依托县委宣传部文件，抽调精干人员成立发行小组，采取上门征订、送书到户的服务形式，受到热烈反响，尤其是中共十九大政治书发行工作，在短短一周的时间里全县都发送到位，超额完成市公司下达的任务指标。在农家书屋图书配送工作方面，主动与县文体广新局领导取得联系，制定配送方案，确定配送车辆与人员，在规定的时间范围内对全县合并之后的215家农家书屋进行点对点配送服务，在配送过程中，湘阴县新华书店注重配送人员的礼貌用语，帮助管理员对各品种书籍进行归类，给各乡镇文化站长和县文体广新局留下良好的印象，为来年的农家书屋自主招投打下坚实的基础。在幼儿教材发行上，主动与教育局幼教股协调沟通，得到他们的大力支持，密切和幼儿园联系，了解招生人数及所需品种，同进也加大宣传力度，幼儿教材必须通过新华书店渠道统一发行，使得幼儿园对教材征订更加重视，2017年，幼儿教材销售比2016年同期增长10万元。

【电子联营销售】2017年，湘阴县新华书店重视文化用品销售，在销售上注重创新理念，采取很多措施，一是通过重新设计，在卖场为电子联营专柜提供更优越的环境，通过两季的教科书发行，在课本中夹带电子产品宣传单，达到推广的目的，全年电子产品销售比2016年同期增长11万元。二是为使手机联营公司在当地更好的发展，湘阴县新华书店除为他们提供优质的卖场外，还发动全公司员工支持他们的经营，年初经理室制定一系列政策，公司内部员工只要到手机联营点买手机、交话费不但纳入到个人推销任务还给予奖励。这一举措，使得联营户感受到书店的温暖和支撑。全年手机联营为书店增加销售比2016年同期增长100万元。三是继续抓住招投标市场，湘阴县的招投标通过几年的摸索，逐渐成熟，公司充分注重招投标市场的培育和进一步拓展，时刻关注市场动态，积极主动地开展工作。年内通过招投标实现销售1840万元。文化用品版块完成销售2224.9万元。

【加强内控管理】在抓好经营工作的同时，持续推进内部管理的规范化、科学化和高效化。一是加强制度管理，坚决执行上级公司制定《差旅费管理办法》《折扣管理办法》《直发代理业务管理办法》等规章制度，加强企业内部管控。二是加强财务管理，在节约成本方面下功夫。严格控制门店的让利，完善折扣让利的报批手续，门店让利由之前的值班店长审批归口于图书业务部长；提高各类资产使用效率，延长资产使用年限，压低修理费支出，在业务招待费上实行现金买单，对办公费由综合部归口管理等，费用控制从大处着眼，小处着手，不该花的钱一律不得花，把钱花在刀刃上，重大开支实行领导班子集体研究，增加费用开支的透明度，形成有效的监督、约束机制。三是加强资金管控，在抓销售业绩的同时，清欠一直是湘阴县新华书店非常重视的一项工作，关系到资金周转及资金的安全性。年内公司在应收账款上加强管理，专门成立“应收账款清理小组”，负责清欠工作的组织领导、清欠方案的制定、实施和内外协调等工作。对当期的新款和老欠分别制定具体的清收办法，使清欠工作有计划、有方法、有步骤的实施。全年新款以及2008年以前老欠款全部收回，新款回笼率100%，圆满地完成上级下达的清欠任务。四是加强综合治理，积极响应县委中心工作的开展，确保精准扶贫、综治民调、安全生产、计划生育等一系列工作达标合格，在驻县单位中受到好评。五是加强基础建设，在仓储建设方面，积极联系县委各主要部门和领导，在县工业园内完成仓储选址和报建工作。同时，中心门店全面升级改造工程也正式启动，12月通过省公司审计部、工程部和市公司纪检监察部共同对施工方的竞争性谈判，主体装修基本完成。

（米　沙）

新华书店湘阴公司主要负责人名录

经　理　欧四平
副经理　余庆九

工业园区

【概况】湘阴县工业园区创办于2003年4月，2006年6月经国家四部委审核、省政府批准为省级工业园区，是首批湖南省电子信息产业示范基地和两型园区建设示范园区。工业园区管理机构为湘阴县工业园区管理委员会（简称工业园区管委会），其内设与下设机构有工程建设办、征地拆迁办、综合办公室、招商服务局、企业服务中心、建设国土规划分局、财税分局、信访办、人力资源部、安监站、创卫办、派出所。2017年，工业园区围绕县委、县政府确定的“对标对接、融长发展”工作目标，高举“强园兴工、以工兴县”的旗帜，园区一班人发扬“抓铁有痕、踏石留印”的工作作风，以园区大会战为抓手，认真谋思路，全力解难题，合力求发展，园区经济和各项社会事业取得长足发展。

【项目建设】2017年，按照年初工作目标和项目建设“百日攻坚”行动的具体要求，园区上下高度重视，把项目建设作为工作的重中之重，认真扎实开展“项目攻坚年”活动，坚持一个一个问题解决，一个一个难点攻破，及时研究解决项目建设中存在的突出问题。自项目建设百日攻坚行动开展以来，园区将负责干部分配到重点项目，将任务层层分解，责任层层压实，对每个项目责任包干到人，对存在的问题对症施策，确保项目按既定时间节点顺利推进，实行一周一调度，一月一讲评，形成领导靠前指挥、高位推动的良好工作格局。年内项目建设各项工作稳步推进，蓝天豚硅藻泥、华鑫恒达、百尔泰克等12个项目建成投产；国网电力、丰硕科技、华伟汽车模型、建华建材二期、兴业太阳能、世杰铭涛等17个项目在加速推进；华伟汽车模型、世杰铭涛等项目征地完成，并完成绝大部分拆迁工作，项目大会战取得明显实效。

【基础设施建设】2017年，园区立足于“高起点规划、高标准建设、高效能管理”的指导思想，从水、电、路、管网等基础设施建设入手，营造良好的发展硬环境。一是强力推进园区道路建设。配合县城建投完成洋沙湖大道提质改造，文襄路在加班加点建设，利用棚户区改造契机，全面完成长岭西路、曙光路的前期准备工作。燎原路、安康路完成初步设计。二是强力推进电网建设。完成袁泉线的110千伏高压线路的设计方案及预算财评。通过与县电力局对接，远大输变电工程建设选定岳阳市电力设计院为设计公司，启动初步设计及施工图设计，完成规划红线圈定和地质勘探，并积极与远大协调，争取远大总公司同步推进专电建设有关事项，力争年内完成工程建设。三是配套建设全面启动。基本完成许家垅安置小区第五排的道路硬化、下水管道安装和城南村电网项目南侧的抗旱管道安装，安置房二期在年底竣工；集中安置房三期、再葬基地二期完成规划选址；园区第二污水处理厂提标改造工程顺利推进，立足于早、着眼于快，通过精心安排，严密组织。截至12月底，完成第二污水处理厂提标的整体设计，技改升级方案评审，招投标核准等相关工作。多次与首创水务公司沟通、协商合作方案，前期报批工作基本完成。第三污水处理厂及配套设施PPP项目签订咨询服务合同并进场开展工作。四是推动智慧园区建设。成立高新区科技孵化中心，在筹备建设园区网络平台和数据中心。

【破解融资难题】由于基础设施建设全面铺开，征地拆迁进展较快，资金短缺一直是制约园区发展的瓶颈。2017年，园区结合园区工作实际，注重基础夯实，多点发力，在突破融资瓶颈上，积极争取、多方协调，取得明显成效。截至12月底，投资公司实现融资3.25亿元，并与农发行、华融湘江银行、湖南金交中心、湖南交通担保公司、天风证券公司等多家银行及金融机构洽谈达成合作意向。既创新思路加强平台公司建设，逐步提升投资公司市场化运作能力，又拓宽融资渠道，规范资产管理，提升融资能力，为园区运转提供资金保障。园区安排500万元存入建行设立担保基金，采取“助融贷”方式，帮助有潜力的企业进行融资。同时加快征地拆迁、土地报批，年内征收土地126.67公顷，拆迁房屋132栋，清点补偿青苗55.67公顷，迁移坟墓2000余座，批回60多公顷，融资难、落地难等问题得到较大破解。

【招大引强】2017年，在招商引资上，园区高举招商大旗，敞开引资大门，出台促进招商引资和鼓励总部经济发展等一系列政策措施，建立职能和利益匹配的全新招商机制，大力开展领导敲门招商、专业精准招商、商会节会招商，园区主要领导先后10多次带队赴北京、上海、广东和深圳等地对接大企业，招引好项目。2017年，先后接待客商300余人，成功签约可孚医疗器械、远大环保新材料、元亨二期、中民筑友、建华建材二期等优质项目31个，协议引资41.45亿元。其中可孚智慧医疗项目投资6亿元、兴业太阳能光伏发电和琴海数码科技2个项目投资过5亿元。特别是7月19日在长沙成功举办高新区招商推介会，签约产业项目24个，合同引资75亿元，为园区增添一批工业劲旅和新军。

【平安创建】平安是发展的基础。2017年，园区坚持以“创建和谐平安园区”为己任，认真履行综治工作职责，及时解决园区建设过程中存在的突出问题，有效化解各方矛盾，深化园区平安创建工作。一是加强制度建设。认真做好信访工作，倾听各界的呼声，扎实为群众办实事办好事，凡是到单位上访的群众，园区都认真做好接待工作，能够解决的问题矛盾，尽力在单位化小、化无，不能在单位解决的问题，努力协调有关单位解决。严格按照“来访有记录、来信有答复、处理有反馈”的工作要求，建立园区班子成员轮流接访处访制度，认真接待和办理群众来访或上级要求及时处理的信访件。全年累积排查及调处征地拆迁方面问题25个、工程建设方面问题13个，民生实事方面不稳定因素36起，环保方面不稳定因素5起，劳资纠纷方面不稳定因素8起，接待群众来访83次289人，办结上级转交来信来访12件，办结率、回复率100%，全年无群体性上访、无越级上访、无重大信访事件发生。二是加大宣传力度。开展多种形式的宣传活动，向企业和群众发放社会管理综合治理、致全县人民一封信、综治民调知识问卷等宣传资料3000余份。印制宣传标语36张，张贴横幅24条，制作宣传栏3个。通过宣传与活动相结合，增强园区群众和企业老板的安全意识。三是坚持打防并举。本着“以事实为依据、以法律为准绳”的原则，采取多种形式依法打击强行阻工、聚众闹事、偷盗赌博、吸毒贩毒等不法行为，为园区的稳定打下良好基础。园区派出所全年接处警136起，受理刑事案件20起，行政案件26起，刑事拘留8人，取保候审2人，移送起诉3人，行政拘留20人，抓获吸毒人员13人，强戒6人，有力地维护园区稳定。

【综合治理】一是抓安全生产。扎实开展安全生产大排查大整治活动，进一步落实企业安全生产主体责任，不断完善企业安全生产标准化建设，补齐安全生产内务资料短板，制订《关于开展工业园区安全生产“大检查、大整治”专项行动》方案，检查企业83家，排查出一般安全隐患191条，条条得到整改落实。在危险区域或路段制作安全警示牌15块，并与43家企业建立一企一档的安全管理制度，签订安全生产责任书。同时，对涉及粉尘爆炸危险场所的正湘木业下发责令整改文书，对存有安全隐患的大金钢、金港混凝土、惠泽金属、鸿昌热能等下发责令整改文书，并按要求对其进行复查，填写复查整改意见书。10月，园区斯派克企业接受全国安全生产工作大检查，没有出现半点问题，工作得到上级领导的充分肯定。二是抓环保治理。成立环保站，充实力量，加大投入，配齐装备，认真整改落实中央环保督察组交办的问题整改清单，加强入园项目管理，加速推进第二污水处理厂污水收集管网建设，加速其提标改造进程，对园区重点企业安装在线监控并实现联网。联合县直相关部门开展经常性的排查，对违规排放企业进行联合执法，并立案处罚，企业环保意识显著增强。三是依法取缔“地条钢”企业。4月18日，省经信委组织专家对园区鑫光新材料公司进行实地检查、检测，认定该公司为“地条钢”问题企业，必须坚决落实“四个彻底拆除”。根据4月25日县长办公会议纪要精神，园区立即制订工作方案，明确由园区一名副主任牵头，从当日开始，每天安排4名干部到企业，协助工信局、发改局、环保局、质监局等部门，按照“四个彻底拆除”的要求，督促湖南鑫光新材料科技有限公司对8个中频炉、7台变压器、4个除尘罩，轧钢部机械设备、操作平台及轨道等设备全部彻底拆除到位，7个变压器连接部全部拆除并进行封存，配合相关职能部门对该公司擅自恢复安装的所有设备予以拆除并当场销毁，对该公司生产厂房和设备、库存产品进行全面封存，配合联合调查组，对该公司擅自恢复部分设备的问题进行全面调查，依法依规对该公司进行顶格处罚。园区严格按照中央和省市要求，以最坚决的态度、最有力的举措、最严密的监管，抓紧抓实抓好问题彻底整改，并且举一反三、全面排查，确保整治的“地条钢”问题企业不反弹，园区范围内不出现“地条钢”生产销售企业，确保党中央、国务院和省市的决策部署有力有效落实到位。

（彭拥军）

湘阴县工业园区管理委员会主要负责人名录

党组书记 庞国荣
副 主 任 杨　海（7月任）　肖　超
黄新局　黄光辉
吴铁坚（至7月）
刘　伟（至11月）
胡晓香（7月任、挂职一年）

金龙新区

【概况】湘阴县金龙新区位于金龙镇，具有十分优越的区位、交通和资源优势。新区距长沙和湘阴县城均在18千米左右，是长株潭经济圈和洞庭湖经济圈的交汇中心区；长株潭城市群物资出港的两大重要港口霞凝（长沙）、漕溪（湘阴）两港分列园区南北；芙蓉北路、界樟机场高速穿区而过，京珠复线、岳长城际轻轨环区绕行，具备建设滨湖示范区物流中心的交通条件。新区远期规划20平方千米，以芙蓉大道湘阴县段为纵向中轴线，东部为商贸开发区和休闲旅游度假区，西部为新型工业区，工业区由绿色农业观光带分成南北两个区。南、北工业区产业定位分别为先进机械制造、新材料制造和绿色智能制造产业。2017年，金龙新区认真对标对接长沙，以“一二四”行动为指针，牢牢把握“项目建设”主题，落实县委、县政府的工作要求，开启各项工作新局面。全年投入建园资金3亿元；征收土地78公顷，储备土地13.33公顷，拆迁房屋60余栋；引进项目16个，建成并投产项目7个；起步区内水、电、路网主干道（线）基本建成，安置房二期年内竣工，园区发展基础进一步夯实。

【规划设计有序实施】按县政府工作安排，金龙新区、县规划局在年初与新加坡裕廊公司签订湘阴县高新区规划设计合同后，金龙新区及时跟进，积极协调。年内完成总体规划、产业规划的送审，并完成评审并形成总规和产业专项规划。

【推进征地拆迁】2017年，按照“在保证入园项目和基础设施建设用地正常供应的基础上，常态预备储备用地”的工作目标，园区、镇、村配合开展征地拆迁工作，年内完成征地78公顷，拆迁房屋61户，“百日攻坚”期内计划再征地73.33公顷，拆迁房屋130栋，年底，按计划进度稳步推进。

【启动配套建设】安置房二期、文襄路加班加点建设，年底基本竣工；集中安置房三期、再葬基地二期完成规划选址；污水处理厂及配套设施PPP项目签订咨询服务合同并进场开展工作，其中污水处理厂完成规划选址、环评、可研、能评及立项，南片排水涵工程完成规划选址和施工设计，南干渠工程按照项目建设需要完成50%的工程量，燎原路、安康路完成初步设计，生活污水处理设施年底建成并投入运营。

【招商引资】对照高新区产业规划，高标准着眼、高规格谋划全年招商引资工作，在创新思路上寻出路、在转变观念上觅商机，开启招商引资工作新局面。公开招聘的专业招商队伍“专”起来，由“等客上门”转为“敲门问客”，通过“引老乡、建家乡”活动，扩大招商范围；通过与行业协会和各地商会的紧密联系，拓展招商触角；通过驻守长沙市（专人驻守长沙各大经开区和工业集中区）筛选各转移企业和规模扩张企业，找准招商重点。全年签约项目16个，其中工业地产项目1个（卓达金谷创新园）、医疗器械产业园项目1个（可孚智能医疗产业园）、智能制造项目2个（三联晟、琴海数码）、新材料项目1个（鑫源新材料）及11个工业地产项目，其中亿元项目5个（可孚智能医疗产业园、卓达金谷创新园、鑫源新材料、琴海数码、一诺集团），协议引资20亿元。在洽谈项目8个（汇一制药、大亚输配电设备、创然铝塑、金海新材料、鑫海新材、国耀科技、诺诚光伏、长沙北全球商品交易中心）。

【项目建设】2017年，金龙新区牢牢抓住项目建设这个“牛鼻子”，全面落实三项举措：一是成立专门班子助力征地拆迁、快速平整土地；二是成立专门班子落实“绿色通道”，快速办理项目手续；三是镇、村、园区协同发力优化施工环境，统筹推进项目进度，各项目按年初计划有序推进。全年安排开工建设项目14个（五季丰生物科技、威邦新材料、同源食品、可盟新材料、金高电力，卓达金谷创新园、易净环保、中科孚迪科技、斯笛儿展览、可孚智能医疗产业园、鑫源新材料、琴海数码、金锥电力、威旭科技）。年内新增投产项目7个（五季丰生物科技、威邦新材料、同源食品、易净环保、可孚智能轮椅项目、中科孚迪、恒德科技）。年底以产业园区“百日攻坚”大会战为契机，奋力奋战年底冲刺，对每个项目责任包干到人，对时间节点倒排到周，对存在的问题对症施策，确保项目按既定时间节点顺利推进。

【拓展融资渠道】2017年，融资渠道进一步拓展，通过路网工程向国开行申请政策性贷款30000万元，对污水处理厂及管网配套工程按PPP模式运作，在积极筹建债权基金和股权基金，资金保障进一步提级。

【安全环保监管】安全生产责任重于泰山，保护环境是红线和底线。2017年，金龙新区加强安全生产和环境保护工作的管理和监督，一是认真落实责任。安全生产认真履行“管行业必须管安全、管生产必须管安全”的两个责任；环境保护牢牢把握“环评先行、环保优先”原则。二是调整配备安监站、环监站人员；三是党组高度重视安全生产和环境保护的检查和监管，依法督促落实安全隐患、环保突出问题的整改，全年新区没有发生一起安全责任事故和环保事件，继续保持安全生产、生产安全、环境优良的良好局面。

【党建工作】金龙新区认真贯彻落实中共十八届五中、六中全会及十九大精神，通过“两学一做”教育活动常态化，开创党的组织建设和廉政建设工作新局面。一是夯实基础。按照上级党组织关于非公有制企业党建工作要求，重点对福湘木业、宏耀灯饰两个非公有制企业加强党支部建设的指导，新组建众钧、卓达两个党支部，下派8名党建指导员、联络员，做好全面从严治党向基层延伸的组织保障。二是抓实学习。严格按照“两学一做”的工作要求抓学习，全年组织集中学习和专题讨论18次，其中党组书记、党支部书记上党课2次，专题学习中共十九大精神7次；召开专题民主生活会和党支部组织生活会各1次。三是落实责任。党组始终坚持把“两个责任”的落实作为一项政治任务摆在重要位置，在“一把手”负总责的基础上，形成主要领导亲自抓、直接责任人具体抓的一级抓一级，层层抓落实的工作机制，使党风廉政建设与队伍建设、岗位目标管理有机结合，扎实做到“一岗双责”“两个责任”的落实到位。

（石尚武）

金龙新区管理委员会主要负责人名录

书　记　廖小虎
主　任　聂晏斌
副主任　欧阳凯辉　聂　辉（至7月）
　　　　顾应龙（至5月）

湄溪港临港产业新区

【概况】湘阴县湄溪港临港产业新区（简称临港新区）是根据2015年岳阳市委编制委员会办公室《关于同意设立湘阴县湄溪港临港产业新区管理委员会的批复》、经县人民政府批准、于2016年3月新成立的。临港新区是湘阴县高新技术产业开发区三大片区之一，位于县城西北部，总面积455平方千米，规划范围东至太傅路，南抵新世纪大道，西临湘江岸线，北靠规划中的平益公路。区内引进有远大可建、建华建材、仕达纺织、湘韵碎石、漕溪港码头、漕溪港物流园等优质企业。临港新区管委会为正科级事业机构，隶属湘阴县人民政府管理。临港新区管委会内设机构有综合管理部（加挂“信访办公室”牌子）、建设开发部、征地拆迁部、招商经营部、财政金融部、港口管理部。机关核定专项编制24名。2017年，临港新区全体干职工同心协力，认真贯彻落实县委、县政府各项决策部署，围绕年度工作目标任务，坚持以项目建设为核心，以绩效考核为抓手，以优化环境和加强服务为保障，转变工作作风，加强工作责任，全力以赴抓好新区建设和发展的各项工作。

【征地拆迁】2017年，新区在项目用地急、完成时限紧的情况下，采取“大征拆”的形式，成立三个工作组同步推进建华二期拆迁、陈家园地块拆迁和漕溪港湖面征收工作，主要领导亲自抓项目，制定工期倒排与奖励挂钩、责任包干与同台竞技、乡镇主体与工作协同、每周调度与考核讲评4个机制，开展“百日攻坚”行动，按照“先易后难、典型带动”的原则确定项目方案，为后段拆迁快速有序推进夯实良好的基础。一是临港棚户区改造项目。临港棚改项目涉及漕溪港水环境（黑臭水）综合治理项目、建华二期、中民筑友、物流园建设、长岭西路及曙光路拉通等6个工程项目建设，拆迁835户。年内完成黑臭湖北湖8.67公顷的湖面及旱土征收工作（黑臭湖14.65公顷，涉及长岭、先锋7个组长达30年的土地权属纠纷）；完成漕溪港纸厂2栋集体宿舍土地测量及房屋测绘工作，并形成全体职工认可的征拆补偿及安置方案；利用国庆假期，基本完成建华二期和陈家园地块139户数据汇总及评估，并对中民筑友地块上17栋拆迁房屋上户进行入户调查和数据采集工作，在11月底全面完成征地拆迁工作。二是建华建材二期项目。完成建华二期7.73公顷土地征收及青苗补偿工作；完成所有106户拆迁户数据采集、资料汇总和房产评估工作，并确定20户拆迁户引领带动，循序完善后迅速掀起拆迁高潮，年底前基本完成拆迁任务。三是漕溪港水环境（黑臭水）综合治理项目。该项目采取EPC模式先期启动湘江流域湘阴县段水环境综合治理部分清淤工程及长岭小区基础设施建设管网工程，于10月11日与中标人签订施工建设合同，湖大研究设计院和湘阴县水利设计院正加速进行整体项目初步设计和施工图设计。

【港口建设】按照“四大会战”工作部署安排，新区以港口可持续发展为目标，以高效服务、规范管理为重点，大力推进港口码头建设。一是稳步推进漕溪港码头建设。年内，码头二期工程累计完成投资6280万元，140根水下桩基全部完成，土方工程完成近10万立方米，一、二结构段全面完成；三、四结构段泊位平台装模基本完成，并启动部分陆域工程建设，年底完成2个泊位平台前沿主体工程建设，基本保障过往船舶正常停靠。二是精心筹划虞公港建设。年内湖南物流职业技术学院已做水运物流专题调研咨询，并形成湘阴县港建设发展规划咨询报告。同时，主动对接国家交通部规划设计院对（岳阳港）整体规划进行修编，还聘请新加坡裕廊公司对虞公港前期规划进行编制，年底开始启动前期工作，并多次接待省市领导和专家的考察调研。

【招商引资】2017年，在招商引资上，紧紧抓住“对标对接长沙”的有力契机，大力承接产业转移，确保引进项目质量。通过采取上门招商、以商招商、网上招商等形式，大力推介和宣传湘阴县的区位优势，交通优势，资源特色，优惠政策和园区完善的基础设施、优质的服务环境。2017年接待客商100余人，成功签约建华建材二期、中民住友，协议引资3亿元。与美惠建材有限公司、新风缘有限责任公司、喜鹊房屋有限责任公司等3家优质企业签订框架合作协议。同时，邀请中民筑友集团、传化物流、湖南建工集团、中农城投、新加坡益海嘉里、省基础建设投资公司、省新物产集团有限公司、中南建设集团、三湘和高科技等企业来新区进行实地考察洽谈，并与湖南建工集团就虞公港的开发利用，达成初步合作意向。年内，中民筑友确定项目选址，征拆工作在有条不紊的开展。

【基础建设】新区立足于“高起点规划、高标准建设、高效能管理”的指导思想，从路网和电网入手，营造良好的发展环境。一是强力推进路网建设工作。利用棚户区改造的有利契机，全面完成长岭西路、曙光路的前期准备工作，为新区构建“一纵一横”的道路网络夯实基础。二是强力推进新区及远大输变电工程建设。通过与县电力局对接，选定岳阳市电力设计院为设计公司，启动初步设计及施工图设计，完成规划红线圈定和地质勘探，并积极与远大协调，争取远大总公司同步推进专电建设有关事项，年内基本完成工程建设。

【不良企业清退】2017年，新区坚持把不良企业清退作为工作重点，并取得一定成效。一是介入丰隆纸业项目土地过户有关事宜的纠纷情况，多次组织丰隆纸业和永清环保进行协商，年内永清环保向新区递交解决土地过户问题的报告和投资意向。二是启动兴隆纸业项目用地的清退和土地置换工作。

【队伍建设】一是抓党的政治理论学习。通过开展“两学一做”教育常态化制度化活动，采取集中学习、定期学习和自学等形式，对中共十八大、十八届三中、四中、五中全会和中共十九大精神等内容进行全面学习，并要求做到学习有专题、有记录，讨论有目的、有收获，全年开展党组集中学习4次，干部集中学习5次，达到解放思想、促进工作的目的。此外，新区管委会还积极动员全体干职工参加各种形式的学习，鼓励他们用知识武装头脑，用理论指导实践。二是抓规章制度的建立健全。坚持从制度建设入手，将制度建设作为干部队伍建设的基础工作来抓，做到有章可循，行之有据，用制度约束人、用制度管理人。在2016年的基础上，进一步完善指纹考勤、公务接待、财务管理、廉洁自律等9项制度，以“目标项目化、项目责任化、责任具体化”的要求，不断增强干部职工服务意识，提升服务质量，同时坚持民主集中制原则，确保园区重大决策、主要项目安排和大额资金使用由党组班子集体讨论决定，防止“一言堂”。三是抓非公有制经济党组织建设。新区高度重视非公有制企业党建工作，不断提高非公有制企业党组织的覆盖面和影响力，在确保完成非公有制经济组织“建党”工作任务的同时，着力发挥已建非公经济党组织和党员作用的发挥。年内新区指导漕溪港物流园成立非公企业党支部，实现党建工作与经济发展同步，党员活动与企业经营同步，党员素质与企业效益提高同步。

（甘　奇）

湘阴县漕溪港临港产业新区主要负责人名录

书　记　杨　海（至7月）
　　　　王　雄（7月任）
主　任　刘　浩
副主任　姚科辉（至8月）

横岭湖（青山岛）省级自然保护区

【概况】湘阴县横岭湖（青山岛）省级自然保护区原名青山岛镇，2016年年初更名为省级自然保护区管委会（简称青山岛管委会）。保护区位于湘阴县最北端，属国家级湿地核心，面积430平方千米，其中陆地面积112平方千米。湘、资两水在此相汇入洞庭湖，东北方向与荷叶湖接壤，西南方向为4万公顷湖洲水域的横岭湖，主岛内湖面积400公顷，耕地面积80公顷、水田16.67公顷、荒山433.33公顷（经县国土局核查，全岛无基本农田面积），辖青草湖村（即原上山村、中山村、下山村），全区有农户557户，人口1983人，均为专业的捕捞户，2017年，青山岛管委会立足省级保护区功能职责，做好横岭湖环境保护工作，加大民生实事办理，确保岛内群众安居乐业，依托资源优势，积极发展乡村全域旅游。年内动员和团结各方面力量，努力完成各级各部门交办的各项任务，各方面的工作取得长足的进步。

【党建工作】一是圆满完成合并村换届选举。按县委统一部署和组织、民政等工作部门的要求，保护区青草湖村换届选举工作过程公平公开公正，程序严格依法依规，于6月20日全面完成村换届选举。在村党组织选举工作中，按照“两推一选”，经过党员和村民代表推荐、组织考察、党委审批、党员大会选举，青草湖村顺利产生新一届的党总支委员会；在村委会选举中，全区参加选举选民1145人，办理委托投票777人，通过召集过半数选民提名推荐候选人，设6个投票站召开选举大会，严格执行12个公示到位，村委会选举圆满完成。新一届青草湖村“两委”班子5人，其中村支委和村委班子各3人，交叉任职1人，村干部平均年龄48岁。二是加强干部作风建设。为转变干部作风，提高机关工作效能，出台《2017年加强干部党风廉政建设工作方案》，对干部从

"看、学、谈、做、评、改"六个方面抓作风的转变，每名负责干部从所包片区组长、党小组长中找10名谈心谈话群众，加强督查，落实干部联户帮扶和日常走访，促进干群关系，帮助群众解决实际困难和问题。三是推进"两学一做"学习教育常态化。利用干部周前会，在传达落实上级文件和会议精神的同时，组织干部集中学习党纪条规、习近平重要讲话精神，提高思想觉悟和党性修养；7月开始，每月组织干部集中观看警示教育片1次，要求干部加强平时政治学习，每月撰写学习心得1篇，11月召开区党委班子民主生活会，12月召开村党组织生活会，开展民主评议党员活动，党员对支部班子进行评议。四是严格规范党员管理。对全区6个党支部147名党员档案全面清查，完善个人信息资料，全部录入党员管理系统。为培养高素质村级后备干部，在新发展党员工作中，严格按照县委组织部工作要求和程序步骤，对入党积极分子在政治思想上、工作能力上、生活作风上重点把关，通过村推荐，群众评议，党委考察，7月1日发展新党员2名，送党校入党积极分子培训2名。五是村级综合服务平台建设。按县委对新建制村综合服务平台建设的要求，青山岛管委会将原空置集体资产青山中学加以利用，改建为村级综合服务平台，工程建设于9月启动，年底全面完成并投入使用。

【安全生产】一是党政领导高度重视。青山岛管委会把安全生产工作摆到全区中心工作的重要议程，坚持书记负总责、管委会主任亲自抓，分管领导具体抓，各部门配合抓，社会各界共同抓的安全生产格局，建立健全安全生产管理机构。二是明确工作目标，完善工作制度，加强安全责任。按照县委、县政府下达的安全生产指令目标，区管委会从讲政治、讲大局的高度，以对人民生命和国家财产高度负责的精神，将责任目标层层分解落实，与村支两委、片区签订安全生产工作目标责任书，并与领导干部签订一岗双责责任书，在全区上下形成责任体系。三是加强安全宣传培训，多措并举提高全民安全意识。为提高群众安全意识，青山岛管委会加大宣传教育力度。采用悬挂宣传条幅、召开村干部培训会、印发宣传资料、街头宣传、干部进村入户等形式，广泛开展安全知识宣传活动。四是结合国庆、中秋两节长假，青山安保工作大排查，加强对商场、饭店、娱乐场所等人员密集场所安全的疏散通道、安全出口畅通状况的监管，及时消除火灾事故隐患；加强旅游安全监管，各景区景点管理部门和经营单位切实加强对运载工具、游乐设施的安全检查、维护和管理，对达不到安全要求的，一律停止运营使用；五是加强道路交通监管。要督促业主认真做好驾驶员安全行车教育，重点查处打击交通运输工具带病、超载、超限、超速运营、驾驶员疲劳驾驶、非客运车辆载客等严重违法行为。六是加强特种设施设备安全监管。对旅游景点的电瓶车做好日常维护保养、检修情况进行检查，确保安全操作，9月15日，集中销解岛内15台病险机动车辆。七是加强民爆物品安全监管。认真落实烟花爆竹等民用爆炸物品以及其他易爆物品安全管理制度和管理责任。八是加强危化品安全监管。全面加强对危险化学品储存、经营、运输、使用等各环节的安全监管。九是加强水上交通安全监管。"两节"期间，提请县海事、安监、航务、渔政一并参与管理，严格按照"六不发航"要求进行监管，确保水上交通安全有序。

【环保整治】一是大力开展环境卫生专项整治。坚持"河长制"制度，结合环境卫生整治，加强对辖区内的黄口河和湘江流域的治理，制定《河道保洁制度》《全域环境综合治理制度》。特别是汛期过后，管委会投资近15万元，对环岛水域、河道及大堤进行全面整治，实现"路净、河洁、水畅"。二是加强督查制度，落实工作责任。根据《环境保护实施方案》，通过督导检查，各村、各片区、各部门增强环保意识，从而也增强环保危机和环保责任，坚持和完善党政一把手环保工作实绩考核制度，认真落实环境保护"一把手"负责制，实行主要负责人亲自抓、负总责，分管副职深入实际，狠抓工作落实，形成一级抓一级，层层抓落实的工作格局；针对横岭湖因龙虾养殖对湿地造成的破坏，管委会尽快组织水陆挖机两台，历时半月，耗资近10万元，对已破坏的300多公顷湿地进行全面修复；对环岛周边水域非法的围网围堰情况进行全面的摸底，先后拆除网片约20000米，拦网竹竿3000余根；对下山片区渔民陈新春违法停靠趸船事件，经与县海事局衔接，对其下达限期整改通知书且整改到位。三是落实环保第一审批权，辖区内新上项目环评率100%；辖区内无违反国家产业政策企业。2017年，由于乱搭乱建、违规饲养牲畜势头有所增长，特别是在居民生产生活区域范围内出现少数牲畜散养现象，造成辖区内的环境污染日趋严重，也影响群众的农作物种植和日常生活。为制止这种违规饲养牲畜乱象，管委会采取设立警示牌，张贴通告等多种措施进行宣传，并按区域明确干部包片巡查，组织人员到现场制止，对顽固户下发退场通知书。下半年，配合国土部门联合执法2次，有效地打击乱搭乱建和违规饲养现象。四是在洞庭湖突出环境问题集中整治月行动中，青山岛管委会积极贯彻落实县委、县政府的指示精神，由区党委书记亲自挂帅，并组织相关人员对欧美黑杨种植现场进行摸底调查，了解种植承包商与承包面积情况，为圆满完成治理行动打下坚实基础。在行动中，青山岛管委会先后砍伐欧美黑杨9公顷，提前8天全面完成任务。

【精准扶贫】精准扶贫是一项庞大而复杂的民心工程，在过去贫困户识别不准和扶贫效果不明显的突出问题上，2017年，管委会加大整改力度。一是做到精准识别。管委会多次召开专题会议，重点要求要把全区贫困人口核实好，要把民政部门的低保人口衔接起来，通过入户调查和认真核对比较，清理出贫困户“四类人员”71户，整改后建档立卡贫困户48户110人，年内脱贫39户97人、未脱贫9户13人。二是加强教育帮扶。及时掌握贫困家庭子女适龄入学情况，确保被帮扶家庭子女义务教育入学率100%，对贫困家庭子女9人提供每期500元补助；通过帮扶杜绝因贫缀学现象发生，同时密切关注贫困户家庭初中、高中“准毕业生”和在读高等学校学生情况，确保升入高中和高等学校的学生能够顺利完成学业。三是加强劳务输出。积极有序组织支持农村富余劳动力外出务工和就近到县城内就业，努力为在外创业有成人员返乡创业，依靠帮扶企业支持，争取较多就业岗位，实现劳务转移4人。四是突出产业脱贫。通过改善交通等基础设施条件，整合现有资源，以旅游产业为依托，将游客接待中心部分利润分到贫困户手中（每户每年500元），鼓励扶持14家农家乐、创业带动就业，促进贫困户稳定增收，实现“兴业富民生活美”。五是落实好新型农村合作医疗。由管委会出资，确保辖区内所有贫困户参加新型农村合作医疗，贫困户参合参保率100%。六是开展节日慰问送温暖活动。对于部分生活条件差，无发展能力的贫困户，开展节日慰问送温暖活动，并联合帮扶联点部门进行走访慰问：县武装部部长姜开顺带队走访慰问9户贫困户，户均发放慰问金500元；县砂石局走访慰问18户贫困户，户均发放慰问金500元；县血防办走访慰问16户，发放慰问金22万元；县一职专走访慰问12户，发放慰问金2万元。

【“空心房”整治】根据管委会“空心房”整治人员现场勘测，横岭湖（青山岛）省级自然保护区“空心房”实测面积6012平方米，其中计划拆除农村居民户“空心房”2362.1平方米，计划拆除乡镇企业事业单位“空心房”3649.9平方米。截至年底，先后拆除“空心房”面积4509平方米，完成75%。9月初，管委会下达对下山片区王启后户拆除告知书，管委会干部通过多次上户宣传政策、做通工作、讲清道理，最终王启后认识到违章建筑的恶劣影响，自行拆除自家违章建筑。

【防汛抗灾】2017年入汛后，受强降雨和上游泄洪影响，青山岛外湖最高水位35.75米，超保证水位1.25米。区管委会及时动员和组织各方力量，调用大量人力物力投入防汛抗灾工作，在广大干群的共同努力下，保护区防汛抗灾取得全面胜利。汛期结束后，相关人员做好灾后修复、重建工作。一是深入了解统计群众受灾情况，对受灾户上户做好心理疏导工作；二是对水毁设施、道路进行修复。联合水管会成员对杨幺头水毁处进行修复，针对杨幺头地势、地貌等实际，预留泄洪管道一处，防止再次溃堤。截至年底，工程全面竣工。

【综治维稳】一是综治维稳工作。每天执行领导带班制度，能及时受理群众来电来访，及时调处矛盾纠纷，对突出信访问题全部办结，年内全区处理接待群众来访24次，未发生越级访现象。二是民调工作。每月开展一次大走访活动，与人民群众交朋友，加强交流与沟通，改善干群关系；了解民情、民意，帮助群众解决政策与法律、生产、生活中的实际困难；广泛宣传社会治安工作成效，正面引导群众对社会治安形势评价；收集群众中各类矛盾纠纷和信访维稳信息。上半年，青山岛管委会民调工作获全市第一名，下半年民调工作获全市第三名，民调工作全年综合排名全市第一。

【文化旅游】青山岛是2017年湖南国际旅游节在湘阴县召开的一个重要活动场地，9月26日，管委会成功主办“畅游青山岛”系列旅游招商活动。活动期间，一是对基础设施进行完善。二是对环境卫生进行专项整治。三是印发近万册宣传手册，在网络和电视上进行重点推介。四是对岛上居民旅游服务能力进行系统培训。五是制作魅力青山岛宣传片及微信公众号，收录青山美景、历史文化、景点简介等，以此为媒介让游玩嘉宾更深入了解青山岛。活动接待嘉宾200多人，取得圆满成功，得到各界领导、嘉宾的一致好评。

（陈　成）

湘阴县横岭湖（青山岛）省级自然保护区管委会主要负责人名录

党委书记　陈洪幸
主　　任　任　剑（至7月）
　　　　　李建奇（7月任）
副 书 记　张　华（11月任）　肖政高
纪委书记　肖政高（兼）
党委委员　张　峰
副 主 任　曾胜军（至11月）
　　　　　唐智勇（11月任）
　　　　　侯长江（11月任）
人大副主席　张　略

鹅形山森林公园管理处

【概况】湘阴县鹅形山（省级）森林公园于2008年申报成功，隶属于湘阴县东南部的玉华镇和金龙镇，东连汨罗市川山坪镇，东西宽6222米，南北长7666米。公园规划总面积1192.27公顷。经县委、县政府批示，于2016年1月1日成立鹅形山森林公园管理处（简称公园管理处），为隶属县人民政府管理的全额拨款事业单位（正科级），核定编制11人。内设机构5个，分别为综合管理股、规划建设股、资源保护股、旅游开发股和安全保卫股。2017年，公园管理处深入贯彻中共十八届六中全会精神，遵循依法依规，在保护中开发和可持续发展的原则，坚持“政府规划引导，部门服务管理，市场运作开发”的兴游思路，团结带领管理处党员干部群众，凝心聚力，奋力拼搏，迅速履行对公园的保护，管理及开发等职责。各项工作取得一定的成绩。

【落实责任】一是科学合理地进行分工分线安排。年初，根据“三定”文件精神结合鹅形山实际情况以及职能职责，将公园管理处的工作科学合理地划成三条线，即机关内务线、旅游开发项目建设线、中心工作线，并根据各股室的工作，将每一个干部职工打桩定位，明确责任。二是整章建制为工作落实提供制度保障。2017年，公园管理处把制度建设放在首位，坚持用制度管人，完善《分工分线安排》《干部考勤》《工作制度》《学习制度》等一系列规章制度，真正做到让完善的制度来管理和约束干部，确保管理处年初工作目标任务的落实。三是结合“两学一做”打造“学习型机关”。为打造“学习型机关”和“学习型干部”，管理处扎实推进“两学一做”教育活动常态化制度化。在年初规划中明确每周一为学习日，就党课、业务知识由各负责人轮流授课，有效地提升干部的政治素养和履职能力。

【严守三条底线】鹅形山是湘阴县珍贵的自然旅游资源，同时也是一个居民聚居点和燎原水库饮用水源，按照县委相关会议精神，鹅形山森林公园要遵循“保护中开发，以保护为前提”的原则，根据县委书记汪灿对鹅形山森林公园提出的三条底线“资源底线、控建拆违、安全生产”。2017年，公园管理处从资源保护，控建拆违、安全生产等方面着力，认真履行保护职责，确保园区可持续发展。一是全面摸清底子，明确工作的主攻方向。为澄清底子，摸清园区情况，明确工作重点及方向，做到有的放矢。公园管理处全面调查鹅形山森林公园范围内的基础设施建设情况，景观景点及人文资源情况，落户企业情况，农旅（农庄+农业）发展规模情况，违法建筑、地质灾害、森林防火、道路安全等情况。为此，公园管理处建立专门台账，积极与相关部门作对接汇报，并拿出相关举措，使区域内的资源得到有效保护，安全隐患得到有效控制。更重要的是为公园旅游开发项目的合理布局掌握第一手资料，为后段的发展打下良好的基础。同时配合环保部门完成鹅形山森林公园1.29平方千米的红线范围划定任务。二是以控建拆违为重点，积极开展全方位的整治工作。为确保公园内资源得到有效保护，进一步筑牢发展的根基，公园管理处根据县委、县政府关于“规范农村建房工作”会议精神，配合辖区相关乡镇对区域内农户进行控建，年内通过与农户沟通，在鹅形山森林公园规划未出台前，停建房屋22户，拆除“空心房”3栋。同时进一步加大对园区环境整治工作，对公园内的垃圾填埋场与环境卫生开展规范性整治，全年在支付用工报酬、垃圾拖运费、垃圾桶配置等方面，投入7万元，确保公园环境的美化和吸引力。三是牢固树立安全意识，确保园区和谐稳定。公园管理处完善安全生产领导小组，全面落实安全生产责任制，形成主要领导亲自抓，分管领导具体抓，一级抓一级，层层抓落实，做到安全生产检查目标管理落实到位，责任落实到人。结合公园管理处工作实际，组织干职工学习《生产安全事故报告和调查处理条例》，宣传党和国家安全生产的方针、政策、法律法规，全年组织召开餐饮行业业主会议、安全监管人员会议11次，下发相关安全生产法律法规读本及宣传资料2000份。使安全教育深入人心，家喻户晓。开展针对公园道路交通、游客游玩场地及食宿、项目施工、森林防火、山洪地质灾害、防盗等方面的安全大检查，对在检查中发现的问题提出整改措施，形成文字材料，及时上报县安全监督管理局。为在确保安全的硬件上，公园管理处在2016年前期道路拓宽的基础上，花费近10万元继续完善道路警示标牌的设立。如山体滑坡路段，请小心驾驶；塌方路段注意安全，急弯路段，请减速行驶等，同时对水库、塘坝处设立禁止下水标识。在确保游客饮食安全上，管理处特邀市场监督管理局和工商部门来规范园区内农家乐的经营与管理，对园区31家餐饮店管理，进行行业标准规范，形成管理制度，营造园区餐饮业安全，诚信氛围。四是加强工作领导，形成信访工作合力。为确保信访维稳工作顺利开展，管理处成立信访维稳工作领导小组，实行主要领导主要抓、分管领导具体抓，层层抓落实。坚持首问责任制，做到将信访反映的矛盾如实记录、给予耐心解释，做到有据可查，尽可能地将矛盾化解在萌芽状态。对于情况复杂的信访问题按程序逐级上报，采取措施积极应对，有序解决，千方百计将群众信访问题解决在基层，矛盾化解在萌芽。

【凝心聚力谋发展】将鹅形山省级森林公园打造成为集观光、休闲、康体服务（道教）、文化体验于一体的国家级森林公园和AAAA级以上旅游景区，是公园管理处的终极目标。2017年，公园管理处干职工凝心聚力为鹅形山森林公园谋发展。一是主动开展“对标对接”工作。为深入贯彻落实县委、县政府关于开展湘阴县“工作对标长沙（北部片区）”活动要求，公园管理处党组根据单位实际情况，在工作上瞄准望城区黑麋峰森林公园管理处全面对标。3月20日，公园管理处全体干职工在书记周国胜的带领下，与望城区黑麋峰国家森林公园开展对标学习活动。通过学习，使公园管理处管理制度和机构设置等方面，获得很好的借鉴。二是开展大宣传大走访，筑牢开发的前期基础。对辖区内企业、农户由干部分片包干走访，筑牢群众的意识形态。使群众做到自觉保护辖区内的旅游资源；自觉优化项目的施工环境；自觉参与招商，助推区域旅游业的发展。在宣传方面做好营销策划。在醒目路段树立宣传广告招牌，联系湘阴县摄影协会主席汪鹏打造宣传推介网站，在网上推介鹅形山森林公园的景观景点；特邀湖南卫视、县电视台对公园内的好山好水及景观做两期宣传报道；结合县人大的调研，全方位的推介鹅形山优势旅游资源与开发前景。有效地为鹅形山的旅游开发发展筑牢基础。三是着力开发建设，积极开展争资引项工作。年内，公园管理处多次向县领导汇报，主动与县直职能部门对接，积极作为。在7月前，取得国家关于旅游基础设施建设近3.7亿元的扶贫贷款项目。因政府采购程序走完前国家停止该项目，致使前功尽弃；后段公园管理处调整思路，按照“大宣传、大招商、大发展”的理念，走市场化道路，与多家上市公司开展招商对接工作，其中和“北京东方园林环境股份有限公司”等进行多次洽谈，并达成初步投资意向。

（刘志红）

湘阴县鹅形山（省级）森林公园管理处主要负责人名录

主　任　周国胜
副主任　吴卫忠　刘志红　刘应斌（至4月）

文星镇

【概况】文星镇是湘阴县的政治、经济、文化中心。东南接洋沙湖街道办事处，东北连漕溪港街道办事处，西临湘江。镇域总面积3085平方千米。辖东湖、旭东、江东、宗棠、先锋、滨江、乌龙、三峰、栗塘、白沙、高岭、东山、杨家山、三井头、长岭、望滨、金湖、瓦窑湾、南泉等19个社区。总人口145112人。2017年，文星镇围绕县委、县政府建设“左公故里，美好湘阴”的总目标，以“四个全面”为总揽，突出“一二四”行动，坚持“对标对接、融长发展”战略，笃定“水韵湘阴、魅力文星”为目标的“新文星”建设，在贯彻五大发展理念中寻找机遇、打造亮点、拓展优势，全镇上下团结一心、攻坚克难，党的建设不断加强，民生福祉持续增进，镇域环境不断优化，深化改革纵深推进，社会大局和谐稳定，全镇经济、社会、文化等各方面呈现良好的发展态势，全年完成财政收入1.6亿元，完成国、地两税收4200万元，其中国税3300万元，地税900万元，在2016年国地两税收3280万元基础上增长28%。全面建成小康实现程度稳居全县第一。获评县综合绩效考评优胜单位、行政效能建设优秀单位、人口和计划生育工作优秀单位、重点项目服务先进单位、防汛抗灾工作先进单位、食品安全工作先进单位。

【服务项目】文星镇作为县城主城区，随着城市的改造、扩张及产业的发展，项目建设任务越来越重，2017年，文星镇承担的全县重点工程项目有36个之多，为确保各项目顺利推进，镇党委、镇政府从以下三个方面着力。一是着力理顺征拆机制。主动承担乡镇作为项目征拆的主体责任，综合平衡、统筹协调全镇范围内的征拆事项，积极争取县委、县政府的重视，建立和完善土地房屋征拆、目标管理责任、征拆绩效考核、控建拆违、项目建设环境保障五项工作机制，坚持以五项工作机制为先导开展项目建设，为项目顺利推进提供强有力保障。二是着力化解诸多遗留问题。文星镇作为中心城区，近五年来，长期处于高负荷、过饱满的状态，加之过来城市发展、扩建中因为征地时间、征地政策、征地主体等因素的不同，导致积累下的征拆遗留问题越来越多、牵涉面广、情况复杂，其中旭东路再建安置基地11年未落实，西边再建基地14年未解决，栗塘、高岭、白沙、东湖、长岭等社区的安置问题遗留多年，群众要求解决诉求的意愿特别强烈，为切实解决这些问题，镇党委、政府“急群众之所急、解群众之所需”，将所有问题分类汇总，主动协调部门单位，积极争取县委、县政府的高度重视，提请县政府四次召开现场办公会议进行决议，并以会议纪要等形式予以明确，确定“一问题、一方案、一负责人”。确保这些问题全部提上议程的同时，取得可预见性的成果。三是着力加快项目推进速度。全力助推县内重点工程项目建设，抽调152名部门单位、镇、社区精干力量充实项目一线，开展“我为党旗添光彩、我为项目作贡献”“百日攻坚”等主题活动，坚持依法行政、阳光征拆，确保征拆工作依法依规强力推进。年内文星镇承担的顺天停车场、自来水五厂、城区棚户区改造、漕溪港码头等重点项目均按既定目标顺利推进。年内先后征收土地156.13公顷，拆迁房屋80多套，安置居民753户。

【招商引资】2017年，文星镇继续发挥城区“长株潭”半小时经济圈区位优势，以“引资、引技、引智”为立足点，新增注册资金100万元以上的工商业主53户、注册资金500万元以上工商业主12户（其中星沙村镇银行注资5000万元），全镇注册资金超100万元以上的工商户突破1300户，现代物流、电子商务、全域旅游、文化创建等新型行业异军突起，为镇域经济发展注入新的活力。

【整治环境】日常保洁更加精细，通过加强对370名保洁员队伍的管理，实行全方位、全天候、错时无缝隙的卫生管理，让小街小巷卫生清扫保洁水平进一步提升。城市乱象基本消除，全面开展摆摊设点、广告招牌、乱堆乱放、乱贴乱画、店外经营、流动摊贩、马路市场的专项整治，取缔干道两侧废旧物收购店，清除门前屋后各种杂物、“牛皮癣”广告，增设市民信息发布栏，城市面貌焕然一新。专项整治成效显著，联合相关部门整治关停畜禽养殖场30家、黏土砖瓦窑厂3家，拆除圈舍5600平方米，签订退养协议15户；对域内干道沿线、背街小巷违法建筑、空心房开展集中拆除行动；对湘江、白水江沿线河道漂浮垃圾和河岸垃圾定期进行集中清除；对湘杨路沿线粉尘污染较严重的地段和路口，安排洒水车进行降尘作业，形成长效管理机制。添绿改造再创佳绩，按照“大面积统一、小范围协调”的标准进行墙体立面改造与美化，全面完成芙蓉北路、新世纪大道等主干道两侧的立面改造；深化镇域绿化工作，对裸露地块进行添绿补绿，全镇新栽种绿化树木3800株，竹篱笆2600米，播撒美人樱、波斯菊、紫叶草籽260公斤，20000余平方米，城市品位大幅提升。

【保障民生】进一步完善社会保障体系，全面落实“精准扶贫”各项政策；深入开展“阳光低保”行动，动态管理低保户3649户，保障性住房956户，其中实物配租321户，救助特困对象2100人次，发放临时性救助150万元，进一步将临时救助、廉租房申请等惠民服务下移至社区，更加方便服务群众；利用微信公众号、“村村响”等传播媒体做好城镇居民医疗保险、失地农民社保宣传工作，扩大社保覆盖面，切实提高社会保障水平；开设社区日间照料中心，为行动不便和孤寡老人照看提供便利；通过民情走访、“12345”热线多方式多渠道收集居民诉求，将好事做到群众身边，将实事办到群众心坎上。

【文化教育】积极促进镇域中小学校软、硬件设施发展，进一步加大教育资金投入，大力开展“优秀教师”评选和“童心向党，梦想绽放”等主题活动，丰富教师及学生课余生活，全镇素质教育水平进一步提升，尊师重教氛围日益浓厚；建成一批社区文化活动室、娱乐室等休闲场所，举办广场舞、篮球赛、门球赛等大型文化体育活动，发动广大居民积极参与，居民精神文化生活日益丰富多彩。

【完善城市功能】进一步健全城市路网、电网、管网建设，在全面完成背街小巷提质改造三年计划的基础上，启动城市网管配套设施建设，修复、改造道路5万多平方米，拉通断头路四处，疏通、改造下水道5000多米，修筑挡土墙325米，挡浪墙582米，修复水毁工程11处，对白水江防洪大堤进行全面灌浆加固，城市防洪抗涝和承载能力日益增强。

【防洪抗灾】2017年，湘阴县汛期水位之高、涨速之快、水情之险、内涝之严居历史之最，文星镇党委、镇政府科学研判，笃定防大汛、抗大灾、救大险的决心，提前备足备齐防汛物资，切实做到宣传发动、值守人员、查险处险、重点盯防、严格督察“五个到位”，广泛发动镇域居民群众，组织成立应急抢险队3500余人，修筑子堤870余米，最高达1.8米，组织处险37次，紧急转移危房户1059人，确保全镇居民群众的生命、财产安全，夺取防汛救灾的全面胜利。

【理顺民情】围绕“打非”、社区“两委”换届选举、“综治维稳”“项目建设”“美丽城市建设”“五结合”开展大走访活动，制定“联社区包网格”行动方案，将全体机关干部、社区工作人员和镇属部门负责人放入115个网格，分网格分区域走访居民9316户，收集建议、问题312个，集中解释、解决问题235个，对于尚未解决的问题建立问题包办制，由指定负责人限时限期给予答复，开通微信公众号，建立社区干部联网格定期巡查机制，促进社区居民与社区干部“零距离”接触，做到小事不出家门，大事不出网格，切实增强居民满意度，全年社会治安民意调查综合排名位居省市前列，各社区民调排名稳步上升。

【助力维稳】加强社区巡逻，定时定期组织巡逻队员进行专业化训练，切实提升巡逻队员身体素质和专业素质，坚持夜间巡逻、背街小巷巡逻、重点地段巡逻，营造良好的治安环境。畅通信访渠道，认真抓好维稳和信访工作，全年接访326起，办理县委、县政府督查交办件51件，处理网上信访件93起，通过网格化平台处理信访182件，结案率达到100%，确保无一例越级上访，无一例赴省进京非访。力促积案化解，集中调处“6·25”火灾、投资公司、再建安置等重大信访问题，切实做好周桂芝、甘德保、钟仁义、边文武等信访积案化解，解决一批信访老大难问题。稳控重点对象，切实做好国际旅游节、中共十九大等重要时段的维稳工作，时刻掌握对象动态，切实把对象“钉”在本地、稳控在社区。深入开展专项整治，重点对地下六合彩、临街麻将馆、涉黄涉毒场所进行专项整治，组织人员定期巡查、重点管控，确保不反弹，得到居民群众的一致好评。与此同时，加强社区矫正、社区戒毒、社区调解等工作职能，形成齐抓共管的工作格局，确保社会大局和谐稳定。

【安全生产】成立安全生产与网格化管理办公室和9个不同领域的安全专项整治工作组。组织全体社区干部、镇联社区包网格干部，对全镇范围内非法经营、储存的门店进行集中清剿，安排专项资金14万元购买两台测炮仪，逐门店开展地毯式的清查，先后关停专营类门店22家，清剿兼营门店311家，推动全镇安全生产形势持续稳定向好，确保全国安全生产大检查零差错，全镇无重大安全生产事故发生。

（蒋江峰）

文星镇主要负责人名录

党委书记	熊　巍
镇　　长	易志杰
副 书 记	钟应钦
人大主席	刘　义
党委委员	左树军　蒋仲祥（11月任挂职）
	熊跃军（副镇长）
	刘　波（副镇长）
人大副主席	秦　胜　李政来

东塘镇

【概况】东塘镇位于湘阴县北部，西接洞庭湖畔的营田镇，北靠屈原行政区，东接汨罗市，南临六塘乡、漕溪港街道。湘营公路、湘汨公路穿境而过。镇政府驻东塘坪。区域面积43.09平方千米，其中耕地面积2228公顷。2016年建制村合并调整后，由原20个村和1个居委会调整合并为杉塘坪、尚书、坝桥、赛美、尚南塅、石涧、黄甲、东南、湖湾等9个行政村和东塘社区、273个村民小组，总人口31691人。2017年，镇党委、镇政府按照建设“左公故里，美好湘阴”愿景要求，围绕发展和稳定两大主题，牢牢把握计划生育、安全生产、综治维稳和全域环境卫生整治四条底线，着力抓好精准扶贫、基层党建、移风易俗等重点工作，抢抓机遇、求真务实、锐意进取，全镇经济社会各项事业保持较好发展势头，呈现出政通人和、镇泰民安的良好局面。

【干部管理】2017年，东塘镇严格按照“两学一做”和“党支部建设年”的要求，把干部作风建设作为推动工作、凝聚人心的牛鼻子工程来抓。进一步配齐配强党政班子，切实加大对领导班子的思想、作风和能力建设，组织干部认真学习《中国共产党问责条例》《关于新形势下党内政治生活的若干准则》和《中国共产党党内监督条例（试行）》等，制定并完善《机关干部分工分线管理考核办法》《包村干部管理考核办法》《村干部目标管理实施细则》等，进一步完善财务、工作、生活、学习等机关管理制度，健全信访工作机制和矛盾纠纷排查调处制度，镇村干部作风进一步好转，形成想事、干事、成事的良好工作氛围。在加强镇政府机关干部自身建设的同时，严格依法依规依程序推进并完成村（社区）“两委”换届选举工作，进一步选优配强村级班子。

【底线工作】2017年，东塘镇底线工作紧紧围绕“保先进、争红旗”的工作目标，从高定位、稳步推进，工作特色得到充分体现。在计划生育工作上，创新“网格化管理、亲情化服务、无纸化汇报”的工作机制，全年手术任务超额完成。加大对社会抚养费的征收力度，全年突破30万元，整顿生育秩序、优化生育环境，加强对二孩政策的宣传力度和计生对象的优质服务，投入16万元加强育龄妇女生殖保健和遗传优生检测，2017年，上级多次对东塘镇人口计生工作进行检查验收，均得到高度评价。在安全生产工作上，全年投入资金45万元用于维护及新装摄像头、日常巡逻、宣传教育和打击处置。年内先后有6处85家“赶筒点”及109家经营门店退出，重新分配给东塘的32家经营门店指标，镇政府从严控制仅批18家；对原有3000多从业人员，特别是11名“土药师”全部造册并掌握转产去向；成功抓获外地转运到东塘的50件烟花并将当事人刑拘、产品销毁，查获并销毁匿藏烟火药32包；开展10次安全生产大排查行动，先后销毁烟花成品600余件、半成品900余件、引线1900米。在社会维稳工作上，始终站在抓安全、保稳定的高度，确保东塘大局稳定，全年化解各类矛盾纠纷120多起，其中重大事故矛盾纠纷5起。切实加大对吸毒、赌博、“村匪村霸”等违法犯罪的打击处理力度，全年开展禁毒禁赌专项行动5次，抓获参赌吸毒人员7人、刑拘破坏村级换届选举1人，涉军、重信重访户等群体有效稳控，群众安全感、满意度进一步提升，民调进入全市前50名。信访工作排名一直位居全县领先位置，全年无一起进京赴省上访事件的发生。在全域环境卫生整治工作上，切实加大创卫保洁、集镇管理、禽畜退养、控建控违等工作力度，全年投入资金60多万元、聘请保洁员66人并全部购买意外保险，着力加强卫生保洁和垃圾清运；对11家禽畜退养户落实退养措施；拆除村民违规搭建房屋2户；对3起“未批先建”的用地行为配合县国土部门立案调查；成功拆除4家黏土砖厂和126栋面积约2万平方米“空心房”；对1家违规用地的驾校配合国土部门落实“卫片”执法检查措施；在镇区先后10次开展出店经营及卫生清扫集中劝导行动；每月底组织对全镇9个村1个社区进行全域环境督查并进行通报，对排名靠前的进行现金奖励，对排名靠后的要求其主要负责人在月讲评会上作表态发言，形成各村你争我赶、赶超先进的良好氛围，集镇管理秩序、环境卫生等有效改善，整体形象不断提升。

【强农惠民】2017年，东塘镇积极争取上级支持，广泛发动全镇人民，启动和实施一批民生实事工程。以饮水用水安全为重点，认真落实“河长制”，对赛美水库和全镇4座小二型水库、67座中型骨干山塘、18座大型骨干山塘及4.7千米泄洪干渠，全部落实责任人和工作措施。配合县发改、农业等部门完成全镇5个建制村高产农田示范工程调查测绘工作。配合县移民部门完成库区移民道路硬化工程1200米。争取县交通、公路部门支持，完成赛美水库大坝道路硬化工程1200米，完成大湾杨危桥改造，完成镇区下水道、村道破损路面维修改造12处。加大水利秋冬修建设力度，全年修渠道27000多米，投入资金近600多万元，先后实施塘坝护坡、渠道加固等基础设施项目。新增及更换变压器台区15个，架设电杆860根，整改线路约11千米，同时争取长东线路万伏高压线路改造升级，初步完成电杆铺设。

【社会事业】始终坚持发展为先、民生为本，切实加强社会管理，统筹发展社会事业，做到三个“突出抓”：突出抓精准扶贫。扎实开展扶贫攻坚大会战行动，通过申报评议公示及“四类对象清理”等，全镇精准识别贫困人口376户1036人；按照“两个确保、两个完善”的要求，扎实推进贫困村整村退出工作，经核算，东南村贫困发生率为1.2%，湖湾村贫困发生率为1.34%，东南、湖湾两个村年底顺利脱贫。通过困难救助、教育助学、医疗帮扶、危房改造、易地搬迁、金融扶贫等措施，年底，全镇有57户、178名贫困人口达到脱贫验收标准。同时，完成209户低保户评议、协助临时救助55名家庭特别困难的五保户对象，收缴新农保费150万元，为18000多名农户建立参保档案。突出抓移风易俗。制定“树文明新风”专项实施方案，利用村村响广播、微信、手机短信等平台开展专项整治工作的广泛宣传，悬挂横幅40条，张贴标语200张，下发倡议书近万份，矗立大型喷绘标语5张。在各村召开党员、组长、骨干会议进行宣传，签订党员承诺书1100余份，使得移风易俗不断深入人心。全年先后劝导丧事简办25起，喜事新办10起，劝止升学宴、满月宴、入伍宴等其他事不办15起，赛美村入选“全国文明村庄”。突出抓“互联网+”监督。成立专项领导小组及监督工作小组，做好移民后扶、城乡低保、危房改造、医疗救助、精准扶贫等资金数据入网，加强惠农资金的监管检查，确保专款专用，提高专项资金使用效果，杜绝挪用、截留、浪费现象发生，切实保障群众的合法权益。

（卿如雪）

东塘镇主要负责人名录

书　　记	刘界雄
镇　　长	郑兵辉
副 书 记	吴春晖
人大主席	吴超兵
政协联络办主任	陈泽洲
纪委书记	伏特奇
党委委员	钟智杰　杨凯宏　肖　展
副 镇 长	蒋　博

三塘镇

【概况】湘阴县三塘镇东临东塘镇，南与漕溪港街道交界，西临湘江，北抵屈原管理区营田镇。人民政府驻拦河坝集镇，距湘阴县城14.6千米。辖区东西最大距离7.7千米，南北最大距离7.8千米，总面积67.49平方千米，占全县总面积的4.3%。全镇现有人口25890人，下辖黄陵港、新龙、龙华、民岳、金仑、白雪等6个行政村以及拦河坝、蒙古包2个社区。2017年，三塘镇围绕“转变作风，规范管理，优势优先，争创一流”总要求，团结全镇人民，团结奋进，开拓进取，较好的完成年初确定的各项目标任务，获评省级文明乡镇、省级标准化财政所、省级平安农机示范乡镇等荣誉。

【镇域经济】一是农业经济稳步增强。全年粮食播种面积3466.67公顷，实现粮食总产2.3万吨。全镇农业专业合作社发展迅速，达到26家。3公顷以上的种粮大户120多户，服务农田530多公顷。有大型农业机械320多台。2017年，被评为省级平安农机示范乡镇，现代化农业生产格局基本形成。二是供销社改革成效显著。在全县率先完成供销社各项改革任务：成立三塘镇惠农农民专业合作社联合社和三塘镇惠农农业服务有限公司。10月20日，省供销合作总社党组书记、理事会主任曾震亚率队到三塘镇调研，充分肯定三塘镇供销合作社综合改革工作。三是项目建设快速推进。垃圾无害化处理焚烧炉建设工程投入使用；蒙古村生活污水集中处理工程运转正常；拦河坝集镇生活给排水工程三年建设计划纳入规划，并确定选址、通过环评；“气化湖南”天然气管道项目全部竣工。严格按照“三统一”要求，完成三塘镇6个村和2个社区综合服务平台建设。

【基层治理】三塘镇作为“党建+协会”试点乡镇，坚持先行先试，以党支部引领协会，以协会带动群众，不断拓宽农村基层党建工作覆盖面，使农村基层党组织凝聚力、吸引力和带动力进一步加强，党员群众主人翁意识、奉献意识进一步提升，全镇凝心聚力办实事的合力进一步彰显，实现党建工作与经济社会发展的互促共进。三塘镇先后建立公益性、服务性协会40多个，吸纳党员近700名、群众近3万名，通过协会的辐射带动，解决农村剩余劳动力就业3500人，精准脱贫423人，美丽乡村建设、空心房整治、移风易俗、综治维稳等农村重点工作顺利推进，党建工作对全镇经济社会发展的渗透力、推动力和贡献度得到有效提升。

【村镇面貌】一是基础设施建设进一步完善。2017年，全镇硬化公路3.8千米，对湘营线、湘杨线及村主道维修9千米，新装防护栏1060米，南撇洪堤沟渠疏浚2.3千米，维修机埠3处。龙船港一线防洪大堤新修挡浪墙300米，荷叶坝水毁工程完成修复。投资近100万元修复戴家坝水毁工程，同时硬化垃圾中转站进出道路950米。二是美丽乡村建设进一步发展。三塘镇创新推行“党建+协会”模式，重点加强环境整治，实现硬件上的“四个一”、软件上的“四个到位”，各村建立垃圾分类中心，实行环境整治工作周汇报、月评比、季小结、年终总结的方式，对全镇环境整治工作及时总结，及时整改，有序推进。同时在畜禽整治工作方面按照“存量减少，增量为零”的工作思路，全镇42户违章建设畜禽养殖场所全部签订退养转型协议，10家取水点1000米内的养殖户全部退出。2家24门以下砖厂按要求拆除到位。三是控违治违，“空心房”整治进一步落实。对违法建筑露头就打，凡发现违法建设的毫不留情坚决予以拆除。同时鼓励按图建房、集中建房。镇村干部分组上户向农户广泛宣传空心房拆除政策，各村“空心房”拆除工作进度每日调度，每周汇总，全镇拆除33350.31平方米，签订拆除协议231户，拆除“空心房”597间。四是易地扶贫搬迁进一步推进。在拦河坝社区建设一个易地扶贫搬迁点，项目投入建设资金978万元，安置搬迁蒙古包社区居民53户，由湘阴县规划勘测设计院勘测设计。年底第二期工程基本完工。

【民生事业】三塘镇坚持把提升百姓福祉贯穿发展的始终，加大公共财政对社会事业的投入力度，尽最大努力办理群众最关心、最迫切的民生实事。一是战胜洪水灾情。2017年，面对超历史最高水位洪水，投入防汛经费147万元、劳力4370人次，一二线防洪堤成功处险32处，夺取防汛抗灾的全面胜利。二是扶助困难群体。开展低保整治排查工作，全面走访涉军优抚对象，对敬老院进行维修，发放临时救助资金31万元，全年完成危房改造80户，联系社会爱心助学活动2次。三是扎实推进脱贫攻坚。按照"两不愁三保障一超过"的要求，全面核查清理贫困户，全年实现脱贫255人，贫困村建成光伏发电站，村集体收入增加，实现脱贫摘帽。四是优化教学环境。全年白雪小学、合华小学、谢坪小学投入103万元，顺利通过省合格学校验收，新建标准学生食堂、环保公厕。投资214万元的三塘中学科教楼主体竣工。9月10日，全镇举行尊师重教活动，向社会各界募集13万多元奖励和资助优秀师生和困难师生。五是推进"刹人情歪风、治婚丧陋习"。以点带面在全镇域推行，建立专门微信群，每天报送信息，促进乡风文明。六是提升精神文明建设。加强阵地建设，新增文化广场2处。全面管理利用好村村响广播平台，加强宣传工作。积极组织广场舞、羽毛球赛和篮球赛等群众文化活动。

【社会治安】一是露头就打，安全生产持续高压。深刻吸取白塘"2·11"事故惨痛教训，坚持安全生产整治"主动打、集中打、合成打"组合拳，严厉打击烟花爆竹非法生产、非法经营、非法运输行为，不间断排查整治，形成负责干部联协会、协会联农户、主要负责干部带队巡察的长效机制。严密监控境内50多户烟花爆竹企业从业人员去向，严防退出企业从业人员"回流"作业。定期对企业进行安全检查，加强学校、医院等重点单位的安全排查。开展校车整治专项行动30余次，查处非标准校车接送学生1台、无牌无证校车1台、屈原跨区域运行校车87台次。二是群防群治，社会治安保障有力。2017年，三塘镇聚焦公众安全感，有效预防重大或突发性事件发生，搭建综治信访维稳工作平台，联合边界乡镇黄金乡、营田镇、东塘镇成立"平安边界调解促进委员会"，实行"天网行动"，投入资金100万元，在全镇16个路口、人员密集区，安装高清摄像头20个，全面进行阳光布控。加强平安创建，突出村为主，建立"镇负责干部包片、镇干部包村、村组干部包户"的矛盾处理机制，积极开展平安创建活动，打击各类违法犯罪，保障优化经济发展，社会风气持续好转。

（陈嘉明）

三塘镇主要负责人名录

书　　记	戴卓伟
镇　　长	王　雄（至7月）
	任　剑（7月任）
副 书 记	李新颜
人大主席	易艳红
政协联络办主任	甘德祥
纪委书记	周　亮（至9月）
党委委员	谢胜军（副镇长）
	吴　伟　汤彩英
副 镇 长	谢　俊
人大副主席	汤国平

玉华镇

【概况】玉华镇位于湘阴县东南部，西北与洋沙湖街道办事处接壤，南和金龙镇相邻，东面依托鹅形山脉与汨罗市高家坊镇相望，距省城长沙26千米，离县城13千米，区域面积45.91平方千米。辖芙蓉村、胜利村、鹅形村、红旗新村、东福新村5个行政村，184个村民小组，4630户，总人口21945人，耕地面积1220公顷，林地面积2133.33公顷。2017年，玉华镇以建设"左公故里，美好湘阴"为总目标，以科学发展为主题，以自身建设为抓手，以群众满意为目标，坚持现代农业稳镇、旅游产业富镇，崇文重教兴镇、生态环境美镇、和谐社会安镇的发展战略，创新社会管理，保障和改善民生，全力打造宜居、宜游、美丽、和谐的新玉华。

【夯实基层党建】选优配齐村级班子。截至6月2日，玉华镇依法依规依程序选出38名村支两委班子成员，顺利完成村级换届选举，并从基层党建、精准扶贫、财务管理、卫计知识四个方面开展两期村干部履职培训；加速推进平台建设。全镇1个装配式新建和5个改扩建的村级服务平台建设，有天鹅社区、红旗新村和鹅形村3个村完成改扩建，顺利通过验收，其余3个完成70%主体建设；集中开展党员活动。组织全镇党员干部学习中共十九大精神；开展“七一”庆祝活动，22个党支部开展“四种精神”讨论会；开展集中缴纳党费活动；机关党支部开展“巴陵先锋党员活动日”；持续完善组织建设。4月，完成非公有制经济组织和社会组织情况摸底，6月，新建铁香茶叶、锦逸农业开发、玉华汽配公司等3个“两新”组织党支部；完成全镇742名党员信息录入工作，引导党员关注“红星云”，督促党员在网上开展学习。

【经济发展态势】主要经济指标全面实现。2017年，全镇GDP10.6亿元，同比增长7%；实现财政收入1122万元；农村人均纯收入14566元，同比增长19%。完成工商税收192万元。全镇各项经济指标如期实现，为镇域经济的持续、健康、快速发展打下坚实的基础；绿色产业基地初步形成。充分发挥华康食品与铁香茶叶“公司＋基地＋农户”的运作模式，使企业与农户形成利益共同体，实现互惠互利。积极与远大集团合作，推广无公害绿色有机水稻、蔬菜种植80公顷，每年为群众增收200余万元。大力开展“三年绿化行动”，植树140余万株，投入资金在文玉路补植桂花树、红叶石楠1000株，打造开发区至鹅形山的绿色通道；生态旅游产业雏形显现。充分依托鹅形山省级森林公园青山、流水、云海的优势，大力发展生态休闲农业，全镇发展农家乐41家，其中锦逸农庄占地面积20公顷，集餐饮、住宿、会议、娱乐、体育为一体，吸引不少游客前来参观游玩。年内全镇形成吃农家饭，住农家屋，享农家乐，集旅游、休闲、娱乐为一体的生态旅游雏形，全年到鹅形山游玩的游客12万人次，农家乐创收近900万元。

【兴办实事】精准扶贫促进脱贫。重新精准识别贫困人口，清退“四类人员”和富裕户267户773人，新增纳入“五类人员”82户261人，全镇系统内现有贫困户450户1401人；13户易地搬迁竣工验收；产业扶贫14户，为每户争取资金4万元；超额完成金融扶贫任务，为66户贫困户争取到扶贫贷款资金294万元。互联网电商平台产业扶贫，鹅形村连网湘阴县运营中心一起打造农产品上行和商品下行的共享平台，利用平台销售鹅形山黄金笋干，小斑竹笋子。年内销售笋子200余公斤，创收11000余元，后期将用公司十农户的形式，在鹅形山1240公顷的山林中种植蘑茹、香菇、木耳等山珍，打造鹅形山“山珍”干货的地理商标；民政事项惠及民众。全镇各村、社区公开阳光评定低保户301户，按计划要求减少70余户。救灾救济方面，协助县民政局对9户倒房屋和43户损房户核灾，申请救灾资金，3户倒房户启动房屋重建。30户危房改造竣工并验收，下拨资金56万元。完成全民参保和劳动力转移数据录入。30户残疾人房屋厨卫无障碍改造全面启动；农林水电提标扩面。完成第三次全国农业普查。完成全镇5个村1个社区土地确权工作。完成早稻集中育秧。发放农药，引导农户对稻田进行病虫防治。加强监管，保障产值，严禁种粮户“双改单”。耕地地力保护费用按时足额打卡发放到农户。完成“一事一议”财政奖补项目3个。推行“河长制”，成立河长制工作领导小组，制定“河长制”实施方案，安排部署全镇辖区内河长制工作，各村支部书记任片区河长，负责各自辖区内的河沟整治工作的安排。修复6处水毁工程。除险加固红星水库、铁岭塘2座小二型水库。临时处险18处。举行座谈会，对胜利水库胜利村翻身组和胜利组水费征收问题实施听证讨论并形成协议。完成胜利村、芙蓉村、天鹅社区3个台区农网改造。全镇新增低压线路3100米，销撤低压线路2000米，增加变压器容量290千伏安。

玉华镇开展地质灾害应急演练（2017年摄）

【规范整治】规范村民集中建房。全面落实上级要求，对芙蓉北路沿线1000米和鹅形山实施房屋禁建，5栋以下建房不批相关手续，引导村民集中建房。在天鹅社区七方冲组打造集中安置点，面积4.17公顷，计划建房84栋，年内完成勘测、征地，并在协调拆迁；大力整治全域卫生，大力宣传，投入资金在镇机关和各村配备大型宣传栏14处，配齐设备，5个村1个社区全面配齐垃圾分类桶实行垃圾分类。协会履职，各村、社区成立自治组织环保理事会，对各村环境卫生进行监督，按每户60元的标准收取16.5万元环卫经费。兑现奖惩，召开全镇环境卫生讲评会，对卫生检查排第一和第二名的村分别奖励5000元、3000元，排名第一的部门奖励1000元，三季度玉华镇取得县全域环境综合整治工作东部乡镇第二名，湘阴县全域环境综合整治双月工作现场会在玉华镇召开；开创特色篱笆走廊。镇爱卫办创新工作思路，在文玉路入口通往鹅形山道路两侧打造竹篱笆围栏，利用本镇自产楠竹，对道路两侧村民的菜地和畜禽圈养地进行统一规范，保护环境同时达到精致美观视觉效果，颇具农家特色，令人耳目一新；提高建设管理水平。完成芙蓉北路玉华段房屋64栋、288缝门面的立面改造。全镇计划拆除“空心房”74栋14950平方米，砖瓦窑厂1座17316平方米，工矿废弃用地16座1941平方米，年内拆除砖厂1座，农户房屋81栋共计面积28386平方米；完成2公顷增减挂钩项目和1.2公顷复垦项目的勘探测绘和规划设计。

【社会大局稳定和谐】社会事业蓬勃发展。育人为本，德育为先，玉华中学、正材学校教育贡献突出，在2016—2017年教育工作目标管理中获评先进单位。居民健康档案进一步规范，乡村医师技术不断提高。胜利村扎实有效开展“扫黄打非”“清源”“净网”“护苗”“秋风”“固边”等专项行动，顺利通过省级验收，成为全省“扫黄打非”进基层示范点；卫生计生争夺红旗。玉华镇始终坚持“一把手亲自抓、负总责”，全年出生288人，政策内出生284人，政策外出生4人，符合政策生育率98.61%，免费优生健康检查和药具发放率均100%，流动人口匹配率98%，顺利通过省年度检查验收。不断加大公共卫生服务投入，加强疾病预防控制，整体健康水平和公共卫生安全得到基本的保障，公共卫生服务体系建设取得明显的成绩；文明风尚初步形成。大力推行移风易俗，通过会议发动、加大宣传、配齐设备和协会履职，全镇5个行政村和1个社区均成立红白理事会、道德理事会，制定村规民约，实行制度上墙，先后劝导红白喜事简办38起、2起未办，节约资金约80万元。贯彻落实殡葬改革，通过政策宣讲、会议发动、广泛征求意见建议，收集意见53条，最终在鹅形村成功选址公共墓地。配合开展文艺会演，镇文化站配合县纪委在玉华中心幼儿园开展“树新风”文艺汇演，到场群众300多名，以喜闻乐见的形式，宣传教育引导群众自觉摒弃陈规陋习，社会风气持续好转，节俭办事的意识深入人心，深得民心；安全底线卓有成效。紧盯牢抓信访维稳。对全镇360多个复员军人摸底造册；中共十九大特护期间，制定《玉华镇十九大信访维稳实施方案》，对全镇5位重点对象制定专门稳控方案，“五包一”监控到位。每天安排一名负责干部坐班接访，建立信访台账。保证镇接访热线24小时畅通。统筹安排综治民调。镇、村两级按要求开好“五会”。下发5036份民调问卷和5036份全县人民公开信。镇督查组每村随机抽取5户农户进行模拟民调，了解宣传效果；按每组2户标准，评选368户“平安家庭”。坚守保底安全生产。负责干部带队联合司法所、派出所对全镇企业进行安全生产检查，发现问题，及时整改。村干部对本村辖区内超市等经营门店进行安全排查。完善安全生产资料，整理归档。认真做好中小学、幼儿园的安全教育，及时整顿规范校车管理。加强对森林防火巡查值守，9月30日开展护林员、巡查员培训。全镇年内未发生一起安全生产事故。

（张　慧）

玉华镇主要负责人名录

党委书记	易宇峰（至7月）
	戴　翔（7月任）
镇　　长	杨建伟（至7月）
	任治国（7月任）
副书记	范　岳
人大主席	任治国（至7月）
政协联络办主任	李云飞
纪委书记	彭　洲
党委委员	杨卫星（副镇长）
	冯飞宇　余新艳
副镇长	蒋　骞（至5月）
人大副主席	程　广

金龙镇

【概况】金龙镇地处湘阴县最南端，原名界头铺镇，2012年1月经省政府批准正式更名为金龙镇，是湘阴县对接省长沙的“桥头堡”，是晚清爱国名将左宗棠、红军早期将领陈毅安的故乡。全镇辖香杉村、望星村、燎原村、金华村、金龙村和新兴社区。人口2.1万人，总面积47平方千米。金龙镇区位独特，交通便捷，优势明显。芙蓉北路和京珠复线贯通南北，武警直升机场进场公路横贯东西，北靠县城湘阴，南临省会长沙，距长沙北站仅24千米，属长沙半小时经济圈内，是全省“两型”社会试验区滨湖示范区的重点乡镇。2017年，镇党委、镇政府团结带领全镇干部群众，紧紧围绕“左公故里，美好金龙”奋斗目标，众志成城、砥砺奋进，全镇经济、社会、文化等各方面呈现良好的发展态势，获获湖南省美丽乡镇，全县综合绩效考评一类单位。

【优环境攻项目】充分发挥“对标对接南大门、项目建设主战场”地域优势，进一步落实项目征地拆迁工作主体责任，扎实开展控建拆违工作，不断加大辖区违建整治力度，成功拆除违建房屋42栋4860平方米。集中组织保护性施工10余次，严厉打击扰乱和破坏正常建设施工行为。完善镇、村干部包联重大项目责任制，发扬“白+黑”“5+2”的“骆驼吃苦耐劳”精神，完成湖南交通工程学院3个村122公顷征地，拆迁房屋12栋；完成湘阴县高新区项目80公顷征地，迁坟386余座，拆迁房屋52栋；积极协调岳望高速主线和武警机场公路项目建设，有效处理解决相关遗留问题69个。

【办实事惠民生】一是民生实事办理到位。投入500多万元完成水毁修复工程5处，清淤护砌塘坝6处，渠道清淤护砌12万米，机埠维修1处，对3座小二型水库进行除险加固；争取省市资金120余万元对青山滑坡险段进行修复，完成79户四类对象危房改造，7户25人异地搬迁。金龙垃圾中转站加快建设，年底完工并投入使用。保障性住房及配套工程全面完工，机关面貌焕然一新，干部办公住宿条件得到极大改善，群众办事更加便利。二是精准扶贫落实到位。严格按照市、县脱贫攻坚指挥部的部署和要求，坚持以贫困农户为重点对象，细化精准帮扶措施，攻坚薄弱设施建设，落实减贫责任，合力精准攻坚，以“四个突出”“五个一批”“六个精准”为抓手，认真开展精准识别、结对帮扶、问题整改等工作，2017年，脱贫72户255人，省级贫困村金华村整村脱贫，扶贫工作得到上级领导高度肯定，扶贫工作经验在全市推介，在全县模板示范。三是阳光低保评定到位。金龙镇严格按照“户主申请、入户调查、民主评议、乡镇审核、县级审批、公示公开”的程序，扎实推进农村低保和社会保障兜底脱贫“二线合一”对象认定清理整顿工作，杜绝人情保、关系保、拆户保、拼户保，全年评定低保对象194户，520人，对不符合低保但又困难的群众解决救助资金18万余元。无一人因低保评定上访，社会反响良好。四是临时救助发放到位。切实解决困难群众的突发性、临时性生活困难，全年发放临时救助金28万元，救灾资金40万元，发放抚恤救助金近5万元。五是养老工作服务到位。积极争取省民政厅、各级领导和社会爱心人士的支持，投入70多万元对敬老院进行翻新装修，新建日间照料中心，省民政厅福彩公益基金项目和湘雅医学与健康基金会高标准捐建敬老院卫生室，基础设施条件不断加强，功能逐步完善，老人生活愈发安逸。全年接收捐赠15次，现金6万元、物资30万元，院办经济全县领先，真正做到老有所养，老有所乐。

【抓治理整环境】一是集镇建设大提质。充分利用举办中国湖南国际旅游节契机，对芙蓉北路沿线83栋房屋进行风貌改造，路灯架设；完成毅安路、界樟路部分路段电力改造和弱电入地；成立金龙镇城管综合执法中队，按县城标准对集镇进行规范管理，整治集镇和芙蓉北路沿线店外经营25处、取缔临时摊点15处、拆除立式广告标牌120块、拆除违章搭建棚亭109个、清运成堆垃圾16处、清理乱堆乱放建筑材料27处。集中开展空心房整治行动，先后拆除空心房113栋、11000平方米。二是环境整治大提升。建立“户分类、村收集、镇转运”的模式；完善配套设施建设，配置分类减量垃圾桶4000套，加快垃圾中转站建设，分村成立环保理事会；进行市场化运作，与保洁公司签订环境保洁和垃圾转运合同，并在芙蓉北路、集镇及美丽乡村环线试行上户回收垃圾；加强督查考核，实行微信平台管理，设立绩效考核制度，运行日巡查、周通报、月评比机制，环境卫生管理水平、群众意识、整体效果都有显著提升，常年位于全县前列并在第三次环境卫生双月考评中获东部乡镇第一名。三是美丽乡村大突破。根据“五美三宜”总体目标，贯彻落实省委副书记乌兰、市委书记胡忠雄在示范片调研时提出的具体要求，以“生态康养谷”为建设定位，主要突出“五个一”建设重点。调整优化规划布局。聘请浙江大学建筑设计研究院编制示范片总体规划，通过对示范片区位、资源、人文优势分析，经过4次调整完善，编制金龙示范片美丽乡村建设总体规划和基础设施、公共服务、生态保护、产业建设等专项规划。加大环境综合整治。成立环保理事会，配齐村卫生保洁员，组织环保理事会收取环境卫生费；对界华路沿线可视范围每户重新配发并固定安装分类垃圾桶，并建设三格池污水净化设施350个，改厕32户，设立田间农资废弃物回收点26个。推进基础设施建设。完成美丽乡村主干道界华路扩宽铺油建设，完成2个电力台区增容、2千米农村电网改造、4千米电力杆线迁移，弱电线路全部入地，有线电视入户，全面启动新增粮食产能田间工程和农村安全饮水工程建设，11处塘坝、14条渠系去污增容、护坡衬砌启动建设。完成4千米自来水主管网建设，实现自来水入户率100%。示范片内唐家坊小学、中心幼儿园、敬老院标准化改造完成。加快民居风貌改造。采取统规户建、以奖代投的模式，全面完成界华路沿线7个居民集中点的236户房屋立面改造，对入户电线、网线全部下地、上墙、入户。按照“一庄一景、一院一韵”的原则，聘请市园林绿化设计院对公共区域和庭院进行规划设计，开展屋场整治、庭院改造，以及文体广场、道路硬化、绿化亮化等基础设施建设。加强乡风文明建设。大力开展“刹人情歪风、治婚丧陋习、树文明新风”专项工作，组建合垅等4个屋场管理委员会，成立红白理事会、道德评议会、环保理事会、劝导队、青年志愿者等队伍，劝导婚事新办、丧事简办35起，其他宴席不办42起。完成以传统文化和左宗棠文化为内涵的130幅农户对联制作安装，完成19处文化墙绘制。加强农业产业建设。年内先后与省中医药管理局、交通工程学院、中旅联盟、湖南云景生物科技有限公司等进行多次洽谈，村里成立四家土地合作社，与农户签订土地流转同意书，推动土地流转，栽种油菜106.67公顷。

【守底线保稳定】一是干群联治，综治维稳稳中有升。深入推进依法治镇，创新社会治理，扎实开展普法教育，坚持用法治调处社会矛盾问题。全年调解排查民间纠纷92件、其中重大疑难纠纷8件，有效化解信访案件25起，持续开展社会治安集中整治行动，依法严厉打击“三堵一闹”和“三强”行为。开展禁毒工作进校园活动，组织学生参观戒毒所，观看禁毒知识宣传片，提高学生毒品防范意识。建立金龙镇综治中心，深入开展网格化管理，成立屋场管理委员会，形成点线面相结合、打防管控相结合的治安立体防控体系，巩固平安金龙创建成果。全年综治民调排名位于全市45名，望星村、香杉村、新兴社区位于全县前50名。二是干群联防，安全生产稳中有为。深入开展安全生产专项整治。党政领导带队检查各类安全生产30余次，先后组织各类执法活动160余次，检查生产经营单位275家，下达执法文书512份，吊销许可证照5个，排查整改安全隐患496处，打击各类非法违法行为12起，收缴销毁违禁烟花爆竹约3万余元，勒令195家烟花爆竹门店退出经营。深入开展“安全生产月”活动，对镇属企业开展安全生产教育培训10余次，积极指导企业、单位开展各类应急演练，提升企业和群众对突发事故的应急处置能力。三是干群联手，卫计工作稳中有进。一方面做优计划生育工作，结合2017年村（居）“两委”换届，按照“年轻化、知识化、女性化”的标准，配齐配强村级计生专干，对镇、村计生工作人员进行系统化培训，提高其业务素质。年内金龙镇生养信息上报及时率、妊娠信息上报时效性和避孕信息上报时效性均高于全县平均水平，计生工作位于全县前列。另一方面加强基层医疗服务建设。启动村级卫生室建设标准化改造，金华村村级标准卫生室建设完成，香杉村村级标准卫生室动工建设，各村级卫生室提质上档工作有序推进，金龙镇基层医疗卫生和公共服务能力明显增强。

（刘诗诗）

金龙镇主要负责人名录

党委书记	杨　林
镇　　长	杨剑峰
副书记	金　胤
人大主席	顾应龙（5月任）
政协联络办主任	刘铁辉
纪委书记	夏　阳
党委委员	戢凯波　何建军　余　意 甘佑龙（7月任） 黄　景（副镇长）
副镇长	任　超（11月任）
人大副主席	邵红漫

樟树镇

【概况】樟树镇位于湘阴县西南部，南临长沙望城区，东、北与金龙镇、静河镇相邻，西抵湘江。樟树镇是两型社会滨湖示范区湘阴县城南三个重要组团之一，水陆交通便利，区位优势明显。镇区距湘阴县城仅13.6千米，距长沙黄花国际机场仅1小时车程，距长沙霞凝深水港仅13千米。樟树港历来为长沙下游至洞庭湖的一重要码头，是商家必争之地，水上商旅沿江可南上长沙、衡阳、北下岳阳、汉口，西至益阳、常德，东抵汨罗、平江。樟树镇是有名的人文之乡和生态之乡、武警长沙直升机场所在地、湖南省特色旅游名镇、岳阳市文明乡镇、重点建设的全省100个特色旅游小镇之一。全镇辖金台山村、农家新村、柳庄村、兴源村、祥源村、柏金港村、文谊新村、樟树港社区，286个村民小组、6111户，总人口2.69万，总面积55.19平方千米，其中耕地面积1633.33公顷。集镇建成面积1平方千米，居民3500人，是湘阴县八大中心集镇之一。樟树镇物产资源丰富，香辣椒、西瓜、柑橘、藠头、茶叶、油茶、土菜等农副产品畅销省内外，其中樟树港香辣椒味道独特、糯香盈口，每年上市的新鲜辣椒价格一度达到520元/公斤，市场供不应求。2017年，樟树镇围绕全力打造“产业新镇、湘江古镇、礼佛重镇、文化名镇、休闲乐镇、特色水镇”建设目标，带领全镇上下攻坚克难、务实创新，经济和社会事业发展取得一定的成效。

【助力产业转型】一是特色小镇蓝图初现。作为全县特色小镇重点建设镇，樟树镇就先后深入望城靖港镇、长沙县金井镇进行专题学习。确定以PPP模式建设特色小镇的指导思想。卧佛山景区建设项目成功申报2017年市级重点工程。编制樟树镇特色小镇建设规划书，基本确定武警长沙直升机场进场公路西侧约10平方千米的范围为控建、控伐区。积极申报产镇融合示范镇、军民融合示范镇、国家级和省级特色小镇等项目。做好垃圾中转站、污水处理厂、公益性墓地的选址、规划工作；完成湘江北路、城湘大道、法华寺重建等重点项目的大量前期调查摸底、再建再葬基地选址工作。湘江右岸堤防加固工程前期准备工作顺利推进。湘江北路征地拆迁工作启动。二是精准发展现代农业。不断加大樟树港蔬菜品种提纯复壮力度，发展绿色高效特色农业。樟树港辣椒种植面积233.33公顷，总产3000多吨，总产值1.5亿元，解决2980人就业，帮助70户162人实现脱贫。文谊新村获评国家农业部一村一品示范村，成为湘阴县第一个获评国字号称号的村。樟树港辣椒、黄瓜于10月成功获评农业部国家地理标志农产品称号。三是加速农旅融合新格局。加速一、二、三产融合发展。突出柳庄等龙头景区带动，重点打造阳雀湖生态农业、兴源五星级休闲山庄等乡村旅游精品景点，加快发展休闲农业、观光农业。成功举办湘阴县第二届乡村旅游暨辣椒节，吸引湖南卫视、《湖南日报》等20多家省市主流媒体和省内外知名企业，5000多名游客参与，并与省湘菜产业促进会签订战略合作框架协议。全国6家知名连锁餐饮企业与本地辣椒种植企业现场签约，6家企业参与辣椒爱心认购活动，筹集爱心扶贫款14万元，活动产生经济效益7000万元。

【建设品质樟树】一是大力加强环境保护。引进专业保洁公司实施环境卫生市场化运营机制。实施全域道路美化工程，在沿线公路种植树木780株，新装路灯240盏，在39千米镇级主干公路沿线全部种植四季花草。切实推行河长责任制，将2.2千米河道和200公顷水域实行河湖保洁市场化运作，推动河湖常态化管理。严格控制适养区养殖场的审批，依法拆除禁养区牲猪养殖户5户2883平方米，另与9户养殖户签订退养合同。拆除1户文物保护区养殖场。责令环保不达标的巡山湘峰食品公司和光大食品强制退出，拆除亲爱砖厂烟囱，确保环保无污染。二是“空心房”整治超前完成任务。截至12月，全镇拆除空心房259栋44238平方米，超额完成目标任务，获得县主要领导充分肯定。三是规范建房，控建拆违成效初显。全面停办五户以下村民个人分散建房的审批手续，坚持100%按图建房和加强施工管理。在樟树港社区一期林家塘组建成46户村民集中建房点，在祥源村规划建设55700平方米村民集中建房点，柳庄村规划建设26718平方米村民集中建房点。结合湘江北路项目建设，在文谊新村规划建设4.93公顷高标准集中建房点，年内完成选址、测绘，年底基本建成。同时，坚持铁腕控建拆违，全年拆除违章建筑11处4260平方米，其中，联合县控建拆违办组织130余人开展强制拆除行动1次，拆除违法建筑3处1850平方米，督促违法建设对象自拆违法建筑8处2410平方米。四是不断提升镇域基础设施建设。全镇新硬化公路5.8千米，其中文谊新村1.7千米、农家新村1.3千米、祥源村0.45千米、金台山村1千米、柏金港村0.85千米，樟树港社区0.5千米。拓宽改造文谊新村文泾片区2.7千米老路，争取上级资金100万元对镇内主干道樟祥线5.7千米进行全面维修维护。全年整合资金475.5余万元对全镇水利设施进行改造。截至12月，全镇全年共修水利开工47处，完工31处。全年投入95万元铺设2.1万米自来水主管道并加强饮用水管理，使群众吃上放心水。重点对扶贫村荻新村进行全面农电改造，自筹资金12万元对周正安置区再建基地进行全面电力整改。

【民生事业发展】一是脱贫攻坚聚力推进。全镇现有建档立卡贫困户586户1822人，在上半年清理整顿行动中，全镇清理四类对象以及其他不符合贫困户条件人员217户511人。组织60名各级人大代表开展“我为脱贫攻坚争贡献”系列竞赛，结对帮扶困难户104户。开展展鹏手套厂送“岗”上门行动，为36人（户）贫困失业妇女提供工作岗位。全年有12名贫困学生享受雨露计划补助，4名新考取的大学生申请到泛海助学行动，65名学生得到帮扶单位和社会捐助，60户贫困家庭获企业爱心帮扶。二是民生保障力度加大。全年发放低保经费134万元、临时救助款11万元、救灾资金14.29万元、残疾人补贴21万元。投入50余万元对敬老院进行升级改造。成功完成危房改造107户。帮扶贫困人口劳动力就业172人。收取养老保险金120万元、合作医疗450万元。全镇合作医院报销653万元，做到应收尽收，应保尽保。争取60万元资金新建樟树中学校车专用停车场、篮球场、农民远程技术学校、教职工文化中心等。争取资金10万元解决贫困学生保健保学费。三是社会大局和谐稳定。大力推进平安创建和综治民调，加强安全监管。先后调处各类矛盾纠纷30余起，无一起因调处不及时引发民转刑案件，无一起因调处不当引发群体性事件。始终保持严打高压态势，及时打击流窜到本地入室盗窃3人团伙。扎实推进综治民调和平安创建工作，评议平安村2个，平安组23个，平安示范户30户。严厉打击烟花爆竹非法生产经营，依法取缔3家非法生产甩炮的家庭作坊，关停80多家非法经营演化爆竹经营点，清缴和集中销毁价值5万多元的烟花爆竹。四是计生工作稳守底线。全年出生人口430人，符合政策生育率为97.67%；性别比为107：100，完成长效避孕措施78例，补救措施24例，完成孕前优生检查229对，超额完成任务，完成卫计监督180余次，发放卫计监督文书400余份。全年国家奖扶享受对象217人，特扶对象15人，五是防汛抗灾众志成城。在7月的洪灾中，全镇有1110公顷农田被淹，133.33公顷农田早稻减产或绝收，154.13公顷鱼塘串塘受灾，18栋房屋倒塌，损毁道路、桥梁、塘坝、电力等基础设施84处，紧急转移人口522人。全党员干部齐心协力抗洪救灾，出动劳力3500人次，处险31处，特别是成功解决文泾港南撇洪渠重大脱坡险情、文泾港南撇洪闸出水口管道崩塌险情，确保群众的生命财产安全。五是村级服务平台建设进展迅速。顺利完成8个村（社区）“两委”班子换届，村级服务平台建设顺利完成建设任务，2个新建、5个改扩建村级服务平台完成主体工程，1个新建装配式村级服务平台完成镇村负责的基础工程。

（谭　周）

樟树镇主要负责人名录

党委书记	李　山
镇　　长	廖　昱
副 书 记	柳　锋（至11月）
人大主席	王　道（至5月）
纪委书记	李云辉

党委委员 张建龙　刘志伟
副镇长 易新武　陈　毅
　　　　周树雄（9月任）
人大副主席 文　雯

静河镇

【概况】静河镇位于湘阴县南部，东与文星镇、袁家铺镇相连，南与界头铺接壤，西与樟树镇相邻，北依湘江与城西镇隔江相望。1995年10月，由原安静乡和湾河乡撤并组成静河乡，2016年1月，撤乡设镇，由静河乡更名为静河镇。现属长株潭两型社会试验区滨湖示范区重点发展的88平方千米的规划设计面积之内，辖湾河口村、油路口村、清湖村、金兴村、共荣村、黄金村、水山村、龙潭寺村、红旗村，共246个村民小组，总面积60.9平方千米，总人口30153人，耕地面积1471.53公顷，山林面积952公顷。2017年，静河镇党委、镇政府带领全镇干部群众，以经济建设为中心，发挥党的领导，加强班子的龙头作用，抓关键、突重点，统筹兼顾，全镇社会各项事业稳步发展。

【夯实党建基础】一是配强党建工作力量。构建专职副书记牵头、组织委员专抓、组织干事指导、村组织员具体实施的党建工作网络。二是"两学一做"常态化，坚持把推进"两学一做"学习教育常态化制度化工作作为主线，贯彻党建工作始终，精心谋划、周密部署，规定动作落实到位，自选动作亮点纷呈。积极宣传、营造氛围。先后组织负责干部、村支两委成员和基层党员层层召开动员会议，对推进"两学一做"学习教育常态化制度化工作进行全面部署，使全体党员干部深刻认识学习教育的重大意义，准确把握主要任务；通过广播"村村响"、横幅标语、微信群聊等方式，抓实抓细宣传发动工作，营造人人了解、人人关注的浓厚氛围。并召开村组大会，鼓励全体党员关注党刊微信"红星云"。多措并举、精准发力。精心组织送党课下基层活动，党委书记、负责干部分别深入到联点村，带头为党支部党员讲党课，为确保党课质量，该镇还专门为每个党支部订购下发《党员干部党课精编》等学习资料，为基层党员提供针对性的学习指导，确保广大党员学有所教、学有所获；从严规范"三会一课"制度，督促各党支部认真落实"三会一课"制度，坚持从严从实规范党内组织生活，明确要求各党支部党员大会至少每季度召开一次，党支部委员会每月召开一次，党小组会每月召开一次，党课每月不少于1次，以不断提高基层党组织生活质量；三是村级综合服务平台建设稳步推进。根据"简洁、便民、实用、上网"的总要求，制订村级综合服务平台建设方案，通过有效整合镇和村级公共服务平台的场所、设备、人员、经费等资源，全面完成10个合并村（社区）的改扩建和新建任务，建立集公共教育、社会保障、医疗卫生、文化体育、扶贫脱贫、国土、计生、民政、人口、党建等于一体的多功能综合服务平台，更好地满足人民群众的服务需求。

【项目建设】突出抓好湾河吹填工程，争取投资近4000万元，吹填面积20公顷，为加快静河镇城镇化建设步伐奠定良好的基础；加大涉农涉水资金整合和项目捆绑实施力度，投资96.96万元，对镇域8.08千伏安、10千伏线路进行网改，投资92万元对3个村4台低压台区进行改造升级；投入300余万元，对安静集镇、青麦集镇道路白改黑实现全面覆盖；哑河治理工程投入120万元对3000米长的险情堤坡处进行维护加固；贫困村黄金村引进光伏发电项目，投入42万元占地1000平方米，建成之后年收益5万元，于8月并网发电，该光伏发电既可调整能源结构，又能改善百姓民生，做到经济效益与社会效益双丰收。

【农业生产】高效完成第四次全国农业普查及2017年度农业三项补贴工作的录入工作；争取一个全省大棚密室育秧项目工程，落实晚稻机插秧面积160公顷，成功申报3家示范性家庭农场。加强农技推广体系和农技队伍建设，推广农业新品种、新技术和农业机械化、标准化生产。新购置中央创新农机3台，农民获得补贴5.75万元，其中湾河口社区义和农机专业合作社被县农机局定为"洞庭湖粮油机械化工程"示范点。7月面对大汛大灾，投入防汛经费117万元，处险32次，投入劳力800人次，在上级领导和干群奋力下打赢本次防汛战，让群众农田损失降到最低。

【社会大局】坚持领导干部带队检查安全生产工作制度，对辖区内的加油站、液化气站、渡口码头、烟花爆竹存贮点进行无死角排查摸底。9月22日迎接国务院安委会的督查中，查看静河镇的许家厄渡口，该镇安全生产工作受到中央、省、市领导肯定；计划生育方面，高效完成各项基础工作的同时，于9月4日至9月13日，历时9天赴广东征收社会抚养费12万元，在辖区内进行水域、学校卫生监督，确保卫生安全；为迎接中共十九大的召开，该镇对涉军、重点上访人员实行三包一制度。镇、村、组三级监控重点人员，通过上门上户做工作，确保矛盾化解在源头。

【民生事业】高度关注社会弱势群体生活，加大临时救助力度，发放临时救助资金3万元。低保家庭实现应保尽保，严格推行阳光评定、公开透明、动态管理，对不符合享受低保政策的对象，通过召开村级党员大会坚决取消其资格。扎实做好精准扶贫工作，严格按政策、按要求、按程序对贫困户实行精准识别，不符合条件的一律删除，符合条件的一个不漏的纳入，精准识别工作开展以来，危房改造50户。易地扶贫搬迁10户，发放贷款108万元。

【打造宜居乡镇】大力推进“三格”“四格”化粪池的普及使用，显著改善城镇环境面貌；根据县委、县政府安排，下大力气控制违章建筑，对静河镇辖区的14家猪场进行拆除，年内拆除11家1.6万平方米。空心房拆除93户14754.4平方米，发放拆房补贴584762元；加大环境卫生检查督查力度，严格实行月考核、季讲评，做到环境卫生常态化。以村为单位分户收取一定数量的保洁经费，每户每年收取60元的保洁费用，鼓励农户多交，实行贫困户减半，五保户免交，但力所能及的每月做一天义务劳动。同时，镇政府以奖代投，在相关收费期限及收费农户达到一定基数的基础上每户补助10元，先后收取26.84万元保洁经费，用于村环境卫生整治专项经费，在全镇10个村（社区）中，8个村（社区）完成80%以上的收取比例，在全县半年度全域环境整治评比中获得第二名。

（张一夫）

静河镇主要负责人名录

党委书记	王献平
镇　　长	贺　立
副书记	甘　宇
人大主席	黎景光
政协联络办主任	周兴旺
纪委书记	张建龙
党委委员	蒋建芳　张　浪（至8月）
副镇长	陈　磊　戴雄平（9月任）
人大副主席	何　鑫

鹤龙湖镇

【概况】鹤龙湖镇位于湘阴县中部，四面环水，东隔湘江与白泥湖乡、文星镇、静河乡相望，南隔湘江与岭北镇相邻，西隔湘江与新泉镇、湘滨镇和杨林寨乡相依，北为浩渺的横岭湖。地势低洼，历史上为湘阴县蓄洪垸区，又称“城西垸”，镇域总面积140.49平方千米。辖14个行政村、5个社区居委会。即新河村、兴联村、鹤龙村、鹤龙湖农场社区、保合社区、东风村、仁合村、联星村、浩河社区、湘江村、华西新村、南阳渡社区、仁和村、古潭村、龙江社区、普和村、湘裕村、保和垸村、阳雀潭村，共613个村民小组，总户数20748户，总人口73730人。2017年，鹤龙湖镇紧紧团结和依靠全镇广大干部群众，以保稳定强民生促发展为抓手，锐意进取、真抓实干，全镇经济社会发展取得新突破。

【镇域经济】一是重点项目有序实施。突出湖乡特色，做活“水”文章，提亮优势，发展美食旅游经济。加强上下对接，认真申报和包装“河湖连通、全国特色小镇、省美丽乡镇”等项目。理顺现代农业发展思路，推广建设新河村“稻蟹稻虾联作、湘莲瓜果蔬菜采摘、垂钓等现代观光休闲农业体验基地”。积极开展供销合作社综合改革工作，率先完成“两组织一平台”建设，成为观摩点，并在全县供销合作社综合改革现场会上作为唯一典型作经验介绍。作为产粮大镇，面对种粮大户“融资难、融资贵”的问题，积极探索新方式，在新河村协办湖南省“惠农担·粮食贷”新产品发布会暨签约仪式，大大提高农户的生产积极性。二是硬件设施全面夯实。面对财政资金困难与集镇发展需求的矛盾局面，镇党委、镇政府积极想办法争资引项，完成集镇绿化及市政设施维护维修、荷花公园提质改造、鹤龙湖水产品交易市场建设等工程。投资100余万元，新建公共绿地3处8000余平方米，栽植各类树木600余株，铺设常绿草坪7000余平方米，在道路两侧培育波斯菊2000余平方米；安装LED灯箱108盏，修复破损路灯20余座、破损花坛40余处、破损下水盖板200余米等；投资80万元，种植各类观赏荷花800余株，绿化空地3000平方米，督促荷花公园装饰美化主题餐厅4000平方米，改造休闲小木屋12处、走廊450米；投资280万元，在鹤龙湖加油站及鹤龙湖农场社区、保合社区新建水产品交易市场4200平方米，配套完善水、电、路、公共卫生等基础设施。充实城管执法中队人员力量，全面拆除集镇区121个违规搭建螃蟹棚亭和308省道等主干道206块立式广告招牌，规范建设2个水产交易市场，基本实现市场行为有序经营、规范管理。三是旅游三产跨越发展。由镇政府引导，整合本地经营门店业主和资源，注册、回购“鹤龙湖”商标，组建湘阴县鹤龙湖旅游开发有限公司，并成功签约广东盛世商潮网络科技有限公司，开启鹤龙湖大闸蟹网络营销之路，新增3000万元线上销售额，全年实现总产值8000万元。举办鹤龙湖镇湖鲜美食“十大名店”创建评选活动，结合“蟹都鹤龙湖”微信公众号的网络投票，打造鹤龙湖特色美食餐饮行业标杆。服务湖湘美食文化节，打造鹤龙湖绿色食材基地。前往益阳市资阳区参观紫薇景区和云梦方舟国际度假区，学习文化旅游开发工作经验。实施PPP项目开展招商引资，赴深圳实地考察世界500强企业正威国际集团，并邀请相关负责人实地考察鹤龙湖镇，进一步推动文旅特色小镇项目落地。积极申报总投资8000万元的省级现代农业示范园基地。

【环境治理】环境治理卓有成效。作为环境卫生创建试点镇，打造联星村、新河村、仁合村、东风村和保合社区等样板点，积极组织全镇干群开展全域环境卫生大整治。大力推广垃圾分类，实现垃圾处理“资源化”“无害化”“减量化”，连续夺得全县半年度和第三季度全域环境综合整治红旗。以中央环保督察为契机，建成3处人工湿地，居民生产生活污水达标排放，大湖水质生态环境得以改善，成效明显。推广“三改”工程，建成农户污水处理三格、四格池948套。开展畜禽污染防治行动，拆除非法养殖场（户）31家、5600多平方米，严令各村（社区）不再批建任何养殖场。着力打造“特色森林小镇”，联星村获评省级美丽乡村创建示范村，新河村获评市级美丽乡村，并积极申报2018年省级美丽乡村，其生态旅游建设成功经验在《湖南日报》刊登推介。扎实推进“绿色村庄”“两型村庄”创建。镇村面貌焕然一新。充分利用老乡政府、学校、卫生院等闲置资产，整活资源，总投资1350万元，全镇19个村级服务平台主体封顶和装修完成100%，在全县处于先进行列，其中16个改扩建平台全部竣工投入使用，2个传统式示范型新建平台完成主体封顶，进入室内装饰装修阶段，1个装配式示范型新建平台年底前实现主体完工。作为全市引导村民规范建房试点示范镇，坚持节约土地的原则，精心打造保合、龙西和潭堤3个集中建房示范点，其中保合点成功通过验收，并多次接受市县领导的检查；大力推行散户连片建房，实现村民建房零散新建“零审批”，规范审批村民原屋改建或居民线拾遗补缺新建120户，全部要求按图建房。在全县开创“空心房”整治的先河，拆除“空心房”675栋，拆除面积6万多平方米。打造湘裕村为全县样板点，在市长刘和生的现场考察中获得高度肯定，成为市县有关部门调研的参考对象和兄弟乡镇竞相学习的模范标杆。同时，将“空心房”整治与土地增减挂、宅基地复垦项目紧密结合，得到县委的专题通报表扬。

【基础设施】围绕“大灾促大干”，大办民生水利，突出险工处理、沟渠疏浚和水毁修复工程。抓好电排站改革、公路拓宽硬化、危房危桥改造、跨港跨渠桥梁护栏建设、农村安全饮水工程建设、农网改造、企业渔场提质升级等硬件建设。投资40万元，重点规划新建古塘和北闸2处外河抗旱机埠。投资20余万元，完成2处二级机埠改造、四门闸坝堤闸门重建、城西电排渠控水闸阀改造和古塘渔场排渠护坡修缮等工程。新、改建机耕道30千米，清杂疏洗城西渠、革命渠、城西支渠等主要水系18.97千米和其他干支渠30千米。开工修复6处水毁工程，完成土方1040立方米，混凝土270立方米。新建桥梁3座，拓宽硬化道路36千米，危房改造录入1651户、完成施工140户。大力实施农村安全饮水工程，解决750户农户的饮水安全问题。推广稻虾养殖80公顷、“三一栽培技术”育秧试点3.33公顷、再生稻实验示范片26.67公顷、集中密室育秧示范基地333.33公顷、机插秧

660多公顷、水稻飞防除草实验示范基地20公顷，实现飞防服务533.33公顷。创优施工环境，协调推进伍益高速、丁古线电力线路改造等重点项目顺利实施。

【民生事业】综治维稳全面加强。坚持“阳光信访、责任信访、法治信访”，实行网格化管理，主动排查调处矛盾纠纷180余起；实行领导干部带班接访、信访车流动接访、镇村干部入户走访、矛盾纠纷排查化解、信访积案清零等制度，及时处理信访事项121起，其中县委批示件3起、县政府批示件15起、市长信箱转送件2起、县信访局交办件11起、网上信访件90起，办理12345热线工单360余条。全年实现进京、赴省、到市“零非访”，获得市、县信访局的充分肯定，县信访局推荐申报岳阳市优秀业务单位。各部门整体联动，社会大局和谐稳定，浩河派出所破获刑事案件8起、查处行政案件15起，抓获各类违法犯罪人员35人；司法所新接收社区矫正对象5人、安置帮教4人，无一例脱管漏管；禁毒办开展禁毒宣传教育入校园活动，建档帮教戒毒康复人员47人；积极开展平安创建工作，县综治委推荐申报岳阳市“十大平安”创建示范单位。安全生产成效显著。针对烟花爆竹打非清缴专项整治，开展4次多部门联合执法行动，查处非法经营、储存店铺168家，收缴销毁经济价值达6万余元的各类非法储存烟花爆竹，有效规范52家烟花爆竹持证经营点，全面捣毁非法生产摔炮窝点，让非法生产烟花爆竹在鹤龙湖镇无立足之地，获得副市长唐文发的高度认可，在全县安全生产工作讲评会上，鹤龙湖镇作为唯一典型发言。实行领导干部带队检查，取消3台跨区域营运校车，实现安全生产全年“零事故”，得到省安监局局长李大钊的充分肯定，接受市安全生产全面检阅，并代表湘阴县成功通过省级“安全生产示范县”验收。应急管理工作代表湘阴县顺利通过省级检查。民政扶贫精准发力。立足“精准”二字，对所有建档立卡的1500余户贫困户逐一上门调查，将不符合建档立卡条件的“四类人员”和识别不准的贫困对象698户2295人清理出去，将符合条件的低保户、残疾人户、重灾户、移民户、大病重病户194户529人依程序纳入。重点对脱贫户开展“回头看”，及时发现和纠正“脱贫不实”问题52个，返贫32户。落实结对帮扶，2名联乡镇县级领导、84名一书记后盾单位干部、167名镇村干部和“两代表一委员”，共结对帮扶贫困户570户1824人。制订帮扶计划，落实各项帮扶措施，2017年脱贫174户、680人。民政所切实履行救灾救济职能，优抚双促双带工作获评市级先进单位。推进城乡居民医疗保险和社会保险统筹服务，参合参保缴费工作均处于全县前列。防汛抗灾全面胜利。在2017年抗历史洪灾中，发动5200余名劳力历时12小时抢修子堤15千米，签署大堤沿线居民承诺书2200余份，与44个防汛战斗营、28个防汛值守点的巡查防守人员签订责任状216份，全镇发现并成功处置大小险情45处。成立19个村级防洪协会，印发爱心倡议书2万余份，募集防汛经费92.96万元，积极组织开展生产自救，把洪涝灾害损失降到最低，夺取防汛抗灾的全面胜利。文教卫计稳步发展。延续全国卫计改革示范点标杆效应，发挥卫计监督所执法服务效能，接待10余批外省市县卫计部门的参观学习，兴联村成功通过市级村民自治示范村验收。提质阵地建设，开展丰富活动，文体工作获评全县年度考核一类单位，打造新河村农家书屋为全县唯一的省级先进村图书室，湘临中学获评全县初中唯一的市级教育教学工作先进单位，浩河中学成功申报“足球项目学校”，南阳中学获岳阳市第18届科技创新大赛“优秀组织奖”，浩河中学、包市学校代表湘阴县成功通过省级两项督导评估验收。

（焦文娟）

鹤龙湖镇主要负责人名录

党委书记	秦献鹏
镇　　长	杨　敏
党委副书记	甘　滋（至5月）
人大主席	戴　磊
政协联络办主任	伍习文
纪委书记	姚玉新
党委委员	王　军（武装部长）
	陈　波（副镇长）　张　勇
副镇长	刘李明
人大副主席	周志祥

岭北镇

【概况】岭北镇地处湘阴县西南部，境内为湖区平原，湘江环绕周围，鼻湖、夹洲哑河镶嵌其中，物产丰富，环境优美；历史底蕴厚重，有观音阁、躲风亭、岳州窑等历史古迹；人才辈出，是烈士钟铭、刘继贤中将、周九银少将、龙义和少将、书法家陈曼若的诞生地。域内面积114平方千米，耕地面积4307.93公顷，水面298.8公顷。辖铁角嘴村、岳州窑村、沙田村、楠木村、柳江村、荆新村、仁义村、芦花村、白菱村、武洲村、合同村、合兴村、金沙台村、文洲围村、双华村、夹洲围村及铁南社区、桥头社区、茶湖潭社区。全镇总人口83051人。民族以汉族为主，少数民族有回族24户、89人，为定氏十二世定简文，从湖北省沔阳锅底湾驾船于明洪武二年（1369年）迁到文洲围（今岭北镇铁角嘴村）落业至今，是湘阴县仅有的一个有少数民族集居的镇。2017年，岭北镇围绕“学赶乔口，领跑河西”的战略目标，奋勇争先、攻坚克难、务实进取，努力在湘阴县实现“左公故里、美好湘阴”的美好愿景中干在实处、走在前列，全镇经济社会发展取得长足进步

【抓好三支队伍建设】一是抓干部队伍建设。始终坚持把队伍建设作为实现科学跨越发展的关键因素，创新人才选拔任用机制，大胆提拔使用优秀人才。不断加强干部作风建设，实行面部识别考勤，考勤情况在周前会上通报，加强执法队伍建设，抓实计生执法、安监执法和国土规划执法。加强对干部的关怀关心力度，多方面解决干部的实际困难。完善干部晋升机制，让想干事的有机会，让能干事的有舞台，注重对年轻干部的培养，鼓励年轻干部晋升学历、到县直单位跟班学习，全镇干事创业氛围浓厚。二是抓村级班子建设。2017年，是换届之年，也是并村选举村级班子的第一年，岭北镇严格按照“九不选”和“八联审”的要求，成立专门换届工作领导小组，历时两个多月，大面积征求党员干部群众的意见，选出一批工作能力强、政治素质高、群众基础好的优秀村干部。同时，注重对村级班子的培养，举办各类业务知识培训、讲座、学习考察30多场次，村级班子业务水平明显提升，班子战斗力不断增强，打造一支“挥之即来、来之能战、战之能胜”的村干部队伍。三是抓党员群体建设。不断加强党员管理，尤其是流动党员管理，全镇2485名党员全部纳入党员信息系统实行动态管理，加强党员的学习教育，通过“红星云”、微信群、公众号等网络平台学习，“红星云”注册率77%，积分最高1800多分，组织党员学习廉洁自律准则、爱国教育片、反腐教育片、中央和省市县会议精神30多场次，参加学习党员2000多人次，全镇党员素质普遍提升，在防汛抗灾、精准扶贫、综治民调等方面发挥正能量，全年发展党员26名、预备党员24名，培训入党积极分子25人。

【打赢四场重大战役】一是防汛抗灾取得全面胜利。7月初，岭北镇先后遭受两轮暴雨袭击，导致湘江水位直线攀升，一二线防洪大堤均超历史最高水位，特别是沙田垸水位达到入汛以来的最高水位38.07米，超保证水位2.07米，超历史最高水位0.72米，防汛形势十分严峻。市委统战部长、县委书记亲自坐阵指挥调度，出动武警官兵1500多人，发动4000多名干群参与，转移群众2.8万人，处理险情80多处，其中重大险情32处，可直接导致溃垸险情10处，通过全镇广大干群齐心协力、众志成城、不畏艰险的付出和社会各界的广泛支持援助，举全镇之力打赢一场历史罕见的抗击洪魔保卫战，守护住岭北镇的家园。2017年，获评全省防汛抗灾先进单位。二是项目攻坚取得突破进展。新乔线建设完成征地18.51公顷，拆迁房屋116栋，迁移坟墓120家，协调完成涉及鱼塘、菜地、水泥坪、天桥等200余户的腾地工作，并于国庆期间顺利实现单幅通车，拓改、修复工程在有条不紊的推进；投资7.9亿元的鼻湖100千伏安光伏发电项目，完成征地0.55公顷，建设塔基29个，桩基41000根，太阳能电池板72000块，并于7月并网发电，年发电量可达9000余万伏安；旭运达搅拌厂一期全面建成并投产，年产值2亿多元，年实现税收1000余万元。三是经济建设实现稳步增长。传统农业全面提质，全年推介集中育秧面积346.67公顷，完成早晚稻播种面积1.04万公顷，粮食产量达7.5万吨，发展农业合作社105家，2017年获评岳阳市粮食生产先进乡镇；工业企业不断壮大，船舶制造业资源有效整合，持续引领江南内陆地区

船舶制造行业；休闲旅游蓬勃发展，按照湘阴县全域旅游的发展思路，打造岭北特色休闲旅游水乡小镇，大力发展农业休闲旅游业，以“快快农庄”“大泊湖油爆虾”“湖湘鲜味”为代表的休闲美食品牌享誉长岳益地区，躲风亭、观音阁、仁寿寺等古迹修复后彰显出深厚的文化底蕴，拓展旅游文化新亮点；网络电商发展方兴未艾，顺应时代发展，全力助推电商平台在岭北镇的扎根落户，建成铁角嘴、东港2个农村淘宝站，在着手包装一批本土优质农副产品，力争通过电商平台实现“卖出去”。四是脱贫攻坚赢得决战胜利。2017年是脱贫攻坚的关键之年，年初就将精准扶贫工作纳入到全镇的重点中心工作之中，动员全镇干群广泛参与，按照“五个一批、六个精准”的要求，严格落实各项帮扶措施，发放小额信贷全镇累积放贷300余万元，扶贫贴息5万余元，21名贫困学生享受雨露计划共6万余元，3个贫困村光伏发电项目建成投产，如期完成全年301户1067人的脱贫任务，3个市、县贫困村如期实现整村退出，并顺利通过省、市、县多次检查考核。

【办好三件民生实事】一是基础设施全面提质。交通路网建设不断完善，新乔线国庆期间如期实现单幅通车，投入180多万元启动沙牌路、纵干渠道路修复，217省道岭北段和樟树港大桥建设筹备就绪，全年硬化、修复村组公路38千米；农村水利设施建设投入为近30年来最多的一年，启动的沙田垸柳林江大堤防洪加固工程，纵干渠、北干渠、双楠主渠清淤维修工程，新泉闸提质改造工程等，总投资超1亿元，完成电排机埠改造9处，沟渠清淤118千米，完成农村电网升级改造120千米；投入1000多万元，加速推进村（社区）综合服务平台建设，全镇3个新建、18个改扩建工程全面建成并投入使用。二是社会事业全面发展。注重教育事业发展，组织“成长心连心”“文德讲坛”等专题教育活动，投入100多万元全面完成中、小学校基础设施建设，两所小学创建省合格学校，教育综合评估在全县排名第二，农村地区排名第一，2017年，中考有近70人考入一中、知源等本土名校和外地名校；医疗卫生快速发展，医疗技术不断提升，医疗设备、设施不断完善，投入500多万元新建岭北中心医院公租房，年内完成主体工程建设；群众性文体事业快速发展，全镇腰鼓队、广场舞队发展近30支，诗联学会的《岭北放歌》连续刊载。三是民生保障全面提升。2017年，新增城镇就业785人、个体工商户110户、农村劳动力转移就业37000余人，创新创业扎实有效；城乡居民基本养老保险和新型医疗保险工作有序推进，全镇参保参合完成率分别为130%和95%，收取参保资金1150多万元；城乡低保实现应保尽保、应退尽退目标，全年发放低保、优抚及各类救助资金750多万元；切实保障困难群体的基本生活；全面落实民生实事工程，危房改造120户任务全部完成，两个敬老院内部修缮、提质改造全面完成。

【推进四项特色工作】一是环境整治形成模式。环境卫生“芦花模式”实现全覆盖，文洲围、柳江等村成功复制并创新升级。环境整治成效显著，通过村级环境整治理事会自治，21个村（社区）都先后建立垃圾分拣中心，验收合格后镇财政将每个单位奖投2万元；压缩式垃圾中转站和污水处理厂完成规划设计；打造芦花、柳江、文洲围3个县级环境整治示范点，全镇环境卫生综合排名全县靠前；扎实推进村民集中建房规划和“空心房”整治工作，启动新乔线旁三处规范村民集中建房点测量选址，新合村新塘片安置点完成规划预审批，拆除“空心房”324户32155.47平方米；大力推进整治力度，积极推进环洞庭湖环境综合整治，开展涉砂整治4次，推进涉砂整治常态化，实施河湖沿岸治理，特别是对湘江沿岸32千米集中整治，推进生猪养殖场拆除退出，拆除生猪养殖场12处，乡村环境进一步得到改善。二是移风易俗风气渐浓。岭北作为全县移风易俗试点乡镇，率先在全县启动“刹人情歪风、治风婚丧陋习、树文明新风”活动，成功举办“推进移风易俗，倡树文明新风”巡演活动，下发倡议书23000余份，并与党员干部、“两代表一委员”签订承诺书，在19个村（社区）分别成立红白理事会、道德评议理事会、环境整治理事会，以“党建+协会”模式和促进文明创建工作全面开展，掀起树文明新风的高潮。全年劝阻其他事“不办”135起，丧事“简办”166起，婚事“新办”117起，操办限塑禁炮和减轻人情负担等节约资金971万元，平均每户节约近5000元，与往年同期相比邀请数量减少70%，人情开支降25%，烟花爆竹燃放同比下降60%，收到良好的社会效益。殡葬改革全力推进，金沙台公墓年底完成规划选址和前期土地除杂、平整工作。三是融长对接成效显著。积极响应湘阴县“对标对接、融长发展”的战略定位，把握湘阴县优先发展边界乡镇的历史机遇，多次深入望城区乔口镇调研学习、对标对接，在基层党建、休闲旅游、环境卫生、综治维稳、安全生产、计划生育等方面建立良性互动，并在共谋发展、共建项目、共保平安等方面进行深入交流，镇司法所多次受邀参加乔口镇的“亮剑”行动，班子成员多次受邀参加“螃蟹节”“自行车赛”等节会活动，连续三年与乔口镇联合保障柳林江水域“龙舟竞渡”活动安全稳定，通过借鉴乔口镇的先进发展经验，有效帮助岭北镇在发展进程中步子迈得更大、脚踏得更稳。四是机关建设不断完善。大力推进美丽机关建设，提升机关硬实力。花大力气解决机关大院西侧围墙的历史遗留问题，投入30万元，完善机关基础设施建设，整合闲置土地，建设完成后新增100多个停车位，有效解决机关停车难、停车乱的现象；进一步完善机关制度，提升机关软实力。明确公务接待一律放在食堂，实行镇长一支笔审签，有效节省“三公”经费开支60多万元，干部考勤启用面部识别系统，并定期在周前会上通报情况，严格印章管理登记，提升政府服务效能，减少办事程序，群众满意度进一步提升。

【守住四条工作底线】一是安全生产平稳有序。深入开展安全生产大检查、大整治，强力推动“打非治违”，完成8处客渡、1处汽渡、3家船厂的标准化建设，整治和取缔非法砂石码头5处、非法加油站2处，收缴非法储存的烟花爆竹400余件，取缔非法仓库1处，依法关停非法经营烟花爆竹零售网点100余家、规范46家，严格治超治限，大力开展校车安全整治，劝退无资质校车司机2名，全镇无1起安全责任事故发生，省级安全生产示范乡镇得到巩固。二是信访维稳安全稳定。牢牢把握“预防为主、防治结合、群防群治、专治结合”的方针，不断增强社会治安防控能力。建立健全“平安边界”社会矛盾排调网络，全年调解矛盾纠纷336起，群众呼声及时回应，办理各类信访件429件，不断加强安置帮教工作，全镇社区矫正29人、安置帮教37人，无一人脱管、漏管、再犯罪，严厉打击各类犯罪行为，查处吸毒人员44人、强制戒毒10人、刑拘5人，社会环境不断优化，民调全市排名第33位、全县排名第7位，三是计划生育松紧有度。二孩政策全面放开后，全年新增出生人口1219人，符合政策生育率97.54%，性别比例105：100，政策外多孩出生29人，多孩率23%，征收社会抚养费近60万元，发放独生子女保健费5万多元，计划生育工作走在全县先进行列。四是基层党建不断夯实。大力推行“党建+”思维，发展“党建+环境卫生”“党建+移风易俗”“党建+扶贫”等协会70多家，以党建工作推动各项工作均衡发展，加强学习培训提升基层党组织业务水平，落实党委书记带头讲党课制度，全年党委书记讲党课2次，其他班子成员先后讲党课44次，基层党组织凝聚力不断增强，切实加强党风廉政建设，推进以党风带政风、党风促民风，基层党组织战斗力明显提升。

（彭　鸽）

岭北镇主要负责人名录

党委书记	周学斌（至7月）
	任术海（7月任）
镇　　长	任术海（5月至7月）
	杨建伟（7月任）
人大主席	曾正义
政协联络办主任	欧阳浩
党委委员	刘延中（副镇长）
	王金榜　张　柳
副镇长	杨　宇
人大副主席	张　甜

新泉镇

【概况】湘江与资水在汇入洞庭湖之前，一东一西合抱着一片约148平方千米的平原，这个由两江大堤所围的肥沃垸子，叫湘资垸，是湘阴县最大的湖区堤垸。镇域总面积103.18平方千米。辖新泉寺社区、镜明河村、金义湖村、双岭村、郭家湖村、咸丰围村、湘家园村、湘资村、红旗桥社区、王家寨村、红旗湖村、潭山村、团义村、同新村、车马江社区、西堤村、青龙桥村、西林港社区、秀丰村、兴新村。人口86322人，是岳阳市人口最多的农村乡镇。2017年，新泉镇上下一心，攻坚克难，严格按照各项工作的年度目标要求，围绕“产业兴镇、交通活镇、环境美镇、民生安镇”的工作目标，加速推动经济社会事业全面协调发展。

【打赢多场攻坚战】一是项目建设取得明显成效。新乔线、新河大桥实现半幅通车；新泉水闸“一桥二闸三泵站”，年内桥、闸建成；黄金潭大桥顺利动工建设。投资4.8亿元的中广核鹅公湖太阳能项目顺利落户。二是防汛抗灾取得全面胜利。面对降雨强度最大、水位涨势最猛、汛情险情最急的历史特大洪水，该镇科学调度，抢前抓早，沉着应对，实现没溃一堤一垸、没因灾死伤一人，社会大局安定，取得防汛抗灾工作的全面胜利，得到省市领导的充分肯定。三是精准脱贫赢得攻坚胜利。大力实施产业扶贫，5个光伏发电项目建成并网，推广“支部＋合作社＋基地＋农户”模式，全镇142家农民专业合作社辐射带动农户1700余户抱团发展。完成异地扶贫搬迁133人、危房改造98户；享受“雨露计划”19人；大病医疗救助202户；发放扶贫小额贷款112户338.5万元。实现5个贫困村整体退出，286户1100人脱贫。

【实现多元转型升级】一是传统农业向现代农业转型升级。探索“公司＋专业合作社＋农户”的发展模式，鼓励农民通过合理流转土地经营权，形成连片种植，扩大集约经营规模。鼓励种养大户、农机合作社购置大中型农机具，推进农业生产机械化、现代化。年内全镇有水稻种养大户27户，种植合作社113个。二是休闲旅游向全域升级。大力发展生态旅游产业，以王家寨百公顷油菜示范基地、风南紫云英千公顷示范片、王家寨波斯菊等观赏农业为依托，发展集观光、体验、休闲于一体的现代农业，打造同庆、资江和学元3个现代农业观光点，开发乡村旅游。三是商贸服务向规模升级。梅花鹿、娃娃鱼、豪猪、鳜鱼、稻田虾、稻田蟹、田鸡等特种养殖迅速崛起，农水产品生产基地初具雏形；“村淘”事业快速发展，年内建成7个村淘站。截至12月，全镇有规上企业4家，农民专业合作社142家。

【实施多项提质行动】一是全域环境整治出实招。创新机制，选优配强保洁员队伍，统一聘请186名保洁员，建立健全考核机制，实行工资逐月打卡发放。建成垃圾中转站2个、村级垃圾分类收集点20个、沤肥池2766个。二是“治陋习、树新风”动真格。成立理事会，探索建立督查、劝导、申报等制度，推行殡葬改革，扎实推进“治陋习、树新风”专项整治，打造全县示范乡镇。年内劝导97起红白喜事简办，禁止、劝导寿宴、升学宴、搬迁宴167起，拆除拱门1877个，节约资金800余万元。关公潭片区公益性墓地基本建成，获市县高度肯定。三是基础设施提质见实效。完成电网改造17个台区29.04千米；另有17个台区在抓紧改造，规化改造线路23.89千米。封口子路、红旗路、车月路、车新路改造完成，胜利桥等11座危桥全面加固；融合各类资金2100余万元，大干水利冬修，铺开水毁修复工程13处，魏家湾底闸管涌险情工程、镜明河沿线薄弱堤段加固、20千米排水渠疏浚、6个调蓄节水闸修复及鹿角湖泵站建设加速推进。完成旧集镇提质升级，新集镇的规划等前期工作有序推进；较好落实“空心房”整治工作，盘活土地资源。

【办成多批民生实事】一是社会保障不断完善。民政服务对象1.43万人次。发放城乡低保金416.93万元；特困供养金398.2万元；优抚金2.8万元。大病救助358人，发放救助金近50万元，临时医疗救助942人次，发放救助金近30万元；发放救灾资金139万元。二是社会事业繁荣发展。改善教学环境，建成并使用新泉、风南、关公潭、西林中学学生公寓；建成信息化多媒体教室，实现“班班通”，教学质量不断提高，目标管理考评连续两年全县排名第二。医药卫生体制改革扎实推进，结合村级服务平台建设，新建村级卫生室15个，血吸虫病防治年度达标任务超额完成。精心组织参加县羽毛球、广场舞等竞赛活动。圆满顺利完成村“两委”换届选举，全面优化村干部年龄、学历、性别结构，145名村两委干部中，“80后”14人，大专及以上学历13人。扎实推进村级服务平台建设，全面优化功能布局，12月底全面建成。三是社会大局和谐稳定。联合公安、司法等部门针对镇内黑恶势力、“两抢一盗”和黄赌毒等犯罪行为开展2次集中行动。处理大小信访事件516件，网上办结92起，特别是依法终结杨有富和徐细珍2户信访积案。受理案件39起，破获35起，受理并成功调处民事纠纷125起，群众安全感、满意度显著提高。2017年度群众满意度调查排名全市第五位。

（黄　英）

新泉镇主要负责人名录

党委书记	曾维光
镇　　长	焦志勇
副 书 记	王岳军
人大主席	岳　伟
纪委书记	罗瑞清
党委委员	吴朝辉　罗建辉　李庆丰
副 镇 长	黄伟强（9月任）
人大副主席	秦志成

湘滨镇

【概况】湘滨镇地处南洞庭湖滨，东南面为资水东支和湘水西支，北临洞庭湖，西邻南湖垸，三面环水，由原临资口镇、民新乡、洞庭围镇、白马寺镇、姑嫂乡、柳潭乡合并而成，与湘阴县移民乡镇杨林寨乡地处同一垸内。2016年建制村通过合并调整，由原32个行政村、2个社区调整合并为12个行政村、2个社区，有村民小组421个，总人口62879人。全镇一线防洪大堤39.57千米，镇域面积183.24平方千米，耕地面积5333.33公顷。2017年，湘滨镇围绕“田园风情生态镇、美丽乡村示范区、特色产业新基地”的工作目标，全镇干群同心同德，齐心协力，创先争优，服务大局，形成群策群力谋发展、和衷共济干事业的可喜局面，各项工作加速推进，全面落实。

【从严队伍管理】坚持思想教育从严，以持续开展“两学一做”学习教育活动为契机，深入开展党性党纪、法纪素养教育，补足精神之钙。坚持干部作风从严，严格干部考评、约谈、问责制度，严肃查处与民争利、作风粗暴等歪风邪气，干部状态进一步提升、作风进一步转变。坚持组织建设从严，行政村由32个合并为12个，“村账乡代管”全面实施，精准发力着力选强配强村级班子，严把纪律关、程序关、稳定关，圆满完成14个村（居）“两委”换届工作。

【统筹协调抓重点】坚持统筹为要，社会大局安定和谐。脱贫攻坚出成绩。2017年，湘滨镇强力攻坚精准脱贫，清理四类对象及不符合的贫困户696户1639人，新识别贫困户196户559人，动态调整保证整户纳入增加858人，自然减少241人，现系统还有贫困户1324户4285人，同时全面回头看，完善1324户贫困户一户一档资料。积极与教育部门衔接，对建档立卡759名贫困学生进行助学补助；完成易地搬迁任务9户37人；完成125户贷款户贴息工作，新增726万元小额信贷任务；2个贫困村成功摘帽。移风易俗见成效。多次召开镇村干部会议安排部署工作，督促各村成立工作领导小组、红白理事会、道德评议会，做好制度上墙、宣传好村规民约，完成规定动作。引导群众逐步摒弃大操大办、铺张浪费，自觉抵制搭台占道、乱设拱门。

【齐头并进促和谐】一是围绕国策抓卫计。加大全面实施“二孩”政策的正面宣传力度，始终坚持基本国策不动摇。二是围绕和谐抓创卫。按照环境卫生总要求，在抓好镇域日常保洁基础上，大力创新，结合对标果园镇成功经验，逐步推行垃圾农户分类、村统一回收、集中处理模式，逐步推进协会管理和收费模式，从源头上减少垃圾总量，先后新建和修复垃圾池800个，新建大小焚烧炉32个，配置流动垃圾车33台套、垃圾收集桶9000个，新建垃圾分类站点14处。三是围绕平安抓稳定。社会综治突显成效，做到宣传发动到位，“平安创建”知晓率100%，创建率达90%以上。全面走访到位，组织包村干部入户走访，听取民意，摸清矛盾纠纷底册，健全全面走访工作台账，严格值班接访巡逻巡查到位，再次获评综治民调全市先进乡镇、综治信访维稳全县先进乡镇。加强食品药品安全、产品质量安全、交通安全管理，对辖区内学校食堂、诊所等单位食品药品安全进行监督管理，科学理性健康安全引导消费，获评安全生产全县先进乡镇。四是文化教育上台阶。完成甘口、白马、双塘、酬塘4所小学标准化学校建改、白马中心幼儿园标准化建设；顺利通过义务教育均衡发展和两项督导评估省检验收。

【固本强基办实事】投入资金2000余万元硬化大堤临白路，新建改造危桥2座，危房改造148户，对全镇用户进户线进行改造，投资150万元对临资口村、云集寺村、湘滨村、白马村4个村11个台区进行网改。筹措资金400多万元，恢复水毁工程3处、疏浚渠道11千米、维修抗旱机埠28处，完成镇、村、组自主建设项目45处，完成临赛公路维修改造14千米。

（刘　丽）

湘滨镇主要负责人名录

党委书记	左一峰
镇长	王　道（5月任）
副书记	李　新
人大主席	李建奇（至7月） 周建军（7月任）
政协联络办主任	李文治（至7月）
纪委书记	周建军
党委委员	肖永贵
副镇长	刘　辉　程　乐 汤　锡（9月任）
人大副主席	彭　威

南湖洲镇

【概况】南湖洲镇地处湘阴县西大门，全镇面积150.09平方千米，辖12个行政村（镇郊村、南湖新村、芷泉河村、百福村、赛头口村、乔江河村、光明咀村、大淋港村、和平村、毛角口村、胭脂湖村、东方红村）、5个社区（南湖洲社区、南边社区、建民社区、焦潭湾社区、洋沙洲社区）总人口6.3万人，耕地面积4866.67公顷，水面800公顷，是洞庭湖区典型的鱼米之乡。2017年，南湖洲镇围绕县委建设"左公故里、美好湘阴"决策部署，以富民强镇为主线，以改革创新为动力，以建设"五个南湖"（绿色、秀美、通达、活力、清廉）为目标，锐意奋进，务实创新，真抓实干，砥砺前行，各项工作取得一定成效。

【基层组织建设】始终坚持管党治党主体责任，牢固树立抓好党建就是最大政绩的理念，抓实党建工作。一是村（社区）换届选举工作圆满完成。在村（社区）"两委"班子换届选举中，始终把纪律和规矩挺在前面，始终坚持严格依法依规依程序推进。先后召开动员教育培训会3次，严肃换届选举纪律教育警示大会1次。第一时间严肃查处建民社区拉票贿选案，严厉打击镇郊村少数人煽动群众游行闹事事件。换届选举期间查处党员4人，批评教育12人，治安拘留2人，刑事拘留2人，有力地刹住换届选举的不正之风，确保整个换届选举风清气正、顺利推进。全镇17个村（社区）圆满完成"两委"换届选举工作，新一届村（社区）班子年龄、文化结构得到优化，班子整体功能得到提升。二是镇村服务平台建设全面完成。把镇村级服务平台建设作为2017年党建工作的重中之重来抓。根据"简洁、便民、实用、上网"的总要求，制定镇、村综合服务平台建设方案，通过有效整合镇、村公共服务平台的场所、设备、人员、经费等资源，年内全面完成17个村（社区）的改扩建和新建任务，镇新机关和便民服务中心建设基本竣工。三是干部作风切实转变。坚持用制度管人管事，建立机关干职工考勤、周例会、党委月例会等制度。研究出台《南湖洲镇村级工作目标管理千分制考核办法》《镇机关干职工百分制绩效考核办法》《镇机关干职工创先争优奖励办法》《机关工作制度》，并狠抓制度的奖惩兑现，对6名违犯机关制度的干部进行诫免谈话，对1名干部停岗。

【守住底线工作】一是信访维稳有突破。建立和完善镇、村、组"三级"治安网络体系，进一步规范负责干部带班接访、相关责任单位负责人联合处访工作机制，定期研究信访工作，建立信访积案集中化解、党政负责人上户走访、干部带案下访的信访工作制度，对涉军等群体和重点对象全部实行专人专案专包和重点盯防守护。积极开展平安创建活动，通过开展走访活动和召开座谈会议，及时收集群众反映的各类意见，认真研究分析并加以解决，提升人民群众的满意度。全年首次实现无一人赴省进京上访，全力创建信访"三无"乡镇目标，全镇综治民调工作大幅提升，下半年排名全市11名，全年排名全市第20名。二是安全生产零事故。对镇域内各渡口、校车、油气站、易燃易爆物品经营店、建筑工地、砂场码头等重要场所，经常性的开展安全隐患检查和督查。严格执行校车准入制度，配备19台标准校车，并划定每台校车的营运路线和校车接送学生的停靠点。年内全镇实现安全生产零事故。三是卫计工作争先进。高标准完成县计划生育领导小组年初下达的目标任务。年内出生831人，符合政策生育率为97.1%；完成长效节育措施495例，客户端基础数据上报及时率为98.78%；全年发放城镇、农村奖特扶资金、独生子女保健费等利益导向政策资金158.6万元；全年征收社会抚养费89万元。顺利通过省市县年度考核验收。四是环境卫生大整治。年内全镇投入资金100多万元，建立专职保洁员队伍，完善环卫设施，全面开展“大清扫、大清运、大清整、大清理”行动，严格实行月检查、季讲评、奖惩兑现机制，全域环境卫生水平有较大提升。在全县率先完成“空心房”整治任务，先后拆除“空心房”278栋28600平方米。

【抓好重点工作】一是顺利通过中央环保督查。集中6天时间组织上百劳力对哑河20公顷水面50万只珍珠蚌进行全面清理、退养，全面完成中央环保督查哑河20公顷珍珠蚌限期退养的任务，得到上级督查组的高度肯定。成功拆除5家24门以下的黏土砖厂，全面完成畜禽退养任务，拆除不合格猪场6栋2300平方米。二是合力抓实脱贫攻坚工作。通过层层压实镇、村、部门干部和驻村帮扶队员工作责任，重点把握和做实精准识别、精准退出、精准帮扶、精准实效、精准资料等五个关键环节，集中干部力量，进行集中整改和帮扶，2个贫困村正式脱贫出列，全镇171户536名贫困人口如期脱贫。6月下旬，南湖新村、赛头口村顺利通过市委专项检查。11月、12月，光明咀村分别接受省、市检查验收，并获得检查组的高度肯定。三是奋力夺取防汛抗灾全面胜利。2017年，立足早动员、早准备，抓实防汛备汛工作，全县标准化堤防建设现场会在南湖洲镇召开。6月29日，新一轮强降雨致使资水和哑河水位暴涨，毛角口、南湖洲和哑河水位均超保证水位，面对外洪内涝、内忧外患的严峻形势，南湖洲镇1800多名干部群众连续12天在资江大堤、哑河渍堤日夜查险处险，成功处置管涌险情17处，哑河大小险情46处，构筑哑河渍堤10千米。特别是泉水堤段管涌群的及时有效处置，得到省、市、县领导的高度肯定。尽管2017年降雨量与历史同期相比更大，因汛前机埠检修到位、哑河泄洪调控科学，南湖洲镇整体上没有造成大的灾情。

【民生实事扎实】一是现代农业走势强劲。扶持百树山生态农业公司走品牌和互联网+之路，联合镇内的土菜、大米、畜牧水产等种养殖合作社和加工企业成立七姑塘现代农民专业合作社联合社。发展蔬菜基地86.67公顷，所产12种蔬菜、4种家鱼、2种水果一次性通过无公害绿色认证，“南湖洲”辣椒获评全国名特优产品。通过基地示范带动，发动周边278户农户种植冬季油菜66.67公顷，打造沿临赛公路绿色生态农业带。大力创建千公顷优质稻高产示范片，全镇优质稻种植面积在4530公顷以上，粮食总产量7.2万吨。引进黄鳝、小龙虾等名贵品种，扩大水产品健康养殖面积，胭脂湖名特优水产养殖专业合作社受邀参加2017年中部农博会。二是基础设施日趋完善。整合涉农涉水资金500多万元，大兴秋冬修水利，清淤疏浚湘益渠、黄口潭排渠等5条大型渠道，对21处哑河水毁工程进行全面修复，对3处泉水管涌群进行集中整治。争取中央资金800万元，启动哑河集镇段综合治理工程，进行全面清淤、截污、护坡，并修建环湖景观小道，进一步美化集镇环境。完成乡村道路硬化工程12千米、危桥改造2处和主干公路破损路面维修改造，对集镇经贸城下水道进行全面改造。完成农电网改19个台区，并积极争取南和线高压线路改造升级。三是集镇秩序大力整治。南湖洲镇集镇面积拓展到22平方千米，常住人口1.59万人，拥有商业门面3100多个，形成服装、建材、家俱、零售、娱乐休闲、农产品和综合商贸“六街一中心”的城镇规模。针对集镇乱搭乱建、乱停乱靠等现象，在镇区先后10次开展出店经营及卫生清扫集中劝导行动，组织交警、运政、社区、志愿者开展为期一个月的集镇综合秩序整治大行动，清理违建广告牌380多块，处罚乱停乱靠车辆150台次、摩托车50余辆，查处“三无”车辆21台，劝导整治出店经营30余户，集镇综合秩序得到较大好转，形成商贸繁荣、交通顺畅、管理有序、文明礼让的集镇新形象。四是移风易俗成效显著。制定专项整治工作方案，成立专项工作领导小组，各村都成立文明劝导队、执法队、红白喜事理事会、道德评议会，制定村规民约。活动开展以来，张贴大型喷绘宣传广告6幅，固定标语800余条，发放倡议书1.8万份，与2400多名党员组长签定承诺书，利用流动宣传车和“村村响”广播流动播放，营造浓厚氛围。全年劝导婚事新办36起，丧事简办44起，劝阻升学宴、满月宴等其他宴请75起，节约资金180余万元。

（汪世伟）

南湖洲镇主要负责人名录

党委书记　王　树
镇　　长　徐昌文（至5月）
　　　　　郭浩义（5月任）

党委副书记　薛　辉
人大主席　郭浩义（至5月）
政协联络办主任　杨　昆
纪委书记　徐伟鹏
党委委员　沈荣贵（至9月）
　　　　　张卫东（副镇长）
副镇长　杨凯宏
人大副主席　陈勇军

漕溪港街道办事处（拟设）

【概况】湘阴县漕溪港街道办事处（拟设）位于湘阴县城北部东与六塘乡接壤，北与东塘镇、三塘镇相连，西临湘江。总面积85.61平方千米，总人口41823人。下辖大冲社区、许家台社区、石塘社区、双桥社区、石牛社区、利民新村、朝阳新村、白湖新村、湘园新村、楠竹山村、新农村、高山村、双龙村、新建村、平益村、范家坝村等5个社区11个行政村。2017年，漕溪港街道办事处科学谋划，抢抓机遇，积极作为，经济社会持续、稳定、健康发展。

【项目建设新突破】通过全街道上下齐心协力、日夜奋战，以“钉钉子”的精神破解遗留难题，确保240国道施工顺利，按期实现全线通车，后续工作稳步推进。气化湖南项目后期管道完善、土地还耕、损坏渠道护坡、挡土墙建设等扫尾工作于11月底全面完工。妇幼保健院整体搬迁项目涉及双桥社区蒋家组、双桥一二组、筲箕组，征用面积4.15公顷，12月完成全部征地任务。城北四路工程项目涉及大冲社区横垅、将军、团山、荷花4个组，年内完成全部2.38公顷征地，征地补偿款全部发放到位。完成15栋房屋和1个预制件厂的拆迁，余下4户3栋房屋、1个环保砖厂的拆迁工作和横垅、将军两个组的青苗补助工作在积极协调，进展顺利。气象站整体搬迁项目于11月初全面完工。240国道再建安置基地建设项目突破重重障碍，统一拆迁安置户思想，实行统规统建，年内完成4.33公顷征地任务及其他前期准备工作，年底在进行三通一平建设。

【脱贫攻坚工作】突出基础台账管理。贫困对象识别后，对贫困户通过入户登记，实事求是地获取贫困对象的各项信息资料，并组织信息录入员将对象信息录入电脑，建立电子档案和纸质台账，做到“一户一档、精准帮扶”。在后期管理中通过实地走访，工作队员定期回访，随时更新建档立卡户信息资料。突出问题整改工作。针对对象识别不准，脱贫质量不高，动态调整不及时等问题，进行一次拉网式全覆盖摸排甄别，清理不符合条件的“四类人员”552户1513人，对符合条件的低保户、残疾人户、重灾户、移民户、大病重病户等几类人群按照标准和程序应纳尽纳，严格按照程序、标准进行识别，整户纳入，新识别贫困户67户216人。打印信息对照表，上户核实，并及时进行信息录入和数据更新。对已经脱贫的对象，开展“回头看”“回头查”“回头帮”，对19户脱贫质量不高的对象继续纳入帮扶范围开展重点帮扶，最终仅2户返贫。突出退出程序把关。2017年是贫困退出的关键一年，街道办事处严格按照《湘阴县2017年度贫困退出验收工作实施方案》的要求进行贫困人口脱贫验收、贫困村退出验收工作。全街道2017年贫困退出拟脱贫162户474人，经村民主评议、贫困户确认、村级公示相关程序后，街道办组织干部对照验收标准，逐户验收，确保真脱贫，脱真贫。贫困村白湖新村、新农村通过帮扶单位的大力帮扶和各行业部门的支持，全面完成村组道路建设、村级基础设施建设、产业发展等各项工作，各项指标均达到退出标准。突出扶贫政策落实。按照县扶贫办和街道办的要求，高标准完成评级授信工作，信用社下放小额信贷贷款305万元。认真做好各类对象的政策申报工作，包括对建档立卡贫困户存量危房进行摸底，第一批危房改造33户全部补助到位；教育助学537人，其中学前教育51人，义务教育402人，高中51人，大学33人，另有10名大学新生每人获得泛海助学行动5000元教育资助；雨露计划教育补助14人，上半年的补助资金由县财政局打卡到位；卫生院医疗救助37.4万元。办事处申报7户25人易地搬迁，年内全部竣工。突出抓党建促脱贫。在乡村两级党组织中开展“扶贫我担当、聚力建小康”强基固垒行动，围绕精准脱贫对专业能力的要求，注重从致富能手、专业合作社负责人、复转军人中选拔素质高、作风硬、敢担当的人才充实村级岗位，选优配强乡村领导班子。在机关支部中开展“扶贫我带头、入村结穷亲”志愿帮扶行动。机关党员干部积极与贫困户结对认亲，制作“帮扶承诺牌”挂到贫困户家中，做到一包到底抓帮扶，不摘贫帽不脱钩。在非公有制企业党组织中开展“扶贫我有份、工农心连心”公益援助行动。鼓励企业提供扶贫就业岗位，定向招聘贫困家庭劳动力；支持农业龙头企业优先收购贫困村、贫困户农产品，优先流转贫困村、贫困户土地，建立利益联结机制。建立慈善活动常态化机制，积极引导企业主动承担社会责任，力所能及地开展扶贫济困、捐资助学等活动。突出产业帮扶加力。扎实推进两个贫困村的光伏发电项目，白湖新村、新农村均按计划全面完成光伏发电项目，每村每年可增加6万元村集体收入。面向城区抓好优质农产品基地建设，在大冲社区和双桥社区加速远大可建无公害蔬菜基地建设。落实集中育秧面积33.33公顷。在原湖区几个村重点突出龙虾等特种水产养殖，开发特种水产养殖面积200余公顷，带动农户180余户，同时通过开展技术培训等，向外转移富余劳动力870人，其中贫困户劳动力212人。

【底线工作】环卫环保双管齐下，全域环境整治常态化。引入市场化运作模式，实现“村收集、乡转运、县处理”的垃圾处理模式，有效提高全域环境卫生水平。加大垃圾分类回收推广力度，投放分类回收桶3000余套，建设垃圾分类回收站16个。将利民新村作为全域环境整治示范村，并依照各项要求进行对照建设，在其他村（社区）各打造两至三个示范片。加大农村面源污染治理，按照“标本兼治、疏堵并举”的原则，严禁农作物秸秆焚烧、露天垃圾焚烧等环境污染行为，各村（社区）成立禁烧巡逻队，发现焚烧现象立即予以制止，对屡教不改、阻挠执法、情节严重的，协调执法部门坚决给予严肃处理。采用街道对村、村对组、组对户的三级评比机制，实行“一周一督查、半月一评比、每月一讲评”，奖优罚劣。环保突出问题整治深入化。湘江流域及取水点1000米范围内猪场全部拆除到位；范家坝周边猪场拆除5栋4530平方米；2014年9月之前建成的全部落实“零排放”治理；2014年9月以后建成的全部查封。辖区内有8家砖厂，经县工信局强改办同意的除马头山、高山、杨家山三家砖厂可运行至2018年8月外，双桥、秃峰、石塘、栽松、板桥等五家砖厂全面拆除。另于8月29日之前对园艺场非正规垃圾堆放点进行清运、填埋、覆绿，于10月20日之前对辖区3处非法砂石堆场进行全面清理，环洞庭湖环境突出问题全面整治到位。大力推广生活污水处理，在大冲社区、石牛社区、新农村、朝阳新村、利民新村等村安装生活污水处理三格池800余套；投入40万元建设日处理污水35立方米的集中处理池一个，解决机关和石塘中学生活污水处理问题。综治民调多措并举。积极开展综治民调和平安创建宣传，发放宣传资料1万余份，逐村逐组召开户主会，营造浓厚的宣传氛围。聘请3名专业人员，由值班干部带队，配备巡逻服装和警具，坚持集镇徒步巡和城乡结合部、工程项目建设重点村流动巡逻，确保巡逻全天候全覆盖。坚持矛盾纠纷抓早、抓小、抓苗头，按照街道办干部包村，村干部包组的方式，街道办每半月组织排查一次，村每周组织排查一次，负责干部每人每周一个工作日坐班接访。在中共十九大特护期间，对21名重点稳控对象严格落实“五包一”制度，压实工作责任，确保稳控到位。对收集掌握到的省、市民调受访对象，逐一回访，列出问题清单，积极整改落实。2017年，街道机关民调情况居全县第一，上半年民调全市第48名，下半年全市第12名，全年综合全市第22名。安全生产严格监管。以迎接国务院“安全生产大检查”为契机，以安全生产监管、安全隐患排查、安全生产宣传为重点，切实加强领导，严格日常管理，加强工作措施，落实安全责任，开展专项整治，全面落实“一把手负责制”和“一岗双责”工作要求。2017年，街道党工委书记、办事处主任带队参与安全生产检查24次，安监站组织日常安全生产检查87次，查出安全隐患51处，其中灭火器失效8家，电线乱缠乱绕11家，机线设备无防护罩2家，11家单位无安全制度牌，18家单位无安全生产领导机构。发出整改指令51份，发出复查指令37份。关停木工厂4家、烟花爆竹批发经营公司1家。重点加强对烟花爆竹企业、人口密集区等重要环节和部位的安全隐患排查，同时加大对学校、医院、网吧等人员密集场所和易燃易爆物品、危化品、食品安全、森林火灾等的监管力度。年内街道未发生一起安全生产责任事故。卫计服务水平提升。抓阵地建设。利用村（社区）换届以及综合服务平台建设契机，优化村级卫计阵地建设，督促各村（社区）立足实际，配齐配优计生专干、办公场地、办公用品，各项制度规章、政策宣传上墙，台账资料、计生用品入柜。抓优质服务。把“三查一治”作为服务群众、方便群众、体贴群众的一项举措，围绕婚、孕、育为育龄群众提供全方位的服务，为辖区育龄妇女提供生殖健康检查服务17000多人次，开展孕前优生检测300对，早孕及妊娠结束随访率100%。抓利益导向。落实农村计生家庭奖扶311人，其中特扶11人；核实独生子女保健费388人。抓依法行政。严格执行生育政策，2017年，出生747人，其中政策内出生726人，计生率97.2%；加大对违法案件处理力度，处理违法生育案例5例。

【倡导移风易俗】大力推进“刹人情歪风，治婚丧陋习，树文明新风”专项工作，辖区内婚丧陋习行为显著减少，人情歪风得以有效遏制，人情负担得以明显下降，文明新风得以初步树立。广泛宣传浓氛围。街道结合“七一”庆祝大会，召开“树新风”工作专项动员大会，各村（社区）召开党员组长及户主代表大会。同时，制作大型广告牌2块，悬挂横幅42条，张贴标语600多张，发放倡议书8000余份，回收承诺书2000余份，利用“村村响”循环播放倡议书、宣传车流动宣传，做到各项政策家喻户晓，筑牢群众基础。加强措施有保障。实现资金、物质、人员“三保障”。将“树新风”工作纳入街道财政预算，每村（社区）拨付专项经费1万元。由各村（社区）集体购置公益碗筷、电子音响及电子炮、油桶，以供村民免费使用。分村成立红白喜事理事会，对辖区内的红白喜事操办户进行摸底及劝导。设立“树新风”工作专职信息员，于每周五将红白喜事申报信息反馈至街道办事处。成立由安监站、民政所等部门组成的执法大队，对劝导不通的操办户加强执法。全力推进显成效。通过深入做好群众工作，该街道先后劝导25例婚事新办、48例丧事简办，12户有意向办理升学宴、寿宴、周岁宴的村民成功劝阻，13户村民积极响应政策，自愿实行遗体火化，真正做到“婚事新办、丧事简办、其他不办”。在辖区高山村洪兴组选定公益性墓地建设地，年内，2.2公顷征地工作完成，征地款及青苗补助有序发放，前期扫障全面完成。

【兴办实事】防汛抗灾全面胜利。漕溪港街道辖区内水系复杂，河岸线长，有白泥湖垸内防洪大堤24.6千米，河管涵闸20处，有小一型水库2个、小二型水库15个，点多、线长、面广，是全县防汛抗灾的主战场之一。面对历史罕见汛情，全街道干部群众勠力同心、守望相助，凝聚起坚实的抗灾之盾，确保堤垸安全，获评“湘阴县防汛救灾先进集体”和“岳阳市防汛救灾先进集体”。医保社保参加提升。广泛动员包村干部、村（社区）干部、相关部门单位，倾力协作、全面走访、深入宣传，将城乡居民医疗保险与城乡居民社会保险两项政策讲清讲透，争取群众最大支持。截至12月，缴纳城乡居民医疗保险资金523.5万元，任务完成率居全县第一，群众自主缴纳城乡社会保险资金123.3万元，完成率88%。基础设施建设加强。完善4个分区的电网改造，新建60千瓦光伏发电站两个，拓宽、硬化村组公路约37千米，实现主干道全面亮化，解决6个村的饮水问题，整修病险水库和山塘26处，修复水毁工程17处，疏浚渠道21千米，启动范家坝撇洪渠处险加固工程、范家坝排涝泵站新建工程、高排闸改建工程以及新建八组管涌群处险工程建设，对寺坝340米反坝、范家坝板桥段撇洪堤、农大水库北干渠进行修复，对许家台、杨家山泵站设备进行更换，对大湖节制闸进行改建，对石牛垸3处穿堤涵管进行封堵、2处涵管进行改造，重建石牛垸联合机埠消力池，对新农六号渠进行加高护砌，提升农业生产效率及汛期抗涝防洪能力。国土资源管理加强。铁腕控建拆违。坚持日常动态巡查机制，设置3个巡查小组对辖区进行隔天巡查，针对禁建区、控建区、规划区进行重点巡控，对违法建设行为，发现一处处理一处。截至12月，成功制止违法建设行为12起，开展大型拆违行动4次，拆除违法建筑35户5608平方米。全面整治“空心房”。年内拆除“空心房”138户，面积27248.85平方米，垃圾清运全部完成，“增减挂”0.55公顷，5处宅基地退出复垦。切实规范村民建房。严格监管禁建、控建区域，暂停控建区域建房手续办理。对其他区域的建房户严格按照5户联建、按图建房的要求办理审批手续。结合240国道拆迁户安置工作，在高山村征地433公顷，统规统建江南民居风格的集中建房示范点，可满足100户居民住房需求。

（刘　洪）

湘阴县漕溪港街道办事处（拟设）主要负责人名录

工委书记	赵美前
主　　任	任术海（至5月）
	甘　滋（5月任）
人大工委主任	伏化国
政协联络办主任	李　伟
纪委书记	单德军
委　　员	刘　念　王　军
	胡向红（至7月）
副 主 任	徐多喜　殷　帅（至7月）

洋沙湖街道办事处（拟设）

【概况】洋沙湖街道办事处地处县城东南，因全省区划调整，于2016年4月27日由原长康和袁家铺两个片区组建而成，办事处辖袁家铺社区、伍桥村、名山村、洋沙湖村、洋沙湖社区、涝溪桥村、金甫村、长康里社区、沿江村、岳府村、大中村、罗塘村、城南村、花石村、联合村，421个村民小组。总面积89.55平方千米。总人口50973人（其中流动人口11万人）。2017年，洋沙湖街道以“融长对标谋发展，融城对接上水平，融游一体兴产业”为工作思路，扎实推进“一二四”行动及街道“12345”工程，始终保持干在实处、走在前列的干事创业激情，全年工作取得明显成效，并在2017年防汛救灾中获评全市先进集体。

【融长对标谋发展】一是坚持规划先行。借助顺天洋沙湖国际旅游度假区的辐射作用，依托芙蓉北路对接长沙“主通道”的便利交通，利用洋沙湖工业“退二进三”提质升级和轻工产业园转型盘活机遇，带动街道旅游产业、现代产业经济大发展，全力配合打造好洋沙湖经济片区。着重做好“一廊、一道、一带、一路”（油菜长廊、骑行车道、湘川路绿化带、湘川路拓宽）的规划。出台《规范村民建房实施意见》《加强土地管理及村民建房的若干规定》等一系列文件，严格控制芙蓉北路禁建区、控建区、顺天大道以北纳入城区规划范围内、湘川路沿线的村民建房行为。二是加强争资争项。严把招商引资项目质量关，进一步规范和完善招商引资政策，攻坚发力在财税贡献大、科技含量高、带动作用强、聚集效应广、绿色环保型的项目上，确保引进的项目好、质量优，留住青山绿水，走好产城融合之路。年内洋沙湖街道引进湖南华鑫鸿达精密工业有限公司的ATM机生产及湖南鼎泰节能设备的大型不锈钢节能厨具生产两个项目，总投资6100万元。

【聚力项目实帮扶】一是服务县委中心工作。6月16日，经过10年建设的顺天洋沙湖国际旅游度假区顺利开园迎客，9月25日，湖南国际旅游节在顺天洋沙湖举行开幕式（以下简称“两开”），为确保“两开”活动顺利进行，街道成立8个工作小组，先后抽调200余名干部，打桩定位在辖区内各个安保点，并组建50人的街道志愿者队伍和应急工作小组，全力配合做好“两开”活动各项工作任务。二是聚力重点项目帮扶。顺天洋沙湖国际旅游度假区。完成并销号的有洋沙湖社区紫花片六组李友根、罗建文、罗先华的房屋司法强拆、洋沙湖村将军片杨塘组电线杆新增及洋沙湖社区出入口的村级道路拓宽、将军会泉组腾地21.33公顷、洋沙湖社区2400米围墙建设。芙蓉北路至顺天大道立面提质改造。9月10日，顺利完成芙蓉北路至顺天大道沿线220栋立面改造任务。洋沙湖大道提质改造。按时完成洋沙湖村将军片9个组的征地工作，年底项目在抓紧施工。长郡洋沙湖中学建设。街道先后召开5次碰头会，采取“一进二访三讲清”工作模式，安排70名干部分为两人一组包一户，轮流上户与将军会泉组群众进行协谈，做细做好做通其思想工作，年底项目遗留问题处理完成，长郡洋沙湖中学项目于8月21日上午正式动工建设，年内项目土地整理工程基本完成。

【全面规范秩序】一是环境整治出新招。抽调6名干部成立芙蓉北路环境整治办公室，重新聘请沿线保洁员7人，出台考核制度，确保奖惩兑现；配备2100套分类垃圾桶，采取“户分类、村收集、镇处理”模式，实现垃圾日产日清；对实行垃圾分类验收合格的村（社区），由街道财政按5万元/村（社区）垃圾拖运资金进行奖励，每套垃圾桶50元的标准奖补到位；畜禽污染整治、环湖垃圾堆放点清理整治、取缔非法砖瓦窑厂等3个环保突出问题整改年底完成80%，即对建滨、将军砖厂进行依法关停，机械拆除建滨砖厂烟囱，并对将军砖厂烟囱实行定向爆破；对周济桥、长康里两个简易垃圾填埋场进行清理平整；4家生猪养殖场全部功能性拆除。二是拆违整治再加力。全年开展大型集中拆违行动27次，拆除存量违章建筑近1.2万平方米；经上户测量摸底，街道有符合“空心房”整治五类房条件的房屋387栋38500平方米，年内顺利拆除193栋28484平方米，并按30—60元/平方米（含地上建筑物）的标准对农户自拆费用进行补助。三是破除陋习不让步。在各村（社区）创新推行村民议事会、红白理事会、道德评议会、爱卫协会、环保理事会“五会一体”村民自治模式，制定符合村情民意的“村规民约”，狠刹人情歪风和殡葬旧风，并于7月1日零时起，实行全域禁止放鞭炮。年内劝阻升学宴、生日宴等不办48起，劝导升学宴、生日宴等简办87起，劝导婚嫁简办58起，劝导丧事简办61起，其中火化29起，节约资金500余万元。

【关注民生民利】一是切实加强民生保障。年内街道投资100余万元完成友谊桥等桥梁新建，投资60万元完成6.5千米村级公路拓宽；投资150万元完成均坝等水利设施建设；投入劳力200余人次，机械35台套，资金59万元进行水毁工程恢复；落实精准扶贫专项资金11万元，对368名农村义务教育阶段家庭经济困难学生和67名家庭经济困难幼儿给予教育助学补助；完成易地搬迁申报34户126人，竣工（含入住）12户44人，5户在建；危房改造完成验收21户80人；评级授信605户，发放小额信用贷款86万元，申报二季度小额信用贷款贴息25046.01元；投入专项资金6万元对高考一本上线学生进行奖励。二是尽力确保安全稳定。联合派出所、工商、质监等部门排查大小安全隐患63起，年内全部整改到位；对辖区内未达到安全生产资质的庄华麻石厂依法进行关停，并在9月22日的安全生产国检中受到上级领导的高度肯定；开展专项清缴行动5次，集中清缴非法经营烟花爆竹近20万元；抽调4名干部成立涉军人员走访办公室，实行专人负专责；安排125名干部对辖区内25名重点对象实行“五盯一”，24小时掌握动态，并做好对象约谈工作；受理各类信访件416起，年内办结412起；召开民情恳谈会129个，收集民生实事办理问题58个。

（刘　珏）

洋沙湖街道办事处（拟设）主要负责人名录

工委书记　黄新凯（5月任）
办事处主任　夏　胜
副书记　易承志
人大联络工委主任　邓国晓
政协联络工委主任　陈　义
纪委书记　易定文
委员　李志林　姚卫东
副主任　钟　浩　易　平　鲁　望

六塘乡

【概况】六塘乡位于湘阴县东北部，全乡面积3612平方千米，东南与汨罗市境交界，北抵东塘镇，西是澧溪港街道。耕地985.2公顷，水面154.2公顷、山林1446.4公顷。全乡行政村由原11个建制村与1个集镇社区合并后为四村一社区，即：六塘铺社区、文丰源村、龙潭村、旭日村、金珠口村。136个村民小组，16588人。2017年，六塘乡围绕建设“左公故里、美好湘阴”的发展愿景，按照“基础先行、产业支撑、项目带动、和谐发展”的工作思路，以建设“平安和谐、秀美六塘”为工作目标，全力推进“二四五”工程目标任务，努力推动基础工作落实，较好地完成各项工作。获评全县综合绩效考评优胜单位、全县社会治安综合治理工作先进单位、全县重点项目服务先进单位。

【底线工作】一是计划生育工作。2017年，顺利通过岳阳市卫计工作检查。六塘乡多措并举，上紧发条，严格按照上级相关文件精神落实工作，准确上报各项数据。年内全乡出生人数281人，政策内生育率92%。先后制作大型宣传标牌5块，各村宣传墙体标语3块，出动宣传车宣讲政策，完成优生优育检测200对，发放奖励扶助等5万元。二是安全生产工作。严格按照省级安全生产示范县的工作要求，进一步加强宣传投入，在重要路口制作大型展板2块，立式不锈钢宣传牌100余块，悬挂横幅50余条。各村（社区）、部门利用短信、宣传栏、标语、标牌等形式，大力宣传安全生产政策和法律法规；及时召开安全工作会议，明确分管负责人，建立健全岗位职责，制订安全生产工作实施方案，并与各部门单位、村（居）层层签订目标责任状；以“安全生产专项行动”为契机，对全乡范围的烟花爆竹零售店进行全面的摸排检查，规范经营行为，宣传政策法规。定期组织“打非治违”回头看，发现隐患当场下发责令整改书。全乡域原63家烟花爆竹经营门店通过整治后办理合法经营手续的仅保留11家。同时，会同县安全生产委员会办公室、县安监局对存在严重安全隐患的液化气站进行依法取缔，并对新建的加油站进行全方位主动介入监管。2017年，全乡出动人员180余人次，联合县安监局出动“打非治违”行动4次，发现安全隐患18处，下达限期整改文书12份，整改验收隐患18处，整改率100%，通过限期整改及验收，及时削除安全隐患。三是综治维稳工作，坚持稳定压倒一切，始终把确保一方平安作为全乡首要任务来抓。印发公开信、平安创建倡议书及民调问卷等宣传资料10000余份，发放到全乡每家每户；创建“平安六塘”微信公众号，号召全乡党员群众自觉关注，发布平安创建、综治民调、发展形势等内容多篇，让全乡党员群众随时感觉家乡的发展形势；在醒目位置悬挂横幅60余条、张幅标语100多张；不扰民的前提下，利用巡逻车和“村村响”巡回宣传民调工作和倡导“平安创建”工作。结合村级换届、脱贫攻坚、环境卫生整治、安全生产大巡查等中心工作，抓牢抓实机关干部和村组干部大走访”活动，坚持“全方位、有重点”地进行走访，在做好综治民调、信访维稳宣传工作的同时，收集群众反映的重点、热点、难点问题。配合公安机关，严厉各类打击违法犯罪行为，主动排查化解各类矛盾纠纷53起，处理信访积案3起，有效确保全乡社会大局稳定。2017年，全市综治民调上半年落居40名，下半年升至全市22名。四是环境卫生工作，完善工作机制。建立党员骨干包户、保洁工作常态化工作机制，充分发挥各村爱卫协会日常保洁作用。每月组织对各村创卫工作进行检查评比，每季度对创卫工作进行汇总讲评。不定期组织党员、组长在全乡带头开展“大扫除”“大整治”活动，倡导“绿化家园，美化六塘”行动；开展卫生整治。根据六塘乡实际地形地貌，开展植村绿化活动，着力美化环境。推进垃圾分类，做到农户垃圾分类消化、生活垃圾大不出村、小不出户。继续推进农村生活污水处理，在六塘集镇兴建人工湿地一个，还计划在集中建房点兴建污水处理池一个，解决集镇及集中建房点近300户居民的生活污水处理问题。顺利安装完毕污水处理三、四格池192个，有效解决农村生活污水处理问题。再建基地建成后将再投入安装污水处理池48个。环境整治工作由全县倒数第二跃居全县第二名；加大整治力度。加大砖瓦窑整治和畜禽退养工作，严格按照上级要求，迅速落实拆除工作，年内顺利拆除尺瓦窑8个、推板窑2个，签约、拆除并验收合格的养殖场8个。

【推进重点项目】积极调整农业结构，大力发展特色产业，充分利用六塘乡丰富的闲置山岗丘土资源，引进徽商农业科技开发有限公司，在旭日村金岳片区流转开发土地40余公顷，种植无花果、紫玉淮山、优质油茶林，解决剩余劳动力150余人，年产值300余万元。全面参加交通大会战，抽调精干人员，成立3个指挥所，助推三大交通项目建设。岳望高速遗留问题顺利解决，如期复工；240国道建设顺利推进，提前通车；平益高速前期工作准备就绪。大力推进村民集中建房，按照节约用地、科学规划、合理布局的原则，采取“政府指导、理事会组织、群众参与”的工作模式，完成金珠口村集中建房点“兰岭人家”的基础设施建设，完成旭日村“旭日花苑”、文丰源村“丰源小区”两个村民集中建房点选址和规划，得到市、县领导的高度肯定及人民群众的广泛赞誉。

【科学统筹其他工作】一是超额完成“空心房”拆除任务。组织国土所全体成员从6月起进行“空心房”整治行动，年内开展14次拆除行动，超额完成拆除任务，拆除“空心房”151处，面积41000平方米。二是“刹歪风，治陋习，树新风”成果颇丰。成立以书记为组长，乡长、纪委书记为副组长的“治陋习、树新风”工作领导小组，各村、社区成立红白理事会、道德评议会，全面开展“刹人情歪风、治婚丧陋习、树文明新风”活动。层层召开会议，广泛宣传发动，制作大型宣传栏6块、立式广告牌15块，张贴标语横幅200余条，签定承诺书8000余份，充分利用村村响、微信群进行循环宣教。成功协办“推进移风易俗，倡树文明新风”巡回演出大型文化活动。陈规陋习治理工作开展以来，先后文明劝导红白喜事83起，婚事新办13起，丧事从简办理37起，其他不办40起，节约资金约120余万元。严肃处理违纪党员1人，约谈9人。三是强势推进控建拆违行动。全乡范围内对辖区内乱搭乱建、未批先建、边批边建、未按规划建房等违规行为给予严厉打击。如旭日村十一组村民黎建新，原属拆迁户再建，县人民政府关于240国道两侧控建会议后，党委政府多次上门入户做户主思想工作，最后自行拆除。对于不听劝告，顶风抢建行为，乡成立专门的执法队伍，严格按照拆违程序，积极稳妥做好控建拆违行政强拆工作。四是全乡基础设施进一步完善。水利建设方面，完成沟渠疏浚5千米，维修塘坝12处，自来水延线扩面10000米，解决400户1600余人的安全饮水问题；道路建设方面，拓宽改造村级主干道10千米，新修和硬化村组公路5千米，增设道路安全警示标识20余处；电网建设方面，增容改造台区12个，新装变压器5台，改造集镇杨家店段高压线路。五是脱贫攻坚工作成效显著。成立以乡党委书记为组长，乡长、专职副书记为副组长的脱贫攻坚工作领导小组，充分落实各项精准扶贫政策，全面发动全体乡村干部、广大党员骨干和社会爱心人士进行结对帮扶，参与脱贫攻坚工作。全乡系统内建档立卡贫困户288户1069人，截至年底，先后脱贫216户789人。全年异地搬迁13户，危房改造39户，产业扶贫234人，教育助学229人，医疗救助61人，发放金融扶贫贷款233万元，实现旭日村整体退出贫困村，顺利通过市、县脱贫攻坚工作的考核验收。

（徐珍妮）

六塘乡主要负责人名录

书　　记	郑　剑（2月任）
乡　　长	但　鹏（2月任）
副 书 记	刘红波
人大主席	黄勇波
政协联络办主任	陈正联
纪委书记	蒋　伟
党委委员	周　威　汪　伦 刘满龙（副乡长）
副 乡 长	黄　鑫（岳阳挂职）
人大副主席	柳　叶

杨林寨乡

【概况】杨林寨乡位于湘阴县境北部，原是洞庭湖淤洲，存有黄土、太合、东合等几个废垸。1952年，整修南洞庭湖时将这一大片土地围挽成垸，建为杨林寨农场，隶属省农垦局。1969年移交给湘阴县。1969年，接收新化县柘溪水库1.5万移民，改为公社建制。1984年，改为乡。全乡总面积30.23平方千米，其中耕地面积1813公顷。辖沅潭、黄太港、周家台、宗师潭、砂河淀、白洋湖、牧羊港、王家河、蒋家渡、莲子口、合湖、太合围、杨林寨、东合港等14个村和1个居委会。全乡总户数8298户、总人口26897人，乡政府机关设周家台村。2017年，杨林寨乡党委、政府以推进“两学一做”学习教育常态化为统领，以推进村支两委换届为契机，围绕突出主体责任、突出党建活力、突出干部作为、突出工作实效，积极进取、扎实工作，奋力开创学习氛围浓厚，工作开展到位、组织团结有力的工作新局面。

【自身建设】一是积极履行主体责任，加强宣传引导，顶住各种压力，全力做好村支两委换届选举工作。全乡14个村和1个社区换届工作全面完成，选优配齐村支两委班子。二是结合“两学一做”学习教育、软弱涣散村整治、学习中共十九大精神等活动，加强党员干部自身学习。通过“互联网”积极推进党员思想政治学习教育，全乡党员踊跃关注红星云微信公众号，加入网上党支部，积极在网上学习，分享学习心得。进一步加强村干部管理，家住县城的村干部都落实村级值班坐班、便民代办等制度；严格实行村账乡代管制度，各村在换届前都交清账目和资金，确保村级财务制度执行到位，公示到位。三是加强党风廉政建设。扎实落实好干部出入境管理、“刹、治、树”整治风俗陋习等工作，开展“雁过拔毛”“涉砂、涉矿”等专项治理工作。对全乡腐败问题进行整治，全年依规处理党员干部8人次，力保全乡党员干部风清气正。

【基础建设】一是全力推进基础设施建设。整合资金500万元的公租房建设（含便民服务中心、农民技能培训中心、劳动保障平台）全部完工；整合资金400万元，直一渠硬化、绿化、维修6千米；整合资金80万元，对乡老剧院进行修缮，改建为乡党员活动中心和文体活动中心。全乡水利设施逐步完善，牛市港抗旱机埠完工，牧羊港机埠增加一台机组，大大提高排涝能力，全年硬化道路15千米。二是做好村级综合服务平台建设。

严格按照市委和组织部门的统一部署，全力推进杨林寨乡村综合服务平台建设，全乡14个村、1个居委会的村级综合服务平台主体建设基本完工。三是打造杨林寨乡绿色无公害蔬菜名片。针对杨林寨乡实际，整合移民、农业等项目，加快打造杨林寨蔬菜产业园，规划建设好沅潭基地、黄太港基地、周家台基地、合湖基地、太合围基地，加大“三品一标”产品开发，逐步形成杨林寨无公害、有机蔬菜品牌，建成湘阴县的“菜篮子”。

【民生实事】一是高度重视教育基础工作。积极配合好县教育局落实好项目建设，多方筹集资金，对杨林寨中学进行维修和现代化改造。乡里制定尊师重教助学计划，每年针对小学教师发放尊师补助，针对毕业班教师，根据学生升学情况进行奖励；针对在杨林寨中学就读毕业后考入县一中、一本院校、二本院校的学生实行助学奖补。全乡尊师重教的风气日益浓厚。二是全力推进环境卫生整治工作。安排专项资金100万元，确定“村聘乡用”保洁员14名，对乡里三条主干道实行常态化保洁，集中式整治，对全乡陈年垃圾进行集中清运。制定污水处理规划，垃圾处理转运方案。通过“周查、月评、季考核”的方式，“树典型、奖先进”，各村形成你追我赶、人人参与的良好氛围，村容乡貌大大改观。三是全面确保社会稳定。组织精干力量，对少数顽固上访的老年移民和涉军上访对象多次进行法治宣传、上门走访、疏堵结合，将大部分上访对象稳控在基层。开展全乡安全生产隐患排查整治专项行动，烟花鞭炮经营、储存的安全隐患整治到位，规范经营；6家非法加油站点通过专业公司整体拆除到位。安排公安干警、乡村干部加强治安巡逻，提高群众见警率，落实好“平安三期”规划布点工作，安装好机关院内安保监控系统，主路治安摄像头，配合公安机关加大对偷盗、吸贩毒、拐卖妇女等违法犯罪的打击力度，全年刑拘12人，治安拘留28人。

【精准扶贫】一是解决好群众安居问题。整合农村危房改造、易地搬迁、村民集中建房、空心房整治、移民避险项目，全力推进农村危房改造，解决困难群众的居住难题。全年完成农村危房改造97户，扶贫易地搬迁88户，宗师潭村易地搬迁集中安置区建设全面完工；全年拆除“空心房”117户、15153.2平方米，沅潭村连片危房全部拆除，集中安置项目建设开始动工；推进特困移民避险解困工程，第一批125户、391人对象评审、上户调查、公示、签约等工作全面完成。二是做好托底惠民工作。严格按照程序标准，对低保户进行重新评定，同时结合临时救助政策对其他困难群众进行救助，做好移民后扶资金和老年移民生活补助的认定和发放工作，落实好退伍军人的优抚政策。三是严格落实精准扶贫工作。结合精准扶贫专项整治行动，对全乡精准扶贫户、低保户进行全面核定清理，年内清除不合格精准扶贫对象15户，不合格低保对象550户。严格落实好一对一帮扶政策，根据实际情况制定行之有效的帮扶措施，多策并举确保真正脱贫，全年脱贫125户、391人。

（郭　杰）

杨林寨乡主要负责人名录

党委书记	戴　翔（至7月）
	何建平（7月任）
乡　　长	何建平（至7月）
	刘慕文（7月任）
副书记	李　浩（至7月）
人大主席	李文治（至7月）
	胡　虎（7月任）
政协联络办主任	胡　虎（至7月）
纪委书记	田伟赞
党委委员	肖正标（副乡长）
	邹琼英　蒋文锐
副乡长	许　煜
人大副主席	张　军

风云人物

杨孟飞　当选中国科学院院士

杨孟飞，男，1962年10月生，湖南湘阴县人。空间技术专家。中国航天科技集团公司中国空间技术研究院研究员，博士生导师。1982年，毕业于西北电信工程学院获学士学位。1985年，毕业于中国空间技术研究院北京控制工程研究所，获硕士学位。2005年，毕业于清华大学，获博士学位。现任探月工程三期探测器系统总设计师。主要从事空间飞行器系统总体、控制系统和高可靠控制计算机等方面研究和开发。提出空间飞行器月地高速再入返回系统方法，突破半弹道跳跃式再入返回关键技术。发明一种复杂卫星姿态控制方法和装置，解决卫星甚高精度、强适应控制关键科学问题。提出空间控制计算机容错方法，创建动态可重构容错体系结构。曾获国家技术发明二等奖1项、国家科技进步创新团队奖1项、国家科技进步二等奖1项、部级奖11项（其中一等奖8项）。11月28日，中国科学院公布新当选的61名院士名单。中国航天科技集团公司五院杨孟飞研究员当选中国科学院技术科学部院士。

陈四清　当选中共第十九届中央候补委员

陈四清，男，1960年出生，湘阴县新泉镇人。1982年，毕业于湖北财经学院。1999年，获澳大利亚莫道克大学工商管理硕士学位。1990年8月，加入中国银行，曾在中行湖南分行、香港中南银行、福建省分行任职。2005年9月至2008年5月，任广东省分行行长。2008年6月，任中国银行副行长。2014年1月，任中国银行党委副书记。2014年2月，任中国银行行长。为高级经济师、注册会计师。7月24日，陈四清当选为中央金融系统出席中共十九大代表。10月22日，在中国共产党第十九次全国代表大会上。陈四清当选中国共产党第十九届中央委员会候补委员。

许罗德　当选中共第十九届中纪委委员

许罗德，男，1962年出生，湘阴县漕溪港街道突丰村人。1983年8月参加工作。2017年5月起，任海关总署党组成员、中央纪委驻海关总署纪检组组长（副部长级）。为第十二届全国人民代表大会代表。10月22日，在中国共产党第十九次全国代表大会上。许罗德当选第十九届中央纪律检查委员会委员。

甘 霖 当选为致公党中央副主席

甘霖，女，1963年10月出生，湘阴县鹤龙湖镇人。1991年2月至1993年12月，在华中农业大学园艺系学习，获博士学位。1996年12月至1999年12月，先后为英国诺丁汉大学生命科学系博士后、加拿大农业部马铃薯研究中心博士后。1999年12月至2001年5月，历任湖南农业大学园艺系副教授、系主任、教授、博士生导师。2001年，任湖南省农业厅副厅长。2003年1月，任湖南省人民政府副省长。2011年3月起，任国家工商总局副局长。2003年至2012年，为第十、第十一届全国人大代表。2002年至2017年，为中国致公党第十二、十三、十四届中央委员，常委。2002年至2012年，为中国致公党湖南省委员会第三、四届主任委员。1993年至2003年，任第九届全国青联委员。2017年12月，在致公党第十五届中央委员会第一次全体会议上，当选为第十五届中央委员会副主席。

张云英 当选为中共十九大代表

张云英，女，汉族，1957年11月出生，湘阴县新泉镇人，研究生。1976年4月，加入中国共产党。曾任岳阳市委常委、组织部部长，省地税局副局长、党组副书记，省地税局局长、党组书记。现任湖南省人民代表大会常务委员会选举任免联络工作委员会主任。5月16日，湖南省党代表会议选举产生出席中国共产党第十九次全国代表大会代表64名。张云英为代表之一。

谭清泉 当选第六届全国道德模范

谭清泉，男，1956年出生，湘阴县南湖洲镇人。是中国人民解放军某部队84分队高级工程师。1976年3月入伍，长年研究战略导弹，先后破解200多个技术难题，誉为导弹发射场上的“定海神针”。2011年，身患肺癌，术后仅4个月就重返

导弹阵地。还主动要求延期退休，冲锋在导弹研究一线。先后获军队科技进步二等奖1项、三等奖3项。2013年，被评为全军爱军精武标兵，2014年，被评为全军践行强军目标标兵、“践行社会主义核心价值观、争做新一代革命军人”新闻人物，中国科学技术协会授予全国优秀科技工作者。2015年，中央军委授予“砺剑先锋”称号；荣立二等功2次、三等功6次。11月9日，中宣部、中央文明办等评选表彰的第六届全国道德模范，湘阴籍导弹专家谭清泉当选为敬业奉献模范，成为湘阴县获全国道德模范的第一人。

湘阴县第五届道德模范

姚 平 见义勇为道德模范

姚平，女，34岁，新泉镇新西街个体经营户，诚信经营，为人友善。7月18日午时，酷暑难耐。新泉镇新西街一家日化用品商店的主妇正在做饭，男主人不在家，因为事先不知液化气管被老鼠咬坏，突然漏气喷燃着火，她吓得惊慌失措，直奔室外大呼救火，街坊居民纷纷涌来，大家心急如焚，可是都心存恐惧，不敢进屋。危急关头，怀有身孕的姚平从百米处的快餐店里赶来，双手紧抓灭火器，奋不顾身，直奔室内，对准起火的液化气管使劲喷扫，经过20多分钟的奋战，大火终于被扑灭。等她从室内出来时，已成全身白色的“泡沫人”。由于姚平的挺身而出，英勇救火，成功避免一场随时可能导致液化气罐爆炸的重大火灾安全事故。

李建平 诚实守信道德模范

李建平，男，51岁，现任湘阴县华科房地产开发有限公司董事长。他秉承“干良心活，盖放心房”的理念。在广州、长沙、岳阳、湘阴县多

项重大工程建设中树立诚信形象。2003—2005年，被公司连续评为县级“建安杯”奖；2014—2016年，华科公司连续三年被评为湖南省工商行政管理局“重合同、守信用”单位。2009年，承接长沙菲菲毛巾生产基地工程，在工程资金拨付不到位的情况下，他兑现“不缺农民工一分钱”的承诺；历时两年多的“华科丽城”项目工作创市建筑行业标化工程，同时为51户拆迁还建户兑现承诺，无一户上访事件发生。在生活中他热心公益，2015年，为六塘乡一初中女生手术捐款1.5万元；老家有一个“五保户”老人李顺祥，无儿无女，他经常探望，老人从生病到病故，所产生的费用他一人承担，还为村里建设捐款5万多元；2017年洪灾期间，他带领公司员工带着5万元的慰问品慰问抗洪一线的官兵。

张水云　诚实守信道德模范

张水云，男，60岁，县水务局退休干部，高级工程师，湘阴县资深水利专家，“湖南省抗洪模范”“全国水利系统抗洪抢险先进工作者”，享受部级劳模待遇。南湖洲镇人，少年时代的他亲眼目睹湖区水灾不断，人民流离失所的痛苦，发誓长大后献身水利，造福桑梓。1981年，大学毕业后放弃省厅优越的工作环境，毅然到湘阴县水利局工作。从技术员做起，一步一个脚印的成长为湘阴县水利系统德高望重的技术权威。先后担任过县水利勘测设计院院长、水利局分管业务的副局长。2017年汛期，湖南遭遇超强暴雨，湘江水位陡涨时刻牵动着这位老水利人的心，他不顾家人劝阻，主动请缨到湘阴县最危险、最艰巨的沙田垸柳林江一线防洪大堤处险。因为张水云对出险原因的精准判断和几十年来防汛抢险积累下来的行之有效的处险经验，一个又一个险情得到控制，现场调度指挥的县委书记汪灿对张水云的技术和担当赞不绝口。8月，张水云被评为2017年全省抗洪救灾先进个人。

董素寒　敬业奉献道德模范

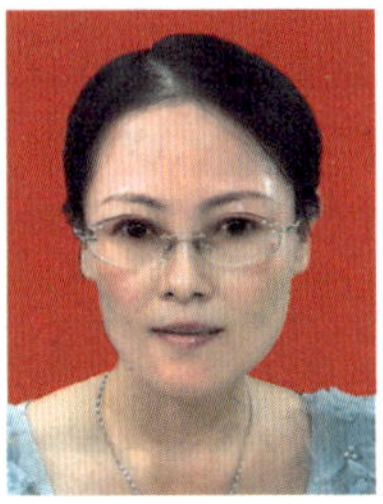

董素寒，女，46岁，华容县人，县第三人民医院业务副院长、内二科主任、副主任医师，从医26载，她总是以沉稳而淡定的形象出现在每一位患者的身边，为病人着想，把病人当自己的亲人看待，使病人产生信赖感。她以院为家、以科室为家，除工作时间内的每天至少三次查房之外，在休息时哪怕是凌晨接到医院收治病人的电话，都立马赶到病人身边进行医治。由她带领的科室，从未发生过医疗纠纷。为了病人，父亲患癌症去世，她都没能在身前尽孝。先后获评县“十佳岗位明星”“十佳”医生和县政府嘉奖、岳阳市最美医生、省级“群众最信赖的健康卫士”等荣誉。

俞正春　敬业奉献道德模范

俞正春，男，55岁，中共党员，岭北镇柳江村党总支书记。多次评为全县优秀共产党员、优秀党支部书记、十佳人民公仆、十佳村（社区）党组织书记。他放弃优厚的个体经营收入，毅然投身村级事业，从长远规划，从群众最关心的热点难点问题入手，发动群众多方筹错资金，修路、修水利，改电、改水、改厕，建学校、建文体广场、建农家乐、建村级办公楼。在他的带领下，柳江村面貌焕然一新。先后获评湖南省美丽乡村建设示范村，岳阳市文明（村）镇、社会主义新农村建设示范村、科普惠农兴村先进单位、人口和计划生育基层群众自治示范村居，湘阴县粮食生产先进村、十佳基层党组织、城乡环境卫生整洁行动秀美村庄、人口和计划生育工作先进村、“五个好”村党支部、基层党建示范点等。7月下旬至8月上旬防汛期间，资水、沅水水位急剧上涨，湘江支流柳江村水位暴涨4米多，他带领村“两委”班子成员，组织党员群众赶赴前线大堤，7月3日，他终因连日劳累导致结石病倒在大堤上。病情稍有好转的他又再次直奔大堤。

钟炎武　敬业奉献道德模范

钟炎武，男，39岁，中共党员，县第一职业中专学生科副科长。2003年大学毕业时，他就熟练地掌握动漫设计制作、计算机程序设计及网络技术，多次放弃改行致富的机会，一直坚守在教育战线上。2010年开始，利用课余时间，对有计算机爱好的学生进行无偿辅导。2012年，辅导学生获省技能竞赛动画制作项目一等奖。2015年，辅导学生获湖南省技能竞赛二等奖，后代表湖南省参加全国技能竞赛，在国家级技能竞赛中获三等奖；获得全国第九届中职学生文明风采大赛“优秀指导教师”；“湖南省优秀班主任”“湖南省优秀指导教师”；岳阳市“教研教改先进个人”；湘阴县“教育工作先进个人”、湘阴县“优秀党员”、湘阴县“师德标兵”等称号，近4年有15篇教育教学论文获奖或发表，出版《计算机网络基础》《动漫制作Flashcs5》两本教材。

文　朗　敬业奉献道德模范

文朗，男，34岁，中共党员，现任湘阴县公安局杨林寨派出所所长，三级警督。从警12年来，始终奋战在维稳第一线，用自己的汗水浇灌着一方平安。特别是2012年担任杨林寨派出所所长以来，创新工作方式方法，有勇有谋，现场处警及时果断，先后带队成功处置10余起群体性事件。2013年，因胃病住院治疗的文朗，听民警报告说该乡一起盗窃案无任何线索时，径直拔掉吊针，赶赴25千米开外的案发现场，终于找到罪犯的蛛丝马迹，并一举深挖破获系列盗窃案件38起，追回价值15万多元的赃物；为过好地方维稳的“语言关”，文朗走村串户，向老百姓学说地方话，半年时间，出生鹤龙湖的他硬是能说出一口地道的新化方言，村民听起来都感觉是“自家人”，成为他服务地方百姓、密切警民关系的“法宝”。近五年，他立二等功2次，三等功1次，受嘉奖2次，获评全省优秀人民警察、全省打黑除恶先进个人、岳阳市公安机关首届十佳民警等称号。2017年5月，获评全国优秀人民警察。

孙春台　敬业奉献道德模范

孙春台，男，59岁，县林业局干部。他是孤儿，从小就接触林场工作，自1974年始，一直从事森林病虫害预测预报和防治工作。他热爱本职工作，坚持严谨的科学态度，积极钻研，任劳任怨，深入林木病虫害防治一线，湘阴县的山山水水都留下他的脚印。由于森林防治测报灾害点覆盖全县，测报时间节点无法掌控，全靠他亲力亲为记录，一日三餐根本无法保障，落下胃病，但是他所收集整理的数据准确性是全省最高的。在白蚁防治工作上成绩突出，是白蚁防治工作的“土专家”，在森林防治工作中，因长期喷洒防治药水，头发、头皮被药水侵害，导致头发一直都是枯黄、卷曲，但他没有半分埋怨与懈怠，工作始终如一，曾多次获评省、市的林业先进个人、市劳动模范、全国新长征突击手和全国绿化祖国突击手。

余桂斌　孝老爱亲道德模范

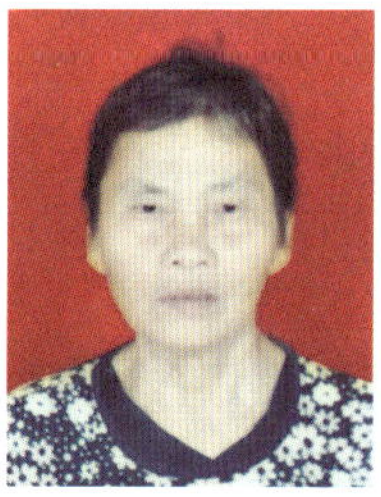

余桂斌，女，69岁，文星镇南泉社区居民，家庭较贫困，主要由儿子在附近做搬运工维持生计。2009年7月，儿媳李红突发急病，经湘雅医院诊断为先天性脑血管畸形，开颅手术后，成为半植物人。本该安享晚年的她，不得不再次挑起家庭的重担，既要料理家务，又要每天重复着帮儿媳翻身、洗漱、穿衣、喂饭、大小便这些烦琐的保姆工作。丈夫吴斌芳原就身患胸膜炎、肺结核、冠心病，不能从事过重的体力劳动，2016年开始丈夫病情加重，生活无法自理，只能坐在轮椅上，且经常需要输氧，她每天推着轮椅陪着丈夫在院外晒太阳、散心。多年来，她无怨无悔照料两个病人的生活起居。不仅如此，她还主动帮助邻里调解矛盾，为别人排忧解难，她的所作所为也得到家人的尊重和邻里好评。

周香兰　孝老爱亲道德模范

周香兰，女，69岁，中共党员，樟树镇金台村人，1985年任村妇女主任至退休。1969年，周香兰与丈夫结婚后，她一手操持家务，一边照顾婆婆（周香兰的婆婆25岁便守寡，独自带大儿子），连被子都从未让婆婆洗过，现在婆婆98岁高龄，连平时走亲戚、回娘家也都要把婆婆带在自己身边。2009年，周香兰的丈夫患上前列腺癌，患病5年，卧床2年，直到2013年去世。这期间，周香兰一边精心照顾丈夫，让其保持乐观心态、安心养病，一边偷偷地找亲戚朋友借钱，筹措丈夫治病的医药费，哪怕只有一线希望，也不会放弃。周香兰以孝道为荣，数十年如一日照顾年迈的婆婆和患病的丈夫，邻里之间，和睦相处，用自己的实际行动对中华民族的传统美德作出最好的诠释。

2017年记三等功人员名单

（排名不分先后）

熊　巍	易志杰	秦献鹏	杨　敏	曾维光
焦志勇	杨　林	杨剑峰	黄新凯	夏　胜
赵美前	甘　滋	郑　剑	但　鹏	李　山
廖　昱	邓　平	刘美丽	兰　冠	许长虹
刘兴隆	易宇峰	胡莎丽	胡锦平	陈　锋
刘志伟（住建局）	陈三军	吴亚辉	王　宏	
刘　勇	秦少兵	邵凿耕	焦洪桥	王　剑
倪立祥	朱岳军	钟志平	柳艳秋	王骥明
郭　平	蒋　军	杨方清	廖小虎	聂晏斌
王　雄	刘　浩	李尚文	胡祥华	彭庆云
唐　武	包　洪	田　波	喻　明	王　锐
戴佑文	周　勇	钟智勇	胡清安	孙树祥
邵志高	杨应虎	谭　军	刘国宏	李忠良
刘正龙	杨亮杰	邹　颖	张松林	胡双武
危季鸿	宋正文	蒋仲祥	杨建文	龙文忠
王卓雄	熊　才	吴细政	涂　娜	李　虹
庞国荣	杨　海	许志华	刘　巍	左一峰
王　道	王　树	郭浩义	吴春辉	易艳红
贺　立	杨建伟	黄勇波	伏化国	曾胜军
胡　虎	高治波	欧　戈	叶旭峰	王铁安
周学斌	徐介民	阳　望	张　放	黄天府
易和平	廖国栋	骆　安	黄　邱	欧阳浩
任彩良	杨　健	陈　红	秦卫平	姚国华
杨建煌	李　毅	王海英	夏闻天	杨奇红
易定文	张　波	叶　伟	金　舸	蔡　敏
夏四斌	邵曼元	周献军	周　禹	刘国琪
鲁海峰	甘卫煌	李新春	虞立芳	周建文
刘伯华	胡　谦	刘　锦	马明权	范文灿
任术海	董京武	黎　勇	蒋国奇	丰　波
黄金魁	易建新	顾　取	刘志伟（城管执法局）	
胡建龙	王飞轮	熊志明	成　蔚	阳晓艳
周扩军	郭　韬	徐祝华	李海林	沈　军
杨　赟	文　雯	吴超兵	肖正标	陈小良
钟宏波	湛　博	任景云	余克义	张　淼
李正铦	夏　伟	吴　丰	陈　伟	甘坚锋
罗定武	邵直芳	胡泽强	周胜恩	李明辉
周必胜	王丰高	王志光	吴志摩	姜　彬
李彬李	黎世明	刘　熬	欧阳勇	刘铁鹏
樊彩斌	甘　喜	张学良	尚建璋	刘东照
黎安平	甘平安	陈　新	周　晖	易建秋
王晓赟	邵舒广	张海波	李双双	胡　卫
吴学海	李　铁	黄　感	张　宇	肖　灿
颜文展	谌　羿	米　颖	杨　希	李　卫
张水平	伍建华	钟建武	陈　丽	彭拥军
宋　灿	周　茜	王　志	张　锋	陈春泉
刘　磊	刘定武	徐静波	殷　辉	余令安
孔俊喜	巢晓畋	刘运根	汪兰英	林四平
蒋国光	侯清明	周孟龙	蒋　勇	王希斌
黄应根	王胜军	黄　军	曹振宇	郭　艳
盛　利	苏伟中	黄吉仁	汤　彦	冯绪勇
邵建兵	李自力	金　胤	左　重	杨志仁
刘西城	吴　宏			

索 引

说明：

一、本索引把年鉴的目、分目用主题分析的方法，按英文字母顺序排列。

二、目与地名用黑体字标明，遇有相同的目与子目并夹时，在其“目”的页码用黑体字标明。

三、索引名称后的阿拉伯数字表示所在页码，拉丁字母（a、b）表示栏别（从左至右分1．2栏）

四、“特载”中部分内容未作索引。

主题索引

—数字首—

—A—

—B—

—C—

—D—

—H—

—K—

—L—

—M—

—S—

—T—

—W—

—X—

—Y—

湘阴县公安局交警大队

大队长　夏闻天

教导员　甘怀坤

湘阴县公安局交警大队下设 8 个勤务执法单位、9 个内设股室，车辆管理所为副科级单位，系全市唯一县级一等车管所，现有在编干职工 79 人、协辅警 145 人，管辖省道 161.096 千米、县道 270.166 千米、乡村道路 4331.01 千米、各类机动车 112236 台、各类驾驶人 89919 名。

近年来，交警大队党总支一班人精诚团结、率先垂范，始终以队伍建设作为交管事业的最大根本、以安全作为交管事业的最高目标，以畅通作为交管事业的最高追求，以党和人民满意作为交管事业的最大荣誉，以严打交通违法保秩序，以依法处理事故保稳定，以真心服务民生赢口碑，取得了一定的工作成效。先后多次被县局评为全面工作优胜单位，全县安全生产先进集体，多次获评省公安厅春运、国庆安保先进集体，车管所被评为全市文明窗口单位，队伍中涌现出全省见义勇为先进个人并记一等功的救人英雄肖立祥等一大批先进典型。

122 交通安全日宣传活动

全县农村道路百日集中整治行动冲刺会

协警员培训

摩托车整治

酒驾整治

湘阴县市场建设管理中心

主任　黄首帮

县领导到思岩村实地调研产业发展项目、走访贫困户

市场建设管理中心（简称市管中心）成立于2000年8月，是一个副科级事业单位，主要负责全县市场内的物业管理、市场规划、市场开发和维护维修，负责市场内的安全生产、卫生秩序、计划生育等日常管理，提供交易场所和服务设施，开展代储、代运、信息、咨询和其他服务，并负责代征全县工商个体户的水利建设基金，代征工业品市场营业税。中心下设6个市场管理所，现有干职工97人。负责管辖城区8个农贸市场和3个工业品市场。2017年，中心认真对照年初全县三级干部大会和县委、县政府有关会议确定的工作任务，坚持以科学发展观为指导，以“两学一做”活动为载体，以项目建设为重点，以精细化管理为手段，加快推进了中心各项工作的全面发展。中心全年各项经济收入共计233.19万元。其中市场物业收入（含东门口门面）152.69万元，代征代收及水利基金30万元，拍卖佣金收入48万元，超市协调费2.5万元。

“社会扶贫”工作推进暨APP软件上线培训会

大中村脱贫攻坚会商暨扶贫知识培训会

县领导检查市场

东旺农贸超市

办公楼

湘阴县畜牧局

局长　杜 勇

2017 年，县畜牧局以优化畜牧产业结构、提升产业品质为总要求，以“生态养殖，可持续发展”为目标，突出畜禽养殖粪污整治、洞庭湖区养殖场退养、动物疫病防控、畜产品质量安全检测与监管等工作，有效推进各项工作顺利实施。至 12 月，全县洞庭湖内湖及取水点周边 168 个养殖场、6.2 万平方米的养殖栏舍全面完成退养拆除；同时，进一步强化工作举措，推进限养区、适养区内畜禽规模养殖场粪污处理基础设施升级改造，推广安装喷淋装置、新建三级沉淀池、干粪发酵棚、沼气池或厌氧池以及其他环保设施，并通过种养结合等措施，实现养殖废弃物就地转化。全县有 353 家养殖场完成治理设施基建改造，完成设施设备配套规模比例 76.1%，超额完成上级下达的 70% 工作目标。

“先锋护碧水，共促大保护”环境保护行动

“送鸡下乡”扶贫活动

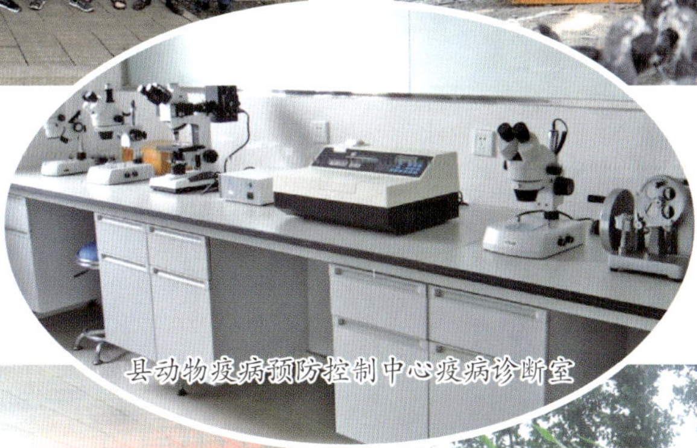

县动物疫病预防控制中心疫病诊断室

县畜牧局机关党支部参加南湖新村党总支民主生活会

人工种植牧草—墨西哥玉米草

湘阴县生态能源服务中心

主任　欧正平

县生态能源管理局成立于2004年8月，2010年12月通过参照公务员管理，成为“参公”单位，2015年湘阴县政府职能转变和机构改革，将县生态能源管理局承担的有关行政职能划入县农业局，更名为县生态能源服务中心，为县农业局所属副科级事业单位；现有全额财政编制人员49名，其中在岗人员38人，离退休11人，下设三个股室、一个服务中心。至2017年底，全县累计完成户用沼气池建设4万多口，建成大型沼气工程1处，联户沼气工程199处，建成大型沼气工程1处，建立健全农村能源后续服务网点31处，推广安装太阳能热水器2万多台，创建沼气示范片100多个，获得国家资质证书的沼气技工164人，其中高级4人、中级14人、初级146人。

近五年，县生态能源服务中心围绕省、市职能部门及县委、县政府工作部署，积极响应乡村振兴战略要求，树立沼气工程在畜禽粪污资源化利用中的杠杆作用，完善沼气后续管理服务工作，主动融入全县全域环境卫生整治，充分发挥生态能源建设在推进农业农村绿色发展、生态建设中的重要作用，为建设资源节约型、环境友好型社会、提高人居环境质量、保障人民群众身体健康水平发挥了重要作用。

市农委农村能源调研组一行到湘阴考察

调研指导美丽乡村金龙示范片生态能源建设

市农委农村能源调研组听取县生态能源服务中心情况汇报

中心党支部到漕溪港街道利民新村开展党员先锋先行活动

湘阴县消防大队

大队长　彭南忠

教导员　杨远泽

湘阴县消防大队下设湘杨路中队、洋沙湖中队。2017 年，县消防大队奋力拼搏，不断完善消防安全责任体系，扎实开展火灾隐患排查整治，加快推进公共消防设施建设，较好完成全年预期目标，确保全县火灾形势的持续稳定，为全县经济发展做出应有贡献。全年发生火灾 226 起，死亡 0 人，受伤 0 人，直接财产损失 942 万元，未发生重大以上火灾事故，火灾形势总体平稳。

2017 年，县委常委会 2 次、县政府常务会 2 次研究部署消防工作，县委、县政府领导专题听取消防工作汇报 10 余次，率队开展消防安全检查督查 20 余次。在抓好全国和全省统一专项行动的基础上，紧贴湘阴实际，部署开展易燃易爆场所、烟花炮竹企业、地下公共建筑等集中整治行动。全县检查单位 2168 家，发现火灾隐患或违法行为 4238 处，督促整改火灾隐患 4115 处，下发处罚决定书 44 份，临时查封单位 47 家，责令“三停” 22 家，罚款 88 万余元，拘留 6 人，有力净化了消防安全环境。全面落实湘财行【2013】68 号文件精神，消防预算经费突破 392 万元，同比增长 3%，洋沙湖消防站被评为“全省消防部队正规化达标创建先进单位”；县财政专项拨款购置一台瑞典斯堪尼亚 18 吨大功率水罐消防车投入到执勤备战，提高了灭火和应急救援能力。同时，大力加强市政消防设施建设，县公用事业、城管、财政、消防等部门各负其责，重点加强对城乡结合部、老城区、新建道路市政消防设施建设，城管、消防和文星镇组织对老城区建新市场、三井头社区等地的消火栓设施的维修，确保老城区消防设施真正发挥作用。

公安部消防局副局长马维光（右一）考察部队建设

省公安厅副厅长汤向荣（右二）春节慰问大队官兵

队列训练

消防监督培训会

警营开放日

60 米肩梯跑训练

中国农业发展银行湘阴支行

中国农业发展银行湘阴支行（简称县农发行），成立于1996年12月，内设办公室、信贷业务部、会计结算部。现有员工20人，其中中共党员13人。2017年，该行持续深入开展“两学一做”教育常态化制度化学习，加强党建工作建设，围绕工作重点，继续做好了粮食收储、库存监管、政府融资平台项目和易地扶贫搬迁资金管理工作，全面夯实基础管理，不断提升全行经营管理水平。全年实现贷款余额141975万元，同比增长29%，日均存款余额36889万元，同比增长12%，不良贷款持续保持“零”余额，实现“四无”目标，有力支持了县域经济建设发展，被县委、县政府授予“红旗单位”称号。

支行全体党员、入党积极分子集中学习党的十九大报告

市分行领导检查指导夏粮收购工作

党支部书记喻明（右一）讲党课

青年员工合规管理演讲比赛

全体党员及入党积极份子到韶山参加党员活动

支行办公大楼

湖南湘阴农村商业银行股份有限公司

领导班子成员

湖南湘阴农村商业银行股份有限公司成立于2016年6月28日，注册资本2亿元。其前身是成立于1984年的湘阴县农村信用合作社联合社，2007年实现统一法人。至2017年末，湘阴农商银行共有营业网点39个，其中：营业部1个、一级支行22个、二级支行10个，分理处6个；机关内设12部门2室2中心。现有在编员工345人，其中35岁以下员工130人，占总人数的38%；大专以上学历299人，占比86.67%；具有专业技术职称的88人，占比26%。截止2017年12月31日，湘阴农商行资产总额为598442.84万元，负债总额为570969.78万元，所有者权益27473.07万元。各项业务保持了规模、速度与质量、效益的整体提升，成为了全县纳税十强企业。评为“2017年度全县综合绩效考评优胜单位”，全市农商行系统“2017年度安全保卫工作优胜单位”“2017年度信贷营销专项考核优胜单位”“2017年度案件防控治理二等奖”。

2017年末，各项存款余额532339万元，比年初净增83374万元，占全县金融机构市场份额的35.39%。各项贷款余额25.43亿元，比年初净增4.64亿元。占全县金融机构市场份额的25.63%，存贷款总量和增量均居全县各金融机构之首。全年发放扶贫贷款1691户，金额7459万元。电子银行提质增速。12月末，电子银行交易替代率为67.25%，比年初提高21.32%。电子银行动户率18.85%，社保卡激活率80.5%。已在农村成功建成32家便民金融服务点。

农商行干部职工风采

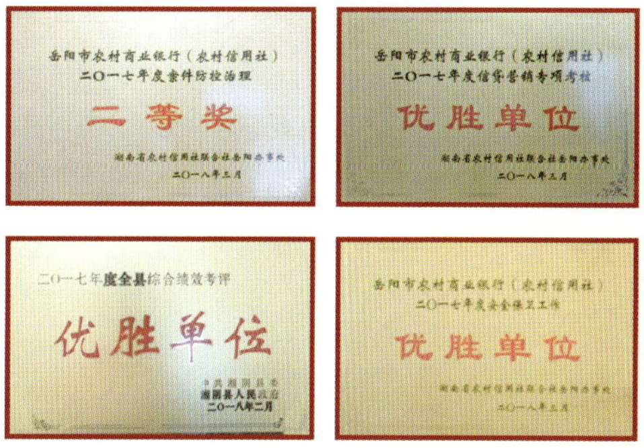

农商行获得的部分荣誉

农商行职工礼仪规范

县农商行经营理念

中国人民财产保险股份有限公司湘阴支公司

市分公司领导勘察湘阴灾情及农户受灾情况

中国人民财产保险股份有限公司湘阴支公司（简称人保财险）内设经理室、车商业务部、个代营销服务部等 9 个部室，并在新泉镇、南湖洲镇、东塘镇建立三农营销服务部。现有三版员工 20 人、出单分部人员 3 人、理赔分部人员 6 人，外包人员 13 人，查勘车辆 5 台。2017 年，实现保费收入 7145.42 万元，比 2016 年同期的 7095.62 万元增加 49.8 万元，其中常规业务保费收入 4457.88 万元，政策性农业保险 2687.54 万元，同比增长 5.46%。赔付成本 4319.4 万元，综合赔付率 66.7%，其中常规业务赔付成本 2436.5 万元，比 2016 年同期增长 97.44 万元，政策性农业保险赔付成本 1882.9 万元，表结利润 604 万元。全年缴纳各项税费 637.62 万元（含代征代缴），比 2016 年同期增长 2.62 万元。

公司召开防汛及查勘紧急会

服务大厅

公司办公楼

公司查勘专用车辆

中国平安财产保险股份有限公司湘阴支公司

总经理　吕　佳

平安财产保险股份有限公司湘阴支公司，经过全体员工的团结拼搏，开拓进取，在业务拓展、内部管理，树立形象等方面取得了较大的成绩。公司现地处湘阴县芙蓉路芙蓉国际健身会所一楼临街门面，公司有正式员工 14 名，其中大学学历人员 14 名；内设经理室、综合管理部、理赔部等管理部门及代理发展业务部、创展渠道业务部、综合开拓渠道业务部及车商渠道业务部等业务渠道，2017 年，业务规模不断攀升，业务发展稳健。公司专业的技能、优良的服务以及朝气蓬勃的管理团队在社会上树立了良好形象，并积极参与了政府各项活动，并得到社会各界的充分认可。公司承诺：将继续发挥保险“社会稳定剂”作用，持续不断的为湘阴县经济建设保驾护航，立足长远，合规经营，不断创新，为湘阴县保险业的更快更好发展作出积极贡献。

办公楼

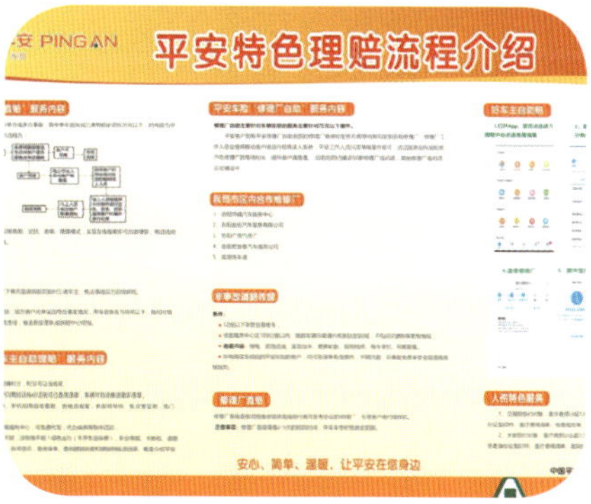

理赔流程表

现场理赔

服务大厅

中国太平洋财产保险股份有限公司湘阴支公司

总经理　危 敏

中国太平洋财产保险股份有限公司秉承“诚信天下、稳健一生、追求卓越”的企业核心价值观，开拓进取，锐意创新，积极为客户提供风险保障服务。2013—2017 年各项业务持续、快速、健康发展，保费规模稳步增长，市场地位保持稳定，发展态势良好，且中国太平洋保险财保连续入选美国《财富》《福布斯》和英国《金融时报》等世界 500 强企业。在 6 月 30 日暴雨侵袭后，湘阴县部分地区遭受严重洪涝灾害，农户损失较大，太保产险湘阴支公司迅速开展防汛救灾和查勘理赔工作，把农险救灾工作当做首要任务，并第一时间启动防汛紧急预案，竭尽全司之力最大限度减少农户的财产损失，确保其生命财产安全。并于 7 月 3 日由总经理危敏带领员工开展“CPIC 情系灾区、太保产险奉献爱心”募捐活动，为灾区农户捐赠物资并提供便捷的咨询和理赔服务，了解受灾情况，提供保险理赔程序和手续的温馨提示，为灾区人民献上太保的一份爱心。得到了农民朋友的高度好评，也得到了相关部门的一致认可。

公司营业厅

业务办理

公司办公楼

发放赈灾物资

湘阴县自来水公司

湘阴县自来水公司办公室地址位于湘阴县文星镇先锋路，于 1972 年 10 月 1 日在湘阴县工商行政管理局注册成立，在公司发展壮大的 46 年里，始终为客户提供好的产品和技术支持、健全的售后服务，公司主要经营自来水供应、维修、安装、配件。现湘阴县城区供水由公司 3 个水厂共同保障。3 个水厂供水能力约为 3.5 万吨 / 天。其中一水厂位于先锋路，建成于 1973 年，现有机井 10 口；二水厂位于八甲黄金村，1990 年建成并网送水，机井 6 口；三水厂位于高岭新城区，2000 年 8 月建成并网送水，机井 8 口。供水范围为湘阴县城区及轻工业园区，北至党校沿太傅路到长岭路；南至洋沙湖大道沿工业大道至芙蓉北路；西至湘江东线；东至芙蓉北路包括板桥和月湾，供水面积达 16 平方千米，供水人口约 15 万人。通过近几年城区道路提质改造，拉通了 3 个水厂的供水主管，形成了整个城区的环状管网互联互通，2017 年供水量突破千万吨。

"家风家训伴成长"演讲比赛

举办禁毒活动

工作人员抢修水泵

新增用户立户接表申办程序指示牌

服务大厅

办公楼

湘阴县农村公路管理所

所长朱亚（右一）走访慰问贫困户

帮扶工作队进驻岭北镇帮扶

湘阴县农村公路管理所原名县社公路管理站，成立于1982年3月，2011年5月更名为湘阴县农村公路管理所，是隶属于县交通运输局的副科级行政支持类事业单位。现有在职职工68人，其中专业技术人员12人，农村公路共养护管理总里程为2796.202千米。主要职责：负责宣传贯彻国家关于公路建设、管理、养护工作的方针、政策和法规。负责《中华人民共和国公路法》《国务院公路保护条例》《湖南省实施(中华人民共和国公路法)办法》和《湖南省乡村公路条例》的实施。负责编制农村公路发展规划和战备规划并组织实施。负责编制农村公路年度养护、机务计划并组织实施，负责检查、考核农村公路年度养护质量目标。负责农村公路的建设、养护、管理工作，指导乡(镇)村委会对乡道、村道的建设、养护工作。负责管理农村公路建设、养护资金。负责农村公路普查、路况技术标准评定、桥梁管理；负责农村公路调查、统计、科技、信息上报工作。负责农村公路项目的立项、报批、权限内勘察设计；负责农村公路招投标、施工管理、质量监督和安全管理及重点工程建设的实施，负责监督农村公路建设市场。承办县委、县政府交办的其他事项。2017年湘阴县农村公路管理所坚持以科学发展观为指导，突出新价值观，牢固树立科学养护理念，加强公路养护管理，提升路网综合服务水平，为促进湘阴县经济社会发展提供了良好的道路交通保障。

农村公路所扶贫工作小组座谈会

学习中共十九大精神

义务扫雪

湘阴县卫生计生综合监督执法局

局长　刘满平

2017年，湘阴县卫计执法局以基层卫生计生监督执法体系建设和创建卫生计生监督执法示范机构为工作重心，不断积极探索创新工作机制和方法，建立健全各项规章制度，充分利用卫生和计生工作的各自优势并有机结合，在全县各乡镇全面铺开基层卫生计生综合监督执法工作。年内该局进一步加大了对乡镇卫生计生监督体系建设的力度，强化责任考核制、监督员联点制、县乡联合办案等制度，加大对各乡镇卫计监督管理所的业务指导，分解工作任务，压实责任到人，全力推进基层监督执法工作，实现对全县城乡监管相对单位的全覆盖，取得突出的工作成效，并成功创建省“卫生计生监督执法示范机构”，各项工作得到国家卫计委监督局和省卫计委的充分肯定。

国家卫计委综合监督局领导到湘阴调研卫生计生工作

省卫计委综合监督处处长王兵（左一）到湘阴县指导检查工作

局机关

湘阴县水政监察大队
河道湖泊管理站

大队长、站长　刘双喜

湘阴县水政监察大队、河道湖泊管理站属于县水务局下属二级机构，为便于管理，其管理模式为两块牌子、一套人马。全县各垸区共设立7个水政监察中队，有专（兼职）职水政监察人员81人（其中大队22人）。2018年全县水行政执法人员共66人（其中大队22人），其主要工作职责是：宣传贯彻《中华人民共和国水法》《中华人民共和国防洪法》《国务院河道管理条例》等法律法规；依法保护全县范围内水域、水工程、防汛抗旱和水文监测等有关设施；对所有水事活动进行监督检查，维护正常的水事秩序；对公民、法人或其它组织违反水法律法规的行为实施行政处罚或者采取其他行政措施；负责办理行政许可和征收行政事业性规费等有关事宜。

码头整治行动

码头整治

汛期一线防洪大堤扫障现场

2018年“世界水日”“中国水周”水法宣传活动

湘阴县人民医院

解放军总医院教授到医院指导工作

中日友好医院领导到医院指导工作

湘阴县人民医院是一所集医疗、教学、急救、预防于一体的“二级甲等”大型综合公立医院，承担着全县78万人口医疗、急救、预防、保健、康复和教学科研任务，是全县医疗卫生服务中心，先后挂牌“爱婴医院”“红十字医院”“湘雅医院重点指导、双向转诊医院”。医院现有职工839人，其中医疗专业技术人员677人。

新院于2013年7月动工建设，2016年10月建成投入使用，总投资5.6亿元，总建筑面积83175平方米，是全县十大重点民生工程之一。新院按三甲标准设计，全院有后勤综合楼、办公楼、医技楼、门诊楼、住院楼、传染病楼等建筑，设置床位1000余张，临床科室20个，整个院区智能化设计，并配备64排进口CT、1.5T进口核磁共振、美国产血管机和胃肠机等高档设备。每年能接纳门诊患者约40多万人次，收治住院病人4万多人次，完成手术量近2万多台。该院正全面深化与中南大学湘雅医院合作，每周定期派多名医务人员进行义诊、查房、讲座、手术，医疗技术与医疗服务质量得到大大提高，正着力打造功能齐全、布局合理、环境舒适的全国一流县级医院。

党建工作部署会

医德医风教育专题工作会议

义务参加先锋路抗冰救灾

深入贯彻学习中共“十九大”精神大会

湘阴县中医医院

学术讲座

湘阴县中医医院创建于1953年，是一所集医疗、预防、康复、保健为一体的综合性二级甲等医院，是“湘中医”医疗联盟成员单位之一，国家中医药管理局远程教学医院，湖南省中医研究院附属医院的联盟医院，也是湖南省中医类别全科助理医生培训基地，湖南省中医药大学毕业生实习基地，湖南省中医附一医院定点指导医院，中南大学湘雅医院、湖南省中医附一及湖南省人民医院远程教学和远程会诊单位。

医院现有建筑面积20000平方米，开放编制床位300余张，在职员工288人，其中高级专业技术人员15人，中级专业技术人员63人，医院配备了16排螺旋CT机、DR、飞利浦EPIQ5最新版二围、四围彩色B超机、24小时心电动态、微生物检查、化学化光（甲状腺功能五项、输血四项、性激素六项、肿瘤五项、乙肝五项）、日本奥林巴斯电子胃镜、电子肠镜、腔镜、意大利进口TCL全新介入诊疗设备、自动生化血液分析仪、三维立体牵引床、麻醉呼吸机、高压氧、臭氧等大型先进医疗设备，开设有急诊科、中西医内科、外科、妇产科、国医堂、治未病科、肿瘤科、肾病科、康复科、口腔科、眼耳鼻喉科、皮肤科、肛肠科、骨伤科、介入科、血液透析室等临床科室和特色专科，其中康复科为省级重点特色专科，肾病科、肿瘤科为市级重点特色专科，能极大地满足临床各方面的需求。

湘阴县中医医院秉承着“精诚、仁爱、传承、进取”的精神，坚持“一切以病人为中心”的服务宗旨，弘扬中医文化，传承中医精髓，竭诚为广大人民群众的身心健康保驾护航。

中医院防汛医疗队

中药房分拣中药

中医院经典诵读队

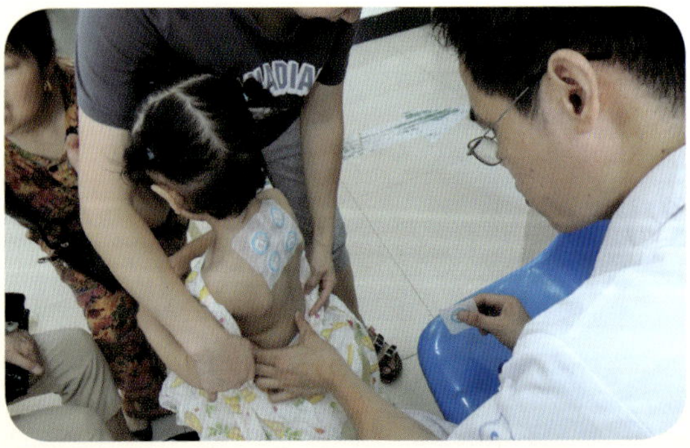

冬病夏治——三伏贴

湘阴县第三人民医院

院长　杨　剑

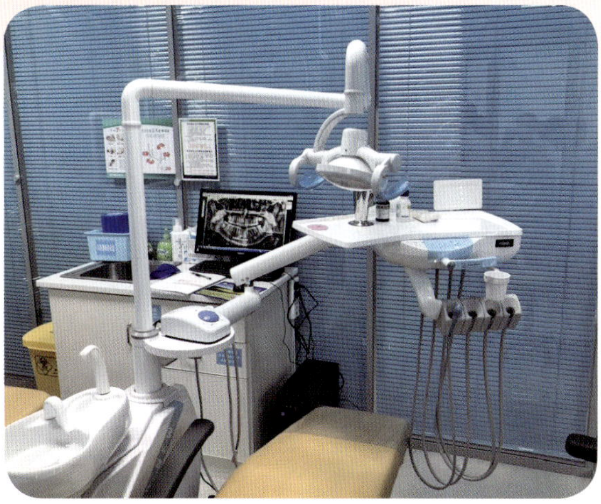

普兰梅卡牙科综合治疗椅

湘阴县第三人民医院原湘阴县血防医院，是一所集综合医疗、教学、急救、预防、保健、血防为一体的二级综合性医院，是湘阴县城镇职工、居民医保、晚期血吸虫病定点救治、农村合作医疗、工伤保险定点医院。医院占地面积达 2 万多平方米，设计床位 200 张，现有在职职工 284 人，其中高级专业技术人员 15 人、中级专业技术人员 98 人，医院技术力量雄厚，科室齐全，现有中西医内科、普外科、骨伤科、泌尿微创中心、妇产科、口腔科、血防专科、急诊科、碎石科、预防科、肾病血液净化室等 10 多个临床科室。医院还成立了急救中心，配有救护车 3 台，开辟了绿色急救通道，24 小时畅通无阻。医院设备先进，拥有清晰度高、分辨率强的彩色 B 超、四维彩超、螺旋 CT、多功能数字化 X 光机、CR 高清晰成像系统、除颤仪、多参数心电监护仪、全自动自控洗胃机、多功能麻醉机、钬激光碎石机、电子胃镜、海极星、电热低频及臭氧等妇科治疗仪、微创胆囊、泌尿、妇产科腔镜、手术电刀、血细胞分析仪、自动生化仪等先进设备。医院整体绿化面积达 800 平方米，医院以优美的环境、先进的设施、优质的服务和优良的技术赢得了良好的社会声誉，2016 年被评为“湖南省群众最信赖医院”。

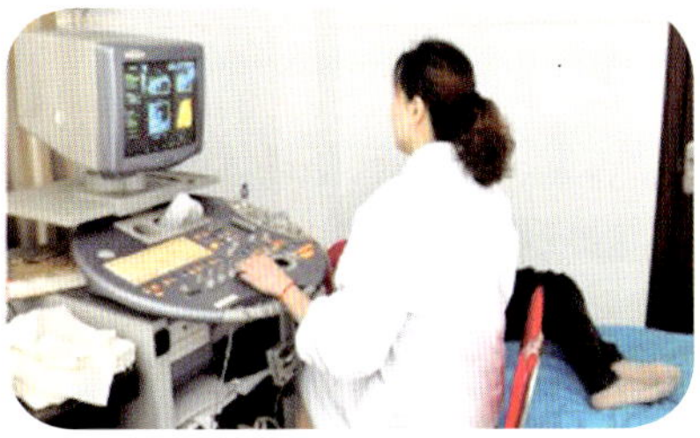

四维彩超

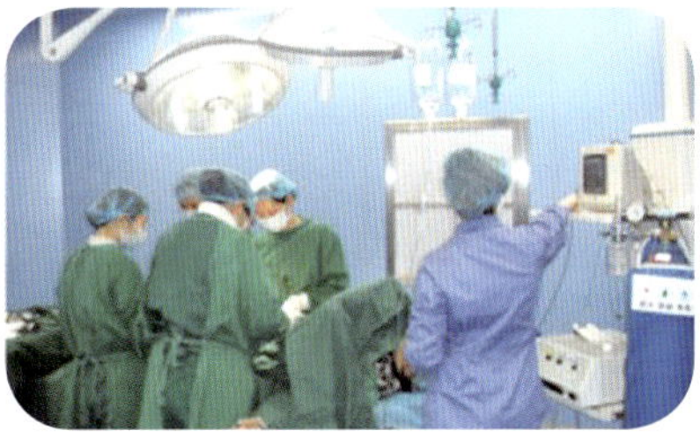

层流洁净手术室

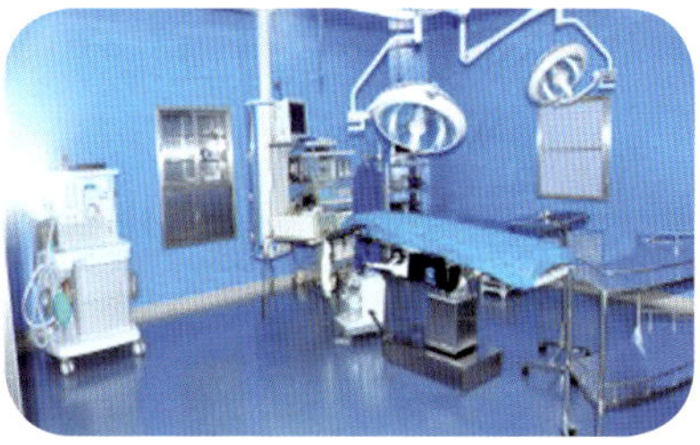

现代化标准手术室

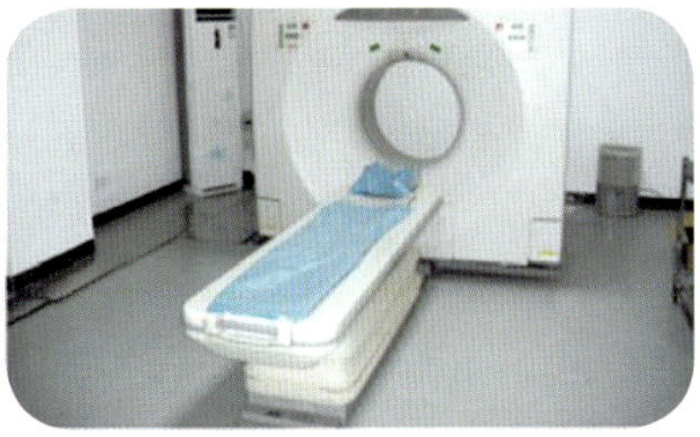

螺旋 CT

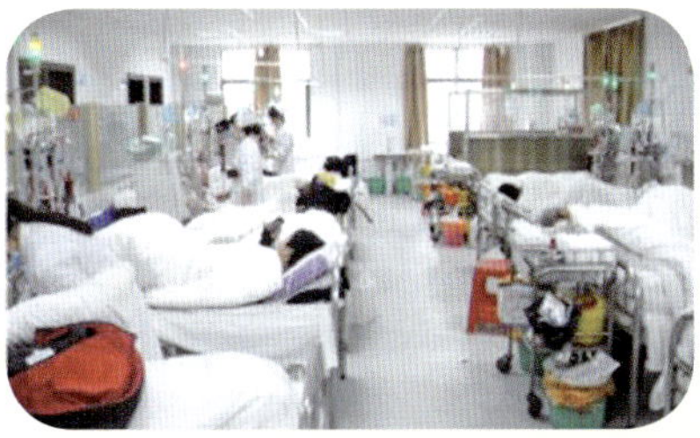

血液透析中心

规范化检验室

湘阴县康复医院

湘阴县康复医院

康复治疗

湘阴县康复医院精神病专科成立于 2005 年，为岳阳市精神卫生与心理学专业委员会会员单位，湘雅二医院（精神卫生研究所）、岳阳市康复医院临床指导医院，县残疾人社区康复指导中心、县伤残军人定点救治医院、精神残疾康复技术指导中心，承担着全县 73 万居民的精神、心理疾病的预防、保健、治疗工作。负责全县及周边地区“三无”精神病患者、流浪乞讨自流人员中精神病患者的收容治疗，为城乡特困家庭中的精神病患者提供救助性康复治疗服务，为复员、转业、退伍军人中的精神病患者提供康复治疗。医院占地面积 27200 平方米，建筑面积 17200 平方米，现有高中初各级医护人员 100 多人，专业护工 30 多人，医疗、康复及精神病院床位 500 多张，并设立了外科、内科、神经内科、妇产科、肛肠科、五官科、疼痛科、口腔科、精神科、老年科、康复理疗科、老年医疗康复中心、白内障复明中心等临床科室。拥有现代脑功能治疗仪等专业设备，诊疗、娱乐、康复设备设施齐全，大大提高了精神疾病诊断的准确性和客观性。精神科设施设备齐全，住院环境宽敞舒适，整洁卫生，设有男病房、女病房、开放式心理病房。

湖南省重点民生实事工程老年养护楼内老年医疗康复中心涵盖活力生活区、协助生活区、专业护理区、临终关怀区与康复医院五大板块。根据入住老年人的身体不同状况，康复医院会为不同生活区的老年人提供“急性病、慢性病、预防医学、康复治疗、心理干预、长期护理”等不同服务。为老年人提供持续的日常保健、健康促进、康复治疗、养老护理、医疗救治及其他生活便利服务，为不同需求的老年人提供高品质服务，改善居民的老年生活品质与养老品质。提升老年人的幸福指数，真正做到让老年人“老有所养、老有所医”。

2017 年投入使用的老年养护中心

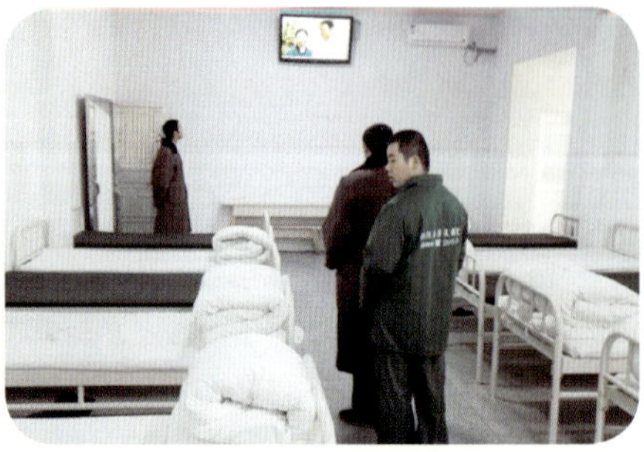

住院病房

康复医院精神卫生中心大楼

湘阴县第一职业中专学校

校长　陈觉民

校企合作签约、捐赠仪式

湘阴县第一职业中专学校是首批国家级重点职业高中，国家中等职业教育改革发展示范学校，全国足球特色学校，全国国防教育特色学校，湖南省示范性中等职业学校，湖南省示范性县级职教中心牵头学校。

学校创办于 1985 年，现有校园面积 19.7 万平方米，建筑面积 13.8 万平方米，在籍学生 3800 余人，教职工 278 人，开设旅游服务与管理、计算机应用、电子电器应用与维修、机械加工技术等 9 个专业。办学 32 年来，学校秉承“崇文尚工、长善至美”的办学理念，不断改善办学条件，精准发力教学改革，全面推进引企入校、产教融合和校企合作，强化内涵发展，形成了以左宗棠精神为代表的融入湖湘文化特质的校园文化，着力发展有品质有温度有未来的职业教育。

学校已建成现代装备制造省级示范性专业群 1 个；省级特色专业 3 个；省级学生生产性实训基地（教师培训基地）2 个；中高职衔接项目 1 个。学校 3 次获岳阳市中职学生技能测试总成绩第一名，2 次获得岳阳市中职学生技能竞赛团体总分第一名，先后被授予湖南省职业教育先进单位、教学管理先进单位、德育工作先进单位、安全文明校园。

经典诵读比赛

田径运动会开幕式

跑操运动

教学楼

湘阴县知源学校

校长　周琨

湖南省骨干民办学校——衡水一中湖南知源学校，创办于 2005 年，紧邻省会长沙，位于长株潭半小时经济圈内，距长沙市中心城区仅 40 千米（芙蓉北路直达），是湖南省规模最大的民办学校之一，为全国名校衡水一中在湖南的第一所合作学校。学校分南北两个校区，集幼儿园、小学、初中、高中、国际部及高考补习中心于一体，在校学生 7000 余人。

校园占地 22.27 公顷，建筑面积 15.9 万平方米，总投资 5 亿元。学校建设高端大气，功能分区科学合理，校园环境优美典雅。现代化设备一应俱全，每间教室均装备空调和红外线电子白板、投影仪、高保真音响系统。多媒体教室、录播室、电脑室、实验室、图书阅览室功能完善。高标准的学生公寓，配备空调、饮水机、热水淋浴系统。师生食堂有高级营养师科学配餐，菜色品种丰富可口。共建有灯光篮球场 12 个，足球场 2 个，网球场 1 个，室内风雨跑道 1 个，高标准艺体馆 1 个。其中足球场按国际足联二类标准建设，艺体馆按承办国家级体育赛事标准建设，是一座拥有室内篮球、排球、羽毛球、乒乓球、健身房、书法、美术、音乐、武术、龙狮等训练场的现代化多功能场馆。学校自创办以来，凭借先进的办学理念和科学的管理机制，教育教学质量不断攀升，走上了一条优质化、特色化、国际化的办学之路。历届高考，上线率、人均分、提升率等评价指标一直名列市示范高中前茅，刘晶、许彦昭、熊泽琛、瞿湘玉、熊泽惠、谭祖觊、唐博、黄青、马银平、李文源、刘颜、陈娇凤、汪博、陈依、刘琼、杨鹏举等众多知源优秀学子，进入北京大学、清华大学、中国人民大学、中央财经大学、浙江大学、香港理工大学、中国人民解放军空军航空大学等名校深造。学校德育工作有创新，有活力，评为岳阳市德育工作先进单位。艺体工作多姿多彩，独具特色，篮球、排球、足球、武术、健美操、龙狮等项目在全国、省、市赛中频频获奖。学校连续九年评为市教育教学质量先进单位，获评市示范性普通高中、湖南省骨干民办学校（省级重点）、全国民办教育先进集体；成为北京外国语大学国际生源基地、中国人民解放军海军潜艇学院优质生源基地、北京师范大学校园足球研训基地、湖南师范大学教学实训基地；当选为湖南省民办教育协会副会长单位、全国“好教育”民办高中联盟副理事长单位。知源教育品牌，在全省乃至全国范围内产生了良好的影响。

孔子广场

艺体馆

谭清泉将军来学校举行国防教育讲座

高二成人礼

校园鸟瞰图

湘阴县广播电视大学

团结奋进的领导班子

湘阴县广播电视大学创办于 1979 年，是全国最早开办的县级电大之一，是“全国示范性基层电大”“湖南省示范性县级电大”。1994 年，创办湘阴电大附属中专；2004 年，经省教育厅评估考核，成立湘阴县第二职业技术学校，隶属湘阴电大；2010 年 9 月，挂牌成立湘阴县社区大学。学校集县广播电视大学、县第二职业技术学校、县社区大学于一体的“一校三牌”运行模式，形成了成人教育、中职教育、短期培训和社区教育等多层次、多形式办学格局。学校占地面积 9.87 公顷（其中尚书路校区 0.32 公顷，江东中路新校区 0.67 公顷），建筑面积 16500 平方米（其中尚书路校区 2500 平方米，江东中路新校区 14000 平方米），现有教职员工 59 人，在籍学员和学生 1085 人。学校采取“名师授课、随堂听课、互相评课”等多种形式，为青年教师搭建学习提升的平台。2017 年岳阳市中职学校“金鹗杯”教师教学竞赛中，该校周书磊、聂芙蓉老师分别获得公共课一等奖和专业实训课二等奖。该校培养的农民大学生刘辉军，牵头成立了“湘阴县翼龙稻虾综合种养”协会，开展稻虾综合种养，至 2017 年，辐射带动农户 300 户，关联种养面积 1766.67 公顷，纯利润以 30000 元 / 公顷测算，可带动农户年增收 5300 万元。在全省电大系统“我的学习故事”演讲比赛中，2016 级农民大学生黄芬获一等奖，学校获“优秀组织奖”。学校工作获得市县领导专家的充分肯定，评为 2017 年度办学目标管理“优秀学校”。

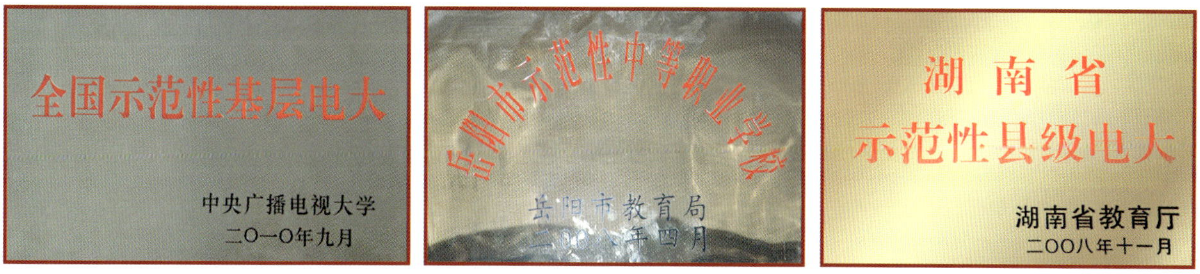

获得的部分荣誉

新校区办公楼

新校区教学楼

湘阴县左宗棠中学

左宗棠中学“名师工作室”揭牌仪式

高三学生成人礼

湘阴县左宗棠中学是一所正科级全日制公办普通高级中学。学校占地5.67公顷，建筑面积2万余平方米；现有36个教学班，学生2416人，在职教职工168人，其中高级教师44人，一级教师62人，省级骨干教师2人，市级骨干教师6人，市级学科带头人6人。2017年初，校长约谈所有行政人员，共同探讨学校发展的现状与走向；接触40多位老中青教师，倾听他们对学校发展的呼声。随后召开4次行政会和一次行政扩大会议，提出了“不负教师光荣称号、不负群众殷殷重托、不负学生青春年华”的口号，形成了“携手共建幸福的左中教育共同体”思想，确立了“规范办学、民主治校、人文为本、精细管理”的办学思路，拿出了“全面推行分线管理、务实召开专题会议、强力推进135课堂模式、有效开展校本研究、大力探索家校联动机制”等13项改革措施。学校根据县委、县政府年初提出的工作目标和对标长沙的指导意见，成立了对标对接办公室，校长任组长，学校行政人员任组员。学校行政负责人分别去了长沙各名校学习考察，根据自身的硬件和学生生源质量不高的客观条件，主动与望城一中对标。多次邀请望城一中校长和名师来学校讲课，交流探讨。经过一个多月的学习交流，确立了与对标望城一中的“135”课堂模式。学校教科室先后开了各层面的教师代表大会，确定135课堂模式与基本框架，及实施办法。为提高学校课堂效率起到了较大的作用，为提升学校的教学质量奠定了良好的基础。

元旦晚会舞蹈表演

左宗棠中学第二届学生励志远足活动

2018届高三学生成人礼仪式上校长致辞

长郡教育集团湘阴城东学校

校园一角

学生互勉互励，齐头并进

2013 年始，湘阴城东实验学校与长郡中学合作办学，在湘阴县树立了良好的教学质量口碑。依托集团先进的办学理念和强大的教育教学资源支持，在全校师生共同努力下，在传承中创新，奋发作为，通过深度对接，实现了跨越发展。2017 年中考各项指标全部跃居岳阳市第一名，方舟同学一举夺得岳阳市中考状元；全县前一千名各名次段人数比上年均增长 10% 以上，其中前 10 名 7 人，前 100 名 64 人，前 1000 名 383 人；30 多位学生考入了长沙名校理科实验班，其中长郡 4 人，麓山 2 人；湘阴一中上线率 67%，比上年提高 5 个百分点；668 人参考，普高上线率首次实现 100%，把长郡“只只蚂蚁爬上树”的育人理念提升到了一个新的境界。获评全市仅五所、全县唯一的“岳阳市民办教育示范学校”；被岳阳市教育体育局确定为全市“三园建设”六所样板校之一；被湘阴县县长誉为“湘阴教育的名片”“基础教育的窗口”“校长和教师的培训基地”，先后组织中国教育报、湖南教育等 8 家媒体开展专题宣传报道。2017 年秋季入学人数比上年净增 1000 人以上，达到 3724 人，长郡城东成为湘阴中小学生最向往的学校。

在长郡文化的引领下，学校在传承中创新，在创新中发展。学校声誉口碑越来越好，社会效益越来越明显。董事长夏志昌决心将城东的优质办学进行拓展和延伸，跟长郡中学合作办一所全新的优质高中。长郡洋沙湖高中应运而生，成为 2018 年全县的重点工程。8 月份破土动工，计划 2019 年开学。

乒乓球场

校园景色

舞蹈教室

多媒体教室

湘阴县城关中学

校长　顾 宇

城关中学创建于 1982 年，有 28 个教学班，在校学生 1700 人，在职教职工 189 人。学校西临湘江，北靠新世纪大道，南联东茅路，东达先锋路，交通便利，环境幽雅学校坚持“以人为本，彰显个性、发展特长、共同进步”的办学理念，不断开拓创新、坚韧前行，先后评为中国创造学会实验基地、湖南省教育学会心理教育专业委员会理事单位、湖南省防震减灾科普教育示范学校阳市青少年科技活动示范基地、岳阳市示范家长学校、湘阴县中小学教师继续教育基地、湘阴县目标管理验收先进单位等。近 5 年，毕业生有 58 人录取湖南省高中四大名校，有一大批城关学子高中毕业后录取清华大学、北京大学、中国人民大学、浙江大学等重点本科。学校坚持以德治校，全面打造多维立体的育人体系，形成团结、务实，文明、创新的文明校风，爱生、乐教、勤研、善创的严谨教风，勤学多思、勇于进取的良好学风。

县委书记汪灿（右一）考察城关中学

县长李镇江（左三）考察城关中学

民主生活会

学校校门

教学大楼

篮球场

田径场

湘阴县文星中学

湘阴县文星镇文星中学，地处文星镇嵩焘路沿线，东靠嵩焘路，南临东湖，是由县人民政府于 2008 年 8 月整体收购原慧丽实验中学并由县教育局重新组建的一所全日制公办初级中学。学校占地面积 3.47 公顷，建筑面积 17000 平方米。其中，教学用房 11000 平方米，学生公寓 2000 多平方米，学生运动场 5620 平方米。现有 7、8、9 三个年级 33 个教学班，在校学生 2029 人，有教职工 215 人，学校始终把握正确的办学方向，领导班子勤政务实，精诚合作，开拓创新。每年都向湘阴一中输送优秀毕业生超过 100 人。连续多年评为县教学优质先进单位和“目标管理先进单位”。是一所省级合格学校、岳阳市市级文明卫生单位及市级园林单位、市德育教育先进单位、市示范家长学校。获得了社会各界的一致认可。

校长　黄　文

学校大门

三月“学雷锋”活动

集体备课会

“经典诵读”活动

教育、教学工作检查

教师校本培训活动

湘阴县湘江学校

获得的部分荣誉

校园集体活动

湘江学校是2015年秋季全县学校布局调整新成立的一所九年一贯寄宿制公办学校和留守儿童托管学校。学校地处县城尚书路（原湘阴五中校园），交通便利，环境优雅。占地25800平方米，现有1-9年级35个教学班，学生1725人，留守儿童223人，拥有一支102人的高素质专业教师队伍。近两年对校园进行了高标准的提质改造，先后投入近1700万元，新建了校门，硬化了校园道路，拆除了一栋危旧教学楼，同时新建了一栋2300多平米的高标准教学大楼，新建运动场地5200多平米，建有100米直跑道和200米的塑胶环形跑道，5人制足球场，两个GPU羽毛球场和篮球场，高标准配备了电脑室、实验室、仪器室、音乐室、舞蹈室、劳技室、美术室、图书室、阅览室、科学仪器与探究室等。学校藏书42300多册，安装了一套十分先进的校园广播系统和一套120多个高清摄像头的监控系统，所有教室都装配了交互式教学一体机（班班通），校园进行了绿化、亮化、美化，校园文化建设。改造后的湘江学校，办学条件一流，校园面貌焕然一新。两年多来，学校先后举办了三届大型的校园文化艺术节，学生们精彩的表演，赢得了社会各界与家长的一致好评。同时，学校规范办学行为，开齐开足部颁课程，严格作息时间，确保每天1小时的阳光体育活动，减轻学生的课业负担，让学生得到了全面发展，教育教学质量不断提升，被县局评为“教育教学质量先进单位”。学校成立了留守儿童托管中心，特别关注留守儿童的健康成长。学校的各项工作都有了长足的发展，得到了上级领导和各级各部门的高度肯定。先后创建了县、市“平安校园”“清洁校园”“书香校园”“家长示范学校”和“岳阳市语言文字规范化示范学校”及岳阳市“十大平安”创建示范单位等。

期中总结大会老师发言

期中总结大会学生进场

学生列队训练

体育课

湘阴县东塘中学

校长　张克军

东塘中学坐落于湘阴县东塘镇胡湾村，创办于 1981 年，历史悠久，底蕴丰厚，人才辈出。学校拥有一支团结、实干、高素质的具有开拓精神的教师队伍，管理上造就了一大批优秀教师、优秀班主任、优秀体育教师、优秀教育工作者。教师们凭着开放的教育思想和良好的素质，进取的态度，奉献的精神和踏实的作风培养了一批又一批优秀的学生。学校不断尝试创新教育及网络环境下教学模式的探索，走在教育改革的前沿。学校被授予“安全管理工作先进单位”“义务教育阶段教学质量提升幅度先进单位”“教育工作目标管理腾飞奖单位”等。

县教育局领导检查指导工作

教学研讨课

实验室

体育器材室

图书室

学生阅览室

“志愿敬老行，关爱传真情”志愿者活动

学校大门

湘阴县城北学校

校长　王正坤

湘阴县城北学校坐落于湘阴县城江东中路，学校现有48个教学班，在校学生2742人，在岗教职工152人。学校始建于1906年（清光绪32年），由陈炳焕、周发澡发起改“仰高书院”为湘阴县立高等小学堂，1957年改名为县城北完小，即湘阴县城北学校。学校全面贯彻党的教育方针，坚持依法治校，立德树人。2005年1月被湖南省教育厅确定为省依法治校示范学校。学校教职工以“和谐、互动、自主、创新”为工作作风，确立了“文明、勤奋、求实、创新”的校训，树立“尊师、守纪、活泼、向上”的校风，形成“勤学、好问、自主、探究”的学风。学校曾被《中国教育报》誉为“未来书画家的摇篮”。学校坚持以教学为中心，以办人民满意教育为宗旨。教育教学成绩优秀，先后评为湘阴县和岳阳市教学质量先进单位、岳阳市教改示范学校、岳阳市校本教研制度建设实验基地学校、岳阳市小学语文教师培训基地、湖南省教学研究实验学校、湖南省小学教师培训基地、国家级创新教育实验学校。2010年评为省级合格学校，2016年评为全国校园足球特色学校。

第六届艺术节学生书画优秀作品展

学校社团篮球队训练

学校社团武术队训练

学生经典诵读比赛

社区与学校共建道德讲堂

湘阴县教育局幼儿园

园长　周燕午

湘阴县教育局幼儿园是一所地处县城中心地段，有着60年办园历史、文化底蕴深厚的市级示范性公办幼儿园。全园占地总面积4800平方米，建筑面积4010平方米，绿化面积1800平方米，园舍建筑布局合理、设计规范，环境宽敞幽雅，设施齐全先进。拥有教职工67人，12个班级，学历合格率100%，其中研究生学历1人，本科学历7人，专科学历19人。高级职称1人，一级职称15人，二级职称12人，拥有省、市骨干教师10人，县级骨干教师20余人。

半个世纪的辛勤耕耘，60年的不懈努力，教育局幼儿园现已成为地区幼教行业的引领者，评为“全国百所优秀幼儿园”“全国重点实验幼儿园”“国家级科研兴教先进单位”“湖南省教育强县名园”“湖南省示范性家长学校”“湖南省三年学前教育先进县名园”“湖南省亲子教育先进单位”“湖南省艺术教育先进单位”“国培基地园”“湖湘名校”“岳阳市语言文字规范化示范学校”岳阳市中小学“三园”建设“示范性幼儿园”、市级“文明示范食堂”；获得湖南省“幼教金鼎奖”“湖南省艺术新星大赛一等奖”“全国少儿美术比赛团体金奖”“全国青少年书法大赛团体金奖”等，承担的2个国家级课题、一个省级课题均顺利结题，教师省市县级评优选好30余名，国家级、省、市级获奖论文120余篇，幼儿参赛获奖作品800余幅等，取得了良好的社会效应。

市级示范性幼儿园评估组专家观摩班级区域活动

湖南省两项教育督导评估组到幼儿园评估督查

体能体操

“六一”儿童节活动

文艺汇演

新年手工活动

湘阴县湘资垸水利管理委员会

主任王伟主持日常工作会议

湘资垸地处湘资两水尾闾，系烂泥湖防洪大圈北大门，属省定重点确保堤垸。全垸辖一个行政镇、两个国营渔场，有16个村、4个社区居委会，649个村民小组，总集雨面积12400公顷，其中耕地面积7886.67公顷，水田面积6020公顷、旱地393.33公顷、内湖面积271.8公顷，总人口9.6万。防洪大堤全长76.771千米，其中一线防洪大堤33.35千米，堤顶高程37.5–38.20米，面宽8–12米；二线防洪大堤33.371千米，堤顶高程35米，面宽5米；凤凰湖堤段10.05千米，堤顶高程31.5米，面宽3米。全垸主要调蓄湖泊共有5处，总面积271.8公顷，总蓄水量339万立方米，可调蓄水量123万立方米。全垸共有一、二线外排机埠23处49台，装机容量8385千瓦。其中一线大堤外排机埠11处26台5960千瓦。垸内小型排灌机埠158处172台4184千瓦。为便于排灌管理，根据外排机埠的分布，结合垸内水系特征，地势变化情况以及行政区划等因素，以东河坝大电排站为骨干，将全垸划分为四个排区（东河坝大电排区、凤南排区、新泉排区、车马排区），各排区均有干渠与东河坝大电排主渠相连，并有节制闸分区控制，由垸排涝调度指挥机构统一管理、统一调度。

党员民主生活会

“十大清湖”行动专题会议

防汛抢险演练现场

小农水建设

沟渠疏浚

官路咀电排主排渠管涌处险工程扫尾

湘阴县南湖垸水利管理委会

南湖水管会传达落实县局会议精神专题会

南湖垸位于湘阴县西部，属南洞庭湖区，地处资水尾闾，西北面以资水西支与益阳市民主垸隔江相望，南面以资江东支分界与益阳市人民垸及湘阴县湘资垸隔江对峙，东边以朱家间堤与湘滨垸接壤，与湘滨垸共同组成湘滨南湖大圈，三面环水，是洞庭湖区十大重点确保堤垸之一。南湖垸属一垸一镇，12个村，5个社区，478个村民小组，人口6.2276万人，集雨面积150.09平方千米，保护耕地5071.13公顷。一线防洪大堤33191米，二线防洪大堤9125米。临洪穿堤涵闸19处21孔，全垸一线防洪大堤有永久性护坡护脚22.75千米。县乡主干公路4条30多千米，开挖大中型渠道72条253千米，共砌筑排灌渠道20条，总长85525米，乡村公路130多千米，各类渠系建筑物1495处，垸内由西林汽渡与省道S308连接，水陆交通十分便利。哑河是垸内唯一调蓄湖泊，渍堤长45600米，高程31.5米，面积226.67公顷，河底高程24.5米，最大可蓄水量1467.5万立方米，总调蓄能力466.1万立方米。2017年，南湖垸水管会上下深入贯彻落实党的十九大精神，积极践行可持续发展的民生水利、环保水利的治水思路，系统上下干部职工精神面貌、工程建设、工作措施发生了新的变化，各项工作取得新的成效，防汛抗旱取得全面胜利。全年投入专项水利建设资金1760万元，完成堤防处险、农村饮水安全、沟渠疏浚、小农水、空心房拆除、砖厂拆除等各类工程6大类35处，完成土石方30万立方米，水政执法、河道管理、水土保持、水资源管理、河长制工作推行等工作都取得新的成绩，水利工作得到镇党委、政府，县局党委的充分肯定。

防汛实战演练

防汛抢险处险

大堤清基扫障

和平水厂全景

湘阴县岭北垸水利管理委员会

主任　刘旭东

岭北垸地处湘水尾阁，洞庭湖滨，是洞庭湖 11 个重点确保堤垸之一，也是确保烂泥湖区安全的南大门。全垸辖 17 个行政村，总集雨面积 75.03 平方千米，总人口 5.49 万人。防洪大堤全长 44.679 千米，其中一线防洪大堤长 23.655 千米，烂泥湖大堤 11.024 千米，哑河干堤 10 千米，穿堤管闸 32 处 33 孔，外排机埠 11 处 23 台 4830 千瓦。岭北垸水管会现有干职工 152 人，大小企业 10 个，企业分流人员 40 多人。2017 年，岭北垸水管会班子团结、队伍稳定、作风务实、成效显著。全体班子成员率先垂范，扎实开展“两学一做”学习教育活动。大灾之年确保了安全渡汛，完成防洪工程建设 4 处，垸内大中型的渠道清障疏洗 8 条，实现民生工程新发展，积极筹措资金，投入近 40 多万元，对农饮再次扩面扩户近 800 户，同时强化水厂的生产管理，建立健全各项奖罚等激励措施，四个水厂整体全部实现以厂养厂，以水养人，水土资源的充分利用，促进单位效益大提升。

躲风亭水厂

管委会大门

铁角嘴水厂

东港水厂

茶湖潭水厂

湘阴县燎原水库管理所

上级防汛工作督查

湖南省垂钓运动协会授牌

燎原水库地处岳阳湘阴与长沙望城的交界处，位于湘长主要交通要道－芙蓉北路东侧，行政区域属湘阴县金龙镇。水库始建于1968年，扩建于1978年，大坝海拔高度81.9米，坝身高21.6米，长819米，集雨面积16平方千米，库内水域面积120公顷，总蓄水量1060万立方米，是一座以灌溉、供水为主的综合性中型水库，担负着金龙、樟树、静河、茶亭4个乡镇3353.33公顷农田的灌溉和金龙、樟树、玉华、袁家铺、长康5个乡镇10.5万人的安全饮水。2008年被湖南省水利厅认定为省级水利风景区，并在积极申报国家级风景区。燎原水库库区环境优美，水资源丰富。为合理利用水库资源，库区范围除建设了燎原水厂外，还新增了燎原休闲基地。2006年被省水利厅授予老干垂钓基地，2018年3月被湖南省垂钓运动协会授予活动基地。现基地内现有垂钓鱼池近7公顷，钓鱼台一百个，基地配套的宾馆内配套有标准客房35间，音响设备齐全的大型（100人）、小型（30人）会议室各一个；内部餐厅可同时容纳200人就餐，另外，乒乓球、棋牌室等娱乐设施一应俱全。

垂钓基地

燎原水厂

办公楼

燎原水库全景

湘阴县赛美水库管理所

所长　蒋传清

湘阴县赛美水库管理所是一座中型水库，位于湘阴县六塘乡与东塘镇交界处的龙潭冲，枢纽地基为板系群灰色粉砂质板岩，基岩节理发育风化层较厚，坝区无基岩出露，地震基本裂变为 VII 度区。水库集雨面积 14.27 平方千米，引水集雨面积 5.83 平方千米，水库正常蓄水位 52.4 米，正常库容 885 万立方米，校核洪水位 53.42 米，总库容 1084 万立方米。灌溉面积 1946.67 公顷，受益人口 32000 多人，下游有两座小（二）型水库，蓄水量为 33 万方，各村还建有小型塘坝，当发生轻度干旱时，水库同时开启三个输水涵闸，可解决灌区农田干旱问题。赛美自来水厂位于省级重点水库赛美水库境内，是从省水利厅引进的大型安全饮水项目。水厂 2016 年兴建，日供水 3000 立方，解决东塘镇及周边乡镇不安全饮水人口 3 万人，发挥了良好的工程效益及社会效益。

中央环保督查组到水库指导工作

县长李镇江（右二）到赛美水库调研工作

管理所办公楼

办公楼全景

水库全景

湘阴县白泥湖垸水利管理委员会

主任　杨　亮

白泥湖垸始建于1966年，地处湘水尾闾，南洞庭湖滨，是一个湖岔型堤垸，该垸西南紧靠湘江与城西垸隔江相望，西北部面临横岭湖，东部为沿江丘陵岗地，南与湘阴县文星镇接壤，上游距县城5千米，下游距屈原行政区10千米。

垸区一线防洪大堤10793米，二线撇洪堤8300米（其中范家坝堤段1600米）总面积4833公顷；垸内现有安全楼21栋，安全面积4547平方米，沿堤安全台3个面积18900平方米；一线防洪大堤和二线撇洪堤穿堤建筑物共计12处15孔，其中一线防洪大堤7处9孔，二线撇洪堤5处6孔；一线防洪大堤装有电力排灌机埠4处15台，总装机容量2800千瓦/小时，受益面积排渍6266.67公顷，灌溉520公顷；垸内调蓄湖泊2处总面积606.67公顷，总蓄水量2323万立方米、调蓄水量623万立方米、渍堤长度14.2千米；垸内主要抗旱排渍渠道共11条，总长度42100米，其中排灌兼用型渠道7条长度29500米、排渠1条长度4000米、灌渠3条长度8600米；垸内以灌溉为主兼顾防洪养渔等综合效益工程小（一）型水库一座，总库容180万立方米，受益灌溉面积300公顷。

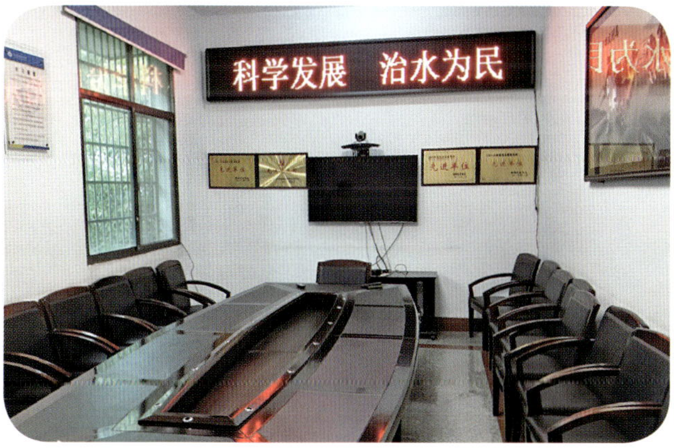

机关会议室

获得的部分荣誉

范家坝高排闸在建

范家坝泵站在建

湘阴县石塘水利站

站长　陈治军

石塘水利站原系长仑区水利管理委员会，长仑区撤销后，归并石塘乡政府管辖，改名石塘水利站。现为湘阴县漕溪港街道办石塘片区水利工程管理单位，负责片区水利工程建设管理、防汛抗旱、农村安全饮水工程建设管理工作。漕溪港街道办石塘片区位于湘阴县东北，距县城 3 千米，集雨面积 45 平方千米，总人口 2.2 万，耕地面积 1385.07 公顷，山林面积 520 公顷，属典型丘陵地区。由原 18 个建制行政村合并成 3 个社区、6 个村、227 个村民小组。辖区水利工程有白水江石牛垸一线防洪大堤 4864 米、穿堤涵闸 10 处；范家坝大湖 320 公顷，二线大堤 13693 米，穿堤涵闸 3 处；小（一）水库 1 座；小（二）型水库 7 座；骨干山塘 86 处；排灌机埠 58 处，装机容量 1176 千瓦。范家坝大湖是石塘水利站管理的一个集防洪、跳蓄、灌溉、养殖的综合性水利工程，地处湘阴县城以北 11 千米处，该湖东邻东塘镇、六塘乡，南接石塘乡，西与白泥湖乡接壤，北抵三塘镇，距湘江 1 千米。该工程建于 1968 年冬，现有水面 320 公顷，总库容 2275 万立方米。

石塘水利站于 2011 年冬在石塘乡石塘村周岭组兴建一座耗资 400 多万元、日供水 500 立方米的自来水厂，解决了石塘片区 3 个社区、5 个村村民的饮水安全。2017 年底入户受益村民达 2780 户，日供水 300 多立方米。石塘水利站坚持高标准严要求搞好辖区水利工程建设，依法依归管理各类水利工程，全心全意服务当地人民群众，确保了水利工程发挥出最大工程效益。

党支部生活会

干职工学习中共“十九大”精神

规划工作会议

汛前检查

获得的部分荣誉

湖南省中梁建设工程有限公司

董事长　易鸿

公司办公楼

承建项目——康复医院老年养护楼

承建项目——县文体广场室内运动场

湖南省中梁建设工程有限公司是一家具有建筑、市政、环保、公路、电力、水利水电、机电、矿山、石油化工、装饰装修、建筑幕墙、地基基础、防水防腐保温、电子智能化、钢结构、城市道路照明及建筑节能等工程施工承包资质的综合型企业。公司成立于 1994 年，注册资金 11088 万元，现有员工 2000 余人，各类专业技术人员 300 余人，公司设备装备精良，拥有各类大、中、小型工程机械设备。公司自成立以来，大力弘扬“精作、超越、诚信、共赢”的企业精神和经营理念，业务不断拓展，先后承建的代表性工程有：湘阴县运管所办公楼、湘阴县征稽所办公楼、岳阳市检察院综合大楼、岳阳市滨湖贸易市场、湘阴县高建成中学教学楼、浏阳市跃兴加油站、滨湖豪庭小区、鼎盛府邸小区、东盛佳苑小区、丽景芙蓉苑小区、佳家乐小区、老年养护楼、长沙青竹湖别墅、湖南方盛制药股份有限公司新厂、益阳赫山区公共租赁住房、中联大道、金凤大道、长沙国家生物产业园道路、长沙府前南路及昌平路、溆浦县园艺西路修建，桑植县土地整治、沅江市土地综合整治、大通湖农田改造、湘阴东湖治理、湘阴县文体广场、湘阴县城区 16 条道路提质改造、长郡城东学校幼儿园、张家界未来城、中铝东南铜业有限公司铜冶炼基地、益阳安化黑茶大市场等工程，工程合格率 100%。用户反馈信息良好，受到了业主的一致好评。公司多次评为“建安杯先进企业”“阳光工程培训就业先进单位”“建设职业技能鉴定先进单位”“岳阳市第六届富民强市模范单位”“湖南省守合同重信用单位”“国家级守合同重信用单位”。2014 年始获得国家安全、质量、职业健康三体系认证。公司以安全求生存、以品质求发展，为适用新时期市场发展，深化改革，调整产业结构，推进企业转型升级，发展绿色，节能产业，在新形式下树立新的目标，捕捉新机会，使公司朝着标准化、现代化的方向迈进，竭诚为各界提供最优质的服务。

承建项目——县文体广场

湖南省长康实业

省农委总农艺师唐建初（右二）到到长康公司验收省级“农业产业化龙头企业”

县委书记余良勇（左二）在董事长谭迪高（右一）、总经理谭光辉（左一）的陪同下视察长康绿色生活体验馆

湖南省长康实业有限责任公司创办于1985年。30多年来，在党的改革开放富民政策指引下，不断发展壮大，成为下辖福海、兰岭、老厂、工业园基地和长沙营销中心等5个分公司的集团公司。总资产超过15亿元。公司拥有10万吨食用油、6万吨调味品、4500吨茶叶的生产能力。产品包括5大系列、80多个品种、160多个规格。“长康”牌29类、30类产品和“兰岭”牌茶叶获认“中国驰名商标”。

公司在30多年的发展过程中坚持绿色发展，倡导健康食尚。“长康”芝麻油、食醋、绿态压榨菜籽油等32个产品获得中国有机食品和绿色食品认证。“兰岭”有机茶连续9年获得德国BCS有机茶认证。“长康”食醋绿色食品认证填补国内空白。“长康”芝麻油获评“第十五届中国国际粮油金奖”、“中国行业领先十大品牌”。2015年获评湖南省质量AAA级企业。2015年12月，被中国粮食行业协会评定为“全国放心粮油进农村进社区示范工程示范加工企业”。2016年公司获评“湖南省绿色食品示范基地”，同年获评湖南省“优秀绿色食品示范基地”。2017年获评全国“绿色食品生产资料应用基地”。公司坚持开拓创新，狠抓提质升级。先后投入5亿多元，新建一个高标准的食品检测中心，新扩建15条食醋、酱油、料酒、芝麻油、食用油灌装生产线，新建和改建食用油压榨精炼设备，引进两套德国福斯林液态醋深度发酵装置，使生产工艺、技术设备、产能规模均达到国内同行业先进水平。2016年获评湖南省“高新技术企业”，

长康集团生产厂区外景

有限责任公司

2017 年获评“湖南省两型工业企业”。公司坚持党建引领，发挥工会作用。党支部组织发动党员持续开展“两学一做”“我是党员我光荣、我是党员我带头”等系列活动，增强党员意识，树立先锋标杆。通过落实“三会一课”使党建活动成为常态，通过“村企联谊”“支部共建”学习党建经验，拓宽工作思路；通过“创新型、责任型、生态型、智慧型、幸福型”企业创建，丰富党建活动内容；通过指导工会开展“工人先锋号”创建，组织员工参与“安康杯”竞赛等系列活动，充分发挥党员先锋模范作用。公司党支部 2012 年获评县工业园区“非公经济先进党支部”；2013–2014 年度，获评湖南省非公有制经济组织“先进基层党组织”；2017–2018 年度获评湘阴县非公经济组织和社会组织“先进基层党组织”。公司工会 2013 年获评岳阳市“模范职工之家”，年年获评湘阴县工会工作先进单位。2013 年，获评“湖南省五一劳动奖状”，2016 年获评“全国五一劳动奖状”，2018 年食醋车间获评全国“工人先锋号”。

党建引领、工会组织，有力助推公司向劳动关系和谐、管理体系完善、创新发展更具活力的现代企业迈进。2018 年公司通过 HACCP 和 ISO22000 认证，并获评“全国农业产业龙头企业”。“长康”29 类产品 2017 年成功通过马德里注册。“长康”产品以其强大的竞争实力雄踞国内市场，远销日本、东南亚、澳大利亚和欧美市场。

党建活动

芝麻油灌装生产线

2018 年，公司食醋车间获评全国“工人先锋号”

湘阴华科房地产开发有限公司

董事长　李建平

湘阴华科房地产开发有限公司位于湘阴县江东路，是一家民营企业，公司成立于 2011 年 10 月，注册资金 6800 万元，三级开发资质，拥有资产 6800 万元。拥有专业技术人员 30 人（其中：高级 15 人，中级 15 人）。公司设有行管、劳动人事、财务、计划预算、征地拆迁、工程管理、销售、质量安全、房屋维修、材料管理等十个职能部门，下辖房产开发、营销、物业管理等子公司。

公司自成立以来，始终坚持“在为民造福中求生存，在回报社会中得发展”的经营理念。在竞争激烈的房地产开发市场中，从小到大，由弱变强，成为融房产开发、营销、物业管理为一体的开发公司。先后开发建设了湘阴县泓商屠宰场、华科丽城等项目。累计完成开发土地 1.34 公顷，动迁居民 51 户，拆除危旧房屋 4000 多平方米，完成投资近 9000 万元，开发住房、厂区面积近 3.45 万平方米。无偿为小区配套建设、安排特困户住房、社会公用事业用房投资 150 万元，通过扩大拆迁安置解决住房困难户 50 余户。年创利税 300 万元以上，累计上缴国家税金 500 万余元。先后于 2013 年度获得湖南省工商行政管理局颁发的“湖南省‘守合同重信用’单位称号”、2015 获得湘阴县商业总公司颁发的“招商友好单位”。几年来，不仅为湘阴县的经济发展和城市建设做出了应有的贡献，同时企业自身得到了较快的发展，职工的生活水平有了明显的提高。“湘阴华科”品牌已经成为湘阴县居民住房的象征，较好地实现了社会、环境、经济三个效益。

华科丽城效果图

在 2017 年度“潇湘房地产风云榜”颁奖典礼上，公司被授奖牌

获得的部分荣誉

湖南裕景房地产有限公司

御湖观邸外立面效果图

获得的部分荣誉

湖南裕景房地产有限公司是一家由建设部批准，具有建设开发资质的房地产企业，房产资质等级四级，注册资金 3000 万元。公司组建于 2005 年 1 月。现有固定资产 5200 万元。公司内部机构健全，分工明确。拥有各类专业技术人员 20 余人，其中中级以上专业技术人员 12 人。

湖南裕景房地产有限公司于 2009 年在湘阴县文星镇高岭新城区购地 3.23 公顷，于 2010 年 11 月经湘阴县发改局（2010）205 号文批准立项。2011 年 10 月动工建设，该项目净用地面积 27745 平方米，总建筑面积为 97051.37 平方米，其中地上总建筑面积 87201.37 平方米，地下建筑面积 9850 平方米，规划建设 7 栋高层、一栋多层商住楼。商品房 684 套，商业门面 4145.12 平方米，地下车库泊车位 288 个，地上车库 29 个，总投资规模 2.1 亿元，该项目已竣工验收并交付使用。公司于 2002 另外购得的位于湘阴县高岭新城区江东路与芙蓉北路交界处的约 1.47 公顷土地，将于 2017 年 11 月动工建设，计划投资 1.8 亿元。该小区建成后，将成为优质的商住一体的多功能小区，各项功能齐全，品味高尚，区位优势显著，能满足社会各界购房者和商业投资的需要。

湖南裕景房地产有限公司始终坚持“真诚、科技、人居完美”的理念，努力为客户建设诗意栖居的家园，为城市建设幽雅宜人的风景亮点项目。并以核心的凝聚力构筑坚强的战斗团队，按照现代化、集团化的管理模式，不断革新。深化企业领导层建设，强化自主开发大支柱产业，实现人居环境的跨越式发展，以回报社会各界的支持和关心。

裕景·御湖观邸实景

湖南省湘阴六塘茶叶有限公司

公司办公楼

湖南省湘阴六塘茶叶有限公司，前身是（湖南省兰岭茶叶有限公司），公司成立于 1980 年，是一家有着悠久历史的老企业，公司自有茶园面积 130 多公顷，是集种植、加工、生产、销售于一体的茶叶生产企业。2007 年 4 月李友军等以湘阴县六塘镇老茶厂为衣钵，创办了湘阴县中意茶叶有限公司，注册了“新兰源”商标，开创了“新兰源”品牌，并通过了 QS 和绿色食品认证。公司主要生产加工的产品有“新兰源”牌高、中、低档绿茶、茉莉花茶。董事长一直以来秉承艰苦奋斗的精神，亲自把控好每一道工序质量关。做良心茶、做放心茶是本公司一贯的宗旨。一路走来，湘阴六塘茶叶有限公司始终坚持自主创新的原则，抱着艰苦奋斗的精神，洞察商机，审时度势，使得“新兰源”品牌在竞争激烈的茶叶市场中崭露头角，因为“新兰源”质量上乘，品种齐全，包装精美，经济实惠，它的营销网络已走出了三湘大地，延伸到了北京、山东、陕西、香港等 10 多个省市和地区，并拓展到了沙特等国家，可谓享誉海外，成绩卓越。因此“新兰源”牌系列茶叶获得了 2007 年度岳阳市消费者信得过产品称号。同时公司被岳阳市个体劳动者私营企业协会、市非公有制经济协会评为 2007 年自主创新优秀单位。

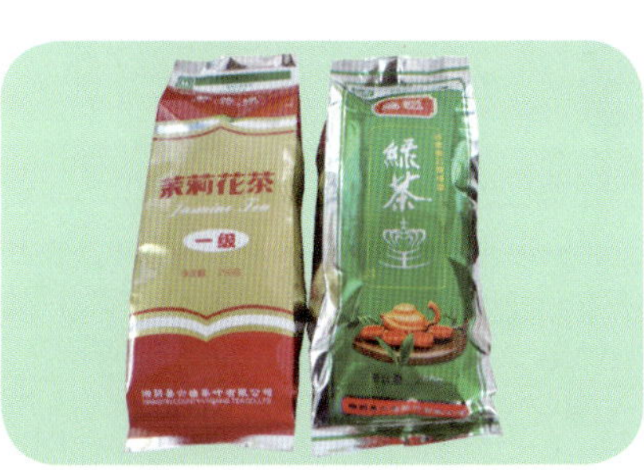

公司部分产品

生态茶叶基地

湖南海日食品有限公司

董事长　吴细良

湖南海日食品有限公司创建于2003年4月，位于被誉为“中国藠头之乡”的湘阴县，是一家以生产甜酸藠头、生姜等系列农副产品的加工企业，产品畅销日本、韩国、新加坡、马来西亚、香港等国家和地区，以及深圳、上海、广州等国内大中城市，为我国最大的藠头加工出口创汇企业。公司自创建以来，连年被岳阳市人民政府授予“出口创汇先进企业”“对外贸易先进企业”，被湖南检验检疫局评为一类企业，岳阳海关授予A类企业，湖南省农业产业化龙头企业。

公司始终坚持以产品质量和企业信誉为企业生存和发展的基石，引进日本先进加工技术和工艺流程，严格按5S生产管理规范生产，于2005年通过了ISO9001：2008及HACCP认证。公司在生产流程中推行良好生产规范（GMP）危害分析与关键控制点（HACCP）和CQC的ISO9001:2008等质量管理体系，严格执行卫生质量管理体系。始终追求“选料考究、工艺精湛、质量第一”的质量方针，生产产品质优良、风味纯正的安全、卫生食品。秉承“诚实守信、创新发展、竭诚满足顾客的要求”的经营发展理念，矢志打造海日“绿色健康食品”品牌。产品在国内外市场赢得了很高的市场信誉和消费者的青睐。为满足国内外广大消费者需要，公司于2008年推出“味留香”系列产品，产品自上市以来深受消费者喜爱和好评。

日本山本株式会社员工来访

海日食品新工厂建设启动仪式

生产设备

海日系列产品

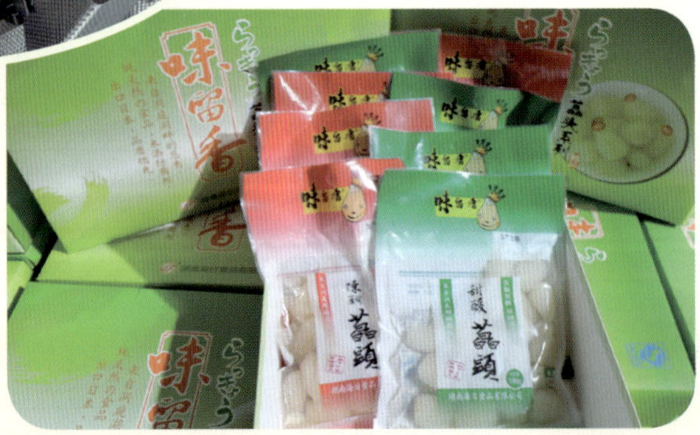

海日系列产品